SCHROER · IN ISRAEL GAB ES BILDER

ORBIS BIBLICUS ET ORIENTALIS

Im Auftrag des Biblischen Instituts der Universität
Freiburg Schweiz
des Seminars für biblische Zeitgeschichte
der Universität Münster i. W.
und der Schweizerischen Gesellschaft
für orientalische Altertumswissenschaft
herausgegeben von
Othmar Keel
unter Mitarbeit von Erich Zenger und Albert de Pury

Zur Autorin:

Silvia Schroer (1958) studierte katholische Theologie, Altphilologie und
Pädagogik in Münster (Westfalen), München und Freiburg (Schweiz).
Seit 1983 ist sie als wissenschaftliche Mitarbeiterin am Biblischen Institut der Universität Freiburg (Schweiz) tätig. Während dieser Zeit
erschienen von ihr kleinere Beiträge zur Ikonographie Palästinas sowie
zur feministischen Exegese in verschiedenen Zeitschriften und die Studie «Der Mann im Wulstsaummantel. Ein Motiv der Mittelbronze-Zeit
II B» (in: O. Keel/S. Schroer, Studien zu den Stempelsiegeln aus Palä-
stina/Israel, Band I, Freiburg i. Ue./Göttingen 1985, OBO 67).

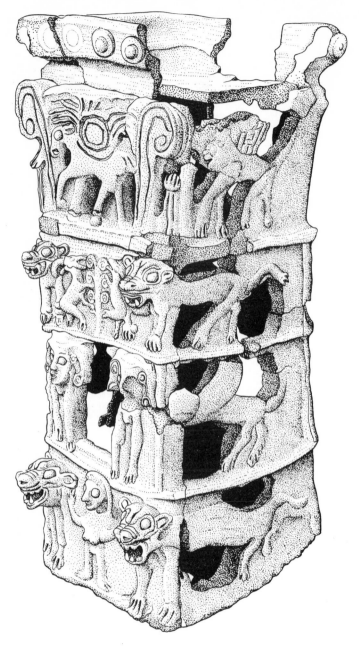

Tonständer aus Taanach (10. Jahrhundert v. Chr.)

Zeichnung: Gisela Tambour, in : K. Galling (Hrsg.), Biblisches Reallexikon,
J.C.B. Mohr Verlag, Tübingen 1977, p. 191, Abb. 45,3.

ORBIS BIBLICUS ET ORIENTALIS 74

SILVIA SCHROER

IN ISRAEL GAB ES BILDER

Nachrichten von darstellender Kunst
im Alten Testament

UNIVERSITÄTSVERLAG FREIBURG SCHWEIZ
VANDENHOECK & RUPRECHT GÖTTINGEN
1987

CIP-Kurztitelaufnahme der Deutschen Bibliothek

Schroer, Silvia:
In Israel gab es Bilder: Nachrichten von darstellender Kunst
im Alten Testament / Silvia Schroer. – Freiburg, Schweiz:
Universitätsverlag; Göttingen: Vandenhoeck und Ruprecht,
1987.

(Orbis biblicus et orientalis; 74)
ISBN 3-525-53703-4 (Vandenhoeck und Ruprecht)
ISBN 3-7278-0526-9 (Univ.-Verl.)
NE: GT

Veröffentlicht mit Unterstützung des Hochschulrates
der Universität Freiburg/Schweiz
und der Schweizerischen Akademie der Geisteswissenschaften

ISBN 3-7278-0526-9 (Universitätsverlag)
ISBN 3-525-53703-4 (Vandenhoeck & Ruprecht)

"Die wesentliche Differenz der
Religion von der Philosophie
begründet aber das _Bild_. Die
Religion ist wesentlich drama-
tisch...Wer der Religion das
Bild nimmt, der nimmt ihr die
Sache, hat nur das _caput mortuum_
in den Händen. Das Bild ist
als Bild Sache."

Ludwig Feuerbach

"Aber wofür stehen die Bilder?"
"Das fragt sich. Für das, was
wir in uns nicht zu erkennen
wagen, so scheint es mir."

Christa Wolf

VORWORT

Die vorliegende Arbeit wurde im Juni 1986 auf Antrag von Prof. O. Keel und
Prof. D. Barthélemy von der Theologischen Fakultät der Universität Freiburg/
Schweiz als Doktoratsthese angenommen.

Mit dem Thema "Alttestamentliche Nachrichten von darstellender Kunst", zu
dem Prof. Othmar Keel die Anregung gab, beschäftigte ich mich zunächst im
Rahmen einer Lizentiatsarbeit, der sich jedoch sehr bald als zu eng erwies,
da unerwartet viele atl. Texte mit wichtigen Informationen aufwarteten, so
dass sich eine umfassendere und gründlichere Behandlung der Thematik, zumal
eine solche in der atl. Exegese dieses Jahrhunderts noch gänzlich fehlt, auf-
drängte.

Die Arbeit über die Bilder in Israel war all die Jahre integraler Bestandteil
von und immer auch Zugang zu einer umfassenderen Beschäftigung mit der Bildwelt
des Alten Orients und des Alten Testaments, deren Reichtum und Vielfalt das For-
schen immer wieder zu einem sinnlichen Erlebnis werden liess und die ich mit
jeder Entdeckung mehr zu lieben lernte. Stand am Anfang noch eher ein reli-
gionsgeschichtliches Interesse im Vordergrund, so wurde mir im Verlauf der
Zeit immer bewusster, dass die Thematik für die heutige Theologie und Religion ausserordentlich relevant ist und mich wohl auch nur darum ununterbro-
chen zu fesseln vermochte. Von den verschiedenartigen Impulsen, die zu dieser
Einsicht beigetragen haben, will ich hier nur die wichtigeren nennen.

Im Gespräch mit TheologInnen und Nicht-TheologInnen, mit Studierten und Nicht-
Studierten ("über was ich denn schreibe"), wurde mir immer wieder erschrek-
kend deutlich, wie präsent das Bilderverbot in den meisten Köpfen, fast unabhängig von der religiösen Sozialisation, ist, und welch fragwürdige Gottesvorstellungen und Kirchenerlebnisse damit verbunden sind.

Die Frauenbewegung und die feministische Exegese haben mich gelehrt, Bilder
ernst zu nehmen, d.h. einerseits vor ihrer zementierenden Funktion in den
patriarchalen Strukturen von Gesellschaft und Kirche nicht die Augen zu verschliessen und andererseits der Unverzichtbarkeit neuer Bilder bei der Veränderung eben dieser Strukturen Rechnung zu tragen.

Besonders reiche Anregungen theologischer Art verdanke ich Stephan Wyss.
Beim Versuch, meinen Standort zwischen Aufklärung und Religion zu bestimmen,
fand ich in ihm einen scharfsinnigen und überzeugenden Verbündeten, dem das
Anliegen einer erotischeren, d.h. auch bildhaften Religion sowie einer "auf-

geklärten" Spiritualität nicht nur ein theoretisches ist, sondern auch Her-
ausforderung zu einer ganzheitlicheren Art zu schreiben, Theologie zu treiben
und zu leben.

Aus all dem wuchs die Ueberzeugung, dass die biblische Religion gerade in
ihrer Bildhaftigkeit und mit ihrem Aspekte sammelnden, nicht einlinigen Zugang zur Wirklichkeit heute eine unentbehrliche Grundlage für den gelebten
Glauben von ChristInnen ist.

Dazu dass die Arbeit recht zügig zum Abschluss gekommen ist, hat, ausser dieser eigenen Motivation, vor allem mein Freund und Lehrer Othmar Keel beigetragen, der die Dissertation und die Dissertantin zuverlässig begleitete,
durch sein eigenes Interesse an der Sache immer neu anzustecken wusste und
mit grosser Selbstverständlichkeit, die gar nicht selbstverständlich ist,
bei allen Fragen seine Zeit und sein immenses Wissen zur Verfügung stellte.
Ihm soll hier an erster Stelle mein Dank gelten.

In ebenso kollegialer und grosszügiger Weise hat Christoph Uehlinger mich
durch seine bereitwilligen Auskünfte, besonders zu den "Assyriaca", sowie
durch ungezählte Hinweise und Anregungen unterstützt, was ich gern als Beweis dafür nehmen möchte, dass man auch in einer konkurrenzorientierten aka-
demischen Welt miteinander arbeiten kann.

Bei der Fertigstellung der Offset-Vorlagen und der Register haben ganze Heer-
scharen guter Geister mitgewirkt, die hier in der Reihenfolge ihres Einsatzes
erwähnt werden: Anastasia Bernet, Simon Spengler, Simonetta Sommaruga, Annette
Sahl und Thomas Studer, Theresia Nagler, Peter Unternährer, Markus Himmelbauer,
Andrea Siegen. Ihnen und Christoph Uehlinger, der das ganze Manuskript noch
einmal zur Korrektur gelesen hat, sei herzlichst gedankt.

Ein ganz besonderer Dank gilt zum Schluss Hildi Keel-Leu, die so freundlich
war, ihre eigene Arbeit zu unterbrechen, um einen grossen Teil der schönen
Zeichnungen anzufertigen, so dass der Bildteil wieder einmal zum Schmuckstück
des Buches geworden ist.

Ich widme das Buch allen Freundinnen und Freunden, die mich in den letzten
Jahren begleitet haben, besonders Irene Neubauer-Gubler, die, meistens ohne
viele Worte, mein Suchen nach Vereinbarung von Forschung, Feminismus, Freund-
schaft, Engagement und Religion mitgetragen hat.

Fribourg, im September 1986   Silvia Schroer

INHALTSVERZEICHNIS

EINLEITUNG

0.1. EIN BLICK AUF DIE GESCHICHTE DER THEMENSTELLUNG

"L'art judaïque n'existe pas; il n'a jamais existé. Voilà deux maximes ar-
chéologiques qu'on a depuis longtemps érigées en axiomes, qu'on a proclamées,
répétées sur tous les tons, tant et si bien que l'on a fini par admettre
généralement qu'il n'y avait pas lieu de suspecter leur valeur et qu'elles
impliquaient un jugement définitif et sans appel."
Mit diesen Sätzen beginnt die mehr als 400 Seiten umfassende "Histoire de
l'art judaïque tirée des textes sacrés et profanes" von F. DE SAULCY, die
in erster Auflage 1858 in Paris erschienen ist.[1]
Der Kontrast zwischen der so resümierten Auffassung der Vorgänger und Zeitgenossen DE SAULCYs und dem Titel seines Werks, das eine "judäische Kunstgeschichte" zu sein beansprucht, liegt auf der Hand. Im Vorwort versucht der
Autor daher zu skizzieren, wie er, aufgerüttelt vor allem durch die Begegnung
mit den Zeugnissen der Vergangenheit im Heiligen Land, allmählich von der
zitierten "Kabinett-Theorie" zur völlig gegensätzlichen Ueberzeugung kam:
"Du moment où il me fut démontré que j'avais en quantité des débris réelle-
ment judaïques à interroger, je commençai à voir s'oblitérer petit à petit
dans ma pensée le malheureux axiome sur la foi duquel j'avais vécu jusque-là,
dans l'intime conviction que la nation juive n'avait jamais cultivé les arts,
et qu'elle avait passé sans laisser de traces de sa vie de nation concrète.
Et puis les notes et les croquis s'accumulant dans mon portefeuille, j'arri-
vai de la même manière qu'un enfant apprend à connaître enfin toutes les
lettres de l'alphabet, à acquérir la certitude, preuves en main, que non-
seulement l'axiome en question était faux, mais que la nation judaïque avait
porté les arts à un très-haut degré de perfection."[2]
Um diese alles Vorangehende umstürzende These zu beweisen, behandelt der
Autor dann, nach Quellen (biblische Bücher, Flavius Josephus) und Epochen
geordnet, systematisch literarische Hinweise auf Kunst in Israel von den
Anfängen bis in die Zeit der römischen Besatzung, wobei er unter Kunst in
einem sehr weiten Sinn auch Architektur und am Rande hin und wieder sogar

---

1 DE SAULCY, Histoire I. Die zweite Auflage erschien 1864.

2 AaO. III.

"bildträchtige" Texte wie Jes 6 subsumiert.[3]

DE SAULCY war sich einerseits stolz bewusst, dass sein Buch angesichts der herrschenden communis opinio eine Ungeheuerlichkeit darstellte, andererseits wusste er sehr gut, dass der Wind für sein Unternehmen günstig stand, insofern die grossen Entdeckungen in Aegypten, in der zweiten Hälfte des 18. und der ersten Hälfte des 19.Jhs., und in Mesopotamien, in den 50er Jahren seines Jahrhunderts (also nur gut zehn Jahre vor Erscheinen von DE SAULCYs Buch),[4] den Boden schon gelockert hatten, auf dem die Frage nach der Beziehung zwischen der Bibel und den Kunstdenkmälern des Alten Orients, nach dem Verhältnis von Religion und Wissenschaft dann erfolgreich gestellt werden konnte: "Aujourd'hui que l'histoire de l'art en Egypte nous reporte aisément à des dates bien constatées de trois ou quatre mille ans avant l'ère chrétienne, on doit en vérité se sentir plus à l'aise lorsqu'il s'agit d'étudier l'état artistique de nations dont les annales sacrées ne constatent guère l'existence au delà de vingt siècles avant notre ère. Il y a trente ans à peine, j'eusse été fort embarrassé pour poser un semblable principe; mais aujourd'hui que les ministres de la religion eux-mêmes ont profité avec l'ardeur la plus louable des découvertes inappréciables de la science, parce qu'ils ont reconnu que la science, bien loin de nuire à la religion chrétienne, ne faisait que lui prêter un concours très-puissant; aujourd'hui, dis-je, je puis hardiment parler de dates, quelque reculées qu'elles soient, sans craindre de jamais heurter l'orthodoxie la plus délicate et la plus chatouilleuse, s'il m'est permis de m'exprimer ainsi."[5]

Seit dem Erscheinen von DE SAULCYs "Geschichte der judäischen Kunst" sind fast 130 Jahre vergangen. M.W. ist in der Zwischenzeit nichts Vergleichbares, d.h. keine auf den atl. Nachrichten von Bildwerken basierende umfassendere

---

3 Die Titel seiner Kapitel sind: Genèse, Exode, Lévitique, Nombres, Deutéronome, Livre de Josué, Livre des Juges, Livre de Samuel, Paralipomènes et Livre des Rois (I. David; II. Salomon), Les Prophètes, Machabées , Iduméens, Domination Romaine.

4 Das spärliche Material, mit dem die Bibliker im 18.Jh. arbeiteten, wurde im 19.Jh. schlagartig vermehrt durch die 24 Bände umfassende "Description de l'Egypte" (1809-1828) J.G. WILKINSONs "The Manner and Customs of the Ancient Egyptians" (1837), I. ROSELLINIs "Monumenti dell'Egitto e della Nubia" (1832-1844), J.-F. CHAMPOLLIONs "Monuments de l'Egypte et de la Nubie" (1835-1845) und R. LEPSIUS' "Denkmäler aus Aegypten und Aethiopien" (1849-1858). In Mesopotamien begann die Aera der Entdeckungen mit den Grabungen P.E. BOTTAs in Chorsabad (1843-1844) und A.H. LAYARDs in Nimrud (1845-1847 und 1849-1851). BOTTAs "Monument de Ninive découverts et décrits par M.P.E. BOTTA" (1846-1850) waren DE SAULCY bekannt (aaO. 215 und vgl. 29.71.96.111.114.335), er rezipiert ansonsten sehr fleissig die ägyptologischen Publikationen.

5 AaO. V.

Studie zur israelitischen Kunst, geschrieben worden. Zudem ist DE SAULCYs
Buch vollkommen in Vergessenheit geraten, mindestens habe ich es nirgends
zitiert gefunden.[6] Wenn ich mit der hier vorliegenden Arbeit nun das Programm
und Anliegen dieses Werkes wiederaufnehme, dürfte einmal zu fragen sein, welche eigentlich die Ursachen für den mehr als hundertjährigen Dornröschen-
schlaf des Themas und das Vergessen eines Buches, das wirklich mehr Berühmt-
heit verdient hätte, sein mögen.

Es stellt sich dabei bald heraus, dass zwar die Voraussetzungen für eine
systematische Behandlung der atl. Nachrichten von Kunst heute völlig andere
sind als damals. Nicht nur ist inzwischen die historisch-kritische Exegese
entwickelt worden, es gibt auch eine beachtenswerte Geschichte der Palästina-
Archäologie und der Biblischen Realienkunde.[7] Dass in Palästina Bildwerke
aus Schichten biblischer Zeit ausgegraben wurden und immer noch werden, ist
ein unbestreitbares Faktum. Die Realienkunde hat zudem immmer schon biblische
Texte und archäologische Funde in Beziehung zueinander gesetzt. Und zu einzelnen der im Alten Testament erwähnten Bildwerke, z.B. dem "goldenen Kalb",
ist eine geradezu uferlose Literatur vorhanden.

Trotzdem gibt es heute wie vor 130 Jahren - unter anscheinend wenig verän-
derten Vorzeichen - Gründe, mit einem Kontrastzitat die Ungewöhnlichkeit der
Themenstellung auf der bunten Palette der exegetischen Forschung zu unterstreichen. So findet sich, um nur eines unter unzähligen ähnlichen Beispielen
herauszugreifen, in J. BRIGHTs "Geschichte Israels" (dt. 1966) folgende Be-
hauptung:

"In scharfem Gegensatz zu den heidnischen Religionen, in denen das Bild die
sichtbare Gegenwart des Gottes darstellte, war der Jahweglaube eine Religion
ohne Bilder. Abbilder der Gottheit waren streng untersagt. Dies ist in klas-
sischer Form im zweiten Gebot festgelegt und war sicherlich ein ursprüngli-
cher Charakterzug des israelitischen Glaubens."[8]

---

6 Dass das Buch hier erwähnt wird, ist der zufälligen Entdeckung in einem -
  Antiquariatskatalog zu verdanken.

7 Vgl. dazu OLB I bes.366-377; KEEL, AOBPs 9ff.; ders., Bildträger 9; ders.,
  Bibel und Ikonographie, passim.
  DE SAULCY (aaO. 335) hoffte auf eine Archäologie in Palästina: "Vienne le
  jour où il sera possible de faire des fouilles à Samarie et à Jerusalem
  et incontestablement ces fouilles produiront des objets du plus haut in-
  térêt pour nos musées et pour l'histoire d'art."
  Sie begann dann mit den Grabungen von Warren(1864-1867) in Jerusalem und
  von Petrie (1890) auf dem Tell el-Ḥasi (vgl. KEEL, Bildträger 9f.).

8 J. BRIGHT, Geschichte Israels 142.
  Als weitere Beispiele für ähnliche Formulierungen seien hier genannt:
  J. HASPECKER, Art. "Bild" in: LThK II bes.459 ("Der legitime Jahwekult
  war tatsächlich immer bildlos") und H. RINGGREN, Israelitische Religion

Solche Sätze sprechen, auch wenn sie in differenzierterem Kontext stehen, für sich, und sie haben das von DE SAULCY beklagte Axiom von einer bild- und kunstlosen Religion oder Kultur Israels bewahrt und weitertradiert, auch gegen viele sehr kluge Beiträge zum Thema Bilderverbot, die im Verlauf dieses Jahrhunderts schon geschrieben worden sind. "In Israel gab es keine Bilder" gehört noch immer zum Allgemeinwissen, das in jeder Schule gelernt wird. Der Kurzschluss, der zu so falscher Weisheit führt, ist einfach nachzuvollziehen: Weil es in Israel das Bilderverbot gab, hat es keine Bilder gegeben.

Genauso einprägsam wäre aber die (adäquatere), schon von DE SAULCY wenigstens als Möglichkeit vollzogene, Umkehrung des Verhältnisses:[8a]

Wenn es in Israel ein Bilderverbot gab, muss es Bilder gegeben haben.

Die hartnäckige Dominanz des Bewusstseins vom Bilderverbot in der Exegese wie Katechese kann man gewiss nicht monokausal erklären. Das Bilderverbot dürfte jedenfalls im Judentum, Christentum und Islam bei allen Schwankungen in seiner Auslegung zu den kulturbewegendsten Vorschriften des biblischen Erbes gehören.[9] An ihm schieden sich schon viele Geister, und man wird der Diskussion seiner Bedeutung in der theologischen Fach- und Pastoralliteratur keineswegs müde. Das Hauptinteresse vor allem der religionspädagogisch-katechetisch orientierten Theologie des Bilderverbots liegt dabei ganz offensichtlich in dessen "Begründung" (im Sinne G. VON RADs), die meistens mit der Unverfügbarkeit und Andersartigkeit des atl. Gottes, welche durch das Bilderverbot geschützt werde,[10] umschrieben wird. Dass solche theologische

---

34 ("Die Bilderlosigkeit des israelitischen Kultus ist vielleicht sein auffallendster Zug und muss wohl bereits dem Anfangsstadium angehören") sowie G. FOHRER, Geschichte 71 ("der bildlose Charakter der mosaischen Jahwereligion"); C. WESTERMANN, Das Buch Jesaja 57 ("Das Abbilden Gottes als solches war für Israel von Anfang an unmöglich, weil es dem Gottsein Gottes nicht gemäss war"); vgl. auch PREUSS, Verspottung 17ff; ELLIGER, Jesaja II 73f. ("Urgestein").

8a AaO. 20.

9 Vgl. zu den wechselnden Auslegungen des Bilderverbots in der Geschichte des Judentums den Art. "Bilderverbot" in: J. MAIER/P. SCHAEFER, Kleines Lexikon des Judentums und ausführlicher C. KONIKOFF, The Second Commandment, passim.

10 Vgl. dazu H. SCHUENGEL-STRAUMANN, Der Dekalog 88; PREUSS, Verspottung 19f.; FOHRER, Geschichte 71; R.P. CAROLL, The Aniconic God, passim; G. VON RAD, Aspekte 61; R. DE VAUX, Histoire 434f.
Es ist sicher nicht schlechthin falsch, das Bilderverbot gewissermassen als Prophylaxe gegen allzu primitive Vorstellungen von der Gottheit zu verstehen (Den Mythos von einer "primitiven" Bildergläubigkeit, die in der Statue das Abbild der Gottheit sieht, hat K.-H. BERNHARDT, Gott und Bild 66-68, korrigiert). Auch die Abwehr von Magie (aaO. 152ff.) wird eine Rolle gespielt haben, sowie ja Jeremia (7,4f.) sich unerbittlich

Begründung längst keine geschichtliche oder religionssoziologisch gültige Erklärung sein kann,[11] muss hier nicht dargelegt werden.

Eine Erklärung für die allmähliche Entwicklung des Bilderverbotes in Israel, dessen Existenz und grosse Bedeutung hier keinesfalls bezweifelt werden soll, hat die Lösung einiger Fragenkomplexe zu leisten, so z.b. warum Israel sich gegenüber seinen Nachbarn gerade mittels des Bilderverbotes abgrenzte, wie sich die anthropomorphe Redeweise von Gott in der Bibel mit dem Bilderverbot vereinigen lässt und in welchem Verhältnis Anspruch der Bibel und Wirklichkeit der israelitischen Religion zu sehen sind, wenn die archäologischen Funde aus Palästina wie auch die atl. Nachrichten von Bildwerken berücksichtigt werden.[12]

gegen einen magischen Glauben an den Tempel, der doch nach damaligem Verständnis vorzüglicher Bereich der Gegenwart JHWHs war, wendete. Warum ist dann aber der Bau des Tempels nicht schon a priori verfemt wie die Herstellung von Bildern? Die Erkenntnis der Gefahr eines magischen Verhältnisses zur Gottheit scheint also zumindest nicht ausschlaggebend für die Entstehung des Bilderverbotes. Dass es diese und andere Funktionen schliesslich übernahm, ist damit nicht ausgeschlossen. Es ist sicher legitim zu betonen, dass das Bilderverbot einer Verengung der Gottesvorstellung entgegentritt, jedoch entspricht es nicht den historischen Indizien, diese Idee als Quelle, noch dazu ursprünglich israelitischer Eigenart, des Bilderverbots auszugeben.

11 Die begriffliche Unterscheidung von Begründung und Erklärung übernehme ich von G.VON RAD, Theologie I 230. Der Einfachheit halber sei "Begründung" definiert als (nachträgliches) Interpretieren und Untermauern eines Phänomens, hingegen "Erklärung" als Vorgang des Rückfragens nach dessen (historischen, soziologischen und geistesgeschichtlichen) Wurzeln. W.-H. SCHMIDTs Pessimismus bzgl. einer Erklärung des Bilderverbots (Alttestamentlicher Glaube 78) möchte ich entgegenhalten, dass zumindest die anikonischen Tendenzen in Israel nicht analogielos sind und der Herkunft des Bilderverbots ein Stück weit nachgegangen werden kann. Die vorschnelle Abfindung mit einem Geheimnis trägt m.E. wenig zum Verständnis der israelitischen Religion bei.
Das erste Glied in der langen Kette von Begründungen des Bilderverbots, die bis heute nicht abreisst, ist die Begründung in Dtn 4,9-20, dass Israel am Horeb keine Gestalt JHWHs gesehen habe.

12 K.-H. BERNHARDT stellt in seinem Beitrag über "Gott und Bild" eine ganze Reihe von Ableitungen und Deutungen des Bilderverbots zusammen (aaO. 69. 109) und lehnt die einzelnen Theorien sicher zurecht als nicht stichhaltig ab. Das Zusammenspiel verschiedener Gegebenheiten könnte natürlich Erklärungen bieten, die eine einzelne nicht zu leisten vermag.
Vgl. auch den jüngeren, aber wenig Neues bietenden Beitrag von A.H.J. GUNNEWEG, Bildlosigkeit bes.266-69.

Bezeichnenderweise ist auch die jüngere Infragestellung der "Ursprünglichkeit" der "bildlosen JHWH-Religion", soweit sie von der atl. Exegese angetrieben wurde, weitgehend auf das Bilder<u>verbot</u> zentriert geblieben. Die neueren Arbeiten von F.L. HOSSFELD ("Der Dekalog") und von C. DOHMEN ("Das Bilderverbot") verfolgen die Entwicklung des Bilderverbots entlang den atl. Bilder<u>verbot</u>-Formulierungen. Von den Bildern aber ist in diesen Arbeiten einmal mehr kaum die Rede.[13]

Dass das Bilderverbot in der atl. Exegese immer den Vorrang hatte und hat vor den Bildern, ist der Grund, warum in dieser Studie der Bilderverbotsthematik, auch wenn man von ihr natürlich bei der Beschäftigung mit den Bildern nicht absehen kann, nur ein kurzes Resümee gewidmet werden soll, gewissermassen, um zu demonstrieren, wie hier von zwei Ufern her die Bögen gespannt werden, die beim Zusammentreffen eine Brücke bilden.[14]

0.2. DIE AUFGABENSTELLUNG

Es wäre vermessen, beim Status quo der heutigen Forschung die systematische Bearbeitung der atl. Mitteilungen über Kunst noch als israelitische oder palästinische Kunstgeschichte zu titulieren. Um eine solche zu schreiben, müssten die Bildträger aus Palästina eine stilistische, ikonographische und ikonologische Auswertung erfahren, wie sie bis anhin so umfassend noch gar nicht möglich ist.[15] Dennoch soll diese Arbeit ein Element im allmählich entstehenden Gebäude einer Kunstgeschichte Israels sein, welches ohne die atl. Zeugnisse unvollständig bliebe.

---

13 HOSSFELD (Der Dekalog) behandelt natürlich das Bilderverbot nur als ein sehr wichtiges Verbot/Gebot innerhalb einer ganzen Reihe.

14 Ausser den Werken von HOSSFELD und DOHMEN liegen im folgenden vor allem zugrunde: O. KEEL, Jahwe-Visionen 37-45.247-260; BERNHARDT, aaO.; W.H. SCHMIDT, Alttestamentlicher Glaube 74-81; W. ZIMMERLI, Studien 247-260; ders., Das zweite Gebot, passim.

15 Vgl. unser Kap. 7.

Das Interesse, die atl. Nachrichten von darstellender Kunst einmal zu sammeln, ergab sich zum einen aus dem Fehlen einer solchen Arbeit, wenn man von kurzen Auflistungen in Lexika und Handbüchern absieht.[16] Zum anderen ist das Alte Testament, gerade was die Grossbildkunst in Israel betrifft, ein unersetzlicher Zeuge, da in dem kleinen, oft von Kriegen zerrütteten Land sehr wenig Grosskunst und diese häufig nur fragmentarisch erhalten ist.[17]

Die Eingrenzung auf Grossbildkunst erwies sich im Verlauf der Arbeit als wenig praktisch und auch unnötig, nicht nur weil die Grenzen zur Kleinkunst natürlich fliessend sind und die kargen atl. Informationen die Einteilung oft noch erschweren, sondern auch weil Bildträger aller Art, von Reliefs bis zu den kleinen Siegeln, in ihren Motiven durchaus in einem engen Zusammenhang stehen. Es gilt sowohl, das Kleinkunst Grosskunst abbildet, als auch umgekehrt, dass die Kleinkunst als Medium der Verbreitung von Motiven wiederum Einfluss auf die Gestaltung von Grosskunst nimmt.[18]

So sind in dieser Arbeit ausgehend vom masoretischen Text ohne zeitliche Einschränkung alle Hinweise des Alten Testaments auf reale Kunstwerke zusammengestellt. Unberücksichtigt geblieben sind architektonische Monumente und Texte, die in der einen oder anderen Weise von Bildern inspiriert worden sind,[19] aber nicht reale Bilder erwähnen oder beschreiben.

Da es um darstellende Kunst geht, legte sich eine Anordnung nach der Gestalt der jeweiligen Bilder nahe. Aus ihr ergaben sich gelegentlich bei Behandlung konkreter Texte Uebergriffe in andere Kapitel. Die einzelnen Kapitel und Unterkapitel sind prinzipiell als eigene Einheiten konzipiert. Das terminologisch orientierte 5. Kapitel und das 6. Kapitel mit seiner Uebersicht über die im Alten Testament erwähnten wichtigsten Bildträger stellen eine Ergänzung dar, die der Tatsache Rechnung trägt, dass vielen atl. Nachrichten über Bilder bzw. potentielle Bildträger sehr wenig Konkretes über ihr Aussehen

---

16 Vgl. z.B. Art. "Idoles, Idolatrie" in: DB Suppl.IV (von 1943); H. SCHRADE, Der Verborgene Gott 24-37; P. WELTEN, Art. "Bilder II.2" (halbe Seite!) in: TRE VI 519.

17 KEEL, Bildträger, passim und zur Problematik, aaO. 10.

18 Vgl. die Diskussion zwischen H. WEIPPERT (Siegel, passim) und O. KEEL (Grundsätzliches, passim) um die Bedeutung der Kleinkunst (für Sach 4) und vor allem P. BECK (The Drawings bes.58.62), die wiederholt auf die Beziehung gerade auch der Wandmalereien in Kuntillet Adschrud zur syrisch-phönizischen Kleinkunst aufmerksam macht.

19 Dazu liegen inzwischen mehrere Arbeiten von O. KEEL vor (vgl. Kap. 6.5 und Anm.297-301).

und ihre Bedeutung zu entnehmen ist. Die Ergänzung zu den ersten Kapiteln
besteht methodisch zudem darin, dass hier mit der Konkordanz gearbeitet wurde,
um insgesamt eine möglichst vollständige Bestandesaufnahme aller relevanten
atl. Stellen zu erreichen.[20]
Bei der Behandlung der so gruppierten Kunstwerke sind der Ausgangs- und End-
punkt prinzipiell die entsprechenden Texte, denen zunächst soviel Informationen wie möglich entnommen werden, ob es sich überhaupt um ein Bildwerk
handelt, wie es aussah und welche Bedeutung es hatte.[21] Die teilweise kaum
mehr überblickbare Diskussion über zentrale Texte (wie z.B. Ex 32) haben
eine strikte Eingrenzung auf diese Fragen notwendig gemacht. Traditionelle
Problemstellungen werden nur insofern und in dem Masse erörtert, wie sie
hilfreich sind für die Beantwortung dieser Fragen, und ansonsten durch weiterführende Hinweise in den Anmerkungen signalisiert.
Ueber das Alte Testament hinausgreifend werden dann jeweils ausserbiblische
Quellen, vor allem die in zahlreichen Publikationen dokumentierten archäologischen Zeugnisse, primär aus Palästina/Israel, soweit von Relevanz auch aus
den grossen Nachbarkulturen Israels, gegebenenfalls auch ausserbiblisches
Textmaterial herangezogen, um die atl. Nachrichten in einem möglichst grossen
Kontext zu situieren und die Bilder von daher auch in ihrer ganzen Bedeutung
auszuleuchten. Dabei habe ich von unnötigen Auflistungen bekannter Ausgrabungsfunde abgesehen und schwerpunktmässig weniger bekanntes Material ausführlicher behandelt. In jedem Fall war das Ausleseprinzip (auch bei der
begrenzten Auswahl der Abbildungen) die Frage nach der erkennbaren Beziehung
zwischen atl. Nachrichten und archäologischen Zeugnissen, und hier erschliessen sich bisweilen frappante Zusammenhänge ganz verschiedener Art.

20 Die Register sollten die Aufschlüsselung aller Informationen auch kapi-
    telübergreifend.ermöglichen.

21 Gelegentlich ist die Forschungsdiskussion referiert, auch wenn im Resul-
    tat die Annahme eines realen Bildwerks dann nicht mehr bestätigt wird
    (so beim Ephod und bei פגר, aber auch bei den Rossen des Sonnengottes
    im Jerusalemer Tempel).

0.3. DIE BILDER IN ISRAEL UND DAS BILDERVERBOT

Atl. Nachrichten von darstellender Kunst sind, was die vorliegende Arbeit zeigt, längst nicht so selten, wie normalerweise vorausgesetzt wird. Die (berühmteren) Keruben, das "goldene Kalb" und die eherne Schlange finden sich in dieser Arbeit in der Gesellschaft von zahlreichen anderen grossen und kleinen Bildwerken, die genausoviel Aufmerksamkeit verdienen, aber viel weniger bekannt sind.

Es ist kaum möglich, die Fülle der so verschiedenartigen Bilder aus einer Zeitspanne von mehr als fünf Jahrhunderten hier in ein Fazit ihrer Bedeutung zu zwängen. Eindeutig ist, dass Israel dem Alten Testament zufolge seit frühester Zeit und bis ins Exil die Bildkunst seiner näheren und weiter entfernten Nachbarn offenbar aus eigener Anschauung kannte, dass es selbst Bilder hatte und im Verlauf der Zeit auch Kunstwerke fast jeden Genres herzustellen vermochte.[22] Dabei sind vom Götterbild, Kultbild über mehr dekorative Kunst bis hin zum persönlichen Schmuck, der Kleidung und den Siegeln Bilder aller Funktionen bezeugt. Rein profane oder rein ästhetische Kunst, dessen gilt es sich bewusst zu sein, gab es in Israel so wenig wie im übrigen Alten Orient, d.h. Kunst war in ihren Topoi immer religiös, insofern sie zentrale Vorstellungen des damaligen Menschen- und Weltbildes thematisierte.[23]

Davon, dass es in Israel keine Kunst gegeben habe, kann also keine Rede sein, man kann nicht einmal behaupten, es habe keine Kultbilder gegeben. Das Gegenteil ist der Fall, wie sich den folgenden Kapiteln entnehmen lässt.

Von diesem Befund her stellt sich nun allerdings dringend die Frage, in welchem Verhältnis Bilder und Bilderverbot in Israel zueinander standen, in welchem Verhältnis die Realität der israelitischen Religion und das Ideal oder die Ideologie der atl. dokumentierten Strömungen, die das Bilderverbot verfochten. Die Beziehung von Bildern und Bilderverbot lässt sich, soviel ist klar, nicht einlinig darstellen: Weder handelt es sich um ein zeitliches

21a An dieser Stelle sei darauf aufmerksam gemacht, dass in der vorliegenden Arbeit der Begriff "Israel", wo er nicht im Kontext eindeutig mit dem Nordreich gleich- und gegen "Juda" abgesetzt ist, normalerweise als ethnisch-religiöser Terminus gebraucht wird, also angewendet auf die Bevölkerung im gesamten Land (mit seinen wechselnden Grenzen). Vgl. zu den wechselnden Namen und Grenzen von Bevölkerung und Land OLB I 206-288.

22 Vgl. Kap. 7.

23 Vgl. die Einleitung bei KEEL, Deine Blicke 11-30.

Nacheinander (erst gab es die Bilder, später das Bilderverbot[24]), noch um
ein Regel-Ausnahme-Verhältnis (es gab immer ein Bilderverbot, alle Bilder
sind "Unfälle" in der Geschichte Israels[25]), noch um eine Konfrontation von
sog. offizieller und sog. Volksreligion.[26] Die Zusammenhänge sind viel kom-
plexer, und ihre Erforschung wird über kurz oder lang zu einer mindestens
teilweisen Revision unseres Bildes von der israelitischen Religion führen,
welches sich durch die in vieler Hinsicht tendenziöse Geschichtsschreibung
des Alten Testaments viel zu einseitig hat prägen lassen.

Dass das Bilderverbot jünger ist, als bis vor einigen Jahren noch angenommen
wurde, haben die erwähnten Arbeiten von HOSSFELD und DOHMEN gezeigt. Formuliert wurde es wahrscheinlich erst in früh-dtr. Zeit, seine Wurzeln sind allerdings älter. DOHMEN vermutet, dass sie "in der kultbildlosen Religionsform
(halb-)nomadischer Gruppen des späteren Israel" zu suchen sind.[27] Beim momentanen Umbruch gerade der sozialgeschichtlichen Forschung wird man da gewiss
noch etwas vorsichtig mit der Zustimmung sein dürfen.[28] Unbestreitbar aber
hat die Entstehung des Bilderverbots ihren "Sitz im Leben" in den Konflikten,
die aus der Begegnung der Gruppen, aus denen sich das frühe Israel rekrutierte, mit der kanaanäischen Hochkultur entstanden. O. KEEL hat schon früher auf
eine ganze Zahl ähnlicher, z.T. heftiger Distanzierungen israelitischer Gruppen gegenüber den Institutionen der Sesshaften hingewiesen, wie Königtum,
Haus- und Weinbau, Streitwagen und Pferde und administrative Massnahmen wie
Volkszählungen.[29] Der Verschmelzungsprozess von Israel und Kanaan war aber

---

24 So z.B. schon S. MOWINCKEL, Wann wurde der Jahwäkultus 264f.

25 Das Schema ist sehr beliebt und findet sich allerorten in Kommentaren usw.
    Als Stichworte dieses Musters kommen gern Begriffe wie "Rückfall" (vgl.
    EISSFELDT, Gott und Götzen 269), "Abweichungen" (FOHRER, Geschichte 71),
    u.ä. vor; vgl. auch Kap. 2.1.3.4. (mit Anm.137).

26 So z.B. R. ALBERTZ, Persönliche Frömmigkeit 14-18.

27 DOHMEN, aaO. 276.

28 Vgl. Kap. 7 Anm.9. Der Nachweis, dass schon in der Richterzeit Israeliten
    ein Stierbild in einem Höhenkult verehrten (Kap. 2.1.3.3.und Kap. 7),
    stellt die von DOHMEN vorgeschlagene Alternative von semi-nomadischem
    Opfer- und sedentärem Bildkult mindestens in dieser krassen Kontrastie-
    rung in Frage (vgl. DOHMEN, aaO. 237-240.276f.).

29 KEEL, Jahwe-Visionen 39.
    W. DIETRICH (Israel und Kanaan 9-20) zeigt die ungleichen Voraussetzungen
    auf: Hier eine Hochkultur mit differenzierten Strukturen in allen Lebens-
    bereichen, dort eine Anzahl kleiner Verbände von Hirten, Kleinbauern und
    "outcasts" der kanaanäischen Gesellschaft.

längst eingeleitet, als sich im 9./8.Jh.v.Chr. Gruppen mit nationalistischen Tendenzen, biblisch greifbar in Gestalten wie Jonadab ben Rechab und Elija, zu Wort meldeten, um dem Aufgehen Israels in Kanaan und somit dem nationalen, soziokulturellen und religiösen Identitätsverlust entgegenzutreten. Die "intolerante Monolatrie", die sich entwickelte, fand ihren Ausdruck im Fremdgötterverbot, aus dem das Bilderverbot in Israel erst entsteht. Den Grund, warum das Fremdgötterverbot als praktische Konkretisierung das Bilderverbot quasi aus sich entliess, sieht DOHMEN im Bedürfnis nach einer Radikallösung: "Der Wille zur Abgrenzung von fremden Göttern und Kulten konnte nur wirksam werden, wenn alle Hinweise auf diese wichen; dazu gehören Bilder und Symbole an erster Stelle."[30] Tatsächlich lassen sich in Randzonen von Hochkulturen häufiger anikonische Tendenzen ausmachen, die auf eine radikale Abgrenzung mittels totalem Verzicht hinweisen könnten.[31] Die entstehende Problematik übernommener Bilder in dem von Kanaan so stark geprägten Nordreich lässt sich erstmals aus der Kritik Hoseas am Stierkult ablesen.

Erst im Exil findet aber die Kritik an den Bildern ihren Höhepunkt in der Formulierung eines Kultbildverbots, das theologisch rückblickend die Konsequenzen aus der Katastrophe zieht und nun wichtiger als das Fremdgötterverbot wird. DOHMEN betont:"jedoch ist bei alledem kein Bilderverbot als Kunstverbot im AT nachzuweisen, sondern das Bilderverbot bleibt während seiner ganzen Entwicklung dem kultischen Bereich eng verhaftet."[32]

Das Bilderverbot in seiner pointierten Form ist also als ein Kind des Exils anzusehen, und durchschlagenden Erfolg, zunächst als Kultbild-, nicht Kunstverbot, scheint es erst in nachexilischer Zeit verzeichnet zu haben.

Alle im dtr. Licht des Bilderverbots erscheinenden polemischen Nachrichten von Bildwerken in Israel müssen daher als tendenziöse Berichterstattung angesehen und entsprechend kritisch gelesen werden.[33] Für tendenziöse Bericht-

---

30 Zitat aaO. 276. Zum Vorangehenden vgl. aaO. 236-277 bes.256ff.

31 KEEL, Jahwe-Visionen 40.

32 AaO. 267. Der von DOHMEN formulierte Einwand gegen eine Beziehung zwischen den im 7.Jh. auftretenden bildlosen Siegeln und dem Bilderverbot ist zu bedenken. Im Zusammenhang mit dieser Frage wäre dann auch das Fehlen z.B. von Bronzen in eisenzeitlichen Schichten und die angebliche archäologische Nachweisbarkeit kultischer Reformen (vgl. Kap. 6.1.1.4. Anm.58) erneut zu diskutieren. DOHMEN selbst kann keine Alternative zu der von ihm abgelehnten Deutung der bildlosen Siegel bieten.

33 Ein Postulat dieser Art hat zuletzt G.W. AHLSTROEM in seinem lesenswerten Beitrag "An Archaeological Picture of Iron Age Religions in Ancient Pa-

erstattung sprechen in diesem Zusammenhang auch andere Beobachtungen, auf
die schon verschiedentlich hingewiesen wurde, z.B. das Fehlen aller Hinweise
im Alten Testament auf die Frauenfigürchen, die in eisenzeitlichen Schichten
so zahlreich sind, und überhaupt auf alle Arten von bildlich gestalteter
Keramik.[34] Der Nachweis, dass hier nicht nur dtr. sondern zudem auch androzentrische Selektion und Redaktion vorliegt, wäre von einer feministischen
atl. Exegese her zu leisten.[35]

Die Diskrepanz zwischen der das Alte Testament so stark prägenden prophetisch-
dtr. Theologie und der JHWH-Religion, wie sie in der Realität aussah, wird
man sich recht gross vorstellen dürfen. Die prophetisch-dtr. Gruppierungen
sind ja weder mit den Vertretern der Staatsreligion, also dem Königshof,
noch mit den Priestern an grossen Heiligtümern noch mit dem "Volk" identisch,
wenngleich es da hin und wieder zu grossen Affinitäten in den Ansichten gekommen sein wird. Und so wird man sich die vorexilische JHWH-Religion zum
einen als eine bis hin in den Jerusalemer Tempel äusserst synkretistische
und keineswegs monotheistische Religion vorzustellen haben, wo es eben nicht
nur den einen JHWH gab, sondern über Jahrhunderte hin noch eine ganze Reihe
anderer Gottheiten, wo JHWH wahrscheinlich auch mit einer Göttin-Paredra
zusammen verehrt wurde, deren Beliebtheit die des Nationalgottes zeitweise
und in bestimmten Bevölkerungsgruppen, vor allem vielleicht bei den Frauen,

lestine" aufgestellt (aaO. 4): "Because of the tendentious picture given
by the biblical writers, archaeological finds become very important for
trying to reconstruct the culture of ancient Palestine."

34 Vgl. AHLSTROEM (aaO. 24) zu den Stier- und Göttinnenfigürchen: "All these
figures, and especially the ones of bulls, throw a new light on the
religions of Judah and Israel. The OT writers have heavily criticized the
northern kingdom of Israel for its bull worship and its fertility cult,
but the amount of bull and Ashtarte figures found in Judah as compared
with Israel speaks a different language. In this case, the "historio-
graphy" of the OT is very tendentious. It has turned things virtually
upside-down. The archaeological finds have corrected the picture of the
Israelite and Judahite religion which the texts have given us."

35 Die von E. SCHUESSLER FIORENZA (In Memory of Her) vorgelegt feministisch-
kritische Hermeneutik einer Exegese des Neuen Testament ist m.W. für die
atl. Exegese bislang nicht entwickelt worden. Sie dürfte wegen der grossen Zeitspanne, die die atl. Schriften umfassen und wegen der Problematik
der Quellenscheidung auch um einiges schwieriger sein. Ziel einer solchen
Exegese müsste sein, die androzentrische Selektion und Redaktion atl.
Texte aufzuzeigen, wie sie ansatzweise schon den Resultaten der Arbeit
von U. WINTER (Frau und Göttin) entnehmbar ist.

übertroffen zu haben scheint.[36]

Die häufige Feststellung, dass es in Israel eine Zeitlang, bis ins 8.Jh.
etwa, einen sehr unbefangenen Umgang mit Bildern gegeben habe, der dann immer problematischer wurde, ist in doppelter Hinsicht zu differenzieren:

1. Kunst wurde sicherlich nicht im allgemeinen problematischer, sondern höchstens die Existenz von Kultbildern. Israel importierte Kunst und hat selbst
Kunsthandwerk verschiedener Art hervorgebracht, das natürlich stark kanaa-
näisch und je nach politischer Grosswetterlage auch vom ferneren Ausland
geprägt war.

2. Auch Kultbilder wurden in Israel seit dem 8.Jh. nicht kontinuierlich und
überall problematischer. Es hat zu jeder Zeit neben den Vertretern einer
monotheistisch-bilderfeindlichen Linie bis in die Regierungskreise hinauf
JHWH-AnhängerInnen gegeben, die überhaupt keine Probleme mit Kultbildern,
seien es JHWH-Stiere, ein Schlangenidol, ein Aschera-Bild oder ägyptische
Tiergötter auf Wandreliefs, hatten. Zu vermuten ist sogar, dass diese Leute
bis zum Exil in der Mehrheit waren und die andersdenkende Minderheit erst
durch das Schicksal Judas endgültig Recht bekam.[37]

Von diesen Differenzierungen her ist (drittens) die Vorstellung von einem
auf das Hören konzentrierten israelitischen Glauben und von der durch das
Bilderverbot gewahrten Unverfügbarkeit Gottes zu korrigieren.[38]

Die IsraelitInnen waren genau wie ihre Nachbarn darauf angewiesen, ihren Gott
auch zu schauen. Sie freuten sich an den sichtbaren Manifestationen der le-
bensfördernden Kräfte JHWHs oder der Aschera/Himmelskönigin, sie zeichneten
die Bilder dieser schützenden Mächte auf die Wände ihrer Pilgerstationen und
ritzten sie auf ihre Siegel. Die theologische Sprache der Propheten (die
Serafen bei Jesaja, Ezechiels Schau von der Herrlichkeit JHWHs, Sacharjas
Vision vom Leuchter zwischen den Bäumen) und noch der Spruchsammlungen (die
spielende Weisheit), aber auch die Liebeslieder des Hohen Liedes sind in zentralen Themen von der Bildkunst Israels und seiner Umwelt geprägt, wie O.
KEEL inzwischen mit mehreren Arbeiten gezeigt hat.

Die Hartnäckigkeit, mit der sich manche reale Bilder und vor allem die bild-

---

36 Vgl. in diesem Sinn auch H.H. SCHMID, Altorientalische Welt 42f.; H.-D.
    HOFFMANN, Reform 57f. Zur Bedeutung der Aschera vgl. Kap. 1.1.

37 Vgl. HOFFMANN, aaO. 81.

38 Zur Bedeutung des Schauens der Gottheit im Alten Orient vgl. KEEL, AOBPs
    178.287.289 und ders., Bibel, Ikonographie und katholische Exegese (ge-
    gen M. GOERG).

hafte Theologie bis in die Zeit des Exils auch gegen zunehmenden Widerstand
hielten, zeigt, wie unentbehrlich sie für den Glauben damaliger Menschen waren, für die Bilder einen völlig anderen Stellenwert gehabt haben müssen, als
wir uns bei der visuellen Reizüberflutung durch heutige Medien vorstellen
können, und wie erfolglos die Versuche, sie aus der JHWH-Religion zu elimi-
nieren, gewesen sind. Die Weitsicht und die theologische Kunst eines Jesaja,
der in geschickter Uminterpretation das populäre ägyptische Uräus-Symbol in
seine JHWH-Schau zu integrieren vermag (Jes 6),[39] scheint allerdings eher die
Ausnahme gewesen zu sein. Dass die Intoleranz gegenüber den Bildern, deren
Macht durch keine Theologie so rasch zu brechen ist, zumeist nichts anderes
bewirkt als deren "unkultivierten" Wildwuchs und das Abwandern von angebli-
chen HäretikerInnen, könnte auch an neuzeitlichen Entwicklungen aufgezeigt
werden.

Eines ist jedenfalls sicher, weder die israelitische Kultur noch die israelitische Religion waren bilderfeindlich. Sie vermochten in sinnlicher Weise
der Erfahrung von Gemeinschaft Gottes mit den Menschen Ausdruck zu geben.
JHWH teilte sich ohne Sorge um seine Unverfügbarkeit seinen AnhängerInnen
in "Wort und Bild" mit, und es war jahrhundertelang die Lust an den Bildern
und nicht am Bilderverbot, die die IsraelitInnen zu ihrem Gott hin und gewiss
auch manchmal von ihm wegführte.

Der Beter von Ps 17 sagt:

> Ich aber will als Gerechter dein Antlitz schauen,
> mich beim Erwachen sättigen an deiner Gestalt.

Vielleicht kommt darin eine Eigenart israelitischer Religiosität zum Ausdruck,
die für unsere mehr oder minder wortzentrierten westlichen Kirchen ein Im-
puls sein sollte: Religion lebt wesentlich von Visionen und nicht allein von
Audienzen,[40] sie lebt von anschaulicher, sinnlicher Botschaft und nicht von

---

39 Vgl. Kap. 2.1.4.2.

40 KEEL schreibt (aaO.): "Sicher sind wir in diesem Leben oft genug aufs
blosse Hören verwiesen, und der Glaube kann sich dabei heroisch bewähren.
Aber vom Heroismus allein hat er noch nicht gelebt, und seine Reife und
sein Glück findet er oft erst im angeldhaften Sehen. Wenn die alttestamentlichen Adressaten z.B. die Beschreibungen der drei Visionen Jesajas,
Ezechiels und Sacharjas gehört haben, haben diese Beschreibungen in ihnen
bestimmte Seherlebnisse evoziert, die den Hintergrund für das Gehörte abgeben und ihm so erst seinen vollen (intellektuellen und emotionalen)
Wert gegeben haben... Der Glaube, der nur vom Hören kommt, vernachlässigt
leicht den inkarnatorischen und damit- so überraschend das klingt - den
allgemein menschlichen Aspekt der Offenbarung. Der Leib ist universaler
und umfassender als die Sprache."

abstrakten Ideen. Ich sehe eine Hauptanforderung an heutige ChristInnen darin, das biblische Erbe der Bilder und Symbole fruchtbar zu machen für eine
über sich selbst aufgeklärte Religion, die, indem sie von Gott und dem Him-
melreich redet, Sprache und Vollmacht des Widerstands verleiht und zugleich
zu einem qualitativ neuen Zusammenleben von Menschen miteinander und mit
der Schöpfung aufruft, nicht im Jenseits, sondern hier und jetzt.

Mit dieser Arbeit hoffe ich einen kleinen Beitrag zur israelitischen Religionsgeschichte, aber auch einen theologischen Diskussionsanstoss geleistet
zu haben.

Vgl. schon die kritischen Bemerkungen zum Juden als mehr hörendem denn
sehendem Wesen bei J. GUTMANN, The "Second Commandment" 1-14 und zur
bildhaften Sprache vom Sehen und Hören Gottes den wichtigen Beitrag von
W.H. SCHMIDT, Ausprägungen des Bilderverbots, passim.

KAPITEL I

BILDWERKE IN GESTALT VON BAEUMEN, BLUETEN, FRUECHTEN

1.1. ASCHEREN UND ASCHERA IM ALTEN TESTAMENT

Längst nicht alle Pflanzen, die das Alte Testament kennt, haben eine so ausgeprägte Bedeutung als Lebens- und Fruchtbarkeitssymbole wie z.B. Lotos und Granatapfel. Und doch ist die Pflanzenwelt in der Bibel in einer Intensität präsent, die zeigt, wie stark das Leben damaliger Menschen auch Beziehung zur Natur, zur Vegetation bedeutete. Dass dieses Verhältnis, ohne es allzu romantisch darstellen zu wollen, im allgemeinen von mehr Respekt gegenüber der Pflanzenwelt geprägt war als heute, wird besonders deutlich am Beispiel der Verehrung der heiligen Bäume. Heute müssen besonders alte, grosse und seltene Bäume unter "Naturschutz" gestellt werden. Wegen der Bedrohung der Wälder durch die zunehmende Luft- und Bodenverseuchung ist der Baum inzwischen zum wichtigen Emblem vieler "grüner" Initiativen geworden.
Die Ehrfurcht vor dem Leben, das der Baum verkörpert, findet im Alten Orient in der Verbindung von Baum- und Göttinnenkult ihren markantesten Ausdruck.
Der JHWH-Glaube hat zur Verehrung der heiligen Bäume, nach einer offenbar problemlosen Integration in der Frühzeit, später nie ein positives Verhältnis finden können. Vielleicht ist dieser Mangel an Integrationsfähigkeit eine der Wurzeln der abendländisch-christlichen Geschichte von Ausbeutung und Herrschaft des Menschen über die Natur, deren verheerende Folgen nun immer deutlicher zutage treten.

1.1.1. DER STILISIERTE BAUM

Die seriösen Nachforschungen, aber auch die Spekulationen über die Etymologie und Bedeutung der im Alten Testament vierzig Mal erwähnten אשרה[1] sowie die Diskussion der im Zusammenhang damit auftretenden Einzelfragen haben bereits eine alte Tradition (beginnend mit den interpretierenden Uebersetzungen der LXX, der Vulgata und der Peschitta), die durch die Funde der Inschriften von Chirbet el Qôm und Kuntillet Adschrud in den vergangenen Jahren erneut auf-

---

1 Zur Statistik vgl. den Artikel von J.C. DE MOOR in: ThWAT I (473-481) 474.

blühte.[2] Da der jüngste Forschungsstand zum Thema inzwischen mehrmals übersichtlich zusammengefasst worden ist,[3] können wir uns im folgenden direkt einigen spezielleren Aspekten, vor allem solchen, die das Aussehen der Aschera/Ascheren betreffen, zuwenden.

Zunächst sehen wir uns mit der Tatsache konfrontiert, dass es im Alten Testament keine Beschreibung einer אשרה gibt, wohl aber Indizien aus dem jeweiligen Zusammenhang entnehmbar sind, so dass heute folgender Konsens besteht:[4] אשרה bezeichnet im Alten Testament an wenigen Stellen (sicher in 1Kön 18,19; eventuell in Ri 3,7; 1Kön 15,13; 2Kön 21,7; 23,4) die Göttin Aschera (altbabylonisch $^{d}A\check{s}ratum$ und ugaritisch A$\underline{t}$rt), eine vor allem aus Ugarit bekannte Göttin, die dort in der Rolle der Gemahlin Els auftritt, im Alten Testament hingegen als Gefährtin Baals. Viel häufiger jedoch lässt der Kontext des Wortes (ob im Singular oder Plural) auf einen Gegenstand rückschliessen, der im weitesten Sinn als Kultobjekt einzuordnen ist, da er im Zusammenhang von Masseben, Höhenheiligtümern, Altären und Götterbildern genannt wird[5] (vgl. im Singular: Dtn 16,21; Ri 6,25-30; 1Kön 16,33; 2Kön 13,6; 17,16; 18,4; 21,3; 23,6.7.15; im Plural: Ex 34,13; Dtn 7,5; 12,3; 1Kön 14,15.23; 2Kön 17, 10; 23,14; 2Chr 14,2; 17,6; 19,3; 24,18; 31,1; 33,1.19; 34,3f.7; Jes 17,8; 27,9; Jer 17,2; Mi 5,14).

Trägt man die zumeist beiläufig erwähnten Anhaltspunkte aus den Texten einmal zusammen, ergibt sich folgendes "Phantombild": Die Aschera ist ein Objekt aus Holz (Dtn 16,21; Ri 6,26). Sie kann gepflanzt (Dtn 16,21 נטע) oder aufgestellt (2Kön 17,10 hi. von נצב und 2Chr 33,19 עמד, auch שים in 2Kön 21,7) werden bzw. sie steht (Jes 27,9 קום). Ri 6,25.28.30, wonach sie über den Altar hinausragt, berechtigt dazu, sie sich als aufgerichteten, relativ grossen hölzernen Gegenstand vorzustellen. Dazu passen die in polemischen Zusammenhängen auftretenden Nachrichten vom Abhacken (Dtn 7,5; 2Chr 14,2; 31,1), Abschneiden (Ex 34,13; Mi 6,25f.30; 2Kön 18,4; 23,14), Ausreissen (Mi 5,13), Niederreissen (2Chr 34,7) und Verbrennen (Dtn 12,3; Ri 6,26; 2Kön 23,6.15) von אשרים.[6]

Da die Aschera laut 1Kön 14,15; 16,33; 2Kön 17,16; 21,3.7 und Jes 17,8 "hergestellt" wird und "unter grünen Bäumen" vorkommt (1Kön 14,23 sowie 2Kön 17,

2 Vgl. dazu U. WINTER, Frau und Göttin 486-490.

3 U. WINTER, aaO. 551-560.

4 Vgl. dazu aaO. 553, im Anschluss an W.L. REED in: IDB I 250-252.

5 WINTER, aaO. 556.

6 J.C. DE MOOR, aaO. 477f.

10), ist es wahrscheinlich, dass - zumindest in der Königszeit - eine Aschera
seltener ein lebender, häufiger ein stilisierter Baum war, wie ihn in plastischer Ausführung z.B. ein bekanntes Tonmodell aus Zypern (Abb.8) zeigt.[7]

Im Mischna-Traktat Aboda Zara (III 7) wird erklärt:

> Es gibt dreierlei Ascherot: Ein Baum, den man ursprünglich
> zum Götzendienst gepflanzt hat, ist verboten; hat man ihn
> zum Götzendienst behauen oder beschnitten, und er hat neue
> Schösslinge hervorgebracht, so braucht man nur die neuen
> Schösslinge wegzunehmen; hat man einen Götzen darunter ge-
> stellt und diesen dann nichtig gemacht, so ist jener er-
> laubt.[8]

Sowohl grüne Bäume als auch beschnittene, die als hohe Holzpfähle mit Krone
aufragten, wurden also mit dem Namen Aschera assoziiert.[9] Dass die Aschera
in der Tradition der Verehrung heiliger Bäume, die auch abgestorben noch ihre
Bedeutung behielten,[10] stand, war in Israel bewusst, weshalb dann in Dtn 16,
21 vom Pflanzen der Aschera die Rede sein kann. Die Vielzahl der heiligen
Bäume in der Patriarchenzeit wird nicht mit אשרה bezeichnet, was jedenfalls
auf den starken kanaanäischen Einfluss auf die Baumverehrung hinweist.[11]
Auf die Bedeutung dieser heiligen Bäume im israelitischen Kult der Königszeit,
auf ihr Verhältnis zur Göttin Aschera und zum Gott JHWH wollen wir bei der
Diskussion der Inschriften von Kuntillet Adschrud und Chirbet el Qôm eingehen.
Zuvor sollen jedoch einige atl. Texte etwas näher beleuchtet werden, die den
Rahmen des oben gezeichneten "Phantombildes" möglicherweise sprengen.

---

7 AaO. 478f.; WINTER, Frau und Göttin 441 und Abb.471.

8 Vgl. D. HOFFMANN, Mischnajot IV 314f. Den Hinweis auf diesen Mischna-Text
   gab Frau R. HESTRIN, Jerusalem (vorläufig mündlich).

9 Die beiden hochstämmigen Bäume mit abgeschnittenen Aesten - in unmittelbarer Nachbarschaft zur Dattelpalme mit der Taube - auf der berühmten Palastmalerei aus Mari (1750 v.Chr.) dürften eher Phantasie-
   bäume denn "Ascheren" sein.

10 Zum Uebergang vom lebenden Baum zum Holzpfahl vgl. R. MOFTAH, Die uralte
   Sykomore, passim; WINTER, aaO. 559; K. JAROŠ, Die Stellung 130f.; E.
   HERMSEN, Lebensbaumsymbolik 76.

11 Zum Datierungsproblem vgl. weiter unten Anm.114.
   Die von J.R. ENGLE (Pillar Figurines bes.52-102) vorgetragene These, dass
   die אשרים mit den im eisenzeitlichen Südpalästina verbreiteten "Säulenfigürchen" der Göttin identisch seien, hat WINTER (aaO. 557) überzeugend
   widerlegen können.

1.1.2. BESONDERE ALTTESTAMENTLICHE HINWEISE

In 1Kön 15,13 (vgl. 2Chr 15,16) wird über König Asa von Juda berichtet, er habe seine Mutter Maacha ihres Amtes als Königsmutter[12] enthoben, weil sie מפלצת לאשרה gemacht habe. Die Vernichtung dieses Gegenstandes wird nach der üblichen dtr. Terminologie mit "Umhauen" und "Verbrennen im Kidrontal" beschrieben.[13]

Im Nordreich errichtet König Ahab in Samaria einen Tempel – nach 1Kön 16,32 einen Baal-Tempel[14] – und macht eine Aschera. Diese Aschera in Samaria bleibt laut 2Kön 13,6 auch während der Regierung des Joahas von Israel, also noch gut 50 Jahre später, stehen. Wenn wir in Am 8,14 statt באשמת die oft vorgeschlagene Konjektur באשרת lesen,[15] hätten wir dort noch einen weiteren Hinweis auf eine offensichtlich bedeutendere Aschera von Samaria.

In den Spuren Ahabs wandelt auch Manasse von Juda.[16] Sein Vergehen beschränkt sich nicht auf das Errichten irgendeiner Aschera (2Kön 21,3; LXX, Syriaca und Vulgata haben den Plural) – er stellt sie sogar in den Tempel von Jerusalem (2Kön 21,7):

> Und er stellte die Aschera-Skulptur (אֶת־פֶּסֶל הָאֲשֵׁרָה), die
> er hatte anfertigen lassen (אשר עשה) in den Tempel ...

Diese mit פסל bezeichnete Aschera ist es vermutlich, deren Vernichtung im Bericht über die joschijanische Reform zusätzlich zur summarischen Notiz (2Kön 23,4) noch gesondert notiert zu werden verdiente (23,6f.):

---

12 Zum Amt der גבירה, die in Israel eine grössere Bedeutung gehabt zu haben scheint als die Königin, vgl. WINTER, aaO. 82.385-387.

13 Vgl. zu den dtr. Verben der Kultvernichtung H.-D. HOFFMANN, Reform 342-348.

14 HOFFMANN (aaO. 81) schreibt diese verfemende Bezeichnung wohl zurecht dem Dtr. zu, der im JHWH-Kult zur Zeit Ahabs Baal-Kult erkennt: "Die historischen religionspolitischen Verhältnisse der Ahab-Zeit werden allein schon durch die Jahwe-haltigen Namen aller seiner Kinder (Ahasja, Athalja, Joram) besser bezeugt, als es die dtr Pauschalisierung tut." (aaO.).

15 Vgl. dazu H.W. WOLFF (Dodekapropheton 2 372), der selbst allerdings "bei der Schuld Samarias" übersetzt.

16 Die Kultreform des Hiskija schliesst laut dem MT-Text in 2Kön 18,4 das Umhauen einer Aschera ein. Alle wichtigen antiken Uebersetzungen haben hier jedoch den Plural, so dass H.-D. HOFFMANN (Reform 147 Anm.6) eine spätere Umwandlung des formelhaften Plural in den Singular annimmt.

6 Er (Joschija) liess die Aschera aus dem Tempel JHWHs
hinausschaffen und sie draussen vor Jerusalem im Kidrontal verbrennen und zu Staub zerstampfen und den Staub
dann auf die Gräber der gemeinen Leute werfen.

7 Er riss die Wohnungen der Geweihten (קדשים) ein,
die beim Tempel JHWHs waren,
in denen die Frauen בתים für die Aschera woben. [17]

In 2Chr 33,7.15, der Parallelnotiz zu 2Kön 21,7, wird das von Manasse errichtete (und in der Chronik auch von ihm abgeschaffte) Kultobjekt nun einmal
als פסל הסמל und dann einfach als הסמל bezeichnet, was in jedem Fall darauf
hindeutet, dass noch die Chronik die Aschera von Jerusalem aus der Reihe der
sonstigen אשרים (immer im Plural) herausnimmt. Es stellt sich die Frage, ob
es in Samaria und Jerusalem eventuell ein Kultobjekt/-bild gab, das mit אשרה,
פסל, סמל bezeichnet wurde, aber nicht identisch ist mit den (stilisierten)
Bäumen oder Holzpfählen, die man sich sonst unter Aschera/Ascheren im Alten
Testament vorzustellen hat.

1.1.3. סמל - BEIGESTELLTES KULTOBJEKT/-BILD UND DAS "KUH UND KALB"-MOTIV

Ist von der Bedeutung des hebräischen Wortes סמל her Aufschluss über die Gestalt des Kultobjekts im Tempel von Jerusalem zu gewinnen? Der Begriff kommt
im Alten Testament noch zweimal in kultkritischem Rahmen vor. Das Bilderverbot in Dtn 4,16 beginnt:

... dass ihr nicht frevelt und euch ein Götterbild (פסל)

macht תמונת כל-סמל.

Offenbar ist תמונת כל-סמל [18] eine erläuternde oder erweiternde Bestimmung zu
פסל, das sowohl das <u>Genre</u> der Darstellung (Skulptur) als auch ihre <u>Bedeutung</u>
(Götterbild) bezeichnet. Wenn im folgenden mit תבנית angegeben wird, <u>was</u>
darzustellen verboten ist, liegt es jedenfalls nahe, in תמונת כל-סמל eine
Angabe über die <u>Funktion</u> verbotener Darstellungen zu vermuten.

---

17 Zur dtr. Formelhaftigkeit der Vernichtungsaktionen bei der joschijanischen Kultreform vgl. H.-D. HOFFMANN, Reform bes.221ff.; zum Kidrontal
aaO. 224. HOFFMANN (aaO. 231) gesteht der Notiz in 23,6f. eine gewisse
historische Zuverlässigkeit zu, allerdings weniger der Vernichtungsmass-
nahme als der Erinnerung an die beschriebenen Einrichtungen.

18 Zu תמונה vgl. weiter unten Kap. 5.1.6.

Trotz des viel weniger formelhaften Kontextes bleibt auch die Nachricht von
einem סמל הקנאה in Ez 8,3-5 zunächst rätselhaft:

> 3 Und er streckte etwas wie eine Hand aus und fasste mich
> bei meinem Haarschopf, und der Geist hob mich empor zwi-
> schen Himmel und Erde und brachte mich nach Jerusalem in
> Gottesgesichten zum Eingang des Tores [zum inneren Vorhof],
> das nach Norden geht, wo sich der Standort (מושב) des
> סמל הקנאה befindet, das Leidenschaft weckt (המקנה).
>
> 4 Und siehe, da war die Herrlichkeit des Gottes Israels,
> ganz wie die Erscheinung, die ich in der Ebene gesehen
> hatte.
>
> 5 Und er sprach zu mir: Menschensohn, erhebe deine Augen
> gegen Norden, und siehe, im Norden des Tores stand ein
> Altar, das סמל הקנאה selbst aber stand am Eingang.[19]

Zuletzt hat C. DOHMEN[20] sich mit der präzisen Bedeutung von סמל befasst,
dessen Etymologie nach wie vor unsicher ist[21] und das meistens sehr vage mit
"Bild" oder "Statue" übersetzt wird. Die Wurzel סמל begegnet ausser in den

---

19 Zu den text- und literarkritischen Problemen der Passage vgl. vor allem
W. ZIMMERLI, Ezechiel 191f. Das schwierige הפנימית des MT-Textes in V.3
sieht ZIMMERLI als spätere Einfügung an. Er denkt an das "Nordtor des
Stadtbereiches von Jerusalem", eventuell identisch mit dem Benjaminstor
von Jer 37,13 (aaO. 210-212). W. EICHRODT (Der Prophet 59) hält V.3b für
eine Glosse und spricht dann vom Aschera-Kult "an dem Tor, das zum
eigentlichen Tempelvorhof führte".
H.F. FUHS (Ezechiel 49) übersetzt "am Eingang des inneren Nordtores"
und merkt an: "gemeint ist wohl das Nordtor der grossen Umfassungsmauer
der königlichen Palastanlage." M. GREENBERG (Ezekiel 168) hält an der
MT-Lesart ohne Diskussion fest. Das (nördliche) Altar-Tor sei das gegenüber dem grossen Schlachtopferaltar im inneren Tempelhof gewesen. Da
im ganzen Kapitel 8 die "Greuel" Israels in einer Steigerung vom Rand
zum Zentrum des Heiligtums hin dargestellt werden, kann man das סמל
הקנאה jedenfalls im äusseren Tempelbereich ansiedeln,bzw. davor, da sich
die Israeliten ja vom Heiligtum fernhalten (V.6).

20 Vgl. zum Folgenden DOHMENs Beitrag " סֶמֶל Bild, Statue?", passim.

21 Vgl. die Uebersicht bei ZIMMERLI, Ezechiel 213ff. Die Verbindung zu צלם
oder akk. lamassu ist aufgegeben worden (DOHMEN, aaO. 265).

22 DISO 194f.; KAI Nos 12,3; 26 C IV 15.18.19; 40,3; 41,1; 43,2; 145,7;
einmal ist die Form סמלת "weibliches Bildnis" bezeugt (KAI No 33,2).
Im eisenzeitlichen phönizischen Tempel von Sarepta (8.-7.Jh.v.Chr.) wurde
ein kleines Elfenbeinplättchen mit einer Votivinschrift gefunden, die
besagt, ein gewisser Schillem habe für Tinnit-Astarte ein sml gestiftet
(dazu G.W. AHLSTROEM, An Archaeological Picture 9).

genannten atl. Texten nun auch noch in einigen phönizisch-punischen Inschriften,[22] wo sie normalerweise ein Votivbild - zumeist in Form einer Beterstatue, die vor der Gottheit aufgestellt wird, bezeichnet.[23] In einer Inschrift römischer Zeit aus Byblos, die auf der einen Seite eines kleinen Altars eingeschrieben war[24], bezeichnet סמל בעל hingegen eine dem Baal zugeordnete numinose Grösse, der das Altärchen auch gewidmet ist:

1 Diesen Räucheraltar (חנוט) verfertigte

2 ich, עבד אשמן, der Baumeister,

3 Sohn des אסעא "unserem Herrn" und dem סמל

4 בעל. Sie mögen segnen und ihn am Leben erhalten.

In Parallele zu der in punischen Inschriften auftretenden פן בעל als Epitheton der Tinnit oder zu שם בעל als Epitheton für Astarte im Phönizischen und Ugaritischen wurde סמל בעל schon als dem Baal beigesellte weibliche Gottheit interpretiert bzw. als Hypostase.[25]

DOHMEN plädiert jedoch dafür, סמל mit "beigestelltes Kultobjekt" zu übersetzen, was den funktionalen Aspekt des Wortes in allen Fällen treffend wiedergibt. Wo dieses "beigestellte Kultobjekt" im Alten Testament auftritt, beziehe es sich auf eine JHWH (durch ihr Kultobjekt) beigesellte Göttin. Die Missachtung des Ausschliesslichkeitsanspruchs JHWHs, die in solch einem Kultobjekt zum Ausdruck kommt, bringe Ezechiel durch die Bezeichnung סמל הקנאה auf den Begriff.[26]

Ueber die Gestalt des Kultobjekts sagt der Begriff סמל an sich also nichts. Die Notiz in Ez 8 fällt zudem aus dem üblichen Rahmen, insofern dieses Kultobjekt nicht "auf Höhen" oder "im Tempel" anzutreffen ist, sondern im Bereich des Nordtores (eventuell dem des inneren Vorhofes) des Tempelbereiches

---

23 Für die an das Ende des 8.Jhs.v.Chr. datierte Bilingue von Karatepe (KAI No 26) trifft das aber, wie DOHMEN offenbar übersehen hat, nicht zu. Nach der nunmehr vorliegenden kommentierten Uebersetzung der Inschrift durch F. BRON bezieht sich Spalte IV 15.18.19 *sml* auf das menschengestaltige Götterbild (*bsml 'lm*), in das die Zeilen 13-20 eingemeisselt sind (vgl. BRON, Recherches 21.25.126f.). Doch handelt es sich auch da um ein Votivbild in Gestalt von oder für einen Baal *krntryš*.

24 KAI No 12,3.

25 Vgl. dazu und im folgenden C. DOHMEN, aaO. 264.

26 AaO. 265.

zusammen mit einem zugehörigen Altar.[27]

Der Torbereich ist im Alten Orient als Ort der Absicherung des Heiligen gegen das Profane immer der Platz für Wächterfiguren in Gestalt von Löwen oder anderen gefährlichen Tieren und Mischwesen gewesen,[28] und so hat man unter סמל הקנאה schon eine solche Torhüterskulptur verstehen wollen.[29]

Dagegen ist aber ein sehr gewichtiger Einwand zu erheben. Während in Ez 8 von einem Kultgegenstand im Singular die Rede ist, ist für Wächterstatuen gerade charakteristisch, dass sie zu zweit den Durchgang schützend flankieren. Die Archäologie und Ikonographie hat für solche Doppelfiguren viele Nachweise erbracht.[30]

Im Anschluss an J. HERRMANN[31] wurde auch schon wiederholt die Identifikation des "Standbildes der Liebesleidenschaft" mit der von Joschija entfernten und später im Tempelbereich wiedererrichteten Skulptur der Göttin Aschera oder Astarte vorgeschlagen.[32] Für den Kult um einen stilisierten Baum im Torbereich eines Tempelhofes finden sich jedoch ausserhalb des Alten Testaments keine deutlichen Hinweise.

---

27 Vgl. den Plan des Tempelentwurfes Ezechiels bei KEEL, AOBPs 115 Abb.174. Der Altar muss nach Ez 8,5 vor dem Torgebäude gestanden haben. ZIMMERLI (Ezechiel 215) vermutet in ihm das Neue und eigentlich Anstosserregende für den Propheten, während das סמל ein allgemein bekanntes Phänomen gewesen sei.

28 Zu den mischwesen- und tiergestaltigen Wächtern an den Tempeltoren vgl. KEEL, AOBPs 108-110. Im sumerischen Raum übernahm der Imdugud-Vogel diese apotropäische Funktion, aus Assyrien kennen wir die gewaltigen menschenköpfigen Stiere mit Adlerflügeln (*aladlammû*, vielleicht auch *kurību*) und viele andere Genien.

29 Vgl. die Referenzen bei ZIMMERLI (Ezechiel 214), der sich diesem Vorschlag selbst anschliesst. Auch FUHS (Ezechiel 50) referiert diese Interpretation von סמל.

30 Dazu KEEL, AOBPs 108-110 und ders., Jahwe-Visionen 15ff. (vgl. vor allem die Keruben als Wächter des Gartens Eden in Gen 3,24). Vgl. beispielsweise die Doppelfiguren bei J. READE, Assyrian Sculpture Fig.2 (Chorsabad, 710 v.Chr.) und Fig.17.22 (Nimrud, 865 v.Chr.). Auch in Juda waren Löwenorthostaten an den Eingängen von Tempeln, Palästen und Gräbern im 9./8.Jh.v.Chr. bekannt. Zu den Löwenstatuen von Hazor und vom Tell Bet-Mirsim und den Wächterlöwen in einem Grab vom Tell Etun vgl. O. KEEL, Bildträger 12 und Anm.12f. sowie OLB II 777 Abb.493 und 785f. Abb. 502.

31 Ezechiel z.St.

32 Vgl. ZIMMERLI, Ezechiel 213f.; FUHS, Ezechiel 51. Diese Deutung geht vom nicht-polemischen Sinn des הקנאה aus, den ZIMMERLI für unwahrscheinlich hält (aaO. 214).
Zu קנאה vgl. G. SAUER, Art. קנאה in: THAT II 647-650. Der Begriff an sich ist nicht wertend. In Hld 8,6 bezeichnet er z.B. die leidenschaftliche

Einen Schritt weiter hilft uns nun möglicherweise die Zeichnung eines verlorenen Reliefs aus Chorsabad aus der Zeit Sargons II. (721-705 v.Chr.), worauf die Plünderung des Tempels von Muṣaṣir in Urartu dargestellt ist (Abb.1).[33] Dort steht rechts vor dem Tempeleingang eine offenbar lebensgrosse Plastik des "Kuh und Kalb"-Motivs, und in den Annalen des Königs (TCL 3,401) findet sich entsprechend die Notiz, dass bei der Ausraubung des Tempels des ^{d}Ḫaldi und der ^{d}Bagbartu eine solche Bronzeplastik weggeschafft worden sei:

> 1 Stier, 1 Kuh mit ihrem Kalb aus Bronze, die ^{I}Sardur - Sohn des ^{I}Išpuini - dem Tempel des ^{d}Ḫaldi zum Votivgeschenk (?) gemacht und auf denen er eine (diesbezügliche) Inschrift angebracht hatte.[34]

Der Bedeutung des "Kuh und Kalb"-Motivs[35] ist O. KEEL bei der Untersuchung des religionsgeschichtlich-ikonographischen Hintergrunds einiger atl. Vorschriften, darunter dem Verbot, ein Zicklein in der Milch seiner Mutter zu kochen (Ex 23,19b; 34,26b; Dtn 14,21c) in einer vielbeachteten Monographie nachgegangen.[36] Einige wichtige Ergebnisse dieser Studie lohnt es an dieser Stelle zu referieren.[37]

Das Motiv des säugenden Muttertieres ist im ganzen Orient zu verschiedenen Zeiten verbreitet gewesen. Viele altorientalische Göttinnen, die Hathor, Isis, Ninḫursag, Ischtar und Anat, wurden in Kuhgestalt dargestellt. Dennnoch gelingt die feste Zuordnung des Bildes von der säugenden Kuh zu einer be-

---

Liebe. Meistens bezieht er sich aber auf den Eifer JHWHs, der durch die Verehrung anderer Götter erregt wird und sich gegen Israel oder andere Völker richten kann.
Die Erweiterung in Ez 8,3 המקנה ("das Eifer erregt") könnte natürlich genau die polemische Note in einem Wortspiel enthalten, ohne dass auch das nomen rectum הקנאה schon die kultische Pointe enthält.

33 P.E. BOTTA, Monument II Pl.141; O. KEEL, Das Böcklein Abb.100; W. MAYER, Die Finanzierung Abb.5.

34 Uebersetzung nach W. MAYER, Die Finanzierung 579 (= ders., Sargons Feldzug 109).

35 Vgl. auch unten Kap. 2.1.3.1 zur Dekoration der Kesselwagen im salomonischen Tempel.

36 Das Böcklein, passim. KEEL hat zu den Einwänden B. COUROYERs und M. HARANs gegen diese Studie ausführlich Stellung genommen (KEEL, Bildträger 26-33).

37 Vgl. besonders die Zusammenfassung aaO. 142-144. Zum "Kuh und Kalb"-Motiv und den kuhgestaltigen Göttinnen in Aegypten, Mesopotamien und Ugarit vgl. WINTER, Frau und Göttin 404-413.

stimmten Göttin nicht. Eine Reihe von Belegen, u.a. die eisenzeitlichen
Stempelsiegel aus Palästina, die säugende Capriden zeigen, geben vielmehr
Grund anzunehmen, "das säugende Muttertier verkörpere als solches eine numinose Macht, ohne streng auf eine bestimmte Göttin bezogen und als deren Manifestation verstanden worden zu sein."[38] Wo es in landwirtschaftlichen oder
Szenerien der wildlebenden Tierwelt auftritt, scheint es Segen und Gedeihen
zu konnotieren. Das säugende Muttertier ist also, wenn es nicht als Erschei-
nungsgestalt einer Gottheit aufgefasst wurde, sicher als Manifestation gött-
lichen Segens verstanden worden, als Verkörperung und Zusicherung der göttlichen Lebensmacht und Liebe, die die Weitergabe von Leben ermöglicht.
Für die Möglichkeit, dass das "beigestellte Kultobjekt" in Ez 8,3.5 eine
Skulptur/Plastik der säugenden Kuh mit ihrem Kalb ist, kann vor allem die
Beliebtheit des Motivs in der phönizisch-syrischen Elfenbeinkunst des 9./8.
Jhs.v.Chr. geltend gemacht werden.[39] Ein Elfenbeinfragment des 9. Jhs. aus
Samaria gehörte wahrscheinlich zu einem solchen Motiv.[40] Noch interessanter
sind aber zwei Zeichnungen - eine davon unvollendet - des "Kuh und Kalb"-
Motivs auf den Scherben der beiden Vorratskrüge von Kuntillet Adschrud, auf
denen auch die vieldiskutierten Inschriften gefunden wurden, die eine
Aschera erwähnen.[41]

1.1.4. ASCHERA, "KUH UND KALB", BES UND HEILIGER BAUM
DIE FUNDE VON KUNTILLET ADSCHRUD

Auf Krug A (Abb.2)[42] ist neben einigen anderen Tierdarstellungen - darunter
das noch zu behandelnde Motiv der Capriden am Lebensbaum über einem Löwen -

---

38 AaO. 142. Zusätzliche Belege für das Motiv der säugenden Capride auf pa-
    lästinischen Stempelsiegeln sind jetzt bei O. KEEL, Bildträger Abb.1-16
    zusammengestellt.

39 Vgl. die Exemplare aus Arslan Tasch und Nimrud (KEEL, Das Böcklein Abb.
    114-119; Phönizische Elfenbeine Nos 23-26.28). Sehr ähnlich ist das Motiv
    auf den phönizischen Metallschalen des 8./7.Jhs.v.Chr. (KEEL, Das
    Böcklein Abb.111-113). Vgl. auch "Kuh und Kalb" auf einem beschrifteten
    Siegel des 1.Jts.v.Chr. bei K. GALLING, Beschriftete Bildsiegel No 33
    sowie auf einem Skarabäus aus Bet-Schean (unpubliziert; Sammlung M. Re-
    schef), wo beide von einem Löwen angefallen werden.

40 J.W /G.M. CROWFOOT, Early Ivories Pl.X,7.

41 Dem Folgenden liegen vor allem die Publikationen von Z. MESHEL, Kuntillet
    ᶜAjrud und P. BECK, The Drawings zugrunde.

42 BECK, The Drawings fig.5 (vgl. O. KEEL (Hrsg.), Monotheismus Abb.13).

eine recht interessante Gruppierung von Motiven erhalten: zwei Figuren in
der Mitte, deren Identität als Bes-Darstellungen aufgrund der hervorragenden
Bearbeitung der Funde von Kuntillet Adschrud durch P. BECK nun als endgültig geklärt betrachtet werden kann,[43] sind umgeben von einem/einer nach
rechts blickenden LeierspielerIn auf einem kleinen Sessel (oben rechts) und
einer etwas ungeschickt gezeichneten Kuh, die ihren Kopf zum trinkenden
Stierkalb zurückwendet (weiter unten links).[44]

Auf Krug B, der wie Krug A im sogenannten "benchroom" am Eingang zum Hof der
Gebäudeanlage gestanden sein wird,[45] ist die Zeichnung des Motivs zwar unvollendet geblieben, aber der zurückgewendete Kopf der Kuh, der dem Künstler
missglückte, lässt keinen Zweifel an seiner ursprünglichen Absicht (Abb.3).[46]
Auf diesem Krug ist neben einer Capride, einem Stier und einem Bogenschützen
(zum Teil fragmentarisch) auch eine Prozession von fünf Gestalten zu sehen,
deren erhobene Arme Verehrung signalisieren.[47] P. BECK nimmt aufgrund stili-
stischer Kriterien an, das "Kuh und Kalb"-Motiv auf beiden Krügen könne von
derselben Hand stammen.[48]

Einer anderen Hand entstammen der/die LeierspielerIn und die rechte Bes-
Figur, der später die etwas grössere links zugefügt wurde. Ein anderer
scheint, ebenfalls später, die Prozession gemalt zu haben. Während letztere
stilistisch Merkmale der "Wüstenkunst"[49] aufweist, sind die übrigen Motive

43 Vgl. die Diskussion um die ikonographisch eigentlich indiskutable These,
    dass die zwei Figuren JHWH und seine Paredra darstellen könnten bzw.
    einen kuhgestalteten JHWH (M. GILULA), bei KEEL (Hrsg.), aaO. 168-170.
    Eine genaue Beschreibung und Material zur Darstellung des Bes im Alten
    Orient hat P. BECK zusammengestellt (op.cit. 27-31).

44 Auch KEEL, Das Böcklein Abb.120. Vgl. die sehr ähnliche Gestaltung des
    Motivs auf dem reliefierten Gefäss des 7./6. Jhs.v.Chr. aus Buseirah
    bei Abb.121.

45 Die Bedeutung der Gesamtanlage und der Funde von Kuntillet Adschrud um-
    reisst Z. MESHEL, Kuntillet ᶜAjrud bes. 23-25. Zum "benchroom" aaO. 11f.
    und zum Fundort der Krüge P. BECK, The Drawings 4.

46 P. BECK, The Drawings 4-8 und fig.6 (vgl. fig.12).

47 BECK, aaO. 36-40 und fig.16.

48 Der Künstler brach eventuell seine Arbeit auf Krug B ab und zeichnete,
    erfolgreicher, das Motiv auf Krug A. Die Möglichkeit, dass das Fragment
    eine Imitation des Motivs auf Krug A werden sollte, lässt BECK aber offen
    (aaO. 10f.). Vgl. zum Folgenden das Fazit bei P. BECK, aaO. 43-45.

49 Mit "desert art" bezeichnet die Autorin den Stil der Zeichnungen von
    Timna, der midianitischen Töpferware und der Felszeichnungen in den Wü-
    sten des Sinai und Arabien. "This style probably reflects some aspects
    of the art of the people who inhabited or travelled along or were familiar
    with it from these sources" (aaO. 45).

in ihrer Gestaltung überwiegend von der phönizisch-nordsyrisch-kilikischen Kleinkunst, mit der die Künstler sehr vertraut gewesen sein müssen, geprägt.[50] Die Zeichnungen auf den Krügen sind also nicht als blosse Kritzeleien anzusehen.[51]

Die Krüge wurden zudem nach der Ansicht des Ausgrabungsleiters Z. MESHEL wie viele andere Dinge als Votivgaben auf den Bänken im "benchroom" aufgestellt, der eindeutig der wichtigste Raum in der Gebäudeanlage von Kuntillet Adschrud ist. Diese Anlage ist nach allem, was wir zur Zeit wissen, kein Tempel, aber eine sakral-kultisch bedeutsame Station auf dem Weg (von Königen, Karawanen?) nach Elat[52] gewesen, und zwar im Zeitraum zwischen 850 und 750 v.Chr. Die Reisenden konnten dort zu ihrem Gott beten und um Segen für ihre Unternehmungen bitten, was die Inschriften auf den Krügen bestätigen.

Auf Krug A (Zeilen 1-2) lesen wir:[53]

> *brkt. ʾtkm.ljhwh˳šmrn.wlʾšrth.*

> Ich segne euch durch JHWH von Samaria
> und durch seine Aschera.

Auf Krug B ist noch etwas mehr vom Kontext erhalten:[54]

> *ʾmrjw.ʾmr.l.ʾdnj h. .. brktk.ljhwh.tmn*
> *w l ʾšrth.jbrk.wjšmrk.wjhj^Cm. ʾdnj...*

> Amarjau sagte zu meinem Herrn...
> mögest du gesgnet sein durch JHWH von Teman
> und seine Aschera. JHWH segne dich
> und erhalte dich und sei mit dir.

Die Fragmente weiterer Inschriften auf Steingefässen, den Wänden und Türpfosten enthalten mehrmals die Namen *ʾšrt/ʾl/b^Cl/jhwh* und sind als Bitten, Gebete oder Segenswünsche zu interpretieren.[55]

---

50 AaO. 44f.

51 Die Zeichnungen in roter Farbe wurden wohl etwa gleichzeitig auf die schon im "benchroom" befindlichen Krüge aufgetragen (vgl. BECK, aaO. 43). Die Hand von Künstler A zeigt einen ausgeprägten Stil "and not mere scribbling". BECK (aaO. 62) denkt an wandernde Künstler, die ein ganzes Repertoire an phönizisch-syrischen Motiven führten und diese dann unter Einfluss der Zeichnungen der "Wüstenkunst" gestalteten.

52 MESHEL, Kuntillet ^CAjrud 23-25.

53 MESHEL, op.cit.17; O. KEEL (Hrsg.), Monotheismus 170; K. JAROŠ, Hundert Inschriften No 30 (JAROŠ übersetzt *šmrn* "der uns beschützt", lässt aber die Möglichkeit, "Samaria" zu lesen, offen).

54 MESHEL, aaO. 16ff. und A. LEMAIRE, Who or What 44; vgl. auch J. EMERTON, New Light 3.

55 MESHEL, aaO.

Hier sei nun gleich das dritte Inschriftenzeugnis für die Aschera angefügt, das aus einer Grabkammer in Chirbet el-Qôm stammt und in die Mitte des 8. Jhs.v.Chr. datiert ist:[56]

1 $^{\jmath}rjhw.h^c\check{s}r.ktbh$

2 $brk.^{\jmath}rjhw.ljhwh$

3 $wm\d{s}rjh.l^{\jmath}\check{s}rth.hw\check{s}^clh$

4 $l^{\jmath}njhw$

5 $wl^{\jmath}\check{s}rth$

[6 $wh \qquad r \qquad$]

1 Urijahu, der Reiche, hat dies schreiben lassen.

2 Gesegnet sei Urijahu durch JHWH,

3 denn von seinen Feinden hat er ihn

   durch seine Aschera gerettet.

4 (Geschrieben) von Onjahu

5 ... und durch seine Aschera

[6[und durch] seine [Asche]r[ah] ?]

Inzwischen hat sich die Aufregung um diese Funde in den Fachkreisen soweit gelegt,[57] dass man von folgendem Konsens aus- und weitergehen kann: Mit "Aschera" kann in diesen Inschriften (!) nicht die Göttin Aschera als Paredra JHWHs gemeint sein, weil die Beziehung JHWH-Aschera durch das Possessivsuffix auf ein nicht-personales Verhältnis festgelegt ist.[58] Die enge Zusammengehörigkeit deutet auf eine numinose Grösse, die ihren festen Platz im JHWH-Kult mit seinen jeweiligen Lokalformen (JHWH von Samaria und Teman)[59] hatte und welcher, wie der Kontext der Inschriften zeigt, eine besondere

56 A. LEMAIRE, Les inscriptions 597-603; O. KEEL (Hrsg.), Monotheismus 172; K. JAROŠ, Hundert Inschriften No 32 (vgl. ders., Zur Inschrift Nr.31, passim).

57 Den Aufruhr spiegeln die inzwischen überaus langen Literaturverzeichnisse (z.B. bei A. LEMAIRE, Who or What 51).

58 So LEMAIRE (vgl. Les inscriptions, passim) auch in seinem neuesten Beitrag (Who or What 47), der den jetzigen Forschungsstand übersichtlich darstellt.

59 Zum Lokalkolorit vgl. J. EMERTON, New Light, passim. JHWH von Teman (vgl. Hab 3,3) ist der Gott des Südens, dessen Schutz von den Reisenden erbeten wird.
Eine Kritik an den Lokalkulten des Südreiches mit ihren jeweiligen Ascheren vermutet K. JEPPESEN (Micah V 13, passim) auch in Mi 5,13, einem Vers, der oft als sekundär (dtr.) betrachtet wurde, nach JEPPESEN aber aufgrund der Inschriftenfunde von Kuntillet Adschrud und Chirbet el-Qôm durchaus in die Zeit Michas zu datieren ist. Er behält das schwierige עריך in V.13 bei und verweist für die Verbindung von Städten und Kulten auf Jer 2,28 und 11,13.

Schutz- und Segenskraft zukam.[60] Der heilige Baum dürfte eine, und wahrscheinlich die häufigste Manifestation dieser lebenspendenden Kraft gewesen
sein.[61]

K. JAROŠ hat eine Reihe von Stempelsiegeln der Eisenzeit (1200-770 v.Chr.)
aus offiziellen Grabungen in Israel zusammengestellt, auf denen ein stilisiertes Bäumchen von zwei, manchmal mit erhobenen Armen segnenden/beschwö-
renden Verehrergestalten flankiert wird. Diese heiligen Bäume dürften mit den
im Alten Testament erwähnten heiligen Bäumen und mit den Ascheren im Zusammenhang stehen.[62] Zusätzlich zu den von K. JAROŠ zusammengestellten Exemplaren - darunter auch zwei aus Byblos, ein zyprisches Rollsiegel und ein Stück
aus einer Privatsammlung - können noch angeführt werden: ein Exemplar aus
Gibeon (el-Ǧib)[63], ein Skaraboid vom Tell Chalif[64] und ein Skaraboid vom Tell
en-Naṣbe, auf dem der Baum ganz deutlich als Palme geschnitten ist (Abb.4).[65]

Dass es um stilisierte Bäume einen Kultbetrieb gab, der sich in nichts von
dem vor einem Götterbild unterschied, bezeugt besonders schön ein zyprischer
Bronzeständer aus dem Kurium (12.Jh.v.Chr.) mit vier Szenen (Abb.5).[66]
Ein Verehrer bringt Fische und einen Krug (a), Stoff (b), einen Kupferbarren

---

60 LEMAIRE, Who or What bes.44.

61 Es ist von diesen neuen Inschriftenfunden her zu erwägen, ob in der In-
    schrift aus Ma[c]ṣub (KAI No 19,4) nicht doch von einer "Astarte in ihrem
    Kultpfahl" die Rede sein könnte.

62 Die Stücke stammen aus Bet-Schemesch (K. JAROŠ, Die Motive Nos 3.11),
    Tell Fara Nord (No 4), Megiddo (aaO. No 6), Samaria (aaO. No 7), Bet-El
    (aaO. No 9), Lachisch (aaO. No 10).

63 A.K. DAJANI, An Iron Age Tomb 74 Pl.X,63; EZ I-IIA.

64 BIRAN/GOPHNA, An Iron Age Burial Cave 169 Pl.38,5; 9./8.Jh.v.Chr.

65 C.C. McCOWN, Tell en-Naṣbe I 296 Pl.55,63; EZ II.
    Vgl. auch das stilisierte Bäumchen auf einem Siegelabdruck aus Geser
    (R.A.S. MACALISTER, Gezer I p.23 fig.4) und den Verehrer mit dem Zweig/
    Bäumchen auf einer Keramikscherbe aus En-Gedi aus dem 7.Jh.v.Chr. (WIN-
    TER, Frau und Göttin Abb.470).
    Das Motiv der Verehrer am heiligen Baum ist oft einem anderen Motiv,
    zwei Männern, die einen Baum halten, sehr ähnlich.

66 H.W. CATLING, Cypriote Bronzework Pl.34a-d; OLB I Abb.173.
    Zur Datierung und Interpretation dieses Bronzeständers vgl. H. DANTHINE,
    Le palmier-dattier Pl.184 (No 1093) und 205 (Textband) sowie CATLING,
    Cypriote Bronzework 206f. Auch in Aegypten zählen Stoffe und Kleider zu
    den Opfergaben, die Pharao oder Priester der Kultstatue bringen. Vgl.
    LdAe IV 581-584 und zum Kultritual A. ERMAN/H. RANKE, Aegypten 312f.;
    K.-H. BERNHARDT, Gott und Bild 44f. sowie O. KEEL, AOBPs 257 und Abb.
    378. Zur engen Verbindung von "Baum und Göttin" in Syrien/Palästina vgl.
    U. WINTER, Frau und Göttin 434-441 und Abb.450.473.

(c) und spielt die Harfe vor dem Baum (d).[67]

Eine Krugmalerei des 12./11.Jhs.v.Chr. aus Megiddo stellt eine Prozession zu einem stilisierten Bäumchen dar. Die Hauptfiguren dieser Prozession sind ein Leierspieler, ein Löwe, eine Gazelle, ein Pferd; darüber sind in einem zweiten Band ein Hund, eine Leier, ein Vogel zu sehen. Weitere Füllmotive sind Fische, Krabbe und Skorpion (Abb.6).[68]

Der sitzende Harfenspieler auf dem zyprischen Bronzeständer erinnert trotz der stilistischen Verschiedenheit sehr an den/die sitzendeN LeierspielerIn auf Krug A von Kuntillet Adschrud[69] oder auch an den Leierspieler auf einem Stempelsiegel der frühen Eisenzeit aus Aschdod (Abb.7).[70]

Dass das Harfen- oder Leierspiel aus dem altorientalischen Kult nicht wegzu-denken ist, bezeugt nicht nur das Alte Testament.[71] Im bereits erwähnten Bericht über die Plünderung des Tempels von Muṣaṣir findet sich übrigens ein in diesem Zusammenhang bemerkenswerter Hinweis (TCL 3385):[72]

---

67 Vgl. die Motive Leierspieler-Bäumchen-Capride auf einem zyprischen Kala-thos (Kouklia, 11.Jh.v.Chr.) bei V. KARAGEORGHIS, The Ancient Civilisa-tion Pl.66 = BUCHHOLZ/KARAGEORGHIS, Altägäis No 1651b.
Eine schöne ägyptische Parallele für das Harfenspiel vor der Gottheit zeigt die bemalte Holzstele des Zedhonsuantanch (1345-1085 v.Chr.), wo ein Aegypter vor Horus spielt (KEEL, AOBPs Abb.475).

68 G. LOUD, Megiddo II Pl.76,1. Vgl. zu diesen Motiven ausführlich T. DOTHAN, The Philistines (fig.28,1) 149-153.

69 Vgl. P. BECK, The Drawings 31-36. Wahrscheinlich handelt es sich um eine Frau (aaO. 31).

70 M. DOTHAN, Ashdod II-III fig.76,1 = N. AVIGAD, The King's Daughter fig. 13.
P. BECK zeigt auf, dass die Leierspielerin von Kuntillet Adschrud nach der in der vorderasiatischen Tradition üblichen Weise dargestellt ist, während in Aegypten Leierspieler meistens stehen oder am Boden sitzen (so auch ein frühes phönizisches Elfenbeinfigürchen einer Leierspielerin aus Kamid el-Loz; FRUEHE PHOENIKER No 1; vgl. auch das zyprische Terra-kottafigürchen aus dem 6.Jh.v.Chr. bei J. KARAGEORGHIS, La grande déesse Pl.30a). Zu den Kennzeichen des Instruments vgl. AVIGAD, aaO. 150f. Die Harfe, der das für die Leier typische Joch fehlt, ist in Israel/ Palästina überhaupt nicht bezeugt; vgl. auch H.P. RUEGER, Art."Musikinstru-mente" in: BRL² 234f.; J. RIMNER fig.6 und Pls.VIIIa.XI.XII.XIIb.XXIVa.b. XXVa. und besonders zur Harfe aaO. 21 mit fig.4.

71 Zum Spiel der Leier im israelitischen Kult vgl. KEEL, AOBPs 323-328 sowie M. GOERG (Die Königstochter, passim), der die Leier auf Stempelsiegeln apotropäisch deuten will.

72 Uebersetzung nach W. MAYER, Finanzierung 577 (=ders., Sargons Feldzug 1o7).

1 goldene Harfe für die ordentliche Durchführung

des Kultes der ^{d}Bagbartu , der Gattin des ^{d}Ḫaldi ,

bedeckt mit einer Auslese von Steinen.

Musik und Tanz gehören natürlich zusammen. So zeigt das kleine Tonmodell (7./6.Jh.v.Chr.) aus Zypern (Abb.8)[73] Frauen, die den Reigen um einen Baum tanzen.

P. BECK hat darauf hingewiesen, dass unter den vielen Attributen des Bes seit dem Neuen Reich seine Verbindung mit Tanz und Musik, als deren Patron er galt, eine besondere Rolle spielte. Auf der Rückenlehne des Stuhls einer Prinzessin der 18. Dynastie sind z.B. tanzende und instrumentenspielende Bes-Figuren zu sehen.[74] Eine SB-zeitliche Elfenbeinarbeit aus Megiddo[75] und die Kleinkunst des ersten Jahrtausends, Elfenbeine, Metallschalen, Metallfiguren, besgestaltige Gefässe[76] und besonders der auffallend grosse Anteil an Bes-Amuletten unter den in eisenzeitlichen Schichten gefundenen Fayence-Amuletten aus Israel[77] zeigen, dass Bes eines der beliebtesten Motive in der

---

73 Vgl. oben Anm.7 und die Tänzer und Tänzerinnen (mit einer Leier) auf der sog. Hubbard Amphore (8.Jh.v.Chr.; V. KARAGEORGHIS, The Ancient Civilisation Pl.104).

74 P. BECK, The Drawings 29ff.; zur Charakteristik und Geschichte des Bes vgl. allgemeiner H. ALTENMUELLER, Art. "Bes" in: LdAE I 720-724 (zur Verbindung mit der Musik innerhalb des Mythenkreises um Hathor aaO. 722); E.A.W. BUDGE, The Gods 284-287 (mit Abbildung eines Harfe spielenden Bes aaO. 284). Zur Bedeutung von Gesang und Spiel im ägyptischen Hathor-Kult vgl. S. ALLAM, Beiträge 127.

75 DECAMPS de MERTZENFELD, Inventaire Pl.XXIV 313b = R.D. BARNETT, Ancient Ivories Pl.18d (12.Jh.v.Chr.) und DECAMPS de MERTZENFELD, aaO.Pl.XXVII 313a.315. Vgl. die ägyptischen Stücke aus dem 14.Jh.v.Chr. bei BARNETT, aaO. Pl.8c.d. und ein Exemplar aus Kition Pl.23b sowie die Bronzestatuette aus Nimrud bei M.E.L. MALLOWAN, Nimrud II No 361 und eine Elfenbeinplakette aus Nimrud (MALLOWAN, Nimrud I No 183). Einen Ueberblick über die Ikonographie des Bes von Aegypten bis Zypern bietet der Beitrag von U. WILSON, The Iconography, passim.

76 Zu den apotropäischen besgestaltigen Gefässen der Perserzeit vgl. E. STERN, Bes Vases, passim. Ein Lehmfigürchen in Besgestalt, wahrscheinlich aus persischer Zeit, ist kürzlich in Dan gefunden worden (vgl. A. BIRAN, Tel Dan, 1984 189).

77 Vgl. den Hinweis auf die Häufigkeit von Bes- und Udschat-Augen-Amuletten im 8./7.Jh.v.Chr. bei W.G. DEVER, Iron Age Epigraphic Material 188. Da die Amulette im allgemeinen sehr schlecht und unvollständig publiziert sind, kann hier nur auf eine grössere Auswahl von Bes-Amuletten in folgenden Publikationen hingewiesen werden: A. ROWE, A Catalogue Pl.30 A 11 (Lachisch).12 (Tell Zafit).13 (Bet-Schean).14 mit Hinweisen auf weitere Stücke in Bet-Schemesch, Bet-Schean, Tell Abu Huwam, Tell Fara; O. TUFNELL, Lachish III Pl.34,12-14; 35,45.46; 36,48; P.L.O. GUY, Megiddo

Levante und im ganzen Mittelmeergebiet wurd. Als Schutzdämon spielte er im Alten Orient für schwangere und gebärende Frauen noch einmal eine besondere Rolle.[78]

Wenngleich auf dem Krug von Kuntillet Adschrud die Bes-Gestalten nicht selbst musizieren[79] - eher scheinen sie zu tanzen - ist mit den bislang gesammelten Indizien doch ein assoziativer Zusammenhang von Inschriften und Zeichnungen auf den Krugscherben wahrscheinlich geworden.[80] Die Aschera (und ihre Segenskraft) wurden mit einem Kult (vgl. die Verehrerprozession) konnotiert, für den Musik und Tanz (Leierspiel[81]/Bes) charakteristisch war.

Tombs Pl.95,1-3; R.S. LAMON/G.M. SHIPTON, Megiddo I Pl.74,1-10; G. LOUD, Megiddo II Pl.205,18; R.A.S. MACALISTER, The Excavation of Gezer III Pl. 210,1-10 (einige unkenntlich; vgl. Bd.II 331f.); W.M.F. PETRIE, Beth Pelet (Tell Fara) I Pl.XXXV 414; T. DOTHAN, Excavations (Der el-Balaḥ) 98f. und No 204; R.W. HAMILTON, Excavations at Tell Abu Hawām Pl.35,143f. Vgl. auch die Gussform für ein Beskopf-Amulett aus Geser bei K. GALLING, Art. "Amulett" in: BRL[2] Abb.3,7; zu Bes-Amuletten in Aegypten, Phönizien und Zypern vgl. U. WILSON, The Iconography, passim.
In einem Grab des 9./8.Jhs.v.Chr. auf dem Tell Etun (18km südwestlich von Hebron) wurde ein Skaraboid mit der Darstellung eines Bes (frontal, Ellbogen auf die Knie gestützt, Hände erhoben, mit Schwanz und Federkrone gefunden; D. USSISHKIN, Tombs fig.9,14).

78 ALTENMUELLER, Art. "Bes" in: LdAe I 722; vgl. WINTER, Frau und Göttin 380 und Anm.879. Besonders wichtig sind für den Zusammenhang Bes und Schwangerschaft ägyptische Bronzen von (schwangeren) Frauen, die den Bes auf den Schultern tragen (vgl. dazu W. SPIEGELBERG, Weihestatuette, passim; G. ROEDER, Aegyptische Bronzefiguren 97f.und 446f. sowie Taf.14g; 87c; im Biblischen Institut der Universität Freiburg i.Ue. befindet sich ein solcher Bronzestabaufsatz; Matouk-Amulette No 2585).

79 Vgl. aber den Tamburin spielenden Bes bei A. ROWE, A Catalogue Pl.30 A 13 (Bet Schean, 18. Dyn.).

80 Der Zusammenhang von Zeichnungen und Kruginschriften besteht nach Z. MESHEL und P. BECK (op.cit. 45) jedenfalls in "a dedicatory, supplicatory or benedictory nature". Eine direkte Beziehung der Art, dass die Zeichnungen die Inschriften illustrieren, ist ausgeschlossen, der assoziative Zusammenhang durch den Kontext des Ortes und die Funktion der Krüge aber nicht.

81 Vielleicht darf in diesem Zusammenhang auch der Skaraboid (aus Jerusalem?) mit der Leier und der Inschrift "(Besitz) von Maadanah, der Königstochter" eingeordnet werden (N. AVIGAD, The King's Daughter Pl.26C und fig. 1 sowie M. GOERG, Die Königstochter, passim).
In Aschdod könnte es nach den auffälligen Funden von Musikantendarstellungen (Kultständer des 10.Jhs.v.Chr.; Leierspieler-Figurine des 8.Jhs.; das oben genannte Siegel mit einem Leierspieler) einen Aschera-Kult dieser Art gegeben haben (zu den Funden vgl. OLB II 39-48 Abb.29f.).

Dass Bes in Israel mit dem Baumkult in Verbindung stand, beweist ein Skarabäus aus Schiqmona (Abb.9).[82] Dort flankieren oder halten zwei Bes-Gestalten
ein stilisiertes Bäumchen. Aufgrund der datierten Parallelstücke, die zwei
menschliche Verehrer an solchen Bäumen zeigen,[83] ist das Stück als eisenzeitlich zu bestimmen. Es ist zu erwägen, ob das "Schreckensding" (מפלצת),
das Maacha für die Aschera anfertigen liess (1Kön 15,13), eine grössere
Bes-Figur war, die die Königsmutter als Votivgabe gestiftet hatte.

Als sicherer Beweis, dass die Krugmalereien von Kuntillet Adschrud mit der
Aschera und dem Aschera-Kult in Verbindung stehen, kann abschliessend das
Motiv der Steinböcke am Lotos-Lebensbaum[84] über dem Löwen (Krug A) geltend
gemacht werden (Abb.10).[85]

Die Capriden am stark stilisierten sakralen Baum sind ein Hauptmotiv vor
allem der SB-zeitlichen Keramikbemalung in Palästina.[86] Ebenso sind sie auf
eisenzeitlichen Stempelsiegeln aus Megiddo, Bet-Schean, Taanach und Jericho
anzutreffen.[87] Das Motiv symbolisiert das Verlangen nach Lebensfülle, die
der heilige Baum und die Vitalität der Ziegen oder Steinböcke verkörpern.[88]

Die Anordnung dieses Motivs über dem Löwen zeigt nun, dass genau diese Le-
bensintensität und - kraft mit der Göttin identifiziert wurde, denn auf dem
Löwen steht in der SB-zeitlichen Bildkunst Aegyptens und der Levante die
Qudschu/Himmelskönigin, wie der Goldanhänger aus Minet el-Beida (Abb.11)[89] es
beispielhaft illustriert.

82 Unpubliziert, jetzt in Haifa, Museum of Ancient Art.

83 Vgl. oben Anm.62.

84 Vgl. zu dieser Variante des Lebensbaums mit Lotosblüten weiter unten
    Kap. 1.2.4.1 und 6.3 sowie O. KEEL, Deine Blicke Abb.108.

85 P. BECK, The Drawings 13-16 und fig.4.

86 Vgl. dazu weiter unten Kap. 6.3 und bes. R. AMIRAN, Ancient Pottery 161-
    165.

87 O. KEEL, Das Hohelied 57-60 und Abb.9 bzw. LAMON/SHIPTON, Megid-
    do I Pl.67,4; A. ROWE, The Four Canaanite Temples I Pl.39,14; E. SELLIN,
    Tell Ta^Canek 73 fig.98 und Pl.45,144; SELLIN/WATZINGER, Jericho Blatt
    42,0.

88 Vgl. OLB I 113ff. und O. KEEL, Das Hohelied 58f.

89 WINTER, Frau und Göttin Abb.42. Dieses Motiv ist eingehender behandelt
    bei WINTER, aaO. 110-114 und Abb.36.37.40-42. Zur Göttin mit oder auf
    Löwen vgl. auch KEEL, Deine Blicke 39-45 mit Abb.13-31; ders., Das Hohe
    lied 144-148 und Abb.87-90. Ein stark schematisierter Siegelabdruck
    vom Tell en-Naṣbe (1100-700 v.Chr.) zeigt, dass das Motiv in der Eisen-
    zeit noch bekannt war (op.cit. Abb.91). Zur Göttin auf dem Löwen vgl.
    auch weiter unten Kap. 2.1.2.1.

R. HESTRINs Hinweis[90] auf diese aufschlussreiche Motivkonstellation (Löwe-Steinböcke am Baum / Löwe-Göttin) lässt sich durch weitere Beobachtungen stützen. So hatte schon H.G. MAY in seinem Artikel "The Sacred Tree on Palestine Painted Pottery" bemerkt, dass auf einem bemalten Krug vom Tell Fara (SB-Zeit) der Löwe in der Mitte, der von drei Steinböcken oder Ziegen rechts und vier Vögeln (Tauben?) links flankiert wird, hier an Stelle des Lebensbaumes, den der Autor als Symbol der Muttergöttin interpretiert, stehen könnte (Abb.12).[91]

Eine enge Verbindung der Löwen mit den Capriden am stilisierten Baum bzw. die Austauschbarkeit von nackter Göttin und Capriden am sakralen Baum bezeugt auch der von P.W. LAPP ausgegrabene Kultständer (10.Jh.v.Chr.) aus Taanach (Abb.13).[92] Dort werden im untersten Register zwei Löwen von einer nackten Herrin der Tiere gehalten, im dritten Register von unten flankieren zwei Löwen die Capriden am Baum. Während die anderen beiden Register dieses Kultständers eventuell auf JHWH zu deuten sind, einmal symbolisiert durch die beiden Keruben, im obersten Register durch Pferd (?) und Sonne,[93] könnte bei dem von E. SELLIN publizierten Kultständer aus Taanach[94] statt "JHWH und Aschera" vielleicht "Baal und Aschera" die intendierte Zuordnung gewesen sein. Baal tritt hier als Schlangen-/Drachentöter in Erscheinung, die Göttin wiederum im Motiv der Ziegen am Lebensbaum.[95]

SB-zeitliche Keramikdekorationen vom Tell Fara und aus Lachisch liefern noch einen weiteren sicheren Anhaltspunkt für die Quasi-Identität von Göttin (Aschera) und dem Motiv der Capriden am Baum in der Ikonographie. Auf einem Keramikbecher aus Lachisch richten sich zwei Capriden an einem mit Punkten

90 Einstweilen mündlich.

91 STARKEY/HARDING, Beth-Pelet II Pl.LVIII No 978 und MAY, aaO. bes.251f.

92 P.W. LAPP, The 1968 Excavations fig.29 = BRL^2 Abb.45 = Encyclopedia IV Abb. S.1142.
P. BECK (The Drawings 17f.) stellt die Frage nach der Beziehung der Capriden am Lebensbaum zu den Löwen, ohne zu einer Lösung zu kommen. Vgl. ihren Hinweis auf die Löwen am Lebensbaum auf einem glasierten Ziegel aus Susa (8./7.Jh.v.Chr.) bei P. AMIET, Elam fig.395.
Löwen flankieren auch das Heiligtum auf dem bemalten Kultständer aus Megiddo (1350 -1150 v.Chr.; G. LOUD, Megiddo II Pl.251). Das Motiv in der Mitte könnte eine Aschera mit zwei Verehrern sein (vgl. die Stempelsiegel oben Anm.62).

93 Vgl. dazu weiter unten Kap. 4.4.3.

94 E. SELLIN, Tell Ta^{c}anek 76-78.109.111 Abb.102 und Pl.12f.; Encyclopedia IV Abb.S.1144.

95 Zum Kampf Baals mit Jam vgl. die Literaturhinweise in Kap. 5.2.1 Anm.193.

übersäten, auf einer Spitze stehenden Dreieck auf (Abb.14).[96] Dieses Dreieck ist als stark stilisiertes Schamdreieck der nackten Göttin zu deuten, wie es ganz ähnlich auf SB-zeitlichen Goldanhängern aus Ugarit und Palästina (Abb.15)[97] dargestellt ist. Auf drei Exemplaren aus Ugarit (eines bei Abb.16) und einem im Ashmolean Museum in Oxford ist sogar zwischen dem Dreieck, den Brüsten und dem Kopf des kleinen Idols noch ein stark stilisiertes Bäumchen oder Zweiglein eingeritzt.[98]

Die Verschmelzung von Schamdreieck und heiligem Baum, beide Symbole von Leben und Fruchtbarkeit, ist ikonographisch auch auf einer Keramikscherbe vom Tell Fara angedeutet, wo je drei Capriden links und rechts ein stilisiertes Bäumchen flankieren, zwischen dessen Aesten die typische Punktierung des Schamdreiecks erkennbar ist (Abb.17).[99] Für die Assoziation von Garten, Quelle, Schoss und Vagina hat O. KEEL bei der Deutung der Gartenmetaphorik in Hld 4,12-5,1 verschiedene altorientalische Zeugnisse zusammengetragen.[100]

Zuletzt sei noch darauf hingewiesen, dass über den Steinböcken am Lebensbaum auf dem bekannten Ewer aus Lachisch in protosinaitischer Schrift אלה zu lesen ist, was sowohl "Göttin" als auch "heiliger Baum" bedeuten könnte.[101]

1.1.5. DER ASCHERA-KULT IN ISRAEL

Mit dem Aschera-Kult wurden, wie wir gesehen haben, wahrscheinlich nicht nur der heilige Baum und die Capriden am Baum, sondern auch das "Kuh und Kalb"-

---

96 O. TUFNELL, Lachish II Pl.LIX,2. Auch dieser Hinweis stammt von R. HESTRIN (mündlich).

97 Vgl. U. WINTER, Frau und Göttin Abb.324 (vgl. auch Abb.309ff. und Abb. 322).

98 U. WINTER, aaO. Abb.454. O. KEEL, Das Hohelied 156-173 und Abb. 96.96a.97.97a. Vgl. auch die Felskritzelei aus Vaschta (Phönizien; 1.Jt. v.Chr.) bei H. DANTHINE, Le palmier-dattier Abb.23 = WINTER, aaO. Abb. 473.

99 STARKEY/HARDING, Beth-Pelet II Pl.LVIII No 972 = O. KEEL, AOBPs Abb.181.

100 Das Hohelied 156-173.

101 O. TUFNELL, Lachish II 49-54 Pl.LX,3 und Frontispiz. Die hebr. Wörter אלה und אלון sind keine botanischen Baumnamen, sondern bezeichnen machthaltige, göttliche Bäume. Die Wurzel אול "vorn sein, mächtig sein" liegt auch אלה/אל (Gott/Göttin) zugrunde. Vgl. zu den heiligen Bäumen im Alten Testament OLB I 96f. Auf dem genannten Krug aus Lachisch kommt unter den weiteren Tieren übrigens ebenfalls ein Löwe vor (vgl. MAY, The Sacred Tree 251).

Motiv, ebenfalls ein Ausdruck göttlicher Segenskraft, assoziiert. סמל הקנאה
in Ez 8, vielleicht auch die Aschera von Jerusalem, die in 2Kön 21,7 und
23,6f. erwähnt wird, wurden möglicherweise in der Gestalt eines säugenden
Muttertieres verehrt.

Der Aschera-Kult integrierte nicht nur weibliche Elemente in die JHWH-Verehrung, er bot anscheinend auch den Frauen besondere Möglichkeiten kultischer
Aktivität, worauf die Notiz vom מפלצת der Maacha und von der Weberei der
Frauen "für die Aschera" (2Kön 23,6) hinweisen.[102]
In den Häusern der קדשים beim Tempel weben die Frauen בתים für die Aschera.[103]
Je nach Uebersetzung der schon von der LXX nicht mehr verstandenen בתים
fällt auch die Entscheidung über die Bedeutung von אשרה in diesem Vers. Die
Konjektur von בתים in בדים ("linnene Kleider")[104] ist bei Annahme eines einfachen Schreibfehlers möglich, und sie steht zumindest nicht in Spannung zum
Verb ארג , das eine Handarbeit, Weben oder Flechten, bezeichnet.[105] In diesem Fall wären die Frauen also mit der Herstellung von Textilien beschäftigt,
die entweder der Aschera dargebracht wurden (vgl. Abb.5, die Szene auf dem

---

102 Vgl. auch M. WEINFELD, Kuntillet [C]Ajrud Inscriptions 122.
     Einen Hinweis auf die Beliebtheit der Kultrequisiten von Göttinnen bei
     israelitischen Frauen enthält auch Ex 38,8, wo von Spiegeln der Dienst-
     habenden bei der Stiftshütte die Rede ist. U. WINTER hat mit ikonogra-
     phischem Material den Spiegel als Attribut der lebenspendenden Göttin
     erklären können (Frau und Göttin 58-65). P funktioniert die Spiegel dann
     zum Rohmaterial für "JHWH-konformes" Kultinventar um.

103 In welchem Verhältnis die הקדשים (masc.) zu den הנשים stehen, ist nicht
     so klar wie anscheinend viele Interpreten bei ihrer Identifikation der
     beiden voraussetzen, so z.B. B. MURMELSTEIN (Spuren 224), der sämtliche
     Ueberlegungen auf dieser Annahme aufbaut. Dasselbe gilt für A. LEMMONYER,
     Les tisseuses, passim (in Anlehnung an die Beobachtungen von L. LEGRAIN,
     Le temps des rois d'Ur, Paris 1912). J. GRAY (L&II Kings 734) meint, der
     Plural קדשים umfasse beide Geschlechter. Hos 4,14 belegt aber auch den
     Plural der Femininform für das biblische Hebräisch, so dass mir GRAYs
     Erklärung mindestens nicht zwingend erscheint.

104 Hier sei auf den Versuch hingewiesen, die hebr. Vorlage der LXX-Ueber-
     setzung zu rekonstruieren (χεττιειν von כתנים "Leinenzeug") und στολάς
     (LXX[L]).

105 Eine Herleitung von arab. battun führt zum selben Ergebnis, jedoch ist
     der sprachgeschichtliche Zusammenhang kaum nachweisbar. Vgl. dazu G.R.
     DRIVER, Supposed Arabisms 107.

zyprischen Bronzeständer) oder den KultteilnehmerInnen dienten.[106] Bei
assyrischen Tempeln gab es tätsächlich bisweilen grosse Buntwebereien.[107]
Es wird kein Zufall sein, dass ausgerechnet in Kuntillet Adschrud beachtliche Reste von buntem Mischgewebe und Webgewichte gefunden worden sind.[108]
Wenn בתים korrekt ist, so bleibt die Bedeutung des Wortes dunkel, denn
Häuser im herkömmlichen Sinn sind als Objekt des Verbes ארג auszuschliessen.
בית bezeichnet allerdings im weiteren Sinn auch andere Arten von "Behausung"
oder "Behälter", d.h. Dinge, die in irgendeiner Weise etwas beherbergen oder
umgeben wie z.B. das Spinnengewebe (Ijob 8,14) und behälterartige Dinge
(Ex 26,29).[109] Da syrische Siegel bisweilen die sich entschleiernde Göttin
unter einer Art Baldachin zeigen, könnte בתים etwas Aehnliches meinen, einen
Baldachin oder Schrein, unter dem die Aschera stand oder bei Prozessionen
getragen wurde.[110]

---

106 Manche denken an Kleider für eine Statue (M.J. LAGRANGE, Etudes 550, note
2; J. GRAY, I&II Kings 734; vgl. auch K.-H. BERNHARDT, Gott und Bild
44f. und neuerdings auch M. WEINFELD, Kuntillet ᶜAjrud Inscriptions 129
Anm. 21). Zur erinnern wäre dann auch an die jährliche Ueberbringung des
neuen, von Frauen gewebten πέπλος für die Athene bei den Panathenäen.
Andere denken an Stoffetzen oder Kleider, die in heiligen Bäume ge-
hängt wurden, wie sie aus der islamischen Volksreligion Palästinas gut
bekannt sind (vgl. R. KLINKE-ROSENBERGER, Das Götzenbuch 102 Anm.179
und KRISS/KRISS-HEINRICH, Volksglaube 39f.175.214.280 u.ö.). Mit Fetzen-
opfern sind mehr oder weniger magische Vorstellungen verbunden (aaO.
39f.). Die Kultbild-These ist nach allen vorangehenden Ueberlegungen
eher unwahrscheinlich. Gewänder für Kultteilnehmer werden auch 2Kön 10,
22 erwähnt. Bevor Jehu die Baalsverehrer im Tempel umbringen lässt, sorgt
er dafür, dass alle Gewänder bekommen, die anscheinend zum Kultinventar
gehören, da es einen Verwalter für sie gibt (vgl. GRAY, I&II Kings 561).

107 B. MENZEL, Assyrische Tempel I 32.111.118. Die Stadt Kurbaʾil war ein
Zentrum der Buntweberei, ebenso gab es am Ischtar-Heiligtum von Ninive
Tempelweber. Weitere Hinweise zu Tempelwebereien bei J.A. MONTGOMERY,
Kings 531.

108 Zu den Textilfunden vgl. Z. MESHEL, Kuntillet ᶜAjrud 21f. Die meisten
Stoffreste sind aus Leinen. MESHEL verweist auf die kultische Bedeutung
von Leinen im Alten Testament (Ez 44,17-18). Die Gewebe sind mit roten
und blauen Fäden verwirkt. Zu den Textilfunden in Timna vgl. unten
Kap. 6.4.2.

109 Vgl. den Art. בית von H.A. HOFFNER, ThWAT I bes. 635f.(IV).

110 Die altsyrischen Darstellungen der nackten Göttin unter einer Arkade

In einem solchen Schrein wird auch das σημήϊον von Hierapolis auf Münzen aus der Zeit des Caracallas und Severus (3.Jh.v.Chr.) dargestellt.[112] Das Symbol, einen Caduceus mit aufsitzender Taube, erwähnt LUCIAN in seiner Schrift "De Dea Syria" (§ 33). Es werde von den Syrern selbst einfach σημήϊον genannt, und man erzähle nichts über seine Herkunft und Gestalt, heisst es. R.A. ODEN hat, nachdem lange der Name einer Gottheit hinter dem Wort σημήϊον vermutet wurde, mit viel Material und präzisen Analysen gezeigt, dass dieses wie die atl. Aschera ein aus dem heiligen Baum weiterentwickeltes stilisiertes Symbol (Caduceus) war, mit dem die phönizischen, punischen und syrischen Verehrer in Hierapolis die Göttin Aschera/Tinnit in Verbindung brachten.[113]

Die atl. Verketzerung der Aschera - als Göttin und in ihren Manifestationen im heiligen Baum/Holzpfahl oder im säugenden Muttertier - und ihrer VerehrerInnen zeigt, welch grosse Bedeutung sie in Israel, im Nord- wie im Südreich,[114] gehabt haben muss. Das Kultsymbol mit seiner unauflöslichen Ver-

oder einem Baldachin hat U. WINTER (Frau und Göttin 171 Anm.422 sowie Abb. 135f.272.276.448) zusammengestellt. Abb.290 und 291 (anatolisch/ syrisch) zeigen die Göttin in einer Art Mandorla (vgl. dazu aaO. 281). Wenn über der Aschera eine Art Baldachin aufgespannt war, lässt sich der bislang rätselhafte V.10f. der Inschrift KAI No 277 (5./4.Jh.v.Chr., phönizisch) mit den Sternen, die der Baldachin als Himmelsgewölbe trug, erklären. Anzumerken ist hier die Entdeckung von durchlochten Steinplatten in der Cella des Ischtar-Tempels von Assur (2.H.13.Jh.v.Chr.), die wohl Stützen für einen Baldachin hielten, unter dem eventuell das der Göttin zugeeignete Kultinventar stand (R. HEYER, Ein archäologischer Beitrag 95ff. mit Rekonstruktionszeichnung Abb.5).

112 R.A. ODEN, Studies figs.1-2.

113 Vgl. aaO. bes.109-155. ODEN differenziert, was das genaue Aussehen der atl. Aschera betrifft (aaO. 155): "The Old Testament ʾăšērâ need not be identical with the Hierapolis σημήϊον, especially if the latter owes something of its final form to an influence from the *signa* of the Romans whom the Syrians were anxious to please. But the conclusion is yet inescapable that behind both stands the highly stylized palm which scholars label a caduceus and which recalled to its Phoenician, Punic and Syrian worshippers the goddess ʾAšerah." Wenn סמל und griech. σῆμα/σημεῖον etymologisch verwandt sind, worauf C. DOHMEN (Heisst סֶמֶל 266 und Anm.31) aufmerksam macht, könnte das semitische Wort, das LUCIAN mit σημήϊον wiedergibt, vielleicht sogar סמל gewesen sein (vgl. den Gebrauch als Appellativum in 2Chr 33,15).

114 Es scheint mir nicht mehr so sicher, dass die Kritik an den Ascheren und deren Beliebtheit im Nordreich ihren Ursprung haben. Ri 6,25ff. wird von H.-D. HOFFMANN (Reform 275-279) dem Dtr. zugeschrieben, und wir haben einige Hinweise auf frühen Aschera-Kult in Juda gefunden. Die eisenzeitlichen Stempelsiegel (auch die frühesten) mit den Bäumchen fanden sich in ganz Palästina verstreut (gegen WINTER, Frau und Göttin 560). Vgl. zu Gen 2-3 auch Anm.117.

bindung zur Göttin Aschera scheint als ein JHWH bei- und untergeordnetes Schutznumen und/oder Fruchtbarkeitssymbol im israelitischen Kult toleriert worden zu sein. Es bot aber zu jeder Zeit Einlass für den Fruchtbarkeits- und Göttinnenkult, dem es ja entstammte.[115]

Gegen solche JHWH-Konkurrenz erheben, wenn wir der Konjektur WELLHAUSENs, die von M. WEINFELD nun wieder in die Diskussion eingebracht worden ist, folgen,[116] nicht erst der Dtr. und Ezechiel Einspruch, sondern wahrscheinlich bereits Hosea. Die Emendation von אני ענתו ואשרתו zu אני עניתי ואשורנו in Hos 14,9 ergibt folgenden Text:

> Efraim, was hab' ich mit fremden Götzen zu schaffen?
> Ich bin seine Anat und Aschera. Ich bin wie eine immer-
> grüne Zypresse, von mir kommt deine Frucht.

Es ist möglich, dass schon der Sündenfallbericht des J in Gen 2-3 Kritik an den Lebensbäumen enthält, die dann in der frühen Königszeit im Südreich also bereits beliebt gewesen sein müssen, was die Stempelsiegelfunde mit den stilisierten Bäumchen aus der frühen Eisenzeit ja bestätigen.[117]

Offenbar ist es JHWH nicht gelungen, den IsraelitInnen auch Anat, Aschera und heiliger Baum zu sein. Und wenn die phönizische Prinzessin Isebel[118] den Aschera-Kult in Samaria förderte und das Alte Testament von einem ausgeprägten Aschera-Kult in Jerusalem weiss, so zeichnen sich doch immer klarer die Umrisse eines auch an höchsten Stellen des politischen und religiösen Lebens betriebenen Synkretismus ab,[119] in dem JHWH/Baal und Aschera - alle

---

115 Vgl. zur Baumgöttin in Syrien/Palästina und in Aegypten vor allem WINTER, Frau und Göttin 434-441.

116 Vgl. J. WELLHAUSEN, Die Kleinen Propheten 134 und M. WEINFELD, Kuntillet ᶜAjrud Inscriptions 122f.

117 Vgl. K. JAROŠ, Die Motive, passim. Man trug diese Siegel ja auch als Amulette und versprach sich gewiss von den Bäumen Lebensfülle und Schutz. Solch einen Lebensbaum lässt JHWH nach J nun im Interesse der Menschen bewachen (aaO. 211). JAROŠ will die Bäumchen auf den Siegeln nicht mit einer Göttin in Verbindung bringen. Gerade die Verführung der Frau durch die Schlange bei J ist aber doch wiederum ein Hinweis, dass der Baumkult für israelitische Frauen eine besondere Verführungskraft hatte (bzw. dass man ihnen dies unterstellte) - eben weil Baum und Göttin unter kanaanäischem Einfluss in Israel offenbar schon zu Beginn der Königszeit miteinander verschmelzen.

118 Zu ihrer atl. Verketzerung als Hure der Göttin vgl. vor allem WINTER, Frau und Göttin 577-588.

119 Vgl. M. WEINFELD, Kuntillet ᶜAjrud Inscriptions, passim. WEINFELD folgt zudem einer Emendation von NYBERG in Dtn 33,2f. ("zu seiner Rechten,

diese Namen kommen in den Inschriften von Kuntillet Adschrud vor – eine
Rolle spielten. Mag die Aschera auch nie eine von ganz Israel und zu jeder
Zeit anerkannte Paredra JHWHs[120] gewesen sein, so ist die enge Zusam-
mengehörigkeit von JHWH und Aschera in Israel doch unbestreitbar.

Aschera"), wo zweimal קדשים genannt werden. WEINFELD (aaO. 124) vermutet dahinter eine Versammlung "El-Aschera-heilige Söhne" nach ugariti-
schem Vorbild. Da Aschera in Ugarit auch als See-Göttin verehrt, nimmt
er einen Zusammenhang der Inschriften von Kuntillet Adschrud mit Elat
und den von dort aus unternommenen Seefahrten der Israeliten an (aaO.
125).

120 Zur Frage nach einer Paredra JHWHs vgl. vor allem WINTER, Frau und
Göttin 483-507. Die zahlreichen, in eisenzeitlichen Straten gefundenen
Frauen-/Göttinnenfigürchen, deren Bedeutung WINTER (aaO.) auf dem Hintergrund vor allem der syrischen Ikonographie untersucht, die atl. Hinweise auf die Verehrung der Himmelskönigin (Jer 7;44) noch im Exil und
der Synkretismus von Elephantine tragen weitere Anhaltspunkte für ein
realistisches Bild der israelitischen Religion bei.

1.2. DEKORATIVE ELEMENTE AUS DER FLORA IN DER GESTALTUNG DES SALOMONISCHEN TEMPELS

Der Bericht von Bau und Ausstattung des salomonischen Tempels in 1Kön 6-7 ist insofern von grossem Interesse, als er aufschlussreiche Hinweise auf die künstlerische Gestaltung eines kultischen Gebäudes in Israel zur Zeit der ersten Könige enthält. Auf die im Allerheiligsten aufgestellten Keruben, die auch ein Motiv der Wanddekoration darstellten, wird an anderer Stelle zurückzukommen sein. In diesem Kapitel soll es um die Motive aus der Pflanzenwelt[121] gehen, wobei der teilweise recht problematische Text in 1Kön 6-7 als Ausgangspunkt dienen soll.[122] Die für Vergleiche relevanten Passagen (Ex 25; 37; 39; 2Kön 25; 2Chr 3-4; Jer 52; Ez 41) werden jeweils hinzugezogen. In aller Kürze seien einige Bemerkungen zur Gesamttempelanlage vorangestellt, damit der Hintergrund für die Details nicht aus dem Blickfeld gerät.[123]

Der unter Salomo mit grossem Aufwand errichtete Tempel (möglicherweise der Ausbau eines schon zu Davids Zeiten existierenden, ehemals jebusitischen Heiligtum[124]) ist von seiner Gesamtanlage her, wie sie sich nach 1Kön rekonstruieren lässt, ein typisches Langhaus mit einem Seitenverhältnis von 1:3. Dies schien bis in jüngste Zeit bemerkenswert, weil in Palästina archäologisch für die Zeit vor Salomo kein im strengen Sinn vergleichbarer Tempel-

---

121 Zur Pflanze im Alten Testament vgl. Z. SILBERSTEIN, Die Pflanze, sowie OLB I 54-59.

122 Hier sei verwiesen auf die ausführlichen Diskussionen bei M. NOTH (Könige I) und T.A. BUSINK (Der Tempel I bes. 257-275).

123 Zu den verschiedenen Tempeltypen vgl. BRL[2] 333-342 und O. KEEL, AOBPs 133-144.

124 K. RUPPRECHT (Der Tempel bes.100-105) hat die Frage, ob der Tempel von Jerusalem "Gründung Salomos oder jebusitisches Erbe" sei, mit einigen Argumenten zugunsten der letzteren Alternative entschieden, wenngleich mit Vorsicht.

grundriss nachweisbar war.[125] Einzelheiten in der Anlage liessen sich hingegen dem einen oder anderen Herkunftsbereich zuordnen, so der Langhauscha-
rakter des Hauptraumes dem assyrischen Tempelbau, der Debir eventuell den
ägyptisch-phönizischen Götterkapellen, die Vorhalle dem altkanaanäischen
Tempel usw.[126]

Inzwischen sind bei Ausgrabungen in Emar (Nordsyrien) SB-zeitliche Tempelanlagen an den Tag gekommen, die der salomonischen Gesamtanlage Modell gestanden haben könnten (Vorhalle, ausgesprochener Langraum, Allerheiligstes), so
dass J. MARGUERON zu dem Schluss kommt: "Le temple de Salomon, loin d'être
une exception ou un emprunt à une autre civilisation, est une création nor-
male d'un pays du Levant."[127]

In gewissem Sinne also ein "Novum", bezeugt der salomonische Tempel gleichwohl Anleihen bei syrischen Tempelbauten und laut 1Kön 7,13ff. bei tyrischem
Know-How, denn an den Arbeiten sind tyrische Fachleute beteiligt.[128] Es ist
anzunehmen, dass der Tempel in Jerusalem ein Spiegel der salomonischen Gross-
reichspolitik (vgl. 1Kön 5,1-8.15-32) mit ihren intensiven Kontakten zum
Ausland war und sein sollte.

Trifft dies zu, dann ist auch bei der Inneneinrichtung mit einer gewollten
Vielfalt der Motive zu rechnen, und es muss bei jedem einzelnen nach seiner
Herkunft gefragt werden. Im folgenden gehe ich zudem grundsätzlich davon aus,
dass für den damaligen Menschen Kunst nie rein ästhetisch-dekorativen Wert
hatte, erst recht nicht in einem Tempel. So wird auch nach der Bedeutung
der Motive zu fragen sein und nach dem Grund ihrer Verwendung im Haus JHWHs.

1.2.1. KOLOQUINTEN UND OFFENE BLUETEN (פקעים ופטורי צצים)

Bereits die erste Notiz von einer Schnitzarbeit (מקלעת) an den holzgetä-
felten Innenwänden des Tempels in 1Kön 6,18 ist insofern problematisch, als
dieser Vers in der LXX fehlt und mit 6,29 (MT) nicht ohne weiteres verein-

---

125 Eine Tendenz zum Langhaustyp wurde allerdings erkannt. Vgl. die Grund-
     risse des MB-zeitlichen Festungstempels von Sichem, des SB-zeitlichen
     Tempels aus Megiddo und des früheisenzeitlichen Tempels aus Bet-Schean
     (KEEL, AOBPs 138 Abb.214-216). Zur Tempelanlage vgl. ferner V. FRITZ,
     Der Tempel Salomos, passim und M. OTTOSSON, Temples.

126 Vgl. BUSINK, Der Tempel I 617; KEEL, AOBPs 138-144.

127 J. MARGUERON, Les origines, passim (Zitat aaO. 33).

128 Y. SHILOH, The Proto-Aeolic Capital bes.82-87.

bar ist.[129] Wenn dies auch ein Indiz für eine spätere Einfügung, die zeitgenössische Vorbilder in den salomonischen Tempel rückprojizierte, ist, oder
dafür, dass der Verfasser den Reichtum der Ausstattung des Tempels durch
solche Details, die inspiriert sind vom Kontext selbst (1Kön 7,24), unterstreichen wollte, so gehen wir doch an dieser Stelle auf die פקעים ein.
Sie werden gewöhnlich übersetzt mit "Koloquinten" (griech. κολοκύντη)
oder "wilde Gurke". Das hebr. Wort פקועה ist akkadischen Ursprungs (peqqû/
peqqûtu). Die in 2Kön 4,38-41 erzählte Geschichte vom "Tod im Kochtopf",
wo die Pflanze deutlicher gekennzeichnet wird, ermöglicht die botanische
Identifizierung. Es handelt sich um den in den Tiefebenen Palästinas bekannten "Citrullus colocynthis L. Schrad", eine Pflanze mit rebenartigen
Ranken und Blättern sowie melonenartigen Früchten.[130]
Eine rankende Pflanze mit rebenähnlichen Blättern kann man sich als Ornament gut vorstellen. Leider finden sich aber keine illustrierenden Beispiele
in der altorientalischen Kunst, die mit Sicherheit als Koloquinten zu
identifizieren wären.

פקעים werden noch einmal erwähnt als zweireihige umlaufende Dekoration am
Urmeerbecken (1Kön 7,24). Da bei Gussarbeit eine naturgetreue Nachahmung
von Koloquinten schwer vorstellbar ist, bin ich zu dem Schluss gekommen,
dass das Wort, wofür auch die nur hier gebräuchliche Pluralform spricht,
bereits ein Spezialbegriff für stilisierte ranken-, girlanden-, spiralen-
oder wellenartige Dekorlinien war. Für solche Ornamente, vornehmlich an
den oberen und unteren Abschlussleisten kultischer Geräte und anderer Kunstwerke, gibt es viele Belege, besonders unter zyprischen Bronzearbeiten.[131]

פטורי צצים ist ebenfalls ein auffällig häufig erwähntes Motiv. In 1Kön 6,
29.32.35 werden פטורי צצים gemeinsam mit "Palmen" und "Keruben" genannt.
In V.29 könnte wiederum ein späterer Zusatz vorliegen, so dass eventuell
urprünglich nur die פטורי צצים auf den Türen zum Allerheiligsten und zum

---

129 M. NOTH (Könige, z.St.) hält V.18 für einen späteren Zusatz.

130 Zur botanischen Bestimmung siehe OLB II 526 und Abb.357. Zur Verbreitung
     ähnlicher Pflanzen in Aegypten und im Vorderen Orient vgl. LdAe II 921
     und RLA III 704.

131 Vgl. CATLING, Cypriote Bronzework Pl.28a; 33a-c; 36a; BUCHHOLZ/KARAGE-
     ORGHIS, Altägäis 1685a-1686. In Megiddo wurde ein kleiner bronzener
     Ständer gefunden, dessen runder Aufsatz mit einer Wellenlinie verziert
     ist (BRL² 194 Abb.45,11).

Langhaus selbst schriftlich festgehalten waren.[132]

צִיץ, verwandt mit äg. ḏi-ḏi (Blumenornament) bezeichnet im Hebräischen sowohl die Blume, besonders die Blüte, als auch glänzenden Schmuck in Blüten-
form, nämlich das Diadem des Hohen Priesters in Ex 28,36; 39,30; Lev 8,9;
Sir 40,4.[133] Stirnbänder bzw. Diademe mit rosettenartigen Dekorationen sind
auf assyrischen Darstellungen des 9.-7.Jh.v.Chr. anzutreffen.[134] Aus Gräbern
in Mykene (MB-Zeit) und Kition (Spätzyprisch II) stammen Diademe aus ge-
stanztem bzw. getriebenem Goldblech, die mehrere stark stilisierte, geöffnete Blüten nebeneinander aufweisen.[135] Auch in Aegypten sind Diademe mit
Rosetten und Lotosblüten verziert.[136]

Von diesen Funden und von der Bedeutung der Wurzel פטר (spalten, trennen,
durchbrechen) her ist פטורי צצים eher mit "geöffnete Blüte" oder "Rosette"
zu übersetzen als mit "Blumengewinde".[137]

Wie die Holzschnitzereien in Form von Koloquinten und offenen Blüten genau aussahen und wie sie auf den Wänden angeordnet waren, lässt sich nur
mutmassen, da solche Holzverkleidungen nicht erhalten sind. Elfenbeineinlagen möchte ich, wenngleich solche als Wanddekorationen gebraucht wurden,[138]
hier ausschliessen, weil der Text nichts von Elfenbein sagt. Eher ist wohl
an Leisten mit stereotypen Blumen- und Girlandenmotiven zu denken,[139] die
vielleicht die Wände unterteilten und grössere Szenen voneinander abgrenz-
ten. Diese Funktion schreibt P. BECK den mehrfarbigen Lotos- und Flechtbändern (guilloche) zu, die aus den Fragmenten der Wandmalereien von Kuntillet
Adschrud rekonstruiert werden konnten (Abb.18).[140] Sie begründet ihre An-

---

132 J. GRAY (I&II Kings 173, vgl. 167f.) behandelt die meisten Mitteilungen
über die künstlerische Gestaltung als sekundär. Vgl. auch E. WUERTHWEIN,
1 Könige 69. Selbst einer sekundären Redaktion des Textes ist jedoch
die komplette Erfindung solcher Details nicht zuzumuten.

133 Vgl. zur Herstellung solcher Arbeiten und zu פתח "gravieren" unten Kap.
6.5.

134 B. HROUDA, Die Kulturgeschichte Taf.6,7.8.

135 BUCHHOLZ/KARAGEORGHIS, Altägäis Nos 1299-1302 und 1794.95 (= KARAGEOR-
GHIS, Kition 83 Taf.VI = ders., The Ancient Civilisation Nos 88.89).

136 H. KAYSER, Aegyptisches Kunsthandwerk 206-212.

137 Vgl. M. NOTH, Könige 102; J. GRAY, I&II Kings 170. Die LXX übersetzen
mit πέταλα διαπεπετασμένα ("ausgebreitete Blätter").

138 Vgl. zu den Elfenbeindekorationen unten Kap. 6.2.

139 Vgl. in 2Chr 3,5 שרשרות "Ketten", wahrscheinlich sind Blütenketten gemeint.

140 P. BECK, The Drawings 56f. und fig.22; Pl.12.

nahme mit der Funktion ähnlicher Dekorbänder in der Kleinkunst, deren Einfluss auf die Malereien von Kuntillet Adschrud sie mehrfach unterstreicht. Besonders sei hingewiesen auf zahlreiche Elfenbeinpaneelen aus Nimrud, die am Rand mit Flechtbändern, Reihen von Rosetten oder anderen Blumendekors geziert sind.[141] Gelegentlich finden sich auch Blüten in den einzelnen Elementen der Flechtbänder.[142]

Ein neuassyrisches Wandbild des 9.Jhs.v.Chr. aus dem Fort Salmanassar in Nimrud, das aus farbig glasierten Ziegeln besteht und über einem Hoftor angebracht war, bietet ein Beispiel für die mögliche Gestaltung einer grossen Fläche (Originalhöhe 4,07m) mit Flecht- und Sternblütenbändern (Abb.19).[143] Als zusätzliche florale Motive treten dort Granatäpfel, Knospen und Palmetten auf.

1.2.2. KERUBEN, PALMEN UND OFFENE BLUETEN (כרובים ותמרות ופטורי צצים)

Etwas genauer als "Koloquinten und offene Blüten" ist die Konstellation "Kerub - Palme - offene Blüte" vorstellbar (1Kön 6,29.32.35; 7,36; vgl. Ez 41,18-20.25).

Der Kerub, auf dessen Aussehen hier noch nicht näher eingegangen werden muss, ist ein geflügeltes, sphingenartiges Mischwesen.[144] תמרה bezeichnet, deutlich abgesetzt von תמר (Palme, Dattelpalme), das in der Kunst verwendete Palmenmotiv. Das Wort tritt im Alten Testament daher in verschiedenen Tempelbeschreibungen auf (1Kön 6,7; Ez 40; 41; 2Chr 3).

141 M.E.L. MALLOWAN, Nimrud II No 420. Pl.IX. Nos 500-503 (vgl. J.W./G.M. CROWFOOT, Early Ivories Pl.XV und XVI). No 504. Vgl. auch M. MALLOWAN, The Nimrud Ivories Nos 8-11.13-16 und zum Flechtband J.A.H. PORTRATZ, Das Flechtband, passim. Die Blume oder Blüte ist auch in der ägyptischen Kunst ausgesprochen beliebt. Da hier kein Raum ist für weitere Beispiele, verweise ich auf die Artikel "Blüten", "Blumen" und "Blumenstrauss" in: LdAE I 833-840.

142 MALLOWAN, Nimrud II No 421.

143 J.E. READE, A Glazed-Brick Panel Pl.IX (= MALLOWAN, Nimrud II No 373 = F. MUTHMANN, Der Granatapfel 19 Abb.8). Rosetten und flechtbandartige Dekors finden sich ebenfalls auf Friesen von Til Barsib (THUREAU-DANGIN/ DUNAND, Til Barsip Pl.XLV). Auch die Wandmalereien des Palastes von Mari sind teilweise von Dekorbändern abgeschlossen (A. PARROT, Le Palais Pl. XI). Vgl. auch THUREAU-DANGIN, Arslan-Tash Pl.47.

144 Zum Kerub vgl. Kap. 2.2.1.2.

Nun sind Palmen und Palmetten im gesamten Alten Orient, von Aegypten bis
Mesopotamien immer wieder abgebildet worden, naturgetreu und stilisiert, auf
allen erdenklichen Materialien in kaum zu überblickender Vielfalt. Bäume
im Tempelbereich, ob reale oder künstlerisch dargestellte, geben dem Beter
Zeugnis von der Lebensfülle seines Gottes, an der er im Heiligtum, dem "Pa-
radiesgarten auf Erden", in besonderer Weise teilhat.[145]

Nicht nur die Wortbildung תמרה, sondern auch Darstellungen auf Elfenbeinen
aus Palästina,[146] auf zyprischen Bronzegeräten und ägyptischen Fayencen sprechen dafür, dass die Palmenschnitzereien im Tempel Salomos stark stilisiert,
manche vielleicht sogar nur Säulen/Pilaster mit einem Palmenkapitell waren.
Y. SHILOH hat die Entwicklung des Palmen-/Lebensbaummotivs von der natura-
listischen Form zum stilisierten Kapitell für Palästina und seine Umgebung
sorgfältig nachgezeichnet.[147]

Während die in Ez 40,16.26.31.34.37 erwähnten תמרים אל־איל die Palmenkapitelle
auf den Türpfeilern bzw. -pilastern bezeichnen,[148] sind die Palmenornamente
im salomonischen Tempel an den Wänden (1Kön 6,29), den Türflügeln des Allerheiligsten und Langraums (6,32 und 6,35) und auf den Seitenflächen der Kesselwagen (7,36)[149] angebracht. Immer werden sie zusammen mit den Keruben
genannt. Dies erlaubt, sich die beschriebenen Motive ganz ähnlich vorzustellen, wie sie archäologische Zeugnisse aus Israels Umwelt in grosser Zahl
präsentieren: Tiere/Mischwesen flankieren beidseitig einen Lebensbaum,[150]

---

145 In ihrer Studie zur Flora der neuassyrischen Reliefs hat E. BLEIBTREU
die Dattelpalme auf den Reliefs Assurnasirpals II., Salmanassars II.,
Tiglat-Pilesers III., Sargons II., der Zeit Sanheribs, Asarhaddons und
Assurbanipals untersucht (dies., Die Flora 24f.71ff.78ff.99.127ff.189.
192-208) sowie das Motiv der heiligen Bäume, die sich durch ornamentale
Anreicherung mit Palmetten auszeichnen. Es sei auch hingewiesen auf das
wertvolle Werk von H. DANTHINE "Le palmier-dattier et les arbres sacrés
dans l'iconographie de l'Asie occidentale ancienne" und die neuere Arbeit von C. KEPINSKI "L'arbre stylisé en Asie occidentale au 2e mille-
naire avant J.-C.". Vgl. zum Lebensbaummotiv in Aegypten auch die Monographie von E. HERMSEN (Lebensbaumsymbolik im Alten Aegypten) und zur
Dattelpalme LdAE I 657f.

146 Besonders zu beachten sind die Palmettemotive aus Samaria (J.W./G.M.
CROWFOOT, Early Ivories Pls.18-22).

147 Vgl. Y. SHILOH, The Proto-Aeolic Capital, bes. 26-49 und unser Kap.
1.2.4.1.

148 AaO. bes.90.

149 Zu V.36 vgl. WUERTHWEIN, 1 Könige 81.

150 Dies Motiv liegt auch der Beschreibung von Keruben und Palmen in Ez 41,
18f. zugrunde (je eine Palme zwischen zwei Keruben).

wobei die Variationen in der Darstellung zahlreich sind, sowohl was die Art des Mischwesens/Tieres als auch was den Typ des Baumes betrifft.[151] Die Frage nach dem Aussehen der so spärlich beschriebenen Dekormotive des salomonischen Tempels findet wegen der bunten Vielfalt vergleichbaren Materials keine entschiedene Antwort. Sehr nah an die kurzen Hinweise zur Konstellation der Bildmotive in 1Kön 6,32.35 rückt vielleicht eine 24,5cm lange und 2,1cm hohe Elfenbeinarbeit aus Ziwiye, die in die zweite Hälfte des 8. Jhs.v.Chr. datiert ist (Abb.20).[152] Zwei Sphingen flankieren statt des Lebensbaumes eine grosse Rosette, die sie mit einer Tatze berühren. Die weiblichen Gesichter der Sphingen wenden sich zurück zur nächsten gleichartigen Rosette, die die folgende Szene von der ersten abgrenzt: dort flankieren zwei Ziegen eine kleine stilisierte Palme. Alle genannten Elemente sind von gleicher Grösse, was die Rosetten besonders hervorhebt.

1Kön 6,32.35 bezeugen dieselben Elemente ausser den Ziegen für die Dekoration der erwähnten Türflügel. Das schon genannte Emailleziegel-Wandbild (Abb.19) aus dem Fort Salmanassar kann ebenfalls eine Vorstellung vermitteln, wie Palmette, Mischwesen (statt der Ziegen) und Blütendekor auf diesen Türen angeordnet gewesen sind. Während in Vv 32 und 35 einfach von Schnitzarbeit (קלע/מקלעות) - auch hier ist von Elfenbein nicht die Rede - gesprochen wird, heisst es im unsicher überlieferten V.29 des Kapitels, wo es um die Dekorationen der Tempelwände geht, פתוחי מקלעות.[153] Es ist öfter angezweifelt worden, ob die Zedernholz(?)-Wände des Tempels tatsächlich mit Schnitzereien verziert waren, die dann gar mit Blattgold überzogen wurden.[154]

---

151 Die Vielfalt lässt ein Vergleich folgender Beispiele ahnen: KEEL, AOBPs Abb.181 (Keramik, 1345-1200 v.Chr.); Abb.186 (Karneol-Siegel, 9./8.Jh.v. Chr.); Abb.189 (Elfenbein, 9./8.Jh.v.Chr.); Abb.190 (Goldlamelle, 1450-1350 v.Chr.).
Vgl. auch E. BLEIBTREU, Die Flora Abb.17 (heiliger Baum vom König flankiert); Abb.18 (heiliger Baum zwischen vogelköpfigen Genien); Abb.19 (heiliger Baum zwischen vierflügeligen Genien); Abb.20 (heiliger Baum zwischen Mischwesen); Abb.21 (heiliger Baum zwischen geflügelten Pferden) u.a. Von Mesopotamien ausgehend war das Motiv des flankierten Lebensbaumes auch in Palästina verbreitet worden. Im 2. und bes. 1.Jt.v. Chr. treten Keruben an die Stelle der vorher häufigen Ziegen/Rinder.

152 C.K. WILKINSON, Ivories 19-21 fig.1. Zur Datierung aaO. 16.

153 Vgl. M. NOTH (Könige 101f.124): "Schnitzwerk"-Reliefs. Zu פתח vgl. Kap. 6.5. Die Angabe מלפנים ולחיצון (vgl. NOTH, aaO. 102.126) könnte sich auf die Anordnung der Blüten in bezug auf die Keruben und Palmen beziehen.

154 Zur Skepsis gegenüber den Nachrichten von den überwältigenden Goldmengen, die für den salomonischen Tempel bei der Verkleidung der Wände und Böden nötig gewesen wären vgl. E. WUERTHWEIN, 1 Könige 69.

Dass hingegen die Türen mindestens partiell mit Goldbeschlägen überzogen
waren, ist sehr gut möglich. Das berühmteste Beispiel für Metallbeschläge
grosser Tore bieten die Türflügel von Balawat (9.Jh.v.Chr.), deren Metall-
bänder reich mit verschiedensten Szenen gestaltet sind.[155] Auch holzge-
schnitzte Prachtmöbel wurden bisweilen ganz oder teilweise mit Goldblech belegt, wie z.B. zwei Sessel aus dem Grab Tutanchamuns beweisen.[156]
Möglicherweise wiesen die Wände im salomonischen Tempel pilasterartige Pal-
mendarstellungen auf, die die Flächen in der ganzen Höhen unterteilten, so
wie es in Ez 41,20 beschrieben ist:

> Die Keruben und Palmen waren vom Boden (מהארץ) auf
> bis über den Eingang (עד־מעל הפתח) an der Wand ange-
> bracht.

Das berühmte Wandbild aus Mari (1750 v.Chr.) mit der Darstellung des Ischtar-
Tempels zeigt eine Dattelpalme und zwei stilisierte Bäume, die beidseitig
von in drei Registern übereinander angeordneten Mischwesen und Stieren
flankiert werden.[157]

Zuletzt begegnen uns im Tempelbaubericht die Keruben und Palmen gemeinsam
mit Löwen auf den umständlich beschriebenen Kesselwagen. Zurecht verweisen
viele Kommentatoren wohl lieber auf die erhaltenen zyprischen Kesselwagen,
als sich mit dem problematischen Text (7,27-39) allzulange abzumühen.[158]
Tatsächlich zeigt ein spätmykenischer bronzener Kesselwagen zwei gegenständige
Keruben an einer "Palmensäule" (Abb.21), und auf einem ähnlichen Wagen sehen
wir Löwen auf dem Ringaufsatz sowie einen Löwen und einen Kerub auf zwei Seitenflächen.[159] Nach 1Kön 7,29.36 müssen die Kesselwagen des salomonischen

---

155 Solche Beschläge schützten die Tore vor allem gegen Brand. Ein am Tür-
    zapfen befestigter Teil eines solchen Bronzebeschlags von einem SB-
    zeitlichen Stadttor ist in Jaffa gefunden worden (vgl. GALLING/ROESEL,
    Art. "Tür" in: BRL² 348f.), Reste von Bronzebeschlägen auch in La-
    chisch (900-700 v.Chr.; D. Ussishkin, Excavations 61 und Pl.20,2-3).

156 M. METZGER, Königsthron Taf.35 Nos 250.253.

157 O. KEEL, AOBPs 125 Abb.191 = ders., Deine Blicke Abb.43.

158 Vgl. WUERTHWEIN, aaO. 80. Eine mehr oder weniger ausführliche Auseinan-
    dersetzung mit dem Aussehen der Kesselwagen findet sich in den Kommen-
    taren von M. NOTH, J. GRAY, E. WUERTHWEIN und bei T.A. BUSINK.

159 O. KEEL, AOBPs Abb.188 = CATLING, Cypriote Bronzework Pl.36a. Vgl. aaO.
    Pl.35 und die Ringaufsätze bei Pl.29 c-e. Vgl. ferner Y. SHILOH, The
    Proto-Aeolic Capital 36 bes. fig.48 und LAENDER DER BIBEL 271-280, wo
    ein sehr guter Ueberblick über die zyprischen Bronzegeräte und ihre Mo-
    tive vermittelt wird. Es sei besonders hingewiesen auf den in Taf.X und
    XI bzw. No 223 abgebildeten Bronzeständer. Auch dort sind Kerub und stark
    stilisierte "Palmensäulen" mit Voluten dargestellt.

Tempels besonders reich mit gehämmerten oder gravierten Arbeiten (V.29
מעשה מורד; V.36 ויפתח), wahrscheinlich in Durchbruch("open-work")-Technik
verziert gewesen sein. Sie sollten in würdiger Weise die Abzweigungen des
Stromes (נהר) repräsentieren, den das "eherne Meer" als ganzen symbolisierte.[160]

1.2.3. LEUCHTER MIT BLUETENMOTIVEN (פרח) IM SALOMONISCHEN UND NACHEXILISCHEN TEMPEL

In 1Kön 7,49 werden als Bestandteile bzw. Zubehör der zehn goldenen Leuchter
(מנרות) genannt: Blütenkelch (פרח), Lampen (נרת) und Lichtscheren (מלקחים).
Mit dem siebenarmigen Leuchter, der in Ex 25,31-40 (vgl. Ex 37,17-24 und Num
8,4) beschrieben wird und der in der Struktur etwa dem auf dem Titusbogen in
Rom dargestellten Leuchter des herodianischen Tempels entsprechen dürfte,
haben die Leuchter des salomonischen Tempels wohl nicht mehr gemeinsam als
die Blütenmotive.[161] פרחי (Ex 25,31.33.34) scheint dort die Form becherarti-
ger Aufsätze auf Knäufen (כפתרי)[162] anzugeben.

M. GOERG hat diese Beschreibung mit der Gestaltung einer Alabasterlampe (27
cm hoch) aus dem Grab Tutanchamuns in Verbindung gebracht.[163] Das aus einem
Steinblock gearbeitete Stück besteht aus einem Fuss, auf dem sich ein Haupt-
und zwei Nebenarme erheben, welche je einen Lotosblütenkelch tragen (Abb.
22).[164] In allen drei Blütenkelchen, die vergleichbar sind mit den bekannten
Lotosbechern,[165] wurden noch Spuren von Oel gefunden.

Von Lotosblüten ist zwar in Ex 25 keine Rede, vielmehr von משקדים, was gewöhnlich mit "Mandelblüten" übersetzt wird. Mandelblüten scheinen jedoch im

---

160 Zur Bedeutung des Urmeerbeckens und der Kesselwagen vgl. KEEL, AOBPs 124.

161 Auf eine Diskussion aller Details von Ex 25,31-40 kann hier verzichtet
     werden, da inzwischen mehrere ausführliche Behandlungen dieses Textes
     und der Symbolik der siebenarmigen Menorah vorliegen (vgl. die Litera-
     turangaben bei H. WEIPPERT, Art. "Lampe" in: BRL^2 200f.). Speziell ver-
     wiesen sei daher nur auf M. NOTH, Das zweite Buch, z.St.; BUSINK, Der
     Tempel I 293-299; II 1156-1172; E.R. GOODENOUGH, Jewish Symbols IV 71-
     98; M. NOTH, Könige, z.St.

162 Zu כפתור II vgl. KBL II 472.

163 Zur Dekoration des Leuchters, bes.28.

164 P. MUNRO, Tutanchamun 124 No 33 = GOERG, aaO. 29 Abb.1.

165 Vgl. zu den Lotosbechern Kap. 1.2.4.2.

Alten Orient ikonographisch keine Bedeutung gehabt zu haben.[166] Die terminologischen Probleme des Textes und das spärliche archäologische Vergleichsma-
terial lassen zur Zeit keine Aufschlüsse über das exakte Aussehen des siebenarmigen Leuchters erhoffen, die noch weit über die reichlich vorhandenen
Bearbeitungen dieses Themas hinausgingen. Die salomonischen Leuchter sind
von T.A. BUSINK und von O. KEEL mit einem Kalksteinkandelaber (5.Jh.v.Chr.?)
aus Megiddo (23cm hoch) verglichen worden, der mit Blütenblättern und zuoberst
mit einem Lotosblütenband bemalt ist.[167]

1.2.4. LOTOSWERK UND LOTOSBLUETEN (מעשה/פרח שושן)

Hebr. שושן (שושנה) finden wir im Alten Testament ausser in 1Kön 7,19.22.26
und 2Chr 4,5, wo sie ein Kunstmotiv bezeichnen, in Hos 14,5; Sir 50,8; den
schwer deutbaren Psalmenüberschriften Pss 45,60,69,80 sowie auffällig häufig
im Hohen Lied (Hld 2,1f.16; 4,5; 5,13; 6,2.3; 7,3).[168]
Da Vulgata und LXX שושן mit lilium/ κρίνον übersetzten und angenommen wurde,
in Palästina habe es gar keinen Lotos gegeben, hielt sich die "Lilie" in
den meisten Bibelübersetzungen bis heute. Man versuchte das Wort von
hebr. שש (sechs) abzuleiten, nach der Zahl der Blütenblätter der weissen
Lilie oder von *שוש (weiss) nach ihrer Farbe.[169] Richtiger ist aber die
etymologische Rückführung von שושן auf äg. sšn/sššn, sšnjnj "Lotosblüte".[170]
Ausser der etymologischen Verwandtschaft kann für die Uebersetzung von שושן
mit "Lotos" angeführt werden, dass es den blauen und weissen Lotos in den
Sümpfen der Küstenebene, der Jesreelebene und des Hule-Beckens im Altertum
gegeben hat, dass der Lotos seit der Mitte des 2.Jts.v.Chr. die bedeutendste

166 Der Vorschlag von GOERG (aaO. 26), משקדים als Nominalbildung mšqd von
   äg. šqd "bilden, formen" zu versteht, hat in Anbetracht des gut bezeugten hebr. Wortes nicht viel Ueberzeugungskraft. Ich denke eher an einen
   von der ursprünglichen Bedeutung "Mandelblüte" abgeleiteten Fachausdruck
   des Kunsthandwerks (vgl. פקעים), der ein blütenartiges Motiv bezeichnet.
167 BUSINK, Der Tempel I Taf.X Abb.72 = KEEL, AOBPs 145 Abb.226. Zur Zahl
   der Leuchter (ursprünglich nur einer?) vgl. NOTH, Könige 166. Zum Leuchter in der Vision Sacharjas (Sach 4) vgl. KEEL, Jahwe-Visionen 274-320.
168 Zur Metaphorik des Lotos im Hohen Lied vgl. KEEL, Deine Blicke 63-77.
169 Vgl. BHH II 1093 und HAWAT[9] (1883) 825.
170 Zur Identifikation und Bedeutung von שושן vgl. im folgenden O. KEEL,
   Deine Blicke 63-69; OLB I 85-88; W. MUELLER, Die Macht 29f. und 206 Anm.
   82.

ägyptische Symbolpflanze und auch eines der bedeutendsten Motive des phönizischen Kunsthandwerks war und dass alle atl. Texte, in denen שׁוּשַׁן eine Rolle
spielt, entweder biologische oder symbolisch-kunstgeschichtliche Anhaltspunkte für eine Identifizierung mit der Seerose bieten.[171]
Fast reicht ein wahlloser Blick auf Abbildungen ägyptischer oder ägyptisch
beeinflusster Kunstwerke, um die Omnipräsenz dieses in Aegypten beliebtesten
Symbols festzustellen,[172] sei es als Schmuck, auf Malereien oder auch in der
Form von Gefässen und Kapitellen.

Für die Kenntnis des Lotosmotivs auch in Syrien/Palästina und sogar Mesopotamien gibt es genügend archäologische Belege, so die neuassyrischen Reliefs der
Zeit Tiglat-Pilesers III., Sargons II. und Assurbanipals,[173] Funde wie z.B.
eine aus Aegypten importierte Nunschale (13.Jh.v.Chr.) oder ein Rollsiegel
(17.-15.Jh.v.Chr.) aus Ugarit,[174] oder auch die Elfenbeinarbeiten aus Arslan-
Tasch, Nimrud und Samaria, die z.B. das Motiv des Horuskindes auf der Blüte
kennen.[175] In Palästina wurden MB- und SB-zeitliche Skarabäen mit dem Lotosmotiv gefunden.[176] Die Lilie ist dagegen unvergleichlich seltener zu finden.[177]

---

171 So ist in Hld 5,13 vom Duft des שׁוּשַׁן die Rede. Sir 50,8 erwähnt שׁוּשַׁן
     an Wasserbächen. Im Hohen Lied ist der Lotos, wie in Aegypten, Symbol
     von Lebenserneuerung und Frische.

172 In einer monumentalen Arbeit ist W.H. GOODYEAR (The Grammar) schon im
     letzten Jahrhundert der Ikonographie des Lotos in der Antike nachgegan-
     gen. Vgl. den Artikel "Lotos" von E. BRUNNER-TRAUT in: LdAe III 1091-
     1096, der einen Ueberblick über Symbolik und Vorkommen des Lotosmotivs
     in Aegypten gibt, sowie die neuere Arbeit von S. WEIDNER, "Lotos im
     alten Aegypten", passim.

173 Vgl. E. BLEIBTREU, Die Flora 93.116-120.235-239 (vgl. Abb.25 aus der
     Zeit Assurbanipals II.). Die Autorin führt Quellen an, die das Vorkom-
     men von Lotos am Euphrat bezeugen (aaO. 120), jedoch geht sie der Her-
     kunft der Lotossymbolik nicht nach. Vgl. zum Lotos ausserhalb Aegyptens
     W. MUELLER, Die Macht 75ff. Es ist anzunehmen, dass die Ausbreitung des
     Lotosmotivs ähnlich vor sich ging wie die des "Horus auf der Blüte"
     (dazu unten Anm.175). Die Nimrud-Elfenbeine sind deutlich phönizisch be-
     einflusst bzw. phönizischer Herkunft.

174 LAND DES BAAL No 135 (Abb. aaO.115) und No 108; F. THUREAU-DANGIN, Ars-
     lan-Tash Pl.46.

175 F. THUREAU-DANGIN, Arslan-Tash Pl.19-24; PHOENIZISCHE ELFENBEINE No 11;
     J.W./G.M. CROWFOOT, Early Ivories Pl.I,1-3 und Pl.XVI (Lotosketten) so-
     wie XVII,1-2. Dieses Motiv ist Ende des 2. und Anfang des 1.Jts.v.Chr.
     von Palästina aufgenommen und durch die Phöniker im Mittelmeerraum und
     bis Nordmesopotamien verbreitet worden (KEEL, AOBPs 172).

176 KEEL, Deine Blicke Abb.59a-c (Tell Adschul, Jericho, Tell Fara).

177 Als Lilien identifizierbar sind die beiden kleinen Kettenanhänger aus

In Aegypten war der Lotos, besonders der süssduftende blaue Lotos,[178] ein
Symbol der Neugeburt, Wiedergeburt, Lebensspende, der Fruchtbarkeit. Er wird
in Liebesliedern zur Bezeichnung der Liebe/des Geliebten.[179] Alle diese Elemente finden sich auch im Hohen Lied, dessen Nähe zu den ägyptischen Liebesliedern unverkennbar ist,[180] so dass wir mit dem Wissen Israels um den Symbolwert des ägyptischen Lotosmotivs also rechnen dürfen.

1.2.4.1. Jachin und Boas

Im Jerusalemer Tempel zierte nun laut 1Kön 7,19.22 (MT)[181] מעשה שושן "Lotoswerk" die beiden Bronzesäulen Jachin und Boas, deren Kapitelle zudem noch mit
Dekor in Form von Granatäpfeln versehen waren.[182] Da es in Aegypten unter den
verschiedenen Typen von Säulenkapitellen durchaus Kompositformen[183] gibt und
z.B. auch die oft genannten Elfenbeinsäulchen aus Arslan-Tasch mehrstöckige
Aufsätze tragen,[184] andererseits die Kombination Lotos - Granatapfel bislang
archäologisch nicht nachweisbar ist, soll hier die Granatapfelverzierung zunächst ausgeklammert werden.

Dass מעשה שושן quasi die Uebersetzung des aus dem Aegyptischen abzuleitenden
סותרת zu Beginn von V.19 sein soll, halte ich entgegen M. GOERG,[185] der aus
äg. k3.t (Werk) und rd/t (Gewächs, Lotos?) kurzerhand kotart>kotaeraet zusam-

dem Grabentempel in Lachisch (O. TUFNELL, Lachish II Pl.36,103) und
eventuell MALLOWAN, The Nimrud Ivories, Frontispiz. Zur Lilie im griech.-
röm. Israel vgl. Z. GOLDMANN, Das Symbol, passim.

178 E. BRUNNER-TRAUT, Art. "Lotos" in: LdAE III 1091 und 1094.

179 AaO.

180 O. KEEL, Deine Blicke bes.19-22.

181 Die LXX wissen nichts von "Lotoswerk", weshalb einige Kommentatoren
diese Notiz für eine spätere Einfügung (so WUERTHWEIN, 1 Könige 74)
halten. Ich gehe davon aus, dass auch eine evtl. spätere Glosse von realen Vorbildern inspiriert war und daher nicht einfach als Phantasieprodukt beiseitegelegt werden muss.

182 Vgl. dazu weiter unten Kap. 1.2.5.

183 Vgl. D. ARNOLDI, Art. "Kapitell" in: LdAe III 323-327; Y. SHILOH, The
Proto-Aeolic Capital 43 fig.65,3.4 und P. AMIET, Handbuch 310.311.

184 F. THUREAU-DANGIN, Arslan-Tash Pl.44 No 92f. Vgl. den Elfenbeinaufsatz
eines Griffes aus Nimrud (9.Jh.v.Chr.) mit einer Lotoskrone (R.D. BAR-
NETT, Ancient Ivories Pl.44a).

185 Zur Dekoration 17-20.

mensetzt, auch auf den zweiten Blick für sehr fraglich, da er selber keine
ägyptischen Belege für dieses Kompositum zu geben weiss. Warum wohl hätte
ein Fremdwort benutzt, d.h. sogar speziell gebildet werden sollen, wenn im
selben Vers der hebräische Terminus doch belegt ist? Die Ableitung des Fach-
ausdrucks כתרת von כתר "Kopfschmuck", entsprechend also "Säulenkapitell" oder
"Aufsatz", ist hingegen m.E. unproblematisch.[186]
Nun gibt es in Aegypten durch die Epochen hindurch recht verschiedene Formen
von Lotoskapitellen auf Säulen.[187] Eine Malerei in einem Grab in Theben-West
(1350 v.Chr.) zeigt den thronenden Gott Osiris in einer Kapelle, die von Lo-
tossäulen getragen wird (Abb.23).[188] In dieser Darstellung ist der Lotos zusätzlich in Sträussen und Girlanden gegenwärtig und zeugt so von der Regene-
rationskraft, die dem Verstorbenen zukommen soll und die in der Nähe der Götter potenziert ist. Die Verbindung von Gottheit und Lotos/Lebensfülle manifestiert sich auch auf dem gravierten Goldblech aus dem SB-zeitlichen Tempel
von Lachisch, wo die Liebesgöttin Qudschu auf dem Pferd stehend in jeder Hand
zwei riesige Lotosblumen hält.[189]
Ueber die beiden Säulen, die nach 1Kön 7,15 im Hohlguss - wohl aus mehreren
Trommeln[190]- angefertigt waren und mit der imposanten Höhe von ca. 8 Metern
(vgl. Jer 52,11-23; in 2Chr 3,15 sogar 35 Ellen) und einem Durchmesser von
1,70 Metern den אולם, den Eingang zur Tempelvorhalle, flankierten, ist viel
gerätselt worden.[191] Die Namen Jachin und Boas und die besondere Bedeutung
der beiden Säulen werden wohl enigmatisch bleiben.[192] Inzwischen hat sich aber

---

186 Vgl. KBL II 482. M. NOTH (Könige 143) hält sich an die LXX, die mit
     ἐπίθεμα "Deckel, Aufsatz" übersetzen.

187 P. AMIET, Handbuch 310f.; W. H. GOODYEAR, The Grammar Pl.VI und VII;
     S. WEIDNER, Lotos 75-79.

188 KEEL, Deine Blicke Abb.69.

189 C. CLAMER, A Gold Plaque 153 fig.1 und Pl.36 = KEEL, Deine Blicke Abb.
     63.

190 Vgl. M. WEIPPERT, Art. "Metall und Metallbearbeitung" 223.

191 Vgl. die sehr ausführliche Diskussion bei T.A. BUSINK (Der Tempel I 299-
     321).

192 Zu den Namen vgl. KBL I 136 und KBL II 392; E. WUERTHWEIN, 1 Könige 77;
     T.A. BUSINK, Der Tempel I bes. 309-312. Einen Ueberblick zur Forschungs-
     geschichte findet man auch im neuesten Beitrag von C.L. MEYERS (Jachin
     und Boaz, passim), die die Bedeutung der beiden Säulen darin sieht, dass
     sie den Einzug JHWHs in den Tempel, seine Präsenz im Tempelbereich und
     damit zugleich die Legitimität der salomonischen Herrschaft symbolisier-
     ten (aaO. bes.175-178). S. YEIVIN (Jachin und Boaz) vermutet hinter den
     Namen zwei Ahnen Davids und Salomos.

ein Konsens entwickelt, dass sie als Varianten der heiligen Bäume/Ascheren, die im Tempelbereich die Gegenwart der Gottheit in besonderer Weise signalisierten, zu verstehen sind.[193] Eisenzeitliche Tonmodelle von Heiligtümern zeigen links und rechts vom Eingang Säulen bzw. Pilaster, die den in 1Kön 7 erwähnten architektonisch und symbolisch etwa entsprechen dürften. Im Rockefeller Museum (Jerusalem) befindet sich ein Tonmodell des 9./8.Jhs.v.Chr. mit zwei Säulen, die durch volutenartige Kapitelle gekrönt sind.[194] Vergleichbar sind die Säulen vor einem Modell vom Tell Fara (10.Jh.v.Chr.).[195] Ein weiteres Exemplar aus Idalion (Zypern; 8./7.Jh.v.Chr.) zeigt ein Vordach tragende Säulen mit Kapitellen, die eventuell als Lotosblüten zu identifizieren sind (Abb.24).[196]

Da von den 38 in Palästina gefundenen Volutenkapitellen, die ein typisches Bauelement der E II-zeitlichen Palastarchitektur darstellen, nur fünf auf allen vier Seiten reliefiert sind, dürften solche Kapitelle im allgemeinen eher Pilaster als Säulen gekrönt haben.[197] Dass Jachin und Boas freistehende Säulen waren, mag von daher in Frage gestellt werden. Säulen aus Metallguss sind archäologisch bislang nicht nachgewiesen,[198] und auch Lotoskapitelle hat man in Palästina bislang nicht gefunden. Wie schnell aber Volutenkapitell und Lotosmotiv miteinander verschmelzen, zeigt z.B. eine bemalte Amphore (7.Jh. v.Chr.) aus Zypern, auf der zwei Keruben einen volutenartigen Lebensbaum flankieren, der eine Lotosblüte einschliesst (Abb.25).[199]

193 So schon O. KEEL, AOBPs 144f.; vgl. S. YEIVIN, Jachin und Boaz, passim.

194 S. YEIVIN, aaO. 98 und Taf.XI,1.= KEEL, Deine Blicke Abb.41.

195 A. CHAMBON, Tell el-Far'ah 1 Pl.66,1 und Frontispiz. Vgl. auch das Fragment bei Pl.66,3.

196 H. GRESSMANN, AOB No 523 = KEEL, AOBPs 145 Abb.225.

197 H. WEIPPERT, Art. "Säule" in: BRL² 259f.; dies., Ein vergessenes Volutenkapitell bes.22-24. Vgl. auch Y. SHILOH, The Proto-Aeolic Capital, passim.

198 Sanherib liess aber nach Auskunft der Annalen (LUCKENBILL, Ancient Records II No 367) zwei Säulen, für die je 90 t Bronze aufgewendet worden sein sollen, für seinen Palast in Ninive anfertigen.

199 V. KARAGEORGHIS, The Ancient Civilisation fig.106; KEEL, Deine Blicke Abb.60. Vgl. auch den zyprischen Grabstein mit Lotosaufsatz auf einem Volutenkapitell bei GOODYEAR, The Grammar 71 fig.43 (= S. YEIVIN, Jachin and Boaz Pl.10,5). Vgl. die Lotos-"Lebensbäume" bei O. KEEL, Deine Blicke Abb.108 (Ritzzeichnung aus Lachisch, 7./6.Jh.v.Chr.) und P. BECK, The Drawings 13-15 und fig.4.

1.2.4.2. Das Urmeerbecken - ein riesiger Lotosbecher

Besser überliefert als Vv 19.22 ist in 1Kön 7,26`die Mitteilung über das Ur-
meerbecken:

... sein Rand war wie ein Lotosblütenbecherrand

(ושפתו כמעשה שפת־כוס פרח שושן)

Lotosblütenförmige Becher mit glattem oder etwas ausladendem Rand sind vor allem aus Aegypten bekannt.[200] Abb.26 zeigt eine SB-zeitliche, nur fragmentarisch erhaltene Lotosschale aus Kamid el-Loz.[201] In der Bemalung der Philisterkeramik spielt der Lotos eine sehr bedeutsame Rolle.[202] Dass man solche Lo-
tosbecher in Israel gekannt haben muss, beweist ein Fayence-Kelch des 9.-7.
Jhs.v.Chr. aus Geser, der durch seine Dekoration als Lotosblume gekennzeichnet
ist.[203] Die Nähe des Lotos zum lebenspendenden Wasser entspricht zum einen dessen natürlichem Biotop. Zum anderen repräsentiert das Wasser des Urmeerbeckens
das gebändigte und überwundene Chaos, aus dem am Anfang die Welt entstanden
ist. Auch der Lotos ist Symbol der Urkraft, aus der die ganze Schöpfung, allem
voran die Sonne hervorging. Das Becken in Lotosblütenform vereinigt in sich so
mehrfache Symbolik gesteigerten Lebens.

1.2.5. GRANATAEPFEL (רמונים) IM ISRAELITISCHEN KULT

Die Säulen Jachin und Boas[204] werden in 1Kön 7,17-21 recht detailliert, was
die Gestaltung der Kapitelle betrifft, beschrieben. Der Text ist allerdings
entsetzlich schlecht überliefert. Die Rekonstruktion der Vv 16ff. nach E.
WUERTHWEIN ergibt folgenden Zusammenhang:[205]

---

200 Vgl. G.A.D. TAIT, The Egyptian Relief Chalice Pl.12,3; 13,1.2; S. WEID-
     NER, Lotos 82.

201 R. HACHMANN, Kamid el-Loz 1968-1970 Taf.29,1 (No 53).

202 T. DOTHAN, The Philistines 172-185; dies., Excavations bes.64f. mit Abb.
     145-147.

203 R.A.S. MACALISTER, Gezer III Pl.211,25 = KEEL, Deine Blicke Abb.57.

204 Vgl. zur Deutung der beiden Säulen oben Kap. 1.2.4.1. und Anm.192.

205 WUERTHWEIN, 1 Könige 74. Dass dieser Eingriff in den Text genauso prob-
     lematisch ist wie jeder andere, ist klar. WUERTHWEIN zollt aber den Gra-
     natäpfeln relativ viel Beachtung (vgl. dagegen M. NOTH, Könige 141 und
     z.St.).

16   Und er verfertigte zwei Kapitelle, um sie oben auf
      die Säulen zu setzen, aus Bronze gegossen; fünf Ellen
      betrug die Höhe des einen Kapitells und fünf Ellen
      die Höhe des anderen Kapitells.

17·   Geflechte (verfertigte er) für die Kapitelle zur Be-
      deckung der Kapitelle oben auf den Säulen, ein Geflecht
      für das eine Kapitell und ein Geflecht für das andere
      Kapitell.

18ab Und er fertigte die Granatäpfel an, und zwar zwei
      Reihen rings auf dem einen Geflecht,

20 b und es waren zweihundert Granatäpfel rings auf dem
      einen Kapitell,

18 b und ebenso machte er es für das zweite Geflecht.

Diese Reparatur der Vv 16-20 kommt der Vorstellung von 2Chr 4,13 (400 Granatäpfel insgesamt, zweimal zwei Reihen an jedem Geflecht) sehr nah. Jer 52,22f.
weiss noch zu berichten, dass 96 von den 100 Granaten "freihängend" (רוחה) waren, d.h. vielleicht vier dem Kapitell fest angeschlossen waren. Ob diese Notiz ein Phantasieprodukt ist oder noch eine zuverlässige Erinnerung enthält,
bleibt ebenfalls ungewiss.[206] Begnügen wir uns also damit, dass an den Kapitellen der beiden Säulen in irgendeiner Weise eine grosse Zahl von künstlichen
Granatäpfeln angebracht war.

Die Skepsis gegenüber dem ungehobelten MT-Text und seinen רמונים ist bei den
Kommentatoren im allgemeinen sehr gross. J. GRAY und M. NOTH halten sich z.B.
in V.18 an das ebenfalls überlieferte העמודים (Säulen).[207] M. GOERG[208] hat das
Dilemma mittels einer Ableitung des hebr. רמון von äg. rmn zu lösen versucht.
rmn "Träger" und auch "Säule" sei als fremder Fachausdruck (gleichbedeutend
mit עמוד "Säule") später missverstanden worden als ein semitisches Wort ("Granatapfel"). Diese Erklärung ist aber m.E. nicht sehr überzeugend:

1. Aeg. rmn (primär "Oberarm", dann auch übertragen gebraucht für andere "Trä-

---

206 M. NOTH (aaO. 152) vermutet, dass Jer 52,23 von einem nicht rekonstru-
     ierbaren Bestand von 1Kön 7 herzuleiten sei. Was רוחה genau bedeutet,
     bleibt unsicher.

207 M. NOTH, aaO. 151; J. GRAY, I&II Kings 185.

208 Zur Dekoration 20f.

ger")[209] ist im eindeutigen Sinn von "Säule" erst für Inschriften der griech.-
röm. Zeit belegt; vorher bezeichnet es meistens menschliche "Träger".

2. Wieso sollten im Text ein einheimisches Wort (עמוד) und ein Fremdwort zugleich gebraucht werden, wenn letztes ausgerechnet homonym ist mit einem anderen semitischen Wort ("Granatapfel")?

3. Wie erklärt sich zudem die Einmaligkeit von רמון in seiner ägyptischen Bedeutung in einem Kontext, der doch eher phönizische Fachausdrücke erwarten
lässt als ägyptische?

4. Wie gedenkt GOERG die in V.20 erwähnten רמונים zu übersetzen? Um sie als
reine (spätere) Erfindung abzutun, ist die Angabe (200 Granaten) zu detailliert

Für ein Ernstnehmen der überlieferten Granaten scheinen mir hingegen einige
Beobachtungen zu sprechen. רמון ist ein gut bezeugtes hebräisches Wort, ursprünglich wohl akkadischer Herkunft.[210] Es bezeichnet im Alten Testament sowohl die Frucht (Num 13,23; Hld 4,3; 6,7; 8,2), den Baum (Num 20,5; Dtn 8,18;
1Sam 14,2; Joel 1,12; Hag 2,19; Hld 4,13; 6,11; 7,13) als auch das in der Kunst
verwendete Motiv des Granatapfels (Ex 28,33f.; 39,24-26; Sir 45,9; 1Kön 7,18.
20.42; 2Kön 25,17; Jer 52,22f.; 2Chr 3,16; 4,13).[211] Auffällig ist, dass sich
das Wort allein 6mal im Hohen Lied findet.[212] Granatapfelbaum und -frucht stehen dort im Kontext der Metaphorik der Liebesdichtung. Die Granate ist folglich eine "symbolträchtige" Frucht. Im Bereich des Kultes spielt sie als Zierat
am Gewand des Hohen Priesters (Ex 28,33f.; 39,24-26; Sir 45,9) in Israel eine
Rolle. So kann man mit einer anderweitigen Verwendung des Granatapfelmotivs
im Jerusalemer Tempel, wie sie 1Kön 7 und die sich daran anlehnenden Texte
beschreiben, durchaus rechnen.

Der Granatapfel ist zudem in den grossen Nachbarländern Israels eines der beliebtesten Motive der darstellenden Kunst. In einem sehr materialreichen und

---

209 Vgl. zu den beiden unterschiedlichen Hieroglyphen ERMAN/GRAPOW, WbAeS
     II 418.419.

210 Die Herleitung von assyrisch *armannu*, die GESENIUS (HAWAT[17]) im
     Anschluss an andere vorschlug, ist nicht mehr haltbar.
     Das gebräuchliche akkadische Wort für Granatapfel war *nurmû* (sum.
     nu-úr-ma), woraus eventuell רמון entstanden sein könnte (RLA III 630).

211 Vgl. OLB I 81.

212 Zum Granatapfel im Hohen Lied vgl. W. MUELLER (Die Macht 78-84), der
     auch einiges archäologische Material zum Motiv des Granatapfels zusam-
     menstellt, sowie O. KEEL, Das Hohelied 135f.164 (zu Hld 4,3.13).

Uebersicht verschaffenden Artikel ist J. BOERKER-KLAEHN[213] dem Motiv des Granatapfels im Alten Orient nachgegangen und zu folgenden Ergebnissen gekommen: Der Granatapfel ist vor allem ein Fruchtbarkeits- und Lebenssymbol. Seine Rolle als Grabbeigabe sowie die Verbindung mit bestimmten Gottheiten deuten auf die Nähe des Symbols zur Vorstellung von der Wiedergeburt. Bezüglich der Herkunft des Motivs und seiner Verbreitung (Abb.27)[214] kristallisieren sich als zwei sehr alte Zentren Zypern (um 2500 v.Chr. ältester Nachweis) und Mesopotamien (etwa 3.Jt.v.Chr.) heraus.[215] Syrien scheint als Sammelbecken dieser Einflüsse zugleich massgeblich für die Weiterverbreitung nach Westen gesorgt zu haben. In Aegypten tritt der Granatapfel erst um 1500 v.Chr. auf. In Alalach, Ugarit und Megiddo verbreitet sich das Motiv ab der zweiten Hälfte des 2.Jts.v.Chr. In Phönizien ist es besonders häufig.

Es ist nicht möglich, im Rahmen dieser Arbeit die interessante Ikonographie des Granatapfels eingehend zu behandeln.[216] Die folgenden Hinweise beschränken sich daher auf archäologische Funde, die in engem Zusammenhang mit den atl. Nachrichten von künstlichen Granatäpfeln im kultischen Bereich aufschlussreich sind, bzw. auf Funde aus Israel/Palästina.

Vielfach publiziert wurde der bronzene Dreifuss aus Ugarit, den CATLING in die erste Hälfte des 12.Jhs.v.Chr. datiert.[217] Das zyprische Importstück trägt rings zehn Anhänger in Form von Granatäpfeln. Zwei weitere Dreifüsse mit Granatapfelanhängern wurden in Amathus (11.Jh.v.Chr.)[218] und Tiryns (1.H.12.Jh. v.Chr.; im Athener Nationalmuseum)[219] gefunden. Aus dieser Zeit und von einem ähnlichen Dreifuss dürfte der Granatapfelanhänger aus Megiddo bei Abb.28 stammen.[220]

213 RLA III 616-632 (Teil B von W. ROELLIG). Vgl. zum Granatapfel in der Antike und im Christentum auch den gleichnamigen Artikel von J. ENGEMANN in: RAC 12 689-718 sowie die grosse Arbeit von F. MUTHMANN, Der Granatapfel.

214 RLA III 631.

215 Vgl. die Granatapfelbäume und -früchte auf den neuassyrischen Darstellungen zur Zeit Sanheribs und Assurbanipals (E. BLEIBTREU, Die Flora 139-142.184-186.213-215).

216 Zu Schmuckstücken mit Granatapfelmotiv vgl. weiter unten Kap. 5.1.8.

217 CATLING, Cypriote Bronzework 202f. und Pl.32f; vgl. auch Pl.32a-b.

218 CATLING, aaO. 201 No 25 = V. KARAGEORGHIS, The Ancient Civilisation Pl. 93.

219 CATLING, aaO. 195 No 10 Pl.28b.

220 O. NEGBI, The Continuity 161 Pl.31,2.

In Ugarit, und zwar in den Ruinen des Baal-Tempels (!), fand sich eine Gold-schale mit Lebensbaumszenen und einem Ornamentband von Granatäpfeln (1450-1365 v.Chr.).[221] Ebenfalls kultischem Gebrauch scheinen eine Anzahl von gra-natapfelförmigen Tongefässen aus Palästina gedient zu haben: ein irdener "Kernos"-Ring mit zwei Granatäpfeln aus Megiddo (1150-1100 v.Chr.),[222] eine Schale mit Granatapfel im Zentrum vom Tell Chalif (1000-800 v.Chr.),[223] ein granatapfelförmiges Gefäss aus einem Philistertempel auf dem Tell Qasile (1000 v.Chr.).[224]

Dass der Granatapfel im Kult Israels eine bedeutsame Rolle gespielt hat, wurde durch einen kleinen elfenbeinernen Granatapfel (aus dem Handel) bestätigt, den A. LEMAIRE erstmals 1981,[225] ausführlicher dann 1984[226] publizierte (Abb.29). Das Stück trägt die Aufschrift:

lbj [t jhw] h qdš khnm

Eigentum des Temp[els JHW]Hs, heiliges Gerät der Priester

LEMAIRE zeigt auf, dass dieser Granatapfel unbekannter Herkunft ursprünglich ein kleines Szepter der Priester in einem JHWH-Tempel, vielleicht sogar im Jerusalemer Tempel gegen Ende des 8.Jhs.v.Chr. gekrönt haben dürfte.[227] Er ver-weist auf zwei Reliefs aus Ninive, auf denen Sanherib ein ähnliches kleines Szepter hält.[228] Zwei solche Granatapfelszepter aus Elfenbein sind in Lachisch im Grabentempel (13.Jh.v.Chr.) gefunden worden.[229]

---

221 LAND DES BAAL 152 No 146; Abb. aaO. 118f.= F. MUTHMANN, Der Granatapfel 16 Abb.6.

222 H.G. MAY, Material Remains 17f. Taf.16; ANEP No 589; vgl. J. BOERKER-KLAEHN, Art. "Granatapfel" in: RLA III 618 No 29; vgl. auch den Kernos-Ring aus Samos (600 v.Chr.) bei MUTHMANN, Der Granatapfel Abb.45.

223 A. LEMAIRE, Probable Head 27 (Abbildung unten rechts).

224 A. MAZAR, Excavations Pl.38,1-2 (= LEMAIRE, Probable Head 28, Abbildung oben links).Vgl. zu einem Stück aus Geser T. DOTHAN, The Philistines 224.

225 A. LEMAIRE, Une inscription paléo-hébraïque, passim.

226 Ders., Probable Head, passim.

227 Une inscription 239; Probable Head, passim.

228 Vgl. die Angaben bei A. LEMAIRE, Probable Head 29 Anm.1 und B. HROUDA, Die Kulturgeschichte Taf.32,1-17. Ein Granatapfelszepter treffen wir schon auf einem mesopotamischen Rollsiegel der Akkad-Zeit (in London) als Füllsel an (vgl. KEEL, AOBPs 18 Abb.9).

229 O. TUFNELL, Lachish II Pl.XX; Lachish IV Pl.28,7 und 54,2; vgl. A. LE-MAIRE, Probable Head 29 (Abbildung oben auf der Seite). Bei BUCHHOLZ/

Auch die bunten Granatapfeltroddeln am Gewand des Hohen Priesters, die mit
goldenen Schellen wechseln,[230] sind in Israels Umwelt nicht unbekannt. Im 9.
Jh.v.Chr. findet sich der Granatapfel alternierend mit Palmetten und Zapfen
auf Gewandsäumen auf Reliefs Assurnasirpals II.[231] Troddelartige Verzierungen
in Form von Granatäpfeln und/oder Lotosknospen (?) hängen rings an den Zeltdecken der Feldlagerzelte zur Zeit Assurnasirpals II. und Salmanassars III.[232]

Das Granatapfelmotiv entwickelt sich etwa im 8.Jh.v.Chr. zu einer Spezialität
südphönizisch-israelitischer Kunst,[233] wovon vor allem die Kleinkunst ein be-
redtes Zeugnis ablegt. Viele Namens- und andere Stempelsiegel des 8./7.Jhs.
v.Chr. sind mit einem Granatapfelkranz umgeben.[234] Als Fruchtbarkeits-, Lebens-
und Liebessymbol[235] war der Granatapfel also keineswegs auf den kultischen
Bereich beschränkt, sondern allgemein beliebt und populär. Die erotische Symbolik, die in der Verbindung zahlreicher Göttinnendarstellungen des Alten
Orient mit dem Granatapfel zum Ausdruck kommt[236] und wie sie im Hohen Lied be-

KARAGEORGHIS (Altägäis No 1746) ist ein ebensolches Elfenbeinszepter mit
Granatkopf (Spätzyprisch II) als dicke Elfenbeinnadel beschrieben, wofür
es m.E. aber keine Begründung gibt (vgl. die Abb. bei KARAGEORGHIS, Ancient Civilisation Pl.85).

230 Vgl. zum Gewand des Hohen Priesters P. JACOBSTHAL, Greek Pins 188f.; zur
Kleidung als Bildträger siehe weiter unten Kap. 6.4.
Vgl. die Bronzeschelle in Granatapfelform aus Luristan (8.-7.Jh.v.Chr.;
F. MUTHMANN, Der Granatapfel Abb.21), die am Hals eines Pferdes hing.
Beim hohepriesterlichen Gewand wollte die Kombination von Schellen und
Granatapfelanhängern den heiligen Bereich sowohl akustisch als auch sym-
bolisch (Fruchtbarkeit und Leben im Tempelbereich) signalisieren.

231 E.A.W. BUDGE, Assyrian Sculptures Taf. XLIX.LXX,1; vgl. J. BOERKER-
KLAEHN, Art. "Granatapfel" in: RLA III 620.

232 HROUDA, Die Kulturgeschichte 64 Taf.12,1-2.

233 Zu diesem Ergebnis kommt E. GUBEL, Notes 109f. im Zusammenhang der sti-
listisch-ikonographischen Untersuchung eines phönizischen Siegels (Brüs-
sel), das einen schreitenden falkenköpfigen Greif zeigt. Unter einer
Abtrennungslinie sind fünf Granatäpfel eingeritzt.

234 Vgl. bei A. LEMAIRE, Probable Head 29 Anm.2; W. MUELLER, Die Macht Abb.
44 (Referenzen aaO. 250). Erwähnt sei zudem ein Siegelabdruck auf einem
Krughenkel aus Samaria mit einem einzelnen Granatapfel (G.A. REISNER u.a.,
Harvard Excavations I 379 V,4; II p.XII Pl.64k).

235 Joel 1,12 und Hag 2,19 bestätigen, dass der Zusammenhang des Granatapfels mit Fruchtbarkeit/Leben im Alten Testament nicht unbekannt war.

236 Vgl. F. MUTHMANN, Der Granatapfel 32-38 Abb.22-24 und die Schmuckanhänger in Granatapfelform bei BUCHHOLZ/KARAGEORGHIS, Altägäis Nos 1773.1780.

zeugt ist, dürfte im Jerusalemer Tempel etwas zurückgetreten sein. Eine Trennung von Erotik und sakralem Bereich kennt jedoch der Alte Orient nicht, so dass mit dem völligen Verschwinden der erotischen Bedeutung dieses Symbols im Tempel nicht zu rechnen ist.

Der Granatapfel ist das letzte Beispiel für die überschwengliche Vielfalt der Lebens- und Fruchtbarkeitssymbolik, mit der der salomonische Tempel den Beter empfing und erfreute. Es hat sich bestätigt, dass die dekorative Gestaltung, wie die architektonische, verschiedene Herkunftsbereiche spiegelt. In der Zusammenstellung und Gestaltung der architektonischen und dekorativen Elemente wird der Jerusalemer Tempel eine gewisse Einmaligkeit erreicht haben.

Bereits M. NOTH stellte verwundert fest, "wie ungehemmt von der altorientalisch-kanaanäischen ... Fruchtbarkeitssymbolik berichtet wird".[237] Dass alle diese Motive, deren Herkunft und Symbolgehalt hier ein Stück weit aufgerollt wurde, in Jerusalem nur noch als Ornamentik ohne tiefere Aussagekraft fungierten, ist unvorstellbar. Zur Zeit Salomos und auch noch später war der Umgang mit solcher Symbolik offensichtlich selbstverständlich und überhaupt kein Anlass zur Skepsis.

---

237 M. NOTH, Könige 167.

KAPITEL II

BILDWERKE IN GESTALT VON TIEREN UND MISCHWESEN

2.1. BILDER VON TIEREN

Das Verhältnis des Menschen zum Tier ist ein Phänomen, von dem her heutigen LeserInnen altorientalischer Texte oder BetrachterInnen altorientalischer Bilder in faszinierender Weise Einblick in das Denken, ja das ganze Weltbild damaliger Menschen geschenkt wird.

Für uns MitteleuropäerInnen ist das Tier das dem Menschen untergeordnete, ihm verfügbare Lebewesen. Unverantwortliches Ausnutzen des Tieres hat inzwischen seinen Preis gefordert: manche Tierarten sind ausgerottet, die Art der "Nutzhaltung" von Haustieren hat den organisierten Protest von Tierschutzverbänden etc. hervorgerufen. Im besseren Fall ist das Tier dem Menschen ein guter Freund, es passt sich ihm an. Die Gefahr, die es darstellen kann, tritt indessen immer mehr zurück. Aus dem Alltag verschwindet sie fast gänzlich. Mit der Gefahr des Tieres wird bezeichnenderweise in Zirkusarenen nur mehr gespielt.

Gerade der Aspekt der Bedrohung des Menschen durch das Tier ist jedoch im Alten Orient nie verschwunden, selbst wenn man Haustiere hatte, wilder Tiere Herr werden konnte und in den Städten vor Tieren auch besser geschützt war als in der offenen Landschaft. Das Tier verkörperte eine, bestenfalls gebannte, Bedrohung, und seine Macht erfüllte den Menschen mit Furcht und Faszination zugleich, Faszination vor allem angesichts der die menschlichen Kräfte oft überragenden Fähigkeiten des Tieres.[1]

So erstaunt es nicht, dass das Tier im Alten Orient als Repräsentant göttlicher Kräfte verstanden werden konnte, dass (vor allem in Aegypten) die Götter in Tiergestalt auftreten[2] und im ganzen Alten Orient die Gottheiten gern auf Podesttieren dargestellt werden, um ihre faszinierende und furchterregende Macht zu unterstreichen.

---

1 Zur Bedeutung des Tieres in Israel und im Alten Testament und zur Beziehung von Mensch und Tier vgl. OLB I 100-106 und O. KEEL, Das Tier, passim.

2 Zur Bedeutung des Tieres in Aegypten vgl. den Beitrag von E. HORNUNG, Die Bedeutung, passim, und von E. BRUNNER-TRAUT die Art. "Tier, Verhältnis zum", "Tierdarstellung" in: LdAe VI 557-571 sowie D. KESSLER, Art. "Tierkult" in: LdAe VI 571-587.

Wie die folgenden Untersuchungen zeigen werden, waren die Israeliten dem Bann
des Tieres durchaus nicht entronnen, ja es scheint sogar, dass die Verehrung
tiergestaltiger Bildwerke, die anfangs unangefochten war, mit der Zeit von
bestimmten politischen und religiösen Kreisen als ernste Konkurrenz und Gefahr für den JHWH-Glauben empfunden wurde.

2.1.1. DARSTELLUNGEN VERSCHIEDENER TIERARTEN

2.1.1.1. Bilder von Vierbeinern, Vögeln, Kriechtieren und Fischen

Dtn 4,17 verbietet die Herstellung von Kultbildern in Gestalt von Tieren jeg-
licher Art, nämlich von Grossvieh/Vierbeinern (בהמה), Vögeln (צפור), Kriechtieren, d.h. Reptilien und Amphibien (רמש) und Fischen/Wassertieren (דגה).[3]
Die Artendifferenzierung entspricht, wenn auch nicht in der Reihenfolge, den
Tiergruppen, die in Gen 1,20-25 aus dem Schöpfungswerk Gottes hervorgehen:
Wassertiere, Vögel, Vierbeiner, Kriechtiere. Um eine naturwissenschaftliche
Artenunterscheidung geht es da natürlich nicht, sondern diese Tiergruppen
sollen gemeinsam die Fauna aller Biotope, die gesamte geschaffene Tierwelt
vertreten. Und so bedeutet Dtn 4,17 im Fazit nichts anderes, als dass jede
Tierdarstellung untersagt ist.
Ein solch umfassendes Verbot von Tierbildern als Reaktion auf den hohen Be-
liebtheitsgrad gerade von kultischen Tierdarstellungen zu interpretieren,
dürfte an der Realität der israelitischen Religion in der Eisenzeit nicht
vorbeizielen. Das Alte Testament notiert Fälle von Tierverehrung gerade in
den zentralen Heiligtümern, auch im Jerusalemer Tempel. Bilder von Tieren
sind auf allen Bildträgern, die in Palästina ausgegraben wurden, in grosser
Zahl vorhanden, so z.B. das beliebte Motiv der säugenden Capride auf den Stempelsiegeln, die Löwen auf Bildträgern aus Elfenbein und Keramik, eine ganze
zoologische Versammlung unter den Krugmalereien von Kuntillet Adschrud.[4]
Auf die nachweisbaren Querverbindungen zwischen den atl. Nachrichten und den
archäologischen Funden wird in den entsprechenden Kapiteln jeweils Bezug genommen werden. Bildwerke von Vögeln und Fischen sind vom Alten Testament her
nicht eindeutig belegbar, auch kein Vogel- oder Fischkult. Doch lassen sich

---

3 Vgl. die lexikalischen Untersuchungen von G.J. BOTTERWECK, Art. בהמה in:
   ThWAT I 523-536 und Art. דג in: ThWAT II 139-147.

4 P. BECK, The Drawings figs 10-12.

Anhaltspunkte dafür zusammentragen, dass die Taube als Attributtier der syrischen Göttin und der Falke als Verkörperung des Horus auch in Israel bekannt waren.[5] Der kultischen Bedeutung von Fischen auf die Spur zu kommen, erweist sich als schwieriger. Auf der Philisterkeramik, Stempelsiegeln der Eisenzeit und einer Elfenbeinritzerei aus Samaria kommen zwar gelegentlich Fische vor,[6] und wahrscheinlich besteht eine Verbindung mit dem Kult der Aschera/Astarte.[7] Eventuell war im eisenzeitlichen Israel auch der ägyptische Tilapia-Fisch mit seiner Regenerations- und Fruchtbarkeitssymbolik bekannt.

2.1.1.2. Tierdarstellungen auf Wänden im Tempelbezirk von Jerusalem

Es würde den Rahmen dieser Arbeit sprengen, von der Ikonographie Palästinas her die (kultische) Bedeutung von Tieren umfassend zu behandeln. Daher möchte ich den Untersuchungen zu atl. Nachrichten von bestimmten Tierbildern hier nur die Besprechung von Ez 8,10ff. voranstellen, wo von Wandbildern mit einer grösseren Vielfalt von Tierdarstellungen, denen Verehrung zuteil wird, die Rede ist.

In einer Vision werden dem Propheten in Ez 8 vier götzendienerische Objekte bzw. Praktiken des Hauses Israel im Bereich des Jerusalemer Tempels vorgeführt,[8] deren Herkunft alternierend in den vorderasiatischen und ägyptischen Raum verweist.[9] Zwischen dem סמל הקנאה und der Tammuz-Beweinung der Frauen

5 Vgl. weiter unten zur Taube Kap. 2.1.6. Der Falke ist auf eisenzeitlichen Stempelsiegeln z.B. aus Lachisch recht häufig abgebildet. Die MB-zeitlichen Skarabäen aus Palästina zeigen oft falkenköpfige Götter. Möglicherweise war auch die ägyptische Bedeutung des Geiers (Mut, Nechbet) bekannt.

6 T. DOTHAN, The Philistines bes.153.203f. und figs 12,1.2; 64; ein stilisierter Fisch neben einem Palmetten-Kapitell ist auf einem Skaraboid aus Lachisch (1150-586 v.Chr.) zu sehen (O. TUFNELL, Lachish III 364.371 und Pls 44,104; 43 A,104); J.W./G.M. CROWFOOT, Early Ivories Pl.XIII,3.

7 Vgl. Kap. 1.1.4. zu Abb.5 und 6.und O. KEEL (AOBPs 120) zur Fruchtbarkeitssymbolik der Fische im Kontext des Motivs der Capriden am Lebensbaum.

8 Die genaue Lokalisierung nach dem Text ist problematisch. W. ZIMMERLI (Ezechiel 215f.) kommt zu dem Schluss, dass sich das Geschehen nach einer ursprünglichen Textfassung im "Vorhof, d.h. dem Nordteil des alten Palastvorhofes, nach dessen Durchquerung Ez erst zum Tor des Tempelareals im engeren Sinn gelangen wird" abspielt. Vgl. H.F. FUHS, Ezechiel 51.

9 Die Abschnitte sind unterschiedlich lang. Zwei ausführlichere (Vv 7-13 und 16-18) behandeln ägyptisierende Riten, zwei kürzere (Vv 3-6 und 14-15) Kulte mit vorderasiatischem Hintergrund. Zum סמל הקנאה vgl. Kap. 1.1.3.

wird in Vv 7-13 beschrieben, wie siebzig Aelteste Israels in einer Kammer
vor Wandreliefs ("Ritzerei") ihre Rauchopfer darbringen:

10 Da ging ich hinein und schaute, und siehe,
alle Darstellungen (כל-תבנית) von Kriechtieren (רמש)
und Grossvieh (ובהמה), unreinem Getier (שקץ) und
allen Mistdingern (וכל-גלולי) des Hauses Israel
waren da als Ritzerei (מחקה) auf der Wand ringsum
zu sehen.

11 Und siebzig Männer von den Aeltesten des Hauses Israel,
Jaasanja, der Sohn Schafans, stand mitten unter ihnen,
standen (dienend) vor ihnen, ein jeder sein Räucher-
gerät in seiner Hand;
und der Duft des Räucherwerks stieg empor.

12 Und er sprach zu mir: Hast du gesehen, Menschensohn,
was die Aeltesten des Hauses Israel im Finstern,
ein jeder in seinem Bildergemach (בחדרי משכיתו)[10]
treiben? Denn sie sagen: JHWH sieht uns nicht,
JHWH hat das Land verlassen.

Dafür, dass der hier beschriebene Tierkult ägyptischer Provenienz ist, gibt
es mehrere sichere Anhaltspunkte, nämlich das Räuchern in einer Handpfanne,
das als typisch ägyptisch gelten kann, während für Mesopotamien die Libation
charakteristischer ist; die Erwähnung von גלולים, die nach ezechielischem
Sprachgebrauch mit Aegypten konnotiert werden,[11] sowie die Tatsache, dass
Verehrung tiergestaltiger Gottheiten für Aegypten viel charakteristischer
ist als für Mesopotamien und Syrien, wo die Götter mehrheitlich anthropomorph,
wenn auch mit Attributtieren verbunden, vorgestellt wurden.
Die hebräischen Begriffe בהמה, רמש und שקץ,[12] erlauben eine einigermassen
präzise Idee von den Tierarten, die unter dem Einfluss ägyptischer Tierkulte
von den Aeltesten Israels beweihräuchert werden. Es handelt sich dabei vor
allem um Tiere, die nach Lev 11,10-42 als unreine Tiere gelten.
Unter בהמה könnten zunächst folgende ägyptische, theriomorphe Gottheiten fi-

---

10 Zu משכית vgl. Kap. 5.1.8.

11 Vgl. unten Kap. 6.6.

12 Zur Wurzel שקץ vgl. Kap. 5.3.3.

gurieren:[13] Amun oder Chnum in Widdergestalt,[14] der Apis-Stier,[15] die Hathor-Kuh, der schwarze Canide/Schakal Anubis, der paviangestaltige Thot, die Thoë-ris in Nilpferdgestalt und eventuell auch löwengestaltige Gottheiten. Unter רמש ist zu zählen: die frosch- bzw. krötengestaltige Heket, die kroko-dilgestaltigen Götter, vor allem Sobek, die Schlange als Verkörperung mehre-rer Gottheiten (Meresger, Renenutet, Nechebkau) und des Apophis oder auch der Uräus (Unut, Uto, Werethekau). שקץ schliesslich dürfte zur Liste noch den Skarabäus, die morgendliche Er-scheinungsform des Sonnengottes, und vielleicht den Skorpion (Attribut der Selkis) hinzufügen. Unreine Vogelarten wie Geier, Falke und Ibis sind nicht speziell aufgeführt.

Die meisten der erwähnten ägyptischen Gottheiten werden sowohl in Mischge-stalt, oft Menschenleib mit dem entsprechenden Tierkopf, als auch in reiner Tiergestalt verehrt. Nach Ez 8 scheinen die Ritzereien bzw. Reliefs[16] auf den Wänden der "Bilderkammer" rein theriomorphe Gottheiten zu zeigen. Für Tierverehrungsszenen aus Aegypten können wegen der Fülle des Materials hier nur einige Beispiele angeführt werden.[17]
Reliefs aus dem Totentempel Sethos' I. (1290-1279 v.Chr.) in Abydos zeigen den König mehrfach bei Opferhandlungen vor dem Schakal (Anubis), vor Ibis (Thot), Falke (Horus), der Hathor-Kuh und einmal vor der froschgestaltigen Heket (Abb. 30).[18] Ein MB-zeitlicher Skarabäus in der Sammlung Matouk (im Biblischen Institut der Universität Freiburg i.Ue.) stellt eine kniende Frau mit einem Räucherständer vor einem Krokodil auf einem Podest dar (Abb. 31).[19]

Dem visionären Geschehen in Ez 8 ist durchaus ein historischer Gehalt zuzu-

---

13 Vgl. zum Folgenden vor allem die entsprechenden Beiträge im LdAe sowie E. HORNUNG, Der Eine (Kap. IV und 271-280).

14 Ob in dem problematischen Text von Ez 30,13 die "Widder" (אילים?) von Memphis (נף) erwähnt sein könnten, sei dahingestellt. Zu Darstellungen von Widdern im palästinisch-phönizisch-syrischen Raum vgl. die Angaben bei P. WELTEN, Eine neue "phönizische" Metallschale 279f.

15 Die LXX übersetzen in Jer 46,15 אביריך mit ὁ Ἆπις.

16 Zu den ägyptischen Reliefs vgl. Kap. 3.3.1.

17 Vgl. aber weiter unten die Kapitel zu Löwen-, Stier- und Schlangenbildern.

18 CALVERLEY u.a., Abydos I Pl.10-11 (Anubis, Thot, Horus); dies., Abydos III Pl.7 (Horus, Thot); Pl.14 (Heket, unten Hathor) und Pl.16 (Anubis, Horus).

19 F.S. MATOUK, Corpus II.394 No 1101.

billigen:[20] in Juda verehrte man zur Zeit Ezechiels viele Götter, auch theriomorphe ägyptischer Provenienz. Dafür sprechen die ägyptischen bzw. ägyptisierenden Amulette, die bei Grabungen auf dem Tell Adschul, Tell Fara, in Lachisch, Bet-Schemesch und an anderen Orten zutage kamen.[21] Dafür sprechen auch die ägyptischen Bronzefiguren, die in Beerscheba und Aschkelon gefunden wurden. Unter ihnen sind vier Apisstiere[22] und ein Ibis (Abb.32 und 33). Die 26 (grossenteils mischgestaltigen) ägyptischen Figuren aus Aschkelon stammen aus einer Werkstatt des 5./4.Jhs.v.Chr.[23] Sie dürften aber eine ältere Kunsthandwerktradition bezeugen.

Offensichtlich scheinen gerade einflussreiche Gruppen in Juda dem religiösen Aegypten-Trend anheimgefallen zu sein, welcher mit der politischen Ausrichtung nach Aegypten, wohl zur Zeit Jojakims oder Zidkijas, Hand in Hand gegangen sein wird.[24] In der Spätzeit Aegyptens nimmt die Verehrung von rein tiergestaltigen Göttern an Bedeutung erheblich zu.[25] Auf diesem Hintergrund sind die verächtlichen Bemerkungen der in Alexandrien entstandenen "Weisheit

---

[20] So auch G.W. AHLSTROEM, An Archaeological Picture 16. Dass die Tiergötter den göttlichen Hofstaat (צבאות/קהל קדשים u.a.) bilden sollen, ist m.E. zweifelhaft, da diese Vorstellung von Göttersöhnen und Götterversammlung aus dem vorderasiatisch/syrischen Raum übernommen scheint, während die Wandbilder in Ez 8 ägyptischer Herkunft sein müssen.

[21] Vgl. O. KEEL, Bildträger 43 und weiter unten Kap. 6.6..Eine Uebersicht über das Formen- und Figuren-Repertoire ägyptischer Amulette vermittelt der Katalog von C. HERRMANN, Formen bes.XVII-XX.

[22] J.H. ILIFFE, A Hoard Pl.31 (Aschkelon) und Y. AHARONI, Beer-Sheba I 54f. und Pl.22. Kennzeichen ist die Sonnenscheibe zwischen den Hörnern. Um einen Apis-Stier handelt es sich wahrscheinlich auch bei dem Siegelabdruck aus Ramat Rahel (vom Ende der E II-Zeit) bei Y. AHARONI, Excavations 106f. fig.9).

[23] J.H. ILIFFE, A Hoard, passim und Pls. 29-34; vgl. OLB II 55f. und Abb. 40-44 sowie O. KEEL, Bildträger 13f. Eine Osiris-Bronze wurde jetzt auch in Dan gefunden (evtl. schon 8./7.Jh.v.Chr.?; vgl. die vorläufigen Notizen von A. BIRAN, Tel Dan, 1984 189).

[24] Vgl. B. LANG, Kein Aufstand 140-142.181-186; H.F. FUHS, Ezechiel 11f. sowie weiter unten zu Ez 23 Kap. 3.3.1. Die siebzig Aeltesten stellen nach Ex 24,1.9-11 und Num 11,16.24f. die offizielle Laienvertretung Israels dar, die eigentlich keine priesterlichen Funktionen hatte (FUHS, aaO. 51).

[25] Vgl. bei J.-F. CHAMPOLLION, Monuments II Pl.145,3 und 145,8 (Tempel von Esna) sowie S. SAUNERON, Esna II 215 No 112 und ders., Esna IV,1 Nos 443-445.451. Eine zyprische Elfenbeinschnitzerei zeigt je einen Verehrer vor Stier und Ibis auf einem Sockel (DECAMPS DE MERTZENFELD, Inventaire Pl. 74,805).

Salomos" über den ägyptischen Kult vor "vernunftlosem Gewürm", "niedrigem
Getier", den "widerwärtigsten und verachtetsten Tieren",die "nicht einmal
schön sind" (11,15; 12,24; 15,18) zu verstehen.[26]

2.1.2. BILDER IN GESTALT VON LOEWEN

2.1.2.1. Löwenbilder im kultischen Bereich

Beim Bericht von der Ausstattung des salomonischen Tempels werden Löwen
(אריות) in 1Kön 7,29.36 als ein Bestandteil der Darstellungen auf den Leisten
und Flächen der Kesselwagen genannt. Ein Kesseluntersatz auf Rädern aus Zypern
(Spätzyprisch III) zeigt auf dem abschliessenden Ring oben ein Tierfries mit
Löwen und Sphinx.[27] Die Konstellation Löwe-Kerub einerseits und Löwe-Rind
(בקר in V.29)[28] andererseits erinnert darüber hinaus an Szenen, wie sie zwar
auf Bronzegeräten nicht erhalten sind, sehr häufig aber in der phönizisch-
syrischen Elfenbeinkunst vorkommen. So finden sich unter den Elfenbeinen aus
Nimrud und Samaria (Abb.34)[29] öfter Tierkampfdarstellungen, bei denen ein
Löwe einen Stier bzw. ein Rind anfällt. Gelegentlich scheint auch ein Löwe
mit einer Sphinx oder einem Greifen zu kämpfen.[30]
Ausser auf den Kesselwagen ist der Löwe nach den vorhandenen atl. Nachrichten
im Tempel Salomos nicht mehr repräsentiert. Doch zeigen z.B. Libationsschalen
mit Löwenappliken aus Megiddo und vom Tell Bet-Mirsim (Abb.35), dass dieses

---

26 G.W. AHLSTROEM (An Archaeological Picture 121f.127ff.) nennt archäologi-
    sche Anhaltspunkte, die mit der Notiz in Jes 66,17 über Leute, die
    Schweinefleisch, Mäuse und שקץ bei kultischen Begehungen essen, zusammen-
    gehen. Solche dem herkömmlichen Bild von der israelitischen Religion
    nicht entsprechenden Nachrichten mehr Aufmerksamkeit zu widmen, ist ein
    dringendes Postulat.

27 H.W. CATLING, Cypriote Bronzework Pl.35 = BUCHHOLZ/KARAGEORGHIS, Alt-
    ägäis No 1686; vgl. die weiteren Angaben in Kap. 1.2.2. Anm.159.

28 Bei בקר ist auch an das "Kuh und Kalb"-Motiv zu denken. Vgl. dazu Kap.
    1.1.3. und 2.1.3.1.

29 M.E.L. MALLOWAN, Nimrud II Nos 416-417; J.W./G.M. CROWFOOT, Early Ivories
    Pl.X,1.2. Vgl..auch G. LOUD, The Megiddo Ivories Pl.22; R.D. BARNETT,
    Ancient Ivories Pl.33c; C. DECAMPS DE MERTZENFELD, Inventaire Pls 70.72
    (Enkomi).

30 J.W./G.M. CROWFOOT, Early Ivories Pl.8; BARNETT, Ancient Ivories Pl.33d
    (Delos); O.W. MUSCARELLA, The Catalogue NOs 179-185.

Motiv im rituell-kultischen Bereich bedeutsam war.[31] Auf den eisenzeitlichen
Keramikständern aus Israel sind Löwen ebenfalls besonders oft vertreten.[32]
Der von P.W. LAPP ausgegrabene Tonständer vom Tell Taanach (10.Jh.v.Chr.)[33]
zeigt in zwei Registern Löwinnen, deren aufgerissener Rachen vollplastisch
gearbeitet ist. Im oberen Register flankieren die Löwen links und rechts das
Motiv der Capriden am Lebensbaum (Aschera), im Basisregister werden sie von
einer nackten "Herrin der Tiere" (Aschera) gehalten (Abb.13). Auf einem Tonhäuschen aus Bet-Schean (12.Jh.v.Chr.)[34] erscheint der Löwe ebenfalls zusammen mit einer Göttin. Die Konstellation Göttin-Löwe ist nicht nur durch einen
SB-zeitlichen Schmuckanhänger aus Haifa (1300 v.Chr.) für Palästina bezeugt,[35]
sie findet ihren Niederschlag auch in der Metaphorik des Hohen Liedes (Hld
4,8), wie O. KEEL gezeigt hat.[36]

Die Beispiele für Löwendarstellungen - von MB-zeitlichen Stempelsiegeln, auf
denen Löwen andere Tiere reissen,[37] bis zu grösseren Löwenplastiken - aus
Palästina liessen sich um eine stattliche Zahl vermehren. Und ein ziemlich
wahlloser Blick in Sammelbände über altorientalische Kunst zeigt rasch, dass
der Löwe im ganzen Alten Orient ein ungemein beliebtes Motiv auf Bildträgern
aller Art war.

Von allen wildlebenden Tieren hat wohl keines die Menschen im Palästina der
biblischen Zeit so geängstigt und zugleich fasziniert wie der Löwe, für den
die hebräische Sprache nicht weniger als sieben Wörter hat und von dem zumeist in metaphorischen Kontexten die Rede ist.[38]

G.J. BOTTERWECK hat in einem Beitrag "Gott und Mensch in den alttestamentlichen Löwenbildern"[39] die möglichen Verwendungen der Metapher "Löwe" im Alten

---

31 Vgl. zu den sog. syrischen Salbschalen A. REICHERT, Art. "Kultgeräte" in:
    BRL[2] bes.192f.; zum Exemplar vom Tell Bet-Mirsim (9.Jh.v.Chr.) R. AMI-
    RAN, The Lion Statue 32-36 figs 8-10 Pls 4-6; OLB II 777 Abb.494.

32 Vgl. L.DE VRIES, Incense Altars 134-141 und figs 5.6.29.30.38-40.42.46-
    48. Zu den Motiven der Tonständer siehe auch Kap. 6.3.

33 DE VRIES,aaO. 40 fig.48 = BRL[2] Abb.45.

34 DE VRIES,aaO. 30f. figs 38f.

35 U. WINTER, Frau und Göttin Abb.40 = O. KEEL, Deine Blicke Abb.21.

36 AaO. 39-45. Vgl. auch den Stempelabdruck vom Tell en-Nasbe (1100-700 v.
    Chr.) mit der Göttin und dem Löwen bei O. KEEL, Das Hohelied Abb.91.

37 Vgl. OLB I 144 Abb.72a-c.

38 Vgl. G.J. BOTTERWECK, Art. ארי in: ThWAT I bes.404-407; OLB I 143.

39 Bes.120-125; vgl. auch die Uebersicht im Art. ארי, aaO. 407-418.

Testament geordnet, wobei sich deutlich deren Ambivalenz abzeichnet: als aus-
drucksstarkes Symbol für Stärke, wilde und uneinholbare Kraft, Ueberlegenheit, ja Erhabenheit und Stolz, ist der Löwe das Bild für Schrecken, Bedrohung und akute Gefahr, wenn er eine feindliche Macht (z.B. die Assyrer, aber
auch JHWH) repräsentiert, ist er das Bild für Selbstsicherheit, Stärke, wenn
er mit einer Wir-Gruppe identifiziert wird (Israel; JHWH als Verteidiger des
Zion etc.).

Löwen spielen in Aegypten, Mesopotamien und Syrien als Götterattribute eine
bedeutende Rolle. Sie können die unberechenbare Gefährlichkeit einer Göttin
oder eines Gottes versinnbildlichen und zugleich die Bewunderung für deren
unerreichbare Grösse und Kraft.[40] Als Postamente von Götterstatuen sind
Doppellöwen im 9.Jh.v.Chr. vor allem im nordsyrischen Raum (Sendschirli,
Karkemisch, Tell Tajnat)[41] verbreitet.

Eine Löwenplastik vom Tell Bet-Mirsim (Abb. 36), ebenfalls aus dem 9.Jh.
(53,5cm lang; 18,5cm breit; 24,1cm hoch) muss Teil eines solchen Postaments
für ein Götterbild gewesen sein.[42] G.W. AHLSTROEM postuliert, da am selben
Ausgrabungsort die erwähnte Libationsschale mit Löwenköpfen (Abb.35) gefunden wurde, dass dort ein offizielles Nationalheiligtum existiert haben müsse:
"The lion figures must be seen as being representative for the official religion of Judah in the 9th century B.C."[43]

Im Anschluss an A.W. SJOEBERG schlägt AHLSTROEM vor, die in der Mescha-In-
schrift[44] erwähnte Verschleppung des אראל des Gottes *dwd* von Atarot, einem
israelitischen Heiligtum in Transjordanien, als Eroberung des "Löwenposta-
ments" der Gottheit zu verstehen. Wenn es in 2Sam 23,20 heisst, Benaja habe
die zwei אראל von Moab (את שני אראל) in Stücke geschlagen, dürfte auch dort
das Löwenpostament des Gottes von Moab gemeint sein, der auf diese Weise gestürzt wird.[45]

---

40 O. KEEL, AOBPs 75; zu den Göttinnen und Göttern in Aegypten und Mesopo-
    tamien, die mit der Löwensymbolik in Beziehung stehen vgl. BOTTERWECK,
    Art. ארי in: ThWAT I 407-410.

41 Vgl. die Uebersicht von P. WELTEN, Art. "Götterbild, männliches" in: BRL[2]
    108f.

42 R. AMIRAN, The Lion Statue 31f. und figs 2-4; Pls 1-3; OLB II 777 Abb.
    493.

43 An Archaeological Picture 17.

44 AaO. 17f.

45 DONNER/ROELLIG (KAI 32,3) machen zu ארום in einer Inschrift aus Kition
    (4.Jh.v.Chr.) bereits auf die Möglichkeit eines Duals zu ארי aufmerksam.

Dass Löwen in apotropäischer Funktion, vor allem an Eingängen zu sakralen
Bezirken in Israel bekannt waren, bezeugen eine Reihe von Löwenorthostaten
aus Hazor, Schech Sa^cad im Hauran und die zwei Löwenprotome am Eingang eines
Grabes des 9./8.Jhs.v.Chr. vom Tell Etun, die wahrscheinlich die Lebenden vor
den Toten schützen sollten, da sie in das Grab hineinblicken.[46]

2.1.2.2. Löwenbilder am Thron Salomos

Die Wächterfunktion von Löwenstatuen vor Heiligtümern steht vor allem in
Aegypten in engem Zusammenhang mit dem König, der oft in der darstellenden
Kunst und in der metaphorischen Sprache selbst als Löwe auftritt.[47] Als Herr-
schaftssymbol und Wächter ist der Löwe auch in 1Kön 10,18-20 in grösster
Nähe des Königs von Israel anzutreffen.
Mit den Löwendarstellungen am Thron Salomos wollen wir uns eingehender be-
schäftigen:

> 18 Der König liess einen grossen elfenbeinernen Thron
> anfertigen und ihn mit gediegenem Gold belegen
> (ויצפהו זהב מופז).
> 19 Sechs Stufen hatte der Thron und ein rundes Oberteil
> (וראש-עגל) an seiner Rückseite und Armlehnen zu
> beiden Seiten der Sitzfläche,
> und zwei Löwen (אריות) standen neben den Armlehnen.
> 20 Zwölf Löwen (אריים) standen auf den sechs Stufen
> zu beiden Seiten.
> Nichts dergleichen ist angefertigt worden für
> irgendwelche Königreiche.

Mit Löwenreliefs, -plastiken, -protomen oder -füssen verbundene Throne sind
nun zwar im ganzen Orient zeitlich wie räumlich immens verbreitet,[48] die De-

---

46 Vgl. die Zusammenstellung der Funde bei O. KEEL, Bildträger 12 und OLB II
    785f. und Abb.502.

47 Auch die assyrischen Könige vergleichen sich gern mit Löwen (vgl. BOTTER-
    WECK, Art. ארי 410). Die ikonographische Darstellung des Königs als Löwe
    ist aber genuin ägyptisch (aaO. 408 und O. KEEL, AOBPs 108f.).

48 Hier können ausser dem Hinweis auf die beeindruckende Materialsammlung
    bei M. METZGER (Königsthron und Gottesthron) nur wenige Beispiele gege-
    ben werden.
    Aus dem 14.Jh.v.Chr. stammt ein ägyptisches Flachbild, auf dem Haremhab
    in einer Sänfte dargestellt wird. Die Armlehnen seines Thronsessels bil-

tails der Beschreibung in 1Kön 10 lassen aber keinen Zweifel, dass der salomonische Thron an ägyptischen Throntypen des Neuen Reiches orientiert war,
wofür die fundamentale Arbeit von M. METZGER "Königsthron und Gottesthron"
ausreichendes Beweismaterial bietet, so dass hier einige Hinweise auf die
wichtigsten Parallelen genügen können.[49]

Mit Elfenbeinintarsien geschmückt sind mehrere Holzstühle/-sessel aus dem
Grab Tutanchamuns und z.B. ein Thron aus Salamis (8.Jh.v.Chr.).[50] Reliefierte
oder durchbrochene Elfenbeinpaneele sind als Throndekor ebenfalls häufig.
Sie können an der Rückenlehne, der Sitzfläche, den Seiten der Armstützen oder
zwischen Sitzfläche und Querstrebe der Sitzmöbel angebracht sein.[51] Das Ueberziehen von Holzschnitzereien oder Elfenbeinreliefs mit Goldblech scheint, wie
die Spuren von Goldbelag auf Elfenbeinfunden aus Nimrud, Samaria und Salamis,
aber auch auf Thronen Tutanchamuns beweisen, ausserordentlich beliebt gewesen
zu sein. Dem orientalischen Geschmack wäre durchaus zuzutrauen, dass die El-
fenbeinteile des Throns völlig mit Gold überzogen waren.[52]

Nach der MT-Lesart[53] hatte der Thron ein rundes Oberteil/Kopfteil an der
Rückseite, worunter CANCIANI, PETTINATO, NOTH und METZGER das nach hinten
eingerollte Oberteil der Rückenlehne verstehen, wie es ägyptische Throne (mit
und ohne Armlehnen) des Neuen Reiches zeigen.[54]

Für die zwei Löwen neben den Armlehnen bieten sich mehrere Möglichkeiten an,
nämlich erstens Löwen als Reliefarbeiten auf der Aussenseite der Füllung der

den grosse Löwenfiguren (AOB No 85). Als spätägyptisch wurde ein kleiner
Bronzethron eingeordnet, der von zwei Löwen getragen wird. Unten vor dem
Thron liegen zudem zwei bewachende Sphingen (AOB No 84). Bronzene Löwen-
füsse als Fragmente achämenidischer Herrscherthrone stammen eventuell
aus Samaria (vgl. M. TADMOR, Fragments 37-43 und H. WEIPPERT, BRL[2] 232).
Zu den Sphingenthronen vgl. Kap. 2.2.1.2.

49 Bes.298-308. Vgl. auch schon die etwas ältere Arbeit von F. CANCIANI/
    G. PETTINATO, Salomos Thron, passim.

50 METZGER, aaO. 301 und Nos 250.251.262.263 sowie zum Thron aus Salamis
    ausführlicher unten Kap. 6.2.

51 METZGER, aaO. Vgl. M.E.L. MALLOWAN, Nimrud II Nos 399.403.404.420.421.

52 Gegen METZGER, aaO. Vgl. zum Goldüberzug von Elfenbein auch Kap. 6.2.

53 Die Auseinandersetzung um die verschiedenen Ueberlieferungen, besonders
    das προτομαὶ μόσχων der LXX dürfte als abgeschlossen gelten. Vgl.
    ausführlich CANCIANI/PETTINATO, Salomos Thron 90-97; METZGER, Königsthron
    298-300.

54 METZGER, aaO. 300f. und Nos 233-239.225f. und 253. Vgl. zum löwenbeinigen
    Thronstuhl mit hoher Rückenlehne aaO. 246-251.

Armlehnen;[55] zweitens vollplastische Löwenfiguren, die auf einer Leiste direkt neben den Armlehnen stehen (Throne Haremhabs und Ramses' III.) sowie
drittens vollplastische Löwenfiguren, die neben dem Thron stehen und etwa
zur Höhe der Sitzfläche hinaufreichen (Throne Amenophis' II. und IV. sowie
Ramses' II. und III.) wie bei Abb.37.[56]

Die Rekonstruktion des Thronpodestes mit den sechs Stufen und den darauf paarweise angeordneten Löwenfiguren ist problematisch, da sich keine exakten
archäologischen Vergleichsmöglichkeiten bieten.[57] Ein Zikkurat-Aufbau nach
mesopotamischem Vorbild ist denkbar. METZGERs Schwierigkeiten mit den Propor-
tionen der Löwenskulpturen und der einzelnen Stufen lassen sich zudem aus-
räumen, wenn man statt an liegende an sitzende Löwenfiguren denkt. Solche
sitzenden Löwen, die einen Feind umklammern, stellt eine Gruppe von Fayencen
(Höhe ca.50cm) aus der Zeit Ramses' II. dar. W.C. HAYES vermutete als Standort der am Rücken flachen Skulpturen treppenartige Aufgänge von Thronpode-
sten (Abb.38 und 39).[58]

Die Löwen auf den Thronstufen dürften in Beziehung zu setzen sein zur Vorliebe der Pharaonen des Neuen Reiches, sich in Begleitung eines gezähmten Löwen darstellen zu lassen.[59] So findet sich auch zu Füssen des thronenden
Ramses II. ein Löwe (Abb. 40).[60] Dass dieser zahm ist, mindert natürlich keineswegs seine Symbolkraft, die vor allem aus den Triumphalbildern des Neuen
Reiches ersichtlich wird: der schreitende Löwe überwältigt Feinde, bzw. er
begleitet den die Feinde besiegenden Pharao. Der König vergleicht sich so mit
der überragenden Kraft und Schrecklichkeit des Löwen, der unbesiegbar bleibt.

---

55 Vgl. im folgenden die Belege bei METZGER, aaO. 502.

56 Aus dem Tempel von Medinet Habu. Ramses III. sitzt auf einem Thron, des-
    sen Armlehnen zwei flügellose Sphingen bilden, während der gesamte Thron
    noch einmal von zwei grossen Löwen flankiert ist (KEEL, Jahwe-Visionen
    31 Abb.13; E. HORNUNG, Tal Abb.173).

57 METZGER, aaO. 303-308. Dass der Thron auf der siebten Stufe stand, hat
    M. NOTH als Zeichen der Erhöhung und Vollkommenheit des Königs gedeutet
    (1Könige, z.St.).

58 Nach U. SCHWEITZER, Löwe 51f. (Taf.12,2) und G. RUEHLMANN, Der Löwe 652
    (Taf.IIc).

59 Vgl. U. SCHWEITZER, Löwe und Sphinx, bes. 47-51 und LdAe III 1080-1090
    (Art. "Löwe", "L.-Köpfe", "L.-Statuen") mit ausführlicher Bibliographie;
    zum Löwen als Begleittier vgl. C. DE WIT, Le rôle 12f.

60 J.F. CHAMPOLLION, Monuments I Pl.62. Vgl. den im LdAe (aaO.) nicht zi-
    tierten Beitrag von G. RUEHLMANN "Der Löwe im altägyptischen Triumphal-
    bild" (passim) und O. KEEL, AOBPs 75f. und Abb.102.103.135.

Einen literarischen Nachhall dieses ägyptischen Motivs finden wir noch im
Buch der Sprüche (20,12; vgl. 19,12):

> Wie Knurren eines Junglöwen ist des Königs Drohen.
> Wer ihn reizt, sündigt gegen das eigene Leben.

Es ist wahrscheinlich, dass auch die Elfenbeinmöbel der Oberschicht von Samaria mit apotropäischen Löwenfigürchen geschmückt waren, in deren vermeint-
lichem Schutz man sich sorglos dem Luxusleben hingeben konnte.[61]

2.1.3. DIE STIERBILDER ISRAELS

Zu den atl. Texten Ex 32; Dtn 9,7-21; 1Kön 12,26-33 u.a. und zum Thema "Stierbild" ist schon sehr viel geschrieben worden. Die informative rezeptionsge-
schichtliche Arbeit von J. HAHN "Das 'Goldene Kalb'"[62] resümiert nicht nur
den Jahrhunderte währenden Tanz der Exegeten um das "goldene Kalb", zeigt
nicht nur die brillanten Ergebnisse dieser Forschung auf, sondern lässt auch
viele Aporien, in die die zentralen Texte hineinführen, sichtbar werden. Zudem erweckt die Betrachtung zum Beispiel der Uebersichtstabellen[63] den Eindruck, dass hier wirklich jeder Vers und jedes Wort bereits mehrmals gewendet und analysiert, jeder mögliche Gedanke schon gedacht, jede These bewiesen
und widerlegt wurde, und dennoch Lösungen oder gar ein (wenigstens minimaler)
Konsens in bestimmten Fragen nicht in Aussicht stehen.

Da erstens der Rahmen dieser Arbeit durch eine erneute grundsätzliche Diskussion der Quellenzuweisungen in den oben genannten Texten gesprengt würde und
zweitens gerade erst eine neue, detaillierte Bearbeitung vor allem von Ex 32
von C. DOHMEN[64] vorgelegt worden ist (1985 erschienen), möchte ich in diesem
Kapitel den Schwerpunkt darauf legen, von den atl. Nachrichten über Stierbilder und von archäologischen Zeugnissen her einen wichtigen Aspekt der JHWH-
Religion auszuleuchten, ohne dabei die literarkritischen Entscheidungen und
die Zuweisung zu einem der grossen atl. Geschichtswerke zum Ausgangspunkt
oder zur Hauptgrundlage zu machen. So sollen zunächst die üblicherweise weniger beachteten Stiere an den Kesselwagen und am Urmeerbecken einbezogen und
die Frage nach dem Aussehen der Stierbilder besonders beachtet werden.

---

61 Dazu ausführlicher Kap. 6.3.

62 Vgl. dazu auch die sehr positive Rezension von C.T. BEGG (CBQ 45 (1983)
   658-660).

63 AaO. 142f.266.

64 Das Bilderverbot bes.66-147.

2.1.3.1. Rinder (בקר) an den Kesselwagen und unter dem Urmeerbecken

Der Stier als Symbol von Kampfesstärke, Fruchtbarkeit und Zeugungskraft begegnet in Texten und Bildern des ganzen Alten Orient.[65] Die zahlreichen Belege aus Aegypten, Syrien, Mesopotamien und Anatolien auch nur in Beispielen anzuführen, würde Seiten füllen.

Es erstaunt nicht, neben der üppig vertretenen Vegetationssymbolik im salomonischen Tempelbau als ein weiteres Symbol von Lebenskraft und Fruchtbarkeit auch das Rind anzutreffen. Nach 1Kön 7,29 war בקר neben Löwen und Keruben ein Motiv auf den Leisten und Seitenflächen der Kesselwagen. בקר "Rind" kann grundsätzlich sowohl weibliche als auch männliche Tiere bezeichnen.[66]

So kann man hier einerseits an das im Aschera-Kapitel schon behandelte "Kuh und Kalb"-Motiv denken, wie es von phönizischen Elfenbeinarbeiten und den Krugmalereien aus Kuntillet Adschrud her bekannt ist.[67] Im Zusammenhang mit den Löwen wurde auch schon auf die ebenfalls in der Elfenbeinkunst häufigeren Tierkampfdarstellungen hingewiesen, wo ein Rind (Kuh) von einem Löwen angegriffen wird.[68]

Andererseits könnte mit בקר durchaus auch das Bild eines Stieres (עגל) gemeint sein, wie er zum Beispiel auf einem zyprischen Bronzeständer aus Nikosia erkennbar ist.[69] Es ist sogar denkbar, dass die dtr. Bearbeitung hier ähnlich wie die Priesterschrift, die in den Gesetzestexten den Begriff עגל systematisch umgeht,[70] die Stiersymbolik durch die Abänderung zu בקר zu verwischen suchte.[71]

Dasselbe gilt für die zwölf "Rinder", auf denen das Urmeerbecken ruhte (1Kön 7,25par2Chr 4,4):

---

65 Vgl. K. JAROŠ, Die Stellung 212; OLB I 120.

66 KBL I 145 und B. BECK, Art. בקר in: ThWAT I 736-743.

67 Phönizische Elfenbeine Nos 23-26.28; O. KEEL, Das Böcklein Abb.114-119 und Kap. 1.1.3.

68 Vgl. Kap. 2.1.2.1.

69 H.W. CATLING, Cypriote Bronzework Pl.33a.b.

70 Dazu B. BECK, aaO. 742.

71 So O. KEEL in: OLB I 121.

Es stand auf zwölf Rindern (בָּקָר),

drei waren nach Norden gewandt, drei nach Westen,

drei nach Süden und drei nach Osten.

Das Meer aber stand oben darauf,

und das Hinterteil von allen war einwärts gekehrt.

Wenn, wie A. ZUIDHOF nach den atl. Angaben und allen Regeln der Mathematik berechnet hat,[72] das "eherne Meer" tatsächlich ein Riesenbassin mit einem Durchmesser von 5m und einem Fassungsvermögen von ca.50000 Litern war, wird die Grössenordnung der Rinder, die das Becken tragen oder zu tragen schei-nen,[73] in etwa vorstellbar. In 2Kön 16,17 heisst es, Ahas von Juda habe für Tiglat-Pileser neben anderen Veränderungen das Urmeerbecken von den Bronze-rindern (מֵעַל הַבָּקָר הַנְחֹשֶׁת) herunternehmen und auf eine Steinbasis setzen las-sen. Der hohe Materialwert wird der Grund für die Entfernung der Tierplasti-ken gewesen sein.[74] Die Ausmasse sowohl des Beckens als auch der Bronzerinder darunter wecken natürlich Zweifel an der Glaubwürdigkeit dieser Angaben, da das dafür notwendige handwerkliche Können nicht überprüfbar ist. Bronzeguss-arbeiten dieser Grössenordnung sind natürlich nicht erhalten.[75] Nach der Be-schreibung in 1Kön 7,25 darf man sich jedenfalls wohl liegende Rinder bzw. Stiere vorstellen.

Die Kombination der Lebenssymbolik des Urmeerbeckens und der Fruchtbarkeits-symbolik des Rindes/Stieres ist auch ausserhalb Israels belegt.[76] So sind in die Henkel eines grossen Kalksteinbeckens aus Amathont (Zypern, 6.Jh.v. Chr.) Rinder im Relief gearbeitet.[77] Eine ganze Reihe von kultischen Bronze-kesseln aus dem Vorderen Orient (9.-7.Jh.v.Chr.) sind mit Stierattaschen ver-sehen.[78] Das Hauptstück ist ein aus dem 8./7.Jh.v.Chr. stammender Kessel aus Altin Tepe, an dessen Oberrand sich vier Stierköpfe befinden (Abb.41).[79]

---

72 King Salomon's Molten Sea and (π), passim. Die Berechnungen sind jeden-falls zuverlässig und leicht nachzuvollziehen. Der mathematische Scharf-sinn ZUIDHOFs ist wohl vertrauenswürdiger als die atl. Angaben.

73 Vgl. dazu T.A. BUSINK, Der Tempel I 332.

74 AaO. 330f. und J. GRAY, I&II Kings 637.

75 Vgl. zu den technischen Anforderungen beim Giessen eines solchen Beckens A. ZUIDHOF, aaO. 184.

76 BUSINK hat dieses Material zusammengestellt (Der Tempel I 332-335). Vgl. auch O. KEEL, AOBPs 120ff.

77 KEEL, AOBPs Abb.183.

78 Eine Auflistung der Funde findet sich bei H.-V. HERRMANN, Art. "Kessel-attaschen" in: RLA V 575-578.

79 T.A. BUSINK, aaO. 334; RLA V 577 Abb.2,1.

C.L. WOOLLEY fand bei seinen Ausgrabungen in Karkemisch möglicherweise eine Stierbasis für ein solches Becken.[80] Auf einem verlorenen Relief Sargons II. aus Chorsabad sind vor dem Tempel von Muṣaṣir in Urartu zwei Kessel auf einem Ständer mit Stierfüssen abgebildet (Abb.1).[81] Ob man bei dem zoologisch undefinierbaren Vierbeiner mit einem Kessel (?) auf dem Rücken, welcher auf einem Relief Sanheribs im Palast von Ninive erkennbar ist (Abb.42),[82] an ein Stierbild denken kann, ist nicht mit Sicherheit auszumachen.

Im Israel der salomonischen Zeit waren Stierbilder also offensichtlich noch unproblematisch. Zusammen mit anderen Tierdarstellungen und mit der botanischen Symbolik signalisierten sie gesteigertes Leben und Fruchtbarkeit im Tempelbereich.

Den textkritischen Untersuchungen von CANCIANI, PETTINATO und M. METZGER zufolge lässt sich der einzige Hinweis auf Stierbilder auch im Königspalast nicht halten. Der in 1Kön 10,19 erwähnte ראש עגל an der Rückseite des salomonischen Thrones ist mit MT zu vokalisieren (עָגֹל): nicht ein Stierkopf, sondern eine eingerollte Rückenlehne befand sich also am salomonischen Thron.[83] Dem entsprechen auch die archäologischen Befunde, da Stierbilder ansonsten nur als Protome an den Sitzflächen von Stühlen nachgewiesen sind.[84] Bekannt ist die Darstellung des Stuhles mit Stierprotomen auf der Bar-Rekab-Stele aus Sendschirli (2.H.8.Jh.v.Chr.).[85]

2.1.3.2. "Hier sind deine Götter, Israel"

Bei der Gründung des Nordreiches erklärt Jerobeam I. laut 1Kön 12,26-33 zwei

---

80 C.L. WOOLLEY, Carchemish III 168f.

81 P.E. BOTTA, Monuments II Taf.141 = KEEL, Das Böcklein Abb.100.

82 A. PATERSON, Assyrian Sculptures Pl.94. Der Kontext gibt leider keinen Hinweis auf die Bedeutung dieser Figur (Assyrer fällen Palmen bei einer kriegerischen Kampagne).

83 Vgl. dazu schon oben Kap. 2.1.2.2. und CANCIANI/PETTINATO, Salomos Thron 103-106 sowie ausführlich M. METZGER, Königsthron 298-300. Die LXX haben προτομαὶ μόσχων (vgl. FLAVIUS JOSEPHUS, Ant.VIII,5.2); in 2Chr 9,18a hat MT einen völlig anderen Text (Fussschemel aus Gold). Die Peschitta überliefert dort "der Rand des Thrones war hinten rund". Die Bombergiana hat כֶּבֶשׁ statt כֶּבֶשׂ (Lamm/Fussschemel). Die Lesarten in 2Chr 9,18 weichen aber zu stark voneinander ab, um gegen den MT-Text von 1Kön 10,19 verwendet zu werden.

84 CANCIANI/PETTINATO, Salomos Thron 106f.; M. NOTH, 1Könige 231; E. WUERTH-WEIN, 1Könige 125; M. METZGER, aaO.

85 CANCIANI/PETTINATO, aaO. 102f.; ANEP No 460; O. KEEL, AOBPṡ Abb.331.

Stierbildnisse zu Kultbildern von zentraler Bedeutung, denn sie werden mit JHWH, dem Gott des Exodus verbunden und sollen Verehrung geniessen. Die Einsetzung des Stierbildes von Dan erfolgt in einer feierlichen Volksprozession. Die beiden Bildwerke werden als עֶגְלֵי זָהָב (V.28) bezeichnet. Auch in Ex 32 und Dtn 9,7-21 wird das Stierbild, das Israel sich in der Wüste macht, immer mit עֵגֶל benannt, was, wie bereits C.F. KEIL, K. BAEHR und J.P. LANGE u.v.a. vorschlugen, mit "junger Stier" (ein- bis dreijährig) zu übersetzen ist.[86] Wie haben wir uns das Kultbild eines goldenen Jungstiers konkret vorzustellen? Ohne die literarischen und historischen Abhängigkeiten der Texte untereinander hier vorab zu diskutieren,[87] sollen die Erzählungen vom Stierbild in der Wüste zunächst auf ihre Vorstellung von diesem Bildwerk abgehorcht werden.

In Ex 32,2-4 wird recht ausführlich beschrieben, wie das Volk und Aaron an der Herstellung des Bildwerks beteiligt sind:

> 2 Aaron sprach zu ihnen: "Nehmt die goldenen Ringe ab,
> die an den Ohren eurer Frauen, eurer Söhne und Töchter
> sind, und bringt sie zu mir!"
> 3 Da riss sich das ganze Volk die goldenen Ohrringe von
> ihren Ohren und brachte sie zu Aaron.
> 4 Und er nahm (es?) aus ihren Händen,
> sammelte es in einem Mantel (וַיָּצַר אֹתוֹ בַּחֶרֶט)
> und machte es zu einem gegossenen Jungstier (עֵגֶל מַסֵּכָה).
> Und sie sprachen: "Hier sind deine Götter, Israel,
> die dich aus dem Lande Aegypten geführt haben."[88]

Die Vv 2-3 sind m.E. unproblematisch, wenngleich die Fragen, wer genau nun Ohrringe hatte oder abzulegen hatte[89] und warum Aaron so verfuhr, vielen

---

86 KBL III 741; vgl. J. HAHN, Das "Goldene Kalb" 312f. Anm.15. Eine grundsätzlich polemische Note ist wenig wahrscheinlich, noch ein Zusammenhang mit der Grösse des Bildes ("kleiner Stier"). Vgl. dazu HAHN, aaO. 12-19. Zu diesem Ergebnis kommt auch C. DOHMEN (Das Bilderverbot 147-153) wieder. עֵגֶל war die offizielle Bezeichnung mindestens des Stierbildes von Bet-El. Zu אביר vgl. K. JAROŠ, Die Stellung 221f.

87 Dazu weiter unten im Text.

88 Trotz der im Kontext angebrachteren Uebersetzung mit dem Singular fassen wir hier die Pluralform als Hinweis auf den Zusammenhang mit den Ereignissen im späteren Nordreich auf, als eine Art Zitat. Vgl. zur Bedeutung des Plurals weiter unten im Text.

89 J. HAHN, aaO. 26. Die Fragen erhoben sich einerseits aufgrund der Diskrepanz von "Frauen-Söhne-Töchter" (V.2) und "das ganze Volk" einerseits, andererseits wegen des fehlenden גניכם in der LXX-Vorlage.

Kopfzerbrechen bereitet haben. Die Erzählung ist aber doch kohärent: das
Volk bittet um Herstellung eines Götterbildes, und Aaron unternimmt die nö-
tigen Schritte, um dieser Bitte nachzukommen. Zur Gewinnung des kostbaren
Metalls lässt er die Goldohrringe der Leute einsammeln. Goldringe waren nun
vielleicht nicht der gewöhnliche Schmuck der IsraelitInnen,[90] aber W. ZIMMER-
LI weist zurecht auf die Parallele in Ri 8,22-27 hin, wo Gideon zwecks Anfertigung eines Ephods in Ofra den Goldschmuck aus der Midianiterbeute, ebenfalls hauptsächlich Ringe, einsammeln lässt, wobei 1700 Schekel Gold zusam-
menkommen. Der Dtr. stellt das wohlgemeinte Tun Gideons (er weiht das Ephod
JHWH) im nachhinein in ausserordentlich schlechtes Licht. Möglicherweise hat
in Ex 32 die Spendung des Schmucks schon eine ebensolche Anrüchigkeit.[91]

Aaron nimmt nun die Ringe (אֹתוֹ meint wohl das Gold)[92] וַיָּצַר אֹתוֹ בַּחֶרֶט. Die
LXX übersetzen diesen Satz ἔπλασεν αὐτὰ ἐν τῇ γραφίδι. Da in Jes 8,1
חֶרֶט tatsächlich Griffel bedeutet, änderten viele die MT-Vokalisierung um zu
וַיְּצַר (von יצר statt צור) und übersetzten "er formte es mit einem Meissel",
"er zeichnete es mit einem Griffel" o.ä.[93] C. DOHMEN übersetzt חרט mit "Ziseliertes (Skulptur/plastisches Gebilde)". Dabei stützt er sich auf eine punische Inschrift aus Karthago (KAI No 81,2), in der חרטית von DONNER/ROELLIG
mit "Eingegrabenes, wahrscheinlich Skulpturen oder Edelmetallarbeiten" wiedergegeben wird.[94] Abgesichert ist diese Bedeutung dort aber keineswegs.
Möglicherweise ist חרטית von der Wurzel חרט "einritzen" gebilden, die dann
auch dem "Griffel" in Jes 8,1 zugrundeliegt, mit dem man ja die Schrift in

---

90 Vgl. zu Material, Form und Verbreitung von solchen Schmuckstücken H.
    WEIPPERT, Art. "Schmuck" in: BRL[2] 282-289.

91 Zum Vorangehenden vgl. W. ZIMMERLI, Die Spendung 513-518. Es ist möglich,
    dass in Ex 32 bei den erwähnten Ringen ebenfalls an die Raubbeute der
    Israeliten vor ihrer Flucht gedacht ist (Ex 12,35). U.a. wurden goldene
    und silberne Schmucksachen der Aegypter mitgenommen. Ich mache auch auf-
    merksam auf die in Ex 38,8 notierte Umschmelzung der Spiegel der Frauen
    am Heiligtum zu Kupfergeräten. Wie U. WINTER (Frau und Göttin 58-65) auf-
    gezeigt hat, ist der Spiegel ein Attribut der Göttin, und ähnlich wie in
    Ri 8,22-27, wo unter dem Schmuck gewiss auch Attribute und Symbole der
    Midianitergötter vorzustellen sind, wird das "Heidnische" auf diese Wei-
    se getilgt und JHWH als reine Gabe gebracht. Erst der Dtr. diskreditiert
    diesen Brauch. Vgl. auch die Kritik bei Ez 7,19-22.

92 Dieses Bezugswort fehlt allerdings im Vorausgehenden. Zu den verschiede-
    nen Lösungsvorschlägen vgl. J. HAHN, aaO. 144.157f.

93 Vgl. zu den verschiedenen Uebersetzungen J. HAHN, aaO. 144-157.

94 DOHMEN, Das Bilderverbot 73 und KAI II 99.

ungebrannten Ton einritzte.[95] Selbst wenn חרט aber "Ziseliertes" bedeuten
sollte, so ist das immer noch nicht dasselbe wie "Skulptur, plastisches Gebilde", für das das Hebräische ganz andere Begriffe (פסל und פסל ומסכה)
kennt.[96]

Der neuere Beitrag von S. GEVIRTZ zur Bedeutung von חרט ist in seiner Argu-
mentation erheblich überzeugender.[97] GEVIRTZ zeigt, dass es zu חרט "Griffel"
in Jes 8,1 ein Homonym חֶרֶט/חֲרִיטִים[98] gibt, das wie שמלה "Mantel/Decke" bedeutet.[99] Die entscheidende Parallele zu Ex 32,4 findet sich in 2Kön 5,23, wo
es von Naaman heisst:

> Er band (die zwei) Talente Silber in zwei Mäntel
>
> (ויצר ככרים כסף בשני חרטים) .

In Jes 3,22, wo חריטים gewöhnlich mit "Taschen, Beutel" wiedergegeben wird,
ist nach dem Kontext, einer Auflistung von Kleidungsstücken, ebenfalls besser mit "Mäntel" zu übersetzen. In Ex 12,34; Ez 5,3 und Spr 30,4 ist das Ein-
binden (צרר/צור) von Gegenständen in Kleidungsstücke gut bezeugt. Das Motiv
des Einsammelns bzw. Aufbewahrens von Edelmetall in einem Tuch bzw. Beutel
speziell zwecks Anfertigung eines Götterbildes findet sich zudem, wenn auch
mit anderer Terminologie, in Ri 8,24-27 und Jes 46,6.

Aaron sammelt also die Ringe und macht daraus (irgendwie) ein עגל מסכה (vgl.
Ex 32,8), nach biblischem Sprachgebrauch eine Stierplastik, wobei עגל die
Gestalt angibt und מסכה das Genre des Kunstwerks, nämlich ein (wertvolles)
Bild aus Metall oder mit Metallüberzug.[100] Wichtig ist, dass das Stierbild
golden aussah. Ueber seine Grösse wird nichts gesagt, und auch die Tatsache,

---

95 Vgl. ug. ḫrṭ (C.H. GORDON, Ugaritic Textbook No 1005) "rupfen" und arab.
ḫaraṭa "entrinden" (vgl. KBL I 339). Zu den Schreibwerkzeugen vgl. H.P.
RUEGER, Art. "Schreibmaterial, Buch und Schrift" in: BRL[2] 289-292.

96 Vgl. 5.1.1. Es ist besonders bedenklich, dass DOHMEN auf dieser mehr als
unsicheren Basis eine Quellenscheidung von Vorlage und JE-Bearbeitung in
Ex 32,4 aufbaut, die einen wichtigen Pfeiler seiner Bilderverbotsthese
darstellt.

97 חרט, passim.

98 Wie פֶּסֶל (Sg.) und פְּסִלִים (Pl.); vgl. die lexikalischen Bemerkungen dazu
bei DOHMEN, פֶּסֶל-פָּסִיל, passim und weiter unten Kap. 5.1.1.1.

99 Die meisten, die ויצר von צור "binden" ableiteten, übersetzten חרט dann
mit "Beutel, Sack" o.ä. (vgl. z.B. M. NOTH, Zur Anfertigung, passim).

100 Zur Terminologie ausführlicher Kap. 5.1.1.3.

dass später ein kultisches Fest um diesen Stier stattfindet,[101] muss nicht unbedingt besagen, dass das Kultbild besonders gross gewesen wäre.

In Ex 32,23f. erzählt Aaron die Geschichte von der Entstehung des Stierbildes noch einmal aus seiner Perspektive:

> 23 Und sie sprachen zu mir: "Mache uns Götter,
> die vor uns hergehen, denn der da, der Mann
> Mose, welcher uns aus dem Lande Aegypten
> geführt hat - wir wissen nicht, was ihm ge-
> schehen ist."
> 24 Da sagte ich zu ihnen: "Wer Gold trägt, der
> nehme es ab."
> Sie brachten es mir, und ich warf es in
> das Feuer. Da kam dieser Stier (העגל הזה) heraus.

Hier wird das Einsammeln des Goldes nur sehr knapp notiert, dafür aber das unpräzise עשׂה in 32,4 konkretisiert: Aaron wirft das Gold ins Feuer und - ein Wunder - es entsteht quasi von allein ein Stierbild,[102] in diesem Fall eine gegossene Plastik.

Kann Ex 32,20, wo Mose das Stierbild vernichtet (vgl. Dtn 9,21), Aufschlüsse geben über die Beschaffenheit des Götzenbildes?

> Und er (Mose) nahm den Stier (את-העגל), den sie
> gemacht hatten, verbrannte (וישׂרף) ihn im Feuer,
> zermahlte ihn zu Staub (ויטחן עד אשׁר-דק),
> streute es auf das Wasser und liess es die
> Israeliten trinken.

Wie J. HAHN anmerkt, hat dieser Vers die Phantasie der Exegeten in besonderem Masse beflügelt.[103] Der Grund dafür liegt in der für einen Nord- oder

---

101 Zum Charakter dieses Festes vgl. J.M. SASSON, The Worship, passim. SASSON betont, dass צחק (V.6) auf das nach dem eigentlichen Kultakt beginnende Fest zu beziehen sei und nicht Hinweis auf irgendwelche Fruchtbarkeitsorgien kanaanäischer Herkunft sein muss.
   Zur Bedeutung von צחק vgl. O. KEEL, Die Weisheit 25-30. Bei J. HAHN (aaO. 286-294) findet sich eine Uebersicht zu den Deutungen dieses Festes.

102 Zu den Interpretationen der Vv 23f. vgl. HAHN, aaO. 163-166. Erwähnenswert ist die dort auch referierte Position LOEWENSTAMMs, der die Spannung zwischen V.4 und V.24 (Herstellung oder eigenmächtiges Entstehen des Bildes?) nicht harmonisiert, sondern von Parallelen (Midrasch) her zu erklären sucht.

103 AaO. 195.

Mitteleuropäer unverständlichen Notiz vom Verbrennen eines Bildes, das mindestens etwas Metall enthielt, und vom Pulverisieren der so entstehenden Metallschlacke. Neuere Beiträge zu diesem Problem erkannten ähnliche Vernich-
tungsbeschreibungen in ugaritischen Texten, z.B. KTU 1.6 II 30-37, wo Anat
Mot spaltet, worfelt, verbrennt, mahlt, aufs Feld wirft usw. Leider ist diese richtige Spur wieder überschüttet worden durch die kleinlichen Versuche,
jedes Wort genau mit V.20 in Parallele zu setzen.[104] Bei einer geringen Vorstellung von orientalischem Temperament ist aber offensichtlich, dass eine
Häufung von Verben der Vernichtung jeder Art etwa dasselbe bedeutet wie unsere möglichen Formulierungen: etwas völlig vernichten, mit Stumpf und Stiel
ausrotten, etwas dem Boden gleichmachen.

H.-D. HOFFMANNs Untersuchungen zu den dtr. Kultreformtexten haben zudem ergeben, dass es eine Art Motivkatalog der verwüstenden Reformmassnahmen
gibt.[105] So vollzieht sich das Vernichtungswerk an der Aschera in 2Kön 23,6
in vier Stufen: Entfernung aus dem Tempel, Verbrennen im Kidrontal, Pulveri-
sierung, Deportation der Ueberreste an einen unreinen Ort.[106] In 2Kön 23,12-
15 werden die Zerstörungsmassnahmen in der Reihenfolge mit diesen Verben beschrieben: נתץ (niederreissen), רצץ (zerbrechen), שבר (zertrümmern, zer-
schmettern), כרת (umhauen, fällen), נתץ, LXX συντρίβειν, λεπτύνειν
(zerschlagen und zermalmen), שרף (verbrennen). In V.15 kommt wie in V.6 das
Motiv des Pulverisierens (הדק לעפר) vor.

Die Anwendung von drei Verben zur Schilderung der Destruktion eines Gegenstandes - wobei ein magisch-beschwörender Unterton mitschwingt - ist also
gar nichts Ungewöhnliches und muss als Stilmittel und als Element der Gattung der Kultreformtexte angesehen werden.[107] In Dtn 9,21 ist das letzte
Glied der Vernichtungsreihe das Fortgeschwemmtwerden vom Bach, nicht das
Trinken der Asche.[108] Das Ergebnis ist aber dasselbe: sogar die Rückstände
verschwinden endgültig.

---

104 Vgl. HAHN, aaO. 208-212.

105 HOFFMANN, Reform bes.220-230 und 342-348.

106 AaO. 221.

107 Dass es sich um ein Stilmittel handelt, muss natürlich die Entsprechung
von Materialien und spezifischer Zerstörungsart nicht prinzipiell ausschliessen, andererseits darf genaue Zuordnung und Differenzierung nicht
einfach vorausgesetzt werden.

108 Vgl. J. HAHN, aaO. 207f. Dass wie M. NOTH (Das zweite Buch 205) und andere meinten, das Trinken des Wassers wie in Num 5,19-28 als Ordal zu
verstehen sei, wurde in jüngerer Zeit wieder in Frage gestellt (vgl.
HAHN, aaO. 201.208).

Zwar lässt sich Ex 32,20 auf ein פסל ומסכה hin deuten, also eine Holzskulptur mit Metallüberzug, doch ist eines unübersehbar: Die Erzählung vom Stierbild in der Wüste hat nur ein begrenztes Interesse an der Beschaffenheit des
Bildes. Ihr geht es darum, dass ein solches Götzenbild vom Volk gewünscht
und von ihm, bzw. von Aaron, hergestellt wurde, und zwar aus dem Kostbarsten,
Gold. Alle weiteren Fragen technischer Art gehen am Text vorbei. Ein Blick
auf andere Beschreibungen von Götzenbildherstellung im Alten Testament zeigt,
wie wenig in unserem Text an einen solchen Vorgang konkret gedacht ist.[109]
Die Erzählung hebt vornehmlich alles Suspekte und Irreale dieses Stieres hervor: seine Entstehung aus Schmuck und aus dem Feuer heraus, sein Ende, das
wie die beschwörende Vernichtung eines unheilvollen Feindes beschrieben wird.
Eine Geschichte vom Dienst Israels an einem Götzen also - es geht um die Bedeutung des Stieres.

Dies gilt nun auch für die Nachrichten von den Stierbildern des Nordreichs,
gegen die im 8.Jh.v.Chr. der Prophet Hosea polemisiert. Da heisst es in
Hos 8,4b-6:

> 4b Aus ihrem Silber und Gold machten sie sich
> Götzenbilder (עצבים) - auf dass es beseitigt wird.
>
> 5 'Verworfen ist' dein Jungstier (עגלך), Samaria,
> mein Zorn ist über sie entbrannt.
> Wie lange noch werden sie unfähig zur Reinheit sein?
>
> 6 ('Was' hat Israel mit dem da zu tun?
> Das hat doch ein Handwerker (חרש) gefertigt,
> das ist doch kein Gott!)
> Fürwahr, in Splitter (שבבים) gehen
> wird der Jungstier Samarias.[110]

In 13,2 werden die Stierbilder Samarias als מסכה, Schmiedearbeit, mit Silberüberzug vorgestellt:

---

109 Vgl. zu Jer 10 und Jes 44 die Kap. 3.4.1. und 3.4.3.

110 Zu diesen Versen vgl. besonders J. JEREMIAS, Der Prophet 102-108. Die
MT-Vokalisierung in V.5 "er verwirft" ist eine Angleichung an V.3. In
V.6 vokalisiert JEREMIAS מִיִּשְׂרָאֵל. In V.6a wie in 13,2 sieht er spätere
Ausleger am Werk, die nach dem Untergang des Südreichs im Exil den Akzent auf die grundsätzlichere Unterscheidung zwischen Gott und Bild legen, während es Hosea selbst um die Unvereinbarkeit von JHWH und Baal
ging. Die Emendation von T. SINAI (ihm folgend M. WEINFELD, Kuntillet
ᶜAjrud Inscriptions 129 Anm.31) in 8,6 אל כי מי שר ("was für ein Gott
ist dieser Stier) ist nicht überzeugend. Zu עצבים vgl. Kap. 5.1.2.1.

2 ...Sie fertigten sich Schmiedewerk (מסכה)

aus ihrem Silber und 'nach Gestalt' (תבנית ?)

von Götzenbildern (עצבים),

(ein Werk von Kunsthandwerkern ganz und gar,

ihnen, fordern sie auf, opfert).

Menschen küssen Jungstiere (עגלים).[111]

Natürlich beziehen sich 8,4b und 13,2 auf die vielen im Lande existierenden Stierbilder, hingegen 8,5f. auf den Staatskult bei Bet-El und dessen (proto-typisches) Kultbild.[112]

Das Stierbild von Bet-El wird in Hos 10,5 zu עגלות "Kalberei" von "Bet-Awen" verballhornt, was ein Hinweis auf die spöttische Note der Bezeichnung עגל bei Hosea sein könnte.[113]

2.1.3.3. Archäologische Zeugnisse von Stierbildern in Israel

Die atl. Nachrichten von Stierbildern in der vorstaatlichen Zeit, zur Zeit der Gründung des Nordreiches und zur Zeit Hoseas sollen im folgenden den archäologischen Zeugnissen, vor allem den Bildwerken, gegenübergestellt werden.

Auf die im 19.Jh. gängige und im 20.Jh. bisweilen wiederaufgegriffene religionsgeschichtliche Herleitung der Stierbilder aus Aegypten kann hier nur

---

111 Vgl. J. JEREMIAS, Der Prophet 158-162. JEREMIAS konjiziert כתבונחם und זבחו. Andere Lösungsversuche sind referiert bei C. DOHMEN, Das Bilderverbot 149 und J. HAHN, Das "Goldene Kalb" 356f.
מסכה bezeichnet in diesem Vers das Genre des Bildwerks, עצבים bezieht sich sowohl auf die Bedeutung/Funktion als auch - wie עגלים - auf die Gestalt (תבנית).

112 DOHMENs (Das Bilderverbot 148f.) Rekonstruktion des Grundtextes in Hos 13,2 überzeugt mich nicht, da auf der einen Seite nicht jedes auch im dtr. Sprachgebrauch häufige Wort schon eindeutig auf dtr. Redaktion schliessen lässt und auf der anderen Seite der Titel "Menschenopferer" (MT) im Kontext des Hosea-Buches keinen rechten Platz hat. Zu allem ist es völlig unwahrscheinlich, dass es in ganz Samaria nur ein Kultbild, das von Bet-El, gegeben haben soll.

113 JEREMIAS (aaO. 127) vokalisiert mit RUDOLPH לְעֶגְלוֹה statt des unverständlichen Pl.fem. Im polemischen Kontext (בית און) ist hier die Annahme einer Spottbezeichnung gerechtfertigt (vgl. aber Anm.86). J. HAHN (aaO. 354) hält wegen der grammatischen Bezüge im Satz עגל für die richtige Lesung. Auch in Tob 1,5 ist dann vom Kalb (τῷ μόσχῳ) des Baal-Kultes die Rede.

allgemein verwiesen werden.[114] Inzwischen besteht im grossen Ganzen ein Konsens über den früher nur sporadisch vertretenen starken Einfluss des kanaanäisch-syrischen Bereiches auf Kult und Religion Israels.[115]

K. JAROŠ hat in seinen Ausführungen über den Stier in der kanaanäischen Religion[116] darauf hingewiesen, dass der Stier sowohl in Verbindung zu El als auch zu Baal und Anat steht. Dabei fiel beim Epitheton "Stier" für El der Aspekt der Fruchtbarkeit/Zeugungskraft möglicherweise zurück zugunsten des Symbolgehalts "Kraft, Stärke", denn El tritt in den ugaritischen Texten oft als Oberhaupt aller anderen Götter auf,[117] während Baal als Stier vornehmlich jugendliche Kraft, Sexualität und Fruchtbarkeit repräsentiert. In diesem Baal-Stier findet die Liebesgöttin ihren männlichen Gegenpol. So kann sie auf einem Stier stehen oder den gehörnten Helm tragen.[118] Eine häufige Kennzeichnung Baals oder Els als Stier sind in der Ikonographie die Stierhörner am Kopf der anthropomorphen Göttergestalt.

Mit Sicherheit als Darstellung Els (wegen der Sterne auf dem Körper) hat sich eine Stierskulptur aus Tyrus (14.Jh.v.Chr.) erwiesen.[119] Eine sichere Zuordnung des Stieres zu Baal ist möglich bei einem Siegel vom Tell Mardich (1725 v.Chr.), das den Baal, einen Beter und zwischen beiden auch den Stier als Baals Kultsymbol zeigt. Ein Orthostatenrelief aus Alaya-Hüyük (15.Jh.v.Chr.) zeigt Anbeter vor einem Stier auf einem Podest. Sehr häufig begegnet der Stier als Podest- oder Attributtier des Baal wie z.B. auf einer Stele des 8./7.Jhs. v.Chr. aus der Nähe von Aleppo.[120]

---

114 Vgl. dazu den forschungsgeschichtlichen Ueberblick bei J. HAHN, Das "Goldene Kalb" 314-326.337. Zu den archäologischen Funden von Apisstierbildern aus der späten Eisenzeit in Israel vgl. Kap. 2.1.1.2.

115 HAHN, aaO. 326-332.

116 JAROŠ, Die Stellung 212-221.

117 JAROŠ (aaO. 212f.) beschreibt das Wesen Els wohl zu einseitig als transzendent, denn El kann sehr wohl mit Zeugung und Fruchtbarkeit zu schaffen haben, wie der Ugarittext ŠŠ deutlich bezeugt (AISTLEITNER, Die mythologischen und kultischen Texte 60 = KTU 1.23).

118 K. JAROŠ, aaO. 216.

119 AaO. 213.

120 Vgl. zum Vorangehenden die Referenzen bei JAROŠ, aaO. 216 und eine Liste wichtiger Bildzeugnisse bei A. MAZAR, The "Bull Site" 29-32. Vgl. die fragmentarisch erhaltene SB-zeitliche Statue eines Gottes auf einem Stier aus Hazor (Y. YADIN, Hazor IV Pl.324f.).

Der Stier kann also sowohl Attribut- und Trägertier des Baal/Hadad als auch selbst Repräsentant des Gottes sein.

Auf Zypern und in der Levante wurde eine ganze Anzahl von kleineren Stierstatuetten, zumeist aus Bronze, in Ausgrabungsschichten der MB- bis Eisenzeit gefunden.[121] Ueber ihre Funktion (Votivgaben?) ist zumeist wenig Aufschluss zu erlangen.

Eine FB-zeitliche Kalksteinstatuette ist in Arad gefunden worden, eine kleine Bronzestandarte im Allerheiligsten des Tempels aus dem 13.Jh.v.Chr. in Hazor, drei weitere SB-zeitliche Stierbronzen in Megiddo.[122]

Aufsehen hat ein 1982 erstmals von A. MAZAR publizierter Bronzestier erregt, der östlich des Dothan-Tales auf einem Hügel gefunden wurde (Abb.43).[123] Der Stier ist stilistisch dem von Hazor nicht unähnlich, jedoch viel grösser. Mit einer Länge von 18cm und einer Höhe von 12cm ist dieses Exemplar die grösste in der Levante gefundene freistehende Stierplastik. Das Bild wurde im Wachsausschmelzverfahren hergestellt und hatte einst wohl farbige Augeneinlagen. Das Tier ist deutlich als Buckelrind (Bos indicus)[124] und, durch

---

121 Aus Ugarit stammen drei Bronzestiere, von denen einer in liegender, einer in stehender Haltung und ein dritter auf einem Podest dargestellt ist. Die Bronzestiere sind publiziert bei C.F.A. SCHAEFFER, Les fouilles Pl.33,4 sowie in ders., Témoignages Pl.1. SCHAEFFER, Les fouilles Pl. 33,5 ist auch publiziert in LAND DES BAAL 131 No 116 (vgl. Abb. aaO. 132). Dieses liegende Exemplar enthält einen Bleikern und wurde als Gewicht benutzt (aus Str. I 1750-1200 v.Chr.). Das stehende Exemplar stammt aus Str.II (2100-1750 v.Chr.). Beim Stier auf dem Podest handelt es sich um eine Bronzefigur von 10cm Höhe und 6,5cm Länge aus der Südstadt. Wahrscheinlich war sie auf einer Standarte befestigt.
Zahlreiche kleine Stierbronzen sind in den verschiedenen Depots der MB-zeitlichen Tempelbezirke von Byblos gefunden worden (vgl. H. SEEDEN, The Standing Armed Figures Pls 120-131). Vom südlichen Tempel in Byblos stammt eine goldüberzogene Stierstatuette (WEIN/OPIFICIUS, Byblos 40 Abb.24).
Zu den Funden aus Zypern vgl. H.W. CATLING, Cypriote Bronzework 249-252; BUCHHOLZ/KARAGEORGHIS, Altägäis Nos 1736-39 und A. MAZAR, The "Bull Site" 29. Nordsyrisch ist die Bronzestatuette des 8.Jhs.v.Chr. aus dem Ashmolean Museum (P.R.S. MOOREY, A Bronze Statuette).

122 Nachweise bei JAROŠ, Die Stellung 217. Zwei der Bronzen aus Megiddo fanden sich in einem Grab (H.G. MAY, Material Remains Pl.34 M2326.2032. 3070).

123 Im folgenden vgl. A. MAZAR, A Cultic Site (1982); ders., The "Bull Site" (1982) und ders., Bronze Bull (1983).

124 Zur Abstammung dieser Rinderart, die nachweislich typisch für das Judäa des 8.Jhs.v.Chr. war (vgl. die Deportierten mit einem solchen Rind auf einem der Lachisch-Reliefs Sanheribs; OLB I Abb.22) vgl. OLB I 117.

die sorgfältig gearbeiteten Geschlechtsorgane, als Stier gekennzeichnet. Die Erforschung des Fundortes ergab, dass dieser Bronzestier eine wichtige Rolle, wahrscheinlich als Kultbild, auf einer במה der Richterzeit (12./11.Jh. v.Chr.) gespielt hat. Das Freilichtheiligtum - mit einer Massebe - befindet sich im Zentrum einiger kleiner israelitischer Siedlungen der E I-Zeit und könnte von Angehörigen des Stammes Manasse errichtet worden sein. Das Stierbild ist von diesen Israeliten entweder im Handel mit Kanaanäern erstanden worden, oder sie stellten es selbst her - in jedem Fall ist es Produkt der Lokalkunst.[125]

W. ZWICKEL hat auf zwei Stierfiguren, eine aus Gold und eine aus Silber, hingewiesen, die im Heiligtum des Apollon Hylates auf Zypern in sehr ähnlichem Fundkontext zutagekamen wie das israelitische Bronzebild. Auch die zyprischen Figuren - sie sind viel kleiner - stellen Buckelrinder dar. Es ist nicht wahrscheinlich, dass diese ins 7.Jh.v.Chr. datierten Stiere bereits in Verbindung zum Apollon-Kult standen. Eher dürften sie mit einer zyprischen Form der Baal/Hadad-Verehrung zusammenzubringen sein.[126]

Unter den in grossen Mengen gefundenen eisenzeitlichen Tonfigürchen aus Palästina sind über hundert Boviden, von denen eine Gruppe ebenfalls als Buckelrinder gekennzeichnet sind. Der grösste Anteil der Boviden stammt vom Tell Dschemme (75 Stück), weitere 32 aus Jerusalem.[127]

Auch auf den Siegelflächen von Stempelsiegeln aus eisenzeitlichen Schichten kommt hin und wieder ein Bovide vor, wobei allerdings nicht eindeutig zwischen Rind und Stier unterschieden werden kann. Drei solche Siegel sind in die EZ IB-IIA/B (1150-950/800 v.Chr.) datiert: auf einem Konoid vom Tell Abu Huwam ist ein Rinderkopf eingraviert; eine rechteckige Platte, ebenfalls vom Tell Abu Huwam zeigt auf einer Seite ein nach links schreitendes Rind (darüber undefinierbare Punkte),[128] und auch ein allerdings stark beschädigter Skaraboid aus Bet-Schemesch lässt ein nach links schreitendes Rind mit gebeugtem Kopf erkennen (Abb.44).[129]

Eine interessante Szene zeigt ein Skarabäus vom Tell Keisan (EZ IA): ein Rind

---

125 MAZAR, The "Bull Site" 32; ders., Bronze Bull 39; zum israelitischen Kunsthandwerk vgl. Kap. 7.

126 Zum Vorangehenden vgl. ZWICKEL, Eine zyprische Parallele, passim mit Abb.4.

127 T.A. HOLLAND, A Study 126f. (Typ F).

128 R.W. HAMILTON, Excavations 34 fig.212 (= A.ROWE, A Catalogue No S.91) und 27 fig.142.

129 A. ROWE, A Catalogue No SO.28.

stösst eine Raubkatze um (Abb. 45).[130] O. KEEL hat nur wenige Parallelen zu
diesem Motiv gefunden - der Sieg des Löwen über ein Rind ist dagegen viel
häufiger dargestellt. KEEL hat den Stier aufgrund der Darstellungen auf einem
Siegel und einem Relief aus Karkemisch, wo je ein menschengestaltiger Gott
einen Löwen bzw. eine Löwin niederschlägt, als Baal und den Löwen als Symbol
für Mot, der von Baal besiegt wird, interpretiert. Der Darstellung dieses
mythischen Kampfes auf einem Siegel wurden schützende und unheilabwehrende
Kräfte zugesprochen.

Hinzuweisen ist noch auf eine Reihe von Funden ganz verschiedener Art, so
auf das rot bemalte Rinderkopfskelett aus Megiddo (900-600 v.Chr.), das vielleicht als Kultmaske (Teraphim)[131] gedient hat (Abb. 60).
Ein einzelner, allerdings schlecht erhaltener Stier ist neben der Prozession
auf Krug B von Kuntillet Adschrud zu erkennen (Abb.3).[132] Da die Motive
auf den Krügen ziemlich sicher in einem Zusammenhang mit der Aschera-Vereh-
rung stehen und in den Inschriften von Kuntillet Adschrud JHWH, Aschera und
Baal erwähnt sind, ist dieser Stier entweder mit Baal oder mit JHWH zu asso-
ziieren.[133] An dieser Stelle ist auch noch auf die Keramikscherbe mit der
Darstellung eines Stieres vom Tell Bet-Mirsim (7.Jh.v.Chr.) zu erwähnen.[134]
Von den Inschriftenfunden aus Israel/Palästina ist für die Frage nach Stierbildern bzw. Stierverehrung besonders ein Ostrakon aus Samaria (1.H. des 8.
Jhs.v.Chr.) von Interesse, wo der Name עגליו "ein Stier ist JHWH" bezeugt
ist.[135]

2.1.3.4. "JHWH ist ein Stier"

JHWH ist in Israel im Bild des Stieres verehrt worden, oder anders ausge-

---

130 O. KEEL, La glyptique 266f. und Pl.88,9.

131 H.G. MAY, Material Remains 23 und Pl.19 M 4966 (= JAROŠ, Die Stellung
Abb.1). Vgl. Kap. 2.3.1.5.

132 P. BECK, The Drawings 18 und fig.6. Vgl. den Stier auf einem Keramik-
fragment des 16.Jhs.v.Chr. vom Tell Adschul (R.M. MAY, Material Remains
Pl.39B). Zu den Krugdekorationen vgl. vor allem Kap. 1.1.4.

133 Vgl. weiter unten im Text.

134 E. STERN, New Types fig.7 = W.F. ALBRIGHT, The Excavation Pl.28,5-6.

135 A. LEMAIRE, Inscriptions hébraïques 53. Dass der Name in Parallele zu
Namen, die den Namensträger als Sprössling einer Gottheit bezeichnen,
zu verstehen ist, ist nicht anzunehmen (vgl. H.D. PREUSS, Die Verspottung 124; C. DOHMEN, Das Bilderverbot 151).

drückt: eine der Manifestationen JHWHs war der Stier. Diese These möchte ich hier an den Anfang stellen und im folgenden etwas ausführen.

Schon in der Zeit der frühesten israelitischen Siedlungen wird, wie der Bronzestier aus den Hügeln Samarias beweist, von Angehörigen der JHWH-Religion Kult mit einem Stierbild geübt. Dieser Bronzestier ist ein Produkt des Lokalkunsthandwerks, ganz sicher kanaanäischer Tradition, aber möglicherweise von Israeliten selbst angefertigt. Der Stier ist zwar eine Anleihe bei der kanaanäischen El- und vor allem Baal-Religion, die von den aus Kanaan selbst stammenden Bevölkerungselementen[136] des späteren "Israel" mitgebracht worden sein wird, dennoch wäre es nicht treffend, darin nun bereits eine "Baalisierung" der Väter-/JHWH-Religion zu sehen.[137] Eine solche Sichtweise (der Ueberfremdung) setzt eine orthodoxe israelitische Religion voraus, die es damals nicht gab. "JHWH ist ein Stier" galt genauso wie "Baal/El ist ein Stier", und man verehrte - mit lokalen Unterschieden - diese Götter nebeneinander.[138] Auch der Vätergott-Name אביר יעקב weist auf eine (nordisraelitische) Tradition von Stierverehrung hin, die eventuell mit dem alten Kult bei Bet-El verbunden war.[139] Dass Baal im Nordreich mit seiner ausgeprägten kanaanäischen Stadtkultur von jeher heimischer war, liegt auf der Hand.

136 Vgl. zur Zusammensetzung der Konföderationen der Landnahmezeit W. DIETRICH, Israel und Kanaan bes.9-20.

137 Solche und ähnliche Bezeichnungen für die religiösen Entwicklungen in Israel finden noch allerorten in der Sekundärliteratur (vgl. z.B. J. JEREMIAS, Der Prophet 106f.: "Der Stier war ja Symbol der Herrschaft, der Zeugungs- und Siegeskraft Baals (und Els) in der kanaanäischen Religion und wurde damit ganz selbstverständlich zum Anlass einer Ueberfremdung des Jahweglaubens vom baalistischen Fruchtbarkeitsdenken her."). Sie übernehmen unbewusst den Blickwinkel der prophetischen und dtr. Darstellung, der weder mit dem der offiziellen Staatsreligion in Israel noch mit dem der Volksreligion identisch ist und einer Religionsgeschichte Israels keinesfalls allein zugrundegelegt werden darf. Vgl. dazu auch H. UTZSCHNEIDER (Hosea 97f.), der auf die umgekehrte Möglichkeit der Jahwesierung kanaanäischer Religion auf palästinischem Bodem aufmerksam macht.

138 Die Notiz in Ri 6,25, dass Gideons Vater in Ofra einen Baal-Altar und eine Aschera errichtet hatte (vgl. auch den Namen Gideons "Jerubaal"!)) ist wohl mindestens soweit historisch zuverlässig, dass es in der Richterzeit eine Stadt gab, wo JHWH- und Baal-Verehrer lebten und wo einige Leute die Gottheit Baals zu bezweifeln begannen (vgl. U. WINTER, Frau und Göttin 540f.; H.-D. HOFFMANN, Reform 278f.). Die Redaktion des Textes weist jedoch in spätere Zeit (dtr.?). Zu den Baal-Namen vgl. M. NOTH, Die israelitischen Personennamen 119f.

Eine authentische Erinnerung an die Stierverehrung Israels schon in der Zeit der Landnahme, der Zeit der frühesten Begegnung mit der Kultur und Religion Kanaans, dürfte die Geschichte vom goldenen Stierbild in Ex 32 also jedenfalls enthalten.[140] Es ist m.E. wahrscheinlicher, dass eine ältere Erzähltradition, etwa des 8.Jhs.v.Chr., später überarbeitet wurde, als dass die ganze Geschichte eine Erfindung des Dtr. ist.[141]

139 Zum Epitheton אביר vgl. A.S. KAPELRUD, Art. אביר in: ThWAT I 43-46; K. JAROS, Die Stellung 221f. und Angaben zur neueren Literatur bei C. WESTERMANN, Genesis III 273. F. DUMMERMUTH (Kulttheologie 86) sieht einen Hinweis auf die Verbindung von Bet-El mit dem Namen אביר יעקוב darin, dass in Gen 49 im Spruch über den Stamm Joseph, der das Heiligtum in Bet-El besass, diese Bezeichnung auftritt.

140 Verschiedentlich wurde die These vertreten, der Kern der Erzählung vom "Goldenen Kalb" (Ex 32,1-6) sei die (positive !) Kultaitiologie eines vorstaatlichen Stierkultes in Bet-El (vgl. J. HAHN, Das "Goldene Kalb" 215.313.341) bzw. der Aaroniden, der in Bet-El ursprünglich amtierenden (kanaanäischen?) Priester (aaO. 216f.). Gegen diese These sprechen aber mehrere Gründe: 1. Die Ablösung der polemischen Ueberarbeitung von einem positiven Kern ist kaum mehr möglich. 2. Aaron könnte in Ex 32 einer sekundären Schicht angehören. 3. Die eigentliche Kultaitiologie von Bet-El findet sich in Gen 28,10-22 und 35,1-15, ohne dass dort ein Stierbild genannt wird.

141 Ich fasse hier zur Uebersicht einige (Minimal-)Ergebnisse der neueren Forschung vor allem bezüglich der Literarkritik von Ex 32 und Dtn 9, 7b-29 und ihrer möglichen Abhängigkeiten voneinander in grossen Zügen zusammen, ohne auf die Vielfalt der Positionen bei allen diesen Fragen eingehen zu können.
Ueber die Zuordnung der verschiedenen Schichten von Ex 32 zu den bekannten Pentateuchquellen besteht bekanntlich kein Konsens. Bei Annahme mehrerer Quellen kandidierte für die Vv 1-6 vielfach E bzw. J. Vgl. beispielsweise K. JAROŠ, Die Stellung 225-235; E. ZENGER, Die Sinaitheophanie 79; HAHN, Das "Goldene Kalb" 142f. (Tabelle).
Die Vv 7-14 wurden als "protodeuteronomische" Schicht bestimmt. Sie wurden zwischen Vv 1-6 und 15(-20) eingefügt (ausser V.9). Innerhalb der Vv 10-16 liegt ein P-Zusatz vor. Die Vv 17-24 sind zeitlich nicht fixierbar, aber evtl. schon mit Vv 1-6 und 15 verbunden gewesen. Vv 26-29 (Levitenpassage) sind gleichzeitig zu Dtn 18,1-8. Vv 30-34 sind später als Vv 7-14 nachgetragen worden (HAHN, aaO. 140f.).
Der Verfasser von Dtn 9,7b-29 berücksichtigt die Abschnitte in Ex 32, in denen von Aaron die Rede ist, nicht (Ex 32,1-6.21-24.25b.35), d.h. er kannte sie nicht oder er liess sie weg. Gleiches gilt für den Levitenpassus (Ex 32,25-29). Die Erwähnungen Aarons und der Leviten in Dtn 9,7-10,11 sind deutlich sekundär. Es fehlt auch die P-Ergänzung und Vv 30-34 (HAHN, aaO. 245). Aus dem Abschnitt Dtn 9,7b-10,11 standen ursprünglich die Vv 9,7b.8.9.11-12.14-17.21.26-29 (10,10.11) in der ersten Einleitungsrede vor Dtn 1,6. Mit den notwendigen Ergänzungen wurde sie später in den jetzigen Kontext gefügt. Dem Verfasser des Grundbestandes von Dtn 9,7b-10,11 lag Ex 32,7-8.10-14 vor, allerdings mit einer anderen Anordnung der Vv 11-14 (HAHN, aaO. 264). Zur Literarkritik von 1Kön 12, 26-33 besteht ein Konsens bezüglich der dtr. Verfasserschaft/Redaktoren-

Die frühe Königszeit hat anscheinend weder dem Baal noch dem Stierbild innerhalb des JHWH-Kultes gegenüber grössere Vorbehalte. Die Söhne Sauls tra-

schaft (Ort: Juda), wobei aber nicht auszuschliessen ist, dass diesem
Verfasser Annalennotizen aus einer nicht bekannten Quelle vorlagen (aaO.
298.302).

Schon M. NOTH und dann viele andere haben einen von 1Kön 12 unabhängigen
historischen Hintergrund von Ex 32 bestritten und in der Geschichte eine
Rückprojektion der verfemten Stierbilder Jerobeams in die Wüstenzeit
erkannt. Die Datierung des überlieferungsgeschichtlichen Kerns geht bei
Annahme dieser Sachlage in die Zeit Joschijas (terminus post quem: die
prophetische Kritik an den Heiligtümern) (vgl. HAHN, aaO. 212f.; H.-D.
HOFFMANN, Reform 307).

Bei Annahme einer (dtr.) Quelle in Ex 32 (und Dtn 9,7-29) gibt es die
Möglichkeit, eine nur sachliche Berührung von Ex 32 und 1Kön 12,26-32
anzunehmen (die gemeinsame Stossrichtung der Polemik und die quasi iden-
tische Proklamationsformel; vgl. aber HAHN, aaO. 307-313) oder eine literarische Abhängigkeit von 1Kön 12,26-32 (so M. NOTH, H.H. SCHMID, H.-
D. HOFFMANN; vgl. HOFFMANN, Reform 307).

Von der bei HAHN noch nicht erfassten Literatur seien drei wichtige Beiträge genannt: H.-D. HOFFMANN, Reform 307f.: Ex 32 und Dtn 9 entstammen
der gleichen literarischen und theologischen Schule. Die Differenzen der
beiden Fassungen sind als bewusste Variationen zu deuten, "wobei Dtn 9
als Textauszug aus Ex 32 die stärkeren Akzente setzt im Sinne der besonderen dtn/dtr Kultthematik." J. VERMEYLEN (L'affaire, passim) unterscheidet nicht weniger als fünf Redaktionen, von denen die ersten vier
deuteronomistisch sind.

Eine ausführliche Bearbeitung von Ex 32 findet sich bei C. DOHMEN, Das
Bilderverbot 64-147: In der Grundschicht (Ex 32,1-4a (bis בחרט).5b.6a.c;
des weiteren vgl. aaO. 96-100 die Uebersicht) geht es um die Auflehnung
Israels gegen JHWH, indem es sich eine eigene Führung und Kultpraxis
verschafft. Die Thematik steht in enger Verbindung zur Kultkritik der
Nordreichspropheten, besonders Hosea. Durch das Drei-Tage-Schema wird
die ganze Begebenheit als Gegenveranstaltung zur Sinaitheophanie gekennzeichnet, es geht um JHWH-Konkurrenz. JHWH übergibt Mose die Führung des
Volkes, womit der Anfang der Sukzessionskette der Nordreichsprophetie
legitimiert wird. Die Grundschicht hat also ihre Heimat in prophetischen
Kreisen des Nordreichs. Der erste Bearbeiter dieser Vorlage ist JE, der
"aus der Erzählung vom Vergehen der Führung ohne JHWH eine Geschichte
von der Sünde mit dem goldenen Kalb werden lässt" (Das Bilderverbot 144).
Er stellt den Untergang des Nordreiches in direkte Verbindung zum Kult
in Bet-El.

Die literarkritischen Operationen, die die Einführung des Stieres JE zu-
weisen, überzeugen mich, wie oben angemerkt, nicht. Ausserdem entstammen die Vorlage und JE-Bearbeitung dem Umkreis der Nordreichsprophetie, was zwei angeblich so verschiedene theologische Akzentuierungen
nicht gerade wahrscheinlich macht.

Die dtr. (zweite) Bearbeitungsstufe verbindet Ex 32 mit Bundesbuch, Dtn,
DtrG und 1Kön 12 (Einfügung des Kultortes Dan). Die "Sünde Jerobeams"
wird als Fortsetzung der Grundsünden in der Wüste und Joschija als Nach-
folger Moses hingestellt. Die letze Bearbeitung durch den Pentateuch-
Redaktor beseitigt u.a. das negative Licht, das auf Aaron fällt.

gen theophore Namen mit dem Element "Baal" (Meribaal, Jischbaal; 2Sam 21,7; 23,8 u.ö.).[142] Die Innendekoration des salomonischen Tempels wird unter Beiziehung phönizischer Fachleute in kanaanäischer Tradition gehalten, wobei der Stier als ein Fruchtbarkeitssymbol (neben anderen) einen wichtigen Platz einnimmt.

Die Gründung des Nordreiches unter Jerobeam fand auf der religiös-kultischen Ebene ihren Ausdruck in der offiziellen Etablierung eines JHWH-Stierkultes, der weitgehend in der ausgeprägt kanaanäischen Tradition des Nordens stand.[143] Bet-El und Dan werden zu Reichsheiligtümern, in denen JHWH als Stier verehrt wird. Beide Orte haben als religiöse Zentren schon eine Vergangenheit, an die Jerobeam anknüpfen kann. Bet-El war zuvor Kultstätte des kanaanäischen Gottes El (אל-בית), dessen Stiergestalt gut bezeugt ist, gewesen,[144] und in Dan gab es wahrscheinlich ein danitisches Heiligtum mit einem Silberkultbild, das möglicherweise auch schon stiergestaltig war.[145]

---

142 Vgl. M. NOTH, Die israelitischen Personennamen 119f.

143 Jerobeam wird von W. DIETRICH (Israel und Kanaan bes.52-54) als "König der Kanaanäer" bezeichnet. Er restituierte die Verhältnisse unter Saul, indem er dem kanaanäischen Bevölkerungsteil im mittelpalästinischen und galiläischen Stämmegebiet entgegenkam.

144 Vgl. Gen 31,13; 35,7. Die Gründung und Benennung der Kultstätte wird auf Jakob zurückgeführt (Gen 28,10ff.). Zu den Ausgrabungen in Betin vgl. M. WUEST, Art. "Bethel" in: BRL² 44f. Ein Tempel ist nicht gefunden worden, wohl aber entwickelte sich Bet-El im 10.Jh.v.Chr. zu einer stark befestigten Stadt (vgl. J. HAHN, Das "Goldene Kalb" bes.338f.). Zur Vorgeschichte Bet-Els vgl. vor allem H. UTZSCHNEIDER, Hosea 96ff.; K. JAROS, Die Stellung 212f. (zur Stiergestalt Els); HAHN, aaO. 338-341. Für die Richterzeit ist eine JHWH-Kultstätte in Bet-El gut bezeugt (Ri 20,18.26ff.; 21,4; 1Sam 10,3; 1Sam 7,16). Eine Zeitlang befand sich dort die Lade (Ri 20,27). J. DUS vermutete, dass es in der Richterzeit in Bet-El ein Stierbild gab (J. DUS, Ein richterzeitliches Stierheiligtum bes. 274).

145 Die Historizität des Stierbildes in Dan ist von vielen mit verschiedenen Argumenten in Frage gestellt worden (vgl. H. MOTZKI, Ein Beitrag bes.474ff.; ihm folgend auch H.-D. HOFFMANN, Reform 71; vgl. J. HAHN, Das "Goldene Kalb" 346 und jetzt wieder C. DOHMEN, Das Heiligtum 17-22 sowie ders., Das Bilderverbot 146 bes. Anm.232). Die Stichhaltigkeit ihres Hauptarguments, dass nämlich Dan vor allem bei Amos und Hosea nie mehr erwähnt wird, ist aber doch sehr schwach, insofern es sich um ein argumentum e silentio handelt und die Nachrichten aus dem Norden insgesamt sehr spärlich sind.
Die Ausgrabungen in Dan haben zudem eine wichtige Kultstätte (במה) zutage gebracht, die nach Zerstörung durch Brand im 10.Jh.v.Chr. in der Mitte des 9.Jhs.v.Chr. wiederaufgebaut und später erweitert wurde (vgl. HAHN, aaO. 344; BAr 10(1984) 52-58; neuester Vorbericht zu den noch lau-

In Bet-El und in Dan wird nun je ein goldenes Stierbild als Repräsentation JHWHs, des Gottes, der Israel aus Aegypten heraufführte, aufgestellt.[146] Es ist letztlich einerlei, ob die Tiere zunächst als Postament des unsichtbaren JHWH gedacht waren oder als dessen Manifestation. So wenig wie der Stier Baals "nur" Träger- oder Attributtier des Gottes ist, so wenig wird die Idee rein funktionaler Postamente in Bet-El und Dan, sollte es sie je gegeben haben, zu halten sein.[147] In den Stierbildern wurde JHWH als gegenwärtig erfahren.

fenden Grabungen bei A. BIRAN, Tel Dan 1984). H.M. NIEMANN hat die Uebereinstimmung der atl. Nachrichten über die Daniten und der archäologischen Befunde von Dan sehr ausführlich dargestellt (Die Daniten 259-271). Die Kulthöhe aus der 2.H. des 10.Jhs.v.Chr. und der Torkomplex (1.H.9.Jh.v.Chr.) markieren nach NIEMANN den Uebergang der Stadt von danitischer Kontrolle in die staatliche Herrschaft (aaO. 271). NIEMANN (aaO. 61-147) hält die in Ri 17-18 enthaltene Grunderzählung für eine historisch zuverlässige, danitische Ueberlieferung, nach der im ersten Drittel des 12.Jhs.v.Chr. ein Teil der Sippe vom Lager Dans westlich von Kirjat-Jearim aufbrach, einen ihnen bekannten Leviten samt dessen Kultgegenständen im Gebirge Efraim mitnahmen und mit Kultbild wie Priester in Lajisch ein Heiligtum installierten (aaO. bes.144f.). Da die erste Ueberarbeitungsschicht zur Zeit Jerobeams I., die NIEMANN annimmt, polemisch gegenüber dem alten Kultbild in Dan ist, schliesst NIEMANN, das פסל Michas sei ein Silberbild, aber sicher kein Stierbild gewesen (aaO. 125), weil allein der Materialunterschied die Polemik nicht rechtfertigen könne. Mich überzeugt dieser Gedankengang nicht so recht. Die Notwendigkeit zur Polemik gegen ein altes Kultbild von Dan weist m.E. eher in das 8.Jh.v.Chr. oder noch spätere Zeit, als gewisse Kreise in Interesse hatten, das offizielle Kultbild Jerobeams zu diskreditieren, indem sie ihm und dem ganzen Heiligtum eine suspekte Vergangenheit andichteten. Jedenfalls ist die Möglichkeit, dass Michas פסל ein Stierbild war, sehr wohl in Erwägung zu ziehen. Dafür könnte auch die efraimitische Herkunft des Bildes sprechen, die der erste König des Nordreichs Israel, der schliesslich selber ein Efraimit war, nicht verleugnet haben wird. Es liegt im Rahmen des Möglichen, dass das Stierbild von Dan nicht ausgewechselt wurde, sondern nur bei einem Einsetzungsfest feierlich zu grösseren Ehren erhoben wurde. Dass gerade in Efraim die Verbindung JHWHs mit dem Stierbild schon so alt war, ist umso bemerkenswerter, als dieser Stamm neben Manasse der Mose-Gruppe der vorstaatlichen Zeit nahesteht.

146 Zur Proklamationsformel siehe weiter unten. Obwohl in der Akklamation mindestens der Plural dtr. Polemik spiegelt, könnte eine ähnliche, historische Formel dahinter stehen. Die Verschmelzung von Exodus-Gott und El/Wildstier findet sich nämlich auch in Num 23,22; 24,8: "El, der sie (ihn) aus Aegypten geführt hat, ist wie das Horn des Wildstieres (ראם) für ihn". (vgl. H. UTZSCHNEIDER, Hosea 97).

147 Besonders lange hat hier T.M. OBBINKs Beitrag "Jahwebilder" (1969) mit

Ueber das Aussehen der Stierplastiken verlautet in 1Kön 12 nichts, ausser dass sie golden waren. Wahrscheinlich waren es - ihrer besonderen Bedeutung entsprechend - etwas grössere und vor allem hervorragend gearbeitete, goldüberzogene Kultbilder, entweder mit einem Holzkern oder aus Bronze gegossen.[148] Die Annahme eines Standartenbildes ist durch die kleine Notiz von einer Prozession zur Einsetzung des Stierbildes von Dan nicht zu stützen.[149] Prozessionen wurden sowohl in Aegypten als auch bei Babyloniern und Assyrern mit grossen Kultbildern durchgeführt.[150] Ein grosses Stierbild befindet sich unter den Beutestücken, die Soldaten Assurbanipals auf einem Relief des Nordpalastes in Ninive aus einer zerstörten elamitischen Stadt (Hamanu?) abtransportieren. Mehrere Assyrer ziehen einen Wagen mit der Stierplastik. Leider

der These vom Stier-"Piedestal" (= leerem Thron) nachgewirkt. Vgl. M. WEIPPERT, Gott und Stier, passim; J. JEREMIAS, Der Prophet bes.106; J. HAHN, aaO. 332f. und allgemeiner zur Beziehung Gott-Bild K.-H. BERNHARDT, Gott undBild 66ff.
Es ist auch nicht zutreffend, Jerobeam eine "richtige" Absicht - die Stiere als Postamente des unsichtbaren Gottes т zuzuschreiben und dann dem "Volk" ein theologisches Missverständnis der Bilder zu unterstellen (so M. NOTH; E.L. EHRLICH; H.-D. HOFFMANN, Reform 66; vgl. WEIPPERT, aaO. 105). Das Verständnis eines einzelnen Trägertiers eines Gottes als "leerer Thron" (dazu KEEL, Jahwe-Visionen 37-45) lässt sich weder in der phönizisch-kanaanäischen Umwelt noch in Ex 32 oder in 1Kön 12 positiv nachweisen. Wenn der Stier Baals nicht in Begleitung des menschengestaltigen Gottes dargestellt ist, wird er automatisch zu dessen vollwertiger Manifestation - das gleiche gilt für die JHWH-Stierbilder. Damit ist auch die Frage nach einer Vergleichbarkeit von Lade/Keruben und Stierbild (vgl. HAHN, aaO. 359-362) beantwortet. Das Stierbild hatte keine Thronfunktion und seine präsenztheologische Bedeutung entsprach somit eher der der Lade.

148 Vielleicht kann der Kupferstier aus dem Tempel des Ninhursag vom Tell Obed (2600 v.Chr.; jetzt im British Museum) trotz des riesigen Zeitunterschieds eine Vorstellung vom Aussehen eines solchen Kultbilds vermitteln. Dieser Stier ist ca.70-80cm hoch, ursprünglich war das Kupfer über einen Holz-Bitumen-Kern gezogen. Das ganze muss man sich noch mit Gold überzogen vorstellen. Goldhörner für ähnliche Bilder sind gefunden worden (vgl. A. PARROT, Sumer Abb.185 und weitere Stierbildfragmente der Epoche bei Abb.184.186).

149 Vgl. zu den unterschiedlichen Interpretationen des דד עז J. HAHN, aaO. 277-281. O. EISSFELDT (Lade und Stierbild 297), der die These von einem Standartenbild aufbrachte, hat dies vor allem mit der Parallele der "ehernen Schlange" und mit der Prozession begründet. Dass es im Orient Stierstandarten gab (vgl. die Nachweise aaO. 299f.) beweist aber nicht, dass das Bild in Dan eine solche war. Davon verlautet im Text nichts. Es ist auch unwahrscheinlich, dass das Hauptkultbild eines Heiligtums eine kleine Standarte sein soll.

150 Vgl. weiter unten Kap. 3.3. und 3.4.

ist das Relief stark beschädigt, so dass ausser dem Kopf des Stieres kaum noch etwas zu erkennen ist .[151]

Die Funde von Kuntillet Adschrud sind in vielfacher Hinsicht aufschlussreich: die Inschriften beweisen nicht nur, dass verschiedene Lokalformen von JHWH-Verehrung existierten (JHWH von Samaria; JHWH von Teman),[152] sondern auch eine offenbar unproblematische Koexistenz von JHWH und Baal, die nicht nur die Stiergestalt gemeinsam hatten, sondern auch beide mit einem Aschera-Kult kanaanäischer Prägung in Verbindung standen. Der Stier auf Krug B kann deshalb nicht eindeutig JHWH oder Baal zugeordnet werden.

Die Inschriften und Krug- bzw. Wandmalereien sind zudem ein Beispiel, wie - in diesem Fall durch Reisende - die Baal/JHWH-Religion des Nordreichs auch im Süden ihre Spuren hinterliess. Obwohl in Juda das kanaanäische Erbe Israels weder auf der sozialen, politischen noch auf der religiösen Ebene je in gleichem Mass Wurzeln schlug wie im Nordreich, weil es im Süden nicht beheimatet war, ist doch eine wechselnd starke Beeinflussung Judas vom Nordreich her, besonders begünstigt zur Zeit der Omriden, nachweisbar.[153] Die Angleichung der JHWH- und Baal-Verehrung erreicht unter Omri und Ahab, der durch die Heirat mit der phönizischen Prinzession Isebel Baal und Aschera Einzug in Tempel und Palast gewährt,[154] einen Höhepunkt und findet zugleich das erste Mal vehementen Widerstand und Ausdruck, biblisch greifbar in der Gestalt des Elija. Dabei wird Ahab selbst sich durchaus als treuer JHWH-Gläubiger verstanden haben. Alle seine Kinder (Ahasja, Atalja, Joram) haben JHWH-Namen. Der unter Ahab erbaute Tempel in Samaria wird nicht, wie es später der

---

151 R.D. BARNETT, Sculptures 46f. und Pl.35,12-13 (Room M). Auf einem Relief Sanheribs in Ninive (A. PATERSON, Assyrian Sculptures Pl.13) - dargestellt ist die Einnahme der Stadt Dilbat - ist rechts unten ein kleines Stierbild (natürliche Grösse nach den danebenstehenden Männern etwa 30-40cm) zu sehen, das vielleicht vom danebenstehenden Sockel (?) heruntergeholt wurde. Zwei Männer (Verehrer?) spielen davor die Leier. Die ganze Szene scheint vor der Stadtmauer oder dem Stadttor stattzufinden.

152 Vgl. dazu J.A. EMERTON, New Light, passim und unser Kap. 1.1.4.

153 Zu den religiösen und politischen Verhältnissen unter den Omriden vgl. W. DIETRICH, Israel und Kanaan 60-83; S. TIMM, Die Dynastie Omri. Vgl. auch die atl. Nachrichten über die Ahab-Tochter Atalja zur Zeit ihrer Regierung über das Südreich. In 2Kön 11,18 ist von einem Baal-Tempel die Rede.

154 Während Ahab der historische Gegenspieler Elijas ist, wird Isebel von den Dtr. zur quasi mythischen Gegenfigur (mit Zügen der Göttin/Hexe) stilisiert. Vgl. dazu ausführlich U. WINTER, Frau und Göttin 577-588. Die in 1Kön 18,19 erwähnten Aschera-Propheten könnten eine spätere Zufügung sein (vgl. aaO. 578-580 und Anm.539).

Dtr. darstellt (1Kön 16,32) ein Baal- , sondern ein JHWH-Heiligtum gewesen sein.[155]

Mit Elija, der Israel erstmals vor die Entscheidung "JHWH oder Baal" stellt, beginnt sich die Option, die in den atl. Quellen dann am stärksten zu Buche geschlagen hat, zu entfalten, nämlich dass das Nebeneinander von JHWH- und Baal-Kult bzw. eine mit kanaanäischen Elementen durchsetzte JHWH-Religion Ueberfremdung des JHWH-Glaubens und ein schuldhafter Irrweg sei. Die Opposition gegen "Kanaan" und "Baal" rekrutierte sich anscheinend vor allem aus traditionalistisch-konservativen Kreisen der Landisraeliten. Aber selbst sie scheinen das ganze 9.Jh. hindurch am Stierbild überhaupt keinen Anstoss genommen zu haben. Weder wendet sich Elija gegen den Kult in Bet-El noch schafft Jehu die Stierbilder in Bet-El und Dan - sehr zum Leidwesen der Dtr. (2Kön 10,28-39) - ab.[156] Im Nordreich hatte der Widerstand gegen "Kanaan", vor allem in den grossen Städten, offenbar wenig durchgreifenden Erfolg. Dort galt jedenfalls auch im 8.Jh.v.Chr. noch "JHWH ist ein Stier", und erst Hosea macht seine Kritik an der JHWH-Religion Samarias u.a. gerade an diesem sichtbaren, kanaanäischen Erbe des Kultes von Bet-El und ganz Samaria fest. Die Geschichtsschreibung der Dtr. stellt das Schicksal Israels nun rückblickend als Folge eines Wegs der Sünde und des Abweichens vom richtigen JHWH-Glauben dar, der in die Katastrophe führen musste. Unter diesen Vorzeichen wird das Stierbild in der Wüste, die Einsetzung der Kultbilder von Bet-El und Dan, die kanaanfreundliche "Religionspolitik" Ahabs zu Fremdgötzendienst. Die Formel "Dies sind deine Götter, Israel, die dich aus dem Lande Aegypten heraufgeführt haben", welche Jerobeam in den Mund gelegt bzw. im Munde verdreht wird,[157] die Bezeichnung des JHWH-Tempels von Samaria als Baal-Tempel

---

155 Vgl. M. NOTH, Geschichte Israels 221 Anm.1 und H.-D. HOFFMANN, Reform 81.

156 Vgl. K. JAROŠ, Die Stellung 224; H. UTZSCHNEIDER, Hosea 100f. Bet-El war Sitz von Propheten (vgl. 2Kön 2,2f.; 1Kön 13,11f.).

157 Der Plural der Akklamations-/Proklamationsformel wurde oft als Beweis für eine primäre Verwurzelung in der Tradition von 1Kön 12 angeführt, wohingegen in Ex 32 zunächst ein Singular gestanden habe, der dann im Sinne der Ueberarbeiter verdrängt wurde (vgl. J. HAHN, Das "Goldene Kalb" 307-309). H. DONNER hat aber in seinem Beitrag "Hier sind deine Götter, Israel!" ausgehend von der Ueberlegung, dass אלהים hier nicht Appellativum (statt JHWH) sein kann (sonst müsste parallel zu allen Formeln von "JHWH, der Israel...befreite...", der Singular stehen) auf der pluralischen Bedeutung des Verses insistiert. Mit diesem Plural werde die durch Jerobeam I. quasi besiegelte Aufsplitterung des einen JHWH-Kultes in einen Dyojahwismus getroffen. Für Ansätze zu solchen Lokalverehrungen JHWHs spricht nach DONNER 2Sam 15,7 (Abschaloms Gelübdeeinlösung beim JHWH von Hebron). Vgl. auch den Beitrag von J. EMERTON (New Light, passim und bes. zu "JHWH von Samaria" und "JHWH von Teman" in den Inschriften von Kuntillet Adschrud, aaO.2-13).

u.v.a. sind insofern eine Verzeichnung der Tatsachen, als sie vom Standpunkt dtr. "Orthodoxie" aus im nachhinein ehemals authentische, anerkannte und praktizierte Formen des JHWH-Glaubens als häretisch abstempelt. Mit dem Untergang des Nordreiches und der Zerstörung des Heiligtums von Bet-El durch Joschija um 620 v.Chr. verliert der Stier in der JHWH-Religion seine Bedeutung.[158]

2.1.4. DIE BRONZESCHLANGE (נחש הנחשת)

Nicht nur im Alten Testament und in den altorientalischen Kulturen und Religionen, sondern in beinahe allen Kulturen der Welt erweist sich die Schlange als in höchstem Masse polyvalentes Symbol mit zum Teil konträren Bedeutungsaspekten, die mit Stichworten wie "Todfeind des Menschen", "Heilung", "Weisheit", "Fruchtbarkeit", "Regeneration", "Sexualität", "Verführung", "Unheimlichkeit" nur vage umrissen werden.[159] Zwar tritt im Zusammenhang verschiedener Religionen und Kulte der eine oder andere Aspekt deutlicher hervor, bleiben andere im Hintergrund, aber eine eindeutige Festlegung der Schlangensymbolik auf eine ganz bestimmte Bedeutung ist in jedem Fall gefährlich, insofern sie die Wirklichkeit dieser schillernden Erscheinung zu verkürzen droht.

Die Bedeutung der Schlange im Alten Testament kann hier nicht in allen ihren interessanten Aspekten diskutiert werden.[160] Stattdessen wenden wir uns di-

---

158 J. HAHN (aaO. 358f.) nimmt an, dass das Stierbild von Bet-El in Folge der Eroberungszüge Tiglat-Pilesers III. (733) oder Salmanassars V. (722 v.Chr.) mitgenommen wurde. Das Stierbild von Dan ist entweder schon unter Ben-Hadad von Damaskus (885 v.Chr.) oder dann unter den Assyrern verlorengegangen.

159 Vgl. zur Religionsphänomenologie der Schlange bei JAROŠ, Die Stellung 152 Anm.5 und 153-159 (zu den unterschiedlichen Aspekten der Schlangensymbolik); M. ELIADE, Die Religionen 192-198; O. KEEL, AOBPs 76; H.-J. FABRY, Art. נחש in: ThWAT V bes.389-391.

160 So z.B. die genauere Untersuchung des Wortfelds "Schlange" im Alten Testament, die Symbolik der Schlange in Gen 3, die umfassende Bedeutung der Schlange in Aegypten, Syrien, Kleinasien, Mesopotamien und Altarabien, eine ausführliche Behandlung des archäologischen Materials aus Palästina und seiner nächsten Umgebung, eine eingehende Beschäftigung mit der Vision des Jesaja von den Serafen (Jes 6). Zu diesen Themen kann ich nur auf die Ergebnisse der Arbeiten anderer zurückgreifen, wobei vor allem zu nennen sind: K.R. JOINES, Serpent Symbolism; O. KEEL, Jahwe-Visionen 46-124; K. JAROŠ, Die Stellung 151-165; H.-J. FABRY, aaO.; vgl. auch OLB I 163f.

rekt dem im Alten Testament zweimal erwähnten Schlangenbild נחש הנחשת zu.

2.1.4.1. Num 21,4-9 und 2Kön 18,4

In Num 21,4-9 liegt eine kleine Episode aus Israels Zeit in der Wüste vor (V. 4). Wieder einmal murrt das Volk wegen schlechter Existenzbedingungen und lehnt sich gegen Mose und JHWH auf (V.5). Die Strafe JHWHs für die Revolte folgt in Form todbringender הנחשים השרפים (V.6).[161]

Vorerst ist festzuhalten, dass נחש (31mal im Alten Testament) meistens die Schlange generell bezeichnet (die LXX übersetzen mit ὄφις), und dass השרפים hier diese allgemeine Bezeichnung als Attribut eingrenzt und genauer bestimmt. Ausgehend von der hebräischen Wurzel שרף "versengen, brennen" kann es als "sengende Schlangen" übersetzt werden. Der Kontext in V.6 gibt Gewissheit, dass es sich bei dieser Spezies um eine Giftschlange, die in der Wüste vorkommt, gehandelt haben muss.[162] Es sprechen viele Gründe dafür, dass שרף die ägyptische Kobra meint.[163]

Die Schlangenplage bewegt das Volk zur Reue, und Mose soll bei JHWH Fürsprache einlegen (V.7). Zwar wird der Wunsch des Volkes, von den Schlangen be-

---

161 Die LXX übersetzen mit τοὺς ὄφις τοὺς θανατοῦντας.

162 Zum Wortfeld "Schlange" im Alten Testament vgl. FABRY, aaO. bes.385f.

163 Zu שרף vgl. JOINES, Serpent Symbolism 7f. JOINES schlug als erste (unabhängig von ihr zur gleichen Zeit auch J. DE SAVIGNAC) die Identifizierung von שרף mit der ägyptischen Kobra vor. Diese Position hat O. KEEL sorgfältig fundiert (KEEL, Jahwe-Visionen bes.71-74.83-92). Die Bedeutung der hebr. Wurzel שרף würde in diesem Fall auf die Wirkung des Kobra-Giftes zielen, das nicht nur durch Biss, sondern auch - singulär für Giftschlangen - durch Speien appliziert wird und einen brennenden Schmerz verursacht (vgl. O. KEEL, Der Pharao 453f.). Auch im Aegyptischen kann die Kobra als "Flamme" ('ḫ.t) bezeichnet werden (vgl. KEEL, Der Pharao, aaO. und ders., Jahwe-Visionen 83), und der äg. Uräus als nsrt "die Feurige". Der Uräus ist zoologisch mit verschiedenen Arten der Speikobra, der Ringhalskobra und der asiatischen Brillenschlange, nicht aber mit der Naja haje zu identifizieren (L. STOERK, Art. "Schlange" in: LdAe V bes.646).
Für M. GOERG (Die Funktion 28-33) stellt sich die Etymologie des hebräischen Wortes שרף um einiges komplizierter dar. Er vermutet eine innerägyptische Verknüpfung der Homonyme "Fabeltier/Greif" und "Brennen" (srrf) (aaO. 32f.). Diese Erklärung ist aber völlig unbeweisbar, insofern sie auf der Annahme mehrerer Entwicklungen sprachlicher und konzeptioneller Art beruht, die nicht belegbar sind.

freit zu werden, nicht erfüllt, aber JHWHs Entgegenkommen bannt die Todesge-
fahr:

> 8 JHWH aber sprach zu Mose:
> Mache dir einen "Versenger" (שָׂרָף)
> und stecke ihn auf eine Stange (וְשִׂים אֹתוֹ עַל־נֵס).
> Dann wird jeder Gebissene, der ihn anschaut,
> am Leben bleiben.
> 9 Da machte Mose eine Bronzeschlange (נְחַשׁ נְחֹשֶׁת)
> und steckte sie auf die Stange (עַל־הַנֵּס).
> Wenn nun die Schlangen jemanden bissen
> und er schaute dann die Bronzeschlange (נְחַשׁ הַנְּחֹשֶׁת)
> an, so blieb er am Leben.

Aus V.8 geht hervor, dass der Typ der Schlange, die Mose anfertigen soll,
dem der in V.6 erwähnten entspricht, wobei hier ein Nomen שָׂרָף die Umschreibung הַנְּחָשִׁים הַשְּׂרָפִים ersetzt. Nach V.9, der die Ausführung von JHWHs Ratschlag
darstellt, ist das Material, aus dem der שָׂרָף hergestellt wird, נְחֹשֶׁת "Kupfer,
Bronze".[164] Das Wortspiel נְחַשׁ הַנְּחֹשֶׁת lässt vermuten, dass "Bronzeschlange"
ein bekannter Name war, der vielleicht unabhängig von der vorliegenden Erzählung bereits existierte.

Nähere Einzelheiten über das Aussehen des Schlangenbildes auf der Standarte
erfahren wir nicht; hingegen wird seine Funktion in Vv 8f. jeweils sehr bestimmt angegeben: Dem Todgeweihten, der rettungssuchend zur ihr aufschaut,
wird das Leben geschenkt, wobei die ausgewogenen Formulierungen des Erzählers es nicht zulassen, im Schlangenbild mehr als ein Heilsinstrument JHWHs
zu sehen ("wenn einer...dann"),[165] ebenso wie ja die Schlangen von JHWH als
Strafinstrument gesandt waren. Dennoch ist im Hintergrund das magische Element dieses Heilvorgangs erkennbar: nach dem Analogieprinzip wird Gleiches
durch Gleiches abgewendet, in diesem Fall der Tod am Schlangengift durch die
todabwendende Kraft der Schlange, die beim Blickkontakt wirksam wird.[166]

K. JAROŠ schreibt, wie andere vor ihm, den Abschnitt Vv 4b-9 aufgrund ver-

---

164 Vgl. M. WEIPPERT, Art. "Metall und Metallbearbeitung" in: BRL² 221.
 H.-J. FABRY, Art. נחשת in: ThWAT V bes.397ff. folgt K.H. SINGER (Die
 Metalle 46): "...für alle Gegenstände, die durch Festigkeit und Härte
 gekennzeichnet sind, ist als Material Bronze anzunehmen. Handelt es
 sich jedoch um nᵉhošaet als Rohmaterial...so ist... Kupfer anzunehmen."

165 Dass JHWH selbst es ist, der durch sein Erbarmen Rettung schenkt, wird
 in Weish 16,1-14 besonders hervorgehoben.

166 Vgl. dazu RGG³ IV 595-601, bes.597f.

schiedener Indizien (vor allem des Motivs der Fürsprache Moses) dem Elohisten zu,[167] nimmt aber an, dass dieser eine nicht mehr rekonstruierbare Vorlage hatte, in der die Bronzeschlange zwar als Apotropaion gegen sich nähernde Wüstenschlangen, aber noch nicht als Heilsymbol auftritt.[168] Allerdings sind diese beiden Aspekte im vorliegenden Text nicht trennbar, und von daher bleibt die rein apotropäische Funktion der Schlangenstandarte hypothetisch. In der vorliegenden Textfassung, die nach JAROŠ in der ersten Hälfte des 8.Jhs.v.Chr. anzusiedeln wäre, ist der שׂרף jedenfalls eng mit der Figur des Mose verbunden.[169] Die Konstellation Mose - Stab - Schlange liegt auch den Erzählungen vom Stabwunder (Ex 4,3; 7,15 und 7,9-12) zugrunde, wobei es sich um eine alte Tradition zu handeln scheint. Die Schichtzuweisung ist nicht einhellig, es könnte sich um J, JE oder Vorlagen von JE handeln.[170]

Für Num 21,4-9 ist von anderen aber auch schon eine Spätdatierung vorgeschlagen worden, nämlich in die Zeit des Pentateuchredaktors.[171] Bei den Datierungsfragen steht vor allem das diachrone und literarische Verhältnis der Ueberlieferungen von Num 21 und 2Kön 18,4 zur Diskussion. Die Notiz von der Abschaffung des Nehuschtan durch Hiskija wird als historisch zuverlässiger Kern des möglicherweise dtr. Konstruktes von einer Kultreform dieses Königs angesehen.[172] Diese Zuverlässigkeit lässt geraten erscheinen, 2Kön 18,4 zum Zentrum der exegetischen Arbeit zu machen:

> Er (Hiskija) war es, der die Höhen abschaffte,
> die Masseben zertrümmerte, die Aschera umhieb
> und die Bronzeschlange (נחש הנחשת) zerschlug,
> die Mose gemacht hatte - denn bis zu diesen
> Tagen pflegten die Israeliten ihr Rauchopfer
> darzubringen - und 'er' nannte sie "Bronzeding"
> (נחשתן).

167 K. JAROŠ, Die Stellung 160ff. Die Vertreter dieser Position werden aaO. 160 Anm.8 genannt.

168 JOINES (Serpent Symbolism 86-89) verweist auf die enge Verbindung der apotropäischen Schlange mit dem Aegypten der Mosezeit (Schlangenamulette für Tote und Lebende sowie Bronzeschlangenstäbe und Schlangenszepter).

169 K. JAROŠ, aaO. 26-30 und 163-165.

170 Vgl. den Ueberblick zur Forschung bei H.-J. FABRY, Art. נחש in: ThWAT V 394.

171 Vgl. H.-J. FABRY, Art. נחש ,aaO. 395 und Art. נחשת, aaO. 407f.

172 H.-D. HOFFMANN, Reform 151-155.

Obwohl die Nachricht sehr knapp ist, enthält sie eine ganze Reihe wichtiger Informationen. 1. Die Bronzeschlange wurde auf Mose zurückgeführt bzw. sie steht mit der Ueberlieferung von Num 21 durch die Stichworte נחשנחשת /עשה/ משה in einem literarischen Zusammenhang. 2. Bis zur Abschaffung durch Hiskija genoss sie die Verehrung der Judäer in Form von Rauchopfern. 3. Die Bronzeschlange scheint im Volksmund Nehuschtan genannt worden zu sein. Nach der MT-Version wird dieser Name jedoch zur Spottbezeichnung im Munde Hiskijas ("Bronzeding").[173] 4. Die Bronzeschlange wird in einer Reihe mit "Höhen", "Masseben" und "Ascheren" genannt, die für die Dtr. als Erbe kanaanäischer Religion allesamt ein rotes Tuch darstellten. Es legt sich von daher nahe, dass wir in der Bronzeschlange ein Erbstück ebensolcher Herkunft vor uns haben könnten. 5. Entgegen der anscheinend erstmals von H. GRESSMANN und K. GALLING aufgestellten und dann vielfach als Faktum übernommenen Hypothese, der Nehuschtan habe im Tempel von Jerusalem (bzw. sogar im Allerheiligsten) gestanden,[174] sei hier einmal entschieden gesagt, dass es dafür keinerlei Anhaltspunkte gibt. Im Gegenteil verweist der Kontext eher auf "Freilicht"-Kulte[175] und zeigt z.B. 2Kön 21,4.7, dass götzendienerische Praktiken im

---

173 Nur MT hat den Singular ויקרא, andere Ueberlieferungen dagegen den Plural "man nannte sie נחשתן." Zur Wortbildung נחשתן vgl. GESENIUS/KAUTZSCH, Hebräische Grammatik § 86 und H.-J. FABRY, Art. נחשת, aaO. 399. Es scheint eine Mischbildung von נחש und נחשת vorzuliegen (KBL III 653). Das Wortspiel נחש הנחשת könnte auf eine gewisse Popularität dieser Bezeichnung verweisen.
An dieser Stelle sei auch auf andere Orts- und Personennamen im Alten Testament hingewiesen, die eventuell mit נחש "Schlange" verwandt sein könnten. נחש heisst: ein Ammoniter in Rabba (2Sam 17,27), ein Ammoniterkönig (1Sam 11,1f.12,12; 2Sam 10,2; 1Chr 19,1ff.), der Vater der Abigajil (nach MT 2Sam 17,25). נחש-Stadt (vielleicht "Kupferstadt") ist eine ursprünglich kalebitische Stadt in Juda benannt. נחשון heisst: der Sohn des Judäers Amminadab, ein "Ahnherr Davids" (Ex 6,23; Num 1,7; 2,3; 7,12.17; 10,14; Rut 4,20; 1Chr 2,10f.). נחשתא heisst: die Mutter des Königs Jojakin (2Kön 24,8), gebürtig aus Jerusalem. Zu den Namen vgl. ODELAIN/SEGUINEAU, Lexikon 145.254f.260.

174 Vgl. H. GRESSMANN, Mose 459 Anm.6 und K. GALLING, BRL¹ 458. GRESSMANN lokalisierte den Nehuschtan direkt im Adyton. Dies weist BUSINK (Der Tempel I 287f.) begründet zurück. Wie die Annahme, das Schlangenbild habe im Tempel gestanden, als Faktum von einem Kommentar in den anderen wandern konnte, ist erstaunlich. Vermutlich hat die Tatsache, dass die Bronzeschlange überhaupt in BUSINKs Buch zum Tempel vorkam, ebenfalls zu diesem Missverständnis beigetragen. Von der Schlange im Tempel ist auch bei P. WELTEN (BRL² 280), K. JAROS (Die Stellung 161), K.R. JOINES (Serpent Symbolism 61 "presumably in the temple") die Rede. Als Gegenbeispiel sei aus der jüngeren Zeit J. GRAY (I&II Kings 670) genannt.

175 Vgl. BUSINK, Der Tempel I 288.

Tempelbereich als der Gipfel des Sakrilegs vom Dtr. mit der entsprechenden Entrüstung gesondert vermerkt wurden. Auch der Bericht von der joschijanischen Reform erwähnt den Tempel jeweils explizit (2Kön 22,6.7.11.12). Wir gehen also davon aus, dass die Bronzeschlange jedenfalls in Juda, sehr wahrscheinlich in Jerusalem, aufgestellt war, da sie von zentraler Bedeutung gewesen zu sein scheint. Welcher Art ihre Bedeutung in der Sicht des Volkes war, geht aus dem Text nicht deutlich hervor.

Im Anschluss an die Lektüre beider Texte beschäftigt vor allem ein offensichtlicher Widerspruch: Wenn der נחש הנחשת in Jerusalem tatsächlich auf Mose, d.h. auf älteste israelitische Tradition zurückging, wie in 2Kön 18,4 eingeflochten wird, wieso hatte Hiskija dann Interesse, ein solch altes Zeugnis des Ursprungs zu vernichten? Und warum wird das Bild dann im Zusammenhang eher kanaanäischer Kultzeugnisse erwähnt?

Es besteht also Grund, die Historizität der Gleichsetzung von Mose-Schlange und Nehuschtan anzuzweifeln. Und wenn auch ein argumentum e silentio kein schlagender Beweis ist, so fällt doch auf, dass ausser von der Einsetzung und Abschaffung der Bronzeschlange überhaupt nichts mehr von ihr berichtet wird, obwohl sie nach Num 21 und 2Kön 18 auf Mose zurückgeht und עד הימים ההמה verehrt wurde. Die solchermassen unkontinuierliche Ueberlieferung von der Bronzeschlange ist ein Indiz dafür, dass wir es mit einer historischen Gegebenheit und deren Ursprungs- und Legitimationsgeschichte, einer Aitiologie, zu tun haben, wobei nicht unbedingt eine literarische Abhängigkeit der beiden überlieferten atl. Texte voneinander angenommen werden muss.

Auszugehen ist dann von dem historischen Kern in 2Kön 18,4: Hiskija lässt eine Bronzeschlange (Nehuschtan genannt), die in Jerusalem vom Volk anscheinend schon längere Zeit verehrt wird, im Zuge religiös-kultischer Säuberungsaktionen zerstören. Warum hier vom Erzähler eingeflochten wird, dass Mose sie gemacht habe, wird ersichtlich aus Num 21,4-9. Wenn K. JAROŠs Annahme einer Vorlage des Elohisten zutrifft, dann ist diese Vorlage schon ein Zeuge der Geschichte von Mose als Urheber der Bronzeschlange zu Jerusalem. Dafür spricht vor allem die Bezeichnung נחש הנחשת in Num 21,9a, die etwas abrupt das Wort שרף ablöst. Genau mit dieser Gleichsetzung der beiden Begriffe wird Num 21,4-9 erst zur Aitiologie der Bronzeschlange in Jerusalem. Es ist wahrscheinlich, dass die Erzählung von Schlangen in der Wüste und einer als Apotropaion errichteten Schlangenstandarte zunächst selbständig existierte und dann aitiologisch umfunktioniert wurde.[176]

176 Vgl. JAROŠ, aaO. 163.

Für die Interpretation der שׂרף-Schlange als Bronzeschlange macht K. JAROŠ "priesterliche Kreise Jerusalems zur Zeit Davids" geltend.[177] Wenn als terminus ante quem die erste Hälfte des 8.Jhs.v.Chr. (Zeit des Elohisten) gilt,[178] muss es zu dieser Zeit bereits eine Bronzeschlange in Jerusalem gegeben haben. Wo kam sie her, und warum war es nötig, sie mit der Gestalt des Mose zu verbinden? Der engste Kontext der Bronzeschlange in 2Kön 18,4 (Höhen, Masseben und Aschera) liess schon anfangs vermuten, es könne sich beim Nehuschtan um kanaanäisches Erbe handeln. Trifft dies zu, dann wurde das kanaanäische Kultbild zwischen der Landnahme und der Zeit des Elohisten von JHWH-Gläubigen in Juda anerkannt und übernommen, woraufhin prokanaanäisch eingestellte, israelitische Kreise (Priester?) die faktisch schon vollzogene Integration des Symbols in die JHWH-Religion mittels der Aitiologie fundierten und einem Missverständnis der Bronzeschlange als Gott zugleich entgegenwirkten, indem sie sie auf JHWH (als Urheber) und Mose (als Hersteller) zurückführten.

Sollte Num 21,4-9 ein Literaturprodukt nachexilischer Zeit sein und dieser Text als Beispielerzählung für den rettenden Gehorsam gegenüber JHWH gestaltet worden sein, die bewusst die Identifikation der Bronzeschlange mit dem Nehuschtan in Jerusalem vermeidet und so durch die Erfindung eines legitimen Schlangenbildes in der Wüste die alte Erinnerung an die Verbindung des Nehuschtan mit der Mose-Tradition ausser Kraft zu setzen sucht?[179] Diese Hypothese wirft aber die Frage auf, warum in später Zeit ein Interesse existiert haben sollte, ausgerechnet aus der vergangenheitsträchtigen Konstellation Mose - Bronzeschlange eine Beispielerzählung für den Gehorsam gegenüber Gott zu kreieren.

Vorläufig scheint mir die Annahme, dass der Nehuschtan in Jerusalem kanaanä-

---

177 JAROŠ, aaO. 162. Er stützt sich dabei vor allem auf H.H. ROWLEYs Beitrag "Zadok and Nehushtan." ROWLEY versuchte nachzuweisen, dass die Bronzeschlange unter dem jebusitischen Priester Zadok als überkommenes Kultbild zur Zeit Davids in die JHWH-Religion eingeführt wurde. Auf den ausführlichen Argumentationsgang des Autors kann hier nicht eingegangen werden. Es scheint mir aber problematisch, dass ROWLEYs gesamtes Gedankengebäude sich kaum auf konkrete Anhaltspunkte im Text stützen kann und quasi die zeitlichen Lücken in der Ueberlieferung durch scharfsinnige Ueberlegungen zu füllen sucht. Die Datierung in die Zeit Davids hat schon JOINES (aaO. 102f.) angezweifelt.

178 Zur Datierung vgl. JAROŠ, aaO. 26-30.

179 So H.-J. FABRY, Art. נחשׁת, aaO. 408.

ischer Herkunft war, aber mit einer alten israelitischen Ueberlieferung (Mose - Schlange - Stab) behaftet und bis zur Zeit Hiskijas toleriert war, plau-
sibler. Grund für die Abschaffung des Kultsymbols sind nach 2Kön 18,4 die
Rauchopfer, woraus zu schliessen ist, dass die Bronzeschlange Gegenstand der
Verehrung[180] war oder geworden war, was von gewissen Kreisen als unvereinbar
mit dem JHWH-Glauben angesehen wurde.

2.1.4.2. Archäologische Zeugnisse von Schlangenbildern in Israel und seiner Umwelt

Archäologische Funde[181] in Palästina bestätigen nun zum einen, dass Schlan-
genbilder dort eine sehr alte Tradition haben, dass die Schlange in der kanaanäischen Religion eine bedeutende Rolle spielt und zum anderen, dass im
8.Jh.v.Chr. die Beliebtheit der ägyptischen Schlangensymbolik in Juda und in
Israel einen Höhepunkt erreichte.

Vor allem aus der FB-Zeit stammt mit Schlangenmotiven verzierte Keramik.[182]
Allgemein bekannt sind die zahlreichen kleinen (7-22cm langen) Bronzeblech-
schlangen aus Hazor, Megiddo, Sichem, Geser und vom Tell Mevorach, die in die
MB- bis Eisenzeit datieren. In Timna wurde eine aus Kupferdraht und Goldfolie
gefertigte Schlange (EZ I) gefunden.[183] Einige der Schlangen stammen aus

---

180 Auf Schlangenverehrung verweisen nur noch zwei atl. Notizen, die hier
nicht ausführlich diskutiert werden können. In 1Kön 1,9 wird von Adonija, der gerade dabei ist, das Königtum an sich zu reissen, berichtet,
er habe אבן הזחלת עם bei der Rogel-Quelle geschlachtet. Die in Neh 2,13
genannte Schlangenquelle (עין התנין) könnte mit dem erstgenannten Ort
identisch sein. Das Opfermahl scheint von Adonija nicht ohne Grund gerade bei dem Schlangenstein vorbereitet zu werden, doch bleibt die Bedeutung des Ortsnamens ungewiss (JOINES, Serpent Symbolism 92ff.).

181 Hier kann ich nur verweisen auf JOINES, aaO. 63-74. JAROŠ (Die Stellung
154-159) übernahm von ihr die Aufteilung nach Symbolwert und Kontext
(Apotropaion/Fruchtbarkeit/Sexualität und Liebesgöttin/Stier/Wasser/
Taube). Weiteres Material, vor allem aus der Glyptik, bei O. KEEL, Jahwe-
Visionen 70-110; des weiteren P. WELTEN, in: BRL[2] 280ff. Ergänzend zu
den Funden von Bildwerken wären bei einer eingehenderen Behandlung auch
die ausserbiblischen Texte einzubeziehen (vgl. z.B. JAROŠ, aaO. 154).

182 WELTEN, aaO. 281.

183 AaO. zur Einzeldatierung und Veröffentlichung; JAROŠ, aaO. 159; JOINES,
aaO. 62f. Aufgrund des Fundstücks aus Timna vermutet J. McKAY (Religion
14) eine tatsächliche Herkunft des Nehuschtan aus Israels Wüstenzeit,
indem die Midianiter, mit denen Israel in engem Kontakt stand, dieses
Symbol eingeführt hätten. Dieser "Kurzschluss" eines einzelnen Ausgra-
bungsfundes und der komplizierten biblischen Verhältnisse vereinfacht
aber die Sache zu sehr und erklärt z.B. die diskontinuierliche Ueberlieferung von der Schlange gar nicht.

Tempeln und sind als Votivgaben zu interpretieren.[184] Dass die Schlangensymbolik einen Platz im Kult hatte, bezeugt auch das kleine Schlangengraffito auf dem bekannten Hörneraltar von Beerscheba.[185]

In Bet-Schean wurden vier SB-zeitliche Tonständer (zwei zylindrische, zwei Tonhäuschen) mit Schlangen- und Taubenappliken gefunden.[186] Möglicherweise sind diese Tiere als Attributtiere der Hathor/Qudschu zu interpretieren, die auf Stelen, SB-zeitlichen Schmuckanhängern und einem Feldzeichen aus Hazor (Abb. 46) Schlangen in beiden Händen hält.[187]

Apotropäisch ist das ägyptische Uräussymbol, das von den Königen Kanaans als Schutzsymbol auf der Stirn übernommen wurde und vor allem in der Glyptik Kanaans vom Ende der MB- bis zum Ende der Eisenzeit eine enorme Bedeutung hatte.[188] Auf Skarabäen, Stempel- und Rollsiegeln finden sich alle denkbaren Uräendarstellungen, mache ähneln stark den ägyptischen Motiven, andere beweisen schon eine recht eigenständige Entwicklung. So finden sich bis ins 8.Jh. v.Chr. ungeflügelte Uräus-Schlangen vor einem Gott, paarweise verschiedene Symbole flankierend oder als Fries.[189] Daneben gibt es die geflügelten Uräen, einzeln und zu zweit, die, wie das im 8.Jh.v.Chr. ebenfalls häufige Keruben-Motiv, als Schutzwesen mit stark unheilabwehrender Macht auftreten.[190]

Ins 8.Jh.v.Chr. zu datieren ist ebenfalls eine Gruppe hebräischer Siegel mit zweiflügeligem Uräus, wobei bisweilen nun die Flügel der Schlange seitwärts gerichtet sind.[191] Als eine Besonderheit judäischer Kunst vor allem des 8.

184 K. JAROŠ, aaO. 159; ihm folgend KEEL, Jahwe-Visionen 81 Anm.136; anders M. GOERG, Die Funktion 37.

185 Vgl. zum Altar, den Fundumständen und der Forschungsdiskussion OLB II 205-207 und Abb.163f.

186 L. DEVRIES, Incense Altars 141-145 und figs 8-11; 36-39; vgl. die zyprischen Beispiele figs 125f.

187 Dazu U. WINTER, Frau und Göttin bes.110-114 und Abb.36f.42. Auf dem Tell Zafit wurde eine SB-zeitliche Plakette mit einer Schlangen haltenden Qudschu gefunden (BLISS/MACALISTER, Excavations Pl.67,15 = OLB II Abb. 545).
Zum Feldzeichen vgl. Y. YADIN u.a., Hazor II 117f. und Pl.181; H. WEIPPERT, Art. "Feldzeichen" in: BRL[2] 78 und Abb.22,1. Vgl. auch JOINES, The Bronze Serpent 246f. und Serpent Symbolism 64-67. Die Annahme einer palästinischen Schlangengöttin ist inzwischen definitiv widerlegt (vgl. zuletzt S. SCHROER, Der Mann, bes.66-69).

188 Zum ägyptischen Uräus, der durch sein Gift die Könige und Pharaonen vor Feinden schützen sollte, vgl. besonders O. KEEL, Jahwe-Visionen 83-92. Die Uräendarstellungen aus Palästina/Israel werden aaO. 92-110 besprochen.

189 O. KEEL, aaO. 93-99.

190 AaO. 101-103.

Jhs.v.Chr. können die zahlreichen Siegel mit vierflügeligen Uräen gelten, wie das ovale Stempelsiegel des 8./7.Jhs.v.Chr. bei <u>Abb.47</u>, das einem Judäer namens Jachmoljahu gehörte.[192] Im 8.Jh. scheint also in Israel und Juda die Uräus-Schlange einen Höhepunkt populärer Beliebtheit erreicht zu haben, wobei trotz aller künstlerischen Eigenständigkeit die Anlehnung an Aegypten unverkennbar ist.[193]

O. KEEL hat bereits einen Zusammenhang zwischen diesem Aufschwung der Uräus-Verehrung und der Abschaffung der Kupferschlange durch Hiskija angenommen: "Solche drastischen Reformen reagieren in der Regel auf drastische Missstände."[194] Toleranter als Hiskija war Jesaja. Bei ihm spielen sechsflügelige שרפים in der Berufungsvision (Jes 6) eine Rolle. Er übernahm das populäre Schutzwesen, liess ihm auch seine Numinosität, interpretierte es allerdings völlig um, wobei die betonte Unterwerfung der Serafen unter JHWH wohl auch als Korrektur zeitgenössischer Praxis von Schlangenverehrung zu verstehen ist.[195] Unter solche Verehrungspraktiken ist das Räuchern vor dem Nehuschtan zu rechnen.

Abschliessend bleibt die Frage zu beantworten, wie der Nehuschtan in Jerusalem aussah und ob seine Bedeutung noch exakter zu bestimmen ist.

2Kön 18,4 teilt nur mit, die Schlange sei aus Kupfer/Bronze gewesen. Mit letzter Sicherheit kann darüber hinaus wenig gesagt werden.

Das שרף-Bild in Num 21 ist eindeutig als Standartenbild (נס-על) identifizierbar.[196] Auf einem Relief Sanheribs werden Opferhandlungen vor Wagen gezeigt,

191 AaO. 103-105.

192 AaO. 105-108 und Abb.88.

193 KEEL (aaO. 109f.) sieht einen Grund für den Anschluss an ägyptische Vorbilder in der mit Tiglat-Pileser III. aufsteigenden Assyrergefahr (745 v.Chr.).

194 KEEL, Jahwe-Visionen 110.

195 Die Bedeutung der Serafen in der Vision Jesajas hat O. KEEL aufgrund ihrer Funktion in der Ikonographie des 8.Jhs.v.Chr. erschlossen: während sie sonst über der Gottheit schweben und sie schützen, werden sie bei Jesaja, obwohl weiterhin numinose Wesen, JHWH radikal untergeordnet (vgl. indem sie sich vor ihm schützen müssen (aaO. bes.110-124).

196 Zur Diskussion um die Bedeutung von נס und Feldzeichen/Standarten im Alten Testament kann hier nur auf neuere Literatur verwiesen werden: H. WEIPPERT, Art. "Feldzeichen" in: BRL² 77-79; H.-J. FABRY, Art. נס in: ThWAT V 468-473; M. GOERG, NES, passim; B. COUROYER, Le nēs, passim. Dass נס in Num 21 als Stange mit einem Aufsatz zu verstehen ist, wird nirgends bestritten. Einige metallene Aufsätze von Standarten sind in Palästina gefunden worden (vgl. WEIPPERT, aaO.). Zur Signal- und Orientierungsfunktion sowie den mit נס verbundenen magisch-religiösen Vorstellungen vgl. FABRY, aaO.

Solchen Standarten könnten ägyptische Bronzen in Gestalt aufgerichteter
Kobras, die um ein Papyrus-Szepter gewickelt sind, entsprechen,[197] wie
der Bronzeaufsatz aus dem Biblischen Institut der Universität Freiburg
i.Ue. bei Abb.48.[198]

Für ein ungeflügeltes Schlangenbild auf einer Standarte gibt es eine Illustration aus der phönizischen Ikonographie: ein Wasserbehälter aus Sidon
(4.-3.Jh.v.Chr.) zeigt in einer kultischen Szene eine aufgerichtete ungeflügelte Schlange auf einer Art Säule (Abb.49).[199] Noch interessanter sind
die Darstellungen von geflügelten Uräen auf Papyrus-Standarten zwischen
Sphingen, wie sie auf einer der Bronzeschalen aus dem NW-Palast in Nimrud zu
sehen sind (Abb.50).[200] Wenn eine israelitische Herkunft dieser Schalen
wohl auch nicht beweisbar ist,[201] so ist ihre phönizische Herkunft und die
zeitliche Nähe zum Schlangenbild in Jerusalem doch ein Faktum.

Auch die Vorliebe für geflügelte Uräen auf den Siegeln könnte dafür sprechen,
sich den Nehuschtan als geflügelte Bronzekobra auf einer Standarte vorzustellen. Wahrscheinlich war die Tierfigur in Bronzeguss angefertigt, nicht ein
Bronze- oder Kupferblech. Ueber die Grösse kann man höchstens spekulieren.
Wenn es die Bronzeschlange in Jerusalem auch schon im 8.Jh.v.Chr. gab, so
profitierte sie jedenfalls als Kultbild kanaanäischer Herkunft von der wach-
senden Popularität und Hochkonjunktur des Schlangensymbols in dieser Zeit.
Sicherlich wurde der Uräus wegen seiner unheilabwehrenden Kräfte (er schützt
Götter, Mischwesen, aber auch den Namen und die Person des Siegelträgers)
so beliebt in der Siegelschneiderkunst.

197 Bei den oft als Mischwesen mit Schlangenleib interpretierten Figuren
an den Kultwagen auf einem Relief Sanheribs handelt es sich um Tierköpfe, die das Deichselende bzw. die Jochstangen zieren. Vgl. dazu
E. BLEIBTREU, Kulthandlungen 43 (zu Abb.1).

198 G. ROEDER, Aegyptische Bronzefiguren 521 und Taf.55 g-r. Vgl. auch P.
AMIET, Elam 526 No 403. Eine exakte Datierung und Funktionsbestimmung
der ägyptischen Bronzen ist selten möglich, die meisten dürften aus der
Spätzeit stammen. Ob ein Zusammenhang des Symbols mit einer Gottheit besteht (Osiris, Uto?) und woher die Konstellation mit dem Papyrus kommt,
scheint ungeklärt (vgl. L. STOERK, Art. "Schlange" in: LdAe V 646).

199 KEEL, Jahwe-Visionen Abb.37 nach R.D. BARNETT, Ezekiel Taf.4* (vgl. aaO.
6-13); AOB No 514. KEEL neigt dazu, die Bronzeschlange als ungeflügelte
anzusehen (aaO. 82f.), wobei er sich auf die phönizische Ikonographie
beruft. Vgl. aber zur Bronzeschale aus Nimrud weiter unten.
Fliegende Schlangen (שרף מעופף) werden in Jes 14,29 und 30,6 erwähnt
(dazu JOINES, The Serpent Symbolism 7f.). Eine geflügelte Schlange bedeutete potenzierte Gefahr (vgl. KEEL, Jahwe-Visionen 72f.).

200 R.D. BARNETT, Layard's Nimrud Bronzes 3* fig.2.

201 Gegen BARNETT und Y. YADIN, aaO. 6* und BARNETT, The Nimrud Bowls 27f.

Was alle die, die zur Zeit Hiskijas dem Nehuschtan opferten, in ihm erblick-
ten, was sie von ihm erhofften, bleibt im Dunklen.[202] Denkbar ist, dass die
Schlange als Heilsymbol in der Volksfrömmigkeit des ausgehenden 8.Jhs.v.Chr.
in Juda verbreitet war und man der schützenden, unheilabwehrenden Bronzeschlange opferte und zu ihr aufschaute, um Rettung vor Krankheiten oder dro-
hendem Tod zu finden.[203]

2.1.5. DIE GOLDMAEUSE (עכברי זהב) DER PHILISTER

In der Erzählung vom für die Philister verhängnisvollen Aufenthalt der Lade
JHWHs in ihren Städten treffen wir in 1Sam 6 auf Tierdarstellungen mit magischer Bedeutung, nämlich עכברי זהב "Goldmäuse" (1Sam 6,4; vgl. 6,11) bzw.
"Mäusebilder" (צלמי עכבריכם; 6,5). Die literarkritischen Forschungen, zuletzt ein Beitrag von J.B. GEYER[204] zu 1Sam 5 und 6 haben im Vergleich der
unterschiedlichen MT- und LXX-Version des Textes ergeben, dass in der Erzählung nach MT ursprünglich von einer Plage in Form von Krankheit (Beulenpest,
Geschwüre, Ruhr?)[205] die Rede ist, auch nur von einer Art von Bildern,
den Goldmäusen. Da der Zusammenhang zwischen den Beulen und Mäusebildern
später nicht mehr verstanden wurde, konstruierte man jeweils komplementär
eine Mäuseplage (6,5) und "Goldbeulen" bzw. "Bilder von Beulen" (6,4.5.11).[206]

202 Die Forschungsgeschichte hat bislang keine der möglichen Hypothesen zur
    Herkunft des Symbols (mosaisch, davidisch, ägyptisch, babylonisch, ka-
    naanäisch, phönizisch) etablieren können (vgl. die Uebersicht bei FABRY,
    Art. נחש, in: ThWAT V 407 und ders., aaO. 391-395), so dass ich auf die
    Diskussion der verschiedenen Positionen verzichte. Wahrscheinlich ist
    mit einer Verschmelzung von kanaanäischen und ägyptischen Einflüssen zu
    rechnen.

203 Die Schlange als Heilgott scheint mir nicht eine ursprüngliche kanaanä-
    ische Vorstellung zu sein, sondern sich erst als eine Spielart ihres
    apotropäischen Wesens entfaltet zu haben, wofür E dann ein frühes Zeug-
    nis darstellt. Der phönizische Heilgott Ešmun, mit dem die Schlange ver-
    bunden wird, ist erst spät bezeugt (vgl. den Heilgott Aeskulap und den
    Aeskulapstab). Zu Ešmun vgl. JAROŠ, Die Stellung 158 bes.Anm.11.

204 F. SCHICKLBERGER, Die Ladeerzählungen bes.100-171.194-197; J.B. GEYER,
    Mice, passim.

205 Ueber die Art dieser Krankheit ist, soweit ich sehe, kein Konsens gefun-
    den worden. Manche denken an eine Beulenpest (dazu R. DRIVER, The Plague
    50ff.), andere an Ruhr (J.B. GEYER, aaO. 296), wieder andere an Hämo-
    rrhoiden oder Geschwüre (F. STOLZ, Das erste und zweite Buch 46).

206 Vgl. SCHICKLBERGER, aaO. 108-117. Der Vorschlag von O. MARGALITH (The
    Meaning, passim), עפלים bedeute "Apollon" ist sehr spekulativ.

Hinter der Deutung der Mäusebilder als Bussgabe für JHWH (6,4.17) ist eine
ältere magische Bedeutung erkennbar, dass nämlich mit dem Vernichten bzw.
Wegschicken eines Bildes auch eine darin symbolisierte Wirklichkeit endgültig vertrieben wird, weil die Verfügung über das eine zugleich Macht über
das andere vermittelt.[207] Wieso aber können Mäusebilder hier die grassierende
Krankheit repräsentieren? Wusste man um die Eigenschaft der Mäuse und Ratten,
Krankheiten zu übertragen?[208]

Während in Israel die Maus zu den unreinen Tieren gehört (Lev 11,29; vgl.
Jes 66,17), ist sie in anderen antiken Religionen bisweilen ein heiliges
Tier.[209] In Aegypten stand die Maus unter dem Schutz des Sonnengottes, im
Gegensatz zur Spitzmaus genoss sie aber keine Verehrung.[210] Man hat Mäuse
gegessen, sie auch auf verschiedenen Bildträgern dargestellt, und im Mittleren Reich kommen lebensgrosse Nachbildungen aus weisser Fayence und Bronze
auf, deren Funktion aber nicht geklärt ist (Grabbeigaben, eventuell Spiel-
zeug?).[211]

In Troas und auf den Inseln vor der anatolischen Küste war der Kult des Apollon Smintheus/Sminthios (σμίνθος = Feldmaus) verbreitet, dessen heiliges
Symbol (weisse) Mäuse waren.[212] Dieser Kult diente der Abwehr von Krankheiten wie auch von Mäuseplagen. Der Beiname Smintheus weist auf vorgriechische,
eventuell asiatische Herkunft.

Als Gott der Krankheit und Seuchen ist im kanaanäischen Raum Reschef, in
Mesopotamien Nergal[213] bekannt. F. SCHICKLBERGER[214] vermutet, dass zur Zeit

---

207 Ein solcher Vorgang ist unter die Bild- oder Analogiezauber zu rechnen,
die unter den magischen Praktiken eine grosse Rolle spielen (vgl. z.B.
auch die Aechtungstexte, das Vernichten von Wachsfiguren im Alten Aegypten). Zur Magie im Alten Orient vgl. I. MENDELSOHN, in: IDB 223-225. Zu
den Aechtungstexten vgl. LdAe I 67-69.

208 Eine Verbindung von Ratten/Mäusen mit Seuchen scheint jedenfalls erkannt
worden zu sein (vgl. die ausführlichen Literaturangaben bei F. SCHICKL-
BERGER, aaO. 114f.Anm.38).

209 Allerdings gibt es in Israel einen Männernamen עכבור (Gen 36,38f. und
1Chr 1,49; 2Kön 22,2.14 und Jer 26,22; 36,12); die Unreinheit eines
Tieres bedeutete nicht Verachtenswürdigkeit. Kein Tiername ausser "Hund"
wird im Alten Testament als Schimpfwort benutzt.

210 Vgl. im folgenden E. BRUNNER-TRAUT, Art. "Maus" in: LdAe III 1250f. und
dies., Art. "Spitzmaus" in: LdAe V 1160f.

211 Vgl. beispielsweise W.C. HAYES, The Scepter I 244 fig.140 (Grabbeigabe
aus el-Lisht, 12.Dyn.) und G. ROEDER, Aegyptische Bronzefiguren Taf.55a.

212 Vgl. zum Folgenden LEXIKON DER ALTEN WELT 213.1871; GEYER, aaO. 300;
G.W. AHLSTROEM, An Archaeological Picture 7f.

213 Vgl. zu Nergal und Reschef weiter unten Kap. 3.6.2.

214 Die Ladeerzählungen 194-197.

der "theologischen Aussageerzählung" von 1Sam 5 (700 v.Chr.) die Kompetenzen des Reschef/Nergal in polemisch-abwehrender Absicht auf JHWH übertragen wurden, da der assyrische Nergal-Kult in Israel an Bedeutung gewann. Parallelen zum magischen Ritus des Beladens von Tieren mit Krankheit/Sünde (vgl. den "Sündenbock" in Lev 16), derer man sich durch das Fortschicken der Tiere dann zu entledigen hoffte, finden wir vor allem in hethitischen Quellen. So wird im hethitischen Ritual von Ambazzi eine lebende Maus mit Symbolen befrachtet, die sie "auf eine lange Reise zu den Bergen, Hügeln und Tälern" tragen soll.[215] Gegen das Wüten des Pestgottes Yarris wird in einem ähnlichen Ritus ein Esel symbolisch mit der Krankheit beladen und in Feindesland getrieben.[216] Wie der lebende Esel gegebenenfalls durch ein Tonmodell ersetzt werden kann,[217] so fertigen die Philister kleine Mäuseplastiken aus Gold oder mit Goldüberzug an, um sie mitsamt der Lade von Kühen zurück nach Israel bringen zu lassen, wo der todbringende Gott, JHWH, vermutet wird. Die 5-Zahl (1Sam 6,4) erinnert an die fünf weissen Mäuse des Apollon Smintheus, die unter seinem Altar in Hamaxitos (Troas) nisteten.[218] In Palästina sind keine Mäusebilder irgendwelcher Art gefunden worden.[219] G.W. AHLSTROEM hat aber zurecht darauf hingewiesen, dass Mäuse in Israel wahrscheinlich durch die Vermittlung der Philister zu kultischer Bedeutung kamen, da in Jes 66,17 von Leuten, die Mäusefleisch essen, berichtet wird.[220]

2.1.6. "TAUBENFLUEGEL MIT SILBER BEDECKT UND SCHWINGEN MIT GELBLICHEM GOLD"

Die Entscheidung darüber, ob in V.14bc des Psalms 68 das Bild einer Felsen-

---

215 ANET 348; GEYER, aaO. 300.

216 O.R. GURNEY, The Hittites 162; GEYER, aaO.

217 GEYER, aaO.

218 LEXIKON DER ALTEN WELT 1871.

219 Die bei AHLSTROEM (aaO. 7) als einzige sicher mausgestaltige Tierfigur bezeichnete Terrakotte aus Bet-Schemesch ist bei Ueberprüfung der Abbildung bei E. GRANT, Rumeileh III Pl.XXIV und fig.4 No 417 eindeutig keine Maus (unidentifizierbarer Vierbeiner, eher hundeähnlich).

220 AHLSTROEM, aaO. 8.

taube (יונה) oder eine lebende Taube gemeint ist, hängt von der nicht problemlosen Uebersetzung und Interpretation des Kontextes in Vv 12-14 ab.
So verstand GUNKEL[222] die Taube als kostbares Beutestück aus den Schätzen
besiegter Könige. Er eliminierte V.14a, um folgenden Zusammenhang herzustellen:

> 13 Könige 'scheuchen' die Scharen, sie 'scheuchen sie'
> und die 'Schatzkammer' 'wird' als Beute 'verteilt':
> 14 die Flügel einer Taube, mit Silber bezogen,
> und ihre Federn mit grünem Gold,
> 15 an Sapphiren genug für 'Könige', 'am Bild befestigt'.

Als Vergleichsbeispiel weist GUNKEL einerseits auf Ri 5,30 und 2Sam 1,24 hin,
wo ebenfalls von Beutestücken die Rede ist, und andererseits auf zwei ägyptische Vogeldarstellungen.
Ganz ähnlich versteht auch KRAUS[223] die Vv 13-14:

> 13 Heerkönige fliehen, fliehen!
> 'Auf' der Flur des Hauses 'verteilt man' die Beute:
> 14 (Wollt ihr zwischen den Hürden lagern?)
> Flügel einer Taube überzogen mit Silber
> und ihre Federn mit grünlichem Gold.

KRAUS weist zudem auf die Taube als "Symbol der Liebesgöttin, ein Kultemblem
der Astarteverehrung" hin.
Die Schwäche der Interpretation von GUNKEL und KRAUS liegt nun allerdings darin, dass sie keinen Zusammenhang sehen konnten zwischen V.14a und V.14b,
weshalb sie den ersten Teil des Verses ausklammerten.[224] Auf diese und andere Schwierigkeiten, die auftreten, wenn die Taube als Beutestück verstanden
wird, hat O. KEEL in seinem Beitrag zu "Freudenbotinnen und Taubenflügel in
Ps 68,12-14" aufmerksam gemacht.[225] Er kann überzeugend nachweisen, dass in
Vv 12-14 die Themen JHWH-Sieg und Siegesbotschaft entfaltet werden. Die Nachricht von der Flucht der Feinde, die JHWH bewirkt, geht in alle Welt (V.12).
Und selbst wenn Israel nichtstuend "zwischen den Satteltaschen liegt", so
werden doch die Botentauben festlich geschmückt, denn der Sieg ist auf Be-

---

222 Vgl. zum Folgenden H. GUNKEL, Die Psalmen 282-284.

223 H.-J. KRAUS, Psalmen II 625.634.

224 Vgl. O. KEEL, Vögel 31 Anm.2. KEEL bespricht dort auch den Vorschlag
von R. TOURNAY, auf den ich hier nicht eingehe.

225 Wichtig ist das Argument, dass sich im kultmythisch-typischen Kontext
des Psalms die Erwähnung eines Beutestücks schwer einfügt ohne kompli-
zierte Erklärungen (vgl. KEEL, aaO.).

schluss JHWHs sicher (V.14).[226]

Bei dieser Interpretation ist natürlich von einem Taubenbild keine Rede mehr.
Vielmehr handelt es sich dann um reale Vögel, wie man sie vor allem in Aegypten bei Inthronisation und Sieg des Königs in grosser Zahl als Freudenbotinnen fliegen liess, wobei die Vögel schön geschmückt wurden.[227] Dass statt der
in Aegypten üblichen Spiessenten und Blauracken hier die Taube auftritt, verwundert bei der grossen Bedeutung der syrischen Göttin mit ihren Tauben im
Raum Palästina wenig.[228]

Wenn wir nun auch die Tauben als Botenvögel verstehen und nicht als kostbares Kunstwerk, so scheint es mir gleichwohl denkbar, dass die Sitte, Tauben
zu schmücken, wiederum inspirierend wirkte auf die Arbeit der Künstler. Für
kostbar geschmückte Vogelbilder gibt es Beispiele. In Ur (3.Jt.v.Chr.) wurde
eine Taube aus einem Schneckengehäuse gestaltet. Die Flügel sind aus Lapislazuli und Perlmutt.[229] Wahrscheinlich ins 9./8.Jh.v.Chr. datiert ein Exemplar aus Susa. Die Taube ist blaugrün glasiert und vielleicht auf einer Stange befestigt gewesen.[230] Taubenförmige Schmuckanhänger aus Gold und Lapislazuli wurden in Tepe Gaura, Ur und Susa gefunden.[231] Für den Tempel der Atargatis in Hierapolis ist eine goldene Taube auf dem σημήιον überliefert.[232]
Solche kostbaren Taubendarstellungen sind bislang in Israel/Palästina nicht
gefunden worden, doch ist die Taube, das Symboltier der Liebesgöttin, in Israel bekannt gewesen. Ihre Bedeutung entnehmen wir noch der metaphorischen
Sprache des Hohen Lieds,[233] wo "Taubenaugen" als Bild für "Liebesblicke"
steht (Hld 1,15; 4,1 und 5,12), aber auch archäologischen Zeugnissen aus SB-
und eisenzeitlichen Schichten. Ein mit einer Taube geschmücktes Tempelmodell
(9./8.Jh.v.Chr.),[234] Taubenterrakotten, die manchmal zusammen mit sogenannten

---

226 AaO. 36.

227 Vgl. KEEL, aaO. 118f. Anm.1; 141f. (zusamenfassend) und einzelne Belege
     aaO. 109.131..

228 Vgl. den Beitrag von U. WINTER, in: KEEL, aaO. bes.37f.

229 SUMER-ASSUR-BABYLON No 100. Eventuell hat der Vogel einmal als Oellampe
     gedient.

230 DE MORGAN J., Trouvaille 47 fig.69 und O. KEEL, Vögel 45 Abb.4.

231 AaO. 48.

232 Es handelt sich um LUCIAN, De Dea Syria § 33.

233 Vgl. KEEL, Deine Blicke 53-62.

234 Dazu vgl. Kap. 4.3. und 6.3. sowie KEEL, Deine Blicke Abb.41.

Pfeilergöttinnen gefunden wurden,[235] ein Elfenbeinlöffel aus Hazor (1.H.8.Jh. v.Chr.), der als Frauenkopf mit zwei flankierenden Tauben gestaltet ist,[236] ein Skarabäus aus Lachisch (670-580 v.Chr.) mit einer Taube, über der noch Mondsichel und Scheibe eingeritzt sind,[237] zeigen, wie gross der Einfluss Syriens und Phöniziens auf die Kunst in Israel auch in diesem Fall gewesen ist.

235 Vgl. T.A. HOLLAND, A Study bes.126f. (Typ E "Solid Hand-Modelled Birds"). In seiner Tabelle sind insgesamt 79 Exemplare aus eisenzeitlichen Schichten erfasst. Vgl. die Tonfigur aus Grab 1002 in Lachisch (O. TUFNELL, Lachish III Pl.28,12 = KEEL, Deine Blicke Abb.55).

236 Y. YADIN, Hazor II Pl.167f. = KEEL, Deine Blicke Abb.54.

237 O. TUFNELL, Lachish III 369.Pl.43,58. Der Skarabäus wurde im 4.Jh.n.Chr. wiederverwendet.

2:2. BILDER VON MISCHWESEN

2.2.1. DIE KERUBEN

Insofern Mischwesen charakteristische Elemente der Gestalt verschiedener
Tiere in sich vereinigen können, gilt von ihnen alles, was oben zur Bedeutung
des Tieres für den altorientalischen Menschen angeführt wurde, gleichsam im
höchsten Masse. Furcht und Faszination werden durch die Potenzierung der ge-
fährdenden bzw. schützenden Kräfte gesteigert, wie wir es bereits bei der
geflügelten Schlange gesehen haben, und es ist wenig verwunderlich, dass
Mischwesen von ihrer die menschlichen und tiereigenen Kräfte übertreffenden
Natur her dem Bereich des Göttlichen sehr nahe stehen, so dass sich in Aegypten der göttliche Pharao sogar als ein solches Mischwesen darstellen liess,
nämlich als Sphinx.[238]
Der Alte Orient kennt Mischwesen aller Art, in verschiedenster Gestalt, d.h.
theriomorph oder anthropomorph, variierend in den Elementen der Zusammensetzung. Zumindest die Sphinx (Löwenleib und Menschenkopf) ist bis in die Gegenwart hinein noch populär geblieben, sei es aufgrund der Bekanntschaft mit der
Kultur Aegyptens oder Griechenlands, sei es durch die neuzeitlichen Nachfah-
ren der alten Sphinx.[239]
Von vornherein ist zu erwarten, dass Israel/Kanaan als Land zwischen den
grossen Kulturen mit einer so beliebten Vorstellung wie dem Mischwesen, das
gleichermassen in Aegypten wie in Mesopotamien begegnet, vertraut war. Im
folgenden sollen einige atl. Texte untersucht werden, aus denen die Existenz
von Bildwerken von כרובים hervorgeht, die mit Sicherheit Mischwesen waren
(was zu zeigen sein wird). Mangelnde Details in der Beschreibung dieser Bildwerke erlauben indes keine letztlich sicheren Urteile über einige Einzelhei-

---

238 Zu Sphinx und Pharao vgl. E. HORNUNG, Die Bedeutung 78.

239 Hier kann bereits auf die grosse Arbeit von A. DESSENNE, Le sphinx
     verwiesen werden sowie auf H. DEMISCH, Die Sphinx.

ten, ebenso bleibt die Etymologie des Wortes כרוב noch rätselhaft.
Bevor auf die in diesem Falle unentbehrlichen archäologischen Quellen rekur-
riert wird, sollen die atl. Texte selbst auf ihr Wissen von der Funktion und
dem Aussehen der Keruben abgehorcht werden.[240]

2.2.1.1. Alttestamentliche Mitteilungen über Keruben

Bildwerke von Keruben werden im Zusammenhang mit der Ausstattung des Heiligen Zeltes im Buch Exodus, mit der Ausstattung des salomonischen Tempels im
ersten Buch der Könige und im Tempelentwurf Ezechiels erwähnt.
"Mit Keruben wie sie der Kunstweber wirkt" sind laut Ex 26,1.31 (Auftrag)
bzw. Ex 36,8.35 (Ausführung) die Wandteppiche/Vorhänge des Zeltes versehen.[241]
Auch in 2Chr 3,14 werden Vorhänge, auf denen Keruben angebracht sind, genannt.
Während hier der Kontext keine zusätzlichen Details verrät, treten in 1Kön
6; 7 Bilder von Keruben auf, die mit anderen Darstellungen kombiniert sind.
Zu erinnern ist an die Kesselwagen, die mit Löwen, Stieren, Palmen und Keruben verziert sind (1Kön 7,29.36) und an Schnitzwerk von Keruben, Palmen und
offenen Blüten auf den Wänden und Türflügeln des salomonischen Tempels (1Kön
6,29-35).[242] Hingegen fehlen an den Wänden und Türen von Ezechiels Tempelentwurf die Blüten. In Ez 41,18-20 wird dieses Bild folgendermassen beschrieben:

> 18 Keruben und Palmen, je eine Palme zwischen zwei Keruben
> und jeder Kerub mit zwei Gesichtern.
> 19 Ein Menschengesicht war der Palme auf der einen Seite
> und ein Löwengesicht der Palme auf der anderen Seite
> zugekehrt. So war es ringsherum am ganzen Haus gemacht.
> 20 Die Keruben und Palmen waren vom Boden auf
> bis über den Eingang an der Wand angebracht.

Zwar handelt es sich hier um ein visionsartiges Geschehen, aber es bezeugt
doch, dass im Alten Testament Keruben im Zusammenhang der Lebens- und Frucht-

---

240 Für diese Fragestellung ergiebigeren Stellen wird dabei im Vergleich zu
sehr allgemeinen und kurzen Notizen die grössere Beachtung zukommen.
Auch sollen primär die Texte behandelt werden, die Bilder von Keruben
nennen und erst im Anschluss andere Stellen (wie Gen 3,24 und Ez 28,14-
16 u.a.).

241 Vgl. Kap. 6.4.1.

242 Das Motiv "Keruben und Palmen" ist oben Kap. 1.2.2. behandelt.

barkeitssymbolik des Tempels von Bedeutung sind und dass in Ez 41 an zwei
Keruben, die antithetisch einen Lebensbaum flankieren, gedacht ist.[243]
Jeder Kerub in Ezechiels Tempel hat ein Menschen- und ein Löwengesicht.
Während die bisher genannten Kerubenbilder Wände, Türen, Vorhänge usw. zieren,
sind die Kerubenskulpturen im Allerheiligsten des salomonischen Tempels und
des priesterschriftlichen Zeltes von zentralerer Bedeutung, denn sie stehen
in direkter Verbindung mit dem im Allerheiligsten gegenwärtigen JHWH. Allerdings unterscheiden sich die Vorstellungen in 1Kön 6,23-28 bzw. 2Chr 3,10-13
und Ex 25,18-22 bzw. Ex 37,7-9 (vgl. Num 7,89; 1Chr 28,18) in wichtigen
Aspekten voneinander.
Die Keruben im Jerusalemer Debir sind aus Holz,[244] goldüberzogen, jeder 10
Ellen hoch (ca. 4,50m). Die grösste Bedeutung misst der Text der Position
der Flügel zu (Vv 24-27). Beide Keruben breiten ihre Flügel in der Weise aus,
dass je der äussere die Innenwand des Allerheiligsten berührt, während die
inneren aneinanderstossen. 2Chr 3,13[245] ergänzt wohl richtig, dass die Keruben standen (על-רגליהם) und beide in die Richtung des Hauptgebäudes blickten,
also parallel zueinander aufgestellt waren. Aufgrund der zweimal (V.27) explizit genannten Aufstellung der Keruben in der Mitte des Raumes (אל תוך
בתוך הבית/הבית) ist die Annahme von monumentalen Rundskulpturen gerechtfertigt.
Ueber die Funktion der Keruben im Allerheiligsten des salomonischen Tempels
schweigen die betreffenden Berichte. Insgesamt entsteht der Eindruck, Aussehen und Aufgabe der Keruben seien als bekannt vorausgesetzt und nur Besonder-
heiten (die Grösse, die Stellung der Flügel) seien beschrieben.
Da die Keruben mit Sicherheit im Zuge des Tempelbaus erst erstellt wurden
(anders als die Lade), ist anzunehmen, dass ihr Aussehen und ihre Funktion
zur Zeit Salomos niemandem fremd waren.
Die Keruben-Konzeption der Priesterschrift stellt sich in ihren wesentlichen
Zügen folgendermassen dar: Ueber der Lade befindet sich die כפרת,[246] an deren
beiden Enden zwei goldene Keruben in getriebener Arbeit (Ex 25,18; 37,7) angebracht sind. Sie bedecken mit ihren nach oben ausgebreiteten Flügeln die
כפרת, wobei sie einander und die כפרת anschauen, und sie stehen auf der Lade.

243 Vgl. weiter oben Kap. 1.2.2.
244 Unter שמן-עץ ist nach DALMAN wohl kaum Oelbaumholz zu verstehen, son-
    dern eine harzreiche Kiefer (vgl. KEEL, Jahwe-Visionen 15f. Anm.3).
245 Vgl. auch FLAVIUS JOSEPHUS, Ant. VIII 72f. und 103.
246 Dazu vgl. Anm.285.

Die Grössenverhältnisse sind von der Massangabe der כפרת (2,5 auf 1,5 Ellen)
her deutlich kleiner als beim salomonischen Tempel. Material, Position (zueinander gewendet) und Funktion (Bedecken, d.h. Schützen der כפרת) dieser
Keruben lassen sich also mit den Angaben in 1Kön 6 keinesfalls einfach gleichsetzen.[247] Alle bisher behandelten Texte stimmen nur in der Erwähnung der
Flügel der Keruben überein.

Während in Ex 25,22 die Keruben den Ort der Begegnung mit JHWH angeben ("zwi-
schen den beiden Keruben"), geht aus 1Kön 6 nichts Entsprechendes hervor.[248]
Es fragt sich nun, ob aus anderen atl. Notizen über Keruben die Funktion der
Skulpturen im Jerusalemer Debir erschliessbar ist.

Gen 3,24 und Ez 28,14-16 bestätigen zunächst, dass Keruben in enger Verbindung zu heiliger Vegetation gedacht wurden. In Gen 3 bewachen sie den Weg
zum Baum des Lebens; in Ez 28 wird der König von Tyrus als "Kerub auf dem Got-
tesberg" angesprochen. Unabhängig von dieser Rolle treten Keruben jedoch in
mehreren Büchern des Alten Testament als Träger JHWHs auf, so in 1Sam 4,4;
2Sam 6,2parlChr 13,4; Ps 80,2; Ps 99,1; Jes 37,16par2Kön 19,15, wo JHWH jeweils als "Kerubenthroner" tituliert wird (ישב כרובים) und in 2Sam 22,11par
Ps 18,4:

> Er (JHWH) bestieg den Kerub und flog daher
> und schwebte auf dessen Flügeln durch den Wind.[249]

Hier sowie in Ez 9,3; 10,4 handelt es sich offensichtlich um einen einzelnen
Kerub, in den anderen Fällen liegt wohl bereits die Vorstellung von den beiden Keruben des Jerusalemer Tempels zugrunde.

Der Redaktor von Ez 10 hat, wie O. KEEL in seiner sehr detaillierten Analyse
von Ez 1 und 10 nachweisen konnte, die vier Wesen in Ez 1 sowie den einen
Kerub im Grundbestand von Kap. 10 als Keruben (Plural!) interpretiert "und
so eine einheitliche Vorstellung von Kap. 10 und Kap. 1 sowie eine Verbindung beider mit dem traditionellen Jerusalemer Kerubenthron zu erreichen ver-

---

247 "Wer die Verschiedenheit der beiden Vorstellungen ignoriert, verbaut
    sich den Weg zum richtigen Verständnis der Kerubim..." (KEEL, Jahwe-
    Visionen 16).

248 Zu den möglichen Gründen für das Schweigen des Textes über die Funktion
    der Keruben vgl. die Ueberlegungen von DE VAUX und STOEBE, referiert
    bei KEEL, aaO. 23f, und Anm.16.

249 Ob der Titel "Kerubenthroner" in erster Linie kanaanäischer Herkunft ist
    oder schon die Vorstellung von JHWH auf den Keruben in Jerusalem bein-
    haltet, bleibt offen (vgl. KEEL, aaO. 23f. Anm.16). Zu den unterschied-
    lichen Typen des mythischen Fliegens vgl. die kurzen Angaben bie FREED-
    MAN/O'CONNOR, in: ThWAT IV 328.

sucht.[250] Die solchermassen nun endlich entwirrten Verhältnisse erlauben, die stark theologische Kerubenkonzeption des Redaktors von Ez 10 und somit die menschengestaltigen Wesen in Kap. 1, die trotz des Beitrags von KEEL auch in neueren Publikationen noch ganz unkritisch unter die Keruben gereiht werden,[251] hier hintanzustellen.

Sicher ist, dass die Vorstellung, JHWH reite auf einem Kerub, relativ alt ist, sicher ist auch, dass die Keruben im Jerusalemer Tempel als Träger bzw. Thron JHWHs verstanden wurden, wie der Titel "Kerubenthroner" es ja impliziert. Leider sind aus dem Alten Testament selbst über das bisher Zusammengetragene hinaus kaum weitere Indizien zu gewinnen, vor allem nicht, was die Gestalt der Keruben betrifft, von der die Elemente Flügel, Beine, Gesicht bzw. Gesichter genannt werden.

2.2.1.2. Kerub und Sphinx

Die Etymologie des Wortes כרוב trägt für unsere Interessen ebenfalls sehr wenig ein. Von drei möglichen Wurzeln *KRB*, die FREEDMAN/O'CONNOR herausarbeiteten,[252] sind als Herleitung des hebräischen Wortes denkbar: *karābu* "segnen" (akkadisch, evtl. südsemitisch) und *krb* "pflügen" (aramäisch, südsemitisch). Zwar spricht m.E. einiges für die Verwandtschaft von כרוב mit dem akkadischen Partizip *kāribu* "der Segner" (Person oder Bild), aber die sprachgeschichtlichen Entwicklungen sind schwer aufweisbar.[253] Im biblischen Hebräisch wird jedenfalls auf die Bedeutung des Wortes nie angespielt, und anscheinend waren die Vorstellungen, die sich mit כרוב verbanden, nicht sehr eng gefasst, da der Redaktor von Ez 10 unter dem Wort noch eine Reihe eigentlich fremder Elemente subsumieren kann, die über die im übrigen Alten Testament greifbare Kerubenkonzeption weit hinausgingen.[254] Dennoch scheint mir das Fazit von FREEDMAN und O'CONNOR, dass כרוב Mischwesen verschiedener Art

---

250 Zum Ganzen vgl. KEEL, aaO. 125-273.(Zitat aaO. 191).

251 Vgl. FREEDMAN/O'CONNOR zu כרוב in: ThWAT IV 322-334.

252 AaO. 322-326.

253 AaO..324. Die allgemeine Bedeutung "Segner" im Akkadischen könnte als Fremdwort im Hebräischen auf ein Mischwesen, das wie die assyrischen Vorbilder vor dem Heiligen oder zu Schützenden steht, eingegrenzt worden sein.

254 Gegen die von P. WELTEN (BRL[2] 224-227) vorgeschlagene Gleichsetzung von Kerub und Greif spricht, dass der Greif als Trägertier nicht bekannt ist (vgl. weiter unten in unserem Text zu den Identifikationskriterien).

bezeichne, "von denen keines als typisch angesehen werden kann"[255] wenig be-
friedigend, besonders weil die grosse Unsicherheit der Autoren aus dem direkten Einbezug von Ez 1 und 10 erwachsen zu sein scheint.

Bereits ALBRIGHT und DE VAUX betrachteten die geflügelte Sphinx als nächst-
liegendes Vorbild für den Kerub.[256] Mit vielen neuen Argumenten und Materialien hat dann O. KEEL für die Identifikation von Kerub und geflügelter men-
schenköpfiger Löwensphinx plädiert.[257] Zur Geschichte der Sphinxdarstellung
liegen verschiedene Arbeiten vor.[258]

Bei der Fülle an Material ist eine Beschränkung auf die Ikonographie Palästinas im 1.Jt.v.Chr. geboten. Ganz allgemein seien aber einige Unterschiede
zwischen dem ägyptischen und der vorderasiatischen Sphinx genannt, auf die
u.a. H. DEMISCH und P. WELTEN aufmerksam gemacht haben.[259]

In Vorderasien entwickelte sich das Sphinx-Motiv zunächst in der Kleinkunst
(in Aegypten stehen am Anfang grosse Steinkolosse); erst nach 1500 v.Chr.
gibt es erste hethitische Grossskulpturen. In Vorderasien kann man von Stier-
und Löwensphingen sprechen, und insgesamt gibt es (vor allem in der hethitischen Kunst) eine weit grössere Vielfalt von Typen als in Aegypten. Meistens
wird die Sphinx stehend oder schreitend dargestellt (in Aegpyten öfter lie-
gend), sie vermittelt nicht die gleiche Strenge und Unnahbarkeit wie der
ägyptische Sphinx.[260] Vorherrschend sind in Syrien, Palästina und Mesopotamien weibliche Gesichtszüge der Sphinx. Ab 2000 v.Chr. entwickelt sich der
Typ der dreigliedrigen, geflügelten Löwensphinx, welcher bisweilen der geflügelte Löwengreif entspricht. Die Sphinx in Vorderasien hat vornehmlich Wächterfunktion (Sphinx am Lebensbaum u.a.), sie zeigt aber oft zugleich den Bereich des Heiligen an, so vor allem den numinosen Rang eines Thronenden
(Sphinx als Träger der Gottheit).

Genau diese beiden Aspekte ergaben sich auch aus der Betrachtung der atl.
Texte, in denen von Keruben die Rede ist. Sie bewachen Palmen bzw. den Got-

---

255 FREEDMAN/O'CONNOR, aaO. 330.

256 AaO. 331 und KEEL, aaO. 29f.

257 KEEL, aaO. 11.18. Auf die Tradition des leeren Thrones kann hier nicht
eingegangen werden.

258 Vgl. oben Anm.239. DEMISCH (aaO. 213ff.) identifiziert unabhängig
von KEEL die atl. Keruben als Sphingen.

259 AaO. 40-63.

260 So wendet die vorderasiatische Sphinx von Anfang an ihren Kopf häufig
zur Seite, und sie kann in mythologische Kämpfe verwickelt sein, wie
vor allem die Glyptik bezeugt.

tesgarten, oder sie zeigen die unmittelbare Gegenwart JHWHs an, wobei in

1Kön 6 an einen Kerubenthronsitz zu denken ist. Ausschlaggebend für die Iden-

tifizierung des Kerubs als geflügelte Löwensphinx ist die Erfüllung beider

Funktionen, Träger und Wächter, welche kein anderes aus dem Alten Orient be-

kanntes Mischwesen zugleich wahrnimmt.[261]

Im Zusammenhang der dekorativen Pflanzenelemente im Tempel Salomos sind be-

reits ikonographische Zeugnisse für das Motiv der geflügelten Sphinx am Le-

bensbaum erwähnt worden.[262] Hier sei nur auf einige Darstellungen aus Palä-

stina/Israel und seiner näheren Umgebung verwiesen, so z.B. eine Goldlamelle

aus Enkomi-Alašia, auf der zwei antithetische Sphingen am Lebensbaum zu se-

hen sind, ein Rollsiegel aus Geser mit einer einzelnen geflügelten Sphinx am

Lebensbaum, ein Elfenbein aus Samaria.[263] Zwei Sphingen, die möglicherweise

die Gegenwart JHWHs, des Kerubenthroners, versinnbildlichen sollen, finden

sich neben den Aschera-Motiven auf dem von P.W. LAPP publizierten Keramik-

ständer aus Taanach (Abb.13).[264]

Darstellungen einzelner Sphingen sind bei Ausgrabungen in Palästina auf El-

fenbeinarbeiten aus Megiddo[265] und zweimal in Form von Graffiti zutage ge-

---

261 Zur Auseinandersetzung mit Annahme menschengestaltiger Keruben bei BU-
     SINK, vgl. KEEL, Jahwe-Visionen 18f.
     Vgl. die ausführliche Diskussion verschiedener Möglichkeiten (Kerub =
     Löwendrache; Kerub = Flügelgreif; Kerub = Flügelsphinx) bei M. METZGER,
     Königsthron bes.309-319. METZGER erklärt die Schwierigkeit, dass die
     Sphinx (wie auch der Greif) ikonographisch nicht als Reit- oder Fahrtier
     belegbar ist (vgl. dagegen 2Sam 22,11parPs 18,4) mit einer Funktions-
     übertragung des Löwendrachen auf die Sphinx (aaO. 319-323). Es ist m.E.
     nicht einmal unbedingt erforderlich, das hebr. כרוב in jedem Fall aus-
     schliesslich als Löwensphinx zu identifizieren. Das Wort könnte durchaus
     ein breiteres Spektrum von Mischwesen umfassen, wobei allerdings die
     Ikonographie für den Kerubenthron und das Motiv der Keruben am Lebens-
     baum eine eindeutige Eingrenzung auf die Löwensphinx erforderlich macht.
     Es ist denkbar, dass auch die in der Glyptik des 1.Jts.v.Chr. in Israel
     häufig auftretenden geflügelten Greifen im Hebräischen mit כרוב bezeich-
     net wurden.

262 Kap. 1.1.2.

263 Vgl. KEEL, aaO. Abb.1-3. Ganz ähnlich wie Abb.3 ist ein Stück aus dem
     Badischen Landesmuseum in Karlsruhe (9.Jh.v.Chr.; PHOENIZISCHE ELFENBEINE
     Nos 1-3). Weitere vergleichbare Funde bei F. THUREAU-DANGIN, Arslan-
     Tash Nos 29-31. Ein Ueberblick über die interessantesten Darstellungen
     des Motivs aus dem 2.Jt.v.Chr. und etwas weiterem Umkreis Palästinas
     findet sich bei H. DEMISCH, aaO. 45-50.

264 Vgl. oben Kap. 1.1.4.

265 R.D. BARNETT, Ancient Ivories Pl.17.a.b (12.Jh.v.Chr.) und M. METZGER,
     Königsthron Nos 1514.1515.und Taf.130 mit weiteren Beispielen aus dem
     zyprisch-syrischen Raum.

treten. Ein Graffito aus der sogenannten "Baumwollgrotte" in Jerusalem lässt
ein Sphinxwesen (mit Stierleib?) erkennen (Abb. 51).[266] Nicht vollständig
erhalten, aber sehr deutlich als Löwensphinx zu identifizieren, ist eine
Wandzeichnung über der dritten Zeile der Inschrift vom Tell Der-Alla im Jor-
dantal (Abb. 52) aus der Mitte des 8.Jhs.v.Chr.[267]

Für die in Ez 41,18ff. erwähnten doppelgesichtigen Keruben am Lebensbaum gibt
es keine exakten Parallelen in der Kunst, wohl aber sind doppelköpfige Mischwesen bekannt.[268] Speziell erwähnenswert sind, obwohl sie im Alten Testament
nicht nachweisbar sind, die für phönizisch-palästinische Stempelsiegel besonders des 8.Jhs.v.Chr. typischen, geflügelten Greifen auf Siegeln aus Nablus,
Megiddo, Jericho, Tell Fara, Samaria, Geser und Lachisch.[269]

Als Thronelement spielt die Sphinx, wie oben im Zusammenhang mit den Löwenbildern am Thron Salomos schon deutlich wurde, in Aegypten eine grosse Rolle.[270] Sphingenthrone zeigen das Relief vom Sarkophag des Ahiram aus Byblos,
ausserdem zwei Elfenbeinarbeiten aus Megiddo sowie phönizische Siegel, die
den Gott Melkart von Tyrus auf einem Kerubenthron darstellen.[271]

In allen Fällen tragen die geflügelten Löwensphingen einen Thronsitz, auf
dem der König/Gott Platz nimmt. Von solch einem Sitz wird in 1Kön 6,23-28
aber nichts erwähnt, vielmehr legt der Text bei aller seiner Umständlichkeit
nahe, dass die Keruben selbst mit ihren aneinanderstossenden Flügeln den
Thronsitz für JHWH bildeten (6,27):

> Man spannte die Flügel der Keruben aus.
> Der Flügel des einen Kerub berührte die eine Wand,
> und der Flügel des zweiten Kerub berührte die andere Wand;
> ihre Flügel zur Mitte des Raumes hin aber

---

266 M. METZGER, aaO. No 1508. Schon R. DE VAUX glaubte mit diesem Fund einen
biblischen Kerub entdeckt zu haben (vgl. P. WELTEN, Art. "Mischwesen"
in: BRL[2] 227).

267 A. LEMAIRE, Fragments Abb. Seite 38.

268 Vgl. KEEL, Jahwe-Visionen Abb.187.188 und H. DEMISCH, aaO. 59ff. zu den
Sonderformen. Ob Ezechiel allerdings reale Vorbilder vor Augen hatte
oder eigene Vorstellungen einfliessen liess, ist schwer zu entscheiden.

269 Vgl. den interessanten Beitrag von E. GUBEL, Notes, passim.

270 Kap. 2.1.2.2. M. METZGER, Königsthron Nos 231a.234.267f.271 und den Elfenbeinthron aus Salamis (800 v.Chr.) mit Elfenbein-Sphingen (Paneele
in Durchbruchtechnik mit farbigen Einlagen) bei R.D. BARNETT, Ancient
Ivories Pl.52a und 53.

271 KEEL, aaO. Abb.4-6.15-17 und dazu vor allem aaO. 30f. Anm.36 sowie M.
METZGER, Königsthron bes. Nos 1184-1196 und 1212 (mit weiteren Belegen
besonders aus Zypern und der Levante).

stiessen Flügel an Flügel.

Beispiele für diese Art von Kerubenthronen gibt es. Aus dem 7.Jh.v.Chr.
stammt eine Figurengruppe aus Zypern: eine Göttin (?) thront zwischen zwei
geflügelten, stehenden Sphingen, und zwar anscheinend direkt auf den nach
innen gestreckten Flügeln, die die Sitzfläche bilden.[272] Vergleichbar ist
eine Alabasterstatuette aus Galera (bei Granada) (7.Jh.v.Chr.; 17,8cm hoch)
bei Abb. 53 ,[273] die eine thronende Göttin zwischen liegenden Sphingen zeigt.
Der Rekonstruktionsversuch von O. KEEL (Abb. 54) gibt einen Eindruck von
der möglichen Komposition des JHWH-Thrones in Jerusalem.[274]

J.-M. TARRAGON hat nun allerdings eingewendet, die Errichtung von solchen
Monumentalskulpturen aus Holz sei damals nicht möglich gewesen.[275] Dieser
Einwand ist insofern nicht leicht zu entkräften, als kaum vergleichbares
Originalmaterial vorliegt. Dennoch lassen sich einige Argumente für das Vor-
handensein der entsprechenden technischen und künstlerischen Fähigkeiten gel-
tend machen. KEEL hat schon auf die riesigen Tierköpfe am Bug phönizischer
Hochseeschiffe hingewiesen, die die Möglichkeit, grosse Holzfiguren zu er-
stellen, bezeugen. Abb. 55 zeigt solche Schiffe auf einem Relief des 8.Jhs.
v.Chr. aus Chorsabad.[276] Dass die Aegypter Meister waren in der Technik der
Verbindung auch von grossen Holzteilen, muss nicht eigens bewiesen werden.
Der Schiffbau der Aegypter und der Phönizier setzt jedenfalls grosse Fertig-

272 KEEL, AOBPs Abb.231.232.

273 Abb.141 bei H. DEMISCH, Die Sphinx 58 (M. METZGER, Königsthron No 1217).
Auch Ez 10,1 spricht für Keruben als direkter Thronsitz.

274 KEEL, Jahwe-Visionen Abb.10. Die Skizze enthält zugleich die Massanga-
ben nach dem atl. Text. Der Vorschlag von M. METZGER (Königsthron 338-
344), die Keruben müssten aufgerichtet auf den Hinterbeinen gestanden
haben (Skizze aaO. 343) ist bei aller Bewunderung für die rechnerische
Sorgfalt und den Einfallsreichtum des Autors indiskutabel. Die Notiz
in 2Chr 3,13 besagt, dass die Keruben nicht liegen (wie beim Alabaster-
modell aus Galera), sondern stehen. Für METZGERs Modell gibt es kein
einziges überzeugendes Beispiel aus der Archäologie (bei Nos 800A.1019
handelt es sich weder um Sphingen noch um tragenden Thronelemente). Da
die Forschungsdiskussion vor dem sehr verspäteten Erscheinen von METZ-
GERs Werk vorangeschritten ist, erachte ich die Detaildiskussion angesichts des eindeutigen archäologischen Befundes (Löwensphingen) für
überflüssig.

275 Vgl. J.-M. TARRAGON, La Kapporet 9f. Der Autor plädiert für Halbreliefs
an den Wänden. Vgl. die ähnlichen Bedenken, die BUSINK, Der Tempel I
285f. anmeldet.

276 Vgl. KEEL, Jahwe-Visionen 21; ders., AOBPs Abb.84 und OLB II Abb.2; M.
WAEFLER, Nicht-Assyrer 84 und Taf.7,2. B. HROUDA, Die Kulturgeschichte
102 und Taf.31,9.

130

keiten im Holzbau voraus.[277]

Aus Aegypten sind auch überlebensgrosse menschliche Holzskulpturen im Original erhalten, so z.B. zwei königliche Wächterfiguren Ramses' I. (1318 v.Chr.) aus dem Tal der Könige.[278] Der Aufbau dieser Plastiken aus massiven Holzstükken, die mittels grosser Dübel perfekt verbunden sind, und die sorgfältige Bearbeitung der Einzelteile, vor allem die feine Ausführung des Gesichts, zerstreuen die von TARRAGON formulierten Bedenken (vgl. Abb.56 und 57).

2.2.1.3. Die "Zähmung" der Keruben in der Priesterschrift

Es ist sicher kein Zufall, dass Salomos Thron von Löwen umstellt war, während der Gott Israels auf einem monumentalen Kerubenthron, eventuell schon seit längerer Zeit als "der auf dem Kerub daherfährt" vorgestellt wurde. Götter/Göttinnen auf wilden Tieren und Mischwesen sind ja keine Seltenheit im Alten Orient: sie stehen auf ihnen, bzw. bewegen sie sich fort, oder sie lassen sich in einem Wagen von ihnen ziehen.[279] Immer unterstreicht das Tier die Furchtbarkeit und Faszination der Gottheit. Das Mischwesen verkörpert quasi das non plus ultra der Kräfte von Mensch und Tier. Und wenn Salomo seine Macht durch Löwen unterstreichen liess, wieviel mehr JHWH als König der Könige seine Macht und Numinosität durch Keruben.[280]

Es ist einigermassen erstaunlich, wie unangefochten die Keruben im Gegensatz zu vielen anderen Bildwerken bis zu ihrem Verschwinden - wahrscheinlich im Zuge der Tempelplünderung Nebukadnezzars - blieben. Weder die frühen Propheten noch der Dtr. noch die Redaktoren der Chronik, die ansonsten alles kürzen oder modifizieren, was ihnen gegen das Bilderverbot zu verstossen scheint, haben die Keruben je angetastet.[281] Zum Abschluss sollen noch einige Ueber-

277 Zu den Techniken der Holzbearbeitung in Aegypten vgl. A. LUCAS, Ancient Egyptian Materials bes.430f.; H. KAYSER, Aegyptisches Kunsthandwerk bes.267-272. Zum Schiffbau vgl. E. STROEMBERG KRANTZ, Des Schiffes Weg und B. HROUDA, aaO. Taf.54.

278 T.G.H. JAMES/W.V. DAVIES, Egyptian Sculpture Abb. Seite 49. Die einzige mir bekannte monumentale Tierfigur der antiken Literatur neben den atl. Keruben ist das Trojanische Pferd.

279 KEEL, Jahwe-Visionen 152-158 (Abb.97-105) und 180-188 (Abb.121ff.).

280 Zum Zusammenhang von Thronen und Königtum vgl. KEEL, aaO. 33.

281 Die Gründe dafür müssten genau verfolgt werden. Vermutlich waren Mischwesen wie die Keruben nie so ausschliesslich einem Gott zugeordnet wie z.B. der Stier dem Baal. Ein Bildwerk unabhängig vom Fremdgötterdienst war entsprechend weniger gefährdend und gefährdet. Eine Rolle wird auch die Rückführung auf Salomos Zeit gespielt haben.

legungen zur priesterschriftlichen Kerubenkonzeption im Buch Exodus formuliert werden, denn zur Zeit der Abfassung dieses Textes war ein Bildwerk in nächster Nähe JHWHs gewiss nicht unproblematisch.

Der gesamte Heiligtumsentwurf der Priesterschrift ist nach deren Idee ein von JHWH selbst präsentiertes Modell und deshalb von seiner Gattung her ein visionsähnliches Gebilde.[282] E. ZENGER hat Ex 24,12-31,18 und 35,1-40,38 als kritischen "Hoffnungsentwurf, der implizit die 'Schwachpunkte' des salomonischen Heiligtums aufzeigt und explizit in der narrativen Fiktion eines Zeltheiligtums aus der kanonischen Anfangszeit (Mose, Sinai, Wüste) neue Vorgaben skizziert"[283] bezeichnet. Zudem können wir uns, um an der zentralen Bedeutung des neuen Heiligtums für die Priesterschrift nicht vorbeizugehen, auf die von ZENGER als Rahmung des idealtypischen Entwurfs herausgearbeiteten VV 24,15-18 und 31,13 stützen. Der Priesterschrift geht es beim neuen Heiligtum um die Begegnung mit JHWH, die "unmittelbare Gottesbegegnung".[284] Im Dienst dieser Begegnungstheologie steht, wie in Ex 25,22 explizit formuliert wird, auch die Komposition von Lade, Keruben und כפרת.

Die traditionelle Interpretation der כפרת als Deckel für die Lade ist nach neueren Beiträgen zu diesem Thema endgültig zu den Akten zu legen. Ja, es scheint sogar, dass die Lade gegenüber der כפרת, die man als "Sühneplatte" bezeichnen kann,[285] eine sekundäre Rolle spielte (vgl. die grosse Bedeutung der Sühneplatte in Lev 16).[286] Auf sie gerichtet sind ebenfalls die beiden Kerubenfiguren, die anscheinend an den beiden Enden der Platte befestigt waren und diese mit ihren erhobenen Flügeln schützten (סככים). Von einem

---

282 Vgl. Ex 25,9 ("genau nach dem Urbild der Wohnung"). In Ex 36,1 wird betont, dass die Künstler nur den Plan JHWHs ausführen. In Ez 40-48 wird dem Propheten in einem Gesicht der Verfassungsentwurf des neuen Tempels vorgestellt, den er dann dem Haus Israel beschreiben soll (43,10f.).

283 E. ZENGER, Israel 43f. Die wertvollen Untersuchungen ZENGERs zu Ex 17-34 lege ich hier meinen Ausführungen zugrunde.

284 AaO. 29f.43f.

285 Auf die neueren Untersuchungen zur Sühnevorstellung im Alten Testament sowie zur Wurzel כפר kann hier nur verwiesen werden. Genannt seien aus der Fülle der Beiträge B. LANG, Art. כפר in: ThWAT IV 303-318; die grosse Arbeit von B. JANOWSKI, "Sühne als Heilsgeschehen" sowie A. SCHENKER, Versöhnung, passim.

286 Zu Lev 16 vgl. JANOWSKI, aaO. 265-276.347-349. Zur sakralarchitektonischen Funktion der כפרת vgl. aaO. 340. Danach ist die Lade quasi Transportsockel der כפרת, was in dem Sinne keine Degradierung darstellt, weil die Lade schon vorher ihren Symbolgehalt (Präsenz JHWHs) eingebüsst hatte.

thronenden JHWH auf den Keruben kann da keine Rede sein.[287]

In kritischer Absetzung von der Jerusalemer Vorstellung, der unsichtbare JHWH wohne im Allerheiligsten, thronend auf den imposanten Keruben, die seine Numinosität, den Bereich der Transzendenz signalisieren, macht die Priester- schrift die כפרת neben dem Brandopferaltar zum Zentrum des Heiligtums. Sie wird durch die ihr (verehrend?) zugewendeten Keruben beschirmt, wobei diese mit der כפרת zugleich den Ort der möglichen Begegnung mit JHWH anzeigen (Ex 25,22).

B. JANOWSKI, dessen umfassenden Forschungen über die Sühnetheologie der Prie- sterschrift und die Wurzel כפר ich hier in einigen wichtigen Ergebnissen folgen darf, hat, wie andere vor ihm, die Keruben als Denk- nicht als Seh- bilder verstanden.[288] Tatsächlich werden ja die Masse der Keruben nicht an- gegeben, und selbst wenn es gelingt, sich ein Bild zu machen von der Platte mit den beiden Keruben an den Schmalseiten, wie sie mit erhobenen Schwingen einander gegenüberstehen, so befremdet doch die Tatsache, dass Sphingen in dieser Positur nirgends dargestellt worden sind.[289] Gegen M. GOERG, der die priesterschriftliche Vorstellung mit antithetischen verehrenden Sphingen ver- gleichen will[290] und gegen jede andere einlinige Rückführung auf ikonogra- phische Vorbilder möchte ich zu bedenken geben, dass die priesterschriftli- chen Keruben zwar eine kritische Remineszenz an die Jerusalemer Thronträger darstellen, und insofern als Bildwerke konzipiert sind, dass sie aber in ihrer funktionellen Andersartigkeit einen rein theologischen Gedanken "übersetzen", also in besonderer Weise "Denkbild" sind. Von daher ist die Suche nach Vor- bildern der Gestalt und des Aussehens dieser Keruben von vornherein wenig

---

287 Diese Verbindung der Vorstellungen in 1Kön 6 und Ex 25 führt auch bei sehr aufmerksamen Autoren gelegentlich zu einer Uebertragung der Thron- funktion auf die priesterschriftliche "Lade-כפרת-Keruben" - Konzeption (vgl. SCHENKER, aaO. 128).

288 KEEL, Jahwe-Visionen 405; M. GOERG, Keruben 22 und JANOWSKI, aaO. 343.

289 Zur Literar- und Redaktionskritik von Ex 25,17-22 und zur Interpretation der einzelnen Angaben vgl. B. JANOWSKI, aaO. 239-346. O. KEEL vermutete, die Wesen in Ex 25 seien menschengestaltig (unter Einfluss von Ez 10,15 und 20), da es für menschengestaltige Genien, die mit erhobenen Flügeln etwas schützen, Zeugnisse gibt (Jahwe-Visionen 16 Anm.4; 17 Anm.8; 21).

290 M. GOERG, Keruben bes.18-20. GOERGs Hypothese scheitert wohl daran, dass auch einander gegenüberliegende (verehrende?) Flügelsphingen ihre Flügel nie nach oben ausbreiten. Die von GOERG ausgeführte Trennung des Text- bestandes in eine jerusalemfeindliche Vorlage und eine kompromissbereite- tere Bearbeitung überzeugt mich nicht. Mit weniger Textspalterei hat JANOWSKI (aaO. bes.344) spätere Zusätze sichtbar gemacht.

erfolgversprechend.[291] Der Vorstoss in den Bereich des Visionären, der am
Ende dieses Kapitels steht, deutet an, wie ein für Israel bedeutendes Bildwerk sozusagen "posthum" aufgegriffen, umgestaltet und in den Dienst neuer
Vorstellungen genommen wurde, was in diesem Fall gleichbedeutend ist mit
einer gewissen Disqualifizierung im Vergleich zu ihrer vorherigen grossen
Bedeutung. Wenn die Priesterschrift die Keruben auch im Allerheiligsten be-
lässt - Ezechiel erwähnt sie gar nicht mehr - so wird ihnen doch im nachhinein ihre Jerusalemer Rolle genommen. Ob reale Vernichtung oder ideelle Uminterpretation, der Widerstand gegen bestimmte Bilder ist in jeder Form zugleich Zeugnis ihrer oft langlebigen Bedeutung.

2.2.2. BILDER VON "BOCKSDAEMONEN"

2Chr 11,15 weiss zu berichten, dass Jerobeam sich eigene Priester bestellt
habe "für die Höhen, die שעירים und Jungstiere", die er hatte anfertigen lassen. Und in Lev 17,7 wird das Schlachtopfer für die שעירים verboten. Die Konjektur von אֶת-בָּמות השערים "die Tor-Höhen" (am Eingang des Tores Joschuas,
des Stadtobersten... links, wenn man in Stadttor hineingeht) zu במות השעירים
"Höhen der Bocksgeister" in 2Kön 23,8 ist zwar schon alt, aber nach neueren
Untersuchungen unhaltbar.[292]
Gewöhnlich wird das Wort שעירים mit "Bocksgötter" oder "Feldteufel" übersetzt, was aber nicht darüber hinwegtäuschen sollte, dass eigentlich nicht
bekannt ist, welcher Art diese שעירים waren. Im Alten Testament werden sie
ausser an den genannten Stellen noch in Jes 13,21; 34,14 erwähnt: an einsamen,
verwüsteten Orten treiben wilde Tiere und שעירים ihr Unwesen. Es handelt

---

291 Eine sehr einleuchtende Parallele stellt z.B. Jesajas Berufungsvision
(Jes 6) mit den sechsflügeligen Sphingen dar. Die bekannte Funktion der
Uräen (die Gottheit zu schützen) und ebenfalls bekannte Vorstellung vier-
flügeliger Uräen wird hier auf den Kopf gestellt: die Serafen, in ge-
steigerter Numinosität, müssen sich selbst schützen vor der Gottheit.
Ein theologischer Gedanke, die Heiligkeit und Transzendenz JHWHs, wird
durch Veränderung ikonographischer Vorbilder von einem neuen Bild getragen, das seine Aussagekraft durch die Absetzung vom populären Motiv findet. Zu Jes 6,1-4 vgl. KEEL, Jahwe-Visionen 46-124.

292 Vgl. N.H.SNAITH, The Meaning, passim und H.-D. HOFFMANN, Reform 234-236.
Es ist wohl an Höhen/Kultstätten im Bereich der Stadttore zu denken.
Vgl. zu Ri 5,8 mit einer möglichen Konjektur שעירים R. NORTH, Art. חדש
in: ThWAT II 778. In Dtn 32,17 liegt bei Konjektur von שְׂעָרוּם zu שְׂעָרִים
eine Identität der Bocksgeister mit den שֵׁדִים vor. Für eine Gleichsetzung
mit den Torwächterkolossen in Assyrien (H. SPIECKERMANN, Juda 100) gibt
es zu wenige Anhaltspunkte.

sich, wie diese beiden Stellen nahelegen, um dämonenartige Wesen.[293] Ihr Aussehen wird nirgends beschrieben, doch hat dasselbe Wort שָׂעִיר im Alten Testament normalerweise die Bedeutung "Ziege" oder "Ziegenbock", eigentlich der "Haarige" (שֵׂעָר "Behaarung"), so dass sich die Vorstellung von einem bocksgestaltigen, haarigen Dämon nahelegt.[294] W.R. SMITH hat die שְׂעִירִים mit den arabischen Jinn verglichen,[295] haarigen, tiergestaltigen Dämonen, die bisweilen sogar menschliche Gestalt annehmen können. Noch etwas weiter hilft vielleicht eine Elfenbeinarbeit aus Megiddo, die ein kerubartiges Mischwesen aus Menschenkopf, Adlerflügeln und dem Leib eines Raubtieres zeigt, wie es sich auf einen Steinbock wirft.[296] O. EISSFELDT hat darauf aufmerksam gemacht, dass in dieser Szene die menschlich-dämonische Seite des Mischwesens, das in zeitgenössischen, vergleichbaren Darstellungen auch neben Tieren als Feind eines schwächeren Tieres auftritt, über seinen Tiercharakter gestellt ist.[297] Der Dämon ist also hier ein Mischwesen, einerseits Tier und doch mit menschlichen Zügen ausgestattet.

Auf einem neubabylonischen Rollsiegel aus dem Louvre ist ein geflügelter Genius dargestellt, der einen Steinbockdämon bändigt. Das Mischwesen hat den Leib, die Hörner und den Bart eines Steinbocks, jedoch ein menschliches Gesicht. Seine Flügel zeigen an, dass es der numinosen, dämonischen Sphäre entstammt (Abb.58).[298] Auch der persische Held ("Herr der Tiere") oder, Bes können von solchen Steinbockdämonen flankiert sein.[299] Auf einem Achat-Skara-

293 Unser Wissen um Dämonenglauben in Israel/Kanaan ist begrenzt. Für die wichtigsten Anhaltspunkte vgl. G. FOHRER, in: BHH I 315f.; ders., Geschichte 171; T.H. GASTER, in: IDB I 817-824 (mit Bibliographie) sowie KEEL, AOBPs 68-74.

294 Der Vorschlag von N.H. SNAITH (The Meaning), שְׂעִירִים in Anlehnung an die einzige Stelle in Dtn 32,2, wo das Wort "Regensturm" (שָׂעַר II = סער) bedeutet, in allen Texten als "Sturmdämonen" zu verstehen, ist interessant, steht aber auf einer sehr schmalen Basis.

295 W.R. SMITH, Die Religion 84ff. Eine Entscheidung über die Gut- oder Bösartigkeit dieses Dämons (vgl. WM I 275) scheint mir bei den geringen Anhaltspunkten unmöglich.

296 KEEL, AOBPs Abb.97 (= LOUD, Megiddo Ivories Taf.5 No 4). Dieses Bild erinnert an den "Sündenbock" für den Dämon Asasel (Lev 16,5-10.21ff.).

297 O. EISSFELDT, Zur Deutung 91f.

298 O. KEEL, Jahwes Entgegnung 89f. und Abb.14. Vgl. auch R. MAYER-OPIFICIUS, Die geflügelte Sonne 232 Abb.23 (neuassyrisches Rollsiegel mit steinbockköpfigen Mischwesen).

299 AaO. 117 und Abb.60.

boid aus Geser[300] ist ein persischer (?) Held, der zwei geflügelte Steinböcke an den Hörnern packt, zu sehen.

Die שעירים könnten also solche mischgestaltigen Dämonen gewesen sein, vor
deren Unwesen man sich fürchtete (Jes 13,21; 34,14), deren Kräfte man sich
aber auch zunutze zu machen suchte und denen man opferte (Lev 17,7). In 2Chr
11,15 sind Bildwerke eines solchen "Bocksdämonen" gemeint, und unter babylo-
nisch-persischem Einfluss gab es anscheinend auch einen Kult um sie.

---

300 R.A.S. MACALISTER, Gezer I 292 fig.153.

2.3. TERAPHIM UND EPHOD

Die bis in die 60er Jahre recht intensive Diskussion um Herkunft, Funktion
und Aussehen von הַתְּרָפִים und אֵפוֹד, die im Alten Testament mehrmals in verschiedenen Zusammenhängen auftreten, ist in jüngerer Zeit zur Ruhe gekommen, ein
Zeichen dafür, dass hier vorläufig alles zur Verfügung stehende Material,
das einer Klärung der zentralen Fragen dienen könnte, weitgehend ausgeschöpft
ist. Es wird im Rahmen dieser Arbeit nicht möglich sein, die vielen Lösungsversuche der einen oder anderen Detailfrage auch nur summarisch zu referieren. Stattdessen sei auf die übersichtlichen Darstellungen der Forschungsgeschichte in neueren Studien verwiesen.[301]
Teraphim und Ephod sollen hier innerhalb eines Kapitel abgehandelt werden,
weil sie an mehreren atl. Stellen gemeinsam genannt werden (Ri 17,5; 18,14.
17.18.20; Hos 3,4)und zwar offensichtlich als zwei verschiedene Gegenstände,
die beide ihren Sitz im Leben im Umkreis von Wahrsagerei und Orakeln
(1Sam 15,23; 2Kön 23,24; Ez 21,26; Sach 10,2), also in der Mantik haben.
Diese sehr vage Funktionsbestimmung präziser zu fassen, war nun seit jeher
das Anliegen der atl. Exegese, und man hat sich auch immer wieder gefragt,
was Teraphim und Ephod gewesen sein könnten und wie sie aussahen. Die letzte
Frage soll als Ausgangspunkt dienen und untersucht werden, was die atl. Texte erstens über das Aussehen und zweitens - damit zusammenhängend - über die
Bedeutung und Funktion von Teraphim und Ephod ergeben. Konkret wird zu erör-
tern sein, ob mit Teraphim im Alten Testament ein (kleineres) Götterbild
oder eher eine Maske gemeint ist und ob Ephod je ein (menschengestaltiges?)
Kultbild bezeichnet hat oder eher eine Art "Orakelkasten". Die zahlreichen
interessanten Aspekte zum Thema "Mantik in Israel"[302] werden nur insoweit
einbezogen werden, als sie zur Beantwortung dieser speziellen Fragen von
unmittelbarer Relevanz sind.

301 Vgl. K. JAROŠ, Die Stellung 68-83 und A.R. JOHNSON, The Cultic Prophet
    32f., wo die zahlreichen, grösseren und kleineren Beiträge zum Thema Te-
    raphim sehr übersichtlich erfasst sind, sowie I. FRIEDRICH, Ephod und
    Choschen, passim.
302 Vgl. dazu allgemeiner E.F. DE WARD, Superstition; A.R. JOHNSON, The Cul-
    tic Prophet; H. WILDBERGER, Jesaja 99.

2.3.1. TERAPHIM IM ALTEN TESTAMENT

Das Wort תרפים, ausserhalb des Alten Testaments bisher nicht belegt, findet sich an 15 atl. Stellen, nämlich in Gen 31,19.34f.; Ri 17,5; 18,14.17f.20; 1Sam 15,23; 19,13.16; 2Kön 23,24; Ez 21,26; Hos 3,4; Sach 10,2.[303] In den meisten Fällen sind die Informationen über Art und Aussehen dessen, was da mit תרפים bezeichnet wird, sehr karg. Auch die erzählenden Zusammenhänge in Gen 31 und Ri 17-18 geben nur spärlich Auskunft, was genau Rahel dem Laban stahl und womit Micha sein Privatheiligtum ausstattete. Wir wollen uns daher zuerst der Erzählung in 1Sam 19 zuwenden, dem einzigen Text, der Details betreffend die Gestalt eines Teraphim verspricht und immer schon zur konkreteren Vermutung Anlass gab, dass ein Teraphim (irgendwie) menschengestaltig gewesen sei.

2.3.1.1. 1Sam 19,13.16

Michal verhilft, so weiss die Geschichte zu erzählen, David zur Flucht vor Saul, indem sie ihn in der Nacht durch ein Fenster hinablässt und die Entdeckung der Flucht sowie eine Verfolgung des Geflohenen erfolgreich verzögert, dadurch dass sie eine Attrappe in Davids Bett legt (1Sam 19,13.16):

> 13 Und Michal nahm den Teraphim (את-התרפים),
>
> > legte ihn auf das Bett,
> >
> > und ein Ziegenhaargeflecht (ואת כביר העזים)
> >
> > legte sie an sein Kopfende (מראשתיו)
> >
> > und deckte ihn mit der Decke zu.
>
> ...
>
> 16 Als nun die Boten kamen,
>
> > da lag der Teraphim auf dem Bett
> >
> > und ein Ziegenhaargeflecht an seinem Kopfende.

Aus dem Zusammenhang geht deutlich hervor, dass mit תרפים ein einzelner Gegenstand bezeichnet ist,[304] der sich offensichtlich in einem Privathaus[305]

---

303 Vgl. dazu den entsprechenden Artikel von K. SEYBOLD, in: THAT II 1057-1060.

304 Zur Etymologie und Form des Wortes weiter unten.

305 Die Erzählung setzt zumindest nicht voraus, dass Michal ihn von weither herbeischleppt. Da die ganze Episode am Hofe Sauls spielt, kommen natürlich mehrere Räume als Standort des Teraphim in Frage.

befindet und für Michal leicht zugänglich ist. Der Artikel את-התרפים legt
zudem nahe, dass es nur einen Teraphim im Haus gab. Der Umgang Michals mit
dem Teraphim zeugt nicht gerade von ehrfürchtigem Respekt gegenüber etwas
sakral oder kultisch Bedeutsamem. Michal kann den Teraphim tragen, er lässt
sich hinlegen, hat ein Oben und Unten und wird mittels einer Art Perücke[306]
zumindest unter den formkaschierenden Konturen einer Bettdecke zu einem men-
schenähnlichen Gebilde. Das מראשתיו besagt nun leider nicht, ob der Teraphim
im engeren Sinn eine (menschliche) Kopfform aufweist, sondern vor allem, dass
man ein Oben und ein Unten unterscheiden kann.[307] 1Sam 19 allein ist daher
kein hinreichender Beweis, dass der Teraphim maskenartig vorzustellen ist.[308]
Auch schon ein längerer transportabler Gegenstand, mit oder ohne ausgestalte-
ten Kopf, wäre mit der Lokalisierung מראשתיו vereinbar und würde zudem dem
Faktum Rechnung tragen, dass בגד als gewebte Decke kaum wie unsere Federbet-
ten einen ganzen Körper vorzutäuschen geeignet ist. Der Spekulation sind hier
natürlich rasch Tür und Tor geöffnet, aber mit der Geschichte von Davids Rettung durch Michal wird man eine Maskenform des Teraphim letztlich nicht beweisen können, hingegen darf eine langgestreckte Form aufgrund der semantischen Indizien wohl angenommen werden.

Ueber die eigentliche Funktion des Teraphim verlautet in der Erzählung nichts.
Wahrscheinlich ist, dass er nicht in einem Heiligtum steht. Da die Zuweisung
der Perikope zu den bekannten atl. Redaktionen nach wie vor umstritten ist,[309]

---

306 Zu כביר העזים vgl. KYLE McCARTER, 1Samuel 326 und KBL II 437.

307 Vgl. z.B. Gen 28,11.18; 1Sam 26,7.11f.16 und entsprechend in Rut 3,4.7f.
14. Grammatisch kann sich מראשתיו nicht auf המטה (fem.) beziehen (gegen
den bei H.J. STOEBE, Das erste Buch Samuelis 358 noch erwähnten Vorschlag bei W. CASPARI).

308 Jedenfalls nicht als eine kleinere Gesichtsmaske. Die bei K. JAROŠ (Die
Stellung 71) vorgetragene Meinung, die Annahme einer Gesichtsmaske ent-
spreche "am ehesten dem Text", verschleiert m.E. die doch recht grossen
Unsicherheiten bei der Textananalyse dieser Passage. Warum STOLZ (Das
erste und zweite Buch 130) zur Illustration dieser Erzählung ein winzi-
ges mesopotamisches Götterfigürchen abbildet, ist mir rätselhaft.

309 K. JAROŠ (Die Stellung 71) nimmt, H.W. HERTZBERG folgend, dtr. Bearbei-
tung eines älteren Traditionsstückes an. W. RESENHOEFFT (Die Geschichte
II No 614) weist die Perikope E zu (wie offenbar alle Teraphim-Stellen).
STOEBE (aaO. 60) glaubt, die in Kap. 18-20 eingefügten Episoden der
Rettung Davids durch Michal und dann durch Samuel in Rama seien "jeden-
falls kaum höfischer Herkunft". Einen Anhaltspunkt für die Zeit der
Entstehung der Erzählung gibt die mögliche Anlehnung an Jos 2 und Gen
31 (dazu weiter unten).

bleibt auch offen, wie zuverlässig die Angaben über den Teraphim sind. Man wird H.-D. PREUSS[310] rechtgeben müssen, dass die Erzählung dem Teraphim wenig ernsthaftes Interesse zollt. Von (Götzenbild)-Polemik im engeren Sinn kann m.e. hier zwar nicht gesprochen werden, eher von unbeschwerter erzählerischer Ironie - der Teraphim war dem Verfasser der Geschichte werder positiv noch negativ besonders wichtig, ausser in seiner Funktion für die Erzählung.[311] Dass diese nun einige kaum zufällige Parallelen zur Kundschaftergeschichte in Jos 2 und zu Gen 31 aufweist, hat H.-J. STOEBE gezeigt.[312]

2.3.1.2. Gen 31,30-35

Es erübrigt sich, den Hergang der bekannten Geschichte vom Raub des Teraphim in Gen 31 hier in Erinnerung zu rufen. Mit V.31,19 tritt der vorher nicht erwähnte Teraphim erstmals ins Blickfeld:

> Laban aber war gegangen, seine Schafe zu scheren.
> Da stahl Rahel den Teraphim (אֶת-הַתְּרָפִים) ihres Vaters.

Als Laban Jakob wegen seiner Flucht zur Rede stellt, kommt er auch auf den Teraphim zu sprechen, von dessen Diebstahl Jakob aber gar nichts weiss (31, 30-35):[313]

> 30 Nun, du bist fortgegangen, weil du Sehnsucht hattest
> nach deines Vaters Haus, aber warum hast du meinen
> Gott (אֶת-אֱלֹהַי) gestohlen?

---

310 Die Verspottung 56-67. Die Untersuchungen von H.-D. PREUSS zeigen - und das ist ihr Verdienst - dass die תְּרָפִים im Alten Testament in den grösseren Kontext der Götzen(bild)polemik und des Spottes gehören. Was die literarkritischen und etymologischen Voraussetzungen betrifft, entsprechen die Thesen von PREUSS jedoch nicht mehr dem neueren Forschungsstand.

311 Das Hauptinteresse der Geschichte ist die Rettung Davids und der Teraphim nur Mittel zum Zweck. Vgl. zur Bewertung des Teraphim im Alten Testament JAROŠ, Die Stellung 76. Von Ironie statt Spott spricht auch JAROŠ (aaO.82).

312 Das erste Buch Samuelis bes.360-362. Gen 31,30-35 werden in der Forschung entweder E zugewiesen - so G. VON RAD, O. PROCKSCH, H. GUNKEL, G. HOELSCHER, H.-D. PREUSS, K. JAROŠ (vgl. JAROŠ, Die Stellung 75 Anm. 8 und PREUSS, Die Verspottung 56 Anm.23) - oder mit dem ganzen Kap. 31 J (C. WESTERMANN, Genesis II 598).

313 Für die Uebersetzung und die textkritischen Fragen dürfen wir uns an dieser Stelle auf den Kommentar von C. WESTERMANN stützen (Genesis II bes.592-597).

31 Da antwortete Jakob Laban: [Weil ich Angst hatte],
   weil ich dachte, du werdest mir deine Töchter entreissen.

32 Bei wem immer du deinen Gott (אֶת־אֱלֹהֶיךָ) findest,
   der soll nicht am Leben bleiben.
   Vor unseren Verwandten untersuche,
   was ich bei mir habe, und nimm ihn dir.
   Jakob aber wusste nicht, dass Rahel ihn
   gestohlen hatte (גְּנָבָתַם).

33 Da ging Laban in Jakobs Zelt, in Leas Zelt
   und in das der beiden Mägde, fand ihn aber nicht.
   Dann ging er aus Leas Zelt in das Zelt Rahels.

34 Rahel aber hatte den Teraphim genommen (אֶת־הַתְּרָפִים),
   ihn in den Kamelsattel (?) gelegt (וַתְּשִׂמֵם בְּכַר הַגָּמָל)
   und sich auf ihn gesetzt.
   Und Laban durchsuchte das ganze Zelt,
   konnte ihn aber nicht finden.

35 Und sie sagte zu ihrem Vater: Mein Herr,
   zürne mir nicht, dass ich mich nicht vor
   dir erheben kann, denn es geht mir nach der
   Frauen Weise.
   Und so fand er den Teraphim (אֶת־הַתְּרָפִים) nicht.

Die Aehnlichkeiten dieser Erzählung mit 1Sam 19 sind die folgenden:
1. Der grössere Rahmen ist die Geschichte einer Flucht, und um den Teraphim
spinnt sich beidemal Betrug und Lüge. 2. Der Teraphim gehört zum Zeltinven-
tar Labans, also wie in 1Sam 19 nicht zu einem kultischen Ort. 3. Auch hier
ist es eine Frau, die ohne Scheu mit dem Teraphim hantiert, ihn tragen kann
und versteckt, nicht einmal zögert, sich zu diesem Zweck auf ihn zu setzen.[314]

Anders als in 1Sam 19 wird dem Teraphim aber hier mindestens von Laban ein
sehr ernsthaftes Interesse entgegengebracht. Warum stiehlt Rahel den Teraphim überhaupt, welche Bedeutung hatte er? Während nun der Erzähler immer
von תְּרָפִים spricht, gebrauchen die handelnden Personen ausschliesslich die
Bezeichnung אֱלֹהֶיךָ/וֵאלֹהַי. Von daher möchte man am ehesten an ein Götterbild
denken, so gross, dass es בְּכַר הַגָּמָל Platz hat, womit allerdings keine sehr präzise Grössenangabe gewonnen ist, denn in dieser Bedeutung ist כַּר[315] ein atl.

---

314 Weitere Parallelen nennt H.J. STOEBE, Das erste Buch 362.

315 KBL II 472 כַּר III, von *כרר "auf dem Rücken tragen". Vgl. zum Kamel,
    genauer zum Dromedar K. GALLING (BRL[2] 354f.) und OLB I 132-137. Die Fra-

Hapaxlegomenon, das wahrscheinlich einen grösseren Tragsessel oder -korb meint, wie ihn eine persische Terrrakotte vom Tell Halaf[316] und zwei römische aus Syrien (2./3.Jh.n.Chr.) vielleicht illustrieren können.[317]
Das auffällige Nebeneinander der Bezeichnungen תרפים und אלהי/אלהיך hat K. JAROŠ zur These geführt,[318] dass erst der Elohist als Bearbeiter einer Vorlage, in der tatsächlich von einer Götterfigur die Rede war - eventuell ähnlich denen, die Jakob in Gen 35,2-4 vergräbt[319]- dieses Götterbild als Teraphim ausgewiesen habe. Sein Hauptanliegen dürfte gewesen sein, das zu seiner Zeit bereits anstössige Faktum, dass die Stammutter Rahel Interesse für ein aramäisches Götterbild, mit dessen Besitz wahrscheinlich Familienerbschafts-angelegenheiten verbunden waren,[320] gehabt habe, zu entschärfen, indem er den Haus(?)-Gott Labans kurzerhand zum Teraphim macht, welcher diese Anstös-sigkeit nicht teilt, also im 8.Jh.v.Chr. noch legitim gewesen sein muss. Sicher war der Teraphim also kein Kultbild; er muss jedoch irgendwelche Aehn-lichkeit mit אלהים gehabt haben, sonst wäre die nachträgliche künstliche Identifizierung gar gewaltsam. JAROŠ nimmt zudem an, der Elohist habe sich auf die in 1Sam 19,13.16 und vor allem in Ri 17-18 manifestierte engere Zu-gehörigkeit des Teraphim zu den Rahelstämmen stützen können.[321]

ge nach dem Zeitpunkt der Domestizierung von Kamelen ist nach wie vor problematisch (vgl. aaO. 134). Die alte Frage, ob das Kamel in den Pa-triarchenerzählungen ein Anachronismus ist, spielt für uns hier keine entscheidende Rolle (vgl. die Literaturangaben bei K. GALLING, aaO. 355 und C. WESTERMANN, Genesis II 109 sowie den neuesten Beitrag von P. WAPNISH, Camel Caravans, passim).

316 B. HROUDA, Tell Halaf IV 15 und Taf.17,141.

317 U. WINTER, Frau und Göttin Abb.511 und 512. Beide Terrakotten befinden sich im Louvre.

318 Dazu vgl. JAROŠ, Die Stellung 79-82.

319 Auf die "fremden Götter" in Gen 35,1-4 kommen wir in Kap. 5.2.3. noch zurück. Gen 31 könnte es sich um eine spätere Veranschaulichung der "fremden Götter" in Kap.35 handeln (so H. SEEBASS; vgl. K. JAROŠ, Die Stellung 81 Anm.2) bzw. hat E (Gen 35,1-4) wie später das Jubiläenbuch bei den vergrabenen Göttern an die Teraphim Rahels gedacht (so GUNKEL und VON RAD; vgl. O. KEEL, Das Vergraben 331ff.).

320 Die Entdeckung des Zusammenhangs von Gen 31 mit einem Adoptionsvertrag aus Nuzi, wo der Besitz der *ilāni*, der Familiengötter, das Anrecht auf Erbschaft sichert, geht auf C.H. GORDON (Biblical Customs, passim) zu-rück. Auch die Assyrer interessierten sich für solche Familiengötter. So heisst es in den Annalen Sanheribs (701 v.Chr.): "Zidka, den König von Aschkelon, der sich meinem Joch nicht gebeugt hatte, die Götter seiner Familie, ihn selbst, seine ...Verwandten führte ich fort..." (ANET 287 und OLB II 54).

321 Die Stellung 81f.

2.3.1.3. Ri 17-18

In der recht grotesken Gründungserzählung des Heiligtums von Dan im Anhang
des Richterbuches wird zunächst berichtet von der Einrichtung des Privatheiligtums, die sich der Efraimit Micha mit einer grösseren Summe ziemlich anrüchigen Silbers herrichten lässt.[322] Dazu gehören in erster Linie ein Kultbild (פסל ומסכה),[323] sodann aber auch אפוד ותרפים (Ri 17,5), die ebenfalls
angefertigt werden und zum Inventar des בית אלהים gehören. Wichtig scheint
mir, dass die Einsetzung des Priesters im engsten Zusammenhang mit der Beschaffung von Ephod und Teraphim erwähnt wird (17,5), was ein Hinweis auf
die Zugehörigkeit beider zum Aufgabenbereich des Priesters ist. Das Inventar
samt dem als Priester angestellten Leviten wird nun von den Daniten dem ohn-
mächtig zusehenden Micha geraubt. Der Notiz in 18,20, der Levit habe das Kultbild, Teraphim und Ephod (zusammen) getragen, wird man nicht allzuviel über
die Grössenordnung entnehmen können.[324] Andererseits ist festzuhalten, dass
die Geschichte ganz selbstverständlich Kultbild, Ephod und Teraphim als Inventar eines Privatheiligtums der Landnahmezeit voraussetzt und diese drei
auch deutlich unterscheidet.

Einen Hinweis, dass unter Teraphim und Ephod in Ri 17-18 im weitesten Sinn
mantische Geräte zu verstehen sind, könnte in der Aufforderung der Daniten
liegen, der Levit solle den Gott über den Erfolg ihrer Expedition befragen
(שאל-נא באלהים). Der positive Bescheid, den der Priester dann gibt, beruht
offenbar auf der Einholung eines Orakels.

---

322 Vgl. dazu H.-D. PREUSS, Die Verspottung 61ff.; JAROŠ, aaO. 70 und ausführlich zu Ri 17-18 die neue Arbeit von H.M. NIEMANN, Die Daniten 61-
147. NIEMANN (aaO. 143-147) unterscheidet ausser der Grunderzählung,
einer danitischen Ueberlieferung, wie die Daniten zu einem Gottesbild
und einer levitischen Priesterschrift gekommen sind, noch drei Ueberar-
beitungsschichten: Auf das Konto der ersten (zur Zeit Jerobeams I.) gehen die polemischen Akzente in der Erzählung, deren Ziel vor allem die
Herabwürdigung des geraubten Götterbildes gegenüber dem neuen Stierbild
Jerobeams gewesen sein kann (vg. auch aaO. 101 Anm.147).

323 Zu פסל ומסכה vgl. unten Kap. 5.1.1.3. und den Exkurs bei NIEMANN, Die
Daniten 96-110. G. HOFFMANN/H. GRESSMANN (Teraphim 104f.) nahmen, wie
andere, die formelhafte Reihung der Begriffe für das Kultbild und für
Ephod, Teraphim, zum Anlass; letztere als spätere Einfügungen anzusehen.
NIEMANN zeigt jedoch in seiner Arbeit, dass alle Termini zum Grundbe-
stand der Erzählung gehören (aaO. 101 Anm.147).

324 Gegen JAROŠ, Die Stellung 71.

2.3.1.4. Weitere alttestamentliche Nachrichten

Die Wendung שאל ב findet sich nun interessanterweise in Ez 21,26 bezogen auf
Teraphim. Da heisst es in einem Wort JHWHs:

> Denn der König von Babel steht am Scheidewege,
>
> am Anfang der beiden Strassen,
>
> um sich wahrsagen zu lassen (לקסם־קסם).
>
> Er schüttelt die Pfeile,
>
> befragt den Teraphim (שאל בתרפים),
>
> beschaut die Leber.

Ohne auf die Einzelheiten hier einzugehen,[325] lässt sich vom Kontext her sagen, dass der Teraphim zur Zukunftserforschung befragt wird. Und im semantischen Umfeld von קסם "wahrsagen" tritt der Teraphim ebenfalls in Sach 10,2
auf als etwas, das auf eine Frage hin "Lüge redet":

> Denn die Teraphim reden Lüge (דברו־און),
>
> und die Wahrsager schauen Trug (והקוסמים חזו שקר).

Immerhin müssen noch zur Zeit Deutero-Sacharjas (Ende 4.Jh. oder später)[326]
Teraphim und Wahrsager als ernste Gefährdung eines echten JHWH-Glaubens
empfunden worden sein.[327] Diese dezidiert negative Stellungnahme zum Teraphim findet sich auch in dem (dtr.) Wort Samuels an Saul (1Sam 15,23), ebenfalls im Kontext von קסם :

> Ja, Wahrsager-Sünde (חטאת קסם) ist der Starrsinn,
>
> und Teraphim-Frevel (ואון ותרפים)[328] die Aufsässigkeit (הפצר).

Wen wundert es da, wenn ein spät-dtr. Redaktor um der Vollständigkeit willen
bei der joschijanischen Reform zu guter Letzt (2Kön 23,24) die Totenbeschwö-

---

325 Zum Pfeileschütteln, der Leberschau und den Teraphim vgl. weiter unten
Kap. 2.3.1.6.

326 JAROŠ, Die Stellung 72 (Datierung nach G. FOHRER).

327 Der Zusammenhang (Sach 10,1) ist ein Aufruf, in den Herrn zu vertrauen
und ihn (um günstiges Wetter) zu bitten. Offenbar kamen magische Praktiken dem Sicherheitsbedürfnis der Menschen sehr entgegen, so dass sie
an die Stelle des vertrauenden JHWH-Glaubens traten.

328 Ich halte diese Wendung für ein Hendiadyoin (vgl. W. BUEHLMANN/K. SCHE-
RER, Stilfiguren 32 und E.W. BULLINGER, Figures 657-661); die bei STOEBE
(Das erste Buch 291) referierten Konjekturvorschläge sind m.E. unnötig.
F. STOLZ (Das erste und zweite Buch 104) macht es sich mit der Interpre-
tation des Teraphim-Frevels als "Götzendienst" etwas zu einfach.

rer (הֿאבות),[329] Wahrsager (הֿידענים), die Teraphim, die "Mistdinger" (הֿגללים) und Greuel (השקצים) auch noch untergehen lässt.[330] Der Zusammenhang mit גללים und שקצים qualifiziert die Orakelpraktiken als götzendienerisch. Allerdings kann die Bedeutung der Teraphim zur Zeit der Dtr. nicht so enorm gewesen sein, sonst hätten sie ihrer Polemik gegen diese Dinge kaum nur mit einer "Nachlese"[331] zur Reform genuggetan.

Dass die Teraphim wie andere Praktiken und Kultobjekte, die Joschija "ausrottete" (2Kön 23,4-20), kanaanäischen Ursprungs gewesen sein könnten, legt auch Hos 3,4 nahe, wo Ephod und Teraphim[332] neben מלך, שר, זבח und מצבה stehen:

> Denn lange Zeit werden die Israeliten sitzen
>
> ohne König, ohne Fürsten, ohne Opfer
>
> und ohne Massebe, ohne Ephod und Teraphim.

Der Entzug all dieser - von JHWH offenbar grundsätzlich gewährten Institutionen - ist eine Strafe, die Israel zur Umkehr bewegen soll. Hosea verteufelt aber keine als solche, was uns einen ungefähren terminus post quem für den Beginn der Verfemung an die Hand gibt.[333] Allerdings stellt die Klage über die Verirrungen des Volkes in mantische Praktiken, wie sie in Hos 4,12 angedeutet werden, die völlige Neutralität des Propheten gegenüber diesen Dingen[334] doch in Frage:

> Mein Volk befragt sein Holz, und sein Stab soll
>
> ihm Auskunft geben (עמי בעצו ישאל ומקלו יגיד לו).

---

329 Vgl. dazu H. WOHLSTEIN, Zu einigen altisraelitischen Volksvorstellungen, passim und J. EBACH/U. RUETERSWOERDEN, Unterweltsbeschwörung, passim.

330 Dazu H. SPIECKERMANN, Juda 137f. und H.-D. HOFFMANN, Reform 45.232.233f. zur dtr. Polemik gegen magische und mantische Praktiken.

331 AaO. 137.

332 Vgl. JAROŠ, Die Stellung 72. Es ist wohl kein Zufall, dass die Reihe, in der jedes Element einzeln mit ואין angeschlossen wird, mit dem Doppelglied ואין אפוד ותרפים schliesst. Beide scheinen eng zusammenzugehören.

333 Mit Hosea ist in etwa die Zeit der Wende in der Einstellung gegenüber den Teraphim angegeben (vgl. dazu JAROŠ, aaO. 76). Zur religiösen Bedeutung der Fürsten auf dem Hintergrund der syrisch-palästinischen Ikonographie vgl. S. SCHROER, Der Mann 101-106 und Anm.103.

334 Dies zur Unterstützung von JAROŠ, der vorsichtig von "negativen Vorzeichen" spricht (aaO. 72).

Die Wendung שאל ב lässt vermuten, dass mit עץ hier metonymisch[335] der Teraphim bezeichnet ist, vielleicht auch mit מקל. Die Anspielungen bleiben aber
letztlich rätselhaft, denn עץ und מקל könnten sich ebenfalls auf Baumorakel
(2Sam 5,24), Rhabdomantie, die Ascheren und das Ephod beziehen.[336]
Ein zusammenfassender Ueberblick über all die atl. Stellen, in denen der
Teraphim erwähnt wird, ergibt folgendes Bild: In einer frühen Zeit kennt man
in Israel einen unbefangenen Umgang mit dem Teraphim, er gehört wie die Masseben in die Erzählungen der Landnahmezeit. Die scharfe Ablehnung des Teraphim, eines transportablen Gegenstands, der in der Form eine vage Aehnlichkeit mit einer menschlichen Gestalt (1Sam 19,13.16) und eventuell einem
Götterbild (Gen 31,30-35) gehabt haben muss, setzt erst nach Hosea ein. Dieser reiht den Teraphim mit dem Ephod aber bereits unter die (kanaanäischen)
Einrichtungen, die von JHWH wegführen (Hos 3,4). Dass der Teraphim auch für
Hosea wahrscheinlich schon im Abseits wahrer JHWH-Gläubigkeit steht, zeigen
die Formulierungen "sein Holz", "sein Stab" (4,12).
Alle atl. Stellen unterstützen die Annahme, dass der Teraphim ein Element
volkstümlicher Religiosität war. Er hatte seinen Platz im Haus (1Sam 19)
oder in einem Privatheiligtum (Ri 17-18). Seine Funktion ist im Zusammenhang
von Orakel und Wahrsagerei zu suchen. Man befragt den Teraphim (Ez 21,26),
und er redet (Sach 10,2). Die dtr. Polemik gegen die volkstümliche Mantik
(1Sam 15,23; 2Kön 23,24) ist scharf, aber im Verhältnis zu anderen kanaanäischen Praktiken doch viel weniger bedeutend. Der Teraphim spielt im Alten
Testament längst nicht die gleiche Rolle wie z.B. Ascheren und Masseben.
Wahrscheinlich entging er dem Zugriff der dtr. Kritik und ihren purgatori-
schen Massnahmen, weil er im Schutz des Privaten sein Dasein fristete.[337]
Dafür würde auch die Tatsache sprechen, dass noch im 4.Jh.v.Chr. der Teraphim Gegenstand prophetischer Anklage ist (Sach 10,2), also anscheinend nicht
sehr wirksam bekämpft worden war.
Die wenigen sicheren atl. Anhaltspunkte für die Gestalt eines Teraphim las-

335 Vgl. BUEHLMANN/SCHERER, Stilfiguren bes.69.

336 Vgl. dazu W. RUDOLPH, Hosea 110f.; H.W. WOLFF, Dodekapropheton I 104f.
und J. JEREMIAS, Der Prophet Hosea 69.

337 Das würde auch damit zusammengehen, dass in Gen 31 und 1Sam 19 jeweils
Frauen mit den Teraphim in Verbindung gebracht werden konnten. Sie standen solchen Praktiken und Formen der Volksfrömmigkeit näher (vgl. z.B.
zum Kult der Himmelskönigin Jer 44). Zur Rolle der Frau in der JHWH-
Religion hat U. WINTER mit seiner grossen Studie "Frau und Göttin" einen
hervorragenden Beitrag geleistet.

sen noch ein breites Spektrum von Möglichkeiten offen, wie er tatsächlich ausgesehen haben könnte. Ri 17-18 legt zudem nahe, dass er - anders als das Schnitzbild - aus keinem allzu kostbaren Material bestand, was auch seiner Funktion und dem unbekümmerten Umgang mit ihm entsprechen würde. Er war ein Instrument, um die Zukunft und den Willen JHWHs zu erforschen, genoss aber, soweit aus den atl. Texten zu entnehmen ist, keine Verehrung.

Auch die Etymologie des Wortes תרפים führt, was die Frage nach dem Aussehen betrifft, zunächst nicht viel weiter. Die von H.A. HOFFNER[338] vorgeschlagene Ableitung von hethitisch-hurritisch *tarpiš* "(böser) Dämon" hat nach Diskussion mehrerer anderer etymologischer Thesen[339] verbreitet Zustimmung gefunden.[340] Nach HOFFNER wäre der Begriff durch wanderndes, ursprünglich in Anatolien einheimisches Kultpersonal nach Syrien und Palästina gebracht worden und gegen Ende der Armarna-Zeit von den Südkanaanäern mit Bedeutungswandel übernommen worden.[341] Als gesichert kann gelten, dass תרפים, wie ja vor allem die Erzählung in 1Sam 19 gezeigt hat, kein Plural ist, sondern ursprünglich ein Singular mit Schluss-Mimation.[342]

2.3.1.5. Masken im israelitischen und zyprischen Kult

Wiederholt wurde eine Identifikation des Teraphim mit menschengestaltigen Gesichtsmasken, die es schon im 7.Jt.v.Chr. westlich vom Toten Meer gegeben hat und die vor allem in SB-zeitlichen Straten verschiedener Orte in Palästina gefunden worden sind, vorgeschlagen.[343] Diese Masken sind zumeist aus Ton

---

338 H.A. HOFFNER, Hittite Tarpiš, passim. Der Stamm des hethitischen Wortes ist *tarpi* > westsemitisch *tarpi/u > hebr. תרפים.

339 Zu den älteren Vorschlägen vgl. P.R. ACKROYD, The Teraphim; HOFFMANN/GRESSMANN, Teraphim; W.F. ALBRIGHT, Are the Ephod; C.J. LABUSCHAGNE, Teraphim; T. FAHD, La divination arabe bes.142-144 und K. SEYBOLD, Art. תרפים in: THAT II 1057.

340 So bei K. SEYBOLD, aaO. und auch K. JAROŠ, Die Stellung 68f.

341 Ob die von C.H. GORDON als Verbalform verstandene Konsonantenfolge *ttrp* in einem ugaritischen Text(KTU 1.5 I,4) etwas mit hebr. תרפים zu tun hat, lässt sich nicht ausmachen (vgl. JAROŠ, Die Stellung 69).

342 Dies hat A. JIRKU (Die Mimation 78f.) überzeugend bewiesen. Damit dürften alle auf pluralischem Verständnis von תרפים beruhenden Interpretationen den Boden verloren haben. Dass die Bedeutung des Wortes bald einmal vergessen war, zeigen die vagen Uebersetzungen z.B. der LXX (vgl. K. SEYBOLD, aaO. 1060).

343 So H.G.A. EWALD, K. ELLIGER, G. FOHRER, A. JIRKU, K. JAROŠ (vgl. JAROŠ, Die Stellung 71; A. REICHERT, Art. "Kultmaske" in: BRL[2] 196).

(zwei aus Hazor, eine aus Geser, eine vom Tell Qasile), seltener aus Kalkstein (ein Exemplar aus Hebron) und nach unseren Vorstellungen nicht dazu geeignet, auf dem Gesicht getragen zu werden, da sie - ausgenommen die Exemplare aus Geser und vom Tell Qasile - kleiner als ein menschliches Gesicht und
dessen Formen innen nicht angepasst sind.[344] In der Nekropole von Achsib
fand sich ein ähnliches Stück aus der zweiten Hälfte des 6.Jhs.v.Chr.[345]
Fragmente solcher Masken vom Tell Sera (10.Jh.v.Chr.) und aus Hazor (8.Jh.v.
Chr.) bezeugen die Kontinuität der Tradition.[346] Auch die phönizischen Masken des 7.-6.Jhs.v.Chr. sind nie lebensgross.[347] Dasselbe gilt für die meisten SB-zeitlichen (1200-1150 v.Chr.) anthropomorphen Masken aus Zypern, vor
allem Kition und Enkomi.[348] A. MAZAR vermutet, die lebensgrossen Masken
seien im Kult von Verehrern oder Priestern während eines Rituals getragen
worden (Ritualpantomime des Gottesbildes oder Erstehen mythologischer/histo-
rischer, toter Heroen). Die kleineren Masken könnten Statuen umgehängt worden sein bzw. eine Rolle als Votivgaben im Totenkult gespielt haben.

Ich denke allerdings weniger an diese relativ kleinen Gesichtslarven, sondern, entsprechend dem aus den atl. Texten resultierenden Bild von einem eher
grösseren Gegenstand, an grosse "Mummen", d.h. hohle Tierschädel mit einem
mehr oder weniger langen, herabhängenden Fellüberzug. Eine Tier- oder Dämo-
nenmaske könnte, was im folgenden noch ausgeführt wird, eventuell als תרפים
bezeichnet worden sein.

Das Alte Testament lässt uns hier weitgehend im Stich. M. HARAN[349] hat durch
seine Untersuchungen zu Ex 34,29-35 inzwischen die zuvor diskutierte Möglichkeit, dass dort die Erinnerung an eine Kultmaske des Mose vorliege, gründlich
verworfen. Nach dieser von M. NOTH, H. GRESSMANN, A. JIRKU u.a. vertretenen

Eine Auflistung der Maskenfunde inclusive der Fragmente findet sich bei
A. REICHERT, aaO. 195 und in der neueren Arbeit von A. MAZAR, Excavations
at Tell Qasile 84f. Die neolithische Maske aus dem Nahal Hemar (75km
südlich von Jerusalem; bislang nicht publiziert) zeigt noch rote, grüne
und braune Farbspuren.

344 A. MAZAR, aaO.

345 RB 69 (1962) 404f. Pl.44b.

346 Y. YADIN, Hazor II 66 Pl.103,6; 163,5. Das Fragment vom Tell Sera ist
     nicht publiziert (vgl. MAZAR, aaO. 129 Anm.32).

347 Vgl. zu den phönizischen Masken vor allem E. STERN, Phoenician Masks,
     passim und W. CULICAN, Some Phoenician Masks, passim.

348 Vgl. die Angaben bei A. MAZAR, aaO. 129f. Anm.35-38.

349 The Shining, passim.

Hypothese[350] hätte Mose als Vermittler zwischen Gott und Volk eine gehörnte
Maske getragen, wenn er im Auftrag oder an Stelle JHWHs (Ex 4,16) redete.
HARAN glaubt hingegen, dass die Ueberlieferung in Ex 34 keinen kultischen,
sondern nur mythisch-ikonographischen Hintergrund hat und dass das zentrale
Thema das (göttliche) Strahlen des Angesichts Moses ist.[351] Als eindeutigen
Beweis für den Gebrauch von Kultmasken in Israel wird man Ex 34,29-35 jedenfalls nicht in die Waage werfen können, weshalb im folgenden weitere Anhaltspunkte aus der Archäologie, die hier allein Aufschlüsse verspricht, behandelt werden sollen.

Bedeutsam für die Frage nach möglichen Teraphim-Masken ist eine Reihe von
Funden aus Zypern, die von V. KARAGEORGHIS[352] in den letzten Jahren verschiedentlich publiziert wurden. Bei Ausgrabungen im Heiligtum von Ayia Irini, an
der Nordwestküste von Zypern, fand man zwei kleine Tonfigürchen, die menschliche Gestalten darstellen, welche Stiermasken tragen,[353] wahrscheinlich
Priester des Fruchtbarkeitsgottes von Ayia Irini. Zu drei weiteren zyprischen
Figürchen in einer Sammlung kommen zwei aus dem Apollon-Heiligtum in Kourion
hinzu (Abb. 59).[354] KARAGEORGHIS setzt alle diese Figürchen im 7./6.Jh.v.Chr.
an. Zudem wurde eine Anzahl von kleineren Votiv-Stiermasken aus Ton entdeckt,
die noch früher, in das 12./11.Jh.v.Chr., datieren und zeigen, dass solche
Masken zu tragen ein alter Brauch war.[355] Eine Votivmaske in Stierform ist
auch auf dem phönizischen Friedhof von Achsib (E II-Zeit) gefunden worden.[356]

---

350 Vgl. vor allem H. GRESSMANN, Mose 246-248 und A. JIRKU, Die Gesichtsmas-
    ke, passim; M. NOTH, Das zweite Buch Mose 220 und in jüngerer Zeit K.
    JAROŠ, Die Stellung 72-75. Vgl. auch J.M. SASSON, Bovine Symbolism in
    the Exodus Narrative (bes.385f.).

351 Auf der Stufe der P-Redaktion, das betont auch JAROŠ (aaO. 72 Anm.10),
    ist dies sowieso die einzige mögliche Interpretation ("die Haut seines
    Antlitzes strahlte"). Die Frage ist nur, ob in der von P übernommenen
    Tradition קרן "Hörner haben" und עור "Tierfell/Leder" (vgl. KBL III 759)
    bedeutete. M. HARAN (aaO. 165ff.) gründet seine These vor allem auf den
    bekannten atl. Topos vom הוד (Strahlen, Pracht, Majestät) JHWHs.

352 Vgl. im folgenden KARAGEORGHIS, Notes 261-270; ders., Kition bes.102-
    105; ders., Chypre bes.166f. (sowie Taf.53,1; 54,1.2 und 56,1).

353 KARAGEORGHIS, Notes 262 figs 2-3.

354 AaO. fig.4 und fig.5 (= Kition fig.82), im Kourion-Museum.

355 AaO. figs 6-7. Zu erwähnen ist hier auch ein FB-zeitliches Lehmmodell
    eines Freilicht-Heiligtums aus Vunos (V. KARAGEORGIS, The Ancient Civi-
    lisation 110f. Pl.49). Dort sind drei Figuren (Priester) mit Stiermasken
    und Schlangen dargestellt. Es scheint um einen Kult mit Stier- und Kin-
    deropfer zu gehen.

356 Unveröffentlicht. Vgl. A. MAZAR, aaO. 130 Anm.45.

Die archäologischen Hinweise, dass schon in der SB-Zeit diese Masken sehr
verbreitet waren, werden noch vermehrt um einige Schädel von Stieren und anderen Tieren, die in Heiligtümern des 12./11.Jhs.v.Chr. besonders in Enkomi
zutage kamen und offensichtlich als Masken bearbeitet waren. Auch im Hof des
Astarte-Tempels von Kition fanden die Ausgräber in einer Schicht des 8.Jhs.
v.Chr. ein Dutzend Stierschädel, die nur vorn bearbeitet und hinten offensichtlich mit einem Fell verbunden waren, wie die Tonfigürchen es ebenfalls
andeuten.[357] Ein ebensolcher Rinderschädel mit Spuren von Bearbeitung und
roter Bemalung wurde in Megiddo (um 700 v.Chr.) entdeckt (Abb.60).[358]
Tiermasken haben also in der Eisenzeit in Zypern und, wie der letztgenannte
Fund zeigt, auch in Israel ein Rolle im Kult gespielt. Die enge Verbindung
des JHWH-Kultes mit dem Stier und die Bedeutung der Stierhörner als göttli-
ches Attribut in Syrien/Vorderasien würde den Gebrauch gerade stiergestalti-
ger Masken durchaus nahelegen.[359]

2.3.1.6. Maskenträger auf assyrischen Reliefs

Eine interessante Spur führt zurück zu Ez 21,26, wo es vom babylonischen König heisst, er schüttle die Pfeile, befrage die Teraphim, beschaue die Leber,
um ein Orakel zu erhalten.

Die Leberschau ist tatsächlich ein vielfach bezeugtes Orakelverfahren in Ba-

---

357 KARAGEORGHIS, Notes 263 und figs 8-9 (= Kition figs 80-81). Vgl. aaO.
und ders., Kition 105 auch den Hinweis auf LUCIANs "De Dea Syria" (§ 55),
"wonach ein Mann, wenn er das erste Mal nach Hierapolis kam, sich das
Haar schnitt, ein Lamm opferte, niederkniete und den Kopf und die Füsse
des Tieres selbst anzog und zu den Göttern um Annahme des Opfers betete".
KARAGEORGHIS erinnert auch an die grosse Verbreitung der Stier-Mensch-
Bilder (Minotaurus und Stiermensch) in Aegäis und Nahem Osten.

358 Vgl. KEEL, Wirkmächtige Siegeszeichen Abb.64 und JAROŠ, Die Stellung
Abb.1. Interessant ist ein Stempelsiegel (?) mit einem Rinderschädel-
Motiv aus Aroer im Negev (650-587 v.Chr.). Darüber sind Gitter (oder
Körbe?) eingraviert (A. BIRAN/R. COHEN, Aroer 261 fig.10,9: Pl.48,4).

359 Zum Stier vgl. oben Kap. 2.1.3. Zur Hörnerkappe vgl. vor allem O. KEEL,
Wirkmächtige Siegeszeichen 125-134. KEEL geht aaO. im Zusammenhang des
Prophetenwortes an den König von Israel in 1Kön 22,11 der Bedeutung der
Hörner, speziell der Stierhörner in Israels Umwelt und in der JHWH-Reli-
gion nach.

bylonien gewesen.[360] Ein SB-zeitliches Lebermodell aus Hazor und ein weiteres aus Megiddo (Str.VII) zeigen, dass diese mantische Praktik in Israel/Pa-
lästina nicht ganz fremd gewesen sein kann.[361] Ausser Ez 21,26 wurden als
mögliche Hinweise auf das Praktizieren der Leberschau in Israel bislang Pss
7,10b und 139,23 herangezogen.[362] O. LORETZ hat nun in seinen neuen Untersuchungen zur Leberschau in Israel weitere Indizien in Pss 27,4; 74,9; in 2Kön
16,15 sowie eventuell Pss 5,4; 86,17 u.a. gefunden. In Dtn 18,9-12 dürfte
unter die verbotenen Praktiken auch die Leberschau zu rechnen sein.[363]
Das Schütteln der Pfeile hat mit der in 1Sam 20,20-22 und in 2Kön 13,14-19
belegten Form des Orakels durch Pfeil<u>schiessen</u> wahrscheinlich nichts zu tun,
eher aber mit dem im arabisch-beduinischen Raum belegten Pfeilorakel.[364]
Eventuell liegt in Ez 21,26 auch ein Missverständnis des auf zahlreichen
assyrischen Reliefs dargestellten Siegesgestus vor, wobei der thronende König in der einen Hand den zu Boden gestellten Bogen, in der erhobenen anderen die Siegespfeile hält.[365]

---

360 Vgl. dazu B. MEISSNER, BuA II 267-275 und zur Wahrsagekunst allgemein
aaO. Kap.18 sowie zur Funktion des Kultpersonals bei Magie und Orakel
bes.61ff. Auch in Ugarit sind Lebermodelle gefunden worden und Textzeug-
nisse für das Betreiben der Leberschau (dazu O. LORETZ, Leberschau 9-12).
Zu כבד im Alten Testament vgl. C. DOHMEN, Art. כבד in: ThWAT IV 14 und
P. STENMAUS, aaO. 22.

361 Vgl. ANEP Nos 594 (aus Hazor, beschriftet) und 595 (aus Megiddo, unbe-
schriftet) und dazu O. KEEL, AOBPs 164.

362 Vgl. KEEL, aaO.

363 Zum Vorangehenden vgl. ausführlich O. LORETZ, Leberschau 13-34.58-107.
Nach LORETZ war die Leberschau engstens mit der Institution des Königtums verbunden. Nach dessen Untergang und der vollen Entfaltung des Monotheismus wurde im Rückblick die Leberschau in Israel als inexistent
dargestellt (aaO. bes.34).

364 W. ZIMMERLI (Ezechiel 489) denkt an ein dem Losorakel vergleichbares Verfahren, wobei die Pfeile im Köcher geschüttelt werden. Im beduinisch-
arabischen Bereich ist ein solches Orakel durch Pfeileschütteln belegt
(R. KLINKE-ROSENBERGER, Das Götzenbuch 44.48.55 und Sure 5,4 des Koran).
Danach mussten vor dem Schütteln der Pfeile Entscheidungsfragen gestellt
werden, auf die dann drei mögliche Antworten kamen (Ja, Nein, "Abwarten";
vgl. aaO. 55). Zum Losorakel in Israel vgl. bes. W. DOMMERSHAUSEN, Art.
גורל in: ThWAT I 991-998.

365 Vgl. z.B. Sanherib nach der Eroberung von Lachisch auf einem Relief des
British Museum (ANEP No 371 und J. READE, Assyrian Sculpture Abb.73) und
BARNETT/FALKNER, The Sculptures Pl. LIX (Tiglat-Pileser III.). Diesen
Hinweis verdanke ich C. UEHLINGER (mündlich).

Auf einem Relief Assurnasirpals II. (883–859)[366] sind nun oberhalb einer bunten Feldlagerszene auch zwei Männer in knielangem Rock zu sehen, die beide eine Löwenmaske tragen, welche über Schulter und Rücken in ein bodenlang herabhängendes Stück Fell oder Tuch übergeht, die Hände jedoch freilässt. Die beiden Maskierten stehen frontal voreinander, wobei der linke in die Hände klatscht, während der rechte eine Peitsche hält und die andere Hand zum Mund führt. Der unverkleidete Mann links tritt mit einem banjoartigen Instrument auf die Gestalten zu, wahrscheinlich um ihren Tanz zu begleiten (Abb. 61).[367] Eine sehr ähnliche Gestalt mit gleicher Verkleidung, ebenfalls mit einer Peitsche in den gefalteten Händen, folgt auf einem Relief Tiglat-Pilesers III. (745–727 v.Chr.) vier assyrischen Offizieren, die sich in einer Reihe auf ein nicht erkennbares Objekt rechts zubewegen und dabei in die Hände klatschen. BARNETT und FALKNER vermuteten hinter der Szene einen Siegestanz oder ein magisches Ritual (Abb. 62).[368]

R.S. ELLIS konnte in seinem Beitrag zu den verschiedenen Arten von "Löwen-Menschen" noch zwei weitere Belege für Maskierte in der Kunst Mesopotamiens anführen. Auf einem neuassyrischen Rollsiegel des 9.Jhs.v.Chr. steht der Mann mit Löwenmaske und Peitsche hinter einer thronenden Ischtar, vor die ein Verehrer tritt (Abb. 63).[369] Im anderen Fall handelt es sich um ein babylonisches Beschwörungsrelief, auf dem links neben einer Lamaschtu-Szene ebenfalls der Mann im Löwenkostüm erkennbar ist.[370]

Dem Aussehen dieser Maskierten auf den Reliefs entspricht das einiger neuassyrischer Tonfigürchen, die ebenfalls Menschenkörper mit Löwenkopf erkennen lassen (Abb.64).[371] Im Metropolitan Museum in New York befindet sich eine

---

366 E.A.W. BUDGE, Assyrian Sculptures Taf.16,1 = R.S. ELLIS, "Lion-Men" 76 fig.1.

367 Eine detaillierte Beschreibung der Szene findet sich bei R.S. ELLIS, "Lion-Men" bes.67f. ELLIS hat erstmals die verschiedenen Arten von löwenartigen Mischwesen zu systematisieren versucht und dabei den Maskierten und den Löwengestaltigen mit Greifenfüssen besondere Aufmerksamkeit geschenkt.

368 R.D. BARNETT/M. FALKNER, The Sculptures 9 und Pls 1–2; ELLIS, aaO. 68 und 76 fig.2.

369 AaO. 68f. und 76 fig.3 (= H. CARNEGIE, Catalogue Pl.Qc 1 = H. FRANKFORT, Cylinder Seals Pl.33g).

370 C. FRANK, Die babylonischen Beschwörungsreliefs 84 pl.3 Relief B = ELLIS, aaO. 76 fig.4.

371 BOTTA, Monument II 152bis; vgl. die Auflistung von ELLIS ("Lion-men" 69–71 und figs 5–9), der auf sieben Exemplare (unbekannter Herkunft sowie aus Chorsabad, Assur, Ninive) kommt. Ein achtes Exemplar ist in Uruk

kleine phönizische Elfenbeinplakette, die eindeutig einen Mann mit einer Löwenmaske darstellt (Abb.65).[372]

Ueber die Bedeutung der verkleideten Männergestalten hat bislang nur R.S. ELLIS ausführlichere Ueberlegungen angestellt.[373] Einig ist man sich darüber, dass diese Gestalten unterschieden werden müssen von den greifenfüssigen Löwendämonen, die seit altbabylonischer Zeit nachweisbar sind und in der assyrischen Plastik des 7.Jhs.v.Chr. sowie auf den babylonischen Beschwörungsreliefs in Erscheinung treten.[374] Ausser den Greifenfüssen sind die langen Spitzohren, die Dolche in den Händen und das fehlende Fell typische Merkmale dieser Dämonen, die einzeln oder als sich bekämpfendes Paar vorkommen. Von den inzwischen zahlreichen Identifizierungsversuchen hat die Bestimmung als *ugallu*-Dämon nach Meinung von A. GREEN die grösste Wahrscheinlichkeit.[375]

gefunden worden. Inzwischen wurden in Assur offenbar weitere Stücke entdeckt (B. ISMAIL, Neuere Tontafelfunde 198ff. fig.6). Vgl. zu den Lehm- und Tonfiguren D. RITTIG, Assyrisch-babylonische Kleinplastik 110-112 Nos 13.1.1 (Chorsabad) bis 13.1.3 (Assur) und Abb.46; sowie bei A. GREEN, Neo-Assyrian Apotropaic Figures 91 und Pl.XII a (bei RITTIG, aaO. 103 No 12.1.3; falsch klassifiziert) ein Tonfigürchen (aus einem Raum im Fort Salmanassar, Nimrud) "discovered in a foundation box".

372 C. DECAMPS DE MERTZENFELD, Inventaire Pl.127.No 1084.

373 A. GREEN, aaO. 91 wagt nicht einmal die Bestimmung als "Maskierte", sondern referiert hier nur die Meinung von R.S. ELLIS ("Lion-men", passim) und J. READE (The Neo-Assyrian Court 96). D. RITTIG (aaO. 209) enthält sich jeder Deutung.

374 Dieses Mischwesen figuriert bei ELLIS, aaO. 67 als Typ b (vgl. aaO. figs 10 und 11); vgl. die Zusammenstellung der bekannten Exemplare bei U. SEIDL, Die babylonischen Kudurru-Reliefs 171-175 und die Beiträge von H. KLENGEL (Neue Lamaštu-Amulette) sowie G. WILHELM (Ein neues Lamastu-Amulett) zu den Beschwörungstäfelchen. Zusätzlich zu den bei U. SEIDL. genannten Stücken sei noch die - heute nur in Form einer Zeichnung erhaltene - Darstellung hinter dem Stierkoloss am Eingang des SW-Palastes Asarhaddons (680-669) in Nimrud genannt, wo ein mit Dolchen bewaffneter Dämon hinter einem Assyrer läuft (BARNETT/FALKNER, The Sculptures 23 und Pl.112).

375 AaO. 90f. FRANK (Babylonische Beschwörungsreliefs 53.55) hat vermutet, dass in solchen Szenen der Gott Ninib dem bösen Dämon oder den bösen Dämonen entgegentritt, während B. MEISSNER (BuA II 56) die Gestalten für als unheilabwehrende Dämonen verkleidete Priester hielt. U. SEIDL (aaO. 173f.) glaubte, es handle sich um den *utukku*-Dämon.
Zur Ausstattung von Dämonen mit Löwenzügen vgl. auch O. KEEL, AOBPs 73f. In Aegypten tritt der Gott Bes öfter tanzend und mit Messern bewaffnet auf (vgl. H. ALTENMUELLER, Art. "Bes" in: LdAe I 720-724). Vgl. die Reliefs am Sessel aus dem Grab des Jua und der Thuju (M. METZGER, Königsthron 70 und Nos 225-227) sowie die Elfenbeineinlagen eines Bettes aus Kerma (R.D. BARNETT, Ancient Ivories Pl.12).

Hingegen konnte ELLIS für die Interpretation der maskierten Löwenmenschen nur einige Linien skizzieren, die noch kein deutliches Bild von der Bedeutung dieser Figuren ergeben. ELLIS vermutet, dass sie ihre Funktion im Zusammenhang von Totengeist-Austreibung und kultischem Tanz hatten.[376] Man wird auch nicht ganz ausschliessen dürfen, dass mit der Verkleidung eine bestimmte Art von Dämonen verkörpert und zugleich abgewehrt werden sollte, womit sich die Frage nach der Beziehung der Maskierten zu den greifenfüssigen Löwendämonen erneut stellt.

Ich möchte hier zur Diskussion stellen, ob die Israeliten zur Zeit des Propheten Ezechiel nicht vielleicht solche assyrisch-babylonischen Darstellungen von mit Tierfellen verkleideten Männern kannten - wie sie auch um die Leberschau offenbar wussten - und diese mit dem, was sie als תרפים kannten, identifizierten. Hinzuweisen wäre hier auch auf die Fragmente löwengestaltiger Tonmasken, die eventuell getragen worden sein könnten, vom Tell Qasile (Str.XI)[377] sowie auf ein Figürchen mit Löwenmaske aus Lachisch (eisenzeitlich oder persisch?) bei <u>Abb. 66</u>.[378]

In diesem Zusammenhang ist nun eine sehr aufschlussreiche atl. Notiz zu erwähnen. In Jes 2,6 wird die Ankündigung des Strafgerichts Gottes über Juda eingeleitet:

> Fürwahr, du hast dein Volk preisgegeben, Jakobs Haus.
> Denn sie sind voll von 'Wahrsagern' aus dem Osten
> und von Zauberern wie bei den Philistern,
> und mit fremdem Gesindel klatschen sie in die Hände.

Hier ist nicht nur der starke Einfluss der mantischen Künste von Osten her bezeugt, sondern vielleicht auch ein Wahrsage- oder Orakelritual, zu dem das Händeklatschen gehörte, wie auf den oben erwähnten assyrischen Reliefs.[379]

---

376 ELLIS, "Lion-men" 75f. ELLIS zieht assyrische und babylonische Texte heran und geht dabei vor allem der Peitsche und dem Tanz nach. Wichtig ist der Fundkontext dieser Tonfigürchen, der auf apotropäische Funktion deutet (einige wurden in Palastfundamenten in Ziegelkapseln gefunden!).

377 A. MAZAR, Excavations 85f. fig.22 und Pl.31.

378 O. TUFNELL, Lachish III Pl.31,19.

379 Vgl. zu dem schwierigen Text H. WILDBERGER, Jesaja bes.93.99. WILDBERGER verweist auf die Bedeutung von ספק/‏ שפק I in Num 24,10 und Klgl 2,15, wo Händeklatschen die Abwehr von etwas Unangenehmen bzw. von Dämonen an öden Stätten bezwecken soll. Er zieht das Fazit, dass in Jes 2,6 "von Teilnahme an einer ausländischen Kultsitte" die Rede sei. Die ילדי נכרים versteht WILDBERGER (vgl. 1Kön 12,8) als "unvertraute Leute, mit denen man nichts zu tun haben sollte" (aaO. 93).

Damit wäre also möglicherweise ein weiteres Indiz für einen Zusammenhang der Löwenmaskierten mit den atl. Teraphim gewonnen.

Einen Zusammenhang von תרפים und Tier-/Dämonenmaske könnte auch die Etymologie von *tarpiš* noch unterstützen. H. OTTEN gelang es nämlich in den 60er Jahren, einige Keilschriftfragmente aus Boghazköy zusammenzufügen, mit deren Hilfe dann u.a. die Aequivalenz von akkadisch *lamassu* und *šēdu* mit hethitisch *annariš* und *tarpiš* nachgewiesen werden konnte.[380] VON SODEN konnte aufgrund seiner Untersuchung aller assyrisch-babylonischen Texte, in denen die akkadischen Begriffe vorkommen, nachweisen, dass es sich um gute Dämonen handelt, sofern sie zusammen auftreten, dass aber *šēdu* (und entsprechend *tarpiš*) allein "böser Dämon" bedeutet.[381] Es bleiben in dem versuchsweise geknüpften Netz von möglichen Fäden zwischen den atl. Teraphim, hethitisch *tarpiš* und den Maskierten und Dämonen in der assyrisch-babylonischen Bildkunst natürlich noch grosse Lücken, vor allem weil wir über die exakte Funktion der einen wie der anderen wenig Genaues wissen.[382] Solange daher nicht neues Material auftaucht, wird man anderslautende Thesen zu den Teraphim nicht völlig ausschliessen können.[383] Dennoch hat die Identifizierung des Teraphims mit einer grossen tier- oder mischwesengestaltigen Maske, welche zur Orakelverkündigung (eventuell auch Beschwörungspraktiken) von dazu befugten Personen, wohl nicht nur Priestern,[384] getragen wurde und sich in Israel jahrhundertelang der Beliebtheit erfreute, einige Wahrscheinlichkeit.

---

380 H.A. HOFFNER, Hittite Tarpiš 64. W. VON SODEN, Die Schutzgenien 150
     Anm.3; J. FRIEDRICH, HWb, Erg.3 32.

381 W. VON SODEN, Die Schutzgenien, passim.

382 Vor allem wäre noch zu klären, wie der Uebergang von Beschwörungs- und
     Orakelfunktion vorzustellen ist. Vgl. noch die interessante Parallele
     von hebr. אוב und heth. *a-a-bi* (ebenfalls ein "chtonisch orientierter"
     Begriff) bei HOFFNER, Hittite Tarpiš 68.

383 So kann man an menschengestaltige Masken auf einem Stab denken, ähnlich
     wie sie auf einer Anzahl altsyrischer Rollsiegel zu sehen sind. Vgl.
     H. SEYRIG (Les dieux, passim) mit Abbildungen von 15 Rollsiegeln. Zwei
     davon sind publiziert bei U. WINTER, Frau und Göttin Abb.71 und 72. Am
     Rande sei hier noch aufmerksam gemacht auf drei altsyrische Rollsiegel,
     die einen menschlichen Kopf auf einem Pfahl zeigen. Die Bedeutung ist
     unsicher (vgl. VAN BUREN, Symbols 60 und H. FRANKFORT, Cylinder Seals
     Pl.45n). Dass die doppelköpfigen Standarten dort allerdings kein Orakel-
     instrument, sondern ein Verehrungsgegenstand sind, hat H. SEYRIG gezeigt
     (aaO. 233-252 bes.244-46).

384 Wie oben schon gezeigt, deutet das Kolorit der Teraphim-Passagen eher
     auf Haus- und Volksfrömmigkeit, ebenso die in 1Sam 19 und Gen 31 mani-
     festierte Assoziation von Teraphim und Frauen.

2.3.2. EINIGE HINWEISE ZUM EPHOD

Die 1968 erschienene Studie von I. FRIEDRICH über "Ephod und Choschen im Lichte des Alten Orient" stellt nicht nur eine fundierte Auseinandersetzung mit der Vielfalt der bisweilen sehr kontroversen Hypothesen zum Ephod dar, sondern bietet auch eine so grosse Menge von religionsgeschichtlichem und etymologischem Material, dass bislang keine wesentlichen, neuen Forschungsergebnisse hinzuzufügen sind.[385] Damit ist allerdings nicht gesagt, dass FRIEDRICH die Fragen, die sich zum Ephod stellen, allesamt beantwortet hätte. Die grosse Verwirrung über das Ephod ist nämlich darin begründet, dass das Wort אֵפוֹד, das im Alten Testament 49mal vorkommt, als Homonym für verschiedene Dinge gebraucht wird, was auch schon die LXX mittels unterschiedlicher Uebersetzung (mit ἐφούδ bzw. ἐπωμίς) zum Ausdruck bringen.[386] Während das als בַּד אֵפוֹד bezeichnete liturgische Kleidungsstück (1Sam 2,18; 2Sam 6,14; 1Chr 15,27.29) und der hohepriesterliche Ornat (Ex 25,7; 35,9.27 Materialbeschaffung; Ex 28,4-30.31; 39,1-21.22 Anfertigung und Ex 29,5; Lev 8,7-8 Bekleidung Aarons; vgl. Sir 45,10-11)[387] für unser Interesse von geringerer Bedeutung sind, soll doch ein Blick auf die übrigen Stellen geworfen werden, vornehmlich auf Ri 8,27, da hier der Kontext Anlass gegeben hat, das אֵפוֹד als Kultbild zu identifizieren.[388]

Nach dem Sieg über die Midianiter lässt Gideon unter den Israeliten den erbeuteten Goldschmuck einsammeln:[389]

---

385 Neueren Datums sind m.W. nur die kleineren Beiträge von A. PHILIPPS, David's Linen Ephod und N.L. TIDWELL, The Linen Ephod, die sich auf das אֵפוֹד בַּד beziehen, und der Artikel von P.R. DAVIES, Ark or Ephod (dazu unten Anm.399).

386 Vgl. die Uebersichtstabelle bei I. FRIEDRICH, Ephod und Choschen 28, wo auch die Uebersetzungen der Vulgata und Syriaca angeführt werden.

387 Vgl. dazu FRIEDRICH, aaO. bes.20-27.52-70.

388 FRIEDRICH (aaO. 17ff.) rezipiert die Positionen von ZAPLETAL, SELLIN, KOENIG und GABRIEL. Auf die These von H. GRESSMANN und S. MOWINCKEL (Wann wurde der Jahwäkultus bes.259f.), die das אֵפוֹד als Stierbild in der Lade bestimmten, nimmt FRIEDRICH keinen Bezug. GRESSMANN und MOWINCKEL stiessen bei ihren Ueberlegungen natürlich auf die Schwierigkeit, dass ein Kultbild und Orakelerteilung zweierlei sind. Deren Beziehung wird denn auch nicht sehr klar. Offenbar gehen sie von einem Stierbild-Ephod und zusätzlich einem Orakel-Ephod (mit Urim und Tummim) aus (MOWINCKEL, aaO. 259). Auch H. THIERSCH (Ependytes 116) setzte für Ri 8, 24ff; 17-18 die Bedeutung "Kultbild" voraus.

389 Zur Bedeutung des Schmuckeinsammelns vgl. Kap. 2.1.3.2. und 3.3.2. sowie U. WINTER, Frau und Göttin 588-598.

Gideon machte daraus ein Ephod und stellte (ויצג) es
in seiner Stadt, in Ofra, auf.
Und dort hurte (ויזנו) ganz Israel hinter ihm her.
Und so wurde es Gideon und seinem Haus zum Fallstrick.

FRIEDRICH hat die Argumente derer, die hier unter dem Ephod ein Kultbild verstehen, diskutiert und weitgehend entkräftet. So bedeutet ויצג "hinstellen",
nicht unbedingt "(eine Statue) aufstellen",[390] und זנה "buhlen, huren", das
in übertragener Bedeutung für Israels Umgang mit fremden Göttern bzw. heidnischen Völkern gebraucht wird,[391] kann im weiteren Sinn auch Gesinnungen
qualifizieren, die zum Abfall vom JHWH-Glauben führen (vgl. z.B. Num 15,39),
vor allem mantische Praktiken (Lev 20,6; Hos 4,12). Das Ephod rückt damit
von seiner Funktion her in die Nähe des Teraphim, mit dem zusammen es in Ri
17,5; 18,14-20 und Hos 3,4 ja auch genannt wird. Nirgends hingegen finden
sich Hinweise auf eine Verehrung des Ephod.
1Sam 14,18;[392] 23,9-12; 30,7-9 lassen keinen Zweifel, dass es sich um ein
Instrument handelt, das von einem Priester herbeigetragen wird, damit es auf
(Entscheidungs-)Fragen antworte und so den Willen JHWHs kundtue.[393] 1Sam 2,
28; 14,3 und eventuell 22,18[394] bestätigen, dass das Ephod vom Priester gehalten und vor JHWH getragen wird. Um ein solches Orakelephod scheint es
sich auch in 1Sam 21,10 zu handeln, wo der Priester Abimelech David ein
Schwert gibt, das hinter dem Ephod (אחרי האפוד) liegt.
Ein Ephod gehörte also zum Inventar eines, vielleicht jedes Heiligtums. Es
muss von transportabler Grösse gewesen sein (vgl. auch 1Sam 23,6), konnte
aber ein Philisterschwert, das man sich relativ lang (ca.70cm) vorstellen

---

390 Das hi. von יצג beinhaltet jedoch, wie B. JOHNSON (ThWAT III 822-24)
festhält, "dass das konkrete Hinstellen im betreffenden Zusammenhang
ein besonderes Gewicht hat". Die Einrichtung eines Kultus ist aber nicht
notwendig impliziert.

391 Vgl. dazu den Artikel von S. ERLANDSSON in: ThWAT II 612-619 (bes.615f.)
und U. WINTER, aaO. Kap.IV B 2 bes.607-613.

392 Hier liest MT allerdings ביום הזה ובני ישראל כי־היה ארון האלהים, während
die LXX ὅτι αὐτὸς ἦρεν τὸ ἐφοῦδ ἐν τῇ ἡμέρᾳ ἐκείνῃ ἐνώπιον
Ἰσραήλ überliefern. Vgl. Anm.399.

393 Ob in Ri 18,5ff. die Befragung mit dem Teraphim oder dem Ephod vorgenommen wird, bleibt unklar.

394 Hier haben die MT בד אפוד, was FRIEDRICH aber zugunsten der LXX-Lesart
korrigieren möchte (so auch PHILLIPS, David's Linen Ephod 486).

darf,[395] verdecken. Zu seiner Anfertigung verwendet Gideon eine beachtliche Menge Gold, woraus sich aber keine sicheren Angaben über die Art und Grösse des Ephod ableiten lassen. Einen Hinweis könnte jedoch noch Jes 30,22 geben, wo es heisst:

Ihr werdet den Silberbezug eurer Skulpturen und den Goldbeschlag eurer geschmiedeten Bilder verunreinigen[396]

(וְטִמֵּאתֶם אֶת־צִפּוּי פְּסִילֵי כַסְפֶּךָ וְאֶת־אֲפֻדַּת מַסֵּכַת זְהָבֶךָ).

Ein Ephod könnte von dieser, aus dem Parallelismus membrorum ableitbaren Bedeutung von אֲפֻדָּה und damit der Wurzel אפד her als metallbeschlagener Gegenstand vorgestellt werden, der - ähnlich wie die Lade - kastenförmig war, und in dem sich ursprünglich wohl die Lossteinchen (Urim und Tummim) befanden, die später im Choschen des hohepriesterlichen Ornats aufbewahrt wurden.[397] FRIEDRICH hat einen Zusammenhang der Gestalt von Orakelephod und hohepriesterlichem Ephod, wie SELLIN[398] ihn mit der Annahme eines Götterbildkleides (zu Orakelzwecken) herstellen wollte, abgelehnt. Nach seiner Auffassung kam es erst zur Bezeichnung אֵפוֹד für den vorher אָרוֹן genannten (Orakel-)Kasten nomadischer Herkunft mit den darin enthaltenen zwei Betylen (Urim und Tummim), als man den Namen אָרוֹן nicht mehr verstand und dafür die Bezeichnung des bekannten Orakelmittels, des hohepriesterlichen Ephods mit dem Choschen,

---

395 Normalerweise waren die Schwertklingen in Palästina höchstens bis 40cm lang (vgl. H. WEIPPERT, Art. "Dolch und Schwert" in: BRL² 58-62); in der südlichen Küstenebene wurde jedoch ein als Philisterwaffe gedeutetes Schwert aus dem 12./11.Jh.v.Chr. gefunden, das 75cm lang ist (Y. YADIN, The Art 344f.).

396 Vgl. Kap. 3.4.1. Anm.197. FRIEDRICH (aaO.17) versteht unter אֲפוּדָה wie andere vor ihm "einen aus Metall gegossenen Teil eines Götterbildes", wofür es aber keine Anhaltspunkte gibt. Auf die Etymologie von אָפֻד können wir hier nicht näher eingehen. Vgl. dazu KBL I 74ff. Ob in ugaritischen Texten ʾpd als Göttergewand auftritt, ist umstritten (dazu auch W.F. ALBRIGHT, Are the Ephod).

397 Zu den Theorien bzgl. אוּרִים וְתֻמִּים vgl. KBL I 24 und den Artikel גוֹרָל von W. DOMMERSHAUSEN in: ThWAT I 991-998 bes.995f. (mit ausführlicher Bibliographie). Dass es sich um verschiedenfarbige Steine gehandelt habe, scheint mir immer noch die plausibelste Deutung. Zum חֹשֶׁן, der quadratischen Lostasche des hohepriesterlichen Ephods vgl. FRIEDRICH, aaO. bes.49-51.

398 Efod und Terafim, passim sowie ders., Zu Efod und Terafim. Vgl. FRIEDRICH, aaO. bes.19ff. H. THIERSCH (Ependytes und Ephod bes.116) bringt zwar den hohepriesterlichen Ephod mit dem antiken Ependytes, einem Götterbildgewand zusammen, ohne jedoch die atl. Stellen, bei denen man an ein Kultbild dachte, einzubeziehen.

übernahm.[399] Eine wirkliche Klärung dieser Zusammenhänge steht allerdings
nach wie vor aus.

399 FRIEDRICH, aaO. 71f. Auch P.R. DAVIES (Ark or Ephod, passim) schlägt im
Zusammenhang der Textkritik von 1Sam 14,18 eine grundsätzliche Identifikation von Lade und dem in 1Sam 2,28; 14,3; 21,10; 22,18; 23,6.9 und
30,7 erwähnten Ephod vor. Wegen der Einführung in die Erzählung vom
Raub der Lade seien alle Passagen in 1Sam, in denen von der Lade berichtet wird, dann entsprechend geändert worden. Diese These ist verlockend,
aber, wie DAVIES selbst zugibt, schwer beweisbar. Dass in 1Sam 14,18
Lade und Ephod verwechselt sind, könnte durchaus auf ihre Aehnlichkeit
zurückzuführen sein.

KAPITEL III

ALTTESTAMENTLICHE NACHRICHTEN
VON
ANTHROPOMORPHEN BILDWERKEN

Das Verbot, sich anthropomorphe Götterbilder und andere menschengestaltige
Bilder im Sakralbereich, d.h. zum Beispiel Beterstatuen oder figürliche Dekorationen, anzufertigen, steht in Dtn 4,15f. an erster Stelle in der Reihe
der verbotenen Darstellungen:[1]

> 15 So hütet euch nun ...
> 16 euch ein Götterbild (פסל) anzufertigen,
> irgendeine Art von beigestelltem Kultobjekt (סמל),
> (in) Gestalt eines Mannes oder einer Frau
> (תבנית זכר או נקבה).

Diese Vorrangstellung kommt nicht von ungefähr, wie der folgende Teil dieser
Arbeit zeigen wird. Seit frühester Zeit kannten die Israeliten die menschengestaltigen Bilder und Kultbilder ihrer näheren, später auch die der ferneren Nachbarn, der Aegypter, Assyrer und Babylonier. Gerade die bedeutenderen
Götterbilder in den Tempeln waren dort zumeist menschengestaltig, auch wenn
dieselben Gottheiten daneben in Tier- oder Astralgestalt vergegenwärtigt
werden konnten.[2]

Dass die israelitische Kunst die Darstellung von Menschen oder menschengestaltigen Gottheiten nicht scheute, zeigen Ausgrabungsfunde aus dem eisenzeitlichen Palästina nur zu deutlich.[3] Da sind besonders die vielen Terra-
kottafigürchen der "nackten Göttin" zu erwähnen, oder die "Herrin der Tiere"

1 C. DOHMEN (Das Bilderverbot 203-210) unterscheidet in der Genese von Dtn
4 drei Phasen: einen Grundtext (Vv 1-4.9-14), in dem noch nicht vom Bilderverbot die Rede ist, sodann eine erste Erweiterung (Vv 15.16a ohne סמל
19-28), die den Kontrast "Audition-Vision" paränetisch entwickelt und
schliesslich eine priesterschriftliche Erweiterung in Vv 16a (nur סמל).b.
17-18, durch die das Kultbildverbot zu einem Verbot jeglicher Darstellung
im Kult wird. DOHMEN vertritt eine Abhängigkeit von Dtn 4 von der Dekalogs-
redaktion (Dtn 5,8) und grenzt sich damit gegen frühere, anderslautende
Vorschläge ab (so G. BRAULIK, Das Testament 30; ders., Die Mittel 44 Anm.
112; F.-L. HOSSFELD, Der Dekalog 284).

2 Die Menschengestaltigkeit ist kein Datierungskriterium. Obwohl die anthropomorphen Gottheiten geschichtlich jünger als Fetisch und Tiergestalt sind,
gibt es in Aegypten seit der 1./2. Dynastie Tier- und Menschengestalt nebeneinander, häufig zu Mischwesen kombiniert (Menschenleib und Tierkopf)
(vgl. E. HORNUNG, Der Eine 91-114). In neuassyrisch/babylonischer Zeit
kommt in Vorderasien eine Vorliebe für symbolhafte Repräsentationen auf,
neben der die anthropomorphen aber weiterexistieren (J. RENGER, Art. "Kultbild A" in: RLA VI bes.308).

3 Fast alle folgenden Motive werden in den einzelnen Kapiteln noch ausführlicher zur Sprache kommen, weshalb ich hier auf die Belege verzichte.

als Reliefschmuck an Keramikständern, wo auch das Motiv des Schlangentöters
(Baal) vorkommt. In der Siegelkunst spielt z.B. die numinose Gestalt des
"Herrn der Tiere" eine grosse Rolle.[4] Hinzuweisen ist auch auf die Darstel-
lungen von Thronenden in der Keramikbemalung und Wandmalerei (Kuntillet
Adschrud)[5] sowie auf verschiedene Verehrer-/Beterdarstellungen (Prozession,
LeierspielerIn, Beter am heiligen Baum u.v.a.). Auffälligerweise ist gerade
die eisenzeitliche Keramik, von deren figürlicher Gestaltung im Alten Testament nichts mitgeteilt wird und die ja zu grössten Teilen israelitischer
Provenienz ist, sehr häufig Träger anthropomorpher Bilder, von denen ein
erheblicher Anteil mit Sicherheit Götter oder Göttinnen repräsentiert, die
in Israel verehrt wurden (z.B. die "Himmelskönigin").[6]

Eine Frage, der immer besonders viel Aufmerksamkeit gewidmet wurde, ist die,
ob JHWH je menschengestaltig dargestellt worden sei. Hin und wieder wurden
positive Antworten laut, die sich aber auf nicht aufrechtzuhaltende Hypothesen gründeten.[7] Der jüngste Vorstoss in dieser Richtung dürfte die von O.
LORETZ wieder vertretene Ansicht sein, dass in Ps 27,4 ("JHWHs Freundlich-
keit zu schauen und in seinem Tempel Leberschau zu betreiben") an eine JHWH-
Statue zu denken sei.[8] Ein erwägenswerter Hinweis natürlich, aber noch kein
Beweis!

Ich bin eher skeptisch, was die Möglichkeit anthropomorpher JHWH-Bilder betrifft. Wenn es je solche gab, werden sie sich aller Wahrscheinlichkeit nach
kaum von den kanaanäischen El- oder Baal-Bildern unterschieden haben. Eine
in die Frühzeit zurückreichende anthropomorphe JHWH-Bildtradition gab es
offenbar nicht, und Israel mag infolgedessen anfänglich für kanaanäische "In-
spirationen" sehr aufnahmebereit gewesen sein. In die Reichsheiligtümer sind
anthropomorphe JHWH-Bilder den atl. Quellen zufolge jedenfalls nicht vorge-

4 Vgl. O. KEEL, Jahwes Entgegnung bes. Abb.34-42.

5 Vgl. die Nachweise in Kap. 6.3. sowie P. BECK, The Drawings 52ff. fig.20
   Pl.8,1 (vgl. dazu J.W./G.M. CROWFOOT, Early Ivories Pl.XI, ein fragmentarisch erhaltenes, sehr ähnliches Elfenbeinrelief aus Samaria).

6 Zur Diskussion um die Bedeutung der Göttinnenfigürchen vgl. U. WINTER,
   Frau und Göttin bes.127-134. Die Unterscheidung des Gottes/der Göttin vom
   Beter/Verehrer ist vielfach nicht möglich, wenn nicht eindeutige Attribute
   wie Hörnerkrone oder das Emblemtier des Gottes hinzukommen (vgl. dazu
   R.M. BOEHMER, Art. "Götterdarstellungen" in: RLA III 466-469).

7 Zur Diskussion um das Bronzefigürchen aus Hazor (Str.XI), das von AHLSTROEM
   als JHWH-Bild interpretiert wird, vgl. Kap. 5.2.3. und O. KEEL, Jahwe-
   Visionen bes.43. Wahrscheinlicher ist, dass es sich um eine Beterdarstel-
   Die beiden Besfiguren auf Krug A von Kuntillet Adschrud wurden schon
   als "JHWH und seine Aschera" interpretiert. Vgl. dazu aber Kap. 1.1.4.

8 Vgl. O. LORETZ, Leberschau 58-80.

drungen. In Jerusalem thront JHWH unsichtbar auf dem leeren Kerubenthron über der Lade, in Bet-El und Dan wird er durch das Bild des Stieres vergegenwärtigt.[9] Mit dem zunehmenden Abgrenzungsbedürfnis gewisser Kreise gegen alles, was sich mit kanaanäischer Kultur und Religion verband, dürften eventuell vorhandene menschengestaltige JHWH-Bilder ab dem 9.Jh.v.Chr. endgültig unmöglich geworden sein. Bezeichnenderweise ist das atl. Bilderverbot ja aus dem Fremdgötterverbot hervorgegangen, und ein Bild JHWHs zu machen, wird nirgends explizit verboten (auch in Dtn 4 nicht). Ein unverwechselbares, genuin israelitisches JHWH-Bild hätte wohl erst erfunden werden müssen, um verboten zu werden.

9 Vgl. Kap. 2.1.3.

3.1. DIE KRONE DES MILKOM

In 2Sam 12,30 und parallel in 1Chr 20,2 wird berichtet, bei der Eroberung
der Ammoniterstadt Rabba durch Joab und David habe David sich als Beute u.a.
die עטרת־מלכם angeeignet, die sehr wertvoll und von grossem Gewicht gewesen
sei:

> Und er (David) nahm die Krone ihres Königs (מַלְכָּם)
> von dessen Haupt,
>
> und ihr Gewicht betrug ein Talent (ככר) Gold und Edelstein(e),
>
> und sie kam auf Davids Haupt... (2Sam 12,30)

> Und David nahm die Krone ihres Königs (מַלְכָּם)
> von dessen Haupt,
>
> und es stellte sich heraus,
>
> dass sie ein Talent (ככר) Gold wog;
>
> an ihr war ein Edelstein, und der kam auf Davids Haupt.
> (1Chr 20,2)

Zwei Problemkreise haben sich in der Exegese dieser Verse entwickelt, zum
einen die Frage, ob die ursprüngliche Lesart (die Vorlage der MT) nicht
מִלְכֹּם lautete, zum anderen, wie die Gewichtangabe in 2Sam 12,30 mit der Be-
hauptung, die Krone sei auf Davids Haupt gekommen, übereinstimmen kann bzw.
ob die Modifikation in der Chronik - nur der Edelstein kommt auf Davids
Haupt - nicht realistischer ist.

Was die Textkritik betrifft, so hat sich inzwischen ein Konsens gebildet,
dass ursprünglich von der Krone des Milkom die Rede war.[10] Dieser Name ist
in 1Kön 11,5.33 sowie in 2Kön 23,13 sicher überliefert.[11] Ausser Milkom

---

10 Vgl. dazu jetzt D. BARTHELEMY, Critique textuelle I 263f. Der babyloni-
    sche Talmud (ᶜAboda zara 44a) interpretiert מלכם hier als heidnische Gott-
    heit. Massgeblich für die Konjektur ist die Kohärenzstörung durch das
    Suffix der 3.P.Pl. ("ihr König"), da vorher im Text nur von der Stadt
    Rabba gesprochen wird. Der Name des Königs μελχολ in der griechischen
    Ueberlieferung ist mit den Angaben der Namen in 2Sam 10,1f. unvereinbar.

11 Jer 49,1.3 weist eine ähnlich zwiespältige Textüberlieferung auf wie
    2Sam 12,30 und 1Chr 20,2. Auch dort scheint aber im Zusammenhang der Göt-
    tername Milkom gut am Platz.

kennt das Alte Testament keine ammonitischen Götter.[12] Es ist durchaus möglich, dass die Masoreten bereits Anstoss nahmen an der Tatsache, dass David
die Krone einer Fremdgötterstatue nicht nur als Beutestück, sondern als Zeichen der Herrschaft über Ammon nahm, und so änderten sie ihre Vorlage um zu
"ihr König". Das enorme Gewicht der Krone (zwischen 34 und 49kg) scheint
nicht erst modernen Exegeten, sondern schon dem Chronisten Schwierigkeiten
gemacht zu haben, der den schwer gekrönten David durch seine Textvariation
erheblich erleichtert.[13] Ursprünglich wird aber von der ganzen Krone, die
aus Gold war und mit "Edel(ge)stein" besetzt, die Rede gewesen sein.[14]
Die Frage, die hier interessiert, ist, wie die עטרה der Statue des Milkom
ausgesehen haben könnte und ob sich von daher Aufschlüsse über die Art der
Götterstatue ergeben.

Hebr. עטרה bezeichnet eigentlich einen Kopfschmuck, der normalerweise besser
mit "Diadem" als mit "Krone" zu übersetzen ist.[15] Die עטרה kann Rangabzeichen

---

12 Aus 1Kön 11,5.33 geht hervor, dass Salomo, verführt von seinen ausländischen Frauen, unter anderem dem Milkom Verehrung erwies. In 11,5.7 ist
vom שקץ der Ammoniter die Rede. In V.7 heisst es, Salomo habe diesem
(wohl eher Milkom als Moloch) sogar eine במה errichtet. Deren Zerstörung
wird in 2Kön 23,13 erwähnt. שקץ als Begriff der Götzenbildpolemik zielt
auf die bildliche Darstellung des Ammonitergottes (vgl. Kap. 5.3.3.). Der
Gott Milkom ist ansonsten nur in der Inschrift der Zitadelle von Amman
(9.Jh.v.Chr.) genannt, wo es um eine Anweisung für den König geht (vgl.
S.H. HORN, The Amman Citadel Inscription 12f.).

13 Welchem neuzeitlichen Gewicht ein Talent (ככר) Gold etwa entsprechen würde, ist schwer zu bestimmen. Die Vorschläge bewegen sich zwischen 34 und
49kg. Wahrscheinlich sind in atl. Zeit bereits verschiedene Gewichtein-
heiten im Umlauf. Vgl. dazu vor allem H. WEIPPERT, Art. "Gewicht" in:
BRL[2] 93f.
Obwohl die meisten Uebersetzungen in 2Sam 12,30 אבן יקרה als Singular
übersetzen, entscheide ich mich im Anschluss an 1Kön 10,2.10.11 und Ez
28,13, wo deutlich ein Kollektivsingular "Edel(ge)stein" vorliegt, hier
für den Plural. Vgl. dazu auch CLEMENS VON ALEXANDRIEN, Paidagogos II
Kap.64 §4 (βασιλεῖς δὲ οἱ Ἰουδαίων, χρυσῷ καὶ λίθοις τιμίοις
συνθέτῳ καὶ ποικίλῳ χρώμενοι στεφάνῳ...).
אבן יקרה ist mit זהב zusammen auf die Angabe der Masse (ככר) zu beziehen,
oder andernfalls als syntaktisch nicht integrierte Einfügung, die im Sinne der chronistischen Interpretation zu verstehen wäre. Die chronistische
Version übernimmt auch FLAVIUS JOSEPHUS (Ant. VII 161). Er weiss sogar,
dass der einzelne Stein ein Sardonyx war. Auch heutige Uebersetzer der
Samuel-Bücher greifen zur chronistischen Interpretation der Stelle (vgl.
H.P. SMITH, The Books of Samuel 326 und die Uebersetzungen der Zürcher
und Jerusalemer Bibel).

14 Das Tragen eines solchen Gewichts ist, wie bereits H.W..HERTZBERG (Die
Samuelbücher 257 Anm.1) mit dem Hinweis auf orientalische Lastenträger
bemerkt hat, nicht unmöglich. Frauen in Lateinamerika tragen heute oft
solche Lasten stundenlang auf dem Kopf, wenn sie Früchte aus den Bergen
in die Städte hinunterbringen zum Verkauf.

15 Vgl. H. WEIPPERT, Art. "Schmuck" in: BRL[2] bes.287f. und KBL III 771.

von Herrschern, Hohepriestern und Brautleuten sein. Sie ist aus Gold oder Silber (Sach 6,11.14; Ps 21,4; Sir 45,12; Est 8,15) und gern mit Blütendekor (ציץ) versehen. Goldblech-Diademe bzw. Fragmente von solchen sind in Palästina gefunden worden,[16] aber die עטרה des Milkom mit ihrem grossen Gewicht lässt sich mit dieser Art von Diademen nicht zur Uebereinstimmung bringen. Es ist von daher empfehlenswert, das Modell für die Krone der Milkom-Statue eher in zeitgenössischen Darstellungen des Alten Orient zu suchen. E. UNGER nennt als Kronen-Typen bei Götterdarstellungen der Aramäer-Syrier zwischen 1200 und 700 v.Chr. den Ballonhelm, die mehrfache Hörnerkrone und den Helm mit Hörnern, während der dominante Kronentyp auf den Häuptern assyrischer Gottheiten polosgestaltig ist.[17]

Im Bericht von Sargons Feldzug gegen Urartu wird die Eroberung einer Beterstatue des Königs [I]Argisti von Urartu erwähnt, welche "gleich einer Gottheit eine Krone mit Sternen trug ... mit ihrem Gehäuse, mit einem Gewicht von sechzig Talenten."[18]

Die ägyptischen Götter tragen ausser ihren Symboltieren und Emblemen die Königskronen (Rote, Weisse, Blaue Krone), eine Federkrone oder Kompositkronen auf dem Kopf.[19] Originalfunde von ägyptischen Kronen liegen bislang nicht vor, so dass über ihre Grösse und das Material nichts gesagt werden kann. SB-zeitliche Bronzefigürchen aus dem syrisch-palästinischen Raum tragen sowohl vorderasiatische als auch ägyptisierende Kronentypen, bisweilen hohe konische Kopfbedeckungen mit mehrfachen Hörnerpaaren.[20]

Von grossem Wert für die Nachforschungen über die Milkom-Statue und ihre Krone ist die Zusammenstellung, Datierung und Auswertung der gesamten ammonitischen Rundbildkunst, wie sie erstmals 1978 von A. ABOU ASSAF vorgelegt wurde. ABOU ASSAF teilte die insgesamt 24 ausgewerteten Statuetten, Köpfe und Fragmente (zumeist aus Kalkstein) in drei Stilgruppen ein: die frühammonitische (800-730), die mittelammonitische (730-690) und die spätammonitische (690-580). Zu den frühammonitischen Stücken gehören zwei Statuen (Abb.67: 81

---

16 Vgl. zum Diadem des Hohenpriesters in Ex 28; 39 und den archäologischen Funden bei Kap. 1.2.1. und 6.5..

17 Art. "Diadem und Krone" in: RLA II 201-211 1c.6a.7.3b-g. Einen guten Ueberblick über die Kopfbedeckungen der Götter auf assyrischen Darstellungen vermittel auch B. HROUDA, Die Kulturgeschichte 41f. und Taf.4.

18 W. MAYER, Sargons Feldzug 109 TCL 3,402.

19 Vgl. zu den Kronentypen und ihrer Bedeutung die Artikel "Federn und Federkrone" (I. GRUMACH-SHUNEN) und "Kronen" (C. STRAUSS) in: LdAe II 142-145 und III 811-816.

20 Vgl. bei O. NEGBI, Canaanite Gods, passim.

21 A. ABOU ASSAF, Untersuchungen Taf.III Statuette III.

cm),[21] die eine männliche Figur mit einer Krone auf dem Kopf darstellen.
Auch vier weitere Köpfe aus dieser Zeit sind mit einer ebensolchen Krone geschmückt und ebenfalls drei Köpfe aus der spätammonitischen Gruppe (Abb.
68).[22] Hier bewegen sich die Masse zwischen einer Gesamthöhe von 11 und
43,5cm, d.h. einige Exemplare gehörten zu Statuen, die die grösste der
vollständig erhaltenen um ein Drittel oder mehr überragten.
Die Kronen aller Köpfe und Statuen sind aus einem Material und Stück mit dem
Kopf, und alle, die frühen und späten Exemplare, sind im Typ verblüffend ähnlich: "Sie (die Krone) besteht aus einer fezförmigen Kappe mit Aufsatz, flankiert von zwei kelchförmigen Elementen. Das obere Ende der Krone überragt in
den meisten Fällen ein wenig die Spitzen der flankierenden Voluten...".[23]
Die Gestalt der Kronen liess viele vermuten, hier habe den ammonitischen
Künstlern die ägyptische Atef-Krone, die der König und der Gott Osiris tragen, als Vorlage gedient. Diese ist komponiert aus der weissen oberägypti-
schen Krone und der Federkrone (zwei Straussenfedern). ABOU ASSAF macht jedoch eine ganze Reihe von Gründen geltend, die dem ammonitischen Kronentyp
eine eigenständige Entwicklung zukommen lassen, wenngleich die Anlehnung an
die ägyptische, vielleicht in ihrer Gesamtgestalt und den Details missverstandene, Atef-Krone oder eher noch an ägyptisierende Nachbildungen derselben
nicht abzustreiten ist. Aus der Atef-Krone entstand ein neuer ammonitischer
Typus: die von (Lotos/Lilien-)Kelchblättern flankierte Kappe mit Scheibenauf-
satz. ABOU ASSAF hält es für möglich, dass syrisch-palästinische Varianten
der Atef-Krone auf die ammonitische Kunst stimulierend wirkten. Eine direkte
Abhängigkeit von Aegypten schliesst er aus.[24]
Die beiden gekrönten Statuen aus der frühammonitischen Gruppe geben in ihrer
Gestaltung absolut keine Hinweise, ob es sich um die Darstellung eines Herrschers oder eines Gottes handelt, und so steht und fällt diese Identifizierung mit der Interpretation der Krone: ist es eine Götter- oder Herrscher-
krone?
In Anlehnung an 2Sam 12,30 und die MT-Vokalisierung מַלְכָּם hatte S.H. HORN[25]

22 AaO. Taf.XI Kopf XIX.

23 AaO. 34.

24 Zum Vorangehenden vgl. aaO. 35f.57f. Enge Parallelen zum ammonitischen
   Kronentyp findet ABOU ASSAF z.B. auf syrischen Elfenbeinarbeiten aus Nimrud (aaO. 35 und Anm.57). Eine auffällige Aehnlichkeit besteht zur Krone
   des thronenden El, einer goldbelegten Bronze aus Ugarit (2.H.2.Jt.v.Chr.)
   (ANEP No 826; KEEL, AOBPs Abb.284).

25 The Crown, passim. Zur Auseinandersetzung mit der Position von HORN,vgl.
   ABOU ASSAF, Untersuchungen 76-79.

dafür plädiert, dass die Statuen und Köpfe die ammonitische Königskrone tragen und also allesamt als ammonitische Königsfiguren zu bezeichnen seien. ABOU ASSAF begründet hingegen seine Entscheidung für die Identifikation als Götterkrone bzw. -statue erstens damit, dass die Atef-Krone bis auf eine Ausnahme[26] in der ägyptischen und ägyptisch beeinflussten Bildkunst nur von Göttern oder vergöttlichten Königen getragen wird. Zweitens trage die einzige aufgrund ihrer Inschrift als Darstellung eines Sterblichen, eventuell eines Herrschers, identifizierbare Statuette eine Kopfbinde, was darauf schliessen lasse, dass die mit ihr zusammen gefundene gekrönte Statuette einen höheren Rang als den des Königs innehabe.[27] Drittens würde die Gleichartigkeit der ammonitischen Götterdarstellungen, wenn es sich um solche handelt, auffällig übereinstimmen mit der Tatsache, dass sowohl in biblischen als auch ausserbiblischen Texten immer nur ein ammonitischer Gott namentlich bezeugt ist, nämlich מַלְכֹּם/mlkm.[28] Nach ABOU ASSAF ist die in 2Sam 12,30 genannte Krone der Milkom-Statue im Hauptheiligtum des Gottes in Rabba sehr wahrscheinlich Vorbild der auf uns gekommenen Bildwerke gewesen, die er als Kultfiguren geringerer Bedeutung einstuft. Einen letzten Beweis dafür kann der Autor natürlich nicht beibringen, wird doch über die Form der Krone in 2Sam 12,30 nichts gesagt.[29]

Festzuhalten ist, dass man sich aufgrund der genannten Funde die Milkom-Statue, von der in 2Sam 12,30 und 1Chr 20,2 berichtet wird, als Bild eines stehenden anthropomorphen Gottes vorstellen darf, wahrscheinlich als (höchstens) lebensgrosse Statue (aus Stein?) mit einer Goldkrone ägyptisierenden Typs, in die noch Edelsteine gefasst waren. Die Krone wird kaum ein massiver Goldblock gewesen sein.[30] Historisch glaubwürdig an der atl. Notiz ist die mögliche Erbeutung der Krone des Hauptkultbildes von Rabba. Der Akt der Selbstkrönung Davids mit der Götterkrone könnte dagegen eine theologische Ausgestaltung der Anekdote sein.

26 Zum Elfenbeinpaneel aus Nimrud mit den männlichen Kultprozessionsteilnehmern, die die Atef-Krone tragen vgl. ABOU ASSAF, aaO. 77f. Der Autor hält es für denkbar, dass hier niedere Gottheiten dargestellt sind.

27 Vgl. zu den Statuetten III und IX, die in der Zitadelle von Amman gefunden wurden, ABOU ASSAF, aaO. 22.25f.78.

28 AaO. 78.

29 Vgl. dazu aaO. 79.

30 ABOU ASSAF, weist zurecht auf die Wahrscheinlichkeit hin, dass die Krone nicht aus massivem Gold, sondern vergoldet war (aaO. 79). Gold hat nämlich eine Masse von 19,3g pro cm³. Wenn ein Talent etwa 34000g entspricht, dann kommt man auf eine Hohlraumangabe von 1800cm³, eine sehr kleine Krone also. Die ägyptischen Kronen des Atef-Typs sind hingegen recht ausladend. In Ri 8,26 werden als Goldgewicht für Gideons Ephod 1700 Lot angegeben, was ebenfalls nur zur Vergoldung gereicht haben dürfte.

3.2. DIE STATUE DES GOTTES DAGON

Die im Zusammenhang mit den Mäusebildern[31] zitierte Erzählung vom Aufenthalt der Lade JHWHs bei den Philistern beginnt in 1Sam 5,1-5 mit einer spotttriefenden Schilderung der Ereignisse im Tempel des Dagon zu Aschdod. Als die Philister die soeben erbeutete Lade dort neben ihren Gott Dagon postieren, den vermeintlich besiegten Gott neben den siegreichen,[32] fällt das Götterbild zweimal nacheinander vor der Lade zu Boden und zwar zweifellos in Proskynese. Beim zweiten Mal wird das Dagon-Bild erheblich beschädigt. Nun liegt, wenn die Geschichte auch in ihrer jetzigen Form als Aitiologie gestaltet ist,[33] das Hauptinteresse dieser Erzählung, die H.D. PREUSS in

---

31 Kap. 2.1.5.

32 2Kön 25,27-30; Jer 52,31-34 berichten, dass Jojachin am Hofe zu Babylon als königlicher Gefangener an die Tafel des siegreichen Herrschers zu sitzen kam (tatsächlich sind in den königlichen Vierteln von Babylon Täfelchen mit Angaben über die Rationen für Jojachin und andere Exiljuden gefunden worden; vgl. D.J. WISEMAN, Chronicles 34). Analog wird das Götterbild neben den siegreichen "Kollegen" gestellt, wodurch die politischen Machtverhältnisse auch auf dieser Ebene konkret werden. Manche bedeutende Kultbilder wurden mehrmals verschleppt und kehrten schliesslich an ihren Heimatort zurück. Mit dem Sieg über ein Volk und seine Götter war, wie diese Sitte zeigt, nicht zugleich deren völlige Bedeutungslosigkeit erwiesen. Man suchte sich die allenfalls nützlichen Mächte eines fremden Gottes zu sichern. Dieses Kalkül geht nun in unserer Geschichte für die Philister fatalerweise nicht auf. Zur Bedeutung der Deportation von Götterbildern vgl. KYLE McCARTER, 1Samuel 24. Vgl. die atl. Notizen zur Exilierung von Götterbildern in Jer 48,7; 49,3 und Jes 46,2 und Kap. 3.6.1.

33 V.5 ist der logische Ausgangspunkt der Erzählung: in der Gegenwart des Erzählers kennt man den Brauch der Aschdoditer, über die Tempelschwelle zu hüpfen, welcher mit der erzählten Begebenheit im Tempel begründet wird. Eine Aitiologie erlaubt aber normalerweise nicht doppelte Erzählzüge, wie hier das zweimalige Umfallen des Bildes. Dennoch muss V.5 nicht als spätere Zufügung eliminiert werden (so KYLE McCARTER, aaO. 122). Das Schwellenhüpfen selbst ist ebenfalls deutlich Gegenstand des Spottes (vgl. PREUSS, Die Verspottung 75). Zu diesem in magischen Vorstellungen begründeten Akt des Respektes vor Türgeistern vgl. auch Zef 1,8f. und den für die textkritischen Probleme in 1Sam 5 sehr aufschlussreichen Beitrag von H. DONNER "Die Schwellenhüpfer" (passim) sowie K.-H. BERNHARDT, Gott und Bild 33.

seiner Studie über "Die Verspottung fremder Religionen im Alten Testament"
als ein wichtiges Beispiel für götzenpolemische Texte behandelt,[34] eindeutig in der theologischen Deutung der bedeutungsvollen Vorgänge im Dagon-
Tempel: die Lade JHWHs erweist sich als siegreich über das Götterbild der
Philister, denn Dagon fällt vor dem Gott Israels auf sein Angesicht und
zerschellt.[35]

Der Text ist theologisch derart kunstvoll komponiert[36] und so polemisch,
dass sich die Frage nach der Historizität der erzählten Begebenheit erübrigt.
Hingegen erübrigt sich damit noch nicht die Frage nach einer möglicherweise
historischen Statue des Gottes Dagon in Aschdod bzw. nach "Modell stehenden"
Götterbildern, wie sie den Verfassern von 1Sam 5,1-5 bekannt gewesen sein
müssen.[37] Da diese natürlich nicht in erster Linie am Aussehen des Bildes
interessiert waren, sondern an der Nichtigkeit des Götzen(bildes) Dagon,
beschränken sich die Einzelheiten, die für uns interessant sind, auf die
Schilderung der wörtlich zu nehmenden Niederlage Dagons vor der Lade
(1Sam 5,3.4):

> 3 Als sich aber die Aschdoditer am anderen Morgen in der Frühe
> aufmachten,[38] siehe, da war Dagon auf sein Angesicht zu Bo-
> den (לפניו ארצה) gefallen vor der Lade des Herrn. Da nahmen

---

34 AaO. 74-80. PREUSS beschäftigt sich in seiner Studie nur mit der Wertung
    der Götterbilder und stellt die Frage nach ihrem Aussehen explizit in
    den Hintergrund (aaO. 43). Zur Datierung des Textes vgl. bei Anm.68.

35 Zu לפני נפל im Sinn göttlicher Verehrung vgl. aaO. 76.

36 Man achte z.B. auf die geschickte Wiederholung des לפני נפלund die Be-
    zeichnung des Bildes mit דגון. Zur weiterreichenden Bedeutung dieses "Göt-
    terkampfes" vgl. PREUSS (Die Verspottung 78f.), wo Nuancen des Textes
    herausgearbeitet werden, mit denen wir uns hier nicht beschäftigen kön-
    nen.

37 Bei aller Polemik des Textes ist eine gewisse Glaubwürdigkeit, was die
    Realien betrifft, vorauszusetzen. Mindestens schlagen sich in diesem Text
    israelitische Vorstellungen von Götterbildern nieder, und diese werden
    aus der direkten Begegnung mit der kanaanäischen bzw. philistäischen Kul-
    tur gewonnen worden sein. G.W. AHLSTROEM hat in einem interessanten neu-
    eren Beitrag auf die Spuren des Einflusses der Philister auf Israel hin-
    gewiesen (An Archaeological Picture 5-8).

38 Die ausführliche Notiz der LXX (καὶ εἰσῆλθον εἰς οἶκον Δαγων καὶ
    εἶδον) ist kein Grund zur Korrektur des hebräischen Textes (vgl. STOEBE,
    Das erste Buch 138).

sie den Dagon[39] und stellten ihn zurück an seinen Platz.
4 Als sie nun am nächsten Morgen in der Frühe kamen, siehe,
da war Dagon (abermals) auf sein Angesicht zu Boden
(לפניו ארצה) gestürzt vor der Lade des Herrn. Der Kopf Dagons, und seine beiden Hände (שתי כפות ידיו) lagen abgeschlagen gegen die Schwelle (אל־המפתן) hin, nur (der Rumpf)
Dagon(s) war noch ganz geblieben (רק דגון נשאר עליו).

Diese Verse sind nun wegen der divergierenden Ueberlieferung mancher Wörter
- man vergleiche nur die Unterschiede zwischen MT und LXX - nicht unproblematisch,[40] weshalb vorab die Brennpunkte exegetischer Diskussion genannt
werden sollen.
Die Konjektur על פניו in V.3 und V.4 (LXX: ἐπὶ πρόσωπον) für לפניו
scheint mir mit DRIVER, HERTZBERG und STOEBE vertretbar. לפני ארון יהוה
als späteres Explikativ zu לפניו ("vor ihr, der Lade") zu verstehen, ist
beim theologischen Gewicht dieser Aussage mindestens sehr fraglich.[41]

Das etymologisch schwierige מפתן in Vv 4-5, das von der LXX dreimal verschieden übersetzt wird, lässt sich, wie die ausführliche und überzeugende Diskussion bei H. DONNER ergibt, wahrscheinlich als "Schwelle" identifizieren. Für
die Annahme, es handle sich um das Podest der Götterstatue im Allerheiligsten
können keine stichhaltigen Argumente beigebracht werden.[42]
den.[42]
Das רק דגון נשאר עליו in V.4 ist aus dem Kontext heraus immer im Sinne von
Torso verstanden worden, bleibt aber in der wörtlichen Formulierung etwas
merkwürdig und leider ohne Parallelen. Zur Umschreibung unseres Begriffes
"Rumpf" bedient sich die hebräische Sprache offensichtlich der Bezeichnung
für die Gesamtgestalt "abzüglich der Gliedmassen". נשאר עליו gibt sozusagen den Rest an, der unversehrt bleibt.[43]

39 Die LXX haben ἤγειραν, was aber ebenfalls kein Anlass zur Konjektur des
    MT-Textes sein kann.
40 Dies könnte ein Hinweis sein, dass der Text erst spät schriftlich fixiert
    wurde, nach Herausbildung verschiedener Traditionsstränge.
41 Vgl. weitere Positionen referiert bei STOEBE, aaO. 139.
42 H. DONNER, Die Schwellenhüpfer 49ff. DONNER setzt sich dort mit H. WINCK-
    LERs Position, dass מפתן ein Podest der Götterstatue im Allerheiligsten
    gewesen sei, auseinander. Vgl. diese Annahme auch bei STOEBE, aaO. 139.
43 Ausführlich STOEBE, aaO.

Wenden wir uns nach diesen Notizen dem Dagon-Bild zu. Konsequent wird in
1Sam 5,1-5 die Bezeichnung des Götterbildes mit einem der geläufigen hebräischen Begriffe צלם, פסל o.ä. umgangen, denn die Wirklichkeit Dagons geht
in der Sicht Israels über dessen Abbild keine Spur hinaus.[44] Doch gibt der
Text einige Anhaltspunkte, welcher Art der Dagon im Tempel zu Aschdod war:
Er steht im Tempel an einem festen Platz (למקומו in V.3). Folglich handelt
es sich um das Kultbild des Hauptgottes, das wahrscheinlich im Allerheiligsten stand.

Dagon kann umfallen, und er hat Gesicht (לפניו), Kopf (ראש) und zwei Hände (שתי כפות ידיו),[45] woraus zu schliessen ist, dass es sich um eine (wahrscheinlich grössere) Rundskulptur, das Bild eines stehenden Gottes, handelt.
Die Angabe שתי כפות ידיו gibt Gewissheit, dass dieses Standbild menschengestaltig gewesen sein muss. Die im 4.Jh.n.Chr. aufkommenden volksetymolo-
gischen Vorstellungen von einem fischgestaltigen Dagon (hebr. דג Fisch)
haben in 1Sam 5,1-5 keinen Anknüpfungspunkt.[46]

Es ist nun nicht unerheblich, dass das Köpfen eines menschlichen Gegners
eine im Alten Orient, vornehmlich bei den Assyrern, verbreitete Art des Tö-
tens war. In Aegypten hieb man, wie wir wissen, den besiegten Feinden die
Hände ab. So wird in 1Sam 5 Dagon gewissermassen in doppelter Weise bestraft
und hingerichtet wie ein unterlegener Gegner durch den Sieger[47] - ein schmäh-

---

44 H.D. PREUSS, Die Verspottung 76.

45 Zum Sprachgebrauch כף/יד vgl. den sehr informativen Artikel יד von P.
   ACKROYD in: ThWAT III 421-455). Während יד (als häufigeres Wort) alle
   Arten von Gegenständen hält, scheint eine wichtige Bedeutungsnuance von
   כף mit "hohle Hand, offene Hand" umschrieben zu sein. Die Doppelung
   כפות ידיו findet sich ähnlich כפות הידים in 2Kön 9,35 (vgl. dazu weiter
   unten), bezeichnenderweise für die abgetrennten Hände einer Leiche (vgl.
   Dtn 25,12 das Abhacken von כף als Strafe).

46 Zu dieser Etymologie, die erstmals bei HIERONYMUS belegt ist, und der
   noch WELLHAUSEN folgt, vgl. WM I 277 und ausführlicher DELCOR, Jahweh
   et Dagon 144f. sowie MONTALBANO, Canaanite Dagon 393ff.

47 Vgl. OLB II 44 und LdAe II 940. Das Köpfen als Hinrichtungsweise bei den
   Assyrern ist literarisch und ikonographisch so gut bezeugt, dass hier
   nur als Beispiel ein Relief Sanheribs, wo eine Sammlung von Köpfen auf
   einem grossen Haufen liegt, angeführt werden soll (BARNETT/LORENZINI,
   Assyrische Skulpturen Taf.68). Vgl. auch 2Sam 4,12 die Tötung Ischbaals
   und 2Kön 10,7-8 das Blutbad in der Königsfamilie von Israel. Von Isebel
   liessen die Hunde nach 2Kön 9,35 auch nur den Schädel, die Fussflächen
   und die Hände übrig. Ihren Tod als Hexe hat U. WINTER (Frau und Göttin
   bes.588) in den grösseren Hintergrund dieser Gestalt eingeordnet. Abge-

liches Ende für ein Götterbild, besonders wenn man im Vergleich die recht
respektvolle Umgangsweise der ansonsten so grausamen Assyrer mit fremden
Götterbildern betrachtet. Sie plünderten die Tempel der eroberten Städte,
deportierten die Götterbilder aber gewöhnlich unbeschädigt.[48] Die Grossskulp-
tur aus Holz oder Metall, die, wie ein neuassyrisches Relief aus Chorsabad
zeigt,[49] nach der Einnahme von Muṣaṣir durch Sargon II. von Assyrern mit
Aexten traktiert wird, ist nicht, wie B. MEISSNER annahm, die Kultstatue
des Gottes Ḫaldi, sondern wahrscheinlich die Darstellung eines Königs von
Urartu. In den Annalen Sargons sind mehrere in Frage kommende Skulpturen,die
die Assyrer im Tempel des Ḫaldi vorfanden, erwähnt.[50]
Ueber die Grösse des Dagon-Bildes ist dem Text in 1Sam 5 kaum etwas zu entnehmen, ebensowenig über das Material, da כרת "abschneiden/abschlagen" in
sehr weitem Sinn gebraucht wird. Sowohl verschiedene Steinarten, Holz als

schlagene Hände sind hier wie auch in 2Sam 4,12 ein Symbol schändlichster
Niederlage (vgl. z.B. die Hände der Feinde Ramses'III. auf einem Relief
aus Medinet Habu bei ANEP No 348).

48 In der Bavian-Inschrift Sanheribs, auf die auch MEISSNER (BuA II 129 Anm.
    3) hinweist, findet sich einmal die Notiz von der Zerstörung von Götter-
    bildern durch die Assyrer bei der Einnahme Babylons (LUCKENBILL, Ancient
    Records II §340). Das "Zerbrechen von Götterbildern" bei der Plünderung
    Elams ist in den Annalen Assurbanipals notiert (STRECK, Assurbanipal II
    51 Col.V 119).

49 P.E. BOTTA, Monuments II Taf.114 = B. MEISSNER, BuA II 129 = KEEL, AOBPs
    Abb.317.

50 Dass es sich um die Kultstatue des Ḫaldi handle, hatte MEISSNER (aaO.)
    und ihm folgend KEEL (AOBPs 211) angenommen. Dagegen sprechen jedoch meh-
    rere Gründe:
    1. Die Skulptur, die man auf dem Relief sieht, trägt nur einen ganz ge-
    wöhnlichen Spitzhelm, keine Hörnerkappe oder sonstige Götterinsignien.
    2. In den Annalen Sargons II. (TCL 3,347.368; vgl. LUCKENBILL, Ancient
    Records II §172) ist von der Deportation des Ḫaldi die Rede.
    3. In TCL 3,400 wird unter den Beutestücken "eine Statue in Beterhaltung
    - (auf) einem königlichen Sockel - des [I]Sardur - Sohn des [I]Išpuini, des
    Königs von Urartu - ihr Sockel war aus Bronze gegossen" erwähnt (vgl.
    W. MAYER, Die Finanzierung 579). Die abgeschlagenen Hände der Skulptur
    auf dem Relief könnten eine Identifizierung mit dieser Beterstatue erlau-
    ben.
    In TCL 3,402 wird zudem eine Bronzestatue des [I]Ursa mit einem Gewicht von
    1700kg erwähnt (MAYER, aaO. 590) sowie in TCL 3,399 vier Torwächterfigu-
    ren von 2m Höhe (vgl. ANEP No 370). MAYER schlägt die Identifizierung
    des Götterbildes auf dem Relief aus Chorsabad mit [I]Ursa oder dessen Wa-
    genlenker vor (aaO. 594f.). Auf diese Weise habe Sargon sich an seinem
    Gegner ein letztes Mal gerächt.

auch Gussmetalle[51] kommen grundsätzlich in Frage, da alle diese Materialien bei grossen Krafteinwirkungen zerbrechen können, und zwar zuerst an den schwächsten Stellen, dort wo der Kopf oder andere Gliedmassen ansetzen. So finden sich bei Ausgrabungen immer wieder Torsos und Fragmente menschengestaltiger Rundskulpturen.[52]

In unserem Text wird offensichtlich eine Skulptur vorausgesetzt, deren Hände oder eventuell Arme so frei konstruiert sind, bzw. angesetzt sind, dass sie abbrechen können. Ein Ueberblick über die erhaltenen archäologischen Zeugnisse altorientalischer Rundbildkunst, wie ihn die Studie von A. SPYCKET "La statuaire du Proche-Orient" oder die Kataloge ägyptischer Sammlungen bieten,[53] zeigt allerdings, dass frei skulpierte oder angefügte Gliedmassen unter den erhaltenen Grossplastiken aus dem Alten Orient selten sind. In den meisten Fällen bilden Arme, Hände und Kopf mit dem Torso eine blockartige Einheit.[54] Dies gilt ganz besonders für die Steinkunst. Es ist zu berücksichtigen,dass die erhaltene Rundbildkunst kaum die ganze Bandbreite damaliger künstlerischer Produktion repräsentiert. So sind ganz selten Gussbilder grösserer Masse erhalten, weil sie umgeschmolzen wurden.[55] Die 1,77m hohe Kupferstatue Pepis I. (6. Dynastie) aus Hierakonpolis beweist aber das hervorragende Können damaliger Kunsthandwerker. Die Statue wurde aus gegossenen Stücken und gehämmertem Kupferblech zusammengesetzt, indem man die einzelnen

---

51 Dass an eine grössere Skulptur aus Ton gedacht ist, darf man wohl ausschliessen. Zumindest hätte eine solche kaum zwei Stürze in der beschriebenen Weise überstanden (anders T. DOTHAN, The Philistines 20 "A statue of Dagon, made of clay...", ohne Begründung).

52 Vgl. zur Illustration A. SPYCKET, La statuaire, wo von etwa 280 Plastiken 25 ohne Kopf sind, hingegen etwa 30 Figurenköpfe gefunden wurden, die sicher einmal auf einem Körper sassen, sowie fünf Torsi ohne Kopf und Gliedmassen. Ausser bei den Kleinbronzen sind unversehrte Skulpturen im Vergleich zu beschädigten sehr viel seltener.

53 Vgl. zur Ergänzung auch die bereits zitierte Studie von ABOU ASSAF, Untersuchungen zur ammonitischen Rundbildkunst.

54 Vgl. in Auswahl bei A. SPYCKET, La statuaire Pls 20.22.26.55.70.103.120. 124f.131.136.139ff.142.166.173.231-235.273f. und die Götterbilder aus Granit oder Quartzit bei JAMES/DAVIES, Egyptian Sculpture Nos 39.64.

55 Ob das goldene Standbild Nebukadnezzars (Dan 3) mit seinen Massen von 30m auf 3m auf reale Vorbilder deutet, ist eher zweifelhaft (J.-C. LEBRAM, Das Buch 59).

Teile mittels Kupfernägeln auf einen Holzkern montierte.[56] Die Gliedmassen
sind vollplastisch ausgearbeitet. Die wenigen aus Aegypten stammenden Grossskulpturen aus Holz, die unversehrt gefunden wurden, lassen ebenfalls mit er-
staunlichen technischen Möglichkeiten in der Herstellung solcher Figuren zu
damaliger Zeit rechnen.[57] Aber auch unter den grösseren bzw. monumentalen
Steinplastiken befinden sich neben solchen mit anliegenden Armen und Händen
- meist sind sie vor der Brust verschränkt - einige nordsyrische Exemplare,
die vielleicht dem Aussehen der Dagon-Skulptur in 1Sam 5 nahekommen.
Bekannt ist die monumentale Basaltstatue aus Sendschirli (Gesamthöhe incl.
Podest 3,70m), die eventuell eine Gottheit darstellt.[58] Der überdimensional
grosse Kopf der Figur liegt direkt auf den Schultern auf, die kleinen Beine
sind nur halbplastisch angedeutet. Bei einem Sturz wurden anscheinend die
Nase und die Hände, die exponiert gewesen sein müssen, abgeschlagen. Die
rechte Hand hielt den Stab, von dem der unterste Teil noch erhalten ist. Während diese Monumentalfigur ins 10./9.Jh.v.Chr. datiert ist, gehört die 2,85m
hohe, recht ähnliche Basaltstatue des Gottes Hadad, die Panammu von Sam'al
errichten liess, ins 8.Jh.v.Chr., wie ihre Inschrift beweist (Abb. 69).[59]
Auch sie wurde in der Nähe von Sendschirli gefunden. Wiederum ist das Gesicht
beschädigt und sind die offensichtlich vorher vom Körper wegragenden Unter-
arme durch einen Sturz abgeschlagen worden. Möglicherweise hielten die Hände
noch Gegenstände.
Steinskulpturen dieser Grössenordnung sind in Palästina nicht gefunden worden. Die ammonitischen Milkom-Statuen (vgl. Abb. 67) können aber eine Vorstellung von steinernen Monumentalskulpturen in der ersten Hälfte des 1.Jts.
v.Chr. vermitteln. Die Statuen waren ursprünglich farbig bemalt, und in den
Augenhöhlen befanden sich Elfenbeineinlagen.[60]

---

56 Vgl. M. WEIPPERT, Art. "Metall- und Metallbearbeitung" in: BRL[2] 223; C.
    ALDRED, Egyptian Art 94 Abb.52 und G. ROEDER, Aegyptische Bronzefiguren
    287ff. Zu den Techniken des Wachsausschmelzverfahrens und des Treibens
    vgl. Kap. 3.4.1.

57 Vgl. Kap. 2.2.1.2.

58 SPYCKET, aaO. Pl.262 = ANEP No 530.

59 SPYCKET, aaO. 407 und Pl.265. Vgl. die Liste nordsyrischer Grossfiguren
    bei P. WELTEN, Art. "Götterbild, männliches" in: BRL[2] 108f. und die 2m
    hohe Basaltstatue eines aramäischen Herrschers von Ain et-Tell aus dem
    9.Jh.v.Chr. bei P. AMIET, Die Kunst No 566.

60 ABOU ASSAF, Untersuchungen 21-34.

Leider verraten weder weitere atl. noch sonstige literarische Quellen etwas über eine Dagon-Statue in Aschdod bzw. über das Aussehen des Gottes Dagon. Wahrscheinlich war der Gott schon vor den Philistern in Palästina beheimatet,[61] wahrscheinlich verwandt mit Dagan, der schon im 3.Jt.v.Chr. in Ebla als Hauptgott verehrt wird und im 2./1.Jt.v.Chr. als Oberhaupt des südwestsemitischen Pantheons bezeugt ist.[61a]

Im Alten Testament werden zwei Orte namens בית דגון erwähnt (Jos 15,41; 19, 27), wo der Gott schon früh einen Tempel gehabt haben mag. In einer ägyptischen Liste asiatischer Städte, die in die Zeit Ramses II. zurückgeht, wird ebenfalls ein Bet-Dagon erwähnt.[62] Da Dagon im Alten Testament als der Hauptgott der Philister erscheint (vgl. Ri 16,23), muss er von ihnen bei der Ansiedlung im Küstengebiet übernommen worden sein.

Nicht nur von der Etymologie her ist eine Identifizierung des kanaanäischen Dagon als Wetter- oder Sturmgott wahrscheinlich. Dass Dagon dann auch Fruchtbarkeitsgott war, ist denkbar.[63] Die in Ugarit-Texten geläufige Bezeichnung Baals als *bn dgn* weist ebenfalls darauf hin, dass dieser Gott in seinen Eigenschaften dem Baal Hadad nahestand.[64] Tempelanlagen in Ugarit bezeugen seine Bedeutung in diesem Stadtstaat schon in der MB-Zeit.[65] Einen Dagon-Tempel gab es in Gaza (Ri 16), und für Aschdod ist die Existenz eines Dagon-Tempels von

---

61 Ich stütze mich auf die folgenden Arbeiten: H. SCHMOEKEL, Der Gott Dagan (vgl. RLA II 99-101); F.J. MONTALBANO, Canaanite Dagon; M. DELCOR, Jahweh et Dagon und N. WYATT, The Relationship (1980); vgl. auch H. RINGGREN, Art. דגן in: ThWAT II 148-151.

61a Vgl. G. PETTINATO, Polytheismus 35f.

62 Vgl. SCHMOEKEL in: RLA II 99.

63 In Frage kommen etymologisch *dagana* (arab.) "wolkig sein, regnerisch sein" und *dagn* "wolkiger Himmel, Nebel", aber auch ug., hebr., phön. *dāgān* "Korn". Vgl. auch WM I 277; KYLE McCARTER, 1Samuel 122; MONTALBANO, Canaanite Dagon 393f. und WYATT, The Relationship bes.376f. Möglicherweise ist hebr. דגון eine Ableitung vom Namen der Gottheit (vgl. DELCOR, aaO. 145 und MONTALBANO, Canaanite Dagon 396f.; RINGGREN, aaO.). Schon für die Zeit Hammurapis lässt sich eine Gleichsetzung von Dagan und Enlil, dem Wettergott, nachweisen (MONTALBANO, Canaanite Dagon 387ff.).

64 WYATT, Relationship, passim.

65 MONTALBANO, aaO. 390f. und Anm.106.

vor 1000 v.Chr. (1Sam 5) bis zur Zerstörung durch Jonathan, den Makkabäer (1Makk 10,83f.; 11,4) biblisch dokumentiert.[66] Kultische Anlagen aus dem 12.-8.Jh.v.Chr. und Funde von Musikantenfigürchen (10.Jh. und 8.Jh.v.Chr.) in Aschdod haben auch archäologisch die langdauernde kultische Bedeutung dieses Ortes bestätigt.[67]

Abschliessend kann festgehalten werden, dass mit 1Sam 5 Israels Kenntnis von einem menschengestaltigen Götterbild in seiner nächsten Umgebung für die Zeit der Philisterkriege (vor 1000 v.Chr.) und die Zeit der Abfassung dieser Erzählung bezeugt ist. Die Notiz vom Schwellenhüpfen (V.5) lässt vermuten, dass dieser Text jüngeren Datums ist als die Zeit, von der er handelt. Die Aehnlichkeit in der Polemik mit der Erzählung vom Opfer auf dem Karmel (1Kön 18,17-46) könnte in das 9.Jh.v.Chr. weisen, Zusammenhänge mit Gebietsansprüchen des Königs Usija sogar in das 8.Jh.v.Chr.[68]

Inwieweit die Einzelheiten in dieser theologischen Erzählung mit einer eventuell authentischen Dagon-Skulptur in Aschdod übereinstimmen, lässt sich mangels weiterführender Hinweise aus anderen Quellen nicht ausmachen. In jedem Fall muss aber den Verfassern von 1Sam 5 eine menschengestaltige Götterdarstellung so selbstverständlich gewesen sein, dass sie in ihrer Schilderung eine solche ohne Erklärungen voraussetzten.

---

66 Sargon II. hat Aschdod, wenn man der Notiz in den Annalen Glauben schenkt, seiner Götter beraubt (LUCKENBILL, Ancient Records II§§30.62). Vgl. auch die Notiz in 1Chr 10,10, die allerdings nicht ganz übereinstimmt mit der Erzählung in 1Sam 31. Von Jonathans Zerstörung des Tempels berichtet auch FLAVIUS JOSEPHUS, Ant. XIII,99-100.

67 OLB II 44 Abb.29f. Zur Archäologie der Philisterstädte vgl. auch SANDARS, The Sea Peoples 170ff.

68 Entgegen PREUSS (Die Verspottung 75) halten auch KEEL/KUECHLER (OLB II 45) den Text für einen jüngeren Einschub in die alte Lade-Erzählung. Vgl. zur Verwandtschaft mit 1Kön 18,16ff. auch DELCOR, aaO. 154. Zum Alter der Lade-Erzählung insgesamt vgl. KYLE McCARTER, 1Samuel 25f.

3.3. WANDRELIEFS, RITZZEICHNUNG UND BILDER AUS SCHMUCK IM BUCH EZECHIEL

Ein Sprung über mehrere Jahrhunderte versetzt uns nun aus der Zeit Davids und der Philisterkriege in die Zeit vor dem Exil, genauer in die für Ezechiel bzw. die Endredaktoren des gleichnamigen Prophetenbuches[69] bedeutsame Zeitspanne zwischen dem Fall Samarias (722/1 v.Chr.) und dem Fall Jerusalems (586 v.Chr.). Der kleine Staat Juda geriet, wenngleich er dem imperialistischen Giganten Assur nicht sofort in den Rachen fiel, unter den Sargoniden zunehmend in das Magnetfeld sowohl der Politik der Grossmächte als auch der assyrischen Religionspolitik.[70] Die judäischen Land- bzw. Stadtparteien und ihre jeweiligen Könige setzten dabei im Wechsel auf die Karte "Autonomie" oder "Assurtreue". Eine Zeit vollkommen assurtreuer Politik unter Manasse folgt, ermöglicht aber nicht zwingend bedingt durch den allmählichen Zerfall des Grossreiches im Osten, unter Joschija eine Aera der Loslösung von assyrischer Vorherrschaft. Joschija fällt beim Versuch, Pharao Necho den Weg nach Norden zu verstellen, als dieser den Assyrern gegen die stärker werdenden Babylonier zu Hilfe kommen will. Jojakim - König von der Aegypter Gnaden - setzt auf die Stärke Aegyptens und erkennt die Macht des neubabylonischen Reiches anscheinend genausowenig wie der von Nebukadnezzar nach einer ersten Deportation der Oberschicht Jerusalems eingesetzte Zidkija. 586 fällt das widerspenstige kleine Juda endgültig in die Hand Babylons.[71]

Im Bild der Dirne Jerusalem bzw. der beiden ehebrecherischen Schwestern Ohola (Samaria) und Oholiba (Jerusalem) wird in Ez 16 und 23 diese wankelmütige Politik als Fremdgängerei des Nord- und des Südreichs mit den "Buhlen"

---

69 Betreffend die Traditions- bzw. Redaktionskritik des Buches Ezechiel stützen wir uns auf den grossen Kommentar von W. ZIMMERLI, Ezechiel 104*-114*.

70 H. SPIECKERMANN hat sich in seiner Studie "Juda unter Assur in der Sargonidenzeit" eingehend mit der Religionspolitik beider Staaten beschäftigt (auf der Basis atl. und assyrischer Quellen).

71 Zum Vorangehenden vgl. W. DIETRICH, Israel und Kanaan 95-117.

Assur, Aegypten und Babylon qualifiziert, als Abtrünnigkeit von JHWH, durch die das Verhängnis beider Staaten heraufbeschworen wurde. Ob in diesen Bildreden[72] die in der vorliegenden Endfassung der Texte vorausgesetzte Verbindung von politischer und kultisch-religiöser "Buhlerei" im ursprünglichen Grundbestand der Kapitel bereits gegeben war, kann hier nicht ausführlich diskutiert werden, jedoch dürfen wir im Anschluss an die fundierte Arbeit ZIMMERLIs[73] und die Untersuchungen von U. WINTER[74] folgendes festhalten:

Die Grundbestände von Kap. 16 und 23 (Vv 1-27) stellen in einem ähnlichen Bild den aussenpolitischen Wankelmut Israels bzw. Judas an den Pranger. Beide Texte sind bis in Einzelheiten stark orientiert an Hos 2 und Jer 3, wobei aber die dort ins Visier genommene "Buhlerei" Israels mit den (kanaanäischen) Baalen im Land[75] in Ez 16; 23 abgelöst wird durch das politische "Buhlen" mit den grossen Nachbarstaaten. In der ausweitenden Bearbeitung der Grundbestände wird nun allerdings in Anlehnung vor allem an Jeremia, aber, wie wir noch sehen werden, auch an Hosea, die Verkoppelung der politischen mit der religiös-kultischen Hurerei wieder eingeholt,[76] so dass זנה "Huren" sich in einem Gedankengang mit politischen "Liebhabern" und "Götzen" verbindet (vgl. Ez 16,36).

Da die für uns interessanten Vv 14-16 in Ez 23 nach ZIMMERLI zum Grundbestand dieses Kapitels gehören, während er 16,17f. einer späteren Bearbeitung zuweist,[77] werden wir uns zunächst mit Oholibas Verführung durch Bildnisse von Chaldäern beschäftigen und dann nach einem Exkurs über Ez 4,1f. den Bildern aus Schmuck zuwenden.

---

72 Zur Frage, ob es sich bei diesen Bildreden um Allegorien handle, vgl.
    ZIMMERLI, Ezechiel 343f. und U. WINTER, Frau und Göttin 607f. Anm.699.
    Zur Allegorie vgl. auch die neuere Monographie von A.J. BJØRNDALEN,
    Untersuchungen bes.1-132.

73 Ezechiel bes.106*f.341-345.362f.536-540.

74 Frau und Göttin 607-613. WINTER untersuchte die Bildreden auf dem Hintergrund der im Alten Testament feststellbaren Dämonisierung der Göttin
    (vgl. zum Fazit aaO. 625-629).

75 Vgl. WINTER, aaO. 609. Der Autor sieht (aaO. 611) auch im Grundbestand
    von Kap.16 (gegen ZIMMERLI, Ezechiel 353f.) die Spitze der prophetischen
    Kritik in der Politik Jerusalems und nicht in irgendwelchen kanaanäischen
    Kultsitten (sakrale Prostitution o.ä.). Seine Argumente, vor allem der
    Hinweis auf die bei Ezechiel auch sonst fehlende kanaanäische Kultterminologie, überzeugen.

76 WINTER, aaO. 612f.

77 AaO. 537f. und 362f.

3.3.1. EIN WANDRELIEF (מחקה על־הקיר) VON CHALDAEERN/BABYLONIERN

War Ohola (Samaria) durch die attraktiven Assyrer - gut gekleidete, schmucke Krieger und Reiter von vornehmer Herkunft - betört worden (23,6) und deshalb in ihre Gewalt geraten, so treibt es ihre Schwester Oholiba (Juda), statt daraus eine Lehre zu ziehen, noch ärger (Ez 23,14-16):[78]

> 14 Und sie (Oholiba) ging noch weiter in ihrer Buhlerei.
> Sie sah Männer - ein Relief (מְחֻקֶּה) an der Wand - Bilder
> (צַלְמֵי) von Chaldäern, eingeritzt, in roter Farbe
> (חקקים בששר)
> 15 mit einem Gurt (חגורי אזור)[79] um die Hüften und herab-
> hängender Kopfbedeckung (סרוחי טבולים) auf dem Haupt,
> ihr Anblick wie der von Adjutanten (שלשים) allesamt,
> ein Bild (דמות) der Babylonier, deren Heimat das Land
> Chaldäa ist.
> 16 Und als sie sie sah, entbrannte sie für sie und sandte
> Boten zu ihnen nach Chaldäa.

Das Mehr der Verschuldung Oholibas liegt darin, dass sie - anders als ihre Schwester, welche in den Bann der sich ihr nähernden Assyrer gerät - die Chaldäer/Babylonier auf sich aufmerksam macht und sich ihnen regelrecht anbietet. Den Anstoss für diese abstossende Prostitution gibt nun offen-sichtlich ein Wandbild von sehr attraktiven Babyloniern, deren Darstellung allein Oholibas Lust weckt. Diesem Kunstwerk werden wir uns nun eingehender zuwenden. Zwar ist nicht vorauszusetzen, dass hier an ein ganz bestimmtes historisches Kunstwerk (in Jerusalem?) erinnert wird, welches historisch Judas Interesse an den Babyloniern erregt hätte, denn innerhalb der Bildrede geht es eindeutig vor allem um die stilisierte Steigerung "Wirklichkeit" (der Assyrer)" und "Bild (der Babylonier)". Dennoch ist grundsätzlich nicht auszuschliessen, dass erstens der beschriebene Typ von Kunstwerk seine Vor-bilder in der Wirklichkeit hat und dass zweitens die Beschreibung der Chal-däer/Babylonier sowie die der Assyrer (V.6) an deren tatsächlichem Aussehen,

---

78 Die Vv 12f. sind eine eingeschobene Wiederaufnahme (vgl. V.6) (ZIMMERLI, aaO. 537).

79 חגורי "gegürtet" wohl als Nebenform zu חגורים.

aber eventuell auch an typischen künstlerischen Darstellungen orientiert
ist.[80]

Das in Vv 14.15 beschriebene Kunstwerk ist nun zum einen durch צלמי allgemeiner als Bild/Darstellung[81] bezeichnet, zum anderen durch מחקה על־הקיר
ziemlich präzis als Darstellung an einer Wand. Da מְחֻקֶּה hier wie auch in
1Kön 6,35 und Ez 23,14 aus syntaktischen Gründen kein Partizip (pu[C]al Sg.)
sein kann, ist ZIMMERLIs[82] Vorschlag, מְחֻקֶּה als Substantiv ("Ritzzeichnungen")
zu verstehen, der einzig plausible. חקק in der Grundbedeutung "graben, einritzen" findet sich im Alten Testament in verschiedenen Zusammenhängen und
mit nuancierten Bedeutungen.

In Jes 22,16 wird חקק vom Aushauen eines Felsengrabes gesagt, in Ez 4,1
soll das Bild der Stadt Jerusalem auf einen Ziegel "geritzt" werden. Die
Holzschnitzereien an den Türflügeln des Allerheiligsten im salomonischen
Tempel werden auch in 1Kön 6,35 anscheinend synonym zu מקלעת/קלע als מְחֻקֶּה
bezeichnet. Da das dort erwähnte Ueberziehen der Schnitzarbeiten mit Goldblech ein erhabenes Relief voraussetzt, dürften unter מְחֻקֶּה sowohl einfachere
Ritzzeichnungen als auch vertiefte oder erhabene Reliefarbeiten zu fassen
sein.[83] Letztere legen sich vor allem deshalb nahe, weil ausser in 1Kön 6
auch in Ez 8,10 מחקה על־הקיר im Tempelbezirk von Jerusalem erwähnt werden.
Mit flüchtigen Wandritzereien ist bei dem Aufwand, der dort um die Tierbilder
getrieben wird, kaum zu rechnen.[84]
Die Zusatzinformation, die dargestellten Männer seien חקקים בשׁשׁר ist nicht
unproblematisch. שׁשׁר, das nur hier und in Jer 22,14 belegt ist, wird meist
von akkadisch šaršerru oder šeršeru (šaššeru) "rote Paste/Farbe" abgeleitet.[85]
Dass es sich um Mennige, ein Bleioxyd, handelt, scheint mir trotz der weiten

---

80 So stimmt die (allerdings summarische) Kennzeichnung der Assyrer in 23,6
   sicher mit der Darstellung der stattlichen Krieger und Reiter auf den
   assyrischen Reliefs überein.

81 Mit צלם ist wie bei unseren Wörtern "Abbild", "Bild" etc. noch ein brei-
   teres Spektrum von Bildträgern bzw. Genre des Bildwerks impliziert (vgl.
   Kap. 5.1.4.).

82 Ezechiel 193.

83 Vgl. oben Kap. 1.2.2. Zur genaueren Unterscheidung der verschiedenen Re-
   lieftechniken vgl. C. VANDERSLEYEN, Art. "Relief" in: LdÄE V 224-229.

84 Vgl. Kap. 2.1.1.2.

85 R. GRADWOHL, Die Farben 85 und AHw III 1191. Vgl. A. BRENNER, Colour
   Terms 153.

182

Verbreitung dieser Uebersetzung zu wenig gesichert.[86] In Jer 22,14 ist anscheinend das Bestreichen (משח) grösserer Flächen des Königspalastes mit
solcher roten Farbe (בשׁר) gemeint, während in Ez 23 entsprechend בשׁר
als ein Instrumentalis auf חקקים zu beziehen ist. Da eigentlich zu erwarten
wäre, dass חקק mit einer Werkzeugangabe zusammengeht,[87] kommt es in vielen
Kommentaren zu komplizierten Erklärungen, um den Vorgang des Gravierens mit
dem des Farbeauftragens zu verbinden.[88] Wurden die Umrisse der Figuren auf
dem (versenkten) Relief mit roter Farbe hervorgehoben? Oder bezieht sich
בשׁר allgemeiner auf das Wandbild insgesamt?

Diese Fragen sind schwer zu beantworten, zumal wir aus Palästina zu wenige
archäologische Zeugnisse von Reliefs oder Wandmalereien besitzen.[89] In
Aegypten wurden (versenkte) Reliefs häufig mit Gesso überzogen und dann bemalt, wie schon Beispiele aus dem 3.Jt.v.Chr. belegen.[90] Traditionell ist
die Farbe für Männerbilder in Aegypten ein Braunrot, während Frauen meistens
in blassem Ocker dargestellt sind.[91] Bei Wandmalereien, die gewöhnlich auch
auf einen zuvor angebrachten geglätteten Verputz aufgetragen wurden, arbeiteten Zeichner und Maler in der Weise zusammen, dass zunächst die Konturen
vorgezeichnet, dann die Farbe aufgestrichen und schliesslich die Konturen
noch einmal nachgezogen wurden, häufig in einem tiefen Rotbraun, zur Zeit
der Ramessiden in Schwarz.[92] Ein Wandgemälde aus einem Grab in Theben West

---

86 Vgl. FORBES, Studies III 206f.; BEN JEHUDA XV zu שׁשׁר; ihnen folgend GRAD-
    WOHL, Die Farben 85 (vgl. auch W. EICHRODT, Der Prophet Hesekiel 217).
    A. BRENNER (Colour Terms 153) denkt eher an rote Ockerfarbe, die in Aegyp-
    ten schon für die vordynastische Zeit bezeugt ist. Die LXX übersetzen
    mit μίλτος (Rötel, Mennige).

87 Die LXX lesen hier ἐν γράφιδι (mit dem Griffel).

88 Vgl. GRADWOHL, aaO. 85: "Laut Ez 23,14 werden die Konturen der in eine
    Wand eingravierten Darstellungen... mit Mennig nachgezogen...".

89 Zu den nicht-figurativen Wandmalereien in einem SB-zeitlichen Heiligtum
    von Lachisch vgl. O. KEEL, Bildträger 19 Anm.67.

90 Vgl. C. ALDRED, Egyptian Art 28 und Abb.27.45f. Die seit der 4.Dyn. be-
    kannte Technik der "Pastenfüllung" (vgl. D. WILDUNG in: LdAe IV 913f.),
    bei der die ausgearbeiteten Versenkungen mit einer Farbpaste wieder auf-
    gefüllt wurden, hat sich über die Jahrhunderte nicht durchsetzen können.

91 AaO. 30.

92 AaO. 28 und E. FEUCHT, Art. "Hilfslinien" in: LdAe II 1201-1206 (vgl.
    "Bildhauerei" in: LdAe I); E. HORNUNG, Tal der Könige 72f.
    Die assyrischen Reliefs wurden, anders als in Aegypten, wo man nach einem
    festen Proportionskanon quadratische Hilfslinien vorzeichnete, wahrschein-
    lich recht frei mit einigen vorgezeichneten Konturen gearbeitet. Zu den

zeigt z.B. eine in abgestuften Rot-Braun-Tönen gehaltene Jagdszene.[93]

Auch die assyrischen Reliefs waren bunt bemalt, wie Farbspuren an geschütz-
ten Stellen noch ahnen lassen.[94] Reste von Wandmalereien aus dem 1.Jt.v.Chr.
in Til Barsip, Arslan-Tasch und Chorsabad (8.Jh.v.Chr.) sowie vom Fort
Salmanassar in Nimrud (7.Jh.v.Chr.) zeigen insgesamt eine breite Farbenskala, aber, abgesehen von einigen rot nachgezogenen Linien in Til Barsip,
keine Indizien für eine besondere Bedeutung der roten Farbe.[95]

P. BECK hat in ihrer Studie zu den Krug- und Wandmalereien, die in Kuntillet
Adschrud gefunden wurden und von der Autorin vorsichtig ins 9.-7.Jh.v.Chr.
eingeordnet werden, eingehend die Farben der auf Gesso aufgetragenen Zeichnungen beschrieben.[96] Die begrenzte Farbenskala geht hier von Rot (dominie-
rend) bis zu Schwarz und verschiedenen Gelbschattierungen.

Die Notiz vom Gebrauch roter Farbe in Ez 23,14 scheint also von diesen Befunden her am ehesten noch auf die Reliefbemalung in Aegypten zu verweisen.
Andererseits deutet sowohl der wahrscheinlich akkadische Ursprung des Wortes שׁשׁר als auch der Kontext der Verse auf babylonischen Einfluss.

Das Unheilsorakel gegen Jojakim (608-598 v.Chr.) in Jer 22 beginnt in V. 14
mit der Anklage gegen seinen luxuriösen Wohnstil. Weitläufige Obergemächer,
zahlreiche Fenster und Zederntäfelung entsprechen, wie HOELSCHER, HAENY
und WINTER[97] meinen, syrischem Luxusbaustil, wobei die Obergemächer eventuell wie beim Hohen Tor von Medinet Habu als Aufenthaltsräume für den König
und seine Frauen dienten. Es ist nicht von der Hand zu weisen, dass שׁשׁר bei
Ezechiel und Jeremia im anrüchigen Kontext von Luxus- und ausschweifendem
Liebesleben steht. Die rote Farbe - sie muss ja aus einem bestimmten Interesse erwähnt sein - war, vielleicht ein ausländischer Importartikel, anscheinend in der Oberschicht Judas "le dernier cri" des Wohnkomforts.
Auch das Karmesin (שׁנִי), ein im Gegensatz zum den Reichsten vorbehalten
Purpur teurer, aber erschwinglicher hochroter Farbstoff - hat z.B. als auf-
reizende Kleidfarbe der Hure Jerusalem (Jer 4,30) einen sehr negativen Bei-

Herstellungstechniken neuassyrischer Reliefs vgl. W. NAGEL, Die neuassyrischen Reliefstile 11-17; ders., Meister- und Gesellenarbeit, passim;
W. VAN OS, Le modelé, passim; A. PARROT, Assur 217ff.

93 ALDRED, aaO. Abb.125.

94 Vgl. J. READE, Assyrian Sculpture 20f.

95 Vgl. P. BECK, The Drawings 48.

96 BECK, aaO. 47f.63; vgl. auch Kap. 1.1.4.

97 U. HOELSCHER, Die Wiedergewinnung 39f.; G. HAENY, Zum Hohen Tor 73; U.
WINTER, Frau und Göttin 585ff.

geschmack.[98] Des weiteren ist, und diese Beobachtung ist für unsere Fragestellung von besonderer Bedeutung, das Rot bzw. Karmesin in apotropäischer
Funktion auch als Farbe der Kriegsausrüstung belegt.[99] In Nah 2,4 wird von
der gegen Ninive anrückenden furchterregenden Armee gesagt:

> Der Schild seiner Helden ist rot (מאדם)
>
> seine Krieger sind karmesinfarben (מתלעים).

Es liegt nahe, dass mit dem feindlichen Heer hier das der Babylonier und
Meder gemeint ist, deren Aufstieg man in Juda am Ende des 7.Jhs.v.Chr. nicht
ohne Hoffnungen beobachtete. So haben wir von Nah 2,4 her Grund anzunehmen,
dass die Darstellung der Babylonier nach Ez 23 zum Krieg gerüstete, rot gekleidete Männer (es muss offenbleiben, wie die Farbe auf die Wand aufgetragen wurde) wahrscheinlich höherer militärischer Ränge zeigte.[100]
שליש meint im atl. Sprachgebrauch die ranghöchsten Offiziere, die des Königs
Vertrauen geniessen, häufig seine persönlichen Adjutanten, die mit ihm auf
dem Streitwagen stehen und auf die der König sich konkret im Kampf, aber
auch im übertragenen Sinn stützt.[101] Der seit Tukulti-Ninurta II. bezeugte
dritte Mann (neben dem Lenker) auf dem Streitwagen heisst auch akkadisch
tašlīšu. Er hatte wahrscheinlich den Schild zu halten und den Wagenkämpfer
zu stützen.[102] Abb. 70, ein Orthostaten-Relief Assurnasirpals II. aus Nimrud
(verschollen) zeigt je drei kämpfende Soldaten in voller Rüstung auf zwei
Wagen.[103]

---

98 R. GRADWOHL, Die Farben 76. Vgl. auch Jes 1,18, wo die Sünden Jerusalems
    mit dem Karmesin verglichen werden und Offbg 17,3f.
    Auch in Aegypten weckte Rot als Symbolfarbe negative Assoziationen, je-
    doch anderer Art (E. BRUNNER-TRAUT, Art. "Farben" in: LdAe II 118-128
    bes. 124).

99 GRADWOHL erwähnt auch, dass Rot als Farbe der Lebenskraft (vgl. 1Sam 16,
    12; Klgl 4,7) galt, weshalb z.B. Weish 13,14 (vgl. 15,4) ein Götterbild
    mit roter Farbe (Mennige) bemalt wird, die quasi ein Lebensersatz ist
    (aaO. 85). Sich "rot machen", d.h. schminken, muss Keret auf Anweisung
    Els für ein Opferhandlung (CTA 14,1762; KTU 1.14).

100 In Ez 23,6 wird parallel die Kleidfarbe der Assyrer, der aus Phönizien
    importierte blaue Purpur (akk. takiltu, hebr. תכלת) erwähnt. Zu den
    roten Purpurkleidern der Midianiterfürsten (Ri 8,26) vgl. R. GRADWOHL,
    Die Farben 69.

101 Vgl. 1Kön 9,22; 2Kön 9,25; 10,25; 15,25; Ex 14,7; 15,4 und den שליש
    "auf dessen Hand sich der König stützt" (2Kön 7,2.17.19).

102 Vgl. B. MEISSNER, BuA I 92f. und W. FABER in: RLA V 341.

103 A.H. LAYARD, The Monuments I Pl.28 = HROUDA, Kulturgeschichte Taf.63,4.

Ueber die Kleidung dieser Adjutanten erfahren wir in V.15 nun zwei weitere Details. So tragen sie einen Gürtel um die Hüften, was offensichtlich bemerkenswert ist.[104] Breite, bisweilen verzierte Gürtel als Bestandteil der Kriegsausrüstung sind auf den assyrischen Reliefs vielfach zu sehen. Sie waren aus Stoff, Leder, eventuell auch aus Metall und dienten vor allem zum Halten von Waffen.[105] Auch auf babylonischen Kudurrus des 9.-7.Jhs.v.Chr. wird der König in langem babylonischen Gewand mit einem breiten Gürtel gezeigt,[106] und ebenso der König Marduk-zākir-šumi I. auf einem Thronsockel Salmanassars III. (858-824 v.Chr.) aus Nimrud (Abb.71).[107]

Ausserdem tragen die dargestellten Männer auf dem Wandrelief טבולים סרוחי. Da טבולים ein Hapaxlegomenon ist, können wir uns für eine Ableitung der Bedeutung nur an äthiop. ṭablala[108] "einwickeln" oder eventuell an assyrisch dublu/ṭublu[109] orientieren. סרוחי lässt sich recht genau als "überhängend, herabhängend" verstehen.[110] Da die LXX τιάραι βαπταί übersetzen, ist zumindest wahrscheinlich, dass eine Kopfbedeckung gemeint ist.[111] Es liegt nahe, an die assyrischen Königstiaren, Diademe und Stirnbänder mit ihren herabhängenden Bändern zu denken.[112] Darstellungen aus neubabylonischer Zeit zeigen den König mit einer hohen "Zipfelmütze", von deren Spitze ein langes Band herunterhängt, so z.B. auf zwei Kudurrus unbekannter Herkunft in Berlin

---

104 Vielleicht weil Gürtel im Alltag in Israel nicht getragen wurden (vgl. H. WEIPPERT, Art. "Kleidung" in: BRL[2] 185-188).

105 Vgl. P. CALMEYER, Art. "Gürtel" in: RLA III 689-93 und 721f. sowie B. HROUDA, Die Kulturgeschichte 47f. Taf.7,13-24. Die aus Urartu und Westiran bekannten, schön verzierten Bronze- und Goldbeschläge sind bei Assyrern und Babyloniern nicht nachweisbar (vgl.CALMEYER, aaO. 692).

106 Vgl. Anm.113.

107 Vgl. dazu U. SEIDL, Die babylonischen Kudurru 199 und D. OATES, The Excavations 20f. und Pl.VIIc.

108 KBL II 353.

109 So in HAWAT[17] 270.

110 Vgl. Ex 26,13 und Ez 17,6 (von wuchernden Reben).

111 Das βαπτός "gefärbt" leiten die LXX von עבל her. סרוח ist aber als Substantiv atl. nicht belegt.

112 B. HROUDA, Die Kulturgeschichte 43ff. und Taf.5-6. P. BECK (The Drawings 49) weist auch auf die Kopfbedeckung mit nach vorn herunterhängendem Band bei einer der Figuren auf der Stadtmauer (fig.18) hin (dazu Kap. 3.3.2.). Hinten herabhängende Kopfbedeckungen tragen auch musizierende Frauen auf einem Elfenbein aus Nimrud (HROUDA, aaO. Taf.50,3).

(Abb. 72).[113] Auch in der Perserzeit stellte man die Babylonier mit solchen "Zipfelmützen" dar, wie die Völkerprozession auf den Treppenwänden des Apadana in Persepolis zeigt.[114] Es könnten aber auch Kopfbänder gemeint sein, wie sie noch von HERODOT bei der Kennzeichnung babylonischer Haartracht erwähnt werden.[115]

Die hohe Attraktivität der Neubaylonier (=Chaldäer), um deren Herkunft aus Chaldäa die Verfasser von Ez 23 offensichtlich wussten,[116] und vor allem die von Offizieren und Vornehmen ausgehende Faszination, ist sicher ein Aspekt der Wirklichkeit, die den Hintergrund der Militär- und Aufrüstungspolemik der vorexilischen Propheten darstellt.[117] Jedoch geben weder das Alte Testament noch babylonische Quellen sichere Indizien dafür her, dass Juda zur Zeit Ezechiels intensivere aussenpolitische Beziehungen mit dem neubabylonischen Reich gesucht hätte bzw. konkret eine Gesandtschaft nach Babylon schickte.[118] Dass hinter dem Vorwurf der Hurerei mit den Babyloniern die Erinnerung und die offensichtlich erfolglose Kontaktaufnahme Merodach-Baladans (Marduk-

---

113 U. SEIDL, Die babylonischen Kudurru 199 und Nos 98 (=Abb.20) und 110 (=Abb.24) sowie KING, Babylonian Boundary Stones Pl.23 (Zeichnung) (= SEIDL, aaO. No 106) und Pl.CIII (= SEIDL, aaO. No 96) und B. MEISSNER, BuA I Abb.20 (=ANEP No 454) und Abb.30.
Vgl. den Artikel "Kopfbedeckung" von R.M. BOEHMER (in: RLA VI 197-210' und Abb.108). Die Uebersetzung mit "Turban" ist nicht zu empfehlen (vgl. aaO. 203), da solche Kopfbedeckung auf neuassyrischen Darstellungen nur Fremdvölker, u.a. die Judäer tragen (vgl. aaO. 208 und Abb.91f. sowie M. WAEFLER, Nicht-Assyrer Abb.14 und 123).
D. OATES (The Excavations 21) erwägt, ob bei den oben erwähnten Darstellungen auf dem Thronsockel Salmanassars III. der lange Zopf des babylonischen Königs nicht eigentlich ein (falsch verstandenes) Mützenband sei.

114 G. WALSER, Die Völkerschaften 77 und Taf.12.43f.87; ders., Persepolis Taf.17.21 und FREI/KOCH, Reichsidee 74 Abb.3 (die Identifikation ist sicher; vgl. P. CALMEYER, Zur Genese VIII 154).

115 HERODOT, Historien I 195 (κομῶντες δὲ τὰς κεφαλὰς μίτρῃσι ανα-δέονται).

116 Das neubabylonische Reich rekrutierte sich aus Herrschern der Kaldu, einer semitischen Bevölkerungsgruppe im südlichen Babylonien, die seit dem 9.Jh.v.Chr. bezeugt ist (vgl. D.O. EDZARD, Art. "Kaldu" in: RLA V 291-297, bes.296f. zur Identität der Begriffe Babylonier-Chaldäer in Israel seit dem Exil). Auch ZIMMERLI (Ezechiel 546f.) entnimmt der feinen Differenzierung einen Hinweis auf die Abfassung des Textes im Exil.

117 Vgl. auch Kap. 4.4.

118 Es ist unnötig, das Bild vom Entsenden der Boten nach Babel auf eine einmalige historische Begebenheit zu fixieren (gegen ZIMMERLI, Ezechiel 545).

apal-iddina) mit Hiskija (725/4-697/6 v.Chr.) steht (2Kön 20,12-19 und
Jes 39), ist wegen der zeitlichen Differenz und weil dort die Initiative ja
deutlich bei den Babyloniern liegt, unwahrscheinlich.[119] Ob Joschija
(640/39-609/8 v.Chr.), als er sich dem Pharao Necho, der die assyrische
Rückeroberung Harrans unterstützen wollte, den Weg nach Norden verstellte,
als Bündnispartner der Babylonier handelte, ist nach dem jetzigen Stand der
Forschung nicht zu entscheiden.[120]
Eine andere Hypothese ist, dass Jojakim (609/8-598/7 v.Chr.) wegen seiner
gefährlichen antibabylonisch- proägyptischen Politik das Opfer einer pro-
babylonischen Partei in Juda wurde, die Nebukadnezzar II. auf diese Weise
von der Belagerung Jerusalems abzuhalten suchte.[121] Die Zeit Jojakims als
Hintergrund von Ez 23,14ff. anzunehmen, legt sich wegen der bezeugten Schau-
kelpolitik zwischen Aegypten und Babylonien nahe.[122]
Ez 23 setzt jedenfalls, wenn man auf der Ebene der Bildrede bleibt, voraus,
dass Juda schon ein (attraktives) Bild von den Babyloniern hatte und sich auf
Grund dessen für diese interessierte. Möglicherweise gab die luxusfreudige
Oberschicht in Jerusalem die Erstellung realer Bilder von Babyloniern bei
Künstlern in Auftrag, zu einer Zeit wahrscheinlich, als man von dieser auf-
steigenden Grossmacht fasziniert war.[123]

3.3.2. DIE RITZZEICHNUNG EINER BELAGERTEN STADT

Als künstlerisches Motiv, das der Beschreibung in Ez 23,14-16 zugrundeliegen
könnte, kommt in erster Linie eine Kriegsszenerie in Frage, möglicherweise

---

119 Vgl. aaO. 546. Zu diesem "Krankenbesuch" siehe auch die einhelligen
     Kommentare bei J. GRAY, I&II Kings 701ff.; H. WILDBERGER, Jesaja 1469-
     1481 (sehr ausführlich).

120 ZIMMERLI, aaO. Zum Tod Joschijas und den genaueren Plänen sowie der
     Route Nechos vgl. W. DIETRICH, Israel und Kanaan 111f.; H. SPIECKERMANN,
     Juda unter Assur 138-153.

121 Vgl. A.R. GREEN, The Fate, passim. In die von W. DIETRICH (Israel und
     Kanaan 112-116) aufgezeigten innen- und aussenpolitischen Zusammenhänge
     würde sich allerdings eine solche Ermordung Jojakims nicht ohne weiteres
     einfügen. Natürlich ist unser Bild von den Interessengruppierungen im
     vorexilischen Juda insgesamt sehr lückenhaft.

122 Vgl. E. FUHS, Ezechiel z.St. 123f.

123 Ob eventuell unter den Geschenken der Gesandtschaft Merodach-Baladans
     schon solche Darstellungen gewesen sind, bleibt Spekulation.

das Bild einer Stadtbelagerung, wie sie auf assyrischen Reliefs immer wieder dargestellt wird. Dieses Sujet ist in Ez 4,1f. mit einigen markanten Elementen unverwechselbar beschrieben:[123a]

> 1 Du, Menschensohn, nimm dir einen Ziegel (לבנה),
>   lege ihn vor dich hin,
>   und ritze (וחקות) darauf eine Stadt ein, [Jerusalem].
> 2 Und verhänge über sie die Belagerung,
>   baue Belagerungswerke gegen sie,
>   schütte einen Wall auf gegen sie,
>   errichte Heerlager gegen sie
>   und stelle ringsum Rammböcke auf.

ZIMMERLI versteht die Zeichnung einer Stadt, die der Prophet auf den ungebrannten Lehmziegel ritzen soll (חקק), als Stadtplan, da "die Aufzeichnung von Grundrissen für Haus-, Tempel- und Schiffsbau auf Ziegeln und Platten uns gerade für Babylonien seit ältester Zeit bezeugt ist."[124] Die Wahl des Bildträgers mag zwar tatsächlich dieses babylonische Kolorit aufweisen, doch ist das Bild von der Stadt - in der ursprünglichen Textfassung war von Jerusalem noch keine Rede - gewiss kein Stadtplan in der Aufsicht, sondern das Bild der Mauern und Türme (in Seitenansicht) einer Stadt, die belagert wird. Die babylonischen Stadtpläne sind nicht nur viel älter, auf ihnen fehlen auch die Belagerungsmaschinen, die in Ez 4,2 erwähnt werden.

Es ist unnötig, hier die zahlreichen Darstellungen solcher Szenen auf den assyrischen Reliefs aufzulisten.[125] Typische, immer wiederkehrende Elemente sind die einheimischen Verteidiger oder Klagende auf den Zinnen der Stadt, die Rampen, Rammböcke, Leitern, aufgeschütteten Wälle und natürlich die anstürmende assyrische Infanterie mit Schilden und Waffen oder der im Streitwagen gegen die Stadt anrückende Grosskönig.[126] Als Beispiele seien ein Relief Tiglat-Pilesers III. (745-727 v.Chr.) aus dem Zentralpalast in Nimrud (Abb. 73)[127] und Reliefs aus dem Palast Sargons in Chorsabad (721-705 v.Chr.)

123a Den Hinweis auf die besondere Bedeutung von Ez 4,1f. im Rahmen atl. Nachrichten von darstellender Kunst verdanke ich meinem Kollegen C. UEHLINGER.

124 Ezechiel 112f. mit entsprechenden Verweisen.

125 Y. YADINs Werk "The Art of Warfare in Biblical Lands" (Vol.II) gibt einen repräsentativen Ueberblick. Auf vergleichbare ägyptische Darstellungen kann hier nicht eingegangen werden (vgl. aaO. Vol.I).

126 Zur Belagerungstechnik und den Belagerungsinstrumenten vgl. YADIN, aaO. 291-464 und H. WEIPPERT, Art. "Belagerung" in: BRL[2] 37-42.

127 YADIN, aaO. 406 = KEEL, AOBPs Abb.132. Vgl. ähnliche Szenen auf den Bronzetüren von Balawat (YADIN, aaO. 400f.).

genannt (Eroberung von Gaza(?) und von Pazashi),[128] wo die in Ez 4,1ff. erwähnten Belagerungstopoi jeweils alle zusammen auftreten.[129]

Zur Zeit Ezechiels müssen die assyrischen Stadteroberungsbilder schon länger
bekannt gewesen sein. Unter den Wandmalereien von Kuntillet Adschrud, die
zwischen 850 und 750 v.Chr. entstanden sind, ist fragmentarisch eine solche
Szene erhalten. Man sieht noch die Figuren auf einer Stadtmauer (<u>Abb. 74</u>).[130]
Die Linien sind rot gezeichnet (vgl. Ez 23,14). P. BECK vergleicht diese
fragmentarische Szene allerdings mit denen von musizierenden Frauen auf der
Stadtmauer, wie sie auf Elfenbeinplaketten aus Nimrud (9.Jh.v.Chr.) und auf
zyprisch-phönizischen Metallschalen vorkommen.[131]

Im 9./8. Jh.v.Chr. sind jedenfalls bekannte Motive assyrischer Kunst nach
Juda gelangt, wahrscheinlich durch wandernde Kunsthandwerker und durch die
Verbreitung von Kleinkunst mit ebensolchen Darstellungen.[132] Das Fragment
einer neuassyrischen Reliefplatte vom Tell Zafit (8.Jh.v.Chr.)[133] (<u>Abb. 75</u>)
ist ein weiterer Anhaltspunkt, dass Israel mit der assyrischen Ikonographie
über lange Zeit hin bekannt gewesen ist. Auf diese Weise könnten auch die
"kulturellen Beziehungen" zwischen Juda und Babylon, wie Ez 23 sie beschreibt,
entstanden sein. Das Faszinierende der assyrischen Militärmacht, das noch
zur Zeit Ezechiels von solchen Bildern ausging, schlägt in Ez 4,1f. um in
Grauen und Entsetzen über das Strafgericht JHWHs, das sich in der Belagerung
und Eroberung der Stadt vollzieht.

3.3.3. BEKLEIDETE MAENNERBILDER (צלמי זכר), HERGESTELLT AUS SCHMUCK

Die Anklage des Propheten gegen das untreue Jerusalem in Ez 16 stellt sich
als ein Rückblick auf die Geschichte der im Bild der Ehe beschriebenen Be-

---

128 AaO. 422-425.

129 Erwähnenswert sind natürlich auch die Lachisch-Reliefs aus Ninive mit
    ihrer detaillierten Darstellung der Erstürmung der Stadt (vgl. jetzt
    D. USSISHKIN, The Conquest of Lachish).

130 P. BECK, The Drawings 48f. fig.18 und Pl.7,1.

131 AaO. 49. Vgl. B. HROUDA, Die Kulturgeschichte Taf.50,3f.

132 AaO. 50. Eine auffällige Parallele besteht z.B. auch zwischen dem Thro-
    nenden von Kuntillet Adschrud (BECK, aaO. fig.21-21a und Pl.10) und der
    fragmentarischen Elfenbeinplakette desselben Motivs (J.W./G.M. CROWFOOT,
    Early Ivories Pl.XI).

133 BLISS/MACALISTER, Excavations 41 fig.17 = OLB II Abb.547. Fragmente be-
    schrifteter neuassyrischer Stelen sind auch in Aschdod (J. BOER-
    KER-KLAEHN, Altvorderasiatische Bildstelen 202 No 174) und in Samaria
    (CROWFOOT/KENYON, Samaria-Sebaste III Pl.IV,2.3) gefunden worden.

190

ziehung zwischen JHWH und Juda/Jerusalem dar, als Rückblick und schonungslo-
se Abrechnung. Denn Jerusalem hat die Liebe JHWHs, die sich u.a. äusserte in
Geschenken von buntgewirkten Gewändern (Vv 10.13 רקמה), von Gold und Silber
(V.13 זהב וכסף) an die junge Frau, nicht dankbar erwidert. Sie vergisst, dass
sie ihre ganze Existenz JHWH verdankt (V.6f.), buhlt mit jedem Vorübergehen-
den (V.15) und missbraucht ihre kostbaren Gewänder, ihren Schmuck und ihr
Räucherwerk, die Geschenke JHWHs, ausgerechnet für ihre Fremdgängerei (Ez
16,17f.):

> 17 Du nahmst deine Prachtschmuckstücke (תפארתך)
> von meinem Gold und Silber (מזהבי ומכספי),
> die ich dir gegeben hatte,
> und machtest dir daraus Männerbilder (צלמי זכר)
> und hurtest mit ihnen.
> 18 Und du nahmst deine Kleider von Buntgewirktem
> (את־בגדי רקמתך) und bekleidetest sie,
> und mein Oel und meinen Weihrauch
> stelltest du vor sie.
> 19 Und meine Speise, die ich dir gegeben hatte...
> die legtest du ihnen vor als lieblich duftendes Opfer...

Nun hat ZIMMERLI vermutet, dass Vv 16-23 "von buhlerischen Unternehmungen und
Einrichtungen, die mit den kanaanäischen Kultsitten Israels zusammenhängen
und in der Richtung von Hos 2 (4) liegen" reden.[134] Tatsächlich wird in diesen Versen der Zusammenhang der politischen Fremdgängerei, wie er zuvor ähnlich wie in Kap. 23 entworfen wird, unterbrochen[135] durch eine Reihe von
schweren Vorwürfen, die sich formell zwar als Anaphern der Einzelmotive in
16,10-13 gestalten, inhaltlich aber einen ganz neuen Akzent innerhalb des
Kapitels setzen, da nun von der Anklage der Buhlerei mit den Völkern überge-
leitet wird zu den kultischen Vergehen im engeren Sinn. Der Missbrauch der
Kleider (V.16 für Höhen, V.18 für צלמי), des Schmuckes (V.17), der kostbaren
Speise (V.19 als Götzenopfer), welcher mit den Kinderopfern für die Götzen
zu einem traurigen Höhepunkt kommt, ist ein Skandalon. Unübersehbar ist hier
die Anlehnung an Hos 2,7.10: Die Hure Israel läuft den Buhlen (=Baalen) und

---

134 Ezechiel 353f. Ob es sich um "kanaanäische Kultsitten" handelt, wird
    allerdings zu fragen sein (vgl. weiter unten).

135 U. WINTER, Frau und Göttin 611-614.

deren Geschenken nach, sie vergisst JHWH (2,10):

> Aber sie hat nicht erkannt, dass ich es war,
> der ihr das Korn, den Wein und das Oel gegeben hat
> und Silber (וכסף) in Mengen und Gold (וזהב),
> [das sie zum Baal machen (עשו לבעל)].

H.W. WOLFF hat hier das עשו לבעל aus sprachlich-stilistischen Gründen als eine spätere Glosse, die von Hos 8,4f. und 13,2 her zu verstehen ist, entlarvt.[136] In den genannten Versen wird Israel bezichtigt, Götzen aus seinem Silber bzw. Silber und Gold gemacht zu haben, und zwar Stierbilder. Offensichtlich fand die Kombination der beiden Motive "Missachtung der Geschenke JHWHs" und "Herstellung von Götzenbildern aus Edelmetallen" zu "Herstellung von Götzenbildern aus JHWHs Geschenken" wegen der darin enthaltenen Steigerung einigen Anklang.[137] Auch in Ez 7,19.20[138] droht JHWH, dass er das Gold und Silber der Israeliten zum Unrat machen werde, weil sie sich Götzenbilder daraus hergestellt haben. Die Anfertigung von Götzenbildern "aus Silber und Gold" ist ein gebräuchliches Motiv vor allem in exilisch-nachexilischer Zeit.[139] Auch das Motiv der berüchtigten Herstellung von Gussbildern aus Schmuck hat, wie wir im Zusammenhang mit Ex 32,1-6[140] schon gesehen haben, eine Tradition (vgl. Ri 8,22-27), und so dürfte dem V.16,17 nicht allzuviel zuverlässige Information über das Aussehen der צלמי זכר zu entlocken sein.

Dass es sich um menschengestaltige Rundbilder handelt, legt sich nahe, weil die Dirne ihre eigenen Kleidstoffe (בגדי) den Bildern anlegt, was, wenn auch nur ungefähr, eine Grössenvorstellung von צלמי זכר impliziert. In Vv 10.13.18 werden die Gewänder durch רקמה als kostbare, bunte Stoffe bestimmt, deren Farbenvielfalt durch das Verweben verschiedener gefärbter Fäden entstand.[141]

---

136 WOLFF, Hosea 44. Der Plural des Verbs und der Singular לבעל fallen aus dem syntaktischen Rahmen des Zusammenhangs.

137 Die Glosse in Hos 2,10 wird unter Einfluss von 8,4; 13,2 oder in Anlehnung an Ezechiel entstanden sein.

138 Wahrscheinlich in Anlehnung an Ez 16,17 eingefügt. Vgl. WOLFF, Hosea 183.

139 Vgl. Jer 10,4.9; Pss 115,4; 135,15 und Dtn 7,25. Eine Zusammenstellung findet sich bei PREUSS, Die Verspottung 64 (Anm.65); vgl. auch aaO. 176.

140 Vgl. Kap. 2.1.3.2. und 2.3.2. sowie ZIMMERLI, Die Spendung 513-518.

141 Vgl. D. IRVIN, Art. "Farbe und Färberei" in: BRL[2] 72-74; K. GALLING, Art. "Weben und Weberei" in: BRL[2] 360f.; H. WEIPPERT, Art. "Kleidung" in: BRL[2] 186 und A. BRENNER, Colour Terms 150. Zu den verschiedenen Arten der Textilverarbeitung vgl. Kap. 6.4.

Auf den recht hohen Wert solcher Stoffe weist ihre Verwendung für kultische
Zwecke vor allem im priesterschriftlichen Heiligtum hin, sowie die Zusammenstellung mit Purpur, Byssus, Seide und ähnlich kostbaren Stoffen (z.B. Ex
35,35; Ez 16,13).[142] Für die Erzeugung von Purpur und den Handel mit kostbaren Stoffen war in der Antike vor allem Tyrus berühmt.[143]

Die Bekleidung von Holz- und Metallbildern mit blauem und rotem Purpur
(תכלת וארגמן) erwähnt auch Jer 10,9.[144] Das rituelle Bekleiden von menschengestaltigen Götterbildern ist, wie K.-H. BERNHARDT[145] gezeigt hat, für das
Altertum vielfach bezeugt.

Das tägliche Ritual vor dem zumeist anthropomorphen Götterbild im Allerheiligsten ägyptischer Tempel ist seit dem Neuen Reich bezeugt, sowohl auf Tem-
pelreliefs als auf Papyri.[146] Aus diesen Quellen lässt sich folgender Ablauf
des Rituals rekonstruieren: (1.) Der Priester nähert sich dem Kultschrein
unter Speise- und Räucheropfern. (2.) Er öffnet den versiegelten Kultschrein.
(3.) Er enthüllt das Gesicht des nun sichtbaren Kultbildes, um sich dann (4.)
vor ihm niederzuwerfen. (5.) Dem Gott werden Hymnen gesungen, Weihrauch,
wohlriechendes Oel und die Maat-Figur dargeboten. (6.) Das Götterbild wird
aus dem Schrein herausgenommen und (7.) nach Abnahme der Kleidung gereinigt.
(8.) Danach wird es mit der Leinenbinde und vier Stoffen verschiedener Farbe
bekleidet. Abb. 76, ein Relief aus Abydos, zeigt den König Sethos I. beim Ent-
oder Bekleiden der Statue des Amun-Re.[147] Man überreicht dem Bild (9.) Insig-
nien, Schmuck, eventuell die Krone. Mit der Salbung, dem Umlegen eines grossen Zeremonialgewandes (10.) und abschliessenden Reinigungen (11.) wird das
Ritual beendet, das Sanktuar wird wieder verschlossen (12.). Zwischen den
Reinigungs- (11.) und den Schlussriten (12.) konnte noch ein Opferritual -
Reinigung von Opfergaben, Ausrufen der Opfer, rituelles Mahl, Huldigung vor

---

142 Zu בוץ und שש im Alten Testament vgl. D. IRVIN, Art. "Stoff" in: BRL[2]
325-327.

143 In der Drohrede gegen Tyrus erfolgen Hinweise auf diese Luxusgüter (Ez
26,16 die בגדי רקמתם der Fürsten; 27,7.24). Vgl. auch H. WEIPPERT, Art.
"Tyrus" in: BRL[2] 349f.

144 Zu Jer 10,1-9 vgl. Kap. 3.4.1. Die entsprechenden akkadischen Begriffe
für Purpur sind *takiltu* und *argamannu*.

145 Gott und Bild 44f. und weitere Angaben bei ZIMMERLI, Ezechiel 357.

146 Vgl. zum Folgenden W. BARTA, Art. "Kult" in: LdAe III 839-848.

147 CALVERLEY u.a., The Temple II Pl.7.

der Gottheit - eingeschoben werden. Zum täglichen Ritual kamen noch besondere Festtagskulte hinzu.

Der Kultbetrieb um Götterbilder dürfte im syrisch-levantinischen Raum ganz
ähnlich gestaltet gewesen sein. Der im Zusammenhang mit der Aschera erwähnte
zyprische Bronzeständer (Abb.5) zeigt ja einen Verehrer mit Stoffen, Kupferbarren, Speisen als Gaben für den sakralen Baum.[148]
Zahlreiche und detaillierte Quellen haben wir auch aus der spätbabylonischen
Zeit. Alle Arten von Stoffen und Accessoires wurden dort als Schenkungen für
verschiedenste Gottheiten aufgelistet.[149] Sehr bekannt sind die Kleiderstif-
tungen Nabû-apla-uṣurs an Schamasch, worunter auch Blau-Purpur-Wolle zu finden ist. Die Götterbilder wechselten besonders angelegentlich von Festen
ihre Garderobe, wurden aber auch zu Beginn von Ritualen jeweils neu einge-
kleidet.[150] Zum Tagesritual eines Götterbildes gehörten regelmässige Speise-
und Rauchopfer.

Da diese in Ez 16,18b.19 (vgl. Mi 6,7) auch erwähnt sind,[151] ist von den
ägyptischen wie babylonischen Quellen her sicher, dass mit צלמי זכר anthropomorphe Bilder gemeint sind, die öffentliche kultische Verehrung genossen.
Es ist von den erläuterten Details, die der Text erwähnt, her ausgeschlossen,
dass, wie verschiedentlich in Anlehnung an Jes 57,8 (זכרונך) postuliert wurde, צלמי זכר ein Phallus-Symbol meine.[152] Wenn auch das Wort זכר ("Männliches") etwas befremdlich wirken mag und man sich fragen kann, warum nicht

---

148 Vgl. Kap. 1.1.4.

149 Vgl. H. WAETZOLD, Art. "Kleidung" in: RLA VI (18-31) bes.28-30 und B.
MEISSNER, BuA II 85 zum Schmücken dieser Gewänder mit kostbaren Edelsteinen. H. SAUREN (Die Kleidung, passim) hat die mythisch-symbolische
Bedeutung der Götterkleidung in sumerischer Zeit untersucht. Es sei hier
nur angemerkt, dass die Bekleidung von Statuen und Skulpturen verschiedener Heiliger, besonders aber der Maria, mit kostbaren Gewändern ein
bis heute verbreiteter katholischer Brauch ist (vgl. zu den gestickten
Kleidern der Maria von Einsiedeln/Schweiz T. ZINGG, Das Kleid, passim).

150 AaO. 28.30 und die Nachweise für bunte Götterstatuen (bekleidete und bemalte) bei B. LANG, Kein Aufstand 37f.

151 Ich sehe keinen Grund, diese Verse als noch spätere Zufügung aufzufassen
(gegen ZIMMERLI, Ezechiel 357).

152 Die Hypothese von Phallus-Darstellungen o.ä. im Zusammenhang mit Jes 57,
8 schleppt sich seit langem durch alle Jesaja- und Ezechiel-Kommentare
und bis in die Handwörterbücher (vgl. KBL I zu זכר und זכרון). A. GU-
STAVS (Kultische Symbolik 136) verweist bereits auf B. DUHM (weitere
Angaben bei ZIMMERLI, Ezechiel 357). Es handelt sich aber um reine Spekulationen.

194

wie in Jes 44,13 die Geschlechtsspezifizierung durch אִישׁ erfolgt, gibt es
doch keinen Anlass zu zweifeln, dass an männliche im Gegensatz zu weiblichen
Götterbildern gedacht ist,[153] so wie in Dtn 4,16 bei Götterbildern unter-
schieden wird zwischen תַּבְנִית זָכָר אוֹ נְקֵבָה. Vielleicht kann man bei זָכָר an ein
Kultbild des ägyptischen Fruchtbarkeitsgottes Min mit seinem erigierten
Phallus denken.

Es liegt sehr nahe, anzunehmen, dass Ez 16,17f. möglicherweise der gesamte
Abschnitt Vv 16-23 nicht einfach Erinnerung an die "kanaanäischen" Sünden Ju-
sas sein will,[154] sondern sehr stark gefärbt ist von Erfahrungen im Exil,
konkret vom Kennenlernen menschengestaltiger Götterbilder und eventuell auch
von der Verführung durch mesopotamische Kultformen, die den Exulanten bei
ihrer Ankunft am Kebar allerdings nicht ganz neu gewesen sein werden. Die
Details des in Ez 16,17-19 beschriebenen Rituals (bunte Stoffe, Oel, Weihrauch, Speiseopfer) verraten ägyptische Herkunft, sie passen aber ebenso in
den babylonischen Kontext. Beide Einflüsse spielten vor dem Exil eine Rolle.[155] Es wäre zu überprüfen, ob für die in Ez 16,20.21 (vgl. 20,26; 23,37.
39) genannten Kinderopfer in vorexilisch-exilischer Zeit assyrisch-spätba-
bylonische Einflüsse aufzeigbar sind, wofür es Indizien gibt, oder ob an die
nach der Reform Joschijas möglicherweise wiederaufgeblühten Moloch-Opfer kanaanäischen Gepräges zu denken ist.[156] Lohnend wäre in diesem Zusammenhang

---

153 Eine semantische Parallele ist בֵּן זָכָר (Ri 20,15) "männliches Kind" und
בְּכֹר זָכָר (Num 3,40-43) "männliche Erstgeburt".

154 Vgl. Anm.134.

155 Vgl. zur Verehrung ägyptischer Tiergötter Kap. 2.1.1.2.

156 Kinderopfer sind für Mesopotamien textlich nicht bezeugt (vgl. W. ROEL-
LIG, Art. "Kinderopfer" in: RLA V 601f.). M. WEINFELD (The Worship 133-
154) versuchte die Moloch-Opfer als Weihen an den Himmelskönig (Hadad/
Baal) zu erklären, eine These, die wenig Anklang fand und mindestens
mit den Formulierungen in den erwähnten Ezechiel-Stellen nicht in Uebereinklang zu bringen ist.
Für eine Uebersicht zu den Kinder- und Molochopfern vgl. K. JAROŠ,
Die Stellung 168-196 und zum Moloch-Kult in Israel die Monographie
von .C. HEIDER, The Cult of Molek. Sicher ist, dass seit dem 8.Jh.v.Chr.
das Kinderopfer für Baal oder Moloch (Melek ᶜaṯṯar) als kanaanäische
Kultpraktik in Israel eingedrungen sein muss (vgl. aaO. 191-193). Der
Vorwurf, auch Manasse habe seinen Sohn durch das Feuer gehen lassen
(2Kön 21,6), folgt auffälligerweise direkt nach der Notiz von der Verehrung des Himmelsheeres, die deutlich nach Assyrien weist. In den Ezechiel-Stellen wird nicht genauer bestimmt, welchen Göttern man die Kinderopfer darbrachte (vgl. zu ELLIGERs These von dem Opfer der Kinder aus
der Heiligen Hochzeit bei ZIMMERLI, Ezechiel 357). Leider geht auch

auch, der Vermutung von U. WINTER[157] nachzugehen, dass die in Ez 16,24 genannten "Hochlager" auf das vorexilische Jerusalem transferierte, mesopotamische Einrichtungen sind.

H. SPIECKERMANN (Juda unter Assur 101ff.) im Zusammenhang mit der joschijanischen Reform auf die späteren Belege für Kinderopfer nicht ein (vgl. aaO. 101 Anm.147).

157 Frau und Göttin 612 Anm.727.

3.4. DIE "GOETZEN DER VOELKER" UND IHRE HERSTELLUNG IN DEN BUECHERN JEREMIA UND JESAJA

Waren wir mit dem im Buch Ezechiel erwähnten Wandrelief und den "Männerbildern" schon in unmittelbare zeitliche Nähe zum babylonischen Exil gelangt, so stellt sich bei den beiden wichtigen Texten aus Jeremia und Deuterojesaja, um die es im folgenden gehen wird, noch entschiedener die Frage nach dem möglichen exilischen Hintergrund der jeweiligen Götterbild-Vorstellungen. Während in der Forschung weitgehend Konsens besteht, dass Jes 44,9-20 und andere Verse über die Götzenbildherstellung im Buch Deuterojesaja zwar nicht deuterojesajanisch, aber doch in die Exilszeit bzw. noch später zu datieren sind,[158] wurden in den letzten Jahren verschiedentlich Versuche unternommen, die dem Jeremia bis anhin meist abgesprochenen Vv 1-16 in Kap. 10[159] nun doch als "jeremianisch" zu bestimmen. Nacheinander versuchten P.R. ACKROYD, T.W. OVERHOLT, C.J. LABUSCHAGNE und M. MARGALIOT diese Hypothese vor allem durch den Aufweis der inneren Geschlossenheit des Textes, der inhaltlichen und semantischen Zusammenhänge mit den sicheren Jeremia-Texten sowie der Distanz zu Deuterojesaja zu begründen.[160]

---

158 C. WESTERMANN (Das Buch Jesaja 119-124) zieht aus den inhaltlichen und formalen Beobachtungen zu Jes 40,9-20; 41,6-7; 44,9-20; 45,16-17 den "zwingenden Schluss" (aaO. 120), dass diese Stücke nachträglich den Worten Deuterojesajas eingefügt wurden. Er denkt an eine nachexilische Entstehung. J.L. McKENZIE (Second Isaiah 67) schreibt: "We adopt the position that it is the work of a disciple or a commentator, the reasons are persuasive but not convincing." PREUSS glaubt, der Text richte sich an Juden und Heiden in der späten Exilszeit (Die Verspottung 21ff.) und nimmt (gegen viele andere; vgl. oben und aaO. 208 Anm.87) eine deuterojesajanische Autorenschaft an. Für eine Einschätzung der Abfassungszeit spielt die Frage nach der Gattung des Textes (Spottlied oder -gedicht, Prosa) eine wichtige Rolle (vgl. Anm.166).

159 So z.B. BRIGHT (Jeremiah 79). Eine wahrscheinlich etwa vollständige Liste der Kommentare und Artikel zu dieser Passage und der entsprechenden Positionen findet sich bei M. MARGALIOT, Jeremiah X 1-16 295 Anm.1-2. Ausnahmen von der Regel sind vor allem die Kommentare von KEIL und von WEISER (Das Buch des Propheten Jeremia 87f.).

160 P.R. ACKROYD, Jeremiah X.1-16. Vgl. dazu den kurzen Forschungsbericht von M.E. ANDREW (The Authorship of Jer 10,1-16; passim). ANDREW stimmt mit den genannten vier Autoren in ihrer Hauptthese nicht überein, bei-

Inzwischen wurden wiederum sehr grundsätzliche Anfragen an die Vorgehensweise der genannten Autoren laut,[161] und in der Exegese herrscht immer noch die
Tendenz vor, Jer 10,1-16 in der Nähe der Spottverse im Buch Deuterojesaja
anzusiedeln, wenngleich diese Zuordnung nie wirklich bewiesen wurde.
Wegen der unübersehbaren Verwandtschaft der Texte, was ihr Thema betrifft -
es geht um dreidimensionale Götterbilder verschiedener Art, jedoch dargestellt in sehr ähnlich polemischem Kolorit - sollen nun ohne Rücksicht auf
die exegetischen Zuordnungsdiskussionen nacheinander Jer 10,1-16 und die relevanten Verse bei Deuterojesaja auf ihr Wissen vom Aussehen der Götterbilder befragt werden, zumal diese Dinge in den meisten Kommentaren und anderen
Abhandlungen nie vorrangiger Gegenstand der Untersuchung sind[162]- und versucht werden, aus der realienkundlichen Betrachtung Informationen über die
zeitgeschichtlichen Hintergründe zu gewinnen wie natürlich umgekehrt von
diesem Hintergrund her die Frage nach der Beschaffenheit der Bilder eventuell
genauer zu beantworten.[163]

3.4.1. Jer 10,1-16

Da in diesem Abschnitt des Buches Jeremia die Versionen von MT und LXX erheblich divergieren,[164] sollen die für unsere Themenstellung besonders wich-

    dauert aber zurecht die mangelnde Rezeption ihrer in den Details sehr
    guten Untersuchungen durch jüngere Kommentatoren.

161 Vgl. M.E. ANDREW, aaO. 129.

162 So beschränkt sich z.B. McKENZIE (Second Isaiah 67) in einer Anmerkung
    zu Jes 44,12-14 auf die Feststellung: "The image described is a wooden
    core plated with metal". Eine Ausnahme stellt der Kommentar von K. EL-
    LIGER (Deuterojesaja 40,1-45,7) dar.

163 Diese Vorgehensweise ist in der Gesamtzielsetzung dieser Arbeit begrün-
    det. Eine Diskussion der Datierung (exilisch/nachexilisch) bzw. der
    Zuordnung (Jeremia/Jesaja) bringt für die Frage nach dem möglichen re-
    alen Hintergrund der Götzenbildpolemik insofern wenig ein, als sowohl
    ein exilischer als auch ein nachexilischer Text mit vergleichbarer,
    polemischer Distanz auf eine gegenwärtige oder vergangene Realität Be-
    zug nehmen können. Die sehr späten griechischen Texte Weish 13 und Bar
    6 (Epistula Jeremiae) werden nur für Einzelheiten konsultiert (vgl. zur
    Abhängigkeit des Kapitels Bar 6 von Jer 10 P.R. ACKROYD, Jeremiah X. 1-
    16 386 und zu den weiteren Quellen ausserhalb des hebräischen Kanons
    M. MARGALIOT, Jeremiah X 1-16 297).

164 Die Hauptdivergenz besteht darin, dass der dem MT V.9 entsprechende
    griechische Text sich in der LXX zwischen Vv 4 und 5 befindet. Von Be-
    deutung bei den Rekonstruktionen eines "ursprünglichen" Textbestandes
    ist jeweils auch der aramäische V.11.

tigen Verse in ihrer Uebersetzung aus dem hebräischen und griechischen Text
ausnahmsweise nebeneinander aufgeführt werden:

MT

3 Denn die Satzungen der Völker sind ein Nichts.
   Fürwahr, Holz, das man im Wald geschlagen,
   ein Werk (מעשׂה) der Hände des Kunsthandwerkers (חרשׁ)
   'mit der Dechsel' (במעצד).

4 Mit Silber und Gold verziert man es,
   mit Nägeln und Hämmern (במסמרות ובמקבות)
   befestigt man es, dass es nicht wackle.

5 'Getriebenes Gold' (כְּתֹמֶר⟨ר⟩מִקְשָׁה) sind sie,
   können nicht reden.
   Tragen lassen müssen sie sich,
   denn zu gehen vermögen sie nicht.
   Befürchtet nichts von ihnen, denn sie tun nichts Böses,
   aber Gutes zu tun vermögen sie genausowenig.

   ...

8 Allesamt sind sie töricht und dumm,
   Unterweisung von Nichtsen – Holz ist es,

9 gehämmertes Silber (כסף מרקע),
   das aus Tarschisch importiert wird,
   Gold aus 'Ofir' (וזהב מאופז),
   ein Werk des Kunsthandwerkers (מעשׂה חרשׁ)
   und der Hände des Goldschmieds (צורף).
   Blauer und roter Purpur (תכלת וארגמן) ist ihr Gewand,
   ein Werk von Fachleuten (מעשׂה חכמים) sind alle.

   ...

14 Als Tor steht da jeder Mensch ohne Einsicht,
   beschämt wird jeder Goldschmied (צורף) durch sein Bild (פסל),
   denn Trug haben sie geschmiedet (נסכו),
   es ist kein Leben in ihnen.

15 Ein Nichts sind sie, ein lächerliches Machwerk (מעשׂה).
   Zur Zeit ihrer Heimsuchung ist es vorbei mit ihnen.

LXX

3 Denn die Satzungen der Völker sind nichtig.

Holz ist es, aus dem Wald geschlagen,

ein Werk (ἔργον) des Handwerkers (τέκτονος)

und Metallguss (χώνευμα) .

4 Mit Silber und Gold (ἀργυρίῳ καὶ χρυσίῳ)

sind sie verziert,

mit Hämmern und Nägeln (σφύραις καὶ ἥλοις)

hat man sie befestigt, so dass sie nicht wackeln.

9 Getriebenes Silber (ἀργύριον τορευτόν) ist es,

sie können nicht gehen.

Gehämmertes Silber (ἀργύριον προσβλητὸν)

kommt aus Tarschisch,

Gold aus 'Ofir' (χρυσίον Μωφαζ),

und eine Arbeit (χείρ) der Goldschmiede (χρυσοχόων),

Werke von Künstlern (τεχνιτῶν) sind sie alle.

Blaue und rote Purpurkleider (ὑάκινθον καὶ πορφύραν)

legt man ihnen an.

5 Getragen müssen sie werden,

weil sie nicht zu gehen vermögen.

Fürchtet euch nicht vor ihnen, denn sie tun nichts Böses,

aber Gutes liegt auch nicht in ihrer Macht.

...

14 Als Tor steht da jeder Mensch ohne Einsicht,

beschämt wird jeder Goldschmied (χρυσοχόος)

durch seine Bilder (γλυπτοῖς αὐτοῦ),

denn Trügerisches haben sie gegossen (ἐχώνευσαν),

es ist kein Leben in ihnen.

15 Ein Nichts sind sie, ein lächerliches Machwerk.

Zur Zeit ihrer Heimsuchung ist es vorbei mit ihnen.

Die unterschiedliche Zahl und Reihenfolge der Verse im hebräischen und griechischen Text, aber auch der Numeruswechsel vor allem innerhalb des MT-Textes gaben vielen Kommentatoren Anlass zu eigenhändigen Umstellungen der Verse. Die Prinzipien, nach denen dabei neu geordnet wurde, sind allerdings recht willkürlich, wie P.R. ACKROYD und T.W. OVERHOLT feststellen mussten.[165]

---

165 ACKROYD, Jeremiah X.1-16 385 und OVERHOLT, The Falsehood 2.

Dass über die postulierte Ordnung auch nicht annähernd ein Konsens gefunden wird, macht es wahrscheinlich, dass es eine solche wohl nie gegeben hat. Die relative Beliebigkeit der Reihenfolge nach MT und LXX ist m.E. eher so zu erklären, dass einzelne Strophen dieses "Spottgedichts" schon eine gewisse mündliche oder schriftliche Tradition hatten. In einer Art Potpourri sind diese Elemente, die sich einzeln ja auch an anderen, vor allem späten Stellen der Bücher Jeremia, Jesaja und im Psalter finden, nun hier in ein theologisches Konzept eingefügt.[166] Ganz sicher will dieser Text nicht ein systematisch-exakter Abriss der Götzenbildherstellung sein, bei dem ein Detail mit dem nächsten in logisch-stringenter Beziehung steht. Es sollen daher entlang dem MT-Text die einzelnen Mosaiksteinchen untersucht werden, die zusammen umrisshaft ein Bild davon ergeben, was man damals über Herstellung und Aussehen von Götterbildern wusste.

Zunächst dürfen wir davon ausgehen, dass der Gegenstand des Spottes in Jer 10,1-16 ein vollplastisches Götterbild bzw. Götterbilder sind. Die Bezeichnung lautet viermal (Vv 3.9.15) "Werk (von Menschenhand)" und einmal (V.14) "Skulptur" (פסל). Es wird ein Holzstück verwendet (V.3), welches anscheinend dazu neigt umzufallen (V.4). Diese Art von Bildern muss (bei Prozessionen?) getragen werden, weil sie selber nicht gehen können (V.5),[167] und sie tragen ein Gewand (לבושם; V.9). Das Kleid aus blauem und rotem Purpur erinnert unmittelbar an die "Kleider von Buntgewirktem" in Ez 16,18.[168] Mit כסף und זהב

---

166 Zur Erhebung der logischen Struktur des ganzen Textes 10,1-16 vgl. OVER-HOLT, The Falsehood 7-12; P.R. ACKROYD, Jeremiah X,1-16 389; M. MARGA-LIOT, Jeremiah X 1-16. Dagegen sieht z.B. B.N. WAMBACQ (Jérémie X,1-16, passim) nur V.2 als echt "jeremianisch" an, die übrigen Verse aber als heterogene spätere Weiterentwicklungen dieses Anknüpfungspunktes (bes. 298-300). Unabhängig von Zuordnungsfragen wird man aber sagen dürfen, dass der Text in seiner Redaktionsstufe sinnvoll komponiert ist, wenn auch aus heterogenen Elementen.

Es ist m.E. hilfreich, wenigstens Teile der Götzenbildpolemik in Jer 10, Jes 44 und an anderen Stellen nicht als reine Prosa zu verstehen. Dafür dass mindestens einzelne Verse solcher Texte gedicht- oder liedartig waren oder wurden, spricht u.a. die Einfügung dieses Themas in den Psalter (vgl. Pss 115.135). Zur Frage, ob Prosa oder Poesie vgl. C. WESTERMANN, Das Buch Jesaja 120. Die Tendenz geht eher dahin, die Texte als Dichtung zu verstehen.

167 צעד meint das würdevolle feierliche Schreiten (vgl. 2Sam 6,13; Ri 5,4 (von JHWH); Ps 68,8). Zu den Götterbild-Prozessionen vgl. auch Jes 45, 20; 46,7.

168 Vgl. dazu oben Kap. 3.3.3.

findet sich dort eine weitere Aehnlichkeit zu Jer 10 (Vv 4.9), so dass Grund
zur Annahme besteht, in diesem Text handle es sich wie in Ez 16 um menschengestaltige Bilder, wofür auch die an Jer 10 anlehnende Götzenbildpolemik in
Bar 6,10 (Epistula Jeremiae) spricht:

> Sie schmücken sie (die Götterbilder) wie Menschen mit Kleidern
> (κοσμοῦσι τε αὐτοὺς ὡς ἀνθρώπους τοῖς ἐνδύμασιν).

Nun liegt in Jer 10 offensichtlich die Idee von mehreren Arbeitsetappen bei
der Schaffung eines Götterbildes zugrunde: 1. Die primäre Arbeit am Holz
(V.3). 2. Die Arbeit mit den Edelmetallen Silber und Gold (Vv 4a.9a.14).
3. Die Befestigung des Bildes (V.4b). 4. Die Bekleidung (V.9b).
An der Herstellung sind drei Arten von Kunsthandwerkern beteiligt. Der übergeordnete Begriff חרש (wie lat. faber)[169] wird präzisiert:
1. Als "Zimmermann" (V.3), der andernorts auch mit חרש עץ bezeichnet wird
(2Sam 5,11; 2Kön 12,12; Jes 44,13; 1Chr 14,1; 2Chr 22,15) und sich in unserem Text durch sein Werkzeug מעצד (Dechsel) zu erkennen gibt.
2. Als "Goldschmied" (צורף) in Vv 9.14, der sowohl mit Gold als auch mit
Silber arbeitet (vgl. auch Ri 17,4; Jes 40,19; 41,7; 46,6), wobei seine Arbeit sich von כסף מרקע (V.9) und נסכו (V.14) her genauer bestimmen lässt als
das Hämmern und Schmieden von Edelmetallen.
3. Als Weber, Buntwirker,[170] Textilfärber o.ä. in V.9, ohne dass hier über
die Anfertigung der Gewänder Näheres mitgeteilt wird.
Von der Beteiligung mehrerer Handwerkergruppen bei der Anfertigung von Götterbildern erfahren wir auch aus ausserbiblischen Quellen. So wird in einem
frühdynastischen Text simug , der Schmied/Metallhandwerker, zadim, der Stein-
schneider und kù-dím , der Edelmetallbearbeiter genannt.[171] Zur Zeit Asarhaddons (680-669 v.Chr.) waren naggāru , Zimmermann/Holzbearbeiter, gurgurru,
Metallhandwerker/Kupferschmied sowie zadimmu und purkullu, Steinmetz/Stein-
schneider an der Herstellung von Statuen beteiligt.[172] In den Vorschriften
für das babylonische Neujahrsfest, in dessen Verlauf auch zwei Götterbilder
anzufertigen sind, werden Metallbearbeiter, Holzarbeiter, Goldschmied und
Weber genannt.[173]

---

169 Zu חרש und seinen Spezifizierungen vgl. ThWAT III 236f.

170 רֹקֵם, אֹרֵג ,חֹשֵׁב.

171 Vgl. J. RENGER, Art. "Kultbild" in: RLA VI bes.310.

172 AaO. und D.D. LUCKENBILL, Ancient Records II No 672.

173 AOT 297 Z.190-220.= ANET 331 Z.190-220.

Im Mundwaschungsritual werden den göttlichen Patronen dieser Handwerker ihre Tätigkeiten zugeordnet: Ninildu stellt den hölzernen Kern der Statue her (u.a. mit pāšu(m), der Dechsel), Ninkurra und Ninzadim kümmern sich um das Gesicht, vor allem die Augen, Guskinbanda, der Goldschmied, überzieht den hölzernen Kern mit Gold und Silber und Ninagal mit weichgeklopftem Kupfer.[174]

Dass für diese Tätigkeiten handwerkliche Kunstfertigkeit und sogar ein geheimes Wissen nötig sind, wird verschiedentlich betont.[175] In Jer 10,9 heisst es entsprechend, wenn auch wahrscheinlich ironisch, das alles sei מעשה חכמים, ein Werk von sachverständigen Fachleuten.

In Aegypten gab es noch weit spezialisiertere Handwerker, deren Zusammenwirken für die Erstellung von Götterbildern ebenfalls nach vorgeschriebenen Ritualen verlief.[176] Jedoch spielt die Technik des Ueberziehens von Holz mit Edelmetallen (Kupferblech, Blattgold o.a.) in ägyptischen Texten eine weniger grosse Rolle als in mesopotamischen.[177]

Obwohl sich damit ein Anhaltspunkt für den konkreteren Hintergrund von Jer 10, die Götterbildherstellung in der Exilszeit, eventuell im Lande des Exils, herauskristallisiert, soll bei den Einzelheiten der Herstellung im folgenden immer auch das Wissen über ägyptische Handwerker berücksichtigt werden, besonders wegen der reichlichen Bilddokumentation über ihre Tätigkeiten. In Aegypten sind auch die einzigen Monumentalstatuen aus gegossenen und getriebenen Metallteilen, die auf einen Holzkern genagelt sind, erhalten.[178]

Zu beachten ist zudem der Gesamtbefund der in Syrien/Palästina ausgegrabenen Metallfiguren, die von O. NEGBI (1976) und H. SEEDEN (1980) publiziert wur-

174 J. RENGER, aaO. In Aegypten ist Ptah der Gott der Kunsthandwerker (vgl. SANDMAN-HOLMBERG, The God Ptah 45-56). In einem um 700 v.Chr. geschriebenen Text (AOT 6) heisst es, die Götter seien bei der Weltschöpfung in ihren von Ptah gebildeten "Leib aus allerlei Holz, allerlei kostbarem Stein und allerlei Metall" eingezogen.

175 Vgl. aaO. und LUCKENBILL, Ancient Records II No 670.

176 Zu den Handwerkern und ihren Tätigkeiten in Aegypten vgl. die detaillierte Studie von R. DRENKHAHN (Die Handwerker, passim und bes.52-72 zur Statuenherstellung). Einen Ueberblick verschafft der Artikel "Handwerker" derselben Autorin in: LdAe II 949-951.

177 Zum Ueberziehen von Holzskulpturen mit Metallen in Aegypten vgl. C. ALDRED, Egyptian Art 22. Erwähnenswert ist die erhaltene, überlebensgrosse Statue Pepis I., deren Holzkern mit aufgenagelten Kupferteilen überzogen ist (dazu Kap. 3.2). Zu den in Mesopotamien verwendeten Materialien vgl. J. RENGER, in: RLA V 310f.

178 Vgl. oben Kap. 3.2.

den. Zwar sind diese Götter und Göttinnen aus Metall zum grössten Teil in die SB-Zeit datiert - die zeitliche Spanne reicht von der MB- bis zur E I-Zeit - sie haben aber auch über diesen Zeitraum hinaus die Vorstellungen von Götterbildern geprägt.[179] Die meisten dieser Figürchen sind zwischen 5 und 30cm gross und im Hohlgussverfahren hergestellt.

Ueber die Art des Holzes, das man zu Beginn des Unternehmens aus dem Gehölz/Dickicht (יער) holt, wird - anders als in Jes 44,14 - nichts weiteres erfahrbar. Dass es ein festes, zum Schnitzen geeignetes Holz sein muss, eines das nicht fault (vgl. Jes 40,20), versteht sich von selbst.

מעצד ist, wie der Kontext nahelegt, ein Werkzeug zur Holzbearbeitung,[180] über dessen Aussehen nichts verlautet. H. WEIPPERT identifiziert מעצד mit der Dechsel,[181] einem kleineren Werkzeug bestehend aus Holzschaft und im Winkel dazu angebrachter Klinge, das für Feinarbeiten an der Holzoberfläche benutzt wurde.[182] Arbeiter, die mit der Dechsel Holz glätten, sind in Aegypten sowohl bei Schreinerarbeiten als auch bei der Statuenherstellung abgebildet.[183] Abb. 77 zeigt eine Dechsel und Abb. 78 die Darstellung eines Handwerkers aus dem Grab des Rechmire aus Theben (Neues Reich),[184] welcher mit einem solchen Werkzeug arbeitet.

Auch der Gebrauch von Hammer (מקבת) und Nägeln (מסמרות)[185] ist wahrscheinlich

---

179 Einige der in Palästina gefundenen Metallfigürchen stammen sicher aus eisenzeitlichen Schichten (SEEDEN, The Standing Armed Figurines No 1736 Megiddo; 1765 Geser; vgl. Nos 1762-1764 Geser 1400-1200 v.Chr.).

180 Zu Jes 44,12 vgl. Kap. 3.4.3.

181 Hier sei nebenbei angemerkt, dass es die Dechsel heissen muss. Laut Duden ist dagegen der Dächsel ein Wort der Jägersprache für den Dachshund.

182 Art. "Holzbearbeitung" in: BRL[2] 148. Denkbar ist natürlich auch, dass es sich um einen Meissel handelt, da חרט in Ex 32,4 in dieser Bedeutung zweifelhaft ist.

183 Zur Dechsel ($^{c}n.t$ und m $sḫt(jw)$) in Aegypten vgl. R. DRENKHAHN, aaO. Kap.VIII bes.117-127 sowie Kap.IV 52.57. Für Werkzeuge in Mesopotamien vgl. B. MEISSNER, BuA I 247 und Abb.114.

184 DAVIES, The Tomb Pl.55; vgl. die verschiedenen Handwerkerdarstellungen aaO. pls 52ff.58-62 und DRENKHAHN, aaO. 52 (No VII) und 117.

185 Zu Hammer und Metallnägeln vgl. H. WEIPPERT,in: BRL[2] 133f. und 149. MB-zeitliche Möbelfunde aus Gräbern in Jericho zeigen, dass man Holzverbindung mittels sehr langer Nägel kannte. Die Bronzenägel zum Festhalten der Edelmetallverkleidung, wie sie sich in einigen Metallfiguren (NEGBI, Canaanite Gods Nos 94.1354) fanden, sind hier kaum gemeint.

noch Sache des Holzbearbeiters. Ob er die Figur auf einen Sockel nagelte[186] oder einzelne Holzteile mit Nägeln zusammenfügte, lässt sich letztendlich aus dem Text nicht erheben. Der Einsatz von Nägeln zur grösseren Stabilität des Götterbildes wird in Jes 41,7 ebenfalls erwähnt, während es in Jes 40, 20b nur heisst, man suche sich einen Fachmann (חרש חכם), ein Bild anfertigen zu lassen, das nicht wackle (לא ימוט).[187] Obwohl die Archäologie keine Hinweise zu Holzskulpturen aus Mesopotamien oder Syrien geben kann,[188] könnten diese Notizen mindestens ein Hinweis sein, dass wir an menschengestaltige Standbilder zu denken haben, weil sich das Problem der Standfestigkeit bei einem Sitzbild weniger stellt. Sehr viele der stehenden Gussfigürchen aus Syrien/Palästina haben Metallzapfen an den Füssen, die in einen Sockel eingelassen werden konnten.[189] In Aegypten erreichte man das statische Gleichgewicht selbst überlebensgrosser Holzfiguren durch die Schrittstellung der Figur und das Festdübeln der Füsse auf einem Holzsockel (Abb. 79).[190]
Mit der Fertigstellung der Holzskulptur kommt nun die Reihe an die Metallarbeiter. Die sehr allgemeine Umschreibung in V.4a "mit Silber und Gold macht man es schön" wird in den folgenden Versen, wenn auch bruchstückhaft, inhaltlich gefüllt.
So erfahren wir über die Herkunft der verwendeten Edelmetalle, dass das Silber aus Tarschisch und das Gold מאופז komme. Tarschisch, das Silber, Eisen, Zinn und Blei nach Tyrus ausführte (Ez 27,12), ist vermutlich in Süd(ost)-Spanien zu lokalisieren.[191] Ob מאופז parallel zu מתרשיש als "aus Ofir" (מאופיר) zu korrigieren ist, oder ob es sich um das Partizip (hof[c]al) von

---

186 So nach Weish 13,15. Kap.13,10-19 ist eine ausschmückende Nacherzählung von Jer 10,1-16 und verwandten Texten.

187 K. ELLIGER (Deuterojesaja 79ff.) setzt im Zusammenhang mit Jes 40,20 die Befestigung des Götterbildes in einem hölzernen Sockel voraus. Den חרש versteht er als Zimmermann.

188 Vgl. die wenigen Funde von geschnitzten Holzfiguren ausserhalb Aegyptens aufgelistet bei E. STROMMENGER, Art. "Holz" in: RLA IV 458.

189 O. NEGBI, Canaanite Gods Nos 70.75.77f.81.88.95.98.156.159.495f.674.784. 1307.1311.1324.1327f.1338.1356.1392.1437.1451.1485.1548f.1555.

190 Vgl. weiter oben Kap. 2.2.1.2. und 3.2. (zur Kupferstatue Pepis I.). Interessant ist, dass (nach U. SEIDL, Art. "Kultbild" in: RLA V 311) eindeutige Darstellungen von Götterstatuen aus dem 1.Jt.v.Chr. in Mesopotamien meist aufrecht stehende Götter zeigen.

191 Vgl. zu den weiteren Quellen K. GALLING, Art. "Tarsis" in: BRL² 332f.

פזז "gereinigt"[192] handelt, ist schwer zu entscheiden, da beides sinnvoll begründet werden kann.[193] Das legendäre Goldland Ofir, wahrscheinlich in Südarabien gelegen, von wo schon Salomo Gold bezog (1Kön 8,28; 10,11), ist, wie ein Ostrakon vom Tell Qasile bezeugt, Ende des 8.Jhs.v.Chr. tatsächlich Goldlieferant für die Levante.[194] Allerdings ist in Jer 10 vielleicht mit diesen Namen mehr auf den hohen Wert der Metalle angespielt als ihre tatsächliche Herkunft erinnert.[195]

Der צורף, der Feinschmied,[196] hat verschiedene Aufgaben. So hämmert (רקע) er

192 Vgl. פז "gediegenes, reines Gold" und מופז in 1Kön 10,18; 2Chr 9,17. In Dan 10,5 lesen statt אופז ebenfalls einige Handschriften אופיר.

193 Die Parallelstruktur innerhalb des Satzes würde für מאופיר sprechen, ebenso die Häufigkeit der Verbindung von "Gold" und "Ofir" im Alten Testament (8mal). Die Syriaca hat die Lesart mn ᵓwpjr.
   Für das Partizip spricht der geringfügigere Eingriff in den MT-Text. Auch kommt פז als wertvolle Goldart in Reihungen mit זהב, כתם u.a. oft an zweiter Stelle (K.H. SINGER, Die Metalle 38). Zur Etymologie und Bedeutung von פז vgl. SINGER, aaO. 34f. Die noch bei ACKROYD (Jeremiah X.1-16 388) übernommene Position von HAUPT (vgl. HAWAT[17] zu רשש und תרשיש), wonach תרשיש von רשש (graben?) abzuleiten ist und dann "Aufbereitungsort" heissen soll, halte ich für zu gesucht, vor allem weil der Qal-Stamm von רשש im Hebräischen nicht belegt ist.

194 Die Schrift auf der Topfscherbe ist zu lesen: זהב אפר לבית חרן. Dazu B. MAISLER, The Excavations 209f. und A. LEMAIRE, Inscriptions hébraïques 253ff. Vgl. auch M. WEIPPERT, Art. "Metall und Metallbearbeitung" in: BRL² bes.221.

195 Im Sinne von "kostbarstes Gold und Silber von weither". Zwar liegt Tarschisch nach einer Inschrift Asarhaddons anscheinend eine Zeitlang im Einflussbereich der Assyrer (vgl. K. GALLING, Art. "Handel und Verkehr" in: BRL² bes.137), jedoch holten sich die Assyrer und Babylonier den grösseren Teil ihres Goldbedarfs auf kriegerischen Beutezügen, wie die Annalen der Könige bezeugen (vgl. W.F. LEEMANS, Art. "Gold" in: RLA III 511).

196 Die Wurzel ṢRP im Sinne von "(Metall) schmelzen/läutern" ist in allen semitischen Sprachen belegt (KBL III 989).
   Zu den typischen Arbeiten des Goldschmieds in Aegypten gehörte nach den von DRENKHAHN untersuchten Darstellungen das Schmelzen, Schmelzeausgiessen, Blech schlagen, Treiben und die Goldverkleidung von Holzteilen (vgl. R. DRENKHAHN, Art. "Goldarbeiter und -schmied" in: LdAe II 733f.). H. KAYSER (Aegyptisches Kunsthandwerk 164-179) nennt Treiben, Giessen und Löten als wichtigste Fertigungstechniken sowie Blatt-/Feuervergoldung, Versilberung, Gravieren, Ziselieren, Schroten, Tauschieren u.a. als Ziertechniken.
   kutīmu(m)/kuttimmu(m) ("Gold- und Silberschmied", AHw I 518) und simug(Schmied) in Babylonien beherrschten seit ältester Zeit wie ihre ägyptischen Kollegen eine Reihe von Techniken, deren Ergebnisse - wie sie Ausgrabungen zutage brachten - Arbeiten unserer Zeit nicht nachste-

das Silber (V.9) bzw. das Gold (Jes 40,19) zu dünnstem Blech, mit dem dann

die Holzskulptur plattiert werden kann. Ein solcher Ueberzug ist auch in

Jes 30,22 erwähnt (אֶת־צִפּוּי פְּסִילֵי כַסְפֶּךָ).[197]

Dieses Verfahren war im ganzen Alten Orient bekannt,[198] und zwar, wie z.B.

ein kleiner, mit Goldblech überzogener, geschnitzter Wisent aus Ebla bezeugt,

schon im 3.Jt.v.Chr.[199] Recht häufig finden sich bei Ausgrabungen Figuren

mit Resten von Gold- oder Silberblech bzw. Blattgold und -silber, wie z.B.

auf der Bronzefigur eines sitzenden Gottes aus Ugarit (14.-13.Jh.v.Chr.).[200]

Da die LXX in V.5 statt des rätselhaften כָּתֹמֶר מִקְשָׁה ἀργύριον τορευτόν

haben, ist möglicherweise bei מִקְשָׁה hier gar nicht an die sonst nur einmal be-

hen. J. BOESE/U. RUESS (Art. "Gold" in: RLA III 504-531) nennen folgende Techniken: das Schmelzen, Legieren und Läutern von Edelmetallen, die
Herstellung von Goldblech, das Plattieren, Treiben, Ziselieren und Gravieren des Blechs (Kaltmetalltechnik), das Giessen im Wachsausschmelzverfahren und in Formen, sowie diverse Einlage-, Löt- und Schweisstech-
niken (vgl. aaO. bes.519-531).

197 Zu צפה II "überziehen" vgl. Ex 27,2.6; 36,38; 38,2.6; 2Chr 4,9; 9,17.
(mit Kupfer/Bronze); Ex 25,11.13.24.28; 26,29.37; 30,3.5; 36,34.36.38;
37,2.4.11.15.26.28; 1Kön 6,20.21f.28.30; 2Chr 3,4.10 (mit Gold) und
צִפּוּי in Ex 38,17.19; Num 17,3.4 (vgl. auch Kap. 3.2.).

198 Die Herstellung von Goldfolie, von der man Fäden abschnitt, bezeugt Ex
39,3, die Anfertigung von Kupferblech zur Plattierung eines Altars Num
17,4. In Aegypten ist auch der Vorgang der Goldblechanfertigung gut dokumentiert. Vgl. dazu A. DRENKHAHN, Die Handwerker Kap.II bes.22 (No
XXII) und 33 sowie dies., Art. "Goldverkleidung" in: LdAe II 754f. Zur
Metallbearbeitung in Palästina vgl. BRL[2] bes.221-223. Zum Plattieren
vgl. bes. BOESE/RUESS, in: RLA III 522f. mit Hinweisen auf Funde aus
Elam.

199 LAND DES BAAL No 76 (Taf.S. 88).

200 AaO. No 121 und Taf.S. 111 = NEGBI, Canaanite Golds No 1442 und fig.
129. Vgl. auch aaO. No 122 (Taf.S. 111) mit Resten einer dünnen Goldfolie. Bei vielen Bronzen des 2.Jts.v.Chr. sind sogenannte Riefen zu
finden, Schlitze, mittels derer die Gold- oder Silberauflage befestigt
wurde (aaO. No 123). Vgl. auch LAENDER DER BIBEL 265 (No 218).
Unter den von NEGBI erfassten Figuren weisen Nos 37.59.100.530-668.670.
784.1307.1310.1314.1403.1442.1453.1460.1463.1476.1489.1520.1580.1594.
1648.1650.1656 u.a. mehr oder weniger grosse Blattgoldreste an diversen
Stellen auf; Silberfolienreste sind auf Nos 60.62f.71.97.1308f.1354.
1363f.1378.1483.1513.1523.1551.1648.1659 erhalten. Sowohl Blattgold als
-silber haben Nos 1318.1364.1387.
Vgl. auch die sehr gut erhaltenen vergoldeten Holzskulpturen aus dem
Grab Tutanchamuns (TREASURES Pls 3.21.22.24.25). In Elam fand sich der
Goldbeschlag eines kleinen Frauenfigürchens (2.Jt.v.Chr.) und die Sil-
bermaske eines neuelamitischen Figürchens (8.Jh.v.Chr.) (vgl. P. AMIET,
Elam Pl.328,404).

legte Bedeutung "Gurkenfeld" (Jes 1,8) zu denken und dann in der Folgerung
an die "Scheuche" (כתמר) im Feld,[201] sondern an eine weitere Bearbeitung von
Metall, das Treiben, Gravieren oder Ziselieren von Silber oder Gold (MT
כתם?).[202]

Beim Treiben von Metall wird ein erhitztes Edelmetallblech über einem Amboss
in die gewünschte Form gehämmert, eine Technik, die in Palästina schon in
der MB I-Zeit bezeugt ist und ihren Höhepunkt in der SB-Zeit erreicht.[203]

Eine stattliche Zahl von bronzezeitlichen, gravierten oder ziselierten Walz-
blechfigurinen, zumeist aus Gold oder Silber, aber auch aus Bronze, sind erhalten.[204]

Eine weitere Tätigkeit des צורף ist das Schmieden (נסך), also das Hämmern
von Gussbildern aus Silber, Kupfer, Bronze oder Blei,[205] die zuvor im Wachsausschmelzverfahren[206] oder mittels steinerner Halbformen im offenen Herdguss

201 Die Uebersetzung mit "Scheuche" beruht allein auf Rückschluss aus dem
     Kontext und auf der Interpretation von προβασκάνιον ("magisches
     Schutzmittel") in Bar 6,69 als Vogelscheuche. G. DALMAN (AuS II 57.62f.)
     kann nur von Vogelscheuchen in Form kleiner Steinpfeiler berichten.
     Für unsere typische Vogelscheuche gibt es gar keine Belege. DALMAN denkt
     bei כתמר מקשה an eine "Säule von Drechslerwerk". תֹּמֶר als Nebenform zu
     תֶּמֶר ist in Ri 4,5 einmal belegt.

202 Die Konjektur כתם könnte mit Ex 25,31.36; 37,17.22 (goldene Leuchter)
     und Num 8,4; 10,2 (silberne Trompeten), wo מקשה mit זהב bzw. כסף eng
     verbunden ist, begründet werden. Zu den Techniken vgl. bes. BOESE/RUESS,
     Art. "Gold" in: RLA III bes.523f.

203 Vgl. dazu M. WEIPPERT, Art. "Metall und Metallbearbeitung" in: BRL[2] bes.
     222; NEGBI, Canaanite Gods 2f. (mit weiteren Literaturhinweisen). Für
     Nachweise der Treibtechnik in Aegypten vgl. R. DRENKHAHN, Die Handwer-
     ker Kap.III bes.33.

204 Vgl. bei NEGBI, aaO. Nos 1220.1499.1657.1669.1676.1698 (Goldblech oder
     -folie); Nos 1267-1269.1667.1657.1666.1673 (Silberblech oder -folie);
     Nos 1187-1202.1218.1261.1604.1613ff (Bronzeblech). Zu den Funden aus
     Palästina vgl. BRL[2] 115ff.

205 Als Beispiele für Kupferguss seien erwähnt NEGBI, aaO. Nos 60.71ff.169.
     1550.1648; für Kupfer- oder Bronzeguss Nos 1492.1495f.1523.1542.1548.
     1564f.1571.1630.1649; für Blei Nos 21.1546; für Silber Nos 14.59.1410.
     1520.1528f.1533.1537.1543. Gold war als Gussmaterial im allgemeinen zu
     wertvoll (vgl. aber TREASURES No 41 Pl.16).

206 Vgl. zu diesem Verfahren M. WEIPPERT, Art. "Metall und Metallbearbei-
     tung", aaO. 222. Ueber einem Kern aus Ton wird in Wachs die Skulptur
     geformt und mit Ton überzogen. Nach Ausschmelzen des Wachses wird das
     flüssige Metall eingefüllt und schliesslich der Ton zerschlagen. Für
     die SB- und Eisenzeit in Palästina sind Produkte dieser Technik selten
     belegt (vgl. z.B. ANEP No 832). Vgl. zum Wachsausschmelzverfahren auch
     NEGBI, aaO. 2 und die MB-zeitlichen Beispiele Nos 22.1553-1562 u.a.

hergestellt worden sind. Billiger und kommerzieller waren die wiederverwend-
baren Stein-(meist Steatit-)Formen, von denen in Syrien/Palästina auch einige gefunden wurden, bisweilen mit den Löchern für die Nägel, die zwei Hälf-
ten zusammenhielten.[207] Hohlguss war wegen der Einsparung von Material
vor allem bei grösseren Figuren üblich. Die unterschiedlichen Verfahren
sind seit frühester Zeit im ganzen Alten Orient bekannt.[208]

Weil פסל und נסכו in V.14 in so engem Zusammenhang stehen, müssen wir annehmen, dass פסל nicht mehr nur in seinem ursprünglichen Sinn "Schnitzbild" gebraucht wurde, als dieser Text abgefasst wurde,[209] sondern im weiteren Sinn
von metallüberzogener Skulptur, Plastik.

Die letzte Gruppe von Fachleuten, die an der Fertigstellung des Götterbildes
beteiligt ist, sind die Weber und Färber der Purpurstoffe, mit denen die
Skulptur bekleidet wird (V.9). Im Zusammenhang mit Ez 16,18 war bereits auf
das rituelle Bekleiden von Götterbildern in Mesopotamien und Aegypten hingewiesen worden.

Das aufwendige Purpurgewinnungsverfahren liess solcherart gefärbte Textilien
in der Antike zu einem Privileg der Mächtigen, der Könige und Götter werden.[210] R. GRADWOHL nimmt an, dass wegen des hohen Wertes nie ganze Kleider
mit Purpur gefärbt wurden,[211] wahrscheinlich wurden purpurgefärbte Fäden mit
anderen verwoben. Israel bezog Purpur von den Phöniziern,[212] und nach 2Chr
2,6 liess bereits Salomo tyrische Fachkräfte für Stoffe von Karmesin und
Purpur holen. Aus den Nuzi-Texten (1500 v.Chr.) wissen wir, dass auch Mesopotamien mit phönizischem Purpur beliefert wurde, wohingegen der Purpur in

207 NEGBI, Canaanite Gods Nos 1141.1171.1532.1568. Zum Verfahren vgl. auch
     BOESE/RUESS, aaO. 525.

208 Zu den Gusstechniken in Babylonien und Assyrien vgl. B. MEISSNER, BuA
     I 266f. In Aegypten gehört das Giessen von geschmolzenem Metall seit
     dem Neuen Reich ebenfalls zur Arbeit der Metallhandwerker (vgl. R. DRENK-
     HAHN, Die Handwerker 23 (No XXV) und 31; E. FEUCHT, Art. "Goldschmiede-
     arbeiten" in: LdAe II 750-754; H. KAYSER, Aegyptisches Kunsthandwerk
     164-166.

209 Zu פסל vgl. Kap. 5.1.1. und unten Anm.220.

210 Vgl. zur Herstellung D. IRVIN, Art. "Farbe und Färberei" in: BRL² 73;
     vgl. auch Bar 6,12.

211 Zum blauen und roten Purpur im Alten Testament vgl. R. GRADWOHL, Die
     Farben (66-73) bes.69. Zum Weben und Färben von Stoffen in Mesopotamien
     vgl. B. MEISSNER, BuA I 254ff. und unsere Kap. 3.3.3. und 6.4.

212 Vgl. Anm.143.

Aegypten in dieser Zeit unbekannt ist.[213] Im bereits erwähnten babylonischen Ritualtext wird ebenfalls ein rotes Gewand der Götterbilder erwähnt.[214] Damit ist ein weiterer Hinweis auf den exilischen Hintergrund unseres Textes gewonnen, der eventuell noch dadurch gestützt wird, dass in Aegypten bei der Bekleidung des Götterbildes der symbolische Ritus des Anlegens verschieden- farbiger Binden und Tücher anscheinend von grösserer Bedeutung war als das Bekleidetsein der Statue mit prächtigen Stoffen.[215] Stellen wir abschliessend noch einmal die Frage nach Grösse und Aussehen der Götterbilder in Jer 10, so müssen wir aus den zusammengetragenen Details schliessen, dass hier durchaus eine breitere Skala verschiedener Arten von Plastiken im Hintergrund stehen kann: kleinere Gussbilder, Walzblech (Vv 5a. 14) und Holzskulpturen mit Gold- oder Silberüberzug und Kleidung (Vv 3-4).[216] Im Anschluss an V.5b (Tragen der Bilder) und V.9 (Kleidung) ist an Götter- prozessionen, d.h. auch an grössere Bilder, die nicht nur für den Privatkult vorgesehen waren,[217] zu denken (vgl. Jes 45,20; Ez 16,17ff.). Grossbildkunst setzt auch Bar 6 (Epistula Jeremiae) voraus, wo das Götterbildthema von Jer 10 in Details ausgestaltet wird.

213 Dazu R. GRADWOHL, Die Farben 67f. und R. DRENKHAHN, Art. "Färberei" in: LdAe II 86f.; E. BRUNNER-TRAUT, Art. "Farben" in: LdAe II 117-128.

214 AOT 297 Z.208 = ANET 332 Z.208.

215 Zum Ritus der Bekleidung des Götterbildes nach den Texten von Abydos (19.Dyn.) vgl. A. MORET, Le Rituel 178-190 und weiter oben Kap. 3.3.3. In Aegypten waren nicht nur Holz- oder Kalksteinskupturen bemalt, son- dern oft auch kostbare Hartgesteine (E. BRUNNER-TRAUT, aaO. 121; P. MUN- RO, Art. "Bemalung" in: LdAe I 691-694), weil erst durch die Farbe das Bild lebendig wurde. Vermutlich gab es kaum unbemalte Skulpturen. Auch in Mesopotamien hat die Kleidung der Gottheiten wiederum einen Symbol- gehalt, wie H. SAUREN nachgewiesen hat (Die Kleidung, passim).

216 Für verschiedene Elemente der Götzenpolemik, die hier zu einem grossen Spottgedicht zusammengefügt sind, spricht vor allem der Numeruswechsel (Vv 3.4 Singular, Vv 5-9 Plural, V.14 Singular und Plural).

217 Vgl. zu solchen Prozessionen B. MEISSNER, BuA II 98ff. In Jes 46,7 heisst es: "Sie heben ihn auf die Schulter, tragen ihn hin und setzen ihn nie- der an seinem Ort..." (vgl. Ps 115,7 und Bar 6,25). Zur Grösse von Kult- statuen in Mesopotamien vgl. U. SEIDL, Art. "Kultbild" in: RLA V bes. 311f. Die bekannte Darstellung des Abtransportes der Götter einer ero- berten Stadt durch Soldaten Tiglat-Pilesers III. (ANEP No 538) gibt eine Vorstellung von der Grösse der Figuren im Verhältnis zu den sie tragenden Soldaten. Zur Zeit Sargons zeigen solche Darstellungen grössere, zur Zeit Sanheribs kleinere Götterbilder.

Mit grosser Wahrscheinlichkeit ist Jer 10,1-16 ebenso wie Ez 16,17ff. als exilisch-nachexilischer Text anzusehen. Um Herstellung und Aussehen von metallüberzogenen Rundbildern wusste man in Israel aber gewiss auch schon vor dem Exil.[218] Das Wissen von den Tätigkeiten der verschiedenen Handwerker braucht zudem nicht ausschliesslich aus Exilserfahrungen zu schöpfen, da es ja bereits vor dem Exil in Israel Kunsthandwerk gab, das nicht spezialisiert war auf die Produktion von Götterbildern (vgl. Ex 39,3; Num 17,4). Die Anfertigung menschengestaltiger Götter- und Göttinnenfiguren mag unter assyrischem und babylonischem Einfluss in Israel vor dem Exil zugenommen haben.

3.4.2. Jes 40,19f. und 41,6f.

C. WESTERMANN und K. ELLIGER haben in ihren Kommentaren zum Buch Deuterojesaja die ursprüngliche Zusammengehörigkeit dieser beiden ihrem Kontext jeweils nachträglich eingefügten Verspaare postuliert,[219] weshalb wir sie hier gemeinsam der Besprechung des grösseren Spottgedichts in Jes 44 voranziehen. Die Probleme, die der Text bietet, sind an beiden Stellen wie auch in Jes 44, 9-20 erheblich, und da eine Diskussion aller im Zusammenhang mit ihnen formulierten Hypothesen und Vorschläge im Rahmen unserer Fragestellung nicht effizient ist, dürfen wir uns im folgenden vor allem an der monumentalen Arbeit von K. ELLIGER (kritisch) orientieren. In 40,19f. heisst es:

> 19 Das Götterbild schmiedet der Kunsthandwerker,
> und der Goldschmied beschlägt es mit Gold und
> Silber-"Bänder" schmelzend
> (.הפסל נסך חרש וצרף בזהב ירקענו ורתקות כסף צורף)
> 20 [...] ein Holz, das nicht fault, wählt er aus.
> Einen Fachmann (חרש חכם) sucht er sich, das
> Bild (פסל) zu befestigen, dass es nicht wackle.

So kurz diese Zeilen sind, es fallen auf den ersten Blick mehrere Aehnlich-

---

218 Vgl. Kap. 2.1.3.3.

219 C. WESTERMANN, Das Buch Jesaja 27.57f. und K. ELLIGER, Deuterojesaja bes. 66-67.73f.116. Das Hauptargument ELLIGERs (aaO. 66) ist das wörtlich wiederholte Motiv des Nicht-Wackelns. Er vermutet, dass das Spottlied zunächst zwischen zwei Kolumnen der Handschrift geschrieben war und von dort später in zwei verschiedene hineingeriet.

keiten mit Jer 10,1-16 auf: 1. In V.19a ist פסל wie in Jer 10,14 direkt mit
נסך verbunden, nur ist es der חרש, nicht צורף, der die Arbeit des Giessens
ausführt. 2. Wie in Jer 10,9 ist in V.19b das Hämmmern (רקע) von Gold im
einen, Silber im anderen Fall Aufgabe des צורף. 3. Der צורף beschäftigt sich
nach V.19b.c mit Silber und Gold. 4. Wie in Jer 10,4 ist ein Hauptanliegen
bei der Götzenbildherstellung die Stabilisierung, die allerdings hier mit
anderen Begriffen beschrieben wird. 5. Auch in 40,20 tritt das Element der
Sachverständigkeit auf: der חרש חכם erinnert an מעשה חכמים in Jer 10,9.
Dieser sprachlich nachweisbaren Verwandtschaft entspricht die erkennbare Vorstellung vom Götterbild in V.19. Man kann annehmen, dass es sich wieder um
eine mit Goldblech beschlagene Skulptur bzw. Plastik aus Kupfer oder Bronze,[220] die vielleicht ein anderer חרש als der צורף zuvor erstellt hat, handelt.

Was nun die רתקות כסף und das im Kontext unerklärliche Partizip צורף betrifft,
so soll hier der Ratlosigkeit auch nicht durch Rätselei abgeholfen werden.[221]
Wie ELLIGER scheint mir der Zusammenhang eine Verschönerungsarbeit am Bild
mit Silber (vgl. Jer 10,4) nahezulegen. Ob Ketten, Reifen, Bänder, Draht
oder Nägel aus Silber gemeint sind, wird man dem Wort רתקות kaum entlok-
ken.[222]

---

220 Vgl. zu den in Syrien/Palästina gefundenen Bronzefiguren des 2.Jts.v.
     Chr. H. SEEDEN, The Standing Armed Figurines Nos 90-92.1708.1716.1720f.
     1727f.1734-1737.1762-1770. Für mit Silber und Gold belegte Bronzen führt
     ELLIGER (aaO. 75f.) eine Reihe von Belegen (ANEP Nos 481.483f.497) aus
     dem 2.Jt.v.Chr. an, sowie diverse Kleinfunde aus dem 1.Jt.v.Chr., die
     die hochentwickelte Gold- und Silberschmiedetechnik damaliger Zeit be-
     weisen (aaO. 76).

221 ELLIGER referiert auch die bereits deutenden Uebersetzungen des V.19 in
     der übrigen Textüberlieferung sowie die moderneren Konjekturen von V.
     19b und 20a (aaO. 59-62). Für die Erörterung des unverständlichen המסכן
     תרומה in V.20 kann hier nur auf ELLIGER (aaO. 60f.77f.) verwiesen wer-
     den, der selbst auf jede Uebersetzung verzichtet.

222 Die Wurzel רתק (flicken?) ist nur in Nah 3,10 (pu^cal) und in Koh 12,6
     (ni.) noch belegt. Verwandt ist akk. retû(m) (AHw II 976) "befestigen,
     festmachen". Auch das in 1Kön 6,21 und Ez 7,23 belegte רתוקות/רתיקות trägt
     zur Lösung nichts bei, da beide Stellen zweifelhaft sind (vgl. HAWAT[17]
     776). Bei den Uebersetzungsvorschlägen gehen die Vorstellungen über den
     Zweck der רתקות entsprechend auseinander, von Zapfen zur Verankerung,
     Ketten gegen Diebstahl bis zu Schmuckstücken ist wohl jede Möglichkeit
     schon hin und her erwogen worden (vgl. ELLIGER, Deuterojesaja 76f.).

     In Hld 1,11a ist von Reihen/Bändern aus Gold (תורי זהב) mit Punkten aus
     Silber (נקדות הכסף) die Rede, mit denen die Geliebte wie die Stute Pha-
     raos geschmückt wird. Punktdekorationen sind von assyrischem und ägyp-

Zu etwas konkreteren Vorstellungen gelangt man aber nach einem Ueberblick über die Metallplastiken aus Grabungen in Syrien/Palästina. Viele von ihnen tragen nämlich zusätzlich zu ihren Edelmetallauflagen um den Hals oder die Arme noch Reifen aus Bronze-, Silber- oder Golddraht, manche auch Silberbänder um Hals, Krone oder auf dem Torso (vgl. Abb.80 und 81). Auch angedeutete Kleidung und Gegenstände in den Händen können das Schmelzen von Silberdraht oder -bändern erforderlich gemacht haben.[223]

In Absetzung von DUHM, PENNA, FOHRER, WESTERMANN u.a. vertritt K. ELLIGER die Zusammengehörigkeit des V.19, in dem von Gussbildern die Rede war, mit V.20, der nun irritierenderweise mit dem Auswählen von Holz einsetzt. ELLIGER löst das Dilemma geschickt, indem er den חרש הכם zum Zimmermann erklärt, der aus nicht faulendem Holz ein solides Podest für das Metallbild machen soll.[224] Das ist vor allem insofern kein unannehmbarer Vorschlag, als recht viele Metallfiguren der SB-Zeit mit Zapfen zur Befestigung in einem Sockel gefunden wurden (Abb.82).[225] Andererseits steht im Text von einem solchen Podest leider nichts, und dass ausgerechnet für ein Podest besonderes Holz gewählt werden soll, ist merkwürdig. Zudem zielt in Jes 44,14ff. die Auswahl des Holzes gewiss auf die Anfertigung des Bildes selbst und nicht die des Sockels. Hinzu kommt, dass wegen der Textverderbnis in V.20a der abrupte Subjektwechsel zwischen Vv 19 und 20 Rätsel aufgibt. Es ist m.E. doch wahrscheinlicher, dass mit V.20 hier ein Element eines anderen Spottliedes eingedrungen ist, das sich auf eine Holzskulptur bezog.[226]

tischem Zaumzeug her bekannt (vgl. KEEL, Das Hohe Lied, z.St.). Einen Bronzedrahtring als Halsschmuck tragen bei NEGBI, Canaanite Gods Nos 19.1219.1389-1483.1512.1539.1642; einen aus Silber Nos 47.54.1451; einen Silberarmreif No 1528; Goldreifen Nos 59.72.1310.1520; Goldohrringe Nos 1563.1644; Silberbänder Nos 58.63. Vgl. H. SEEDEN, The Standing Armed Figurines Nos 52.60.64f.79.

223 NEGBI, Canaanite Gods No 59 (= SEEDEN, The Standing Armed Figurines Pl. 18,65) aus Ugarit (der Schurz und die Attribute sind aus Golddraht oder -blech) und NEGBI, aaO. No 1318 (fig.128), ebenfalls aus Ugarit (die Armreifen sind aus Silber- und Golddraht, der Kopf der Figur war mit Blattgold, die Brust mit Silberblech belegt).

224 So aaO. 79f.

225 NEGBI, aaO. No 1360 (aus Megiddo, Str.IX-VII). Aus der Akropolis von Susa sind eine Silber- und eine Goldstatuette des 2.Jts.v.Chr. erhalten, die noch in ihren Bronzesockeln befestigt sind (P. AMIET, Elam Pl.318.319).

226 Das Determinativ vor פסל am Anfang des V.19 und die Textverderbnis zwischen Vv.19 und 20 weisen darauf hin, dass Teile aus ihrem grösseren Zusammenhang gerissen wurden.

Aber gehen wir zunächst weiter zu Jes 41,6f.:

6 Der eine hilft dem anderen und sagt zu seinem
Kollegen: fass zu!

7 Der Kunsthandwerker (חרש) bestärkt den Goldschmied (צרף),
der mit dem Hammer gleissend schlägt (מחליק פטיש) den,
der auf den 'Amboss' (פעם) schlägt.
Und zur Haftung (לדבק) sagt er: die ist gut.
Und er befestigt es mit Nägeln (במסמרים),
damit es nicht wackle.

Auch für diese Zeilen lässt sich semantisch eine Verwandtschaft mit Jer 10
festhalten: das Nebeneinander von חרש und צרף, die in diesem Fall sogar zu-
sammenarbeiten (vgl. Jer 10,9) sowie das fast wortgleiche Motiv vom "Fest-
machen mit Nägeln, dass es nicht wackle" (Jer 10,4). Ungewiss ist, ob man
die in V.7 mit מחליק פטיש und חלם פעם gekennzeichneten Arbeiter jeweils mit
חרש und צרף identifizieren kann.

Beim "glatt oder gleissend Hämmern" mit dem grossen Schmiedehammer[227] ist
kaum, wie ELLIGER meint, an die Bearbeitung des gegossenen Metallkerns zu
denken,[228] sondern, wie bereits oben gezeigt, an die Herstellung von Metall-
blechen. Auch bleibt die Uebersetzung von פעם, das WESTERMANN und ELLIGER
als "Hammer, Schlägel" deuten, letztlich unsicher.[229] Die Arbeit am Amboss
würde hingegen, wie Darstellungen aus Aegypten zeigen,[230] recht gut in den
Kontext der Metallarbeiten passen. Während einer das Metallblech herstellt,
beginnt der andere mit dem Treiben des Blechs am Amboss.

Darin, dass mit דבק am ehesten die Haftung des Edelmetallblechs auf der gegossenen Figur gemeint ist, wird ELLIGER zuzustimmen sein.[231] Riefen in Metallfiguren, die der Befestigung solcher Edelmetallüberzüge dienten (Abb. 83)
sowie Kupfernägel oder von solchen herrührende Löcher sind in grosser Zahl

---

227 Zu den verschiedenen Arten von Hammern vgl. H. WEIPPERT, Art. "Hammer"
in: BRL^2 133f.

228 So ELLIGER, Deuterojesaja 129 und WESTERMANN, Das Buch Jesaja 57.

229 Die Argumente ELLIGERs (aaO. 109.129) sind nicht von der Hand zu weisen.
Letzte Gewissheit nimmt er jedoch selbst nicht in Anspruch.

230 Zum Gebrauch des Ambosses seit dem Alten Reich vgl. DRENKHAHN, Die Handwerker 33 und Abb.15f.

231 Vgl. aaO. 129f.

nachgewiesen.[232] Die Zuordnung von Personen und Tätigkeiten in V.7 ist, wie ELLIGER selbst zugesteht, recht mühsam. Wer sagt von der Haftung, sie sei gut, und wer befestigt das Bild mit Nägeln?[233] Ist der Gebrauch von Nägeln nicht eher wieder ein Hinweis auf eine Holzskulptur?

Wie man die Wörter auch wendet, die Bezüge herstellt und die Anordnung der Verse festlegt, ein völlig stimmiger Text kommt dabei nicht zustande. Dass Jes 40,19.20 und 41,6.7 ursprünglich aneinander anschlossen, kann man zwar nicht ganz ausschliessen, aber zwingend ist diese Hypothese sicherlich nicht. Die sprachliche Nähe zum Spottgedicht Jer 10,1-16, dessen innere Spannungen in Form von Numeruswechseln und variierenden Arten von Götterbildern bereits behandelt worden sind, lässt vermuten, dass die beiden Doppelverse im Buch Deuterojesaja gleichzeitig mit Jer 10 oder in sehr enger Anlehnung an diese oder ähnliche Spottdichtung entstanden sind. Einzelne Elemente der Spottgedichte müssen, bevor sie in die atl. Bücher gerieten, schon eine gewisse Tradition gehabt haben. Die teilweise entmutigende Textüberlieferung dieser Passagen deutet darauf hin, dass die Unstimmigkeiten und Unklarheiten schon bei der Einfügung und Neukomposition dieser verwandten, aber doch nicht ohne weiteres zusammenfügbaren Elemente aufkamen. Es ergeben sich keine ganz transparenten Muster, sei es von den Götterbildern, sei es von den Tätigkeiten ihrer Hersteller. Wir haben uns wohl oder übel mit den Fragmenten zu begnügen.

3.4.3. Jes 44,9-20

Von diesem längeren götzenpolemischen Text im Buch Deuterojesaja sollen im folgenden besonders die Vv 9-15 einer eingehenderen Betrachtung unterzogen werden, da sie einige zusätzliche Details über die Arbeiten verschiedener Handwerker bei der Herstellung von Götterbildern versprechen.

---

232 NEGBI, Canaanite Gods No 1630 (fig.129) aus Ugarit. Die Figur muss ganz mit Blattgold überzogen gewesen sein.
Vgl. die Riefen bei NEGBI, aaO. Nos 94.165.1354.1431.1433.1464.1483. 1648.1652 und H. SEEDEN, The Standing Armed Figurines bes. Nos 99-112 sowie die Kupfernägel bei NEGBI, aaO. Nos 94f.1354. Zur Befestigung der Kupferteile auf dem Holzkern der Statue Pepis I. vgl. Kap. 3.2.

233 ELLIGER, aaO. 130.

9 Götzenbildhersteller (יצרי־פסל) sind allesamt nichtig,

und ihre Lieblinge können nichts.

Ihre Zeugen sehen nichts und nehmen nichts wahr,

auf dass sie beschämt werden.

10 Wer modelliert (יצר) schon einen Gott (אל)

und schmiedet (נסך) ein Bild (פסל),

ohne dass es etwas nützt.

11 Sieh, alle seine Genossen (חברי) werden zuschanden,

und die Kunsthandwerker (חרשים) sind auch nur Menschen (מאדם).

Sollen sie sich doch alle versammeln und hertreten,

sie werden erschrecken und allzumal zuschanden werden.

12 Der Eisenschmied (חרש ברזל) stellt die 'Dechsel'

in der Kohlenglut her (‹ופעל בפחם ›י) מעצד).

Mit Hämmern (ובמקבות) formt er es (יצרהו),

schafft es (ויפעלהו) mit starkem Arm.

Er hungert sogar, so dass er kraftlos wird,

und trinkt kein Wasser, so dass er ermüdet.

13 Der Zimmermann (חרש עצים) spannt die Messschnur (נטע קו),

umreisst es mit dem 'Stift' (יתארהו בשרד),

führt es aus mit 'Schnitzmessern' (יעשהו במקצעות),

umreisst es mit dem 'Zirkel' (ובמחוגה יתארהו),

und er macht es nach der Gestalt eines Mannes (כתבנית איש),

ein Prachtexemplar von einem Menschen (כתפארת אדם),

ein Haus zu bewohnen.

14 ... sich Bergtannen (ארזים) zu fällen,

er nimmt eine 'Steineiche' (תרזה) oder eine 'Eiche' (ואלון),

er wählt sich eines unter den Hölzern des Waldes (בעצי־יער).

Er pflanzt eine 'Bergtanne' (ארן),

der Regen lässt sie wachsen,

15 so dass sie dem Menschen zum Feuern diene,

und er nimmt davon und wärmt sich.

Teils zündet er es an und bäckt Brot,

teils macht er einen Gott (יפעל־אל)

und fällt (in Verehrung) nieder,

macht es zum Götzenbild (פסל)

und bückt sich davor.

Dass der ganze Abschnitt Vv 9-20 eine spätere Einfügung in das Kapitel 44
darstellt und dass dieser Einschub auch in sich nicht einheitlich ist, sondern aus mehreren Händen zu stammen scheint, hat K. ELLIGER zwar nicht als
erster, aber doch mit einmaliger Gründlichkeit aufgezeigt.[234] Alle Details
seiner überzeugenden Ausführungen zu referieren ist hier nicht der Ort.
Wichtigstes Indiz dafür, dass Vv 9-11.13.14-17.19-20 nicht geschlossen den
Weg in dieses Kapitel fanden, sondern sukzessiv als Nachträge, ist der Numeruswechsel: Vv 9-11 Plural; 12-17 Singular; 18 Plural und 19-20 Singular.[235]
Vv 14-17 sind zudem nicht sehr logisch nach der Notiz von der Fertigstellung
des Bildes angefügt. Auch ist V.14 grammatisch nicht an das Vorhergehende
anschliessbar.[236]
Vergleichen wir Jes 44,9-20 mit den bisher behandelten Passagen in Jer 10
und Jes 40; 41, so lassen sich unbestreitbar einige Gemeinsamkeiten eruieren:
In V.10 finden wir wiederum נסך neben פסל (vgl. Jer 10,14; Jes 40,19); מעצד
und במקבות in V.12 kennen wir aus Jer 10,3.4; das Schlagen des Holzes ist,
wenn auch viel weniger ausgestaltet, in Jer 10,3 schon ein Motiv. Des weiteren ist von כתבנית איש כתפארת אדם (V.13) her gesichert, dass das Hauptinteresse einem menschengestalteten Bild gilt, das im Haus aufgestellt wird.[237]

Doch fällt andererseits neben den neuen Informationen über die Tätigkeiten
von zweierlei Handwerkern der Gebrauch der Wurzel יצר für die Gestaltung bzw.
Gestalter (Vv 9.10.12), von אל für das Götterbild (Vv 10.15) und vor allem
von פעל und עשה als dominierenden Verben auf:

V.12 ויפעלהו/פעל בפחם
V.13 ועשהו (zweimal)
V.15 עשהו פסל und יפעל-אל
V.17 עשה לפסלו
V.19 לתועבה אעשה

---

234 ELLIGER, aaO. bes.414-422.

235 Zu den unterschiedlichen Wortfeldern vgl. ELLIGER, aaO. 417.

236 ELLIGER spricht von "Zitat..., jedenfalls ein aus einem anderen Zusam-
    menhang herübergenommenes Stück." (aaO. 419). Die LXX fassen sinngemäss
    den V.14 mit ἐκλεξάμενος zusammen und stellen ihn vor V.13. Vgl. auch
    Jer 10,3. Mit dem poetischen Charakter der Dichtung allein kann man die
    mangelnde Logik in der Reihenfolge nicht erklären (gegen C. WESTERMANN,
    Das Buch Jesaja 122).

237 Zur Deutung von לשבת בית vgl. ELLIGER, aaO. 429 und C. WESTERMANN, aaO.

Insgesamt entsteht allein durch die Häufung dieser recht vagen Beschreibungen des Tuns der Handwerker der Eindruck, dass abgesehen von V.13 der ganze Text um einiges weniger auf präzisem Wissen von der Götterbildherstellung aufbaut als die bisher behandelten.[238] Hinzu kommt, dass hier nun das Interesse am Produkt, dem Götzenbild, ganz deutlich zurücktritt hinter dem Interesse an der Beschaffung des Materials und an den Handwerkerarbeiten an sich.[239]

So werden in V.14 einige Holzarten, die man (oder der חרש עצים) für die Herstellung der Skulptur ausliest, genannt. Leider kann von diesen Hölzern nur eines mit relativer Sicherheit bestimmt werden, da wir weder über den antiken Waldbestand der Levante[240] noch Mesopotamiens[241] sehr genau Bescheid wissen.

Mit ארז wird eine hochstämmige Nadelholzart (Abies Cilicia Kotschy) und nicht die Libanon-Zeder gemeint sein - dies gilt inzwischen als communis opinio in der Forschung.[242] Ueber die vielfältige Verwendung dieses hochwertigen Holzes zu Bauzwecken geben mehrere atl. Stellen Aufschluss (z.B. 1Kön 6,9; 7,2; Hld 1,17). Es ist zu vermuten, dass in V.14d mit ארז derselbe Nadelbaum gemeint ist, da akk. erēnu(m) westsemitisch arz mit einiger Wahrscheinlichkeit entspricht.[243] Für die Verwendung von erēnu zur Herstellung

---

238 Zu פסל, das der gehobenen dichterischen Sprache angehört und dessen überwiegender Gebrauch in exilisch-nachexilische Zeit weist, vgl. THAT II 461-466. Der ironisch-despektierliche Gehalt des Wortes פסל (aaO. 463) ist in Jes 44 evident.

239 Die Beschreibung der Tätigkeiten des Eisenschmieds und Zimmermanns sind so allgemein, dass sie gar nichts Spezifisches mehr über die Beschaffenheit der Götzenbilder aussagen: "mit dem Hammer formen", "die Messschnur spannen" u.a. sind höchstens noch typisch für die jeweilige Handwerkerbranche, nicht aber für die Götzenbilder.

240 Zu "Wald und Forstwirtschaft" in Syrien/Palästina vgl. den gleichnamigen Artikel in: BRL[2] 356-358 und OLB I bes.88-95.

241 Vgl. die verschiedenen, teilweise bestimmbaren Bauhölzer des Tischlers nach sumerisch-akkadischen Listen bei A. SALONEN, Art. "Holz" in: RLA IV 453f. Zur Holzverwendung in Aegypten vgl. C. MUELLER, Art. "Holz und Holzverarbeitung" in: LdAe II 1264-1269.

242 Die Zeder wäre für Flaggenmasten und andere beschriebene Zwecke nicht langstämmig genug (vgl. KBL I 83 und BRL[2] 357 sowie OLB I 91).

243 AHw I 237. Die Lesart ארז ist ebenfalls belegt, was auf ein Wissen von der sachlichen Identität der beiden Begriffe hindeuten mag. ELLIGER lehnt (Deuterojesaja 431) mit NOBER (Elenchus 195*,3140) die Rückführung auf ein akk. (nicht existierendes) ernū ab. erēnu(m) ist jedoch sehr gut bezeugt und ebensowenig wie ארז immer mit der Libanon-Zeder zu identifizieren. Gegen "Lorbeer" spricht, dass dieser weder in Syrien noch in Mesopotamien beheimatet ist. ELLIGER (aaO. 431) hält trotzdem an diesem Vorschlag fest.

von Figuren wie auch zum Verfeuern gibt es eine Anzahl Belege.[244]

אַלּוֹן dürfte hier einen grossen Laubbaum, wahrscheinlich eine Eichenart, bezeichnen,[245] wohingegen die gewöhnliche Uebersetzung von תִּרְזָה als "Steineiche" auf Vermutung beruht.[246]

Ein ausgewähltes Stück Holz scheint nun der Bearbeitungsgegenstand des Zimmermanns in V.13 zu sein. Er legt die Messschnur (קָו) daran an, die im Alten Testament häufig im Zusammenhang mit grösseren Bauarbeiten genannt wird
(2Kön 21,13; Ijob 38,5; Sach 1,16; Klgl 2,8). Die folgenden Tätigkeiten sind
wegen der Hapaxlegomena שֶׂרֶד, מַקְצֻעוֹת und מְחוּגָה nur vorsichtig zu deuten.

Wenn שֶׂרֶד, wie gewöhnlich übersetzt wird, einen "Stift, Rotstift, Reissstift"
meint,[247] dann wäre an das Zeichnen der Konturen (pi. von תָּאַר) des späteren
Bildwerks entweder in Form einer Skizze oder direkt auf dem Holz zu denken.[248]

מְחוּגָה "Zirkel" würde sich in diesen Arbeitsgang gut einfügen.[249] Andererseits
stört dann in der Reihenfolge die Arbeit mit מַקְצֻעוֹת (קצע I "abkratzen"), was
meistens mit "Schnitzmesser" wiedergegeben wird. Ob מַקְצֻעוֹת (vgl. Ex 26,23;
36,28) auch hier von קצע II her als "Winkel" und dann "Winkelmass" zu identifizieren sein könnte, wäre zumindest zu fragen.[250] Dann würde auch ELLI-
GERs Uebersetzung von מְחוּגָה mit "Drechseleisen" einen sinnvollen Zusammenhang erhalten.

244 Vgl. z.B. G. MEIER (Maqlû IX 39) ṣalam ᵍⁱˢerēni "eine Figur aus erēnu (-Holz
    Zum Verbrennen dieses Holzes vgl. H. ZIMMERN, Beiträge II Nos 1-20.110.

245 Vgl. KBL I 52 und akk. aliānum (AHw I 36).

246 Die Ableitung von arab. taraza "hart sein" ist nicht unwahrscheinlich.
    Zu den antiken Uebersetzungen vgl. ELLIGER, aaO. 430.

247 Zu den verschiedenen Herleitungen dieses Wortes vgl. ELLIGER, aaO. 427.

248 Diese beiden Praktiken sind in Aegypten sehr gut bezeugt (vgl. C. ALDRED,
    Egyptian Art 13.26 und Abb.2), wo Statuen, Malereien und Reliefs nach
    einem exakt vorgeschriebenen Raster vorentworfen und dann ausgeführt
    wurden.

249 ELLIGER will מְחוּגָה als "Drechseleisen" verstehen, um so eine stimmige
    Abfolge der Arbeiten vom Entwurf zum Polieren zu erhalten. Er schliesst
    aber auch mit der Bemerkung "Sicherheit ist nicht zu erreichen." (aaO.
    428). Leider gibt מְחֻגָה (altaram.) auch keine Aufschlüsse (DISO 146).

250 Der Kontext - Entwurfsarbeiten im Falle der oben angenommenen Deutung
    von שֶׂרֶד und מְחוּגָה - würde das nahelegen, und gegen die Unterscheidung
    von מַקְצֻעֹת (Hapax) und מִקְצֹעַ bzw. מִקְצֹעוֹת spricht nur die Vokalisation,
    nicht der Konsonantenbestand. ῥιγωνίσκοις und angularibus findet sich
    bereits in antiken Uebersetzungen (vgl. ELLIGER, Deuterojesaja 411).
    Solche Winkelmasse sind uns aus Aegypten (Neues Reich) bekannt (W.M.F.
    PETRIE, Tools and Weapons Pl.47,58-60).

Da man jedoch angefangen bei שׁרֵד hinter jedem der Hapaxlegomena ein Werkzeug
zur groben oder feinen Holzbearbeitung vermuten kann,[251] bringt das Rätsel-
raten kaum einen handfesten Ertrag. Sicher ist wohl nur, dass sich hier ein
Stück Holz unter den Händen eines חָרַשׁ עֵצִים zu einem Götterbild, einer Holzskulptur verwandelt.

Rätselhaft bleibt auch V.12, der den "Eisenschmied" einführt. Dass dieser
die Vorarbeiten für den Zimmermann leistet, ist unwahrscheinlich, weil die
Reihenfolge Holzkern-Metallbearbeitung von den oben behandelten Texten her
mehr Wahrscheinlichkeit hat. Was der חָרַשׁ בַּרְזֶל da verrichtet, hat mit dem
Götterbild des חָרַשׁ עֵצִים augenscheinlich nichts zu tun. Da מַעֲצָד in Jer 10,3
als Werkzeug des Zimmermanns genannt wird, liegt es nahe, dass der Eisenschmied es ist, der die Klinge der "Dechsel" im Holzkohlenfeuer schmiedet
oder stählt, während der Zimmermann sie jeweils nachschärft, wie es sich von
ägyptischen Darstellungen her nahelegt.[252]

Weil der MT-Text in V.12a in jedem Fall korrigiert werden muss, möchte ich
mich zur Konjektur von וּפָעַל zu יִפְעַל[253] entschliessen: "der Eisenschmied
macht die Dechsel(klinge) in der Kohlenglut". Umfassendere Eingriffe in den
Text - die Vorschläge sind hier so zahlreich wie die, die sie machen[254] -
missachten zumeist die Tatsache, dass מַעֲצָד als Nomen von Jer 10,3 her doch
gut gesichert ist und dass פָּעַל ohne Objekt nur noch in Jes 41,4 und 43,13
(auf JHWH bezogen) vorkommt. In einem abenteuerlichen Rückschlussverfahren
kommt ELLIGER[255] auf עָצַד גֹלֶם "er schneidet die Urform aus", worunter die
"formlose, noch ungestalte Eisenmasse" zu verstehen sei, von der der Eisenschmied ein Stück abschneidet, um es in der Kohlenglut zu bearbeiten. Wie
oben gezeigt lässt sich das Grundproblem - wie kann מַעֲצָד einmal dem Holz-,

---

251 So שׁרֵד als "Ahle" u.ä., מַחוּגָה als Poliergerät ("Drechseleisen") und
    מַקְצֻעוֹת vielleicht auch als eine Art (gewinkelte !) Dechsel zum Abscha-
    ben von Holz.

252 Dieses Nebeneinander von Metall- und Holzhandwerkern hat auch DRENKHAHN
    (Die Handwerker bes.118f.) im Zusammenhang mit der Dechsel auf Darstel-
    lungen des Alten Reiches als Schmieden der Klinge einerseits und Schär-
    fen andererseit gedeutet. Zum Stählen von Eisen vgl. M. WEIPPERT, Art.
    "Metall und Metallverarbeitung" in: BRL² 220.

253 Vgl. C. WESTERMANN (Das Buch Jesaja 118), der dann jedoch noch ein יֹחַד
    hinter מַעֲצָד (Axt) einfügt und יִפְעַל פָּעֳלוֹ "er verrichtet sein Werk" vor-
    schlägt.

254 Zu den verschiedenen Konjekturen vgl. ELLIGER, Deuterojesaja 409f.

255 AaO. 409f. und 426.

und dann dem Eisenbearbeiter zugeordnet sein? - aber plausibel ohne massive Texteingriffe lösen. Das Hämmern als Tätigkeit des Eisenschmieds (vgl. Gen 4,22 und Sir 38,28) entspricht dem Faktum, dass Eisen wegen zu niedriger Temperaturen des Holzkohlenfeuers[256] in damaliger Zeit zwar geschmiedet, wahrscheinlich aber nicht gegossen werden konnte.[257]

Erstaunlich ist aber - und da werden Zweifel wach an der Glaubwürdigkeit der ganzen Mitteilung -, dass hier im Zusammenhang der Götterbildherstellung ausgerechnet der Eisenschmied genannt wird, denn das seit der SBII/E I-Zeit verfügbare Eisen diente bereits seit dem 11.Jh.v.Chr. in Palästina/Syrien profanen Zwecken, besonders der Waffenherstellung,[258] und scheint weder in Aegypten noch sonst irgendwo als spezifisches Element bei der Herstellung von Kultbildern eine Rolle zu spielen. Wurden Teile eines Bildes aus Eisen-

---

256 Zu den Schmelztechniken (Holzkohlenfeuer, Schmiedeöfen, Kohlenmeiler) in damaliger Zeit vgl. A. SALONEN, Art. "Holz" in: RLA IV 453; R. DRENK-HAHN, Die Handwerker 30f.; M. WEIPPERT in: BRL[2] bes.221f.

257 Vgl. dazu KAI No'100 Z.7 ברזל ש הנסכים(pun.) als Uebersetzung von numidisch nbtn nzl' (Eisenschmiede) und M. WEIPPERT, aaO. 221. Zur Herstellung von Schmuck diente Eisen in der 1.H. des 2.Jts.v.Chr., als in Kleinasien, Armenien und Persien erstmals tellurisches Eisen abgebaut wurde. Im Verlaufe des 2.Jts.v.Chr. erlangten die Hethiter ein gewisses Monopol in der Verhüttung von Eisen, das zur Waffenherstellung diente (vgl. F. SCHACHERMEYER, Art. "Eisen" in: RLA II 316-319). In Aegypten, Syrien und Mesopotamien ist Eisen im 2.Jt.v.Chr. noch selten. Erst um 1200 v.Chr. setzt sich der Gebrauch von Eisen zur Herstellung von Werkzeugen und Waffen im östlichen Mittelmeerraum durch, seit dem 8.Jh. auch in Mesopotamien, erst im 6.Jh. in Aegypten (vgl. OLB I 508.510). Die Forschung ist, gerade was die technischen Möglichkeiten der Eisenverarbeitung im Alten Israel betrifft, zur Zeit sehr bewegt. So haben H. LIEBOWITZ/R. FOLK (The Dawn, passim) eine Industrieanlage des 13. Jhs.v.Chr. auf Tel Yin'am als Eisenverhüttungsanlage interpretiert. Sie vermuten, dass die Eisentechnologie nicht, wie gemeinhin angenommen, von der Aegäis, sondern von Syrien/Anatolien her in die Levante gelangte. Die These vom ägäischen Einfluss (vgl. auch 1Sam 13,19-22 das Eisenmonopol der Philister) hat hingegen J.D. MUHLY (The Beginning, passim) aufgrund häufiger Funde von mykenischer Keramik zusammen mit Eisen erneut vertreten.
Zur Etymologie von ברזל vgl. M. ELLENBOGEN, Foreign Words 52f. und zum teilweise metaphorischen Gebrauch des Wortes in der Bibel J.F.A. SAWYER/ D.J.A. CLINES, Midian 129-134. Zum Kupferbergbau in Timna vgl. H.G. CON-RAD/B.R. ROTHENBERG, Antikes Kupfer und OLB II 298f. und zur Kupferproduktion in Serâbît el-Khâdim (Sinai, 18.Dyn.) jetzt I. BEIT-ARIEH, Serabît el-Khâdim, passim.

258 Vgl. zu den Funden M. WEIPPERT, aaO. 220. Auch bei der Herstellung von Schmuck spielte Eisen in Palästina keine bedeutende Rolle (H. WEIPPERT, Art. "Schmuck" in: BRL[2] 282.

blech o.ä. hergestellt und dann mit edleren Metallen überzogen?[259] Oder be-
schränkte sich der Eisenschmied auf die Herstellung der Werkzeuge? Die Archäologie lässt uns in diesem Fall im Stich!
Jes 44,9-20 hat sich mit seiner nur schemenhaft eruierbaren Vorstellung von
menschengestaltigen Gussbildern bzw. Holzskulpturen insgesamt für die konkreten Fragen nach Israels Wissen um solche Bilder als sehr harter Boden erwiesen. Es ist damit zu rechnen, dass wir hier nur noch vor den Ueberresten
einst homogenerer Spottgedichte stehen, die in stimmiger Komposition verschiedene Arbeitsphasen der Götzenbildherstellung zum Gegenstand der Götzen-
verhöhnung machten (vgl. Hos 8,6). Am Anfang dieser Spottlieder steht ein
konkretes Wissen um das Aussehen und die Entstehung von menschengestaltigen
Kultbildern. Holz- oder Metallkern, Gold- und Silberbeschlag, Kleidung und
Getragenwerden sind dabei wohl die zuverlässigsten Anhaltspunkte. Dem früheren - und für uns zuverlässigeren - Stadium der Spottdichtung kommen Ez 16,
17; Jer 10,1-16; Jes 40,19f.; 41,6f. näher als Jes 44,9-20. Die Epigonen solcher Spottdichtung verlegten sich in nachexilischer Zeit wegen des verloren-
gegangenen Hintergrunds der babylonischen Bilderverehrung immer mehr auf die
Handwerker, deren Tätigkeiten man ja als Material für weitere Spottstrophen
poetisch beliebig ausschlachten konnte. Das Interesse an den Bildern wurde
sekundär, hingegen die Ueberlegenheit JHWHs durch Karikieren der Herstellungs-
weise der Bilder םדאמ herausgehoben. Die (mündlich?) kursierenden Strophen
gerieten dann noch später auf die eine oder andere Art an passenden Stellen
in schon bestehende Textsammlungen.

---

259 Funde von Skulpturen o.a., die unter Verwendung von Eisen hergestellt
    wurden, sind mir nicht bekannt. Auch ELLIGER recherchiert in seinem
    Kommentar in dieser Richtung nicht weiter. Den Eisenschmied übernimmt
    er fraglos.

3.5. WIE EIN GOETTERBILD. ZU TEXTEN IM HOHEN LIED UND BEI DANIEL

Obwohl einzelne Fragen, die sich bei der Behandlung von Hld 5,10-16; Dan 2,
31-35; 10,5f. stellen, sehr unterschiedlich sind, sollen sie hier gemeinsam
angegangen werden, erstens weil es sich um nachexilische Quellen handelt,
zweitens weil keine der Beschreibungen ein reales, historisch fassbares Kunstwerk zum direkten Gegenstand hat, und drittens weil die Beschreibungen in
Aufbau - von Kopf bis Fuss - und Bildsprache (Metalle, Edelsteine usw.)
grundlegende Aehnlichkeiten aufweisen.

In Hld 5,10-16 singt die Frau ein Lied auf den Geliebten, ein Beschreibungslied, in dem viele Körperteile mit kostbaren Metallen gleichgesetzt werden,
so dass seit langem vermutet wird, diese Beschreibung sei am Aussehen von
Götterstatuen orientiert.

In einer Vision sieht Daniel (10,5-6) einen Mann, dessen Aussehen er mit
Bildern wiedergibt, die in manchem an die Beschreibung des Geliebten im
Hohen Lied erinnern. In Dan 2,31-35 wird zwar nicht nur eine menschliche
Gestalt, sondern ausdrücklich ein Standbild beschrieben, jedoch handelt es
sich dabei um einen Traum Nebukadnezzars, und das Bild sowie die verschiedenen
Materialien, aus denen es zusammengesetzt ist, sind von tieferer symbolischer
Bedeutung (vgl. 2,36-45).

3.5.1. DER GOETTLICHE GELIEBTE

Um die Fragestellung aus dem Kontext der gesamten Beschreibung angemessen
herauszuarbeiten, soll zunächst der ganze Text Hld 5,10-16 zitiert werden:

> 10 Mein Geliebter ist strahlend und rot,
>   unter Tausenden fällt der Blick auf ihn.
> 11 Sein Haupt ist Feingold, geläutertes Gold,
>   seine Locken (sind) Dattelrispen (?)
>   schwarz wie der Rabe.
> 12 Seine Augen (sind) wie Tauben an Wasserbächen,
>   die in Milch gebadet
>   über dem vollen (Becken) sitzen.

13 Seine Wangen (sind) wie Balsambeete,
   (wie) Türme von Salben.
   Seine Lippen sind Lotusblumen,
   die von echter Myrrhe triefen.
14 Seine Arme (sind) Goldreifen,
   eingelegt mit Tarschisch.
   Sein Unterleib (ist) geglättetes Elfenbein,
   besetzt mit Lapislazuli.
15 Seine Schenkel sind Alabastersäulen,
   die auf Basen aus Gold gestellt sind.
   Sein Anblick (ist) wie der des Libanon,
   auserlesen wie der der Zedern.
16 Sein Gaumen ist Süsse,
   und alles an ihm ist begehrenswert.
   [So ist mein Geliebter,
   und so ist mein Freund, Töchter Jerusalems].

Viele der Metaphern, mit denen die Frau ihren Geliebten vom Scheitel bis zur
Sohle beschreibt, können hier nicht genauer untersucht werden.[260] Auch geben
durchaus nicht alle Verse Anlass, hinter den verwendeten Bildern - z.b. den
Tauben an Wasserbächen - spontan ein Kunstwerk, ein darstellendes reales Bild
zu vermuten. Dieser "Verdacht" erhebt sich vornehmlich aufgrund von vier
Metaphern, die zunächst sprachlich geklärt werden sollen:

1. (V.11a) Sein Haupt ist Feingold (כתם), geläutertes Gold (פז).

Die asyndetisch nebeneinander gestellten Wörter כתם פז bezeichnen auch je
für sich genommen Gold von besonderer Qualität, wahrscheinlich unterschiedlicher Reinheit, wenn auch die exakte Bedeutung der verschiedenen hebräischen
Termini für Gold nicht eindeutig fassbar ist.[261]

---

260 Vgl. dazu jetzt den neuesten Kommentar von O. KEEL, Das Hohe Lied, z.St.
    Ich schliesse mich den von KEEL (Deine Blicke 11-30) entworfenen Grund-
    sätzen zur Deutung der Metaphorik des Hohen Lieds an. Vgl. auch H.-P.
    MUELLER, Vergleich und Metapher, passim.

261 Zur Etymologie, Bedeutung und Gebrauch von זהב, כתם und פז vgl. K.H.
    SINGER, Die Metalle 31-41 und M. GOERG (Lexikalisches, passim), der
    כתם פז mit "Feingold" übersetzt.
    Vgl. in Dan 10,5 כתם אופז und zur Lesart schon weiter oben zu Jer 10,9
    in Kap. 3.4.1. Aeg. ktm.t, belegt seit der 20. Dyn., bezeichnet Gold
    (aus Nubien), das als Material für Götterfiguren, Amulette, Zierate,
    die Türen des Naos u.a. Verwendung fand (WbAeS V 145).
    Ein weiterer Fachterminus ist זהב סגור (1Kön 6,20f; 7,49f.; 2Chr 4,20.
    22; 9,20) und סגור (Ijob 28,15). M. GOERG (Ein Ausdruck, passim) leitet
    סגור von äg. sqr (Gold zu Blech schlagen) ab und übersetzt entsprechend
    mit "geschlagenes, gehämmertes Gold" und "Goldblech".

2. (V.14a) Seine Arme (ידיו) sind Goldreifen (גלילי זהב),

    eingelegt mit Tarschisch (בתרשיש).

Von 1Kön 6,34f.; Est 1,6 und der Grundbedeutung der Wurzel גלל "drehen, wälzen" her wird unter גלילי hier etwas ring-, walzen- oder rollenförmiges zu verstehen sein.[262] Die Uebersetzung hängt u.a. davon ab, ob man יד hier als Hand oder Unterarm auffasst, wobei letzteres ein unmittelbareres Verständnis des Bildes ermöglicht, denn rund an den Händen sind höchstens die Finger,[263] während der Unterarm an sich schon rollen- oder walzenartig ist.

Die Kostbarkeit der גלילי, die aus Gold sind, wird noch gesteigert durch die Einlegearbeit mit "Tarschisch", wahrscheinlich Edelsteinen, die aus Tarschisch importiert wurden.[264] Dass dieser Stein in Gold gefasst wurde, bezeugen auch Ex 28,20; 39,13 und Ez 28,13. Wichtig scheint mir zudem, dass in Ez 1,16; 10,9 und Dan 10,6 im Kontext sehr exakt der metaphorische Gehalt dieses Steines bestimmbar ist: vor allem faszinierend ist der Glanz des Tarschisch-Steines. Auch זהב und den übrigen Begriffen für Gold liegen, wie K.-H. SINGER feststellt, "die Tertia comparationis: wertvoll, begehrenswert, glänzend zugrunde".[265] Der Akzent der Vergleiche von Vv 11a und 14a liegt also, unabhängig von jeder weiteren Interpretation, auf "Kostbarkeit" und "Glanz".

3. (V.14b) Sein Unterleib (מעיו) (ist) geglättetes Elfenbein (עשת שן),

    besetzt mit Lapislazuli (ספירים).

Wie in Dan 2,32 ist mit מעים (sonst "Eingeweide") hier die Partie des menschlichen Körpers gemeint, die sich zwischen Armen und Beinen befindet, also die Lenden, der Unterleib. Sie wird gleichgesetzt mit einer עשת aus Elfenbein. Das Hapaxlegomenon dürfte von der Wurzel עשת I "glatt sein" (Jer 5,28)

---

262 In 1Kön 6,34f. handelt es sich vielleicht um die Zapfen der Türangel, in Est 1,6 um runde Stangen oder Ringe zur Befestigung von Vorhängen.

263 Auf diese etwas umständliche Deutung kommen z.B. K. BUDDE, Das Hohelied 28f.; A. MILLER, Das Hohe Lied 57.

264 Zu Tarschisch vgl. oben Kap. 3.4.1..Um welchen Edelstein es sich handelt, bleibt letztlich offen. FLAVIUS JOSEPHUS denkt hier an den Chrysolith. Das Wort תרשיש wird da, wo es einen Stein bezeichnet, von der LXX unterschiedlich mit χρυσόλιθος (Ex 28,20; 39,13; Ez 28,13), ἄνθραξος (Ez 10,9) oder θάρσις (Ez 1,16; Hld 5,14; Dan 10,6) übersetzt. Mit Chrysolith bezeichnet man heute einen olivgrünen Edelstein (H. LUESCHEN, Die Namen 197f.). Die LXX übersetzen das Wort gelegentlich (Ex 28,18; Ez 10,9) mit "Granat".

265 Die Metalle 63. Vgl. auch aaO. 62-80.

abzuleiten sein und macht die Vorstellung von einer glatten Fläche wahrscheinlich.[266]

Elfenbein ist, wie 1Kön 10,18.22; 22,39; Ps 45,19; Ez 27,6 und Am 3,15; 6,4 belegen, ein Privileg der Könige und der Oberschicht. Es wird bei der Anfertigung von Möbeln und Wandverkleidungen in den Häusern der Reichsten gebraucht[267] und so mit <u>Vornehmheit</u> und <u>Kostbarkeit</u> konnotiert. R.D. BARNETT weist zudem darauf hin, dass in der Antike eine starke Aehnlichkeit des Elfenbeins mit der menschlichen Haut empfunden wurde, so dass gerade bei Kompositbildern die unbedeckten menschlichen Körperteile oft aus Elfenbein sind.[268] Diese drei Konnotationen dürften in Hld 5,14b das tertium comparationis darstellen.

Mit ספירים ist der dunkelblaue Lapislazuli aus dem nordöstlichen Afghanistan gemeint, der sich im ganzen Orient grösster Beliebtheit erfreute.[269] Mehr vielleicht noch als Gold, Silber und andere Edelsteine ist Lapislazuli schon bei den Sumerern, aber auch in Aegypten und auch im Alten Testament auf Grund seiner Farbe, seines Glanzes und seiner fernen Herkunft eine Art "himmlische Substanz", er gehört in die Sphäre von Göttern, Tempeln und Himmel (vgl. Ex 24,10; Ez 1,26; 10,1).[270]

---

266 Mit "Gebilde, Kunstwerk" übersetzen C. SIEGFRIED, A. MILLER, O. LORETZ, W. RUDOLPH u.a.; mit "Masse, Klumpen, Platte" K. BUDDE, V. ZAPLETAL, H. SCHMOEKEL, H. SCHNEIDER, D. BUZY, C. GEBHARDT, G. GERLEMAN, L. KRINETZKI u.a. (vgl. die Angaben bei W. MUELLER, Die Macht 41). In der Qumraner Kupferrolle 3Q 15 I,5 II,4 erscheint das Wort in der Verbindung עשתות זהב

267 Dazu Kap. 6.2. Die archäologischen Nachweise von Elfenbein in Palästina hat H. WEIPPERT, Art. "Elfenbein" in: BRL² 67-72 zusammengestellt. Vgl. jetzt auch die umfassende Arbeit von R.D. BARNETT, Ancient Ivories, in der ein Ueberblick über die Elfenbeinkunst des Mittleren Ostens gegeben ist.

268 BARNETT, Ancient Ivories 1 und bes.Pl.53.

269 So bereits in KBL III 722. Zur Identifikation vgl. O. KEEL, Jahwe-Visionen 255-260. Die mineralogische Bestimmung von Lapislazuli und Saphir ist einzusehen bei W. SCHUMANN, Steine und Mineralien 58.60 und H. LUESCHEN, Die Namen 262f.309f. Die neuerdings von D. GINZBURG (The Mineralogical Identification, passim) wieder vorgeschlagene Identifikation von hebr. ספיר mit dem Saphir basiert auf Ex 24,10, was mir bei der unterschiedlichen Deutungsmöglichkeit dieser Stelle als zu schwache Grundlage erscheint.

270 Dazu O. KEEL, aaO. Vgl. auch Ex 28,18; 39,11; Jes 54,11; Ez 28,13; Ijob 28,6.16; Klgl 4,7.

4. (V.15) Seine Schenkel (שׁוֹקָיו) (sind) Alabastersäulen (עַמּוּדֵי שֵׁשׁ),
die auf Basen aus Gold (עַל אַדְנֵי פָז) gestellt sind.

Von Ps 147,10 her darf man שׁוֹק als den (kraftvoll angespannten) Unterschenkel
die Wade, verstehen, verglichen hier mit Säulen, einem Bild der Festigkeit
und Unerschütterlichkeit (vgl. z.B. Jer 1,18 und Ps 75,4).
Alabaster[271] und Marmor schmücken nach Est 1,6 den königlichen Hof von Susa;
wieder liegt die Erlesenheit des Materials auf der Hand, und sie findet ihren
Ausdruck ein letztes Mal im Gold, das den Sockel der Säulen auszeichnet.
Eine sehr ähnliche Metapher wie diese findet sich in Sir 26,18:

> Wie goldene Säulen auf silberner Unterlage,
> so schöne Beine auf wohlgebildeten Füssen.

Die erste Betrachtung der vier Metaphern zeigt, dass man, ohne weit über das
Alte Testament hinauszugehen, den Symbolgehalt der Bilder recht gut einkrei-
sen kann. Zumeist zielen die Vergleiche auf Glanz, Kostbarkeit, Erlesenheit.
Auch ohne das Götterbild als Schlüssel zum Verständnis ergeben die einzelnen
Bildelemente also einen Sinn: alles am Geliebten ist kostbar und einzigartig.

Viele Kommentatoren des Hohen Lieds haben es bei dieser Deutung bewenden
lassen. Sie sahen in den Metaphern den Ausdruck spontaner und unmittelbar
einleuchtender Assoziationen beim Anblick der Körperteile. So schreibt z.B.
D. BUZY (1946): "Les bras de l'époux suggèrent spontanément l'idée de
cylindres comme ses jambes celle de colonnes..."[272] Gewiss ist diesem Ansatz
der Vorzug zu geben vor einer "realistischen" Deutung, wo das Gold des
Hauptes ein Diadem sein muss, die Finger Goldringe mit Edelsteinen tragen,
der Leib von einer Gürtelschnalle aus Elfenbein mit Lapislazuli geziert ist
und Fingernägel oder Tätowierungen hinter den verschiedenen Edelsteinen vermutet werden.[273] Aber erschöpft sich der Gehalt der Metaphern in "spontanen"
Suggestionen"?
Die Häufung der an kostbaren Materialien orientierten Bilder "Gold-Gold-
walzen-Edelsteine-Elfenbeinplatte-Alabastersäulen" hat bereits Kommentatoren

---

271 Aeg. šš; akk. šaššu; vgl. auch 1Chr 29,2.

272 BUZY, Le cantique 339. Vgl. einen ähnlichen Ansatz bei J. FISCHER, Das
     Hohelied 525; W. RUDOLPH, Das Hohe Lied 159; E. WUERTHWEIN, Das Hohe
     Lied 59; G. KRINETZKI, Kommentar zum Hohenlied (1981) 192.

273 So bei C.D. GINSBURG, The Song of Songs 168-170; C. SIEGFRIED, Hoheslied
     115; K. BUDDE, Das Hohelied 28f.; V. ZAPLETAL, Das Hohelied 119; H.
     SCHNEIDER, Das Hohelied 309.

des 19.Jhs.n.Chr. veranlasst, antike Kunstwerke als die eigentliche Quelle
der Metaphern anzunehmen. Innerhalb der kultmythologischen Deutung des
Hohen Lieds werden die Bilder allerdings als konkrete Beschreibungen des
Gottes (Tammuz) bzw. seines Kultbildes gefasst.[274] Wenn das Beschreibungslied aber ein Lied auf einen Menschen ist, muss geklärt werden, warum der
Geliebte hier mit Zügen eines Gottes, einer Götterstatue gezeichnet worden
sein könnte und ob es dafür Parallelen in der altorientalischen Literatur
gibt.

274 Vgl. die ablehnende Rezeption des Vorschlags von E.I. MAGNUS (1842) bei
E.W. HENGSTENBERG, Das Hohelied 157. MAGNUS schrieb von einem Kunstwerk
aus Elfenbein, ähnlich F. DELITZSCH, Biblischer Commentar 94. F. DE-
LITZSCH (aaO. 95) vergleicht mit einer "ägyptischen Figur", ist aber von
der Beschreibung in Hld 5 eher enttäuscht. Vgl. auch K. BUDDE (aaO. 29):
"Natürlich knüpft das Bild an Muster der Goldelfenbeinkunst an."
Die kultisch-mythologische Schule kann den Geliebten, der ja dann der
Gott ist, leicht als Götterbild beschrieben sein lassen (so z.B. sehr
entschieden W. WITTEKINDT, Das Hohelied 104; M. HALLER, Hoheslied 38;
H. SCHMOEKEL, Heilige Hochzeit 67). Bei den Kommentatoren der letzten
20 Jahre vertritt G. GERLEMAN (Das Hohelied 65.69ff.) eine extreme Position dieser Ausrichtung, da er nicht nur alle Metaphern von Hld 5,
10-16, sondern auch noch 4,1-7 und 7,2-10 in Anlehnung an Kunstwerke
entstanden wissen möchte.
Mit dieser These ist jedoch die Gefahr verbunden, die Bilder der Sprache zu eng an ein reales Vor-bild zurückzubinden, weshalb wir uns auf
die Behandlung der Metaphern beschränken, die wegen der Angabe von Metallen und anderen Stoffen mit Wahrscheinlichkeit auf Götterbilder rückführbar sind.
Eher vermittelnd schreibt A. BAUM (Worte 45) vom orientalischen Schön-
heitsideal, das "an Götterstatuen orientiert gewesen sein mag". So kann
sie das für E.WUERTHWEIN (Das Hohelied 59) unlösbare Problem, dass ein
lebender Mensch wie eine Statue beschrieben sein soll, einigermassen
umgehen. Probleme hat auch M. AUGUSTIN (Der schöne Mensch 34f.), weil
die ägyptischen Plastiken und Skulpturen seiner Meinung nach Menschen
einer gehobeneren sozialen Schicht darstellen, die zum soziologischen
Kontext des Hohen Lieds nicht passen. Dazu ist zu sagen, dass gerade
die Bewunderung und Verehrung von Götterbildern nichts Schichtgebunde-
nes ist; zudem müsste man soziologischen Ansatz hier kritisch
hinterfragen. Auch wenn Lieder wie Hld 5,10-16 in einer bestimmten
Schicht entstanden sein sollten, schöpfen sie doch aus altorientalischen
Vorstellungen, die durch alle Schichten und über lange Zeit verbreitet
waren.

3.5.2. LITERARISCHE PARALLELEN ZU Hld 5,10-16

In einem Ueberblick sollen hier einige aufschlussreiche Parallelen aus der
sumerischen, ägyptischen und palästinisch-arabischen Literatur zusammengestellt werden, wobei die Auswahl von unserer engeren Fragestellung nach dem
Götterbild bestimmt wird.[275]

In einem sumerischen Liebeslied beschreibt die Frau den Geliebten als wertvolles Kunstwerk und vergleicht u.a. seinen Bart mit Lapislazuli:[276]

> My (beloved) with a lapis lazuli beard,
> my beloved with a mane (like a) fermenting vat,
> My (beloved) whose beard shines like a lapis
> lazuli crown (?)
> Whose mane is set up like a fermenting vat,
> You are my pin, my gold,
> Piece (of art) shaped by the skilled carpenter,
> My (beloved) manufactured by the skilled
> copper smith!

Bekannt ist auch die "Botschaft des Lú-dingir-ra an seine Mutter", wo dieser dem Ueberbringer des Briefes die Mutter mit vielen Metaphern beschreibt
und sie einer Alabasterstatuette vergleicht.[276a] Dort wird jedoch eine lebende Person als ganze mit Edelsteinen, Gold, Alabaster, Elfenbein, Lapislazuli verglichen, nicht, wie im zitierten Liebeslied, einzelne Körperteile.
Eine Hymne an die Göttin Ischtar, in der ihre körperliche Schönheit gepie-
sen wird (2.Jt.v.Chr.), schliesst:

> Prächtig ist sie... Schön sind ihre Farben,
> bunt ihre Augen und schillernd.[277]

---

275 Vgl. ansonsten die grosse Materialsammlung bei M.H. POPE, Song of Songs
bes.71-85.535f. Zum Beschreibungslied im Alten Orient allgemeiner vgl.
W. HERRMANN, Gedanken, passim.sowie O. KEEL, Das Hohelied bes.28-34.

276 Vgl. dazu jetzt Uebersetzung und Kommentar von B. ALSTER, Sumerian
Love Songs bes.129f. (Uebersetzung aaO. 131).

276a Vgl. dazu J.S. COOPER, New Cuneiform Parallels 160.und M.H. POPE, Song
of Songs 71f.

277 A. FALKENSTEIN/W. VON SODEN, Sumerische Hymnen 235; W. HERRMANN, Gedanken 177f. Die bunten Augen beziehen sich wohl auf verschiedenfarbige Einlagen.

W. HERRMANN erkannte in diesen Kennzeichen das Götterbild der Ischtar und zog den Schluss, der "Sitz im Leben" sumerisch-babylonischer Beschreibungslieder liege in der Beschreibung von Kultbildern,[278] eine These, die einige Jahre später von W.W. HALLO ebenfalls entschieden vertreten wurde.[279] Sie lässt sich stützen durch eine Passage im Gilgamesch-Epos, wo von Kunsthandwerkern eine Statue des toten Enkidu angefertigt werden soll, deren Brust Lapislazuli und deren Leib Gold ist.[280] Bemerkenswert an diesen Beschreibungsliedern ist, ausser der gelegentlichen Reihenfolge der Beschreibung von Kopf bis Fuss,[281] der Wechsel von Elementen, die deutlich an das Aussehen eines Kultbildes anknüpfen einerseits und solchen, die auf das Erscheinen und die Wirkung der Gottheit selbst zielen andererseits, wie es z.B. der oben zitierte Hymnus an Ischtar sehr schön zeigt. Dort heisst es von der Göttin gerade vorher:

> Honigsüss ist sie an ihren Lippen,
> Leben ist ihr Mund...[282]

Ganz ähnlich schliesst ja auch unser Beschreibungslied (Hld 5,16):

> Sein Gaumen ist Süsse, und alles an ihm ist Wonne.

---

278   AaO. 178. Vgl. auch M.H. POPE, Song of Songs 535 mit weiteren Hinweisen; ANET 109f. Interessant ist auch die Beschreibung des Tammuz in VAT 9946 (nach E. EBELING, Tod und Leben I 47).

279   "In a significant number of divine hymns, the deity is apostrophized precisely in terms of the characteristics associated with the statue, notably the tiara and cloak which radiated the divine splendor... many if not all of the neo-Sumerina hymns to deities were perhaps originally commissioned together with statues, and first recited at their dedication." (The Cultic Setting 120).

280   Gilgamesch VIII 2,25-29; vgl. KEEL, Das Hohelied 191.

281   POPE (aaO. 76) nennt die Beschreibung Ninurtas im akk."Göttertypentext". Vgl. einen weiteren Hymnus an Ninurta (FALKENSTEIN/VON SODEN, Sumerische Hymnen 258f.), wo jeder Körperteil des Gottes - ebenfalls von oben nach unten - mit einer anderen Gottheit identifiziert wird. Die "Gliedervergottung" kennt man auch aus Aegypten (dazu besonders E. HORNUNG, Tal der Könige 86f.). Vgl. auch den bei POPE (Song of Songs 75f.) zitierten ugaritischen Text mit einer Beschreibung des Baal von Kopf bis Fuss (dazu ausführlicher POPE/TIGAY, A Description, passim). Auch die Beschreibung des Hohen Priesters Simon in Sir 50 folgt dieser Richtung von oben nach unten. Anders der stehende Ausdruck "von der Sohle zum Scheitel" in Dtn 28,35; 2Sam 14,25; Jes 1,6 und Ijob 2,7.

282   HERRMANN, Gedanken 178. Vgl. auch den ähnlichen Schluss eines weiteren Hymnus an Ischtar (ANET 383 Z.9-12) und POPE, aaO. 69f.

Auch die ägyptische Liebeslyrik kennt, wie das erste Lied der "Lieder des grössten Glücks" beweist, die Beschreibung einer Person - ebenfalls von oben nach unten - als "göttergleich". In diesem Fall wird die Frau zur Repräsentation der Liebesgöttin Hathor (die "Eine") und die Göttin ist in einigen Zügen wie ihr Bild beschrieben:

> Die Eine, Geliebte, ohne ihres Gleichen,
>
> ...
>
> Mit hohem Hals und strahlender Brust
> hat sie echtes Lapislazuli zum Haar.
> Ihre Arme übertreffen das Gold,
> ihre Finger sind wie Lotuskelche.
> Mit schweren Lenden und schmalen Hüften,
> sie, deren Schenkel um ihre Schönheit streiten,
> edlen Ganges, wenn sie auf die Erde tritt,
>
> ...
>
> Wenn sie aus dem Haus tritt, ist es,
> als erblicke man jene, die Eine.[283]

Ausserhalb der Liebespoesie gibt es zudem aus ägyptischen Quellen eine Fülle von Belegen dafür, dass die Erscheinung der Götter selbst wie eine Erscheinung ihrer Bilder geschildert wird, und zwar so, dass bisweilen kaum noch von einem Vergleich gesprochen werden kann, sondern vielmehr eine Identität der wahrhaften Göttergestalt mit den kostbaren Materialien ihrer Statuen ausgesagt wird. Einige Beispiele sollen genannt sein.

In der Lehre für Merikare (P 125) wird die Weisung gegeben:

> Ehre den Gott auf seinem Wege,
> (Gott), der aus (Edel)steinen gemacht
> und aus Erz gebildet ist.[284]

Während hier die Verehrung des Götterbildes bei der Prozession gemeint ist, wird in der "Geschichte des Schiffbrüchigen" die Theophanie einer Schlangengottheit mit folgenden Worten geschildert:

---

283 Nach A.H. GARDINER, The Library 11f. und S. SCHOTT, Altägyptische Liebeslieder 39. Vgl. POPE, aaO. 74 (englische Uebersetzung von T. SIMPSON) und J.B. WHITE, A Study 177f.

284 Nach A. VOLTEN, Zwei altägyptische politische Schriften 69; vgl. aaO. 70f. mit weiteren Hinweisen.

Da hörte ich ein Donnergeräusch und meinte,
es sei die Welle des Meeres; die Bäume knickten
und die Erde bebte. Ich enthüllte mein Gesicht
und fand, dass es eine Schlange war, die herankam,
dreissig Ellen lang, mit einem Bart, der länger
als zwei Ellen war; ihre Glieder waren vergoldet
und sie hatte Augenbrauen aus echtem Lapislazuli,
und sie krümmte sich vorwärts.[285]

Im Papyrus Westcar wird vom Königskind, das Isis, Nephtys und Heket als Geburtshelferinnen zur Welt bringen, gesagt:

Seine Glieder waren mit Gold eingelegt und sein
Kopftuch aus echtem Lapislazuli.[286]

Der Erzähler stellte sich das göttlich-königliche Kind offensichtlich wie eine Gussfigur mit Einlegearbeiten vor.

Aus Inschriften des Neuen Reiches ist eine Göttersage auf uns gekommen, wo es vom alternden Sonnengott Re heisst:

...Seine Knochen waren aus Silber,
sein Fleisch aus Gold,
sein Haar aus echtem Lapislazuli.[287]

Zum (göttlichen) Pharao (Ramses II.) sagt der Gott Ptah-Tatenen:

Ich nehme dich in meine Arme aus Gold
...
ich habe deinen Leib aus Gold gebildet
und deine Knochen aus Bronze, deinen Arm aus Erz...[288]

---

285 Nach A. ERMAN, Die Literatur 59. Vgl. M.-T. DERCHAIN-URTEL, Die Schlange bes.85-90 (mit zahlreichen weiteren Litaturangaben) und E. HORNUNG, Der Eine 118f.

286 A. ERMAN, Die Literatur 74; A. DE BUCK, Egyptian Readingbook 84 Z.14f.

287 A. ERMAN, Die Literatur 77. Fast genauso heisst es im Hymnus an Amun-Re auf dem Papyrus Harris (12.Jh.v.Chr.; jüngere Abschrift an den Tempelwänden der Oase Hibis) (J. ASSMANN, Aegyptische Hymnen 300). Vgl. sehr ähnlich die Beschreibung des Sonnengottes aus ptolemäischer Zeit (Esna V 143) zitiert bei J. ASSMANN, Liturgische Lieder 81.

288 Nach ASSMANN/BURKERT/STOLZ, Funktionen 35. Vgl. A. VOLTEN, Zwei altägyptische politische Schriften 70f. Französische Uebersetzung bei F. DAUMAS, Les mammisis 413f. Ptah soll die acht Urgötter "in seiner Werkstatt des ersten Males" als Goldschmied gebildet haben (K. SETHE, Amun 51). Vgl. unsere Anm.174.

Eine der Prinzessinnen Ramses' III. besingt den Pharao:

> Dein Haar ist aus Lapislazuli,
>
> deine Augenbrauen sind aus *qa'*-Stein,
>
> deine Augen sind aus grünem Malachit,
>
> dein Mund ist aus rotem Jaspis...[289]

Auch vom Gott Min wird gesagt, er sei aus echtem Lapislazuli.[290] Die Reihe könnte noch fortgesetzt werden,[291] aber es genügt uns hier als Ergebnisse festzuhalten, dass erstens nach ägyptischer Vorstellung Edelsteine und Edelmetalle gelten als "der Stoff aus dem die Götter sind".[292] Ijob 6,12 belegt übrigens sehr schön, dass das Alte Testament um diese Vorstellung weiss. Da klagt Ijob: "Ist denn mein Fleisch aus Erz?", was soviel heisst wie "Bin ich etwa ein Gott?"

O. KEEL hat zudem auf einen in Vorderasien betonten weiteren Aspekt der kostbaren Materialien hingewiesen, nämlich ihre Reinheit.[293] Ob das Bedürfnis, das Bild der Gottheit aus kostbarstem Material zu schaffen, an erster Stelle stand und sich daraus die Vorstellung bzw. eine analoge Sprachmetaphorik entwickelte, die Götter selbst seien aus Lapislazuli, Erz, Gold usw., oder ob das reale und das ideelle Bild, das man sich von Göttern machte, eine je eigene Entwicklung und Dynamik hatten, wird letztlich nicht herauszufinden sein. Die erste Annahme ist m.E. wahrscheinlicher.[294] Und ganz gewiss ist mit zunehmender Ausgestaltung des Sprachspiels "Gottheit X ist aus Material Y" die Angabe des Stoffes nicht mehr zurückgebunden an ein ganz bestimmtes Götterbild, sondern es kommt zur Austauschbarkeit der "Götterstof-

---

289 Auf einer der Szenen im sog. Hohen Tor von Medinet Habu (vgl. KEEL, Das Hohe Lied Abb.110); Uebersetzung nach Medinet Habu VIII Pl.648.

290 GAUTHIER, Les fêtes 200.

291 Weitere Literaturhinweise bei J. ASSMANN, Liturgische Lieder 81 Anm.16. E. HORNUNG, Der Eine 124. Vgl. auch H. SCHRADE, Der verborgene Gott 20f.

292 Vgl. H. SCHRADE, Der verborgene Gott 20f. Das Material muss die Ewigkeit der Götter manifestieren.

293 Vgl. dazu KEEL, Das Hohelied 192 mit einem akkadischen Beschwörungstext.

294 KEEL (aaO.) vermutet, dass der Vergleich mit Gold und Lapislazuli die uranische Qualität der Götter bewahrt, da die Gestirne golden leuchten, und der Himmelsozean blau ist.

fe".[295] Als zweites halten wir fest, dass auch für Aegypten die Beschreibung eines geliebten Menschen mit Götterbild-Elementen bekannt ist.[296]

Zuletzt nun noch ein Blick auf die neuzeitlichen Lieder aus Palästina/Syrien, die G.H. DALMAN in seinem "Palästinischen Diwan" sammelte. In diesen Liedern hat sich – neben vielen anderen Parallelen zur antiken Beschreibungslyrik – auch der Brauch erhalten, den/die Geliebte(n) vom Scheitel zur Sohle in Symbolen zu beschreiben, wobei u.a. auch die Metalle und Edelsteine eine Rolle spielen.[297]

> ... seine Arme (sind) Stäbe von reinem Silber,
> und seine Finger goldene Griffel...[298]

heisst es da; und in einem anderen Lied besingt er sie:

> Ihre Arme sind wie Metall von Achat,
> getaucht in Silberwasser,
> zu ihrer Hüfte passt der Juwel,
> ein silbernes Amulett nach der Mode,
> wie das Kristallglas glänzt sie,
> und vom Auge des Neidischen ist sie gehasst.
> ...[299]

In einem Lied aus Aleppo heisst es von der Frau:

> ... sein Leib ist von indischem Musselin...
> Beine, gerundet wie Säulen,
> marmorn, zart...[300]

Und er kann von ihr sagen:

295 Vgl. zu den bildlichen Ausdrücken des Aegyptischen, in denen vielfach Edelsteine und -metalle vorkommen H. GRAPOW, Die bildlichen Ausdrücke 54-59.

296 Wir können hier all die Quellen nicht ausführlich behandeln, die die Neuerweckung eines Verstorbenen mittels der Anfertigung seines Bildes bezeugen. So liess z.B. Ramses II. seinen Vater nach einer Inschrift in Abydos in Gold und Edelsteinen wiedererstehen (vgl. E. CASSIN, La Splendeur 113 Anm.45 und F. DAUMAS, La Valeur 15).

297 DichterInnen und SängerInnen dieser Lieder wird die Herkunft dieser Bilder vielleicht nicht mehr bewusst gewesen sein.

298 DALMAN, Palästinischer Diwan 101.

299 AaO. 125.

300 AaO. 134. Auch die Frau wird als der Geliebte oder Freund beschrieben. Es ist denkbar, dass dieses Lied vom Hohen Lied her beeinflusst ist.

...Ihre Brust ist mit Metallen besetzt und kostbar.[301]

Kehren wir zu unserem Beschreibungslied in Hld 5 zurück, so dürfen wir jetzt
konkret nach Bildwerken fragen, die vielleicht für den göttergleichen, den
"göttlichen" Geliebten Pate gestanden haben, in der Annahme, dass die verschiedenen Elemente nicht unbedingt auf ein- und dasselbe Bildwerk hingeord-
net werden müssen. Ueber die Verwendung von Gold und Silber für die Herstellung menschengestaltiger Skulpturen ist im vorangehenden Kapitel bereits ausführlicher berichtet worden. Hier sei nur noch einmal darauf hingewiesen,
dass einige der SB-zeitlichen Götterfigürchen einen mit Goldfolie plattierten
Kopf und Hals aufweisen, während der übrige Körper von Silberfolie überzogen
war. Ein besonders eindrucksvolles Beispiel für die Hervorhebung des Kopfes
durch Gold stellt die frühdynastische Statuette einer Beterin aus dem Inanna-
Tempel in Nippur (2600 v.Chr.) dar. Der Körper ist ganz aus Aragonit, der Kopf
aus Gold, die fehlende Kopfbedeckung/Perücke muss aus anderem Material gewesen sein.[302]

Lapislazuli war in Mesopotamien und Aegypten gleichermassen beliebt.[303] Im
3.Jt.v.Chr. existieren in Ur bereits wunderschöne aus Gold, Lapislazuli und
eingelegten Materialien angefertigte Tierskulpturen.[304] Eine neusumerische
Weihinschrift des Ibbisîn von Ur lautet: "Eine Statuette des sitzenden Königs aus Lapislazuli, für deren Sockel Gold geliefert wurde."[305] In Aegypten
ist Lapislazuli literarisch und archäologisch, besonders bei Schmuckstücken,
aber auch als Einlage für Augen oder Augenbrauen von Totenmasken u.a. seit
dem Alten Reich belegt.[306]

301 AaO. 253.

302 P. AMIET, Die Kunst Abb.36.

303 Zur Bedeutung des Lapislazuli (akk. uqnû(m))in Mesopotamien vgl. O. KEEL,
     Jahwe-Visionen bes.256ff. Aus den el-Amarna-Tafeln geht hervor, dass
     man in Mesoptamien Lapislazuli gegen ägyptisches Gold handelte (vgl.
     aaO. 257 Anm.338). Zum Lapislazuli (äg. ḫsbḏ) in Aegypten vgl. O. KEEL,
     aaO.; R. GUNDLACH, Art. "Lapislazuli" in: LdAe III 937f.; A. LUCAS/J.R.
     HARRIS, Ancient Egyptian Materials 398-440).

304 A. PARROT, Sumer Abb.189B und 190 (vgl. AMIET, Die Kunst Abb.47). Der
     blaue Lapislazulibart ist Kennzeichen des Mondgottes Nanna/Sîn (vgl.
     FALKENSTEIN/VON SODEN, Sumerische und akkadische Hymnen 223). Für die
     Augeneinlagen wird häufig Lapislazuli und Perlmutt verwendet.

305 Zitiert nach O. KEEL, Jahwe-Visionen 258.

306 Vgl. LUCAS/HARRIS, aaO. 113. Weil der Lapislazuli wie ein Stück Himmel
     ist, werden im Neuen Reich wohl gerade die Himmelsgöttin Nut und Amun-
     Re lapislazulifarben genannt (KEEL, aaO. 257). Oft sind, wie in Mesopo-
     tamien, die Perücken und Bärte der Götter aus Lapislazuli (E. BRUNNER-
     TRAUT, Art. "Farben" in: LdAe II 125).

Elfenbein[307] ist wegen der Grösse und Form des Elefantenzahnes nur bedingt für die Herstellung plastischer Dinge zu gebrauchen. In der Hauptsache ist es von den Künstlern des Alten Orients in Form flacher Schnitzereien gearbeitet worden, die als Plaketten oder als Einlagen für grössere Gegenstände - meistens Möbel - nachgewiesen sind. Auch das Elfenbein selbst konnte wiederum mit anderen farbigen Materialien eingelegt sein, wie bisweilen die Löcher in den Schnitzereien, welche von ausgefallenen Steinchen oder Plättchen herrühren, sehr schön zeigen, so z.B. bei dem Horuskind auf der Lotusblüte aus Samaria[308] oder den Sphingen unter den Armlehnen eines Thrones aus Salamis.[309]

Auch Alabaster hat man in Aegypten und Vorderasien häufig ausgegraben, zwar meistens Gefässe, aber ebenfalls kleine menschen- oder tiergestaltige Figürchen.[310]

Es bedarf, selbst wenn dies für das Verständis des Beschreibungsliedes in

---

307 Zum Elfenbein (akk. šin pīri, äg. 3bw) vgl. die gleichnamigen Artikel von EBELING in: RLA II 354f. (mit Angaben zu einem elfenbeinernen Kopf und einer Statuette aus dem 3.Jt.v.Chr. sowie einem Stierbild aus der Kassitenzeit mit eingelegtem Elfenbein) und von R. DRENKHAHN, in: LdAe I 1225 sowie LUCAS/HARRIS, aaO. 32f.; eine hervorragende Uebersicht findet sich in den bei Anm.267 zitierten Beiträgen. Eine elfenbeinerne Kopfstütze aus dem Grab Tutanchamuns (TREASURES No 48 Pl.29) ist wahrscheinlich eines der grössten plastischen ägyptischen Kunstwerke aus diesem Material. Die Figur des Gottes (Schu) ist aus mehreren Stücken zusammengefügt. Aus Elam stammt eine etwa 12cm grosse Elfenbeinfigur eines Mädchens (2.H.2.Jt.v.Chr.) (P. AMIET, Elam Pl.327).

308 J.W./G.M. CROWFOOT, Early Ivories Pl.I,1. Einige der farbigen Einlagen wurden noch in situ gefunden (vgl. aaO. 12 und besonders die farbige Rekonstruktion im Frontispiz, wo auch weitere Einlagestückchen abgebildet sind). Die recht guten Schwarz-Weiss-Photographien anderer Exemplare (z.B. Pls I,2.3; II,1.2; III,1) lassen die Löcher gut erkennen. Spuren der Füllungen sind oft noch nachweisbar.

309 R.D. BARNETT, Ancient Ivories Pl.53. In Ez 28,13 ist vielleicht auch an goldgefasste Edelsteineinlagen auf Elfenbein zu denken.

310 In Aegypten ist der Alabaster (šš), ein Kalzit, abgebaut und für Raumverkleidungen u.a., aber auch Statuetten verwendet worden (vgl. W. HELCK, Art. "Alabaster" in: LdAe I 129f. bes.Anm.7 mit Nachweisen zu Alabasterfiguren und LUCAS/HARRIS, Ancient Egyptian Materials 59-61.406f.). Vgl. z.B. die etwa 24cm hohen bemalten Alabasterportraits Tutanchamuns (TREASURES No 44 Pl.12 und No 53 Pl.28). Alabasterstatuetten (oft Beterfigürchen aus dem 3.Jt.v.Chr.) von einer Grösse bis zu ca.50cm sind publiziert bei P. AMIET, Elam Pl.135-137.142. Zur Bearbeitung von Alabaster in Palästina vgl. H. WEIPPERT, Art. "Stein und Steinbearbeitung" in: BRL[2] 320f.

Hld 5 nicht unbedingt erforderlich ist, keiner grossen Phantasie, sich die
aus verschiedensten Materialien zusammengesetzten farbigen Götterbilder damaliger Zeit vorzustellen. Allein die Schmuckfunde geben einen Eindruck, wie
souverän man die Technik der Einfassung von Edelsteinen in Gold und vieles
andere[311] beherrschte. Eine Baal-Statuette aus Ugarit ist aus fünf Materiali-
en (Elektron, Gold, Silber, Bronze, Steatit) zusammengesetzt.[312]
Von einer überwältigenden Farbenpracht sind die Götterdarstellungen auf ägyptischen Wandmalereien und Reliefs,[313] die hier als weiterer Horizont des atl.
Textes durchaus noch mit in Betracht gezogen werden dürfen. Da wechseln ohne
starres Schema die Farben für alle Körperteile und Kleidungsstücke, so dass
man sich leicht in die Faszination, die Beschreibungen solcher Götterbilder
noch widerspiegeln, hineinversetzen kann.
Zu erwähnen sind an dieser Stelle auch die berühmten monumentalen Sitzbilder
der Athena Parthenos und des Zeus in Olympia aus der griechischen Antike
(450 v.Chr.). Diese Werke des Phidias sind zwar nicht erhalten, aber bereits
in der Antike sehr gut beschrieben worden. Beide - etwa 12 m hohen - Statuen
bestanden aus einem Holzkern mit aufgelegten Gold- und Elfenbeinplättchen sowie weiteren Schmuckelementen.[314] Dass die Götter nicht nur im fernen Zweistromland oder im Niltal aus verschiedenen Stoffen waren, sondern auch in
Israels näherer Umgebung, haben die mit Silber und Gold verkleideten Bronzefiguren, bei denen oft noch weitere eingelegte Materialien verlorengingen,

311 Vgl. den Art. "Schmuck" von H. WEIPPERT in: BRL[2] 282-289. Für das Ephod
     wird in Ex 28,17f. u.a. die Fassung verschiedenster Edelsteine in Gold
     angeordnet.
     Von der Kunst der Aegypter in diesem Bereich zeugen zwei Pektorale, Ohr-
     ringe und ein Goldarmband aus dem Grab Tutanchamuns (TREASURES Nos 26f.
     29.32 Pls 16f.), die in Goldfassung die verschiedenfarbigsten Edelsteine
     und andere Materialien aufweisen, u.a. auch echten Lapislazuli.

312 ANEP No 481; vgl. POPE/TIGAY, A Description 127 und Anm.417.

313 Hier sei speziell auf das wegen seiner hervorragenden farbigen Abbil-
     dungen besonders wertvolle Buch von E. HORNUNG "Tal der Könige" ver-
     wiesen. Vgl. dort bes.Abb.65 (Ptah), Abb.150 (Osiris) u.a. Auch die
     Darstellungen des Pharao-Gottes mit den weissen Augen, der goldbemalten
     Perücke, dem Uräus an der Stirn, dem prachtvollen Halscollier und Gür-
     tel ist vielleicht in wechselseitigem Bezug zu plastischen Figuren zu
     sehen (z.B. mit den wertvollen Mumienmasken aus Gold und anderen Mate-
     rialien). Vgl. auch Tutanchamun in Gold und (imitiertem) Lapislazuli
     auf einer Statuette aus seinem Grab (TREASURES No 19 Pl.11).

314 Vgl. hierzu die Angaben im Art. "Pheidias" in: Der Kleine Pauly IV 722-
     724 (nach den Nachrichten bei PAUSANIAS, PLINIUS und STRABO).

schon bewiesen.[315]

3.5.3. GOETTER(GLEICHE) BILDER IM BUCH DANIEL

Es ist nun nicht mehr schwierig, die Vision des Daniel in Dan 10,4-6 zu deuten. Er sieht ein himmlisches Wesen, das beschrieben wird wie ein Götterbild,
einen Theophanie-Schrecken bei den Begleitern auslöst (V.7), sich dann aber
als Engel Gottes zu erkennen gibt:

> 4 Am 24. Tage des ersten Monats,
> als ich am Ufer des grossen Stromes,
> des Tigris weilte,
> 5 erhob ich meine Augen und schaute mich um:
> siehe, da stand vor mir ein Mann,
> in Linnen gekleidet,
> und seine Hüften (מתניו) waren gegürtet
> mit Gold 'aus Ofir' (בכתם אופז).
> 6 Sein Leib war wie Tarschisch (וגויתו כתרשיש),
> sein Antlitz war der Anblick des Blitzes,
> seine Augen wie Feuerfackeln,
> seine Arme und Beine wie der Anblick von
> 'polierter' Bronze (נחשת קלל).[316]

Bronze und Edelsteine erinnern an die bereits zitierte Stelle aus der Lehre
des Merikare. Eindeutig im Vordergrund steht in dieser Beschreibung der göttliche Glanz der Gestalt.
Auch das Standbild, das Nebukadnezzar im Traum sieht und das ihm Daniel her-
nach beschreibt und deutet (Dan 2,31-33 und 2,36-45), ist von überaus grossem
Glanz (V.31). Die einzelnen Teile der Figur sind - von oben nach unten - aus
Gold (דהב), Silber (כסף), Bronze (נחש), Eisen (פרזל) und Ton (חסף). Es ist
zwar hier mit den abnehmend wertvollen Materialien eine Symbolik verbunden,

---

315 Als Beispiel sei nur noch einmal die SB-zeitliche Bronze des sitzenden
Gottes aus Ugarit genannt, wo Augen und Augenbrauen eingelegt waren
(vgl. bes. die Farbaufnahme in: LAND DES BAAL Taf.S. 111).

316 קלל ist auch in Ez 1,7 unverständlich. Das erste Kapitel des Prophetenbuches hatte auf den Text in Dan 10 massgeblichen Einfluss (vgl. Ez 1,
26-28 und zu den Visionen dort O. KEEL, Jahwe-Visionen Kap.III, bes.
260ff. zur Gestalt des Thronenden).

die über den metaphorischen Gebrauch der Götterbildbeschreibung in den vorangehenden Texten hinausgeht,[317] aber bemerkenswert bleibt, wie lange sich
das Wissen um Kompositbilder in dieser beschreibenden Sprache erhalten hat.
Die Verfasser des Danielbuches kannten Monumentalstatuen (vgl. Dan 3 das
goldene Standbild) wahrscheinlich nicht nur aus der geschichtlichen Erinnerung, sondern auch aus der griechisch-hellenistischen Kultur.

---

[317] Zu den (symbolischen) Auflistungen von mehreren Metallen und ihrem Wert-
verhältnis untereinander vgl. K.H. SINGER, Die Metalle 133-154. Im Danielbuch spielt der Einfluss iranischen Schrifttums und die Astrologie
der persischen Zeit bei diesen Metallreihen eine Rolle (aaO. bes.150f.).
Die Vielfalt der Deutungen, die das Standbild in Dan 2 erfahren hat,
findet sich übersichtlich dargestellt bei K. KOCH, Das Buch Daniel bes.
102-105. Für die Vier-Metall-Folge werden mögliche Hintergründe in Israel, Babylonien und Iran geltend gemacht.

3.6. GOETTERBILDER FREMDER VOELKER. HINWEISE ZU SPAETEN TEXTEN

3.6.1. MARDUK UND NABU

In Form einer Siegesbotschaft wird zu Beginn von Jes 46 der Untergang der Götter Babylons, Bels und Nebos, verkündet (46,1):

> 1 Geknickt ist Bel, gekrümmt Nebo.
> Ihre Bilder (עצביהם) wurden Lasten für Tiere,
> Lasten für Tiere, Lasten für die Müden.
> 2 Allzumal krümmen sie sich, brechen zusammen,
> vermögen die Last nicht zu retten,
> und sie selbst - in Gefangenschaft gehen sie.

Vom Kontext[318] her ist eindeutig, dass es um die Deportation von grossen Kultbildern des Bel und Nebo geht. Bel, eigentlich "Herr", steht seit der späten Kassitenzeit öfter für Marduk, den Nationalgott Babyloniens, der als höchster Gott des Pantheons eine Fülle von Epitheta auf sich vereinigt.[319] Nabû (hebr. נבו), der Sohn Marduks und der Ṣarpānītu, ist Hauptgott von Borsippa. Seit dem 15.Jh.v.Chr. kamen mit der Ausdehnung seines Kultes nach Assyrien die Kultzentren Ninive und Kalḫu hinzu. Unter den neubabylonischen Königen gelangte Nabû zu den gleichen Eigenschaften und quasi gleichem Rang wie Marduk.[320]

Sowohl Marduk als auch Nabû können ikonographisch durch ihr Symboltier (Mušḫuššu-Drachen bzw. Mušḫuššu oder Ziegenfisch) oder ihr Emblem, die Hacke (akk. *marru*) des Marduk und den Schreibergriffel (*qan ṭuppi(m)*) des Nabû repräsentiert werden. Seit der neuassyrischen Zeit kam diesen Emblemen auch

---

318 Der MT-Text ist in der Reihenfolge durcheinandergeraten. Vgl. dazu C. WESTERMANN, Das Buch Jesaja 144f.

319 WM I 46.96f. und K. TALLQVIST, Akkadische Götterepitheta 362-372.

320 Zum Vorangehenden vgl. WM I 106f. und TALLQVIST, aaO. 380.384.

kultische Verehrung zu,[321] und einige Stempelsiegel neuassyrischer und neubabylonischer Herkunft, die in Palästina gefunden worden sind, zeigen, dass
die Symbole des Marduk und Nabû dort nicht ganz unbekannt gewesen sein können. Vom Tell Keisan stammt ein konisches Siegel (datiert ca.700 v.Chr.),
auf dessen Unterseite ein Verehrer vor einem Podest mit Hacke und Stilus
eingeschnitten ist, während auf der einen Seite des Siegelkörpers dieselben
Embleme vom Mušḫuššu-Drachen getragen werden (Abb. 84).[322] Auch in En-Gedi
(Abb. 85) und auf dem Tell Zafit fanden sich je ein konisches Stempelsie-
gel babylonischer Herkunft (5.Jh.v.Chr.) mit Darstellung eines Verehrers/
Priesters vor Hacke und Stilus auf einem Podest (Altar?).[323]
Das anthropomorphe Marduk-Kultbild in Babylon wird in vielen historischen
Textzeugnissen des 2. und 1.Jts.v.Chr. erwähnt, weil es nacheinander von den
Hethitern, Elamitern und Assyrern verschleppt wurde und sich mehrere Könige
rühmen, die Statue wieder nach Babylon zurückgeführt zu haben.[324]
Der kassitische König Agumkakrime lässt (nach einer Inschrift um 1650 v.
Chr.)[325] die Statuen des Marduk und der Ṣarpānītu aus dem Lande Hanî nach
Babylon zurückbringen. Er sorgt für eine kostbare Ausstattung der Gewänder
und der Hörnerkrone des Marduk-Bildes, das auf dem Mušḫuššu-Drachen steht.
Asarhaddon (680-669 v.Chr.) behauptet etwa ein Jahrtausend später von sich,
er habe die Marduk-Statue aus Assyrien nach Babylon zurückgebracht. In Wirk-
lichkeit erfolgte diese Rückführung erst unter Assurbanipal (668-631 v.
Chr.).[326]

---

321 J. RENGER (Art. "Kultbild" in: RLA VI 309) weist auf Textquellen des 9.
     Jhs.v.Chr. hin, die zeigen, dass zu dieser Zeit anthropomorphe Kultbil-
     der gelegentlich durch ihre Symbole ersetzt wurden, vor allem wohl dann,
     wenn die erforderlich getreue Nachbildung des Originals nicht möglich
     war.

322 Vgl. ausführlich zu diesem Stück O. KEEL, La glyptique 279ff. Pl.89,24.

323 BLISS/MACALISTER, Excavations 41 fig.16,2 (Tell Zafit) und B. MAZAR/I.
     DUNAYEVSKY, En-Gedi 139 und Pl.31,1. Vgl. zu diesen Funden auch E. STERN,
     Material Culture 196f.

324 Vgl. die Literaturhinweise bei J. RENGER, Art. "Kultbild" in: RLA VI 313
     sowie W. SOMMERFELD, Der Aufstieg 172.186.188 und F. SCHICKLBERGER, Die
     Ladeerzählungen 182-184 und M. STRECK, Assurbanipal I bes.340 Anm.3.

325 Erhalten in einer Abschrift des 7.Jhs.v.Chr. Vgl. zum Folgenden E. UNGER,
     Babylon 276-279.

326 J. GRAYSON, Assyrian and Babylonian Chronicles 86 (Z.35).127 (Z.36f.);
     D.D. LUCKENBILL, Ancient Records II §§957.962.971 und zur Glaubwürdig-
     keit der Rückführungsnachrichten R. BORGER, Die Inschriften 78 und 125.

Auf einem Kudurru des 12.Jhs.v.Chr. (Abb. 86)[327] und einer Lapislazuli-Plakette des 9.Jhs.v.Chr. (Abb. 87)[328] ist Marduk als bärtiger, stehender Gott in langem Gewand mit seinem Drachen zu sehen. Die Plakette lässt Details sehr schön erkennen: Das Gewand des Gottes ist mit sternförmigen Applikaten besetzt, um den Hals trägt er eine Kette mit drei riesigen Scheiben. In der angewinkelten Linken hält der Gott Ring und Stab, in der Rechten das Krummschwert. Sein Haupt ist geschmückt mit der polosartigen Federkrone. Zu erwähnen ist noch ein neuassyrisches Rollsiegel des 8.Jhs.v.Chr. (im Louvre), das Marduk auf dem Mušhuššu und - wenig kleiner - Nabû auf dem Drachen zeigt. Kenntlich sind die beiden Götter, zwischen denen ein Verehrer steht, nicht so sehr aufgrund ihrer Kleidung, sondern wegen der Embleme, Hakke und Stilus, die vor dem zugehörigen Götterbild eingraviert sind (Abb. 88).[329]

Das Wissen um die Deportation von Götterstatuen, besonders der Marduk-Statue, könnte konkret aus der Exilserfahrung Israels stammen, wenn auch die Sitte des Verschleppens von Götterbildern schon früher bekannt war, wie die Erzählung von der Lade bei den Philistern in 1Sam 5 verrät.[330] In exilisch-nachexilischer Zeit wird das Motiv der Exilierung der Götterbilder offenbar zu einem beliebten Topos der Gerichtsreden gegen die Fremdvölker. Nach Jer 48,7 wird Kamosch, dem Gott der Moabiter, das gleiche Schicksal verheissen wie Marduk und Nabû:

> Und Kamosch muss in die Verbannung wandern,
>
> zusammen mit seinen Priestern und Fürsten.

---

327 L.W. KING, Babylonian Boundary Stones Pl.XXI = U. SEIDL, Die babylonischen Kudurru-Reliefs No 25 (zweite Gruppe, 1188-1174 v.Chr.) = E. UNGER, Babylon Taf.25 Abb.37.

328 ANEP No 523 = UNGER, aaO. Taf.25 Abb.39.

329 L'UNIVERS DE LA BIBLE IV 150 = UNGER, Babylon Taf.26 Abb.40.

330 Vgl. Kap. 3.2. Die Inschrift des Königs Mescha von Moab bezeugt, dass die Moabiter den Israeliten Altar und Kultgeräte raubten und sie vor Kamosch brachten (KAI No 181; F. SCHICKLBERGER, Die Ladeerzählungen 184f.). Die Ikonographie des Kamosch ist sehr ungewiss (vgl. KAI 172).

3.6.2. DIE GOETTER DER VOELKER IN 2Kön 17,29-31

In 2Kön 17 wird im Anschluss an die Mitteilung von der Eroberung des Nordreiches Israel durch den Assyrerkönig Salmanassar V.[331] sowie die ausführliche theologische Deutung dieses Ereignisses mitgeteilt, der König von Assyrien habe Leute aus Babel, Kuta, Awa, Hamat und Sefarwajim in den Städten Samarias angesiedelt. Diese hätten zwar die JHWH-Verehrung übernommen, jedoch ihre eigenen Gottheiten und Kulte nicht aufgegeben (2Kön 17,33):

> JHWH verehrten sie, und zugleich dienten sie
> ihren Göttern nach der Weise der Völker,
> aus denen man sie weggeführt hatte.

Diese Gottheiten werden in Vv 29-31 namentlich genannt:

> 29 Ein jedes Volk aber machte sich seinen eigenen
> Gott und stellte ihn in die Höhenheiligtümer,
> welche die Bewohner Samarias errichtet hatten,
> ein jedes Volk in den Städten, die es bewohnte.
> 30 Die Leute von Babel machten sich אֶת־סֻכּוֹת בְּנוֹת,
> die Leute von Kuta (כּוּת) einen Nergal (אֶת־נֵרְגַל),
> und die von Hamat אֶת־אֲשִׁימָא.
> 31 Die von Awa (וְהָעַוִּים) machten sich נִבְחַז וְאֶת־תַּרְתָּק,
> und die Sefarwiter verbrannten ihre Söhne im Feuer
> für Adarmelech und Anamelech (לְאַדְרַמֶּלֶךְ וַעֲנַמֶּלֶךְ),
> die Götter von Sefarwajim .

Nun besteht inzwischen Einigkeit darüber, dass in 2Kön 17,24-41 ein "Dokument der nachexilischen Auseinandersetzung zwischen der jüdischen Gola und den Samaritanern, denen die Gemeinschaft bei dem Wiederaufbau in Palästina verweigert wurde"[332] vorliegt. Und wenn auch historisch eine schubweise Ansiedlung fremder Volkselemente in Samaria unter Sargon II., Asarhaddon (vgl. Esr 4,2) und Assurbanipal (Esr 4,9-10) nicht bezweifelt wird,[333] so wird

---

331 Die assyrischen Quellen stimmen nicht überein in der Angabe des Erobererkönigs. Sargon II. nimmt die Eroberung Samarias ebenfalls für sich in Anspruch (dazu M. METZGER, Grundriss 123 Anm.4).

332 E. WUERTHWEIN, Die Bücher II 403.

333 Vgl. dazu aaO. 398-400 und schon M. STRECK, Assurbanipal I 364-367. STRECK vermutet, dass in 2Kön 17,24 die Erinnerung an Neubesiedlungs-

dennoch den Mitteilungen in 2Kön 17 nicht allzuviel geschichtlich Zuverläs-
siges zu entnehmen sein. Es lohnt sich jedoch ein Blick auf die Götterliste
in den Vv 29-31 und die Frage, ob hier eventuell authentisches Wissen nachexilischer, jüdischer Autoren um vorexilische, heidnische Gottheiten bzw.
sogar ihre Kultbilder zu Buche geschlagen hat.

Die Probleme, die der Text selbst konkret stellt, erschweren eine Antwort
auf diese Frage allerdings erheblich. Weder die Situierung aller genannten
Orte noch die Identifikation der den teilweise verderbten Namen entsprechenden Gottheiten noch die vom Textzusammenhang her intendierte Zuordnung von
Städten bzw. Gebieten und ihren Hauptgottheiten ist ohne Schwierigkeiten nach-
vollziehbar.

Von den zahlreichen Hypothesen über die Vv 30-31 seien im folgenden die wichtigsten genannt: An der Spitze der Liste stehen die Städte Babel und Kuta,
die, worauf E. WUERTHWEIN[334] hinweist, wegen ihrer Heiligtümer berühmt waren
und von Tiglat-Pileser III. auf seinem ersten Feldzug nach Babylonien beehrt
worden waren. Nun sind als Hauptkultorte des Gottes Nergal, des Unterwelts-
gottes und Gemahles der Ereškigal, tatsächlich Kuta (Tell Ibrahim) und Apiak
überliefert.[335] Probleme bereitet aber die als סֻכּוֹת בְּנוֹת bezeichnete Gottheit
von Babel.[336] Inzwischen hat sich die Ueberzeugung durchgesetzt, dass בנות
auf den Namen der Hauptgöttin von Babylon und Gemahlin Marduks, Sarpanītu
("die Silberglänzende") zurückgeht. Volksetymologisch wurde deren Name in
Zēr-bānītu "Samenschöpferin" umgedeutet.[337] Eine Gottheit Banit, die ein
Heiligtum in Syene besass, ist auch in den aramäischen Hermoupolis-Papyri
(500 v.Chr.) zweimal erwähnt.[338]

DRIVER leitet סכות im Anschluss an ZIMMERN dann von ^{d}Sak(k)ud, einer Er-
scheinungsform Ninurtas, der auch mit Marduk identifiziert werden konnte,
ab.[339] In diesem Fall hätten wir in V.30 eine zwar in der Form verderbte,
aber historisch richtige Erwähnung zweier babylonischer Hauptgottheiten vor

aktionen Sargons II. und Assurbanipals zusammengefasst seien (aaO. 366
und 367 Anm.2).

334 WUERTHWEIN, aaO. 399.

335 WM I 109 und TALLQVIST, Akkadische Götterepitheta 389-396.

336 Zu Am 5,26 vgl. Kap. 4.2.

337 WM I 119 und DRIVER, Geographical Problems 18*. Zur Göttin ^{d}Sarpānitum
     vgl. TALLQVIST, aaO. 452f.

338 Brief II,1 und III,1: P. GRELOT, DAE Nos 26,1 und 27,1 und J.T. MILIK,
     Les papyrus 581f.; vgl. E. LIPIŃSKI,SKN et SGN 203.

339 DRIVER, aaO. Vgl. auch TALLQVIST, aaO. 439f. Sá-kud und Sak-kud.

uns. Die von E. LIPIŃSKI vorgeschlagene Ableitung des סכות (in 2Kön 17,30
und in Am 5,26) von ug. *sknt* "Aspekt, Bild" führt zur einfacheren Uebersetzung "das Bild der Banit".[340]

Eine babylonische Stadt (V.31) scheint auch ספרוים zu sein. Es wird meistens
mit Sippar identifiziert, dem die kriegerische Göttin Ischtar Annunitum,[341]
die Tochter des Himmelsgottes Anu(m) zugehört, an den hier der Name ענמלך
erinnert. Für den Namen אדרמלך des zweiten Gottes von Sefarwajim liegt der
Konjekturvorschlag אדד מלך von POHL vor, wonach dann der syrisch-mesopotamische Wettergott Hadad, dessen Kult in Sippar bis in neubabylonische Zeit belegt ist, hier Pate gestanden wäre.[342] WUERTHWEIN schliesst sich in seinem
Kommentar EISSFELDT an und vermutet, dass ursprünglich "Adadmelech" und
"Anatmelech" gemeint seien, und dass Sefarwajim zwischen Hamat und Damaskus
liege (vgl. Ez 47,16 Sibrajim).[343]

Da es scheint, dass die beiden Gottheiten in V.31 sehr eng zusammengehören,
möchte ich noch auf eine andere Möglichkeit hinweisen. Der Wettergott Adad
und der Himmelsgott Anu wurden in Assur als Götterpaar in einem Doppeltempel
verehrt. Vor allem Adad, aber auch Anu werden in vielen Texten mit dem Attribut "König" bezeichnet. Eventuell verehrten die Sefarwaiter ebenfalls eine
Doppelgottheit Anu-Adad.[344]

Auch Awa, das in 2Kön 18,34 zusammen mit Sefarwajim als Beispiel drohenden
Untergang auftritt, ist nach WUERTHWEIN in Syrien anzusiedeln.[345] DRIVER

---

340 Vgl. LIPIŃSKI, aaO, und O. LORETZ u.a., *KUN-Š* und *SKN* (vgl. auch Kap.
4.2.).

341 Zur Göttin Annunitum, die nach einer Statuenbeschreibung aus der Zeit
Nabonids (556-539 v.Chr.) als Frau mit Pfeil und Bogen dargestellt war,
vgl. den informativen Artikel von K.B. GOEDECKEN, Bemerkungen, passim.

342 Zum Vorangehenden vgl. bes. DRIVER, Geographical Problems 18*f. Zum
Eigennamen אדרמלך in Jes 36,38 vgl. H. WILDBERGER, Jesaja 1413.

343 WUERTHWEIN, Die Bücher II 399f.; vgl. ausführlich O. EISSFELDT, Adrammelek, passim. ענמלך wäre dann auf eine phönizische Gottheit (vgl.
mlk ᶜštrt in KAI Nos 19,2.3; 17,2; 119,1) zu deuten.

344 Zum Tempel in Assur vgl. WM I 137 und E. UNGER, Art. "Assur" in RLA I
180 § 36 und Taf.29 sowie ANEP No 755. Auch die Tempeltürme Anus und
Adads in Assur waren als Zwillingstürme gebaut (UNGER, aaO. 190 59,2).
Die vielen mit *lugal* "König" zusammengesetzen Epitheta Adads sind bei
E. EBELING, Art. "Adad" in: RLA I 23 und bei TALLQVIST, Akkadische Götterepitheta 246 einzusehen. Zu Anu vgl. TALLQVIST, aaO. 251-254; EBELING,
Art. "Anu" in: RLA I 115-117. Anu wird gern als Himmelskönig bezeichnet
(dazu auch DHORME, Les religions 23 und TALLQVIST, aaO. 236 *šar šamê*).

345 WUERTHWEIN, aaO. Der Autor vermutet eine spätere Einfügung dieser beiden
Orte in 2Kön 17 (aus Kap.18). Wieso DRIVER hier aus 2Kön 19,13 הנע ein-

möchte im Anschluss an ŠANDA darin das elamitische ^{uru}A-ma-a erkennen.[346] Für
die rätselhaften Namen נגוה und חתרק referiert er HOMMELs Vorschläge der elamitischen Gottheiten ^{d}Ib-na-ḫa-za und ^{d}Tag-da-atra oder ^{d}Dir-tak/q.[347]

Andere wollten in חתרק die Atargatis, "die westsemitische Fruchtbarkeitsgöt-
tin Astarte in aramäischer Ausprägung" wiederfinden.[348]

Auch die in V.30 erwähnt Gottheit אשימא von Hamat[349] gibt einige Rätsel auf.
Wenn man nicht gerade eine fehlerhafte Textüberlieferung von אשרה annimmt,
wie J. GRAY,[350] so bietet sich vor allem an, einen Zusammenhang mit einer
Göttin Σεμία bzw. Σέμα herzustellen, deren Name auf einem Denkmal in der
Nähe von Hamat gefunden wurde. Eventuell ist auch an die weibliche Form des
nordsyrischen Gottes Σείμιος zu denken, da die LXX Ασιμαθ übersetzen.[351]

Die von S.A. COOK vorgeschlagene Identität der in 2Kön 17,30 genannten Gottheit אשימא mit dem theophoren Element ʾšm in Personennamen (Ašimkudurri,
Ašimram, Ašimšezib und Ašimzabad) und in ʾšmbjtʾl, einer in Elephantine verehrten Gottheit,[352] ist wieder umstritten, da über die Deutung der Form
ʾšmbjtʾl selbst noch keine Einigkeit herrscht.[353] Es mehren sich allerdings
die Stimmen, die ʾšmbjtʾl als vergöttlichten "Namen des Bet-El" deuten, wo-

fügt, will mir nicht einleuchten (aaO. 18*f.). Die gestörte Balance der
Glieder reicht als Grund für einen solchen Eingriff m.E. nicht aus.

346 DRIVER, aaO.

347 AaO. 19*. J.T. MILIK (Les papyrus 578) will נבוה rekonstruieren zu *Nabā-
hāzer* ("Nabo kehrt zurück"). Andere vermuteten eine Verschreibung von
חזבה (vgl. die Angaben aaO.).

348 BHH I 144.

349 DRIVER (aaO.) denkt an ein Hamat in Elam (aufgrund der Erwähnung eines
Landes ^{kur}A-ma-ti in den Annalen Sargons), hat aber Mühe, diese Annahme
aus dem Zusammenhang des Textes plausibel zu machen.

350 I&II Kings 654.

351 So schon E. KOENIG, Die Gottheit 25; vgl. WINTER, Frau und Göttin 501
und Anm.114; R.A. ODEN, Studies 117-127. Oden (aaO. 109-155) hat zur
Klärung des σημήιον im Tempel von Hierapolis die Fragen um die Aschima
und die theophoren Namen von Elephantine erneut aufgerollt.

352 GRELOT, DAE 363 (No 89,123).464. COOK (The Religion 144-146) kam aufgrund ähnlicher Triaden (Chnum-Satet-Anukis und Ammon-Hera-Hestia) zur
Konstellation Betel-Anat-Aschima.

353 Die verschiedenen Positionen werden referiert bei U. WINTER, Frau und
Göttin 500f. Rein sprachlich ist die Verwandtschaft von ʾšm und ʾšjm
problematisch. E. KOENIG (Die Gottheit 28) nahm eine männliche Wortform
Ischum an, A. VINCENT vermutete hinter ʾšm den Gott Eschmun (La religion
bes.674-677).

bei ein "Aleph protheticum" vor ʾšm angenommen wird.[354] H.M. BARSTAD hält
Aschima für die Stadtgöttin von Samaria (Am 8,14), die dem Typ der Astarte/
Anat/Aschera entsprochen haben dürfte.[355]

Die Ergebnisse der Untersuchung von Vv 30-31 geben nur eine schwache Basis
her für die weiterführende Frage nach den entsprechenden Götterbildern. Gemeint sind offensichtlich grössere Kultbilder.[356] Leider ist die ikonographische Tradition der in 2Kön 17 erwähnten Gottheiten - wir wollen uns an
die Namen Nergal, Ninurta, Sarpanîtu und Adad halten - ein nahezu weisser
Fleck auf der Forschungskarte, da erstens kaum grössere, eindeutig mit bestimmten Gottheiten identifizierbare Kultbilder des 1.Jts.v.Chr. in Mesopotamien oder Syrien gefunden wurden, zweitens Darstellungen von Gottheiten
bzw. Götterbildern in der zeitgenössischen Kunst, sei es auf Reliefs oder
Siegeln, in den seltensten Fällen eine eindeutige Zuweisung von Götternamen
gestatten, und drittens auch die Göttertypen-Texte hier nicht immer Aufschluss geben.[357] Grundsätzlich ist speziell für die neubabylonische Zeit
mit anthropomorphen, etwas kleiner als lebensgrossen Kultbildern, die je
nach Bedeutung des Kultortes prächtig geschmückt und bekleidet wurden, zu
rechnen. Im 1.Jt.v.Chr. sind aufrecht stehende Götterstatuen offenbar verbreitet. Festzustellen ist daneben in Babylonien das Bestreben, anthropomorphe Kultbilder nach altbabylonischem Vorbild zu gestalten.

Gleichzeitig zu der menschengestaltigen Darstellung von Göttern gibt es aber
weiterhin auch die als Kultbilder fungierenden Göttersymbole, die ab der
zweiten Hälfte des 2.Jts.v.Chr. die Stelle von anthropomorphen Kultbildern
einnehmen können.[358] Beide Möglichkeiten müssen wohl in Betracht gezogen werden, wenn wir nach der Darstellungstradition der oben genannten Gottheiten
im 1.Jt.v.Chr. fragen.

Nergal, dem Gott des Todes, der Unterwelt, der Pest, des Krieges, der u.a.

---

354 WINTER, aaO. Für ein "Aleph protheticum" vor šm gibt es Belege in
    Inschriften des 8.Jhs.v.Chr.

355 The Religious Polemics bes.180f.

356 Zu den "Höhenhäusern" vgl. Kap. 6.1.3.

357 Vgl. J. RENGER, Art. "Kultbild A." (bes. §6) in: RLA VI 307-314.

358 Zur zeitlichen Entwicklung der Kultbilddarstellung vgl. U. SEIDL, aaO.
    318ff. Vgl. zu den Göttersymbolen in Mesopotamien und Syrien die Arti-
    kel von U. SEIDL, B. HROUDA, J. KRECHER "Göttersymbole und -attribute"
    in: RLA III 484-498.

als König von Kuta (lugal-gú-du$_8$-a^{ki}; $\bar{a}\check{s}\bar{\imath}b$ *Kutû, bēl Kutû, ša Kutû^{ki}, šar*
Kutû) verehrt wird, werden eine Reihe von Epitheta zugeordnet, die auf den
ersten Blick widersprüchlich scheinen, es aber, wie H. SAUREN in Weiterfüh-
rung der grossen Studie von E. VON WEIHER über Nergal gezeigt hat,[359] nicht
sind, wenn man den "Sitz im kosmologischen Weltbild" der jeweiligen Charak-
teristika überprüft. So kann Nergal zugleich der mit Feuer, Licht und Schrek-
kensglanz Bekleidete sein, der Herr der Waffen, Schlachten und Krieger, der
Beistand des Königs und Bekämpfer der Feinde, der Richter und Herrscher des
Himmels, der Erde und der Unterwelt, Herr über Leben und Tod und Gott der
Fruchtbarkeit. Sein Gestirn ist der Planet Mars, in dessen Erscheinung er
$^{mul/d}$*Zalbatānu* heisst.

Die Ikonographie des Nergal ist, worauf SAUREN hingewiesen hat, analog zu
der Fülle seiner Eigenschaften wenig eindeutig. Verwirrung stiftete die Tatsache, dass sowohl der einfache Löwenstab als auch die doppelte Löwenkeule
seit der Akkad-Zeit auf Nergal hinweisen, andererseits die doppelte Löwenkeule auch ein Emblem Ninurtas sein kann.[360] Ein in diesem Zusammenhang immer wieder genanntes und abgebildetes Rollsiegel, auf dem ein Gott mit Si-
chelschwert und einer Keule mit zwei Löwenköpfen zu sehen ist, wie er auf
einen im Gebirge besiegten Feind tritt, war für die ganze Diskussion von
grosser Bedeutung.[361] In der zugehörigen Siegelinschrift wird nämlich der
Gott Nergal ausdrücklich erwähnt. VON WEIHER zog nun aus der Verwirrung der
Embleme und zugehörigen Gottheiten die Konsequenz, "dass ein in der Inschrift
eines Siegels genannter Gott nicht mit dem auf dem Siegel dargestellten Gott
übereinstimmen muss."[362] Hingegen ist für H. SAUREN die Stimmigkeit von In-

---

359 SAUREN (L'iconographie 45-49) resümiert zunächst sehr knapp einige Resultate aus VON WEIHERs Studie "Der babylonische Gott Nergal". Bei der
Bedeutung Nergals in der Mythologie können wir nicht verweilen (vgl.
dazu DHORME, Les religions 38-43.51f.; WM I 110; VON WEIHER, aaO. bes.
48-56.59.65). Zu den Epitheta vgl. die fundamentale Arbeit von K.L.
TALLQVIST, Akkadische Götterepitheta bes.392-396.

360 VAN BUREN (Symbols 166.177f.) entschied sich für die Zuordnung der Doppellöwenkeule zu Nergal. U. SEIDL (Art. "Göttersymbole und -attribute"
in: RLA III 488) ordnet den einfachen Löwenstab sicher dem Nergal zu
und die Doppellöwenkeule auf den Kudurru und den neuassyrischen Königs-
reliefs dem Ninurta. In WM I 110 wird Nergal als Gott mit der Doppellöwenkeule vorgestellt.

361 ANEP No 699; WM I 110 (Abbildungsverzeichnis No 17); VAN BUREN, Symbols
177f.; VON WEIHER, Der babylonische Gott 46 und Taf.II Abb.8; U. SEIDL,
aaO. in RLA III 488 §8a; H. SAUREN, L'iconographie 50 (3.1.).

362 VON WEIHER, aaO. 46.

schrift und Darstellung keine Frage. Nergal kann verschiedenen Attribute haben und auch solche, die andernorts andere Gottheiten auszeichnen.[363] Diese These scheint mit das Problem adäquat anzugehen. Der Wechsel der Erscheinungsweisen von Gottheiten in Mesopotamien wie auch in Aegypten, ihre partielle Identifizierung miteinander, ist von Textquellen her bekannt und vorauszusetzen. So kann der ägyptische Gott Thot als Pavian und als Ibis dargestellt sein.[364] Auch sind im Alten Orient einem ikonographischen Motiv wie z.B. dem der Baumgöttin in Aegypten oft die Namen von ganz verschiedenen Gottheiten zugeordnet worden. Die Baumgöttin kann als Hathor, Isis, Nephtys, *Jft-ḥr-nbs* und Meresger, am Ende des Neuen Reiches auch als Maat bezeichnet sein.[365] Durch die Zuordnung zu einer der Gestalten des ägyptischen Pantheons versuchte man die sich im Baum verkörpernde, numinose Macht quasi zu definieren und ihr so mehr Existenz und Dignität zu verleihen.[366]

So ist es nicht verwunderlich, das Nergal auch mit dem Symbol des Hammers in Zusammenhang steht.[367] Auf einem Siegel aus der Zeit Schulgis ist Nergal unter seinem Namen Mès-lam-ta-è-a als aufrecht stehender Gott mit Bart und Hörnerkrone dargestellt. In der Rechten hält er drei Mohnstengel und trägt über der Schulter eine Waffe. Die Hörnerkappe ist ebenfalls in einem Hymnus an Nergal (vor dem 7.Jh.v.Chr.) erwähnt. In einem anderen Hymnus wird Nergal als Krieger zu Pferd mit Pfeil, Bogen, Köcher und Schwert beschrieben.[368] In Gebeten und Hymnen wird er zudem in Tiergestalten vergegenwärtigt, als Stier, Drache und Rabe.[369] Eine Göttervergleichsliste aus Ugarit setzt Nergal mit dem syrischen Gott Reschef gleich.[370] Doch wird der Name Nergal neben Sîn, Schamasch und Nusku z.B. auch auf altaramäischen Inschriften des 8./6.Jhs.

---

363 SAUREN, aaO. 50.

364 HORNUNG, Der Eine 280.

365 Zuletzt hat sich u. WINTER (Der "Lebensbaum" bes.6ff.) den verschiedenen Namen der Baumgöttin zugewandt (vgl. aaO. Abb.2-6). Siehe auch HERMSEN, Lebensbaumsymbolik 101.

366 Eine ähnliche Bedeutung hat das Hinzufügen der Schrift bei der Ikonenweihe.

367 Vgl. dazu die Belege bei VAN BUREN, Symbols 165f. Weitere Attribute Nergals in der darstellenden Kunst sind bei H. SAUREN, L'iconographie 50 angegeben. Vgl. Abb.1-16 bei VON WEIHER, Der babylonische Gott.

368 M.-J. SEUX, Hymnes 84.86.

369 DHORME, Les religions 44.52.

370 Ugaritica V 45.57; E. VON WEIHER, aaO. 90ff. und W.F. FULCO, The Canaanite God Rešep bes.36-44 und zur Ikonographie aaO. 65-67.

v.Chr. in Syrien erwähnt.[371]

Sollte mit סכות in 2Kön 17,30 eine der sieben Gestalten Ninurtas,[372] ^{d}Sak(k)ud gemeint sein, so ist nun ein kurzer Ueberblick über die Erscheinungsformen Ninurtas von Interesse. Ninurta ist der "Herr der Erde", ursprünglich ein Vegetationsgott. In literarischen Quellen ist der der kriegerische Gott, der "gegen das 'aufsässige' und Babylonien bedrohende Feindesland, zumal der Bergvölker" antritt.[373] Oft wird Ninurtas Aussehen gekennzeichnet als: bärtig, "mit dem lazurfarbenen Barte eines Fürsten", als Makroanthropos: "sein Antlitz ist der Himmel, seine Gestalt der Gott..., seine Augen Enlil und Ninlil, die Pupillen seiner Augen Gula und Bēlit-ilē, die Iris seiner Augen Sîn" usw. Ninurtas astrale Erscheinungen sind Sirius oder Saturn.[374] Glücklicherweise ist unter den 27 beschriebenen Statuen oder Abbildungen von babylonischen Göttern und Mischwesen, die im babylonischen Göttertypentext überliefert sind, auch eines des Gottes Ninurta erhalten. Dort heisst es:[375]

> Der Kopf (trägt) ein Ho[rn] und einen Po[los?].
>
> Das Gesicht ist (das eines) Men[schen].
>
> Er hat eine Wange.
>
> Er trägt eine pursāsu -Haartracht.
>
> Seine Hände sind (die eines) Men[schen].
>
> [Seine rechte (Hand) (?)] ist hoch emporge[streckt...],
>
> die Gött[erwaf]fe...
>
> In se[iner] linken (Hand)...
>
> das Leitseil eines ...
>
> und er trägt ein(e)...
>
> Mit einer (breiten) Schärpe [aus] Lamm[leder (?)]
>
> ist er [an sei]ner [Brust] bedeckt.

371 KAI No 222 A9 und ANEP No 280. Vgl. auch die punische Inschrift aus dem 3.Jh.v.Chr. bei KAI No 59,2. Zur Verehrung Nergals in neubabylonischer und späterer Zeit vgl. VON WEIHER, aaO. bes.103-106 und 90ff. (zur Identifizierung von Reschef und Nergal).

372 TALLQVIST, aaO. 421.439f.

373 WM I 114f. Die vielen Epitheta Ninurtas sind wiederum einzusehen bei TALLQVIST, aaO. 421-427. Zu Ninurta vgl. auch DHORME, Les religions 102-109.128-130.

374 Zitiert nach TALLQVIST, aaO. 424.

375 Zu Herkunft und Alter des Textes vgl. F. KOECHER, Der babylonische Göttertypentext 57-60. Die Uebersetzung des Textes entstammt aaO. 67.

[Mit einem Gürtel ist e]r gegürtet.

Mit einem [Sch]a[l] (?) ist er [ge]bunden.

Der [Kör]per ist [der eines] Menschen.

Das Gewan[d ist ein ... Kleid].

Sein re[chter] Fuss ist v[o]n seinem ... (an)
entblösst [u]nd steht (fest).

Sein linker Fuss ist ... entblösst.

Er tritt mit seinem Fuss auf den [Z]û-Vogel.

Sein Name: Ninurta.

Alles deutet in dieser Beschreibung auf einen menschengestaltigen, bewaffneten Krieger in Siegerpose, der seinen Fuss auf den besiegten Sturmvogel Imdugud setzt.[376] Auf altbabylonischen Rollsiegeln ist dieser Typ des Gottes in Siegerpose, wie wir bereits oben sahen, verbreitet.

Als Göttersymbol Ninurtas ist der stehende Vogel der Sanherib-Reliefs am Judi Dagh gesichert. Der einfache Löwenstab und die Doppellöwenkeule als Symbole Nergals oder Ninurtas sind bereits erwähnt worden.[377]

Ṣarpānītu, die Stadtgöttin von Babylon und Gemahlin Marduks, wird als Herrscherin, Schöpferin, barmherzige Göttin, willfährige Fürsprecherin, Versorgerin, Helferin, Beschützerin usw. tituliert.[378] Sie wird mit vielen Sternen und Konstellationen assoziiert, auch mit dem Planeten Venus, der die Göttin Ischtar verkörpert.[379] Dass der Stern als Symbol dieser Göttin besonders in spätassyrischer und neubabylonischer Zeit auftritt, ist durch Beischriften auf mehreren Denkmälern gesichert. In Palästina fanden sich zahlreiche goldene Anhänger in Sternform aus SB-zeitlichen Schichten, die als Schutzzeichen der Ischtar oder einer ischtarähnlichen Göttin getragen wurden.[380]

---

376 Zum Imdugud-Vogel vgl. WM I 80f.

377 U. SEIDL, Art. "Göttersymbole und -attribute" in: RLA III 487 §7f. und 488 §8a. Vgl. auch aaO. 489 §9b zum Löwendrachen. Zum drachen- oder adlerköpfigen Szepter als möglichem Attribut Ninurtas vgl. VAN BUREN, Symbols 145f.148f.

378 TALLQVIST, aaO. 452f.

379 DHORME, Les religions 146. Zur Ischtar/Himmelskönigin vgl. Kap. 4.3.

380 U. SEIDL, aaO. 484f. bes. 4b. Zum Stern vgl. auch VAN BUREN, aaO. 82-85. Ein Ueberblick über die Funde von Stern-, Mond- und Sonnenanhängern in Mesopotamien, Syrien und Palästina findet sich bei R.M. BOEHMER, Die Kleinfunde 19-35 (bes. 24-30); vgl. O. NEGBI (The Hoards) zu den Funden vom Tell Adschul und zur Verehrung der Himmelskönigin in Israel Kap. 4.3.

Seit dem Neolithikum tritt der Löwe als Attribut der "kriegerischen Ischtar" auf,[381] deren Ikonographie in der akkadischen und altbabylonischen Glyptik zuletzt U. WINTER behandelt hat.[382] Es besteht kein Zweifel, dass die Göttin Ischtar in ihren Heiligtümern zu allen Zeiten anthropomorph dargestellt worden ist, wobei allerdings über das Aussehen des Bildes schon unter den damaligen Zeitgenossen Uneinigkeit herrschte. So berichtet im 6.Jh.v.Chr. Nabonid, dass zur Zeit des Eriba-Marduk (8.Jh.v.Chr.) das alte Ischtar-Bild beseitigt und durch ein neues ersetzt worden sei, was Nabonid aber rückgängig gemacht habe.[383]

Von den inschriftlich gesicherten Darstellungen der Ischtar seien hier zwei aus Babylon und Til Barsip genannt, die zeitlich für die Frage nach dem Aussehen der Ṣārpanītu/Ischtar noch relevant sein könnten. Auf dem Relief des Schamasch-resch-uṣur aus Babylon (9.Jh.v.Chr.; in Istanbul) ist Ischtar mit dem Polos auf dem Kopf zu sehen, in ein mit Scheiben verziertes Gewand gekleidet. Die rechte Hand ist zum Gruss erhoben, in der linken hält sie den abgestellten Bogen und den achtzackigen Stern. Auf einer Stele des 8.Jhs.v. Chr. aus Til Barsip steht die Göttin auf dem Löwen. Wieder ist ihr Kopf mit einem gehörnten Polos bedeckt, auf dem oben der Stern thront. Sie trägt einen kurzen Schurz und ein Schlitzgewand, auf dem Rücken zwei gekreuzte Köcher, an der Seite ein Schwert. Die Rechte erhebt sie grüssend, mit der Linken hält sie den Löwen an einer Leine.[384]

Das Motiv der Ischtar im Strahlenkranz ist auf einem Rollsiegel aus Sichem und einem Stempelsiegel aus Aschdod (Abb.98) aus neuassyrischer Zeit auch für Palästina bezeugt.[385]

In Textzeugnissen über Kultbilder der Ischtar werden häufig Löwen erwähnt, bisweilen scheint zum Kultbild ein von Löwen gezogenes Gefährt gehört zu haben.[386] C. WILCKE fasst die Beschreibungen der Ischtar in babylonischen Texten zusammen: "Nach den zusammengestellten Belegen war das Erscheinungsbild

---

381 U. SEIDL, aaO. 487 §7c. Der Löwe kann auch das Attributtier anderer Göttinnen sein (vgl. Kap. 2.1.2.1.).

382 Frau und Göttin bes. 217-222; vgl. KEEL, Deine Blicke 42f.

383 U. SEIDL, Art. "Inanna/Ischtar" in: RLA V 87-89.

384 Die Beschreibungen erfolgen nach SEIDL, aaO. 87f. und Abb.2 (= ANEP No 533) und Abb.3 (= ANEP No 522).

385 Vgl. Kap. 4.3.

386 Referenzen bei C. WILCKE, Art. "Inanna/Ischtar" in: RLA V 82f.

der Ischtar das einer standesgemäss gekleideten, geschminkten und reich ge-
schmückten Dame. So haben wir uns auch die Kultbilder der Ischtar vorzustellen." WILCKE weist dazu vor allem auf den reichen Schmuck der Provinzgöttin
Ischtar von Lagaba hin, der in einem altbabylonischen Inventartext genannt
wird.[387]

Es soll genügen, zum Abschluss an die Ikonographie der beiden Götter Anu und
Adad zu erinnern. Als Emblem des grossen Himmelsgottes Anu ist die Hörnerkrone auf mittel- und neubabylonischen Grenzsteinen belegt. Sie ist allerdings zugleich auch Symbol Enlils.[388] Attributtiere Anus sind, wobei Unsicherheiten bestehen, der Stier und der Schlangendrache Mušḫuššu, der sonst
Marduk und Nabû begleitet.[389]

Die Darstellungstraditionen des Wettergottes Adad bzw. seines syrischen Pendants Baal-Hadad ist sehr viel besser belegt. Von Stelen, Siegelkunst und
anderen Bildträgern aus Mesopotamien, Syrien und der Levante ist der stehende, jugendliche Gott im Schurz mit dem zwei- oder dreigezackten Blitz, seinem Attribut, bekannt.[390] Sein Begleittier bzw. Repräsentant ist häufig der
Stier,[391] dessen Hörner auch den Helm des Gottes zieren. Die Typologie in
der Darstellung des Wettergottes ist, wie ein Vergleich von Stelen der ersten
Hälfte des 2.Jts.v.Chr. mit solchen des 12./11. und 8./7.Jhs. aus Ugarit,

---

387 AaO.

388 WM I 41 und E. EBELING, Art. "Anu" in: RLA I 117; U. SEIDL, Art. "Göttersymbole und -Attribute" in: RLA III 486 §5.

389 Zum Himmelsstier vgl. EBELING, aaO.; zum Schlangendrachen SEIDL, aaO.
489 §5. EBELING nennt als weitere Attribute noch die Götterwaffe
(textlich bezeugt) und das "Kupfer" Anus (= die Kesselpauke). Hinweise
zur Diskussion um die Identität der drei Götter in der Flügelscheibe
sind bei VAN BUREN, Symbols bes.103-105 zu finden. In der Götterprozession von Maltaya (ANEP No 537) wurde der dem Sonnengott voranziehende
Gott gelegentlich als Anu identifiziert.

390 Zum Blitzbündel vgl. SEIDL, aaO. 485 §4f.; EBELING,(Art. "Adad" in: RLA
I 26) führt noch die Axt als Attribut Adads an.

391 Seit altbabylonischer Zeit ist das Rind als Attributtier des Wettergottes bezeugt (SEIDL, aaO. 487 §7a). Auch in Texten wird Adad als Stier,
Blitzträger und Blitzeschleuderer tituliert (dazu TALLQVIST, aaO. bes.
247f.). Zu Adad siehe auch DHORME, Les religions 96-102.126-128. Als
Beispiel für die Repräsentation Baals durch Stier und Blitz sei hier
nur auf ein altbabylonisches Rollsiegel in der Pierpont Morgan Library
verwiesen (ANEP No 703). Zum Stier vgl. unser Kap. 2.1.3.

Arslan Tasch, Til Barsip und Sendschirli zeigt, über Jahrhunderte und grosse Kulturräume hin sehr fix geblieben.[392]

.

392 Vgl. **ANEP** Nos 490.500f.531f. und die Monographie von A. **VANEL**, L'icono-graphie du dieu de l'orage (1965) mit vielen Beispielen für die altorien-talischen Darstellungen des Wettergottes bis zum 7.Jh.v.Chr.

KAPITEL IV

BILDER VON ASTRALGOTTHEITEN IN ISRAEL UND JUDA

In Dtn 4 wird an die Reihe der Verbote von menschen- und tiergestaltigen
Darstellungen (Dtn 4,19) angefügt:

> (Hüte dich)...dass du, wenn du deine Augen gen Himmel (השמימה)
> aufhebst und Sonne, Mond und Stern, das ganze Himmelsheer
> (כל צבא השמים) erblickst, dich nicht verführen lässt, dich an-
> betend niederzuwerfen und ihnen zu dienen, da der Herr, dein
> Gott, sie doch allen Völkern unter dem ganzen Himmel zugeteilt
> hat.

Von einem späten Redaktor wird hier der Gestirnkult als grosszügiges Zuge-
ständnis JHWHs an die heidnischen Völker präsentiert,[1] aber es besteht gleichwohl kein Zweifel an der Verführungskraft des "ganzen Himmelsheers" auch in
Israel (vgl. Dtn 17,3). Im Rahmen unserer Arbeit ist keine Gelegenheit, den
Formen und der Bedeutung von Astralkulten in Israel und Juda intensiver nachzugehen. Wir werden nur einige wichtige Daten festhalten, um uns dann der
engeren Frage zuzuwenden, ob es Darstellungen von Astralgottheiten gab und
welche atl. Nachrichten gegebenenfalls auf solche hinweisen könnten. Die
Basis für die grundsätzliche Annahme von Bildwerken astraler Götter ist die
klassische Bilderverbotformel des Dekalogs in Dtn 5,8 (par Ex 20,4):

> Du sollst dir kein Götterbild (פסל) machen,
> in keinerlei Gestalt,
> weder dessen, was oben im Himmel (אשר בשמים ממעל)
> noch dessen, was unten auf Erden,
> noch dessen, was in den Wassern, unter der Erde ist.

Ueber den konkreten Gehalt des אשר בשמים ממעל finden sich in der exegetischen Literatur sehr wenige Ausführungen. In Frage kommen für eine Konkretisierung zunächst die Vögel, die in Dtn 4,17 dem Bereich "Himmel" (=Luft-
raum) in der Reihe "Erde-Himmel-(Boden)-Wasser zugeordnet werden,[2] worauf
in V.19 die Warnung vor dem Sternenhimmel folgt.
Dass in der Bilderverbotformel mit אשר בשמים ממעל aber zugleich und wahr-

---

1 Vgl. F.-L. HOSSFELD, Der Dekalog 273.

2 "Vögel des Himmels" ist eine stehende Wendung (38 von 71 Belegen mit עוף).
   Gemeint ist die Luft als der von Erde und Wasser verschiedene Lebensraum
   (vgl. J.A. SOGGIN, Art. שמים in: THAT II 967). Für "Luft" in dieser Bedeutung kennt das Hebräische kein eigenes Wort.

scheinlich sogar vorrangig die Gestirne gemeint sind,[3] lässt sich durch
zwei Beobachtungen stützen:

1. Neben dem sehr häufigen עוף השמים finden wir im Alten Testament zehnmal
die Wendung "Sterne des Himmels".[4] Das Wort שמים bezeichnet wie unser "Himmel" sowohl den Raum der Vögel, Wolken und Winde als auch das Firmament, den
Sternenhimmel oder Taghimmel mit der Sonne.

2. Im priesterlichen Schöpfungsbericht in Gen 1, wo der Erschaffung der Leuchten an der Himmelsfeste -Sonne, Mond, Sterne- besonders viel Raum gegeben
wird (Gen 1,14-19), finden wir die Reihung Himmel-Wasser-Erde vor. Die Vögel
sind dort viel weniger konsequent dem Bereich des Himmels zugeordnet als die
Gestirne.[5]

Wir haben aus Dtn 5,8 nun einen Hinweis darauf gewonnen, dass Sonne, Mond
und Sterne zur Zeit des Dtr. (irgendwie) bildlich dargestellt worden sein
könnten. Astralkulte waren jedoch im Alten Orient und auch in Israel naturgemäss eher Freilichtkulte, wie schon die Einleitung in Dtn 4,19 "wenn du deine
Augen zum Himmel aufhebst" deutlich macht. So heisst es in 2Kön 21,5 von Manasse, er habe "dem ganzen Heer des Himmels (לכל־צבא השמים) Altäre in beiden
Vorhöfen beim Tempel des Herrn" gebaut. In Jer 19,13 (vgl. auch Zef 1,5) ist
ausdrücklich von den Dächern die Rede, auf denen man dem Himmelsheer opferte.

Nach Ez 8,16 beten die Sonnenverehrer beim Tempel von Jerusalem das Gestirn
selbst an. Und auch der in Jer 7 und 44 erwähnte Kult der Himmelskönigin, auf
die wir noch zurückkommen werden, scheint "in den Gassen" stattgefunden zu
haben (Jer 7,17; 44,9.21 בחצות). LUCIAN schreibt in "De Dea Syria", dass man
für Sonne und Mond keine Statuen im Tempel machte, weil sie ja allen sichtbar seien.[6]

Tatsächlich häufen sich die atl. Nachrichten über die Verehrung von Sonne-

---

3 So schon H. HOLZINGER, Exodus 71.

4 Vgl. J.A. SOGGIN, aaO. 967f.

5 Nach V.20 fliegen sie "über der Erde an der Feste des Himmels", nach V.22
   sollen sie sich mehren "auf der Erde".

6 De Dea Syria 34: λέγουσι τοῖσι μὲν ἄλλοισι θεοῖσιν ὅσιον ἔμμεναι
   ξόανα ποιέεσθαι, οὐ γὰρ σφέων ἐμφανέα πάντεσι τὰ εἴδεα· Ἥλιος
   δὲ καὶ Σεληναίη πάμπαν ἐναργέες καὶ σφέας πάντες ὁρέουσι.
   κοίη ὦν αἰτίη ξοανουργίης τοῖσιν ἐν τῷ ἠέρι φαινομένοισι;

Mond-Himmelsheer[7] in Texten, die in dtn-dtr. Zeit datieren.[8] Nach dtr. Darstellung ist die Verehrung des Himmelsheers neben der Verehrung Baals sowie die Anfertigung von Ascheren eine der grossen Sünden des Nordreiches. Dies Vergehen
wird auch König Manasse angelastet, und die Reformmassnahmen Joschijas richten
sich offenbar gegen eine weit verbreitete Praxis. Aus 2Kön 23,5 erfahren wir:

> Auch beseitigte er (Joschija) die Götzenpriester,
>
> welche die Könige von Juda eingesetzt hatten...
>
> auch die, welche dem Baal, der Sonne, dem Mond,
>
> den Tierkreissternen (ולמזלות)[9]
>
> und dem ganzen Himmelsheer (ולכל צבא השמים)
>
> opferten.

Der Prophet Jeremia (Jer 8,2) kündet den Königen und Fürsten Judas, den Priestern, Propheten und Bewohnern Jerusalems an, ihre Gebeine würden hingestreut
werden

> vor der Sonne und dem Mond und dem ganzen Heere des Himmels,
>
> die sie geliebt und denen sie gedient haben, denen sie nachge-
>
> laufen sind und die sie befragt und angebetet haben.

Im Exil in Aegypten erinnern sich schliesslich die Landsleute Jeremias an
die gute Zeit in Juda, als die Himmelskönigin für Brot und zufriedenes Leben
sorgte (Jer 44; vgl. 7,17-18).

Auffällig an den dtr. Meldungen ist, dass die Astralkulte in enger Verbindung
mit Kulteinrichtungen von kanaanäischem Kolorit genannt werden; und auch die
Austauschbarkeit der Reihung "Baal-Aschera-Himmelsheer" und "Sonne-Mond-Him-
melsheer" lässt vermuten, dass Gestirnkulte in Israel und Juda bereits vor
jeglichem assyrisch-babylonischen Einfluss als syrisch-kanaanäische Mitgift
mindestens bekannt waren, wahrscheinlich auch praktiziert wurden.[9a]

---

7 Zu צבא השמים "Himmelskörper" und "himmlische Umgebung JHWHs" vgl. KBL III
934 und A.S. VAN DER WOUDE, Art. צבא in: THAT II 498-507, sowie M. WEIN-
FELD, Deuteronomy 321.

8 Der Ausdruck צבא השמים "ist vor allem in der dtn.-dtr. Literatur geläufig
und bezieht sich dort immer (wie auch in Zeph 1,5 und 2Chr 33,3.5) auf
die Gestirnwelt als Gegenstand abgöttischer Anbetung (Dtn 4,19; 17,3;
2Kön 17,16; 21,3.5; 23,4.5; Jer 8,2; 19,13)." (VAN DER WOUDE, aaO. 500).

9 Das Hapaxlegomenon wird mit akkadisch manzaltu (u.ä.) "Standort der Sterne"
in Zusammenhang gebracht (vgl. KBL II 536; M. ELLENBOGEN, Foreign Words
100 und ausführlich H. SPIECKERMANN, Juda unter Assur 271-273). SPIECKER-
MANN meint, dass mit מזלות astronomisch-divinatorische Praktiken assyrischer Herkunft zu verbinden sind.

9a Vgl. dazu besonders J. McKAY, Religion 45-73.

4.1. DIE MOENDCHEN UND SOENNCHEN

Die zeitlich am weitesten zurückweisende Erwähnung von der Darstellung eines
Gestirngottes finden wir dann auch im Richterbuch (8,21):

> ...Da erhob sich Gideon und tötete Sebach und Zalmunna
> und nahm die Möndchen am Halse ihrer Kamele (אֵת־הַשַּׂהֲרֹנִים אֲשֶׁר
> בְּצַוְּארֵי גְמַלֵּיהֶם).

Auch die Könige der Miditaniter selbst müssen laut Ri 8,26 solche
aus Gold als Schmuck getragen haben. Hebr. שַׂהֲרֹנִים ist nun offenbar verwandt
mit altaramäischen, vor allem aber südarabischen Bezeichnungen des Mondgottes.[10] Hinzuweisen ist besonders auf das qatabanische Rub^C $\check{S}ahr$, "Viertel-
mond" in den Labach-Texten,[11] womit die sichelförmige Erscheinungsgestalt des
Mondes gemeint ist. Der qatabanische Mondgott $^C Amm$ wird u.a. mit dem Beinamen
$r\bar{a}yi^C\bar{a}n$ $wa-\acute{s}\bar{a}hir^m$ tituliert.[12] Und $Wadd$, der Mond- und Reichsgott von $Ma^C\bar{I}n$
führt in einer Inschrift den Namen wdm $\check{s}hrn$ "Wadd, der Mond".[13] Aus dem ara-
bischen Raum kamen ursprünglich die Midianiter, so dass mit grosser Wahrscheinlichkeit die Mondsicheln, mit denen sie sich und ihre kostbaren Tiere
schmückten, Schutz- und Verehrungssymbole der unter vielen verschiedenen Namen verehrten arabischen Mondgottheit waren.[14] Zwar hat man im arabischen
Raum solche Anhänger nicht gefunden, das Symbol der Mondsichel (und -scheibe)
ist jedoch auf zahlreichen, vor allem sabäischen und qatabanischen Stelen
oder Reliefs abgebildet.[15]
In Jes 3,18 nennt ein späterer Redaktor [16] in einer Ergänzung zur Rede des

---

10 HAWAT[17] 780.

11 WM I 525.

12 Vgl. GESE u.a., Die Religionen 282; WM I 494f.

13 AaO. 549.

14 Zu den Midianitern vgl. OLB I 674.

15 Belege hat A. GROHMANN (Göttersymbole 37-44) zusammengestellt.

16 So mit vielen anderen auch H. WILDBERGER, Jesaja I 136f. WILDBERGER
    schliesst die Ueberlegungen zur Datierung des Einschubs Vv 18-23: "Aus
    welcher Zeit die Aufzählung stammt, ist nicht zu bestimmen, es ist aber

Propheten gegen die vornehmen Frauen unter vielen anderen Accessoires der
Jerusalemerinnen auch "Möndchen" und שביסים. Das Wort שביסים, das in Kommentaren und Uebersetzungen gewöhnlich noch mit "Stirnbänder" wiedergegeben wird,
ist, was auch H. WILDBERGER in seinem Jesaja-Kommentar nicht mehr bezweifelt,
verwandt mit ug. špš = hebr. שמש, dem südsemitischen šbs und arab. šabīsa
bzw. Sabis[17] und entsprechend als Pendant zu den שהרנים mit "Sönnchen" oder
"Sonnenanhänger" zu übersetzen.

Im Rahmen der Bearbeitung der Kleinfunde von Boghazköy hat R.M. BOEHMER die
im Alten Orient vom 4. bis zum 1. Jt.v.Chr. verbreiteten Typen von Schmuckanhängern, die als Sonnen-, Stern- oder Mondsymbol anzusehen sind, übersichtlich zusammengestellt und datiert, wobei er sowohl Ausgrabungsfunde als auch
zeitgenössische Darstellungen solcher Anhängerchen auf Reliefs etc. berücksichtigt.[18] Es zeigt sich, dass kleine Mondsicheln, die mittels einer Oese
o.ä. an einer Halskette getragen wurden, vom 4. Jt.v.Chr. an bis in die erste
Hälfte des 1. Jts.v.Chr. durchgängig bezeugt sind. In Palästina tauchen sie
ab der MBIIA-Zeit auf (in Megiddo und Gaza), besonders beliebt scheinen die
Mondsichelanhänger aber in der SB-Zeit gewesen zu sein. Die sitzende Beterfi-
gur im Stelenheiligtum von Hazor trägt z.B. einen solchen Anhänger als Halsschmuck (Abb.122).[19]

Im 15./13. Jh.v.Chr. wurde in Palästina sogar ein eigener Typ mit einem breiten, kannelierten Anhänger erfunden.[20] Die Stücke sind alle aus Gold oder
Silber. Bis in die erste Hälfte des 1.Jt.v.Chr. blieb der palästinische Typ
offensichtlich in Mode, wie ein Goldanhänger des 10./9. Jh.v.Chr. vom Tell
Fara (Abb.89) und Darstellungen von Lunulae auf Stelen aus Sendschirli zei-

deutlich, dass der fremdländische Einfluss vorwiegend aus dem babylonischen Kulturkreis kommt. Man wird also vielleicht an die spätere Königszeit denken dürfen." (aaO. 145). Die LXX bieten keine wirkliche Uebersetzung, sondern Fachausdrücke ihrer eigenen Zeit (aaO. 1441).

17 WILDBERGER, Jesaja I 141. Die Uebersetzung der Passage bei WINTER, Frau
    und Göttin 597 entspricht entgegen seiner Anm.649 nicht der Uebersetzung
    von WILDBERGER, aaO. 135.

18 BOEHMER, Die Kleinfunde 19-34.

19 Y. YADIN u.a., Hazor I Taf.29,1; 181.

20 BOEHMER, aaO. 31f. Funde dieses Typs wurden auf dem Tell Fara und Tell
    Adschul, in Lachisch, Megiddo, Sichem und sogar in Ugarit, Mari (assyri-
    sches Grab, 14./13.Jh.v.Chr.), und Perati (Griechenland) gemacht. Aus der
    2.H. des 2.Jts.v.Chr. sind jedoch auch andere Anhängerformen in Palästi-
    na bekannt geworden (vgl. die Tabelle aaO. 33 und zu den sternförmigen
    Anhängern vom Tell Adschul O. NEGBI, The Hoards bes.Pl.V).

gen.[21]

Gleichzeitig tritt auf den assyrischen Reliefs Assurnasirpals II. und Salmanassars III. als Schmuck des Königs ein scheibenförmiger Anhänger mit eingeschriebener Mondsichel auf, der möglicherweise das Naturphänomen des "aschgrauen Mondlichtes" darstellen soll[22] und auch ein Symbol des Mondgottes ist.

Während die letzten Belege zeitlich schon näher an die Notiz im Buch Jesaja rücken, beschränkt sich BOEHMER, was die Sonnenanhänger betrifft, auf ältere, vor allem SB-zeitliche archäologische Vergleichsmaterialien. Als Sonnensymbole in Abgrenzung von Sternsymbolen wären nach BOEHMER[23] unter den Schmuckanhänger grundsätzlich zwei Typen aufzufassen:

1. Der Stern mit den Flammen in seinen Zwickeln, der schon in altbabylonischer Zeit und mit einem SB-zeitlichen Exemplar aus Sichem auch für Palästina belegt ist.

2. Die blanke Scheibe mit einem Mittelbuckel, die vor allem in altbabylonischer Zeit auf zeitgenössischen Darstellungen als Halsschmuck erkennbar ist und sich in einigen Exemplaren aus dem Iran und Zypern bis ins 8./7.bzw. 6./5.Jh.v.Chr. verfolgen lässt.[25]

Ob die zahlreichen runden Scheiben mit einer grösseren Anzahl von in das Metall getriebenen oder gepunzten Buckeln ebenfalls als Sonnenscheiben anzusprechen sind, lässt BOEHMER offen. Im Gegensatz zu den gut bezeugten Sternanhängern sind diese jedoch bei Ausgrabungen in Palästina auch nicht nachgewiesen worden.[26] In Ergänzung zu dem von BOEHMER weniger gründlich recherchierten eisenzeitlichen Material soll nun jedoch auf einige sehr interessante weitere Belege für Mond- und Sonnenanhänger als Frauenschmuck aufmerksam gemacht wer-

---

21 PETRIE, Beth Pelet I Taf.36,229 und 39,456. Die Nachweise finden sich bei BOEHMER, aaO. 32 (ad K/V).

22 Bei dem so bezeichneten Phänomen ist ausser der schmalen Mondsichel durch Licht, das von der Erde auf den dunklen Mondteil geworfen wird, der Mondumriss erkennbar. Zur genaueren Beschreibung des Vorgangs vgl. BOEHMER, aaO. 34.

23 Vgl. aaO. 20 Anm.13.

24 Vgl. aaO. Abb.6 (altbabylonisch) und Abb.13d, einen Anhänger der SB-zeitlichen Goldkette der Sammlung Hahn. Die Herkunft des Schmucks ist nicht gesichert.

25 Vgl. dazu BOEHMER, aaO. 21f.bes.Anm.32. Hinzuzufügen wären hier Darstellungen von Sichel und darinliegender Scheibe mit Mittelbuckel in der altsyrische Glyptik (vgl. WINTER, Frau und Göttin Abb.119.132 und die mitannischen Rollsiegel mit Sonnenscheiben dieser Art bei Abb.141.143).

26 Zur Interpretation der blanken Scheiben mit Mittelbuckel vgl. BOEHMER, aaO. 20ff. und zu den Punktanhängern 22f. und Abb.11.

den, zunächst einige aus Palästina.

Auf einem eisenzeitlichen Terrakotta-Figürchen einer nackten Frau mit Scheibe aus Geser ist nach der Beschreibung von MACALISTER eine Edelsteinkette angedeutet, an der ein sichelförmiges Möndchen befestigt ist (Abb. 90).[27] Auf den Torso eines weiteren wohl jüngeren, kleinen Frauenfigürchens aus Geser ist ebenfalls ein Halsschmuck und, sehr gut sichtbar, ein Sichelanhänger erkennbar (Abb. 91).[28] Das Fragment eines Terrakottafigürchens aus Hazor (9.Jh. v.Chr.) stellt die nackte Frau mit Scheibe dar, diesmal mit einem Halsmedaillon, das ich als Sonnenscheibe (mit Mittelbuckel) zu deuten wage (Abb. 92).[29] Die Sönnchen und Möndchen aus Jes 3,18 sind also durchaus mit eisenzeitlichen Funden illustrierbar. Es gilt nun nach der möglichen Herkunft dieser Schmuckmode zu fragen.

Hinzuweisen ist zunächst auf einen E I-zeitlichen Goldbecher aus Hasanlu (Iran), auf dem wir die sich entschleiernde Göttin auf zwei Widdern sehen. Sie trägt einen Halsschmuck mit drei Sichelanhängern, der durch ein Gegengewicht gehalten wird.[30] Auf zwei Orthostatenreliefs Assurnasirpals II. aus Nimrud (NW-Palast)[31] sind zwei- bzw. vierflügelige Genien dargestellt, deren reicher Brustschmuck sich aus vielen runden Scheiben mit Stern-, Rosetten- und Sonnensymbol zusammensetzt.[32] Diese Art von Halskette ist auf den assyri-

---

27 MACALISTER, Gezer II 414 fig.499 und WINTER, Frau und Göttin 119 und Abb. 62 (das Möndchen ist dort leider nicht gezeichnet, weil es auf der Abbildung bei MACALISTER, aaO. nicht zu sehen ist).

28 MACALISTER, Gezer III Pl.221 fig.25 und ders., Gezer II 418 (wohl fälschlich unter fig.26 beschrieben).

29 Y. YADIN, Hazor II Pl.76,12 = WINTER, Frau und Göttin Abb.64 (vgl. aaO. 120).

30 Vgl. WINTER, Frau und Göttin 302 und Abb.318 (die Datierungsangaben im Text und im Abbildungsverzeichnis stimmen nicht überein).

31 Zur Lokalisierung der Reliefs in der Palastanlage vgl. J.B. STEARNS, Reliefs Pl.1 Räume I und L.

32 Der Genius mit vier Flügeln, der in der linken herabhängenden Hand einen Kranz hält und die Rechte in der Geste der Verehrung erhebt, ist abgebildet bei E.A.W. BUDGE, Assyrian Sculptures Taf.41 (NG 35 A-II-e-ii) = J. MEUSZYŃSKI, Die Rekonstruktion Taf.15,1 (L-20). Vgl. auch C.J. GADD, The Stones 140. Zweiflügelige Genien mit einem Kranz in der Hand flankieren antithetisch einen stilisierten Lebensbaum auf dem offenbar in Symmetrie zu obengenanntem Relief im Raum I des NW-Palastes angeordneten Exemplar. Vgl. BUDGE, Assyrian Sculptures Taf.42,2 (NG 37b = BM 124581); B. HROUDA, Die Kulturgeschichte 53 und Taf.36,1 und K.R. MAXWELL-HYSLOP, Western Asiatic Jewellery 146 fig.98 (die Beschreibung als "female figure" ist unzutreffend und die Zeichnung der Scheiben zu ungenau).

schen Reliefs sonst allerdings weder bei Göttern noch bei Männern oder Frauen
nachweisbar. Vergleichbar ist aber das aus ebensolchen Stern- und Sonnenscheiben gearbeitete Halsgeschmeide einer weiblichen Gottheit auf dem grossen Felsrelief von Chinnis (Bawian, 7.Jh.v.Chr.).[33]

In der Elfenbeinkunst neuassyrischer Zeit finden wir kleine Sonnenscheiben-
anhänger als Frauenschmuck. Ein kleiner Frauenkopf aus Elfenbein aus dem
SO-Palast in Nimrud lässt als Anhänger am Halsgeschmeide noch zwei Scheiben
mit dem Mittelbuckel erkennen (der dritte ist fast vollständig zerstört).[34]
Eine ganze Reihe solcher Scheiben ziert den Hals der als "Ugly Sister" der
"Mona Lisa" in die beschreibende Literatur eingegangenen Frauenkopfes, der
sich jetzt im Baghdader Museum befindet.[35] Ob auch das Frauenfigürchen aus
Nimrud, das als Griff eines Szepters oder Fächers fungierte, solche Sonnenscheiben am Hals trägt oder eine andere Art von Medaillons, ist an der Photographie nicht zu erkennen.[36]

Alle drei genannten Exemplare gehören zur syrischen Gruppe der Nimrud-Elfen-
beine und sind ins 9.Jh.v.Chr. zu datieren.[37] BARNETT vermutet, dass die vielen Exemplare der syrischen Gruppe Kriegsbeute assyrischer Könige aus syrischen Städten sind.[38] Demnach ist eine einlinige Beeinflussung der syrisch/
palästinischen Schmuckmode von Assyrien her auszuklammern. Es wäre denkbar,
dass die Assyrer die Sonnen- und Mondanhänger im syrischen Raum schon früh
kennenlernten und übernahmen und dass die assyrische bzw. babylonische Mode
im 7./6.Jh.v.Chr. wiederum von der Oberschicht Jerusalems imitiert wurde.[39]
Bemerkenswert ist, dass sowohl die Sonnenmedaillons als auch die Scheibe mit
der eingeschriebenen Mondsichel in neuassyrischer Zeit noch neben Göttermütze
(Anu, Enlil, Assur?, Schamasch?), Blitz (Adad) und Kreuz (Assur?) die Halsket-
ten assyrischer Könige von Assurnasirpal über Salmanassar III. bis zu den Wand

33 W. BACHMANN, Felsreliefs Taf.12 = HROUDA, Die Kulturgeschichte Taf.9,7
    und aaO.53.

34 MALLOWAN, The Nimrud Ivories Abb.48 = R.D. BARNETT, A Catalogue Pl.70 S
    173.

35 MALLOWAN, aaO. Abb.54.

36 R.D. BARNETT, Ancient Ivories Pl.44c. Vgl. auch BARNETT, A Catalogue 76
    S 229, ein Fragment aus dem SO-Palast mit ebensolchem Halsschmuck.

37 Zum Charakter, Alter und Verbreitung dieser syrischen Gruppe vgl. zuletzt
    R.D. BARNETT, Ancient Ivories 43-46.

38 AaO. 46.

39 Vgl. zu dieser Art von wechselseitiger Beeinflussung syrischen und assy-
    rischen Kolorits Kap. 2.5.

gemälden von Til Barsip zieren.[40] Denkbar ist auch, dass die seit Tiglat-Pileser III. bezeugte Sitte, Kleider der Götterstatue und der Vornehmen, insbesondere des Königs und der Königin prachtvoll mit stern- und sonnenförmigen Applikaten zu besetzen, bis nach Juda vorgedrungen war (vgl. Ps 45,14 und 2Sam 1,24).[41]

Anders als H. WILDBERGER[42] bin ich sicher, dass die Jerusalemerinnen - nehmen wir an des 6.Jhs.v.Chr. - sich dieser Schmuckstücke und ihrer religiösen Bedeutung bewusst waren. Dafür sprechen zunächst die aus 2Kön 23,11 und Ez 8,16 nachweisbare Existenz eines Sonnenkultes in späterer Zeit, und die sehr präzisen dtn Verbotsformulierungen bezüglich der Gestirnverehrung. Dass Sonne und Mond in Israel sogar über die Exilszeit hinaus immer noch ein tremendum et fascinosum darstellten, beweisen Ps 121,6 und Ijob 31,26ff.:

> Bei Tage wird dir die Sonne nicht schaden
> noch der Mond des Nachts

weiss der Beter des Psalms im Vertrauen auf den Herrn zu sagen. Aber ohne JHWHs Schutz (V.5) können Sonne und Mond offenbar schädigenden Einfluss aus-

---

40 Vgl. dazu HROUDA, Die Kulturgeschichte 56 und Taf.9,6. Drei Sonnenmedaillons mit Mittelbuckel fanden sich bei Ausgrabungen in Sendschirli (W.A. ANDRAE, Die Kleinfunde 96f. Taf.44 g-i). Vgl. auch HROUDA, Die Kulturgeschichte 123. Eine genaue Datierung dieser Funde liegt nicht vor.

41 Zu den Bild- und Textnachweisen für solche Applikationen vgl. K.R. MAXWELL-HYSLOP, Western Asiatic Jewellery 254-260. Es gab Goldschmiede, die für die Anfertigung von Rosetten (*ajjaru*) und Sonnenscheiben (*nipḫu*) zuständig waren. M.-T. BARRELET (Un inventaire 76-84) hat aber nachgewiesen, dass sowohl A.L. OPPENHEIM (The Golden Garments) als auch J.V. CANBY (Decorated Garments) die Bedeutung von Metallapplikaten überschätzten. In vielen Fällen dürften zumindest auf den assyrischen Reliefs Stoffstickereien "zitiert" sein (vgl. Kap. 6.4.2.). Vielfach ist die ursprüngliche Funktion von Metallplaketten, die ausgegraben werden, unklar (vgl. z.B. BUCHHOLZ/KARAGEORGHIS, Altägäis Nos 1312-14).
Ein interessantes literarisches Zeugnis für Goldapplikationen an Götterkleidern findet sich im Bericht von Sargons Feldzug gegen Urartu (714 v. Chr.), wo unter der Beute aus dem Tempel des ᵈᵃḪaldi und der ᵈBagbartu aufgeführt werden: "9 Gewänder, Kleider seiner Gottheit, mit Gürteln aus Gold, Rosetten (aus) Gold, deren Stickereien mit Goldfäden (?) eingefasst sind" (W. MAYER, Sargons Feldzug 109, Z. 386).
Ziemlich sicher sind die bunten Applikationen auf den Gewändern der "Unsterblichen" des Königs Darius (522-486 v.Chr.) aus Susa (P. AMIET, Die Kunst Abb.141) aus Metall. Sie sind als Scheiben mit dem achtstrahligen Stern gestaltet.

42 Jesaja I 142ff. Dass Schmuck im Alten Orient meistens auch Amulett-Funktion hatte, unterstreicht H. WEIPPERT (Art. "Schmuck" in: BRL² 282; vgl. WINTER, Frau und Göttin bes.305-309). Siehe auch Kap. 6.6.

üben.[43] Auf der anderen Seite fasziniert das leuchtende Licht der Sonne und "der Mond, wie er herrlich einhergeht", so dass der Mensch versucht ist, sie heimlich verehrend zu grüssen (Ijob 31,26ff.).

Bei Ausgrabungen in Israel wurden eine Reihe von Stempelsiegeln mit dem von Bäumen flankierten Neumondemblem gefunden: die Stücke, die zuletzt von O. KEEL zusammengestellt und zur Deutung der Vision vom Leuchter zwischen den Bäumen in Sach 4 herangezogen wurden,[44] sind zeitlich gestreut vom 10.Jh.v.Chr. bis in die persische Zeit. KEEL hat aber die Wahrscheinlichkeit aufgezeigt, "dass die Komposition im 7./6.Jh.v.Chr. eine besonders intensive Verbreitung erfahren hat..."[45]

Er führt als Gründe für seine These die starke Tendenz des 6.Jhs.v.Chr. weg vom anthropomorphen Gottesbild zum Gottessymbol sowie die entschlossene Förderung des Mondkultes von Haran durch Nabonid (555-538 v.Chr.) an.[46] Auf dem Tell Sera wurde eine bronzene Halbmondstandarte (7./6. Jh.v.Chr.) gefunden, die auf die Präsenz von Soldaten aus Mesopotamien hinweist.[47] Es ist sehr gut denkbar, dass mindestens die Mondanhänger-Mode in Juda mit der starken Renaissance dieses Sîn-Kultes von Haran in Verbindung steht. Dabei könnten sowohl die Anhänger als auch die Siegelkunst von den aramäischen Stelen mit diesem Symbol (Abb. 93) beeinflusst sein. Diese Stelen verbreiteten sich zusammen mit dem Mondgottkult, wenn auch in kleinerem Radius, von Haran aus in den aramäischen Zentren.[48]

Mit Sonnen- und Mondanhängern werden die Jerusalemerinnen der nachjesajanischen Zeit, wahrscheinlich des 6.Jhs.v.Chr., sich der positiven Kräfte dieser Gestirne und des Schutzes gegen ihre schädigenden Auswirkungen versichert und zugleich ihrer von Jesaja angeprangerten Hoffart genügegetan haben.

---

43 Zum schädlichen Einfluss der Sonne vgl. 2Kön 4,19; Jes 49,10; Jona 4,8 und zum Aussatz und Fieber verursachenden Mondlicht Mt 17,15 sowie die Hinweise auf babylonische und arabische Vorstellungen bei H. GUNKEL, Die Psalmen 540.

44 Jahwe-Visionen 274-327.

45 Vgl. den Katalog aaO. 286-296 und Abb.207-227.

46 AaO. 303-305. Nabonid liess den beim Untergang des Assyrerreiches (610 v.Chr.) zerstörten Sîn-Tempel in Haran, wo seine Mutter Priesterin gewesen war, als Konkurrenzheiligtum zu den Tempeln von Babylon und Nippur wiedererrichten. Trotz des Widerstandes der Mardukpriester in Babylon gegen die Verehrung Sîns erlebte der Kult von Haran etwa 540 v.Chr. den Höhepunkt seiner Verbreitung (KEEL, aaO. 305).

47 OLB II 941 und Abb.644 (= EAEHL IV 1069).

48 J. BOERKER-KLAEHN, Altvorderasiatische Bildstelen 79 und No 240N. (der Mondgott von Haran auf einer Stele unbekannter Herkunft der Zeit zwischen Assurnasirpal II. und Tiglat-Pileser III.). Zur gegenseitigen Beeinflussung von Gross- und Kleinkunst vgl. die Einleitu

4.2. EINIGE HINWEISE ZU AM 5,26

Der Anlass dazu, dass wir in unserem Kapitel über Astralgottheiten den textkritisch katastrophalen V.26 des 5.Kapitels im Buch Amos zumindest kurz kom-
mentieren wollen, liegt in der unmittelbaren Aufeinanderfolge der unsere Aufmerksamkeit erregenden Wörter צלמיכם und כוכב אלהיכם. Sind hier reale Darstellungen von Sterngottheiten gemeint, wenn ja welcher Götter? Dass der
ganze V.26 nicht auf Amos selbst zurückgeht, sondern als antisamaritanische
Glosse eines späteren Redaktors, wahrscheinlich des 6.Jhs.v.Chr. in den Text
geraten ist, nimmt die Mehrzahl der Kommentatoren an.[49] Als Hintergund der
rätselhaften Notiz wird also die Zeit bis zum baylonischen Exil in Betracht
zu ziehen sein.
Der MT-Text im Am 5,26 lautet:

$$\text{וּנְשָׂאתֶם אֵת סִכּוּת מַלְכְּכֶם}$$
$$\text{וְאֵת כִּיּוּן צַלְמֵיכֶם}$$
$$\text{כּוֹכַב אֱלֹהֵיכֶם}$$
$$\text{אֲשֶׁר עֲשִׂיתֶם לָכֶם}$$

Schon die antiken Uebersetzer gerieten bei diesem Vers in grösste Verlegen-
heit und behalfen sich mit mehr oder weniger fundierten Deutungen seiner
Einzelteile. So überliefern beispielsweise die LXX:

καὶ ἀνελάβετε τὴν σκηνὴν τοῦ Μολοχ καὶ τὸ ἄστρον
τοῦ θεοῦ ὑμῶν Ραιφαν,[50] τοὺς τύπους αὐτῶν,
οὓς ἐποιήσατε ἑαυτοῖς.

49 Vgl. CLEMENTS, Art. כוכב in: ThWAT IV bes.90. Die Vv 25f. werden einem
    dtr. Redaktor zugesprochen (so schon W.H. SCHMIDT, Die deuteronomistische
    Redaktion 188-191). Eine schematisierte Uebersicht über die verschiede-
    nen Positionen und ihre Begründungen in neuzeitlichen Kommentaren zu die-
    ser Passage bieten K. KOCH u.M., Amos I 182f. In der neuesten Arbeit von
    H.M. BARSTAD (The religious polemics) findet sich ein sehr guter for-
    schungsgeschichtlicher Abriss über die antike und neuzeitliche Exegese
    von Am 5,26. Der Autor verzichtet auf eigene Vorschläge, da er keine Lö-
    sungen vorgeben will, wo es s.E. keine gibt (aaO. 122).

50 Diese Lesart ist auch in Apg 7,43 erhalten. Möglicherweise wurde R statt
    K gelesen (Καιφαν) . Vgl. BARSTAD, aaO. 120 und KOCH u.M., Amos I 183.

Die vielen anderen Uebersetzungsvorschläge und Deutungen der antiken wie modernen Kommentatoren können hier nur gerafft dargestellt werden,[51] insoweit
sie für die Frage nach den Astralbildern von Belang sind.

1. ונשאתם kann als Präteritum, Präsens oder Futurum verstanden werden, der
ganze Satz als Frage (parallel zu 5,25) bezogen auf die Vergangenheit,[52]
oder als spöttische Unheilsdrohung für die Gegenwart oder Zukunft. Letztere
Möglichkeit hat in die grössere Zahl der Uebersetzungen Eingang gefunden.[53]

2. את סכות מלככם : Die MT-Vokalisierung lässt die Uebersetzung "Moloch" (vgl.
die LXX-Version) nicht zu, auch nicht die Annahme einer "Hütte (סֻכָּה) eures
Königs".[54] Möglich ist a) "den 'Sikkut', euren König". In diesem Fall wird
eine Schandvokalisierung (שִׁקּוּץ) angenommen.[55] Der eigentliche Name des göttlichen Königs wäre dann סַכּוּת , dSak(k)ud , eine Erscheinungsform Ninurtas, welche
wir bereits in 2Kön 17,30 unter ähnlich schwierigen textkritischen Umständen
begegnet sind.[56] Einen anderen Weg schlagen E. LIPIŃSKI und O. LORETZ ein,
wenn sie סכות von ug. šknt und akk. šukkuttu ableiten und damit die Uebersetzung b) "das Bild eures Königs" ermöglichen.[57]

Das zweite Objekt zu ונשאתם ist כִּיּוּן, dem צלמיכם als Attribut beigeordnet
sein könnte, so dass dann a) "das Gestell/Podest eurer Bilder" übersetzt

---

51 Vgl. die Uebersicht über die antiken Uebersetzungen und Handschriften bei
    KOCH u.M., aaO. und BARSTAD, aaO., passim.

52 Inhaltlich liegt dann eine Entsprechung von V.25 und V.26 vor, womit die
    Annahme derselben (dtr.) Verfasserschaft dieser Verse gestützt werden
    kann (vgl. CLEMENTS, aaO. 90).

53 Die Interpretationen divergieren im einzelnen natürlich noch erheblich,
    je nach der Auslegung des Gesamtzusammenhangs im Kapitel (vgl. KOCH u.M.,
    aaO. 182 und BARSTAD, aaO. 121).

54 סַבַּת "Hütte" liegt den Ueberlieferungen der LXX, Syriaca, Vulgata, Peschit-
    ta und Damaskushandschrift (CD VII,13f.) zugrunde (vgl. KOCH u.M., aaO.
    183 und BARSTAD, Religious Polemics 120). Wenige neuere Kommentare wäh-
    len diese Lösung, die an einen Schrein oder Tabernakel, der bei einer
    Prozession getragen wird, denken lässt. Zur Damaskushandschrift, die die
    "Hütte" des Königs als Bücher der Tora deutet vgl. P. VON DER OSTEN-
    SACKEN, Die Bücher, passim.

55 So die grössere Zahl der heutigen Interpreten. Nur A. WEISER schlägt eine
    Konjektur vor, nämlich מַסֵּכוֹת "Gussbilder" (KOCH u.M., aaO. 183).

56 Vgl. Kap. 3.6.2. Auf die Herstellung eines exakten Zusammenhangs zwischen
    Am 5,26 und 2Kön 17,30 wird wegen der Textprobleme zumeist verzichtet.

57 Vgl. ausführlich E. LIPIŃSKI, SKN et SGN bes.202ff.; DIETRICH/LORETZ/
    SANMARTIN, KUN-Š und ŠKN, passim. Vgl. KOCH, Art. כון in: ThWAT IV bes.
    98 und ders.u.M., Amos II 41.

wurde.[58] Der inzwischen breiter rezipierte Vorschlag setzt parallel zu סכות
eine Schandvokalisierung voraus und versteht כִּיּוּן als hebr. Form von akk.
kajjamānu/kajjānu (sag.uš), aramäisiert *kēwan*. Mit dem Wortzeichen sag.uš
wird im Akkadischen u.a. der Planet Saturn bezeichnet.[59] Diese These kann
sich auf das gemeinsame Auftreten der Götternamen ^{d}sag.kud und ^{d}sag.uš in
einem akkadischen Text der Kassitenzeit berufen[60] sowie auf das in Am 5,26
nachfolgende כוכב. Saturn spielt in der assyrisch-babylonischen Religion im
Vergleich mit anderen Planeten jedoch als Götterstern kaum eine Rolle. Die
von B. MEISSNER noch behauptete Verbindung Ninurtas mit dem Saturn wird heute
nicht mehr vertreten.[61] Auch wurde *kajjamānu* "beständig, sicher" ausserhalb
des Akkadischen als Epitheton für verschiedene Gottheiten und ohne Assoziation mit Saturn gebraucht.[62] Im Syrischen, Persischen und Arabischen waren
die mit *kajjamānu* verwandten Begriffe allerdings Bezeichnungen für Saturn,[63]
der in der späten westsemitischen Religion eine grosse Rolle spielte.[64]
Uebersetzen wir also so: b) "und den 'Beständigen'/Saturn" so muss צלמיכם
sich auf beide vorangehenden Objekte zurückbeziehen, wobei das syntaktische
Gleichgewicht in der Folge "Objekt-Attribut/Objekt-Attribut" mit dem Inhalt
nicht in Uebereinklang wäre. Oft wurde statt צלמיכם folglich צלמכם oder
את צלמיכם konjiziert.[65]

---

58 Gelesen wird dann כן (vgl. Ex 30,18; 1Kön 7,29.31.35) oder כיון (nach
V. MAAG; vgl. KOCH u.M., aaO.83).

59 VON SODEN, AHw I 420; KBL II 450. Vgl. KOCH, Art. כון 98.

60 Die Sammlung von Beschwörungen und Gebeten ist unter dem Anfangswort
Šurpu bekannt. Es handelt sich um Taf.II Z. 180 (E. REINER, Šurpu 18). Vgl.
BARSTAD, The Religious Polemics 123.

61 B. MEISSNER (BuA II 9) schreibt: "Im Planetensystem, so wie wir es seit
der 1.Dynastie von Babel kennen, entspricht ihm der Saturn, und unter den
Fixsternen ist ihm der 'Pfeilstern' (*kakkab mešrē* = Sirius) zugeteilt."
Er gibt aber keine Quellentexte an zu dieser Notiz. McKAY (Religion 68.
123) erwähnt noch "Ninurta who had a secondary association with the planet Saturn" (aaO.68), obwohl bei K.L. TALLQVIST (Akkadische Götterepitheta 424) nur das Attribut "*kakkab mešrē*,Sirius, Saturn" angegeben ist.

62 BARSTAD (Religious polemics 123f.) stellt fest: "In fact, in the Assyri-
an-Babylonian religion Saturn is the only planet which was not related
to one of the major deities", wobei er sich auf W. VON SODEN beruft.

63 BARSTAD (Religious polemics 124) hält dies für das gewichtigere Argument
einer Uebersetzung des כיון in Am 5,26 durch "Saturn".

64 AaO. 124.

65 Vgl. KOCH u.M., Amos I 183; II 41.

Die zweite Hälfte von V.26 wird nun je nach den vorausgegangenen Entscheidungen der Kommentatoren unterschiedlich angeschlossen:

a) "(euer Bild), den Stern eures Gottes, den ihr euch gemacht
habt"

b) "(eure Bilder). (Nur) ein Stern ist euer Gott, den ihr euch
gemacht habt."

Der Halbvers ist zwar möglicherweise nur die erklärende Glosse eines noch
späteren Bearbeiters,[66] doch enthält sie den einzigen wirklichen Anhaltspunkt dafür, dass in Am 5,26 an Sternbilder, die in Prozessionen getragen
wurden (נשא), gedacht ist, bzw. an ein Sternbild im Zusammenhang eines Rituals, bei dem auch der König eine Rolle spielte.[67] Jede weitere Ueberlegung, beispielsweise, ob es sich um eine Standarte oder ein anderes Bild
gehandelt habe,[68] welche Gottheit im Astralsymbol verehrt wurde usw., führt
unweigerlich über den sicheren Informationsgehalt des Textes hinaus.[69] Dafür,
dass unter assyrischem oder babylonischem Einfluss die Verehrung des Gottes
Ninurta in Palästina aufgekommen oder gefördert worden ist, fehlen Anhaltspunkte.

Im Gegensatz zu Mondsichelstandarten sind Sternbildstandarten offenbar sehr
selten gewesen.[70] Auf einem SB-zeitlichen Rollsiegel aus Bet-Schean ist einmal ein Mann vor einer solchen Standarte dargestellt (Abb.94).[71] Zwar hat

---

66 Vgl. aaO. I 182. Bisweilen werden statt dieser Konjektur auch Wortumstel-
lungen vorgeschlagen.

67 "Vorausgesetzt wäre, dass die Prachthütte(n) des (nordisraelitischen)
Königs bei irgendwelchen Kultbegehungen, die der Gewinnung von צדקה für
das Volk dienten v 20ff, wie Lieder und Opfer, eine wichtige Rolle im
Zusammenhang mit einem Symbol des Königs‑und Gerechtigkeitssternes gespielt haben" (aaO. II 41). Diese Ueberlegung basiert auf einem Zusammenhang des Saturn, der "rechtschaffene Könige unterstützt und der Sonne
zugeordnet, auf Erden Gerechtigkeit wirkt" (aaO. 40). Vgl. dazu MEISSNER,
BuA II 146.254f.

68 Zu נשא und der Annahme von Kultbildern bzw. -standarten vgl. Kap. 2.1.3.2.

69 H.W. WOLFF (Dokekapropheton II 310) verweist nur auf ANEP Nos 305 und 535,
eine frühdynastische Darstellung einer Stierstandarte auf Einlegearbeiten aus Mari und ein Emaillebild des späten 8.Jhs.v.Chr. aus Assur, wo
eine achtstrahlige Sonnenscheibe auf einer lotusähnlichen Basis über
einem Gott (Schamasch?) erkennbar ist. Die Beschreibung des Bildes bei
WOLFF ist unzutreffend. Der Beter hält keine Standarte.

70 Dazu oben Kap. 4.1. und Anm.52.

71 B. PARKER, Cylinder Seals No 35.

man in der Levante (in Gaza, Lachisch, Byblos, Ugarit) zahlreiche Schmuckanhänger in Sternform gefunden; sie entstammen aber Ausgrabungsschichten des
16.-13.Jhs.v.Chr. und sind zumeist als Symbole der Ischtar/Himmelskönigin,
auf die wir weiter unten zurückkommen, zu deuten. Auch die Sterndarstellung-
en auf eisenzeitlichen Stempelsiegeln aus Palästina sind in diesem Sinn zu
interpretieren.

In neuassyrischer Zeit scheint, und darauf ist besonders hinzuweisen, vielen
Gottheiten eine Sonnen- oder Sternscheibe als Emblem zugeteilt gewesen zu
sein. Oft waren diese auf Standarten (šurinnu) am Eingang des jeweiligen
Tempels aufgestellt.[72]

Ein Symbolsockel aus Kalkstein (13.Jh.v.Chr., jetzt in Istanbul) (Abb. 95)
zeigt im Relief zwei gegeneinander gewendete, bärtige Standartenhalter (Tor-
hüter) und zwischen ihnen einen König. Die Embleme auf den Standarten, wahrscheinlich Sonnenscheiben des Sonnengottes, finden sich ebenfalls auf den
Köpfen der Träger und in den oberen Winkeln des Sockels.[73] Aehnliche göttliche Standarten, allerdings mit in die Sonnenscheibe eingeschriebener Mondsichel, gibt es noch im 9./8.Jh.v.Chr., so z.B. auf den Bronzereliefs Salmanassars III. aus Balawat, wo eine Stele des verehrenden Königs vor zwei
solchen Emblemen zu sehen ist, welche zudem das Ziel einer Opferbringung
sind (Abb. 96).[74] Vor solchen Göttersymbolen wurden bis in neuassyrische
Zeit auch Eide abgelegt.[75] Der Zusammenhang, in dem der V.26 im Amosbuch
steht, erlaubt die Frage, ob derartige Göttersymbole unter assyrischen oder

---

72 Vgl. dazu vor allem VAN BUREN, Symbols 90ff. und aaO.1-7.59f.; STRECK,
    Assurbanipal II 173; III 625f. (zu šurinnu); D.D. LUCKENBILL, Ancient
    Records II 915.982 und AHw III 1283f.

73 Eine exakte Beschreibung dieses Symbolsockels (vgl. ANEP No 577) und an-
    derer sowie eine ausführliche Diskussion findet sich bei W. ANDRAE, Die
    jüngeren Ischtar-Tempel 57-76. ANDRAEs Hauptargument für die Identifika-
    tion des Emblems mit Schamasch sind die abwechselnd gewellten und straf-
    fen Strahlen der Embleme in den Aufwulstungen des Sockels.

74 L.W. KING, Bronze Reliefs Pl.I (= A. PARROT, Assur Abb.138); B. HROUDA,
    Die Kulturgeschichte bes.104 und Taf.36,2; 39,2 die lanzenförmigen Stan-
    darten zur Zeit Sanheribs und Assurbanipals.

75 Vgl. M. SAN NICOLO, Art. "Eid" in: RLA II bes.309f. In älterer Zeit
    spielten die Standarten eine Rolle im Gerichtswesen. Nach Zeugnis ver-
    schiedener Texte aus Altbabylonien und Kappadokien wurden Zeugenaussagen
    daran verifiziert, ob der betreffende Zeuge die šurinnu des Gottes vom
    Sockel heben konnte. Vgl. dazu VAN BUREN, Symbols 7ff.59.92; SAN NICOLO,
    aaO. 306. Beide geben weitere Literaturhinweise.

babylonischem Einfluss in Israel bekannt gewesen sein könnten, eventuell auch verwendet wurden und ob in Am 5,26 die (etwas ungenaue) Erinnerung, dass diese Embleme sternförmig waren, festgehalten ist.

Als Fazit müssen wir dennoch notieren: In Am 5,26 wird zwar möglicherweise an die Astralerscheinung (Saturn) eines Gottes (Ninurta?) erinnert; es ist auch von Bildern, die getragen wurden bzw. werden sollen, die Rede. Aber ob diese Bilder Darstellungen der Astralerscheinung des Gottes sind, lässt sich daraus nicht mit aller Stringenz ableiten. Auch die Glosse im zweiten Halbvers "ein Stern ist euer Gott, den ihr euch gemacht habt", könnte beabsichtigt haben, jedwedes Bild einer Gottheit, das da getragen wurde, zu verspotten ten durch die Entlarvung von סכות und כיון als "nur ein Stern", als geschaffenes Wesen (vgl. Gen 1,16).

4.3. KUCHEN MIT DEM BILD DER HIMMELSKOENIGIN

Ist in Am 5,26 die Unsicherheit, ob überhaupt von Astralgöttern und ihren
Bildern die Rede ist, letztlich nicht zu beseitigen, so betreten wir bei der
folgenden Untersuchung einer kleinen Notiz im Buch Jeremia immerhin einen
textlich sicheren Boden.

Auf die anklagende Rede des Propheten, der das Unglück der in Aegypten Exilierten als Strafe JHWHs für ihren Götzendienst in Juda und Jerusalem deutet,
antworten Männer und Frauen mit Entrüstung, sie seien mit der Verehrung der
Himmelskönigin (מלכת השמים) aber sehr gut gefahren. In 44,19 fragen die
Frauen:

> Und wenn wir der 'Himmelskönigin' (למלכת השמים)[76]
> räuchern und ihr Trankopfer darbringen,
> geschieht es etwa ohne die Einwilligung unserer
> Männer, dass wir ihr Kuchen (כונים) backen,
> um sie abzubilden (להעצבה),
> und ihr Trankopfer darbringen?

Dass das Kuchenbacken beim Kult der Himmelskönigin wesentliche Aufgabe der
Frauen war, bestätigt auch Jer 7,17f., wo die Situation im vorexilischen
Juda und Jerusalem zur Zeit Jojakims (609-598 v.Chr.) gekennzeichnet wird
(7,18):

> Die Kinder lesen Holz auf,
> und die Väter entzünden das Feuer,
> während die Frauen den Teig kneten,
> um der Himmelskönigin (למלכת השמים)
> Kuchen (כונים) zu backen.
> Und fremden Göttern spenden sie,
> mir zum Verdruss, Trankopfer.

Man ist sich einig, dass das nur in Jer 7,18 und 44,19 belegte hebr. כון
ein Lehnwort ist. Ihm entspricht akk. *kamānu*, womit vor allem in neuassyri-

---

76 Die Masoreten vokalisieren in Jer 7,18 und in 44,19 לִמְלֶכֶת "dem Werk",
   was aber eine absichtliche Fehlpunktierung sein wird (vgl. WINTER, Frau
   und Göttin 561 Anm.437).

schen Texten ein gesüsster Kuchen bezeichnet ist.[77] *kamān tumri* ist ein Glut-
aschenkuchen bzw. Holzkohlenbrot. Solches Gebäck wurde in Assyrien als Opfergabe der Göttin Ischtar dargebracht.[78] Da in Jer 7,18 vom Feuermachen und
nicht von einem Backofen die Rede ist, darf angenommen werden, auch die
Judäerinnen hätten solche Aschenkuchen gebacken.[79] Und sie begnügten sich
nicht mit dem Backen gewöhnlicher Kuchen für ihre Göttin, sondern gestalteten
offensichtlich den Teig "um sie nachzubilden" (להעצבה).[80]
Wie könnte ein solches Bild (עצב) aus Kuchenteig ausgesehen haben? Grundsätzlich ist denkbar, dass der ganze Teigklumpen figürlich geformt wurde bzw. in
einer entsprechenden Backform gebacken wurde oder dass sich ein Bild im Halbrelief oben auf dem Kuchen befand. Das hebr. עצב unterstützt diese Vermutung,
denn die weiteren atl. Belege des Wortes weisen auf plastische Götterbilder
hin.[81] Des weiteren interessiert uns natürlich die Gestalt der מלכת השמים ,
die zur Zeit Jeremias und noch unter den Exilierten in Aegypten grosse Wertschätzung bei Frauen, aber auch Männern genoss.[82] Da die Diskussion um die
Geschichte des Kultes der Himmelskönigin und um die Unterscheidung von sy-
risch/aramäischen und assyrischen Elementen in dessen konkreter Ausprägung
nicht unser primäres Anliegen ist, dürfen wir uns hier an die Ergebnisse der
fundierten Studien von U. WINTER[83] anschliessen, die die Thesen M. WEINFELDs
weitgehend untermauern:

77 Vgl. KBL II 444; AHw I 430; WINTER, Frau und Göttin 571.

78 Einige Textnachweise zitiert WINTER, aaO. 571f.

79 Das Beibehalten antiquierter Backmethoden im kultischen Bereich manife-
    stiert sich in Israel auch im Brauch des ungesäuerten Brotes (WINTER, aaO.
    573). Auch JHWH wurden Brote gebacken (vgl. Lev 24,5-9). Dass das לחם
    הפנים (meist übersetzt mit "Schaubrote") auf eine den Kuchen der Göttin
    entsprechende Darstellung JHWHs hin zu deuten sei, wurde diskutiert,
    steht aber inzwischen nicht mehr zur Debatte (A.S. VAN DER WOUDE, in:
    THAT II 439f., gegen DE BOER, An Aspect 32-36; vgl. WINTER, Frau und
    Göttin 567 Anm.473).

80 Die Form ist als hi.inf. zu bestimmen (KBL III 818 und WINTER, aaO. Anm.
    474, der sich W. RUDOLPH, Jeremia 260 Anm.d anschliesst).

81 Vgl. 2Sam 5,21; Jes 2,8; 46,1; Jer 50,2; Hos 8,4; 13,2; Mi 1,7; 5,13 und
    weiter unten Kap. 5.1.2.

82 Dass die Texte in Jer 7 und 44 beide redaktionell, wahrscheinlich deute-
    ronomistisch, überarbeitet worden sind, vermindert die Glaubwürdigkeit
    des Berichtes nicht (vgl. schon WINTER, Frau und Göttin 562f.), da die
    Erinnerung an den Kult der "Himmelskönigin" noch lebendig gewesen sein
    muss.

83 Frau und Göttin bes.455-460 und 561-576.

"Einerseits hatte die assyrische Figur der 'Himmelskönigin' ihren Ursprung
und das Zentrum ihrer Popularität in Syrien. Der Einfluss Syriens auf Assur
wird dabei nicht nur durch das Paar 'Adad-Ischtar' in den Texten belegt,
sondern auch durch die Präsenz der syrischen 'nackten Göttin' in der mittel-
und neuassyrischen Glyptik und auf den Elfenbeinen.
Andererseits hat der im Jeremiabuch geschilderte Kult der 'Himmelskönigin'
stark assyrischen Charakter. Neben der nur hier verwendeten und aus dem Akkadischen entlehnten Bezeichnung für die Kuchen (kwnjm) hat zudem das gleichzeitig erwähnte Räuchern und Libieren überraschende Parallelen in assyrisch-
babylonischen Beschwörungsritualen. Damit ist mit grosser Wahrscheinlichkeit
an eine assyrische Vermittlung oder wenigstens an ein assyrisch geprägtes
'Revival' dieses Kultes zu denken".[84]
WINTER betont, dass sich die "Himmelskönigin" "schwerlich mit einem Namen
identifizieren lässt".[85] Vielmehr wird der himmlische, astrale Charakter der
verschiedenen Gottheiten in mannigfaltigen Epitheta oder - in der darstellenden Kunst - in Astralsymbolen zugesprochen. Vor allem ist es die Inanna/
Ischtar,[86] die in ihrer uranischen Gestalt - als Göttin der Morgenröte, des
Abends, der Sterne - verehrt wurde. Ihr Symbol, der Morgen- und Abendstern,
begleitet ab der altbabylonischen Zeit die anthropomorphe Darstellung der
Göttin oder vertritt sie.[87]
In der syrischen Glyptik finden wir den Stern häufig in der Nähe der Göttin.[88]
Auch die Qudschu wird auf den SB-zeitlichen Stelen gern als "Himmelherrin"
vorgestellt.[89] Die sternförmigen Anhänger (16.-13.Jh.), die sich in Lachisch,

84 WINTER, aaO. 574f.

85 AaO. Anat, Astarte, Hathor, Qudschu und viele andere Göttinnen des Alten
    Orients tragen diesen Beinamen (vgl. aaO. 455-460.503 und Anm.134; 565).
    Das dem hebr. מלכת השמים entsprechende akk. šarrat šamê ist ein relativ
    seltenes Epitheton der assyrisch-babylonischen Ischtar (TALLQVIST, Akka-
    dische Götterepitheta 239.462; vgl. WINTER, aaO. 564). Vgl. äg. nb.t p.t
    "Herrin des Himmels", seit dem Mittleren Reich als Beiname der Hathor
    und dann auch anderer Göttinnen belegt (WbAeS I 491).

86 Dem Namen Inanna liegt etymologisch N i n - a n - n a "Herrin des Himmels" zu-
    grunde (WM I 81).

87 Vgl. die Nachweise bei WINTER, aaO.457 und Abb.182f.185.498.

88 AaO. Abb.246.269.275.280.370.379.427.

89 Es muss offenbleiben, ob der Stern, der sich bisweilen auf der Schulter
    des Löwen findet, auf welchem die Göttin steht, ein religiöses Symbol
    sein soll (wie bei der Kombination von Taube und Stern), oder ob er nur
    den Schulterwirbel des Tieres markiert. Vgl. dazu J. KANTOR, The Shoulder
    Ornament, passim; A.J. ARKELL, The Shoulder Ornament, passim; D.M.A. BATE,
    The "Shoulder Ornament", passim und U. WINTER, Frau und Göttin 457f. und
    Abb.42.

Sichem, Megiddo, auf dem Tell Adschul, in Byblos und Ugarit fanden, wurden
bereits erwähnt.[90] Wahrscheinlich hat man solche Anhänger als Symbol der
Göttin getragen und sich amulettartige Kräfte von ihnen versprochen.[91]
In neuassyrischer Zeit tritt der Astralcharakter der Göttin in den Vordergrund der Darstellungen: oft ist sie von einem Strahlennimbus, dem Sternen-
kranz umgeben. Ueber ihrem Haupt sehen wir den Stern, bisweilen auch das
Siebengestirn in der Nähe.[92] Das Bild der Göttin selbst variiert während-
dessen erheblich: einmal ist sie stehend mit einer Federkrone und langem Gewand, dann als Thronende, schliesslich als Kriegerische mit Köcher und Bogen
auf einem wilden Tier dargestellt. Dass die Ischtar im Strahlenkranz in neuassyrischer Zeit bekannt war, bezeugen ein Rollsiegel aus Sichem (<u>Abb.97</u>)[93]
sowie ein Stempelsiegel (Ovoid) aus Aschdod (Oberflächenfund; 7.Jh.v.Chr.)
(Abb. 98).[94]

Es ist, wenn wir diesen Querschnitt durch die Darstellungstradition der
"Himmelskönigin" berücksichtigen und zudem die wahrscheinliche Vermischung
des syrisch/aramäischen und assyrischen Images der Göttin im Palästina des
7./6.Jhs.v.Chr. in Betracht ziehen, a priori damit zu rechnen, dass die
Judäerinnen ihre מלכת השמים entweder in ihrer Astralgestalt, als Stern, aus
dem Teig bildeten, oder aber in Gestalt der "Göttin", wie sie vor allem aus
eisenzeitlichen Schichten in der Levante in grosser Zahl zutage kam, nämlich
in Form der nackten Frau, die ihre Brüste hält oder presst oder z.B. eine
Scheibe, auf die wir noch zurückkommen, in den Händen hält. Die denkbar einfache Anfertigung dieser Säulenfigürchen oder Terrakottareliefs aus Ton erlaubt ohne weiteres die Annahme, dass man vor allem letztere auch aus Teig
zu formen verstand. An dieser Stelle sind auch die herzförmigen Kuchen
(לבבות), die Tamar auf Wunsch ihres Bruders Amnon backt (2Sam 13,6.8.10), zu
nennen.[95]

---

90 Vgl. die Aufstellung von 29 SB-zeitlichen Anhängern mit 4-8 Strahlen
    bei R.M. BOEHMER, Die Kleinfunde bes.25-27 und Abb.12 und 13.

91 Gleiche Bedeutung und Wirkkraft wird man den kleinen Goldanhängern mit
    dem stark stilisierten Bild der nackten Göttin zugesprochen haben (vgl.
    BOEHMER, aaO. 28 und Abb.14 und WINTER, aaO. Abb.322-327). Solche An-
    hänger fanden sich in SB-zeitlichen Schichten in Minet el-Beida, Megiddo,
    Hazor, Naharija und auf dem Tell Adschul.

92 Vgl. WINTER, aaO. 458f. und Abb.501-505.

93 AaO. Abb.500.

94 Unveröffentlicht (L 17,1; B 14; D/H 7,6); Sammlung Clark No 212, YMCA
    Jerusalem.

95 Vgl. akk. *akal libbu* (AHw I 550) und KBL II 491. Der Text legt mit der
    figura etymologica ותלבב לבבות ein Formen aus der freien Hand nahe.

Auch war der Gebrauch von Modeln zur Mengenanfertigung von Tonfigürchen hin-
reichend bekannt. Tatsächlich hat man drei vergleichbare Backmodel gefunden,
alle zwischen 20 und 30cm lang, mit dem Negativ-Bild der nackten, ihre Brüste
haltenden Göttin, die auf einer Bank sitzt (Abb. 99). Die insgesamt 47 teils
geometrischen, teils theriomorphen Backformen fanden sich im Raum 77 des Palastes von Mari (18.Jh.v.Chr.), einem Nebenraum der Bäckerei.[96] Der Teig
scheint vor dem Backen herausgenommen worden zu sein, da die Formen keine
Spuren von Brand aufweisen.[97]

Von diesem Fund her drängt sich die Ueberlegung auf, ob nicht einzelne der
Matritzen von Frauenfigürchen, die bei Ausgrabungen gefunden worden sind,
statt zur Anfertigung von Terrakotten als Teigmodel dienten. Diese Funktion
dürfte auch das Tonmodel vom Tel Qarnajim (SB-zeitlich) mit einer frontal
dargestellten Qudschu auf einem Pferd gehabt haben (Abb.100).[98] Die Tonform
ist 15,5cm hoch, 9,5cm breit und 1,9cm dick. S. BEN-ARIEH vermutet, dass sie
mit Ton gefüllt wurde, der dann vor dem Brennen herausgenommen und getrocknet
wurde. Genausogut könnte das Model aber mit Teig gefüllt worden sein. Wir
hätten dann mit dem Abdruck ein einzigartiges Beispiel für Kuchen mit dem
Bild der Himmelskönigin (in Gestalt der Qudschu).[99]

Ebenso wie für die anthropomorphe Gestaltung des Gebäcks lassen sich nun
auch archäologische Anhaltspunkte für den Brauch der symbolhaften Dekoration
dieser Kuchen anführen. Viele der nackten Frauenfigürchen - wir wollen uns
hier auf solche der eisenzeitlichen Grabungsschichten konzentrieren - halten
vor der Brust (meistens der linken) oder dem Bauch eine in der Aufsicht ge-
zeichnete runde Scheibe. Fast immer hat man diese als Handtrommel oder Tamburin interpretiert und sich dabei auf die Figürchen berufen können, wo ein
solches Instrument rechtwinklig zum Körper gehalten wird. Die Haltung der
Hände - eine Hand am Rahmen, eine auf der Bespannung - schien ebenfalls diese
Deutung zu unterstützen.[100] U. WINTER hat allerdings in seiner Studie "Frau

---

96 A. PARROT, MAM II,3 33-57 und fig.28-48; die drei genannten Exemplare
    der "femme au turban" entsprechen aaO. Nos 7-9 und Pl.19 Nos 1044 (=
    WINTER, Frau und Göttin Abb.519) und 1121.1122.

97 Vgl. WINTER, aaO. 568 Anm.479.

98 Vgl. im folgenden S. BEN-ARIEH, A Mould, passim und Pl.8A und zur Pla-
    kette aus Lachisch mit dem gleichen Motiv C. CLAMER, A Gold Plaque, pas-
    sim.

99 Zur Himmelskönigin in Gestalt der Qudschu vgl. oben Anm.89.

100 Vgl. PRITCHARD, Palestinian Figurines 19-21 (Typ V) sowie WINTER, Frau
    und Göttin 119-121.

und Göttin" bereits die Vermutung geäussert, dass es sich mindestens in den Fällen, wo die Scheibe verziert ist - und das kommt sehr häufig vor - wohl auch um einen Kuchen handeln könne.[101] Mir scheinen die Argumente für diese Deutung nach erneuter Ueberprüfung der publizierten Fundstücke zu überwiegen:

1. Unter den Frauenfigurinen mit Scheibe sind sehr viele, die eine meist einfache Dekoration in Form von kleinen Kügelchen oder Löchern auf der ganzen Fläche oder in Form einer einfachen oder doppelten Randborte aufweisen. Unter den 10 Figürchen dieses Typs aus Megiddo, Geser und Gerar (Tell Abu Hurere), die J.B. PRITCHARD zusammengestellt hatte,[102] sind allein vier solchermassen dekorierte.

Aus Taanach stammt der Abguss eines Pressmodels des 10.Jhs.v.Chr., der die nackte Göttin mit einer Scheibe in den Händen darstellt (Abb.101), auf der ein einfaches Kreuz erkennbar ist.[103] Eine sehr ähnlich dekorierte Scheibe zeigt ein Terrakotta-Fragment im Biblischen Institut der Universität Freiburg i.Ue.[104] Weitere Stücke stammen aus Hazor und Megiddo.[105] Bei diesem Kreuz handelt es sich, wie O. KEEL gezeigt hat, um das Zugehörigkeitszeichen "heilig für die Göttin", wie wir es auch auf der Stirne der "Frau im Fenster", einem beliebten Motiv der Elfenbeinkunst des 9. und 8.Jhs.v.Chr. oft antreffen.[106] Bemerkenswert ist in diesem Zusammenhang auch ein sich unter den von A. CHAMBON publizierten eisenzeitlichen Funden vom Tell Fara befindender Torso einer nur mit einem gemusterten Rock bekleideten Frau mit der Scheibe in der Hand (Abb.102).[107] Um die von CHAMBON als Tamburin interpretierte Scheibe läuft ein auffälliges, breites Zickzackband. Scheiben mit solchen breiten Dekorbändern halten auch Figürchen, die in Megiddo, Bet-Schean und auf dem

---

101 AaO. 262f. und 569.

102 PRITCHARD, Palestinian Figurines 19-21 (Nos 159-169), darunter 159-161 (Megiddo, Geser) und 165 (Megiddo, Str.IV) mit Dekor.

103 P.W. LAPP, The 1963 Excavations fig.21 = ders., Taanach fig.13 = KEEL, Zeichen Abb.19 = WINTER, Frau und Göttin Abb.63. Vgl. WINTER, aaO. 120. 263.569.

104 O. KEEL, Zeichen 204 Abb.20.

105 Y. YADIN, Hazor II Pl.76,13 und H.G. MAY, Material Remains Pl.28 M5418. Vgl. den entsprechenden Hinweis bei WINTER, aaO. 120 Anm.152.

106 KEEL, Zeichen bes.204-208 und WINTER, aaO. bes.300f. und Abb.308.309. 311f.

107 CHAMBON, Tell el-Far^cah I 74 und Pl.63,2. Vgl. auch Pl.63,1.

Tell Amal zum Vorschein kamen.[108] Die Dekorbänder interpretiert CHAMBON als
Verzierung des Trommelrahmens. Solche Verzierungen von Handtrommels sind
aber, soweit ich sehe, nur in Aegypten nachzuweisen und dabei scheint es sich
um Bemalung der Bespannung, nicht Dekor des Rahmens zu handeln.[109] Im allgemeinen ist der Rahmen von Handtrommeln schmal gezeichnet,[110] was der Anlage des Instruments entspricht, dessen Klang durch einen breiten Rahmen beeinträchtigt würde. Bei einigen Figürchen würde die Fellbespannung in Relation zum Rahmen eine ganz unwahrscheinlich kleine Fläche einnehmen.[111] Eher
drängt sich da die Deutung als Ringbrot auf.

2. Die Stellung der Hände lässt m.E. keine allzu grossen Schlüsse über den
Gegenstand zu, der gehalten wird. Zum einen ist sie nicht überall gleich,
zum anderen spricht nichts dagegen, dass auch ein Brot in dieser Weise vor
dem Körper gehalten wird. Die Haltung der Hände ist typisch für Opfergaben-
trägerinnen überhaupt. Ein zyprisches Frauenfigürchen aus Kamelarga (6./5.
Jh.v.Chr.) hält z.B. eine Taube in ähnlicher Weise (Abb.103).[112]

3. Für die Deutung der Scheiben als Kuchen spricht auch, dass bisweilen solche Frauenfigürchen ein Krüglein oder eine Taube halten. Beide wird man
als Opfergaben der Verehrerin für die Göttin zu deuten haben. So hält ein
nur noch fragmentarisch erhaltenes Tonfigürchen aus Bet-Schean einen Gegenstand, der sich unten kegelförmig zuspitzt, so dass die Scheibe oder das
Kind auf dem Arm als Interpretation auszuschliessen sind.[113] Auf die Bedeu-

---

108 G. SCHUHMACHER, Tell el-Mutesellim I 61 fig.71; H.G. MAY, Material Remains pl.27 M.65; F.W. JAMES, The Iron Age fig.112,5 und S. LEVY/G.
EDELSTEIN, Fouilles 364f. und fig.17,7.

109 H. HICKMANN, Aegypten 106 zu Abb.71.

110 Zur Handtrommel (ηn) vgl. A. SENDREY, Musik 344-347. Darstellungen von
neuassyrischen und syrischen Handtrommeln vgl. bei ANEP Nos 199.202f.
und M.E.L. MALLOWAN, Nimrud I fig.168. Zu den ägyptischen Handtrommeln
vgl. H. HICKMANN, Aegypten 10.16.38.56.106.108.164.174.176.

111 Vgl. als Beispiel das Terrakotta-Figürchen aus Geser bei WINTER, Frau
und Göttin Abb.62. Auffällig ist auch die stark variierende Grösse der
Scheibe. Bei einem Figürchen des 6./5.Jhs.v.Chr. aus Marion ist sie
beispielsweise so klein,,dass man nicht an eine Handtrommel denken kann.

112 J. KARAGEORGHIS, La grande déesse Pl.35b. Vgl. die Taubenträgerin (Terrakotte) des 8.Jhs.v.Chr. (Jerusalem) im L'UNIVERS DE LA BIBLE III 391.

113 A. ROWE, The Four Canaanite Temples 82 und Pl.35,26 und 64 A2.

114 Auf syrischen und zyprischen Rollsiegeln werden gern Krüglein als Ga-
ben zwischen Thronenden und anderen Würdenträgern ausgetauscht. Vgl.
WINTER, Frau und Göttin 574 und Anm.518 sowie Abb.218; C.F.A. SCHAEF-
FER-FORRER, Corpus 66 Chypre A18; OLB I Abb.68.

tung des Libierens im Kult für die Ischtar/Himmelskönigin hat U. WINTER bereits hingewiesen.[114] Auch ist WINTER dem Motiv der Taube als Begleitvogel der syrischen Göttin in einer kleinen Studie bereits nachgegangen.[115] Neben den zahlreichen Nachweisen der Göttin mit der Taube in der syrischen Glyptik ist für uns speziell eine phönizische Frauenterrakotte aus dem l.Jt.v.Chr. interessant (Abb.104). Die Frau hält mit beiden Händen einen Vogel, vielleicht eine Taube, vor ihrem Oberkörper.[116] J. KARAGEORGHIS hat in ihrer Arbeit "La grande déesse de Chypre et son culte" zwei zyprische Frauenfigürchen mit Tauben (datiert zwischen 600 und 475; jetzt im Cypern Museum in Nikosia) publiziert. Sie weist in ihrem Katalog auf ein weiteres Exemplar aus Stein und sechs aus Terrakotta hin, wobei sich neben der Taube auch andere Vogelarten finden.[117] Als Opfertier spielt die Taube vor allem auch im Alten Testament eine sehr grosse Rolle.[118] Interessanterweise befinden sich auch unter den in Mari gefundenen Backformen, die wir bereits erwähnten, fünf mit Darstellungen von Vögeln, eventuell Tauben.[119] Es wäre von daher sogar die Möglichkeit zu erwägen, dass die Kuchen für die Himmelskönigin in Jer 44,19 in Gestalt einer Taube gebacken wurden oder mit Vogeldarstellungen verziert waren.[120]

4. Sehr aufschlussreich sind im Zusammenhang mit dem Zickzackband auf der Scheibe des genannten Figürchens vom Tell Fara einige SB-zeitliche Schmuckanhänger aus Boghazköy, Tarsus und NW-Iran (Elam/Tarsus?) (Abb.105).[121]

---

115 In: O. KEEL, Vögel 37-78. Zur Symbolik der Taube vgl. auch OLB I 139 und O. KEEL, Deine Blicke bes.53-62.

116 KEEL, Vögel 54 und Abb.14.

117 J. KARAGEORGHIS, La grande déesse 214f. und Pl.35a und b.

118 Die Taube war als erschwingliche Opfergabe besonders bei weniger bemittelten Leuten beliebt. Vgl. Lev 1,14-17.22; 12,8 und dazu OLB I 138.

119 A. PARROT, MAM II,3 Nos 23.3.-34; vgl. fig.36 und 39f. sowie Pls 23.25.

120 Ein kosmetischer Löffel aus Hazor (1.H. des 8.Jhs.v.Chr.) ist als Frauenkopf gestaltet, welcher von zwei Tauben flankiert ist, die je mit einem Stern geschmückt sind. Die Taube wurde also mit der Ischtar assoziiert (O. KEEL, Deine Blicke Abb.54 = Y. YADIN, Hazor II Pl.167ff.). Schon auf einer Gefässmalerei um 1500 v.Chr. vom Tell Adschul ist eine Taube mit einem Stern dekoriert (WINTER, Frau und Göttin Abb.499). Ich frage mich, ob der nur teilweise erhaltene Gegenstand des Frauenfigürchenfragments aus Samaria (8.Jh.v.Chr.) bei U. WINTER, Frau und Göttin Abb.65 (J.W./G.M. CROWFOOT, Early Ivories Pl.11,8) nicht eine Taube gewesen sein könnte (statt eines Tamburins).

Sie zeigen vielstrahlige Sterne, deren Strahlen in Form eines Zickzack-
bandes um die kreisrunde Mitte gezeichnet sind. Die Aehnlichkeit mit dem an-
geblichen Tamburin unseres eisenzeitlichen Figürchens (der Vergleich mit
anderen, die zu schlecht photographiert sind, wäre an den Originalen zu leisten), ist frappant, bis hin zu der aussen umlaufenden einfachen Linie, die
das Dekorband umschliesst.

Es wird abzuwarten sein, ob die Archäologie durch zukünftige Funde etwas
mehr Licht auf die noch bestehenden Unklarheiten zu werfen vermag. Jedenfalls
spricht doch vieles dafür, dass die runden Scheiben,mindestens solche mit
Dekor, als Kuchen, der neben anderen offensichtlich beliebtesten Opfergabe
für die Göttin, zu deuten sind und nicht als Handtrommel oder Tamburin.
Unabhängig von dieser Diskussion dürfen wir festhalten: In Jer 44,19 liegt
ein sicherer Hinweis vor, dass im 6.Jh.v.Chr. eine weibliche Gottheit mit
Astralcharakter dargestellt worden ist, dass diese Darstellung in einem
kultischen Rahmen ihren Platz hatte, den man nicht ohne weiteres als reinen
Hauskult und Auswuchs der Privatfrömmigkeit wird abtun dürfen, und dass
Frauen und Männer, deren Zugehörigkeit zur JHWH-Religion vom Propheten bzw.
den Deuteronomisten ja mindestens noch postuliert wird, diese Bildwerke aus
Teig anfertigten bzw. tolerierten. Es spricht einiges dafür, dass wir bei
diesen Kuchen an das bekannte Bild der nackten Göttin zu denken haben, jedoch kann man auch manche Gründe für die Annahme eines sternförmigen oder
so bezeichneten Gebäcks geltend machen.

121 R.M. BOEHMER, Die Kleinfunde 28f. und Abb.16 a.b.d-f.

4.4. DER SONNENGOTT UND DAS PFERD

4.4.1. DIE ROSSE DES SONNENGOTTES UND ANDERE ALTTESTAMENTLICHE NACHRICHTEN

Dass die Sonnenverehrung unter den Astralkulten in Israel eine besondere Rolle gespielt hat, lässt sich an vielen atl. Texten aufzeigen. Wir gehen hier zunächst von den interessanten Notizen in 2Kön 23,11 und in Ez 8,16 aus, die eine Verehrung des Schamasch sogar beim Jerusalemer Tempel bezeugen. Die Nachricht über Rosse und Wagen des Sonnengottes innerhalb des joschijanischen Reformberichts verdient eine Behandlung im Rahmen dieser Arbeit, weil dort Kultobjekte (im weiteren Sinn) erwähnt werden und weil die Rosse auch schon als Bildwerke interpretiert worden sind.[122] Der MT-Text lautet:

> Er (Joschija) liess die Rosse, die die Könige von Juda
> dem Sonnengott geweiht hatten, vom Eingang des Tempels
> fortbringen in den Raum des hohen Beamten Netan-Melech
> (אל-לשכת נתן-מלך הסריס), der sich בפרורים (im West-Anbau?
> Vorhof?) befindet,
> und die Wagen (מרכבות)[123] des Sonnengottes verbrannte
> er im Feuer.

Offenbar hatte die Säuberungsaktion des Joschija keinen durchschlagenden Erfolg, denn auch Ezechiel sieht in einer Vision 25 Männer, wahrscheinlich Priester,[124] bei der Sonnenanbetung am Heiligtum von Jerusalem (8,16):

---

122 So F. BLOME, Die Opfermaterie 118; E.F. WEIDNER, Weisse Pferde 159; H.-
   D. HOFFMANN, Reform 234.

123 Die LXX übersetzen den Plural מרכבות mit τὸ ἅρμα. H. SPIECKERMANN
   (Juda 252 Anm.72) erwägt, dass dabei die griechische Heliosdarstellung
   mit dem Pferdegespann eine Rolle gespielt haben könnte. 1Chr 28,18, wo
   im Zusammenhang mit den Keruben Wagen genannt werden, kann zu einer Klärung unserer Stelle nicht beitragen, da auch dort die Funktion dieser
   Wagen im Kontext unklar ist.

124 Vgl. W. ZIMMERLI, Ezechiel 220f.

Und er (JHWH) führte mich in den inneren Vorhof
beim Tempel JHWHs; und siehe, am Eingang des Tempel-
hauses zwischen der Vorhalle und dem Altar waren
etwa 25 Männer, die kehrten dem Tempel JHWHs den
Rücken zu und wandten das Angesicht gegen Osten,
indem sie die Sonne anbeteten.

Die historische Zuverlässigkeit des V.11 in der mehrschichtigen Gesamtkom-
position des Reformberichtes von 2Kön 23 ist verschiedentlich betont worden,[125] so dass wir uns hier direkt folgenden Fragen zuwenden können:
1. Lassen sich Herkunft und Umfeld der Jerusalemer Schamasch-Verehrung erheben und auf welche Einflüsse könnte das spezielle Gepräge dieses Kultes
mit den Pferden und Wagen hinweisen? 2. Welche Bedeutung hatten Rosse und
Wagen im Jerusalemer Schamasch-Kult, und wie sahen sie aus? Nicht eingehender beschäftigen können wir uns mit allen Fragen, die um das Amt und die
Figur des Netan-Melech sowie die genaue Lokalisierung der Rosse im Tempelbereich kreisen.[126]

Diese Fragen greifen nun weit über den Informationsgehalt des Textes hinaus,

---

125 H. HOLLENSTEINs literarkritische Analyse von 2Kön 23,4ff. (Literarkritische Erwägungen, passim) hat die Zuverlässigkeit von V.11 innerhalb
des stark deuteronomistisch geprägten Zusammenhangs nachgewiesen. Er
unterscheidet in 2Kön 23,4ff. drei Quellen: eine Vorlage des Dtr., die
Einschaltungen des Dtr. und die Redaktion eines Dritten, dessen Eigenart
das praeteritale w^eqatal ist (aaO. 326). Wie V.4 und V.12 rechnet HOL-
LENSTEIN die Notiz von den Sonnenpferden zu einem dem Dtr. bereits vorliegenden historischen Text über Joschijas Beseitigung des assyrischen
Gestirnkultes aus dem Tempel. Der Dtr. konnte diese historischen Fakten
mühelos in den Rahmen der üblichen dtr. Polemik gegen die allgemeine
Depravation des JHWH-Kultes, die sonst auf kanaanäischen Einfluss hinweist (Ascheren, Masseben u.a.) einreihen (aaO. 332.335f.). Vgl. H.
SPIECKERMANN, Juda 107f. und die früheren Versuche zur Quellenscheidung
bei J. GRAY, I&II Kings 715.

126 Vgl. dazu vor allem SPIECKERMANN (aaO. 107f.), der hinter dem Namen
נתן-מלך einen assyrischen Funktionär vermutet, der "eine Kontrollaufga-
be in bezug auf den Kult wahrnimmt, in dessen Nähe er im Tempel unter-
gebracht ist" (aaO. 109). SPIECKERMANNs Uebersetzung (aaO. 108 Anm.169)
des Standorts der Pferde mit "am Eingang des Jahwetempels neben (אֶל)
dem Raum des Offiziers Netan-melek" verlässt den MT-Text. Problematisch
ist zugegebenermassen, dass לשכה Räumlichkeiten im Tempel bezeichnet,
die für Priester und sonstiges Tempelpersonal zur Verfügung standen sowie als Vorrats- und Lagerräume dienten (vgl. Jer 35,2.4; 36,10; Ez 40,
17.38.44-46; 41,10; 42,1.4-13; 44,19; 46,19), aber kaum Stallungen. Zu
פרורים vgl. J. GRAY, I&II Kings 737f. und M. ELLENBOGEN, Foreign Words
137f.

der kaum mehr hergibt, als dass die Rosse Weihegeschenke der judäischen Könige gewesen sind, sich irgendwo am Tempeleingang befanden und dass die Wagen offenbar keine unmittelbare Einheit mit den Pferden bildeten.[127] Aus der
Notiz selbst ist auch nicht direkt ableitbar, ob es sich um lebende Pferde
oder um Bildwerke gehandelt hat. Die Beantwortung des ersten Fragekomplexes
wird darüber zu entscheiden haben.

Obwohl sich die Anhaltspunkte für eine spezifisch assyrische Ausprägung des
in 2Kön 23,11 bezeichneten Sonnenkultes inzwischen verdichtet haben, lohnt
es doch, die Verbindung von Sonnengott und Wagen sowie die Verehrung von
Pferden einmal in einem etwas weiter gezogenen Kreis nachzuprüfen. Als Aus-
gangsbasis soll die neueste kleine Studie von H.-P. STAEHLI dienen, deren
Resultate hier in aller Kürze referiert werden, ohne dass wir uns bei Einzelheiten aufhalten können.

Dass der JHWH-Kult solare Elemente enthielt, ist kaum je völlig in Abrede
gestellt worden. Die Meinungen in der Forschung gehen erst auseinander in
der Einschätzung des Stellenwertes solcher Elemente.

J. McKAY hatte in seiner Monographie über die Religion in Juda unter den
Assyrern festgehalten, dass Personen- und Ortsnamen, religiöse Terminologie,
die Tempelausrichtung, Tempelrituale und -feste sowie archäologische Funde
eine israelitische Sonnenmythologie und -religion und die tiefe Verwurzelung
der Sonnenverehrung in Israel bezeugen.[128] Grössere Zurückhaltung gegenüber

---

127 Die Notiz vom Verbrennen der Wagen ist wahrscheinlich dtr. Hand zuzu-
     schreiben. Das Verbrennen (שׂרף) aller illegitimen Kultobjekte gehört
     zur Standardterminologie der dtr. Reformberichte, man wird daraus also
     keine Schlüsse auf das Material ziehen können.

128 Zum Vorangehenden vgl. STAEHLI, Solare Elemente 1-8. McKAY versuchte in
     seiner 1973 erschienenen Studie "Religion in Judah under the Assyrians"
     (vgl. zum Folgenden bes.42ff.67-73) die bis dahin verbreitete Auffassung,
     Joschijas Reformmassnahmen hätten sich gegen die unter dem Druck assy-
     rischer Oberherrschaft praktizierten Kulte und Requisiten gerichtet,
     durch eine genaue Untersuchung der relevanten Texte, die von der Zeit
     vor dem Exil berichten, massiv in Frage zu stellen. Er kommt zu dem Er-
     gebnis, dass die Assyrer während ihrer Herrschaft über den Westen kei-
     nen gezielten Druck auf die Religion in Juda ausübten, indem sie etwa
     ihre Götter gezielt "exportiert" hätten, dass vielmehr die religiösen
     Missstände, wie sie anscheinend besonders unter Manasse durchbrachen,
     Ausdruck einer in der gegebenen politischen Situation um sich greifenden
     nationalen und religiösen Hoffnungslosigkeit waren und Joschijas Reform
     in einer Welle der hoffnungsvollen Wiedererstarkung nationaler und re-
     ligiöser Identität kam. Die Reform habe sich also allgemeiner gegen alle
     mit der JHWH-Religion konkurrierenden Praktiken gerichtet, die, wie
     McKAY meint, zum grösseren Teil phönizisch-kanaanäisch-syrischer Her-

dieser Verwurzelung und die Annahme von Fremdeinflüssen zur Zeit der assyrischen Oberhoheit im 8./7.Jh.v.Chr., bzw. einer "Perversion des echten Jahweglaubens", eines "religiösen Mischmasch" sind aber noch immer die Regel. Zu Recht fragt STAEHLI jedoch, ob diese Sicht nicht viel eher der dtr. Darstellung entspricht als den historischen Tatsachen.[129] Eine explizite Kritik am Solarismus des JHWH-Kultes findet sich nämlich erst bei Ezechiel (8,16-18), während er vorher keinen Anstoss erregt zu haben scheint.[130] Ortsnamen mit dem Element שמש oder חרס belegen, dass im vorisraelitischen Palästina Solarkulte verbreitet waren.[131] Auch die Ost-West-Orientierung des Jerusalemer Tempels[132] scheint vor allem im Zusammenhang mit dem Tempelweihspruch in 1Kön 8,12 auf solare Kultelemente, möglicherweise sogar eine Ablösung des Sonnen- durch den JHWH-Kult gerade in Jerusalem hinzuweisen.

Sehr viele atl. Stellen zeigen, dass die Sonne JHWH ausdrücklich untergeordnet wurde (z.B. Ps 19,5), womit die im dtr. Geschichtswerk entfaltete Absage an eine kultische Verehrung der Sonne bereits angelegt ist. Gerade durch die Sonne kann JHWH sich dann verherrlichen, und die Macht Gottes kann sich in der Veränderung von Sonne und Gestirnen manifestieren.[133]

Das Alte Testament ist insgesamt sehr vorsichtig mit Wendungen wie "die Sonne sehen" oder "unter der Sonne" im Sinne von "leben/am Leben", die den engen Zusammenhang von Leben und der Sonne als Geberin des Lebens, wie er aus Aegypten bekannt ist, evozieren könnten. Ps 72 und 2Sam 23,1-7 enthalten aber noch Hinweise, dass die kosmische Macht der Sonne mit dem gerechten König in Verbindung gebracht wurde.[134]

Die in Num 25,4 und 2Sam 12,11 auftretende Wendung נגד השמש im Zusammenhang von Gericht und Strafe zeigt nun, dass man die in Mesopotamien wie in Aegypten verbreitete Vorstellung von der Sonne als oberstem Richter und Sachverwalter des Rechts kannte, vom Retter, der "alles der heilvollen Ordnung Zu-

---

kunft sind als mesopotamischer. Die atl. Texte gäben keinen Anlass, eine gezielte Aktion gegen assyrische Kulte anzunehmen, was einem religiös-politischen Aufstand gleichgekommen wäre.

129 AaO. 9f.

130 AaO. 11f.

131 Vgl. Bet-Schemesch, En-Schemesch, Har-Heres, Timnat-Heres, Maale-Heres, evtl. auch den Personennamen Simson "Sönnchen" (aaO. 12-14).

132 Zum salomonischen Tempel als Uebernahme jebusitischen Erbes vgl. aaO. 15f. und die Einleitung zu unserem Kap. 1.2.

133 Zum Vorangehenden vgl. aaO. 17-23.

134 AaO. 23-28.

widerlaufende vertreibt und vernichtet".[135]

In den Gesamtvorstellungshorizont des Alten Orient lassen sich noch eine Reihe weiterer atl. Stellen einfügen: die Vertreibung des Dämons durch die Morgenröte in Gen 32,23ff., der Beginn und das Ende des Unheils mit Sonnenuntergang und -aufgang in Ri 19, das Gericht der Zerstörung über Sodom (Gen 19,23ff.) nach Sonnenaufgang, die Abhängigkeit entscheidender Schlachten vom Stand der Sonne (Ri 9,33; Ex 17,8ff.; 1Sam 11,12; Jos 10,2f.), der Untergang der Sonne am hellen Mittag beim Gericht JHWHs (Am 8,9).[136] Gelegentlich ist dann von JHWH in dieser Sonnenterminologie die Rede, so in Zef 3,1-5, in Ps 46,6 u.a. (die Hilfe Gottes am Morgen). JHWH tritt in dieser Bildsprache die Nachfolge des Sonnengottes an, er ist die Sonne.[137]

Namen, besonders von Angehörigen priesterlicher oder levitischer Familien, die mit dem theophoren Element יה oder יהו und der Wurzel זרח "aufgehen/Aufgang (der Sonne)" zusammengesetzt sind, weisen in dieselbe Richtung, ebenso die Bezeichnung JHWHs als "Sonne und Schild" in Ps 84,12.[138]

An dieser Stelle macht STAEHLI auch auf die bekannten judäischen Stempel mit dem vierflügeligen Skarabäus und der Flügelsonne aufmerksam, beide Sonnensymbole, die er als Symbol der Schutzmacht, der "Sonne JHWH" interpretiert.[139] Die Untersuchungen von H.-P. STAEHLI machen somit eine ältere Tradition von solarisierter JHWH-Verehrung in Jerusalem wahrscheinlich. Es wird noch zu klären sein, ob sich unter assyrischem Einfluss ein verstärkter Trend in diese Richtung ausbildete.

Wenden wir uns aber zunächst den Attributen des Sonnenkultes zu, die in 2Kön 23,11 genannt werden, Pferden und Wagen.

4.4.2. SONNENGOTT, PFERD UND WAGEN IN ISRAELS UMWELT

Eine ganz enge Verbindung des Sonnengottes mit einem von Pferdegespannen gezogenen Gefährt ist uns natürlich aus der griechischen Mythologie (seit Ho-

---

135 AaO. 28-33.

136 AaO. 34-36.

137 AaO. 36-39.

138 AaO. 40.45.

139 AaO. 43. Zu den *lmlk*-Stempeln siehe auch weiter unten Kap. 4.4.3.

mer) vertraut, wo Helios im feurigen Wagen seine Bahn zieht.[140] J. McKAY[141] nimmt eine Verwurzelung dieses Mythos im gesamten Mittelmeerbereich an und macht für dessen Einfluss auf Palästina/Syrien mehrere Argumente geltend: die Erwähnung einer Wagenlenkergottheit *rkb'l* in Inschriften aus Sendschirli (9./8.Jh.v.Chr.), die recht häufigen Funde von Pferd-Wagen-Modellen (Votivgeschenke?) aus Ton in Ugarit und Palästina, die in der Erzählung von Elijas Entrückung, in Hab 3,8 und in anderen atl. Texten nachklingende Beschreibung JHWHs mit Bildern aus der Sonnenmythologie, die typisch griechisch-nordsyrisch-palästinisch ist.[142]

Die Rosse und Wagen siedelt der Autor im mythologischen und praktisch-kultischem Kontext an. Für den Gebrauch der Wagen und Pferde als Prozessionsgefährt der Gottheit führt McKAY kurze Zeit später in einem ergänzenden Artikel[143] ein in römische Zeit datierendes Zeugnis an, das die syrische Tradition der Prozession des Sonnengott-Symbols (sol invictus) in einem von Pferden gezogenen Wagen belegt. Das geringe Alter der Quelle (3.Jh.n.Chr.) beeinträchtigt aber die Beweiskräftigkeit für den atl. Zusammenhang erheblich.

Problematisch ist an dieser These zudem, dass wir über die Wagenlenkergottheit *rkb'l*[144] zu wenig wissen, dass die genaue Bedeutung der kleinen Tonmodelle aus dem Fundkontext nicht erschliessbar ist, und - nicht zuletzt - dass in 2Kön 23,11 von מרכבות im Plural die Rede ist und zudem "Rosse und Wagen" nicht zusammen genannt werden, obwohl dies gewöhnlich eine stehende

---

140 Zur Erscheinung des Sonnengottes in der klassisch antiken Dichtung und Kunst vgl. den Artikel "Helios" (bes.86f.) in PAULY/WISSOWA, RE VIII,1 und W.H. ROSCHER, Ausführliches Lexikon I,2 bes.2005-13. W.R. SMITH erwähnt einen bei PAUSANIAS bezeugten Brauch auf Rhodos, wo am jährlichen Sonnenfest dem Gott vier Pferde geopfert wurden (SMITH, The Religion 293). Zu den altiranischen Belegen von Pferdeopfern für die Sonne vgl. die Hinweise bei P. CALMEYER, Der leere Wagen 64 Anm.60.

141 Religion 32-36.

142 Dazu ist anzumerken, dass von der Sonne in den genannten Texten nie die Rede ist. Wenn McKAY von Sonnenmythologie spricht, so ist das eine recht willkürliche Interpretation.

143 McKAY, Further Light, passim.

144 KAI II zu No 24,16. Das Element רכב in רכבאל ist mit "fahrend/reitend" zu übersetzen. Es begegnet ausser in mehreren Inschriften aus Sendschirli u.a. in der bildhethitischen Legende auf einem Siegelring (*Bar-Rakib*) und in Ugarit (*Bin-ra-kub- dBaᶜalₐ; ili-ma-ra-kub*). Möglicherweise ist das Joch Symbol dieses Gottes.

Wendung im Hebräischen ist (סוסים ומרכבות).[145]

Aus Aegypten ist eine Verbindung des Sonnengottes mit Pferden und/oder Wagen nicht bekannt. Unter den verschiedenen mythischen Vorstellungen vom Sonnenlauf spielen die Sonnenbarke und die Wiedergeburt durch den Leib der Göttin Nut die grösste Rolle.[146] Ein zyprisches Siegel unbekannter Herkunft,[147] das eine vierflügelige Göttin, die die Sonnenscheibe hält (ähnlich der ägyptischen Nut) mit zwei geflügelten Rossen, einem Korbe[148] und dem achtzackigen Ischtarstern kombiniert (Abb.106), dürfte der Verschmelzung von ägyptischen und griechischen Einflüssen entsprungen sein.

In Aegypten ist das erst in der ersten Hälfte des 2.Jts.v.Chr. eingeführte Pferd nie zu göttlichen Ehren gelangt. Von den Gottheiten reitet nur die im Neuen Reich in Aegypten eingedrungene asiatische Liebes- und Kriegsgöttin Astarte/Asiti (Astarté à cheval) auf dem Pferd.[149] Zwei SB-zeitliche Darstellungen der Qudschu auf dem Pferd wurden inzwischen in Lachisch[150] und auf dem Tel Qarnajim gefunden (Abb.100).[151]

Als Attributtier des Schamasch ist das Pferd hingegen im vorderasiatischen Raum nachweisbar. So steht der durch die Flügelsonne als Schamasch ausgewiesene Gott in der Götterprozession von Maltai auf einem Pferd.[152]

---

145 Vgl. Ex 15,19; Dtn 11,4; 20,1; Jos 11,4.6; 1Sam 8,11; 1Kön 5,6; 20,21. 25; 2Kön 2,11; 5,9; 6,14.15.17; 7,6; 10,2; Ps 20,8; Jes 2,7; 22,6; 28, 28; 43,17; 66,20; Jer 17,25; 46,9; 50,37; 51,21; Ez 26,7; Mi 1,13; Nah 2,4; 3,2.

146 Vgl. W. BARTA, Art. "Re" in: LdAe V 166f.; D. KURT, Art. "Nut" in: LdAe IV 535-541 und O. KEEL, AOBPs Abb.31 (ägyptisches Ostrakon des Neuen Reiches; vgl. Abb.337).

147 W. CULICAN, The Iconography 97 Pl.V,C und 98ff.

148 Wahrscheinlich steht der Korb für das Binsengefilde, in dem sich Re allmorgendlich reinigt (vgl. W. BARTA, aaO.).

149 Vgl. KEEL, AOBPs 215f.; S. BEN-ARIEH, A Mould 76f.; J. LECLANT, Art. "Astarté" in: LdAe I bes.507f. und ders., Astarté à cheval, passim.

150 Vgl. C. CLAMER, A Gold Plaque, passim und fig.1.

151 S. BEN-ARIEH, A Mould, Pl.8A; vgl. oben Kap. 3.4.3.

152 Im neueren Beitrag von R. MAYER-OPIFICIUS (Die geflügelte Sonne, passim) wird die Flügelsonne eindeutig dem Schamasch zugewiesen und zwar ab der mittelsyrischen Zeit. Entgegen dem vielerorts angeführten Verweis auf den Wagen des Schamasch von Sippar und dessen Zugtiere (T.G. PINCHES, The Chariot 132-137) ist anzumerken, dass das Ende der Z.1 dort weggebrochen ist, weshalb verschiedene Equiden als Zugtiere ergänzt werden können. Die heute verschollene, nicht kollationierbare Tafel enthielt eine Liste von Ausrüstungsgegenständen des Prozessions- oder Streitwa-

Ein aussergewöhnliches neuassyrisches Siegel der Sammlung des Biblischen Instituts der Universität Freiburg i.Ue. (Abb.107)[153] soll etwas ausführlicher beschrieben werden. Die Abrollung zeigt folgende Szene: In der Mitte ist das bekannte Motiv des Gottes in der Flügelsonne zu sehen. Beidseitig auf den Flügeln ist ein weiterer Kopf angedeutet.[154] Das vogelähnliche Gebilde wird von den beiden Stiermenschen links und rechts auf einer Platte getragen. Hinter diesen steht jeweils noch ein Mann im Fischgewand (Genius? Priester?). Achtzackiger Stern und Mondsichel (weggebrochen) sind oben auf dem Siegel eingeritzt worden. Aussergewöhnlich ist nun, dass der Gott in der Flügelsonne, obwohl er ja gestützt wird, zusätzlich noch auf einem (sehr sorgfältig gezeichneten) Pferd steht. Die Verbindung zwischen dem fächerartigen Schwanz der Flügelsonne und dem Pferd stellt das Kleid des Gottes dar, so dass dieser in voller Figur auf dem Podesttier steht und zugleich den schwebenden Gott in der geflügelten Scheibe darstellt.[155]

P. CALMEYER und U. SEIDL haben inzwischen aufgezeigt, dass urartäische Bilder des Mannes in der Flügelsonne, der von Berggottheiten beidseitig gestützt wird, im Rahmen von Siegesdarstellungen beheimatet sind[156] und wahr-

gens des Schamasch von Sippar. In Kleinasien wird die Gottheit *Pirwa* (*Perwa, Peruwa*), über die aber sehr wenig bekannt ist, mit dem Pferd verbunden (vgl. WM I 190f. und Taf.IV Abb.6 ein Siegel aus der Grossreichszeit mit einer Gottheit auf einem Pferd). In Südarabien ist das Pferd der Sonnengöttin *Dāt Ba^{c}dān* heilig (vgl. A. GROHMANN, Göttersymbole 70f. und die beiden sabäischen Bronzepferde Abb.183f.). Vgl. aber WM I 522f.

153 CALMEYER/SEIDL, Eine frühurartäische Siegesdarstellung 113 fig.4.

154 Die Deutung dieser Figuren in der Flügelsonne ist noch umstritten. O. EISSFELDT (Die Flügelsonne, passim) spricht vom "Himmelgott". O. KEEL (Jahwe-Visionen 210f.) hält sie für eine uranische Trias, wobei die Flügel dann nicht Sonne, sondern Himmel bedeuten; CALMEYER/SEIDL,(aaO. 112) denken an "von der Sonne Aufgenommene, Geschützte." Vgl. auch VAN BUREN, Symbols 108.

155 Hier liegt zunächst eine Kontamination von zwei Motiven, nämlich dem "Mann in der Flügelsonne" und der Flügelsonne (ohne Figur), die von zwei Assistenten gestützt wird, vor (CALMEYER/SEIDL, aaO. 110). Ein Stempelsiegel des 8.Jhs.v.Chr. aus Jerusalem (BRL² Abb.78,10) zeigt z.B. den Gott in der Flügelsonne (ohne Unterkörper), unter ihm Sonne und Mond, mit zwei Assistenten.

156 Eine frühurartäische Siegesdarstellung, passim. Die antiquarischen Einzelheiten der urartäischen Bronzescheibe (aaO. fig.1) erweisen die Schlachtbilder als Sieg von urartäischen Streitwagen über Nordsyrer oder Assyrer, während der Stil eine assyrische Vorlage oder gar einen assyrischen Handwerker des 9. Jhs.v.Chr. vermuten lässt (aaO. 114).

scheinlich den Sonnengott in seiner Funktion als Siegesgarant versinnbildlichen.

Auch im Kult spielt das Pferd in Vorderasien eine Rolle. So ist auf einem
Kudurru aus der Zeit Nebukadnezzars I. in einem kleinen Schrein ein Pferdekopf auf einem Podest zu sehen (Abb. 108).[157] Ein spätkassitisches Zylindersiegel in der Pierpont Morgan Library zeigt vor einem kleinen Heiligtum mit
Pferdekopf (ebenfalls auf einem Sockel) und einem Vogel auf einer Stange
einen Verehrer, ein Räucheraltärchen, Stern und Mondsichelstandarte (Abb.
109).[158]

Grössere Bedeutung im Kult haben in assyrischer Zeit lebende Pferde. Hochge-
stellte Funktionäre stifteten - wahrscheinlich waren sie dazu verpflichtet -
wertvolle Pferde an verschiedene Tempel. Vor allem weisse Tiere, die für die
Prozessionswagen verschiedener Götter als Zugtiere dienten, scheinen beliebt
gewesen zu sein.[159]

H. SPIECKERMANNs Untersuchungen zur Bedeutung des Pferdes in einem Tāmītu
(Orakel)-Formular neuassyrischer Zeit - jedoch älterer Tradition[160] - haben
zudem erbracht, dass das in diesem Fall an Marduk gestiftete Pferd "die Position einer (vermutlich niederen) Gottheit einnehmen, der Opfer zustehen
und die für ihren Stifter fürbittend bei den grossen Göttern eintreten
kann."[161] Dass in assyrischen Texten bislang keine ausdrückliche Stiftung

---

157 L.W. KING, Babylonian Boundary Stones Pls 83,90 Face A, ·4.Reg.; vgl.
     VAN BUREN, Symbols 39 und 190 B 5.

158 E. PORADA, The Collection 66 und Pl.81,588E. Hier sei noch auf die rät-
     selhaften Pferdebestattungen der MBII-Zeit in Asor und auf dem Tell Ad-
     schul (OLB II 29 und Abb.77) hingewiesen.

159 Vgl. E.F. WEIDNER, Weisse Pferde, passim und H. SPIECKERMANN, Juda 249f.
     bes.Anm.68.mit einer Aufstellung von Textnachweisen über Stiftungen
     weisser Pferde an assyrische Tempel.
     Die schriftlichen Quellen zu Kult, Administration und Personal im neu-
     assyrischen Tempelwesen hat B. MENZEL (Assyrische Tempel) systematisch
     bearbeitet. Unter anderem wird aus ihnen deutlich, dass weisse Pferde
     in Assur eine religiös-kultische Bedeutung genossen. So waren zur Zeit
     Assurbanipals Uebereignungen von Schimmeln an Assur und von vier har-
     bakannu -Equiden an Nergal üblich, wobei es sich um Sanktionsgaben für
     Vertragsbrüchigkeit gehandelt zu haben scheint (aaO. 9.61f.125). In
     einigen neuassyrischen Poenalklauseln dieser Art bekommt auch Sîn von
     Haran zwei oder vier weisse Pferde zugesprochen, was die Autorin als
     Zeichen des Machtzuwachses dieser Mondgottheit deutet (aaO. 89; vgl.
     COGAN, Imperialism 86f.). Die weissen Pferde des Gottes Assur wurden

von Pferden an Schamasch überliefert ist, hält SPIECKERMANN für einen Zufall. Er nimmt an, die Pferde im Jerusalemer Tempel könnten eine interzessorische Aufgabe beim Sonnengott wahrgenommen haben.[162] Für SPIECKERMANN besteht jedenfalls kein Zweifel am starken assyrischen Einfluss auf den in 2Kön 23,11 beschriebenen Jerusalemer Kult.

Dafür kann er nun nicht nur die Pferde, sondern auch den assyrischen Brauch der Verehrung leerer Standartenwagen anführen, wie er in Lagerdarstellungen assyrischer Reliefs mehrmals dokumentiert ist.[163] Da die Zuordnung der Standarten, die die Präsenz der Gottheit anzeigen, zu Assur bzw. Schamasch noch umstritten ist[164] und in 2Kön 23,11 von Standarten auch keine Rede ist, wird man vorerst allerdings nur eine gewisse Wahrscheinlichkeit postulieren dürfen, dass die Wagen des Sonnengottes eine ähnliche Bedeutung wie die "leeren Wagen" auf den assyrischen Reliefs hatten.[165] Ueber Aussehen und Material dieser Wagen berichtet der atl. Text zwar nichts, doch werden sie sich nicht

bei feierlichen Götterprozessionen vor den Streitwagen des Hauptgottes gespannt, den wahrscheinlich der König lenkte. So fand seit Sanherib am 2. Nisannu des Jahres eine Prozession vom Assurtempel zum bīt akītu statt (MENZEL, aaO. 55.248.285). In Prunk-/Streitwagen mit Pferden scheinen mehrere Götter am Neujahrsfest teilgenommen zu haben, so auch Anu, Ninurta, Schamasch (!) und Adad (vgl. zu den Quellen M. COGAN, Imperialism 86f. bes.Anm.124 und M. WEINFELD, The Worship 150f. und Anm. 142).

160 Juda 245-249.

161 AaO. 250.

162 Zum Vorangehenden vgl. aaO. 251-253.

163 Vgl. aaO. 253 Anm.75 eine Liste von sechs Reliefs, auf denen solche Opfervorrichtungen dargestellt sind (vgl. die Hinweise bei Anm.165).

164 Vgl. SPIECKERMANN, Juda 253-256.

165 Die Tradition des leeren Wagens hat P. CALMEYER (Der leere Wagen, passim) ausgehend von Zeugnissen aus persischer Zeit bis ins 8.Jh.v.Chr. (Urartu) bzw. 7.Jh.v.Chr. (neuassyrische Reliefs) zurückverfolgt. Solch ein "leerer", d.h. die unsichtbare Gottheit tragender Wagen ist u.a. auf einem Relief Sanheribs zu sehen. Im Gegensatz zum Königswagen handelt es sich um ein altertümliches Modell, in dem der Gott dem Geschehen (der Einnahme der Stadt Lachisch) hier bereits mehr als Ehrengast denn als kämpfender Helfer beiwohnt (vgl. A.H. LAYARD, The Monuments II 469 und Taf.24; O. KEEL, AOBPs Abb.322f.; P. CALMEYER, aaO. 59f. und Abb.2). Vor etwas weniger antiquierten Standartenwagen wird (auf demselben Relief und einem weiteren) im Lager Sanheribs geopfert. Die Bedeutung des leeren Wagens vergleicht CALMEYER mit der des leeren Thrones (aaO. 63ff.). CALMEYER sieht den leeren Wagen im grösseren Rahmen anikonischer Tendenzen in den Randgebieten des Alten Orient (aaO. 74f.). Zu den Quellen aus der Achämenidenzeit vgl. aaO. 49-54.

grundsätzlich von den damals üblichen Wagenmodellen unterschieden haben.[166]

Das Alte Testament selbst liefert noch ein weiteres wichtiges Indiz für eine Quasi-Vergöttlichung von Pferd und Wagen. Von Rossen, Reitern und Wagen ist im Alten Testament auffällig oft die Rede - gemeint sind die im Krieg altorientalischer Völker eingesetzten Streitwagen, die von Pferden gezogen wurden, und die bewaffneten Krieger zu Pferd. Wer nur einige atl. Stellen nachliest, die von Rossen und Streitwagen handeln, wird zu dem zunächst frappanten Ergebnis kommen, dass diese Tiere samt dem Gefährt, mit dem sie häufig in einem Atemzug genannt werden, von den Autoren der alt. Bücher in äusserst schlechtes Licht gebracht werden, insofern sie ständig als eine Gefährdung der JHWH-Treue dargestellt werden, als JHWH konkurrierende Macht, eine Art Götzending, das den JHWH-Anhänger trügerisch zum Vertrauen auf das Rüstungspotential verlockt.[167] Schon die Landnahmetradition soll die Nichtigkeit dieser Streitmächte gegenüber JHWHs starker Hand zum Ausdruck bringen. Als ein pointiertes Beispiel kann hier Ps 20,8 angeführt werden:

> Durch Wagen sind jene, durch Rosse stark,
> wir durch den Namen JHWHs, unseres Gottes.

Die massive Polemik gegen Rosse und Wagen ist ein deutlicher Hinweis darauf, dass sich die Israeliten der Faszination dieser geballten Kraft und Schnelligkeit kaum zu entziehen vermochten. Die Gefahr der Verführung wie durch einen Götzen war eine reale, da Aegypten und vor allem Assyrien ihre Macht auf diese Streitkräfte stützten und den Bewohnern Israels sicher nicht nur den gebührenden Schrecken einjagten, sondern auch imponierten,[168] ja wie

---

166 Vgl. die einschlägige Studie von W. NAGEL (Der mesopotamische Streitwagen, passim) und den Artikel "Pferd und Streitwagen" von H. WEIPPERT, in: BRL[2] 250-255. Zu den Streitwagen der Assyrer vgl. vor allem B. HROUDA, Die Kulturgeschichte Taf.26f. Interessant ist in diesem Zusammenhang auch ein Stuhlwagen aus Chorsabad (8./7.Jh..v.Chr.), dessen Verstrebungen mit Pferden verziert sind, und dessen Deichsel in einen Pferdekopf ausläuft (aaO. Taf.17,2; vgl. 17,3).

167 KEEL, AOBPs 214-218; ders., Jahwes Entgegnung 70f. und OLB I 127-131. Seit Salomo verfügte Israel ebenfalls über (importierte) Streitwagen und Pferde. Bei der Schlacht von Qarqar (853 v.Chr.) kann Ahab von Israel ein beachtliches Streitwagenkontingent (200 oder 2000 Wagen?) stellen. Dtn 17,16 hingegen versucht, dem König von Israel den Pferdeimport zu verwehren, was auf dem Hintergrund altorientalischer Königsherrschaft grotesk anmutet.

168 Vgl. beispielhaft den drohenden Kontext von Joel 2,4; Jer 8,16 und den engen Zusammenhang mit Zaubermitteln, Zeichendeuterei, Schnitzbildern und anderen anrüchigen Praktiken in Mi 5,10.

göttliche Mächte erschienen. So sieht sich der Prophet Jesaja (31,3) veranlasst klarzustellen:

> Die Aegypter sind Menschen und nicht Gott,
> und ihre Rosse sind Fleisch und nicht Geist.

4.4.3. DAS PFERD IN DER SIEGEL- UND KERAMIKKUNST PALAESTINAS

Steht im Alten Testament die Polemik gegen Pferde und Streitwagen im Vordergrund, so lässt ein Blick auf die eisenzeitliche Siegelkunst in Palästina/
Israel genau die Kehrseite der Medaille, d.h. die Faszinationskraft, die
die prophetische und dtr. Kritik erst auf den Plan ruft, erkennen. Eisenzeitliche Stempelsiegel, soweit sie in offiziellen Grabungen oder als Oberflächenfunde zutagekamen, zeigen sowohl einzelne Pferde als auch Reiter. Da
diese Funde bislang bei der Behandlung der Rosse und Wagen in 2Kön 23 nie
berücksichtigt worden sind, sollen die einzelnen Stücke im folgenden beschrieben werden.

Auf einem Skaraboid der E IIB-Zeit aus Samaria sehen wir ein langmähniges
Pferd, über dem Mondsichel und -scheibe erkennbar sind, unter ihm eventuell
eine Sonnenscheibe und vor ihm ein Zeichen, vielleicht *hd* "weiss" (**Abb.
110**).[169]

Vom Tell Zafit stammt ein Skarabäus (?) mit einem schlecht geschnittenen
Pferd ohne jeden weiteren Dekor.[170] Ungewöhnlich ist ein Skarabäus aus Achsib
mit einem nach rechts schreitenden Pferd, hinter dem sich drei Blüten auf
dünnen Stengeln erheben. Vor dem Pferd ist eine weitere Blüte eingeschnitten
(**Abb. 111**).[171]

Eine Reihe von eisenzeitlichen Stempelsiegeln stellt ein einzelnes Pferd
dar, vor dem eine menschliche Gestalt steht, die es möglicherweise führt:
so auf einem Skaraboid aus Lachisch, wo über dem Pferd (nach links gerichtet)

---

169 J.W. CROWFOOT, Objects Pl.15,11 = A. ROWE, A Catalogue No SO.39. Als
Beispiel für die ägyptische Tradition, den Pharao in Tiergestalt
darzustellen, sei auf einen unveröffentlichten Skarabäus der 19./20.
Dyn.aus Bet-Schean (M. Reschef, Beth Alpha) hingewiesen, wo sich vor
dem nach rechts schreitenden Pferd die Inschrift "vollkommener Gott,
Herr der beiden Länder" findet.

170 BLISS/MACALISTER, Excavations 40 Pl.83,7 S.

171 Aufbewahrungsort:IDA 55-97; Steatit; L 17,6; B 12,8; D/H 8,8.

noch eine Sonnenscheibe angebracht ist (Abb.112).[172] Dieses Stück wurde in
der EZ II (1000-586 v.Chr.) gebraucht, ist aber möglicherweise älter.
Das könnte auch für ein ganz ähnliches Exemplar gelten - ebenfalls aus einem
Grab in Lachisch, zwischen 1000 und 900 v.Chr. in Gebrauch -, wo statt der
Sonnenscheibe oben ein Vogel (?) zu sehen ist. Das Tier schreitet nach rechts
Die kleine Gestalt davor hebt (verehrend?) die Arme (Abb.113).[173]
Ein Skaraboid aus Megiddo zeigt ebenfalls ein nach rechts schreitendes, von
einer Figur geführtes Pferd, über ihm einen grösseren Vogel, unter ihm einen
Zweig.[174]
Eine Ungewissheit besteht bei den beiden letztgenannten Stücken darin, dass
Taube und Zweig auch die Astarte à cheval begleiten, welche auf einem früh-
eisenzeitlichen Siegel aus Akko dargestellt ist. Auch da steht vor dem Pferd
eine weitere Gestalt.[175] Auf einem Skaraboid vom Tell Keisan (1150-900 v.Chr.
begleitet ausser Taube und Zweiglein auch ein Skorpion das Pferd.[176]
Drei Stücke, deren Datierung unsicher ist, stellen einen Reiter dar. Auf
einem Stempelsiegel von Bet-Schean (Oberflächenfund) ist ein Pferd im Galopp
(nach rechts) zu sehen, hinter dem Reiter eine (Sonnen?)Scheibe (Abb.114).[177]
Auf der Siegelfläche eines eisenzeitlichen Skaraboids vom Tell Eṭun ist ein
Reiter (nach rechts gerichtet) eingraviert, dessen Pferd von einer anderen
Figur geführt wird (Abb.115).[178]
Ein nach links schreitendes Pferd mit Reiter wird auf einem Skaraboid aus
Taanach ebenfalls von einem Mann (an der Mähne oder am Halfter) geführt
(Abb.116).[179]

172 O. TUFNELL, Lachish III 364.370 Pl.44,77 und 43 A 77.

173 AaO. Pl.44,79 und 43 A 79.
     Vgl. auch Pl.44,87 (43 A 87), wo vor dem Pferd ein aufgerichteter unde-
     finierbarer Vierfüsser zu sitzen scheint.

174 LAMON/SHIPTON, Megiddo I Pl.69,43 (Oberflächenfund). Vgl. evtl. auch
     W.M.F. PETRIE, Beth Pelet I Pl.33 No 377 (Vierbeiner nicht identifizier
     bar).

175 R. GIVEON, The Impact 95f. fig.48a-c.

176 O. KEEL, La glyptique Pl.136 No 14 und dazu mit weiteren Stücken aus
     Sammlungen aaO. 272.

177 Unveröffentlicht. Jerusalem YMCA Clark Coll. No 162 (beiger Kalkstein;
     L 14,3; B 13; D/H 21).

178 Aufbewahrungsort unbekannt, unveröffentlicht.

179 Unveröffentlicht. M. Reśchef, Beth Alpha (brauner Kalkstein; L 17,5;
     B 15; D/H 9).

Da alle diese Stempelsiegel Amulettcharakter hatten, müssen die Darstellungen von Pferden und Reitern lebensfördernde und unheilabwehrende Kräfte beschworen haben.[180]

Ein ovales Kalksteinsiegel des 8.Jhs.v.Chr. (Abb.117) vom Tell Dan[181] bezeugt, dass auch vorderasiatisch-assyrische Streitwagenmotive bekannt waren
und aufgenommen wurden. Ein nach rechts galoppierendes Pferd zieht einen
Wagen, aus dem drei Köpfe und die Peitsche des Lenkers hervorschauen.[182]
Die Sonnenscheiben auf einigen Stücken lassen vermuten, dass Pferd und Reiter auf den Stempelsiegeln in Zusammenhang mit der Sonnenverehrung stehen.
Die auffällig häufig beigeordneten kleinen Figuren sind gelegentlich vielleicht als Verehrer zu deuten, in einigen Fällen fungieren sie aber ganz
klar als Pferd- bzw. Wagenführer. Zu ihrer Deutung trägt nun wiederum ein
aussergewöhnliches assyrisches Rollsiegel bei, das zur Sammlung Mahboubian
in Teheran gehörte, die inzwischen aber gestohlen worden ist.[183]
Das Siegel zeigt zwei Stiermenschen, die den Gott in der Flügelsonne über
dem stilisierten Sakralbaum emporheben. Rechts davon führt ein Beter ein
wunderbar geschnittenes, ungesatteltes Pferd an einem Halfter dieser Sakral-
szene zu. Ueber dem Pferd sind die Mondsichel und ein grosser Vogel (Geier)
erkennbar, während unter ihm mehrere lotosartige Blüten auf langen Stielen
eingraviert sind, über die das Tier hinwegzuschreiten scheint (Abb.118).

Ich möchte die Darstellungen auf den Stempelsiegeln aus Palästina, obwohl
sie grösserenteils älter sind als das neuassyrische Rollsiegel, als Aus-
schnitte bzw. abgekürzte Repräsentationen der Rollsiegelszene (bzw. natürlich
ähnlicher, nicht erhaltener Darstellungen) deuten. Dass palästinische Stempelsiegel häufig "Auszüge" aus grösseren Motivszenen der vorderasiatisch-
syrischen Kunst wiedergeben, habe ich am Beispiel des "Mannes im Wulstsaum-

180 Vgl. die Stücke in der Sammlung Fraser-von Bissing in Basel bei HORNUNG/
     STAEHELIN, Skarabäen Nos 906-909.

181 A. BIRAN, Tel Dan, 1977 Pl.37 C (L 21,9; B 19,9; D/H 9,8).

182 Dass nur die Köpfe sichtbar sind, könnte auf ägäische Tradition zurück-
     zuführen sein. Vgl. einen Skaraboid aus Aseka (Tell Zakarije) bei F.J.
     BLISS, Third Report Pl.7,11. Dargestellt ist eine Wagenjagd auf Löwen
     (?) in assyrischem Stil.

183 Prof. Dr. P. CALMEYER (Berlin) hat mir grosszügigerweise das Photo
     einer Abrollung zukommen lassen, die er vor Jahren von dem Stück ma-
     chen konnte (vgl. den Hinweis auf dieses Siegel bei CALMEYER, Der leere
     Wagen 68f.) und mir erlaubt, es zu publizieren. Eventuell wird das
     Siegel irgendwo im Handel wieder auftauchen.

mantel" aufgezeigt.[184]

Die Stempelsiegel könnten demnach einen Beter (evtl. mit beschwörend erhobener Hand) zeigen, der das Pferd dem Sonnengott (über dem Sakralbaum) zuführt.[185] Die zusätzlich eingeschnittenen Symbole auf den Stempelsiegeln entsprechen ebenfalls denen auf den Rollsiegeln. Es kommen vor: Mondsichel (Samaria, Abb.110), Vogel (Lachisch, Abb.113; Megiddo), Blüte (Megiddo; sehr ähnlich die Blüten auf Stengeln beim Exemplar aus Achsib, Abb.111). Der geflügelte Sonnengott über dem Sakralbaum wird aus Platzmangel nicht dargestellt, auf einigen Stücken aber durch das Symbol der einfachen runden Sonnenscheibe ersetzt (Samaria, Abb.110; Lachisch, Abb.112; Bet-Schean, Abb.114). Ein Ovoid des 8.Jhs.v.Chr. aus Jerusalem mit dem Motiv des Gottes in der Flügelsonne über Mond und Stern, flankiert von zwei Adoranten, zeigt zudem, dass dieses Symbol in Juda bekannt war (Abb.119).[186]

Im Anschluss an die neueren Untersuchungen zur geflügelten Sonne[187] möchte ich die Szene auf dem Rollsiegel folgendermassen interpretieren: Schamasch als Sieges- und Rechtsgarant schützt und legitimiert die Weltordnung des assyrischen Reiches, die symbolisiert und repräsentiert wird durch den König oder (ikonographisch austauschbar) den sakralen Baum.[188] Die göttlich legi-

184 S. SCHROER, Der Mann bes.103. O. KEEL (La glyptique 260f.) hat dieses Phänomen zuvor am Beispiel des Zweigträger-Motivs auf MBIIB-Skarabäen nachgewiesen. Die Einzelfiguren mit Zweig sind als Prozessionsteilnehmer oder Verehrer zu verstehen.

185 Ich vermute, dass die Figürchen mit zwei erhobenen Armen schlechte oder missverstandene Variationen des Pferdführers sind. Auch auf dem Rollsiegel ist dessen eine Hand ja grüssend erhoben.

186 K. GALLING, Beschriftete Stempelsiegel 184 No 82 und Taf.7,82 (= BRL[2] Abb.78,10).

187 CALMEYER/SEIDL, Eine frühurartäische Siegesdarstellung und R. MAYER-OPIFICIUS, Die geflügelte Sonne bes.198-201 (zur Flügelsonne in der neuassyrischen Zeit). Zur Zeit des Aufstiegs des neuassyrischen Reiches wird der menschengestaltige Schamasch in der Flügelsonne gern kämpfend dargestellt. Er unterstützt als kriegerischer Gott und Wahrer des Rechts Assur und sein Land. Bis zur Zeit Salmanassars III. wird der Gott in menschlicher Gestalt in der Flügelsonne mit dem Sakralbaum verbunden. Mit Tiglat-Pileser III. verschwindet das Sonnensymbol dann aus der Grosskunst, während es auf Rollsiegeln bis zum Ende der assyrischen Epoche nachweisbar ist.

188 Vgl. die Gewandstickereien auf einem Relief Assurnasirpals II. (883-859 v.Chr.) mit Genien, die wechselnd den stilisierten Baum bzw. den König segnend flankieren (unsere Abb.139). Zur Bedeutung des stilisierten Baumes vgl. U. WINTER, Der "Lebensbaum".

timierte Herrschaft wird kultisch beschworen und bestärkt durch den Beter,
indem dieser dem Gott sein Attributtier zuführt.

Eine Parallele zeigt ein älteres, neuassyrisches Siegel (9.Jh.v.Chr.), wo
über einer Pflugszene ein Verehrer zu sehen ist, der dem Wetter- und Fruchtbarkeitsgott Hadad sein Symboltier, den Stier zuführt.[189]
Das Pferd für Schamasch wäre also als Repräsentation des kriegerisch-militä-
rischen Potentials zu verstehen, das den gewaltigen Imperialismus des neuassyrischen Reiches erst ermöglichte. Pferd und Sonnengott gehören zum Krieg/
Kampf, und deshalb ist das Pferd Symboltier des Sonnengottes.[190] Der Geier
tritt als zuverlässiger Geselle von Schlachten in der altorientalischen
Kunst ebenfalls häufig in Erscheinung.[191] Ob die Blumen eher mit dem Aspekt
der lebenschenkenden Fruchtbarkeit, den die Sonne in neuassyrischer Zeit
gelegentlich vertritt, zu tun haben, möchte ich offenlassen.[192]
Die eisenzeitlichen Stempelsiegel aus Palästina, die mit Pferd- und Reiter-
motiven dekoriert sind, dürften ihre TrägerInnen der Schutz- und Siegesmacht
des Schamasch vergewissert und zugleich den Aspekt der Beschwörung, Ehrfurcht
und Bitte des (königlichen) Pferdstifters festgehalten haben.

In diesem Sinn sind auch die sehr zahlreichen Funde von Pferd- und Reiter-
figürchen aus Ton in eisenzeitlichen Schichten in ganz Palästina zu deuten.[193] In Jerusalem wurden 119 solche Terrakotten gefunden, 32 auf dem Tell
Dschemme, 25 in Samaria, 21 in Geser und jeweils mehr als ein Dutzend in
Bet-Schemesch, Gibeon, Megiddo und Tell en-Naṣbe. In Jerusalem, Lachisch und
Hazor (9.-7.Jh.v.Chr.) fanden sich Pferdchen mit Scheiben zwischen den Ohren,
die nun mit Sicherheit als Sonnenscheiben interpetiert werden können, wie
schon K. KENYON vorgeschlagen hatte.[194] In einige der Scheiben ist ein Kreuz

189 Publiziert auf der Titelseite von "Heiliges Land" 5 (1977) Heft 3.

190 Damit verringert sich die Wahrscheinlichkeit eines ursprünglichen Zusam-
     menhangs mit der im Mittelmeerbereich beheimateten Mythologie vom Son-
     nengott, der mit Pferd und Wagen seine Bahn am Himmel zieht.

191 Vgl. G. RUEHLMANN, Der Geier, passim; O. KEEL, Jahwes Entgegnung 69f.

192 MAYER-OPIFICIUS, Die geflügelte Sonne 201.207. In Syrien scheint sich
     eine besonders enge Verbindung zwischen Flügelsonne und Pflanzenwelt
     entwickelt zu haben.

193 Vgl. im folgenden T.A. HOLLAND, A Study (Typ D; H 1.2; I 1) bes.126f.
     und 130 (Tabellen zur Verteilung der einzelnen Typen auf die etwa 90
     Ausgrabungsorte). 127.149ff.

194 K.M. KENYON, Digging up Jerusalem 135-143f.; bes.141f. KENYONs Entdek-
     kung wurde später von H. SHANKS (The Mystery, passim) noch einmal in
     Erinnerung gerufen, da sie ihm das Rätsel der Sonnenpferde in Jerusalem
     endgültig zu lösen schien. Vgl. auch E. OTTO, Jerusalem 78 und N. AVIGAD,

geritzt, das vielleicht die Zugehörigkeit zum JHWH-Kult bezeichnet.[195]
Die Sonnensymbolik der Pferde wird durch zwei weitere aufschlussreiche Funde
bestätigt.

Unter den Krugstempeln, die bei Ausgrabungen im jüdischen Viertel von Jerusalem zutagekamen (44 lmlk-Stempel mit vierflügeligem Skarabäus oder stilisierter zweiflügeliger Sonnenscheibe, einige weitere mit Privatnamen), fand
sich auf einem Krughenkel auch ein Abdruck eines sehr realistisch geschnittenen Pferdes (8./7.Jh.v.Chr.; Abb.120).[196] Ein ebensolcher Krughenkelabdruck
wurde, ebenfalls unter lmlk-Stempeln, in Aseka (Tell Zakarije) ausgegraben
(Abb.121).[197]

H.-P. STAEHLI hat zu Recht gegen P. WELTEN betont, dass die geflügelten Skarabäen und Sonnenscheiben nicht einfach stilisierte Wappentiere waren, sondern dass ihre Sonnensymbolik bewusst und beabsichtigt war.[198] Aus diesem
Grund kann das Pferd an die Stelle der gewöhnlichen Sonnenembleme auf den

Discovering Jerusalem 35. Die Deutung der Fundstätte als Kultzentrum
wurde zwar angefochten (M. OTTOSSON, Temples 105), ebenso die Deutung
der Scheiben als "Sonnenscheiben". Auch McKAY (Religion 33) kam bei
allen Tonmodellen von Pferden nur zur "likelihood" eines Zusammenhangs
mit der Sonnenverehrung (vgl. aaO. 100 die Anm.44f. zu Kap.V und ebenso
vorsichtig T.A. HOLLAND, A Study 145ff.). Aufgrund der oben aufgezeigten
Zusammenhänge und der Untersuchung der entsprechenden Motive auf den
Stempelsiegeln erhält die Interpretation der Keramikfunde als Votivgaben für JHWH-Schamasch grosse Wahrscheinlichkeit.
Vgl. jetzt auch den eisenzeitlichen Kultständer aus Schilo in Samaria
(10.Jh.v.Chr.) mit einer Pferddarstellung neben Löwin und Tierkampf-
szene (J. BALENSI, Silo, passim; noch ohne genaue Beschreibung). Ich
frage mich, ob nicht das Tier im obersten Register des von P.W. LAPP
ausgegrabenen Kultständers aus Taanach auch ein Pferd sein könnte, darüber ist die Sonnenscheibe erkennbar. LAPP (The 1968 Excavations)
spricht allerdings von "Bovide".

195 Vgl. T.A. HOLLAND, A Study 149ff. zur Problematik der exakten Unter-
     scheidung zwischen Scheiben und sog. Stirnlocken. Die mit einem Kreuz
     geritzten Scheiben fanden sich in Megiddo, Jerusalem, Hazor und Tell
     Dschemme (Liste aaO. 150). Zu einem Exemplar des 9.Jhs.v.Chr. aus Hazor
     vgl. ausserdem G.W. AHLSTROEM, An Archaeological Picture 12f. Zur Be-
     deutung des Kreuzes vgl. Kap. 4.3. und 6.5.

196 N. AVIGAD, Discovering Jerusalem 43-45 und Abb.26.

197 F.J. BLISS, Third Report 186 Pl.VI,1.

198 Solare Elemente 43; gegen P. WELTEN, Die Königsstempel 171. Zur Herkunft
     und Bedeutung der beiden Symbole vgl. WELTEN, aaO. 10-30 und R. MAYER-
     OPIFICIUS, Die geflügelte Sonne, passim.

Krugstempeln treten. Die Datierung der *lmlk*-Stempel ist wegen der zahlreichen neuen Funde und Anwendung neuer Methoden zur Zeit noch im Umbruch. Ziemlich sicher sind - entgegen früheren Annahmen - alle diese Stempel in die
Zeit Hiskijas (725/4-697/6 v.Chr.) zu datieren.[199] Dieser sogenannte Reform-
könig führte also (freiwillig oder unfreiwillig) die Sonne in seinem königlichen Wappen, wahrscheinlich in ihrer Funktion als Ordnungsgarant, Retter-
und Siegesmacht. Bis in die Zeit Joschijas stiften die Könige Judas, wahrscheinlich Hiskija, Manasse und Amon, dem Schamasch bzw. solarisierten JHWH
am Jerusalemer Tempel lebende Pferde[200] (so wie der Beter auf dem Rollsiegel
aus Teheran dem Schamasch ein lebendes Pferd stiftet) und möglicherweise
auch "leere" Wagen.[201]
Der assyrische Einfluss auf den israelitischen Kult ist nicht zu bezweifeln.[202] Er wird aber ohne grossen Druck von Seiten Assurs gegen Ende des 8.

---

199 Zum früheren Stand der Forschung vgl. P. WELTEN, Art. "Siegel und Stem-
    pel" in: BRL[2] 304f. und zu den neuen Funden und Datierungsversuchen
    A. LEMAIRE, Remarques sur la datation des estampilles "LMLK" (1975);
    ders., Classification des estampilles royales judéennes (1981); D.
    USSISHKIN, The Destruction (1977) bes.54-57; ders., Excavations at Tel
    Lachish (1978) bes.76-81; H. MOMMSEN/I. PERLMANN/J. YELLIN, The Pro-
    venience, passim.

200 Vgl. schon oben zu den assyrischen Textzeugnissen für solche Pferdestif-
    tungen. Die Tiere, die Joschija abschaffen liess, können nur aus der
    Zeit Manasses und Amons gestammt haben, da ein Pferd eine durchschnitt-
    liche Lebensdauer von 20 Jahren hat. Zum reiterlos gesattelten Pferd
    in achämenidischer Zeit vgl. P. CALMEYER, Der leere Wagen 66f.
    Vom Aufenthalt zahmer Tiere im Tempelhof von Hierapolis berichtet noch
    LUCIAN (De Dea Syria §41).

201 Vgl. oben und CALMEYER, Der leere Wagen, passim.

202 So schon M. COGAN (Imperialism bes.84-88). Assur habe seinen Vasallen
    keine religiösen Verpflichtungen auferlegt, vielmehr seien die Kult-
    praktiken unter Manasse Auswüchse lokaler, volkstümlich verwurzelter
    Traditionen gewesen. Den Kultbrauch, der Sonne Pferde zu weihen, führt
    COGAN jedoch als einzigen auf assyrische Quellen zurück, im Anschluss
    an E. WEIDNERs (Weisse Pferde, passim) Nachweis der bedeutenden Rolle
    des Pferdes in assyrischen Ritualien (aaO. 86f.). COGAN vermutete eine
    aramäische Vermittlung in Form von Synkretismen neuassyrischer und ara-
    mäischer Gottheiten. M. WEINFELD (The Worship 150) nimmt hingegen einen
    völlig assyrisch geprägten Kult an. Der assyrische Einfluss auch auf
    den Kult in Jerusalem scheint zur Zeit des Ahas bereits zugenommen zu
    haben (vgl. 2Kön 16,10-20). Die wechselnde Rolle Hiskijas im assyrischen
    Machtspiel und der Zusammenhang mit einer möglichen Kultreform ist
    schwer zu durchschauen (vgl. W. DIETRICH, Israel und Kanaan 95ff.).

Jhs.v.Chr. besonders wirksam geworden sein, da erstens dem JHWH-Kult solare
Elemente nicht fremd waren und zweitens die ungeheure Faszination von der
assyrischen Militärmacht mit "Pferden und Wagen" in Juda schon den Boden für
die Verbindung von Königtum, Militär und Religion zu einem Staats- und Sie-
geskult assyrischen Stils bereitet hatte. Die zeitliche Streuung der Kera-
mik- und Stempelsiegelfunde weist zurück bis in die frühe Eisenzeit (I), zudem sind die Funde auch auf das Nord- und Südreich verteilt. G.W. AHLSTROEM
hat also zu Recht die Existenz eines Sonnenkultes auch schon zur Zeit Omris
und Ahabs betont.[203]

Die von Jeremia und dem Dtr. den Königen (besonders Manasse), Priestern, Propheten und Bewohnern Judas vorgeworfenen Astralkulte[204] dürften somit in engem Zusammenhang mit dem Rüstungswahn stehen, gegen den im Alten Testament
so heftig polemisiert wird. Der Kult des JHWH-Schamasch in Jerusalem wurde
zur sakralen Legitimation eines Königtums, das in seiner totalen Ohnmacht
und seinem Hass gegenüber Assur die Ideologien des imperialistischen Riesen
immer mehr adaptierte. In der hoffnungslosen Situation des kleinen Juda wurden Pferd, Wagen, Sieg zu religiösen Begriffen. Im Tempel von Jerusalem hielten sie Einzug als solare Elemente eines Staatskultes, der seine Kraft trotz
Gegenanstrengungen bis in die Zeit Ezechiels bewahrte (Ez 8,16).

Abschliessend sei darauf hingewiesen, dass, wenngleich mit 2Kön 23,11 die
Stiftung lebender Pferde grössere Wahrscheinlichkeit erhält, doch die Möglichkeit eines grösseren Pferdestandbildes im Jerusalemer Tempel nicht vollkommen ausgeschlossen zu werden braucht.

---

203 G.W. AHLSTROEM, An Archaeological Picture 12f.

204 Vgl. oben die.Einleitung zu Kap. 4.

KAPITEL V

DAS WORTFELD "BILD/GOETTERBILD" IM ALTEN TESTAMENT

EIN TERMINOLOGISCH ORIENTIERTER UEBERBLICK

Das Ordnungsprinzip, nach dem in den ersten Kapiteln dieser Studie die atl.
Nachrichten über Kunstwerke eingeteilt sind, ist deren Gestalt, wie sie sich
aus dem betreffenden Textzusammenhang entnehmen lässt. Das Genre der Darstel-
lungen wechselte zwischen Skulptur/Plastik, Relief, Malerei, Schmuck und das
bearbeitete Material zwischen Holz, Edelmetall, Stein usw.
Im folgenden Kapitel werden wir uns nun in einem Ueberblick den hebräischen
Begriffen zuwenden, die im Bereich des Wortfeldes "Bildwerk/Götterbild" von
Interesse sind und Aufschluss versprechen über einige noch verbleibende atl.
Nachrichten von Götterbildern, bei denen aus dem Zusammenhang nicht unmittelbar entnehmbar ist, was sie darstellten, ob Tiere, Mischwesen oder Menschen,
wo die Frage nach Aussehen, Funktion und Herstellungstechnik der Bildwerke
aber bisweilen gleichwohl lohnend ist. Es kann hier nicht die vorrangige Aufgabe sein, all den formelhaften Erwähnungen von "Götzen", "Schnitz- und Gussbildern", "Scheusalen" und "Nichtsen" im Alten Testament im Detail nachzugehen.
Vielmehr möchte ich mich kritisch an den Ergebnissen der terminologischen
Untersuchungen in der einschlägigen neueren Literatur[1] orientieren, mit dem
Ziel, von den formelhaften atl. Wendungen möglichst zügig zu einigen ergiebigeren Passagen zu gelangen, die erzählende oder darstellende Mitteilungen
zuverlässigerer Art über Kunstwerke in Israel/Palästina enthalten, wie z.B.
der Bericht über das Vergraben der "fremden Götter" in Gen 35,2-4 oder die
Konfiszierung der Götterbilder der Philister in 2Sam 5,21. Die Einteilung
der Begriffe soll nach semantischen Kriterien erfolgen. An erster Stelle
stehen die Topoi, deren Etymologie Hinweise auf die Beschaffenheit und eventuell die Funktion des entsprechenden Bildwerkes verspricht. Eine zweite
Gruppe umfasst alle unter אל/אלהים subsummierbaren Wendungen, eine dritte die
grosse Zahl der Spottbegriffe, mit denen das Alte Testament die Bildwerke
als "Greuel" und "Nichtse" verfemt.

[1] Hierzu zählen vor allem KBL, THAT und ThWAT sowie einige neuere Artikel
von C. DOHMEN, auf die im einzelnen verwiesen wird.

5.1. WICHTIGE BEGRIFFE DER HEBRAEISCHEN BILDERTERMINOLOGIE

5.1.1. SKULPTUR UND PLASTIK

5.1.1.1. Die Wurzel *psl*

Die Wurzel *psl*, die im semitischen Sprachraum nur vereinzelt in ägyptisch-
aramäischen, punischen, nabatäischen, syrischen und mehrmals in ugaritischen
Textzeugnissen überliefert ist,[2] begegnet im Alten Testament insgesamt 60mal,
davon 6mal als Verb (1Kön 5,32; Ex 34,1.4; Dtn 10,1.3 und Hab 2,18), 54mal
als Nomen, wovon 31mal im Singular und 23mal im Plural. Das Nomen ist der
häufigste Götterbildtopos im atl. Sprachgebrauch, wobei allerdings schon ein
erster statistischer Ueberblick vermehrtes Auftreten in den Büchern Deuteronomium, Deuterojesaja, Chronik und einigen dtn/dtr. bearbeiteten Passagen
der Bücher Richter, Könige und Jeremia erkennen lässt und darauf hinweist,
dass das Wort erst in der dtn–dtr. Epoche zu dem Rang kam, den es im Alten
Testament nun innehat.

Die noch in den neueren Lexika und Konkordanzen beibehaltene lexikalische
Unterscheidung zwischen einer Form פֶּסֶל und einer den Plural bildenden *qatîl*-
Form, deren Singular nur erschlossen wurde,ist nach den jüngsten Untersuchun-
gen von C. DOHMEN[3] hinfällig. Vielmehr, so zeigt DOHMEN auf, sind die Plural-
formen der Wurzel auf eine Grundform **pāsel* rückführbar, wozu der geläufige
Singular פֶּסֶל die *qitl*-Form darstellt. "Die lexikalische Aufspaltung in

---

2   Vgl. DISO 231 zu *psl*ᵓ; J. AISTLEITNER, Wörterbuch Nos 2240f. zu *psl/pslm*
    und *psltm*; KBL III 894.

3   פָּסִיל*-פֶּסֶל, passim. DOHMEN zeigt auf, "dass die unterschiedlichen Schrei-
    bungen von den Tonverhältnissen im Wort abhängig sind, so dass das *j* in
    diesen Fällen nur als Vokalbuchstabe erklärt werden kann.... Diese These,
    dass das *j* in den Pluralformen der Nominalbildung von *psl* nicht durch
    eine Rückführung auf eine *qatîl*-Form zu erklären ist, sondern Vokalbuch-
    stabe für das *e* der Pluralformen einer *qatil*-Form ist, wird durch das
    Fehlen des *j* in den Belegen des Samaritanus (Deut 7,5.25; 12,3) zusätz-
    lich bestätigt." (aaO. 11f.).

paesael und **pasîl* gibt somit nicht den ursprünglichen sprachlichen Befund wieder, sondern spiegelt die Gedanken der Masoreten und die daraus entstandene Texttradition wieder."[4]

Ein guter Ausgangspunkt für die Wortfeld-Erforschung ist der Gebrauch des Verbums פסל. In 1Kön 5,32 wird das "Behauen" der Quadersteine für den Tempel Salomos mit hebr. פסל ausgedrückt und in Ex 34,1.4 sowie Dtn 10,1.3 sind es die steinernen Gesetzestafeln, welche von Mose erst "behauen" werden müssen. Die Bedeutung "Stein behauen" ist offensichtlich die primäre, worauf auch die ausserbiblischen Belege hinweisen.[5] Das Nomen פֶּסֶל wird allerdings im Alten Testament nicht in diesem profanen Sinn gebraucht, sondern bezeichnet ein religiös-kultisch bedeutsames Objekt, wobei der Zusammenhang immer polemisch ist. Auf die einzige Ausnahme von dieser Regel in Ri 3 kommen wir später zurück. Solch ein פסל ist dann nicht mehr unbedingt etwas aus Stein Gearbeitetes, es kann auch aus Holz sein, wie Jes 42,17; 44,15.17; 48,5 und sehr schön 45,20 (אֶת־עֵץ פִּסְלֹם) zeigen. Auffällig ist, wie bereits HOSSFELD bemerkt hat, dass der Plural des Nomens nie mit Verben der Herstellung verbunden wird, sondern mit solchen der Vernichtung.[6]

Die zur Wurzel פסל hinzutretenden Verben יצר (Jes 44,9; Hab 2,18),[7] עשה (Ex 20,4; Dtn 4,16.23.25; 5,8; 27,15; Ri 17,3f.; 18,31; 2Chr 33,22), כרת (Mi 5, 12), כתת (2Chr 34,7; Mi 1,7), גדע (Dtn 12,3), שרף (Dtn 7,5.25), שבר (Jes 21, 9; 2Chr 34,4) geben verlässliche Auskunft darüber, dass פסל ein Ergebnis künstlerischer Arbeit ist, das auch wieder zerstört werden kann, wobei das

---

4   AaO. 12. Alle auf der masoretischen Unterscheidung fussenden Versuche, Bedeutungsdifferenzen zwischen den Singular- und Pluralformen zu erheben, lassen wir im folgenden beiseite.

5   KOEHLER/BAUMGARTNER (KBL III 894) nennen: samaritanisch-ägyptisch/aramäisch psjlh, pslh "Quader"; punisch pslt "gemeisselt"; nabatäisch pšlʾ (?) "behauen" und psl ʾ "Steinhauer", syrisch pᵉsal "behauen" und pāsōlā "Steinhauer", pᵉsîltā "behauener Stein"; ugaritisch psl/pslm "Steinhauer", "Schnitzer". Die Bedeutung von psltm in KTU 1.5 VI 18 ist umstritten (Steinmesser? Seitenlocken?).

6   Der Dekalog 273: "Das Pluraletantum פסלים betont wie פסל den Dingcharakter, scheint sich aber durch seinen häufigen Bezug auf Bilder fremder Völker auf die Bedeutung "Fremdgötterbilder" einzugrenzen. Das wird bestätigt dadurch, dass es nie mit Verben der Herstellung verbunden wird. Fremdgötterbilder sind für Israel schon vorhanden; sie sind zu vernichten, damit sie nicht zur Versuchung werden."

7   B. OTZEN hat in seinem Artikel יצר (ThWAT III 830-839) u.a. herausgearbeitet, "dass jṣr (und ṣûr) alle Arten des Formens oder Herstellens bezeichnet: das Schmieden, das Giessen, das Schnitzen, das Behauen." (aaO. 832). Vgl. zu יצר/צור auch weiter unten Kap. 5.1.3.

Spektrum der Destruktionsmöglichkeiten dem der auf מצבות und אשרים bezogenen zerstörerischen Aktivitäten und dem entsprechenden Vokabular gleicht,[8] was die "Stein oder Holz"-Hypothese erhärtet.

Dieses steinerne oder hölzerne Ding wird aufgestellt (קום hi. Lev 26,1 bzw. שים Ri 18,31) oder getragen (נשא Jes 45,20), man kniet vor ihm (סגד ל Jes 44, 15), wirft sich nieder (שחה hitp. Dtn 5,9), räuchert und opfert (קטר ל Hos 11,2; זבח ל 2Chr 33,22), man vertraut auf es (בטח ל Jes 42,17), dient ihm (עבד Ps 97,7; 2Kön 17,41; 2Chr 33,19.22) und bereitet sich Schande (בוש und הוביש מן Ps 97,7; Jer 10,14; 51,17). Oft sind פסילים in bester Gesellschaft mit Masseben (Lev 26,1; Mi 5,12) oder Höhen (במות), Ascheren und Masseben (2Chr 33,19; 34,3.4.7; Ps 78,58) und mit Baalen (בעלים; Hos 11,2) zu finden.

Ex 20,4; Dtn 4,16.23.25; 5,8 zeigen, dass פסל figürliche Darstellungen (תמונה)[9] von Lebewesen verschiedener Art umfasst, dass diese Darstellungen als (Fremd-)Götter verehrt werden. wie die enge Verbindung mit בעלים (Hos 11,2) und הבלי נכר (Jer 8,19), vor allem aber die Wendung פסילי אלהיכם/אלהיהם (so in Dtn 7,25; 12,3; Jes 21,9) unterstützen. Als nomen regens fungiert פסל nur noch in den einmaligen Formulierungen פסל האשרה (2Kön 21,7) und פסל הסמל (2Chr 33,7)[10] sowie in Jer 51,47 (על-פסילי בבל, vgl. ארץ פסלים in Jer 50,38).

Wenn wir diese Anhaltspunkte zusammenfügen, erhalten wir eine recht konkrete Vorstellung von der Bedeutungsskala, die פסל abdeckt. Es muss sich um künstlerisch gestalteten Stein oder Holz handeln, wobei das Ergebnis eine wahrscheinlich rundplastische Figur ist,[11] die grösser als von Taschenformat ge-

---

8 Vgl. oben Kap. 1.1.

9 Zu תמונה vgl. unten Kap. 5.1.6.

10 Die Bedeutung von סמל ("beigestelltes Kultsymbol") wurde oben in Kap. 1.1.3. erörtert.

11 DOHMENs Ansicht, der Begriff meine "undifferenziert... jede Art von Kultbild..." (Art. מסכה in: ThWAT IV 1012), führt unnötig weit weg von der Grundbedeutung der Wurzel. Es finden sich keine Anhaltspunkte, dass das Nomen פסל auch Terrakotta-Figuren oder gemalte Götterbilder bzw. bemalte Steine bezeichnet. Nicht ganz auszuschliessen ist, dass unter פסל auch Bildstelen fallen, wofür aber eindeutige Hinweise fehlen (vgl. weiter unten zu Ri 3,19.26). Hingegen spricht die Erweiterung des Begriffs im Sinne von Holzskulptur und Plastik (dazu weiter unten Kap. 5.1.1.3.), die Notiz vom Tragen (נשא) in Jes 45,20 und evtl. auch die Unterscheidung von פסל ומצבה einerseits und אבן משכית andererseits (vgl. Kap. 5.1. 8.) in Lev 26,1 eher gegen eine Bildstele. Erwägenswert ist in diesem Zusammenhang noch, ob das פסל ומצבה bzw. ופסלך ומצבותך פסיליך in Lev 26,1 und Mi 5,12 als Hendiadyoin verstanden werden können (vgl. dazu E.W.

wesen sein dürfte, da פסילים öfter im Zusammenhang kultischer Praktiken (auf
Höhen, bei Masseben, mit Opfern und Niederfallen) genannt werden,sowohl in
Freiluftkulten (vgl. z.B. Lev 26,1) als auch in Heiligtümern (vgl. Ri 18,30f.).
Auch die פסילים bei Gilgal (Ri 3,19.26), auf die wir noch zurückkommen, le-
gen - wenn überhaupt - grössere Skulpturen nahe.

Eine Gruppe von Textstellen, in denen sich פסל in nächster Nähe mit Begriffen
aus der Metallbearbeitung (צרף, נסך Jes 40,19; 44,10; Jer 10,14; 51,17), vor
allem in der häufigen Wendung פסל ומסכה (Dtn 27,15; Ri 17,3f.; 18,4; Nah 1,
14) findet, soll erst bei der Behandlung von מסכה genauer untersucht werden,[12]
da dort die oben erhobene Bedeutung von פסל ausgedehnt wird auf Plastiken,
d.h. geschmiedete Bilder, die dann bezeichnenderweise auch von geringer Grösse sind, wie vor allem der Zusammenhang von Dtn 27,15 - Delikte im Privaten,
Verborgenen - verrät. Die primäre Bedeutung des Nomens פסל im Alten Testament ist "Skulptur", d.h. behauener Stein oder geschnitztes Holz, wobei die
Texte im allgemeinen eher rundplastische Bilder als Flachbilder vorauszusetzen scheinen. In profaner Bedeutung kommt die Wurzel פסל ausser in ihrer
Verbalform nicht vor, d.h. "Skulptur" ist im Alten Testament immer schon
quasi identisch mit "(rundplastischem) Götterbild", seien es nun Bilder von
Göttern anderer Völker (vgl. z.B. Jes 21,9; Jer 50,38; 51,47 und die Götzenbildpolemik bei Deuterojesaja) oder die in Israel angefertigten (Ri 17,3f.;
18,30f.; Hos 11,2).

5.1.1.2. פסילים in Ri 3,19.26

Ein einziges Mal tritt im Alten Testament der Plural פסילים in einem nicht-
polemischen, zumindest nicht explizit kritischen Zusammenhang auf. Die Erzählung vom Mord Ehuds an Eglon, dem König von Moab, ist eine alte Ueberlieferung, und die späteren Redaktoren oder Bearbeiter der Textsammlungen des
Richterbuches haben sich nicht daran gestört, dass hier פסילים vorkommen,[13]
wenngleich nur als Ortsangabe. Nach Ablieferung des Tributs an Eglon begleitet Ehud die Tributträger ein Stück Wegs zurück (3,19):

BULLINGER, Figures 657-672). In diesem Fall hätte sich hier die ursprüngliche Vorstellung von einem behauenen Stein in der Bedeutung "Bildstele"
bewahrt. Allerdings muss man das אבן משכית in Lev 26,1 dann synonym zum
Vorangehenden verstehen und erklären, warum diese Wendung nur hier vorkommt.

12 Kap. 5.1.1.3.

13 Literarkritisch sind Vv 19 und 26 zuverlässig (H. ROESEL, Studien 186).

Er selber aber machte bei den behauenen Steinen/
Skulpturen (מִן־הַפְּסִילִים) kehrt, die beim Gilgal
(אֶת־הַגִּלְגָּל) sind...

In 3,26 wird der gleiche Ort nochmals als Markierung des Fluchtwegs Ehuds
nach der Ermordung des moabitischen Königs genannt:

Ehud aber war entkommen, während sie gezaudert hatten.
Er hatte die behauenen Steine/Skulpturen passiert
(עָבַר אֶת־הַפְּסִילִים) und war nach Seïra gekommen.

Was damals offensichtlich eine topographische Notiz war, die die Kenntnis
des Ortes voraussetzen konnte, bereitet heute der Forschung einige Probleme.
Weder wissen wir, wo eine Ortschaft Seïra[14] liegt, noch sind wir in der Lage,
das atl. Gilgal, ein Freilichtheiligtum östlich von Jericho, welches in der
Frühzeit Israels eine bedeutende Rolle gespielt hat, präzise zu lokalisieren.[15] Dass der Name גִּלְגָּל einfach "Stein-/Geröllhaufen" bedeutet (vgl. die
Etymologie in Hos 12,12) und nicht "Steinkreis" nach den 12 Steinen, die
Josua daselbst aufstellen liess (Jos 4,19f.), dürfte inzwischen unbestritten
sein. Die 12 Steine (הָאֲבָנִים), die die Israeliten vom Jordan mitbrachten,
wurden bei dem bereits bestehenden גִּלְגָּל aufgestellt.[16] Die Kultstätte am
Ostrand von Jericho hat ihre spätere Bedeutung aber offensichtlich u.a. durch
eine Gruppe von Steinen, die an den Jordandurchzug erinnerten, erlangt.[17]
Was nun die פְּסִילִים in Ri 3,19.26 betrifft, so bieten sich folgende Möglichkeiten, die alle bereits vorgeschlagen wurden, von denen aber leider keine
beweisbar ist.

14 Der Name ist abzuleiten von שְׂעִירָה/שֵׂעִיר "Ziege", wahrscheinlich weil es
    in der Gegend auffällig viele gab (vgl. dazu W. BOREE, Die alten Ortsna-
    men § 3 No 106. § 36a und S.111).

15 Eine gute Uebersicht über den Stand der Forschung - der hier nicht refe-
    riert werden kann - mit den wichtigsten Diskussionsbrennpunkten bieten
    KEEL/KUECHLER in: OLB II 520-527. Vgl. zur Topographie H. ROESEL, Stu-
    dien 184-190.

16 Vgl. zur Etymologie/Aitiologie aaO. 520f. KBL I 183 geben noch גִּלְגָּל "Stein-
    kreis" an. Vgl. dagegen bereits E. TAEUBLER, Biblische Studien 27-29 und
    G. MUENDERLEIN, Art. גלל in: ThWAT II bes.23.

17 AaO. 524f. Die ältesten Traditionen des Gilgal sind eng mit der Landnah-
    me verbunden. Neben dem Jordandurchgang spielen die Erinnerung an eine
    Beschneidung (Jos 5,2-9), an ein Pesach (Jos 5,10) und eine Siegeszusage
    (Jos 5,13-15) eine Rolle. In späterer Zeit wird der Gilgal zum Symbol
    alter sakraler Ordnungen, im 9.Jh.v.Chr. zu einem Zentrum "jahwetreuer
    nationalistischer Aktivisten" (OLB II 526), und erst Hosea und Amos be-
    ginnen gegen dieses Freilichtheiligtum zu polemisieren (Am 4,4; 5,5; Hos
    4,15; 9,15; 12,12), u.a. wegen der Baalisierung der Stätte (Hos 12,12).

1. Wir verstehen פסילים vom sonstigen atl. Sprachgebrach her als "Skulpturen/
Götterbilder" und nehmen an, dass an einem nicht genauer bestimmbaren Ort
(direkt bei oder in der Umgebung vom Gilgal), Götterbilder standen,[18] vermutlich grössere Steinskulpturen, die der Bevölkerung als Orientierungsmarke
bekannt waren. Ueber die Herkunft, Bedeutung und Gestalt (Tier, Mischwesen,
Mensch) dieser Bilder lassen sich nur Vermutungen anstellen.[19] Wir dürfen
uns vielleicht ähnliches Figuren vorstellen, wie die 40cm hohe Sitzfigur im
SB-zeitlichen Heiligtum von Hazor (Abb.122),[20] wo ja auch nebeneinander
Stein/Massebe (אבן/מצבה), Skulptur (פסל) und Bildstele (אבן משכית) versam-
melt sind (vgl. Lev 26,1 !).

2. Wir orientieren uns stärker an der Grundbedeutung der Wurzel פסל "Stein
behauen", wie sie im Gebrauch des Verbums erhalten ist, und verstehen unter
פסילים hier "behauene Steine", wobei sich auch dann noch einmal ein Spektrum
von "Stein mit Inschrift" bis zu "Bildstele" ergibt. Wir hätten es dann mit
den einzigen Belegen für die primäre Bedeutung des Nomens פסל im Alten Testament zu tun und zugleich mit einem alten Synonym zu hebr. אבן und מצבה.
In der weiteren Ausfaltung führt diese Hypothese zur Identifizierung der
פסילים in Ri 3,19.26 mit den in Jos 4,20-24 genannten 12 Steinen (so H.
ROESEL)[21] oder zur Annahme von (eventuell moabitischen) Vertragsstelen mit
Inschrift und vielleicht auch Götterdarstellungen (so J. GRAY).[22]
Gegen das erste spricht aber, dass in Jos 4,20 immer von האבנים die Rede ist,
die aufgestellt werden. Für das zweite lassen sich weder Argumente noch Ge-
genargumente aus dem Text selbst beibringen. Für beschriftete Steine wird
in Dtn 27,2-4.8 und Jos 8,32 nicht das Wort פסל verwendet. Auch ist in Ste-
leninschriften kanaanäischer und aramäischer Sprache die Stele gewöhnlich
mit Wortbildungen der Wurzel *NSB* bezeichnet.[23] J. GRAY denkt bei den פסילים

---

18 So z.B. H.W. HERTZBERG, Die Bücher 165f.; H. ROESEL, Studien 184.187;
    J. SIMONS (The Geographical and Topographical Texts § 544) denkt an
    "Steinbrüche" (mit Targum מחצביא?; vgl. KBL III 894) und "Palmableger"
    (nach dem Arabischen).

19 Dass die פסילים moabitisch gewesen sein müssen, ist ein Zirkelschluss,
    der sich aus der falschen Interpretation des israelitischen Bilderver-
    bots ergibt (vgl. dazu OLB II 523).

20 Zeichnung nach der Rekonstruktion im Israel Museum, Jerusalem.
    Vgl. K. GALLING, BRL[2] 208 und Abb.49 und unten Kap. 6.1.2.

21 Studien 189.

22 J. GRAY (ed.), Joshua 263.

23 In einer punischen Inschrift des 3. Jhs.v.Chr. (Karthago) ist einmal
    מנצבת פסלת belegt (KAI No 78,4; vgl. DISO 233 zu פסל).

in Ri 3 an ähnliche Stelen wie die von Sfire,[24] auf denen in der ersten
Hälfte des 8.Jhs.v.Chr. ein Vasallenvertrag zwischen Matiel von Arpad und
Bar Gaja von KTK , d.i. nach dem neuesten Vorschlag von A. LEMAIRE und
J.-M. DURAND, Schamschi-Ilu von Til Barsip, schriftlich festgehalten wurde.[25]
Auch eine Gedenkstele wie die des Königs Mescha von Moab aus dem 9.Jh.v.Chr.
können wir in diesem Fall in Betracht ziehen.[26]

5.1.1.3. פסל ומסכה/מסכה Schmiedearbeit/Plastik

Wie im vorangehenden Abschnitt gezeigt wurde, deckt sich die Bedeutung der
hebr. Wurzel פסל weitgehend mit unserem Begriff "Skulptur", wenn wir darunter
primär das Resultat der Bearbeitung von Stein durch den Bildhauer und von
Holz durch den Schnitzer verstehen.[27] Für die folgenden Untersuchungen ist
die Uebersetzung "Skulptur" eine wichtige Grundlage, insofern die Wurzel נסך,
um die es nun geht, in der atl. recht häufig belegten Wendung פסל ומסכה -
zumeist übersetzt mit "Schnitzbild und Gussbild" -, aber auch in der direkten
Verb-Objekt-Konstruktion נסך פסל (Jes 40,19 und 44,10) in unmittelbare Nähe
zu פסל tritt.
In zwei Beiträgen ist C. DOHMEN[28] neuerdings der Bedeutung der semitischen
Wurzel NSK und des hebr. נסך/מסכה nachgegangen, wobei er zu Ergebnissen kam,
welche die bisherigen Thesen der Sprachforschung und die daraus resultieren-

---

24 GRAY, aaO. 263f. Die Formulierung aaO. "perhaps carved with a divine
figure guaranteeing the validity of the vassal-treaty, as in the Assyrian vassal-treaties at sūjīn" ist missverständlich: auf den Sfire-Frag-
menten sind keinerlei Darstellungen erhalten, möglich ist aber, dass die
Stelen ursprünglich mit solchen versehen waren.

25 Vgl. dazu jetzt LEMAIRE/DURAND, Les inscriptions, passim (zu den Konklu-
sionen aaO. 89f.) mit einer neuen Uebersetzung der Fragmente aller drei
Stelen (KAI Nos 222-224).

26 Weitere Beispiele unten in Kap. 6.1.1.

27 Ich übernehme die Abgrenzung der Begriffe "Skulptur" und "Plastik" in
der deutschen Sprache der Brockhaus Enzyklopädie Bd. II (1967) 721:
"Das auf lat.'sculpere' zurückgehende Wort Skulptur ist auf die Meissel-
arbeit in Stein (Marmor, Kalk, Sandstein u.a.) durch den Bildhauer zu
beziehen, auch auf die Arbeit in Holz durch den Bildschnitzer. Plastik
dagegen umfasst bei strenger Unterscheidung alle Arbeit mit modellierba-
ren Stoffen (Ton, Gips, Stuck), auch mit giessbarem Material."

28 Art.מסכה in: ThWAT IV 1009-1015 und ders., Ein kanaanäischer Schmiedeterminus (nsk), passim. Die Beiträge sind in den Jahren 1983/84 erschienen. Vgl. vom selben Autor den Art. נסך in: ThWAT V 488-493.

den Uebersetzungen gründlich umwerfen.

Ausgangspunkt seiner Ueberlegungen ist, dass die semitische Wurzel NSK[29] (im Akkadischen nasāku "flach hinwerfen", im Westsemitischen "spenden, opfern, giessen") im Nordwestsemitischen nicht nur in der Bedeutung "spenden, giessen", sondern auch noch als Terminus im Bereich der Metallbearbeitung auftritt.[30] Man trennte aber die beiden Bedeutungsbereiche in der Forschung bislang nicht, sondern ging von einer allgemeinen Bedeutung נסך "giessen, spenden" und einer spezielleren "Metall giessen, schmelzen" aus. Entsprechend wurde das atl. מסכה, wo es nicht von NSK II "weben" abgeleitet ist (Jes 25,7; 28,20) als "Gussbild" verstanden, ebenso das an vier exilisch-nachexilischen Stellen synonym gebrauchte נסך (Jes 41,29; 48,5; Jer 10,14par51,17), das normalerweise "Libation" bedeutet.[31] Das Nomen מסכה ist im MT-Text des Alten Testaments 25mal als Topos der Götterbildterminologie belegt. Auffällig ist, dass die unveränderte Form מסכה sehr viel häufiger ist (20mal) als die Constructus-Form (nur in Jer 30,22) und der Plural (Num 33,52; 1Kön 14,9; 2 Chr 34,3.4). Das Wort tritt schwerpunktmässig in dtn-dtr. Texten auf.[32]

DOHMEN vertritt nun unter Heranziehung von sehr aufschlussreichem Material aus dem semitischen Sprachraum die These, dass die hebr. Wurzel נסך in מסכה sowie ug. nsk und phön./pun. nsk/nskh etymologisch eng mit akk. nasāku "flach hinwerfen" verwandt ist, so dass der Aspekt des "In-eine-Fläche-Bringens" im Zusammenhang der Metallarbeit dann als "hämmern, schmieden" zu spezifizieren ist, während "Metall giessen" als Bedeutung von nsk nicht nachweisbar ist.[33] So scheinen die Berufsbezeichnungen nsk ksp, nsk t̲lt̲, nsk ḥdm im Ugaritischen drei Arten von Schmieden zu unterscheiden (Fein-, Grob-, Kleinschmied).[34] Das in punischen Inschriften bezeugte nsk (h)brzl, bislang problematisch zu erklären, da Eisen damals wohl gar nicht verflüssigt werden konnte, lässt

29 Die Wurzel נסך II "weben/flechten" lassen wir hier ausser acht (vgl. KBL III 664). Die Nominalbildung (Jes 25,7; 28,20) ist auch da מסכה. Interessant ist die ni.-Form in Spr 8,23, die nach O. KEEL (Die Weisheit 17f.) ebenso von נסך I wie נסך II abgeleitet sein könnte.

30 Vgl. vor allem C. DOHMEN, Ein kanaanäischer Schmiedeterminus bes.39f.

31 DOHMEN, Art. מסכה in: ThWAT IV 1011.

32 AaO. 1013f.

33 Ein kanaanäischer Schmiedeterminus 41 und ThWAT IV 1014f. Zu den punischen Inschriften vgl. bes. die Belege in DISO 180.

34 Ug. nsk ksp entspricht dann dem hebr. צורף "Feinschmied" oder im Deutschen "Goldschmied".

sich nun ohne Schwierigkeiten als Hinweis auf Eisenschmiederei lesen.[35]

Das Ergebnis der Tätigkeit נסך "schmieden" wäre im atl. Sprachgebrauch dann מסכה, die "Schmiedearbeit" (vgl. pun. *nskh*) und zwar, wie DOHMEN präzisiert, die "Goldschmiedearbeit an einem Götterbild... und primär nicht das Bild selbst".[36] Unter Goldschmiedearbeit fallen nach seiner Vorstellung konkret die Edelmetallplattierungen "auf hölzernem oder metallenem Kern", denen wir besonders im Zusammenhang von Jer 10,1-16 und Jes 44,9-20 bereits nachgegangen sind.[37]

Tatsächlich steht keine der atl. Textstellen, in denen מסכה erwähnt wird, dieser neuen Definition entgegen. In 2Kön 17,16 und Hos 13,2 wird das ויעשו להם מסכה "sie machten sich Schmiedewerk" konkretisiert durch die jeweiligen Angaben zur Gestalt ("zwei Jungstiere" bzw. "[nach dem Modell der][38] Fremdgötter") bzw. in Hos 13,2 zusätzlich auch zum Material (מכספם). Auch in den Constructus-Verbindungen, wo מסכה als Nomen rectum fungiert, bezieht es sich offenbar auf das Genre des betreffenden Bildwerkes, während das Nomen regens dessen Gestalt bezeichnet: עגל מסכה (Ex 32,4.8; Dtn 9,12 (evtl. 16); Neh 9,18) "ein Stier in Schmiedearbeit", אלהי מסכה (Ex 34,17; Lev 19,4) "Götter/Götzen in Schmiedearbeit", צלמי מסכתם (Num 33,52) "Darstellungen/ Abbildungen in ihrer Schmiedearbeit". Von Ex 32,21; 1Kön 12,28; 2Kön 10,29 und 2Chr 13,8 her, wo אלהי זהב bzw. זהב(ה) עגלי synonym für עגל מסכה gebraucht wird, ist die unmittelbare Assoziation von מסכה mit Gold und Silber (Hos 13,2) nachgewiesen.

Die stehende Wendung פסל ומסכה (Dtn 27,15; Ri 17,3.4; 18,14; Nah 1,14; vgl. den Plural in 2Chr 34,3.4 und in Jes 48,5 entsprechend ופסלי ונסכי) als Hendiadyoin[39] aufzufassen, haben bereits K. ELLIGER und C.R. NORTH[40] vorge-

---

35 Dazu M. WEIPPERT, Art. "Metall und Metallbearbeitung" in: BRL[2] 221.
    DOHMEN (Ein kanaanäischer Schmiedeterminus 42) kann sich hier auch auf
    eine numidisch-punische Bilingue aus Dougga stützen (KAI No 100,7), in
    der pun. *hnskm š brzl* mit numidisch *nbṯn* (Schmied) *nzl* ᵓwiedergegeben
    ist.

36 ThWAT IV 1014.

37 AaO. 1011 und in unserer Arbeit Kap. 3.4.

38 Vgl. zum MT-Text in Hos 13,2 oben Kap. 2.1.3.2.

39 Zu diesem Stilmittel im atl. Sprachgebrauch vgl. E. KOENIG, Stilistik
    160f.; E.W. BULLINGER, Figures bes. 659-661.

40 ELLIGER, Deuterojesaja 75 (dort bezieht sich die Bestimmung als Hendia-
    dyoin aber offenbar nur auf Ri 17,3f.) und NORTH, The Essence 153f.

schlagen. Als Argumente für ein Hendiadyoin lassen sich nennen: 1. Der
Kontext in Ri 17,3f.; 18,14; Dtn 27,15 und in Jes 48,5, wo die Bezugswörter
jeweils im Singular stehen. 2. מסכה lässt sich in diesem Hendiadyoin parallel zu den Constructus-Verbindungen sinngemäss als Nomen rectum bestimmen:
"eine Skulptur (פסל) in oder mit Schmiedearbeit (מסכה)", d.h. eine gegossene oder metallüberzogene Plastik. Wenn wir מסכה in diesen Fällen als attri-
butive Kennzeichnung von פסל (oder in 1Kön 14,9 von אלהים אחרים) verstehen,
müssen wir annehmen, dass auch bei der Zergliederung in die Einzelteile
פסל und מסכה wie sie in Jes 30,22 und 42,17, evtl. Hab 2,18 vorliegt, an
ein und dasselbe Objekt gedacht ist und nicht an zwei verschiedene.[41]
So ist in Jes 30,22 wahrscheinlich von den Silber- oder Goldbeschlägen von
פסל ומסכה die Rede, ohne dass der stilistische Parallelismus zur Basis
einer sachgemäss-logischen Zuordnung gemacht werden dürfte. Die Wendung
פסל ומסכה für eine metallene oder metallüberzogene Plastik dehnte offenbar
das Bedeutungsfeld von פסל, so dass dies in jüngeren Texten (Jes 40,19; 44,
10; Jer 10,14; 51,17) direkt mit נסך "schmieden" bzw. dem "Goldschmied" (צורף)
verbunden wird,[42] d.h. פסל umschliesst dann die Bedeutung "Plastik", wenn
darunter eine modellierte Figur in Metall verstanden wird.[43]
Die semantische Annäherung von פסל und מסכה in dtr. Zeit zeigt auch ein Vergleich der Bilderverbotformulierung der beiden Dekaloge (Ex 20,4 und Dtn 5,8)
mit Ex 34,17 (dtr. Einschub), wo פסל durch אלהי מסכה ersetzt wird.[44] In Dtn
7,25 ist sogar ausdrücklich vom Gold und Silber an פסילים die Rede (כסף וזהב
עליהם). Diese sprachgeschichtliche Entwicklung ist nicht weiter erstaunlich:
die genaue begriffliche Differenzierung erübrigte sich wohl, weil die Verzierung von Skulpturen kultischer Funktion mit Gold und Silber das Uebliche
war. Andererseits kommt מסכה in 2Kön 17,16 und Hos 13,2, wahrscheinlich auch
in Jes 30,22 sowie נסך in Jes 41,29 und Jer 10,14par51,17, doch zu metonymi-

---

41 In Ps 106,19 ist eindeutig das <u>eine</u> Stierbild (עגל מסכה) am Horeb gemeint.

42 Die Assoziation von פסל mit Edelmetall findet auch über die Metapher vom
Buhlenlohn (Schmuck aus Gold und Silber) statt (vgl. Mi 1,7 und Hos 2
sowie in unserer Arbeit oben Kap. 3.3.3).

43 Zur Definition siehe oben Anm.27.

44 Vgl. F.-L. HOSSFELD, Der Dekalog 268.273. HOSSFELD hält im Anschluss an
ZIMMERLI, BERNHARDT und ELLIGER fest,dass פסל der übergeordnete, offenere
Begriff sei, während מסכה sich auf metallene Objekte festlege (aaO. 273).

314

scher Bedeutung: "geschmiedetes Götterbild", nicht "Schmiedearbeit".[45]
Von daher wird man מסכה als mögliche Bezeichnung der Plastik als ganzer verstehen dürfen, wobei der Edelmetallüberzug der entscheidende Aspekt ist,
nicht der Herstellungsvorgang oder die tatsächliche Komposition des Bildes.[46]
Dass das glänzende Aussehen, die Oberfläche ausschlaggebendes Kriterium ist
für die Bezeichnung eines Bildes als מסכה, war bereits im Zusammenhang von
Ex 32 deutlich geworden. Mir scheint es problematisch, wenn C. DOHMEN[47] aus
etymologischen Gründen die Tätigkeit des Schmieds (חרש) grundsätzlich auf
das Plattieren und Treiben von Metallplatten eingrenzen will, denn auch in
Halbformen Gegossenes wurde von Schmieden in die endgültige Form gebracht.[48]
Es ist nicht auszuschliessen, dass auch Gussplastiken - kleine aus Silber
und grössere aus Bronze - als מסכה bezeichnet wurden und nicht nur plattierte
Figuren. Die Ausgrabungsfunde zeigen ja, dass es solche Metallplastiken gegeben hat in Israel, wenn sie auch seltener gewesen sein mögen als metallüberzogene Holzfiguren.[49] In Jes 40,19f. ist es der חרש, der die Plastik (פסל!)
schmiedet (נסך), während der צורף mit der Edelmetallplattierung beschäftigt
ist. In diesem Fall ist ein Holzkern oder Schmiedearbeit in dem von DOHMEN
vorgeschlagenen Sinn nicht anzunehmen.

---

45 Diese Art von Metonymie ist nach E.W. BULLINGER (Figures bes. 557f.) un-
    ter die "metonymy of the cause" (aaO. 539) einzuordnen, wobei Werkstoffe,
    Werkzeuge oder Herstellungen für das aus ihnen Gefertigte stehen können.
    Für die Metonymie spricht auch, dass מסכה nur im Zusammenhang der Göt-
    zenbildpolemik, nie im profanen Sinn gebraucht wird (ausserhalb des Al-
    ten Testaments ist das Nomen nicht sicher belegt).

46 Die wertvollen etymologischen Richtigstellungen von DOHMEN scheinen mir
    an dem Punkt in eine unnötige Enge zu führen, wo der Autor ausblendet,
    dass מסכה das "geschmiedete Bildwerk" als ganzes bezeichnen könne (ThWAT
    IV 1014). Auch wenn mit נסך etymologisch die Tätigkeit des Flachhämmerns,
    Schmiedens zu verbinden ist, so wird dennoch der Begriff מסכה oder
    פסל ומסכה die ganze Plastik im Endresultat und zwar als metallene Plastik
    (unabhängig von ihrer Komposition und der genauen Herstellungsweise) vor
    dem inneren Auge des damaligen Menschen wachgerufen haben. Vgl. ähnlich
    auch in Pss 115,4 und 135,15.

47 AaO. 1014.

48 M. WEIPPERT, Art. "Metall und Metallbearbeitung" in: BRL[2] bes.222 und
    weiter oben Kap. 3.4.1.

49 Die Wurzel יצק "(Metall) giessen" spielt im Rahmen der Götterbildpole-
    mik keine Rolle, wohl aber bei der Beschreibung der Innenausstattung
    des Zeltheiligtums im Buch Exodus und des Tempels in 1Kön 7. Zu ug. jṣq
    und šlḥ vgl. DIETRICH/LORETZ, Die sieben Kunstwerke, passim.

5.1.2. עצבים FREMDGOETTERFIGUREN

5.1.2.1. Der alttestamentliche Sprachgebrauch

Sowohl עצב I "bilden, schaffen, gestalten" als auch עצב II "kränken, betrüben"
klingen mit, wenn im Alten Testament von den עצבים die Rede ist.[50] Die Affi-
nität zur Gruppe der atl. Spottbezeichnungen für Götterbilder darf man aber
als sekundär betrachten und, ausgehend von der Grundbedeutung der Wurzel
עצב I,[51] annehmen, dass es sich um einen weiteren Begriff im Wortfeld "Skulp-
tur/Plastik" handelt, was die Teilsynonymität mit פסל bzw. מסכה bestätigen
wird. Das Pluraletantum עצבים tritt im Alten Testament 17mal auf, zweimal ist
an textkritisch schwierigen Stellen eine Form עֹצֶב in gleicher Bedeutung belegt (Jes 48,5; Ps 139,24; vgl. die Konjektur in Hos 10,6).[52] Die ältesten
Belege sind wahrscheinlich die im Buch Hosea und in Mi 1,7; andere Texte sind
in späterer, teilweise exilisch-nachexilischer Zeit anzusiedeln.
C. DOHMEN[53] weist auf die bemerkenswerte Tatsache hin, dass עצבים an 9 von
17 Stellen explizit als Sammelbegriff für Götterbilder nicht-israelitischer
Religionen verwendet wird (1Sam 31,9; 2Sam 5,21; Jes 46,1; Jer 50,2; Ps 106,
36.38; 115,4; 135,15; 1Chr 10,9). Ungewöhnlich ist dies im Vergleich mit anderen Götterbildbegriffen, wie פסל und מסכה , die etwa gleichermassen auf Darstellungen heidnischer und israelitischer Provenienz bezogen sind.
Der Hintergrund der עצבים bei Hosea ist eindeutig der baalisierte JHWH-Kult
im Nordreich, gegen den der Prophet so vehement polemisiert. "Opfer auf den
Höhen" und "Unzucht" rahmen als Vorwürfe die Schimpfbezeichnung "Götzenkum-
pane" (חבור עצבים) für "Ephraim" in Hos 4,7. Nach der Umkehr wird er der
עצבים nicht mehr bedürfen (14,9). In 8,4 und 13,2 wird der Vorwurf, Israel
habe sich solche gemacht, im Zusammenhang mit der Stierplastik, die in Bet-

---

50 Vgl. C. DOHMEN, Art. מסכה in: ThWAT IV 1011; KBL III 818f. Als Verb
   kommt עצב I in Ijob 10,8 (pi.) und in Jer 44,19 (hi.) vor. Aehnlich wie
   נסך in Spr 8,23 kann es die Erschaffung des Menschen durch Gottes Hände
   umschreiben.

51 עצב I ist ausserhalb des Hebräischen nicht in der Bedeutung "formen"
   nachweisbar (vgl. KBL III 818).

52 Für Ps 139,24, wo andere von עצב II her "Weg der Schmerzen" u.ä. übersetzten, hat E. WUERTHWEIN (Erwägungen 173f.) überzeugende Gründe beigebracht, unter דרך עצב "Götzendienst" zu verstehen (vgl. KBL III 819).

53 AaO. 1011.

El verehrt wird, erhoben. Das gleiche gilt für Hos 10,6 im Falle einer Konjektur zu מעצבו.[54] Ein Baal-Bild ist in Hoseas Augen der Jungstier von Samaria, der aus Israel stammt (8,6 מישראל), ein Abbild von Fremdgöttern
(כתבנית עצבים).[55]

Die Stierplastik (מסכה "Schmiedearbeit") aus Silber und Gold kann nichts anderes als Gegenstand von Fremdgötterkult sein. Sehr schön wird hier deutlich,
dass jedes vermeintliche JHWH-Bild in Israel zum Götzenbild werden muss.

Ein Ueberblick zeigt, dass der Begriff auch ausserhalb des Buches Hosea in
der Ambivalenz "Götterbild der Fremdgötter" und "Fremdgötterbild aus und in
Israel" erscheint. In 1Sam 31,9 (par 1Chr 10,9) und 2Sam 5,21 hören wir von
den עצבים der Philister, auf die wir noch zurückkommen, in Jes 46,1 und Jer
50,2 werden grössere Statuen des Marduk und Nabû bei den Babyloniern erwähnt,[56]
in Pss 106,36.38 (עצביהם bzw. כנען עצבי); 115,4 (עצביהם) und 135,15 (עצבי
הגוים) sind die Götter der Kanaanäer und fremder Völker gemeint.

Auf der anderen Seite haben עצב/עצבים in 2Chr 24,18 ihre Heimat in Juda, in
Jes 10,10f. in Jerusalem, in Jes 48,5 in Israel/Juda, in Mi 1,7 in Samaria,
in Sach 13,2 im "Hause Davids" (vgl. 13,1) und auch in Ps 139,24 offenbar in
der Welt des Beters. Die Textstellen, wo das Wort noch nicht abgeflacht ist
zur Bedeutung "Götze" im abstrakteren Sinn (so wohl in 2Chr 24,18; Ps 139,24
und Sach 13,2), lassen erkennen, dass עצבים figürliche, rundplastische Darstellungen unterschiedlicher Grösse und verschiedenen Materials (Holz, Metall,
evtl. auch Ton) umfasst. Der Synonymität zu מסכה (עגל) bei Hosea entspricht
in Mi 1,7 inhaltlich der Hinweis auf den "Dirnenlohn" (Schmuck).[57] Dort werden
unmittelbar zuvor auch פסילים genannt, die wiederum in Jes 10,10 als Synonym
zu den עצבים (10,11) verwendet werden. In 2Sam 5,21 muss es sich um transpor-

---

54 Vgl. WUERTHWEIN, Erwägungen 173; KBL III 819; anders W. RUDOLPH (Hosea
    196), der עצתו "sein Holzstück" liest.

55 Die Konjektur des überlieferten כתבונס zu כתבנית legt sich von LXX, Vul-
    gata und Jes 44,13 her nahe (vgl. H.W. WOLFF, Hosea 286). C. DOHMEN
    (aaO. 1012) stellt die Vermutung an, ob der erklärende Vergleich mit dem
    judäischen Wirkungsbereich Hoseas in Zusammenhang zu bringen sei. H.
    MOTZKI (Ein Beitrag 482f.) erwägt hingegen, ob 13,2 eine dtr. Glosse sein
    könnte.

56 Dazu oben Kap. 3.6.1.

57 Vgl. oben Kap. 3.3.3. zu den Schmuckbildern bei Ezechiel. In Mi 5,13 wird
    statt עריך gelegentlich עצביך konjiziert (BHS): "Da reisse ich die Asche-
    ren aus deiner Mitte und vernichte deine Götterbilder"; vgl. aber K.
    JEPPESEN, Micah V 13, passim und oben Kap. 1.1.4. Anm.59.

table Figuren handeln, in 1Sam 31,9;[58] Jes 46,1; Jer 50,2 um grössere Kultbilder. Die Gestalt von עצבים, soweit sie aus den oben besprochenen Texten
hervorgeht, kann sowohl die eines Tieres als auch eines Menschen (Marduk und
Nabû) sein.

5.1.2.2. Die עצבים der Philister in 2Sam 5,21 (par 1Chr 14,12)

In der Schlacht Davids gegen die Philister bei Baal-Perazim[59] ergreifen die
Philister in solcher Hast die Flucht, dass sie ihre עצבים zurücklassen müssen (5,21):

> Und sie liessen dort ihre Götterfiguren (אֶת־עֲצַבֵּיהֶם)
> zurück, so dass David und seine Männer sie mitneh-
> men konnten (וַיִּשָּׂאֵם).

Die LXX übersetzen die erste Vershälfte:

$$\text{καὶ καταλιμπάνουσιν ἐκεῖ τοὺς θεοὺς αὐτῶν}$$

In der chronistischen Parallele (1Chr 14,12) lesen wir nicht nur אֱלֹהֵיהֶם statt
עצביהם, es ändert sich auch die Handlung:

> Sie liessen dort ihre Götter (אֶת־אֱלֹהֵיהֶם) zurück,
> und David ordnete an, sie im Feuer zu verbrennen.

T. VEIJOLA hat in 2Sam 5,17-25 einen sekundären dtr. Nachtrag erkannt.[60]
Aber selbst, wenn man annimmt, dass die ganze Geschichte einer alten Ueberlieferung angehört, ist der Rückbezug von V.21 auf den in 1Sam 4,1-11 ge-
schilderten Verlust der Lade doch ein starkes Indiz für die sekundäre Anfü-
gung mindestens dieses Verses: die Revanche Israels wird um einen entschei-
denden Aspekt, die Inbesitznahme kultisch-sakraler Gegenstände erweitert.[61]

---

58 Die MT-Fassung בֵּית עֲצַבֵּיהֶם wird oft an die der LXX und an 1Chr 10,9 an-
geglichen zu אֶת עֲצַבֵּיהֶם. In jedem Fall hat man sich die Verkündigung der
Siegesmeldung an grösseren, offiziellen Kultstätten vorzustellen (vgl.
H.W. HERTZBERG, Die Samuelbücher 184).

59 Der ursprünglich kanaanäische Name des Ortes (vgl. W. BOREE, Die alten
Ortsnamen 95-97) wird durch die Aitiologie in 5,20 mit dem Sieg über die
Philister und mit JHWH verbunden (vgl. F. STOLZ, Das erste und zweite
Buch Samuel 211). Zur Lokalisierung vgl. J. SIMONS, Geographical and
Topographical Texts § 759.

60 T. VEIJOLA, Die ewige Dynastie 98. Die Mehrzahl der Kommentatoren ist
jedoch nicht seiner Auffassung.

61 Vgl. C. DOHMEN, aaO. 1012.

Es ist möglich, aber nicht beweisbar, dass τοὺς θεοὺς αὐτῶν und

את־אלהיהם eine ältere Ueberlieferungsstufe bewahrt haben und die Bezeichnung

עצבים (vgl. 1Sam 31,9) erst später an deren Stelle trat, vielleicht weil das

Wort despektierlicher klang.[62] Sicher ist, dass die chronistische Fassung der

Notiz ganz im Sinn und Geist von Dtn 7,25 geschrieben wurde:

> Ihre (der Völker) Götterskulpturen (פסילי אלהיהם)
>
> sollt ihr verbrennen. Du sollst nicht nach dem Silber
>
> und Gold, das daran ist, verlangen und es an dich
>
> nehmen...

Die theologische Spitze in der Ueberlieferung von 2Sam 5 wurde vielleicht
nicht mehr verstanden, jedenfalls war es den Chronisten bei der Notiz von der
Beute Davids nicht ganz geheuer: Was den Früheren Siegerrecht schien, ist
für die Späteren eine gefährliche Versuchung. Der Einschub in 2Sam 5 kennt
also offensichtlich noch keine Scheu und lässt David Götterfiguren erbeuten –
nicht um des Materialwertes willen, sondern mit demselben Interesse, das die
Philister bewegt, die Lade JHWHs zu erobern und zu verschleppen.[63]
Obwohl die Nachricht wahrscheinlich nicht als historische, sondern als theologische Notiz zu verstehen ist, darf die Frage gestellt werden, was sich der
Verfasser von 2Sam 5,21 unter den עצבים der Philister vorgestellt hat und
warum er eine solche Meldung hier einfügen konnte.
Wie bei arabischen Völkern Stammesheiligtümer mit in entscheidende kriegerische Auseinandersetzungen geführt wurden, so ist in 1Sam 4,7f. der
Brauch vorausgesetzt, Götterbilder in den Kampf mitzunehmen.[64] So sind
die עצבים wohl als grössere, aber noch transportable, Skulpturen bzw. Statuen zu verstehen, die – vermutlich auf Tragtieren oder Wagen – in die
Schlacht geführt wurden. Da bei Ausgrabungen keine Grossskulpturen der Philister zutage gekommen sind und das Alte Testament ausser der Dagon-Ge-

---

62 Gegen C.R. NORTH, The Essence 154.

63 Zur Erbeutung und Verschleppung von Götterstatuen vgl. F. SCHICKLBERGER,
Die Ladeerzählungen 181-185 und oben Kap. 3.2.

64 Vgl. U. WINTER, Frau und Göttin 238.484f.648 und Abb.511.512.
KYLE McCARTER (1 Samuel 102) übersetzen in 4,7-8 אלהים mit "the gods",
was sie mit LXX (ἥσασιν) und den Pluralformen in V.8 begründen. Die Perspektive der heidnischen Philister wäre auf diese Weise gut getroffen.

schichte und der kurzen Notiz in 1Sam 31,9 auch nichts über solche Götterbilder verlauten lässt, ist der Informationsgehalt des Textes an diesem Punkt
schon erschöpft.[65]

Zu erwägen ist, ob der für den V.21 verantwortliche Redaktor bei den עצבים
an kleinere Figürchen oder gar an Amulette gedacht hat, die die Kämpfer als
Apotropaia auf sich trugen, wohl als Anhänger unter der Kleidung (Taschen
hatten die Gewänder ja nicht). Solche Amulettfigürchen von Göttern aus Jamnia
(ἱερώματα τῶν ἀπὸ Ιαμνείας εἰδώλων)[66] fanden sich, wie 2Makk 12,40
zu berichten weiss, ὑπὸ τοὺς χιτῶνας einiger Juden, die im Kampf gegen
den Statthalter von Idumäa fallen, natürlich wegen ihrer Götzendienerei!

Mit den Amuletten in 2Makk 12,40 wird hier allerdings ein anderes hebräisches
Wort auf den Plan gerufen, nämlich die גלולים.[67] Grundsätzlich ist mit
עצבים über die Gestalt (Mensch, Tier?) der entsprechenden Skulpturen oder
Plastiken - es könnten auch Terrakotten eingeschlossen sein - nichts Defini-
tives gesagt. Ausser einem Göttinnenfigürchen aus Aschdod (12.Jh.v.Chr.) sind
aus Philistersiedlungen leider auch keine eindeutig als Götterbilder bestimmbaren Figurinen zum Vorschein gekommen.[68] Terrakotten, zumeist Frauenfigür-

---

65 Vgl. zu den von den Kanaanäern übernommenen Gottheiten der Philister oben
   Kap. 3.2.

66 So die Uebersetzung von ἱερώματα in der Jerusalemer Bibel; vgl. C. HA-
   BICHT, 2.Makkabäerbuch 265 und OLB II 34. In der alten Philisterstadt
   Jamnia waren in hellenistischer Zeit griechische und alte kanaanäische
   Religionsformen vertreten (aaO.).

67 Dazu weiter unten Kap. 6.6.

68 Unter den in Philister-Siedlungen gefundenen Figurinen stellen die
   "mourning figures" einen grossen Anteil (vgl. T. DOTHAN, The Philistines
   237-249 mit den entsprechenden Abbildungen). In Geser und auf dem Tell
   Zafit wurden je ein Kopf einer Terrakotta-Figur gefunden (DOTHAN, aaO.
   229 und figs. 1,2; 5=Pl.12), in Aschdod die 17cm hohe Sitzfigur einer
   Göttin vom Typ einer mykenischen Muttergottheit (DOTHAN, aaO. 234-237
   und fig.9; Pl.19); zu diesem Typ wird man einige Fragmentfunde hinzuzäh-
   len dürfen.
   Ein 32,5cm hohes Gefäss in Form einer nackten Frau (Göttin?) stammt aus
   Str. XI vom Tell Qasile (DOTHAN, aaO. Pl.18=A. MAZAR, Excavations fig.
   18). Ein kleineres Krüglein (vgl. dazu MAZAR, aaO. fig.19 und S.81f. die
   Hinweise zu weiteren ähnlichen Stücken aus Ausgrabungen) könnte evtl.
   eine Baal-Gottheit mit Hörnern darstellen.
   Aus Aschdod (8.Jh.v.Chr.) stammt ein kleiner Terrakotta-Leierspieler
   (DOTHAN, aaO. 249 und Pl.35). In Str. VII (7.Jh.v.Chr.) wurden bei den
   Ausgrabungen auf dem Tell Qasile mehrere Fragmente kleiner Lehmfigürchen
   gefunden: der Kopf eines gehörnten Tieres, ein Vogelkopf, ein Bein, ein
   menschliches Köpfchen (Vogeltyp), ein Hunde- oder Pferdekopf; zudem fanden sich Kultgefässfragmente (z.B. ein Reiter). Vgl. zu den Funden im
   einzelnen A. MAZAR, Excavations 113f. und figs.42f.

chen und ägyptisierende Amulette sind aber aus eisenzeitlichen Schichten in Palästina in grosser Menge zutage gekommen.[69] Vor allem die kleinen menschen-tier- oder dämonengestaltigen Amulette könnten den Schreiber von 2Sam 5,21 inspiriert haben, wenn er keine konkreten Kenntnisse von den Götterbildern der Philister hatte.

5.1.3. NOTIZ ZUR WURZEL צור/ציר/יצר IM ZUSAMMENHANG DER GOETTERBILDER

Die semitische Wurzel JṢR,[70] vor allem im Kanaanäischen und Akkadischen ver-breitet, hat die Grundbedeutung "bilden, formen, modellieren". Das Nomen im Ugaritischen und Phönizischen[71] ist wie die hebräische Partizipialbildung יֹצֵר (17mal im Alten Testament) eine Berufsbezeichnung für den Töpfer. Akka-disch eṣēru (vgl. auch ēṣiru "Töpfer, Bildhauer") ist in den Bedeutungen "formen, zeichnen, einzeichnen, planen, festsetzen" nachgewiesen.[72] Ein grosser Teil der Verbformen von יצר, das im Alten Testament insgesamt et-wa 70mal belegt ist, steht im Zusammenhang der Töpferarbeit, und die Wurzel bekommt im übertragenen Sinn eine spezielle Bedeutung in der schöpfungstheo-logischen Terminologie.[73] Im Kontext der Götzenbildherstellung begegnet das Verb (qal) in Jes 44,9.10.12[74] mit den Objekten פסל und אל und quasi synonym mit den Verben נסך und פעל.

Die Arbeit am Götzenbild mit dem Hammer (44,12) wird mit der Wurzel יצר be-zeichnet; auch Jes 54,17 verweist auf Schmiedetechnik (Waffenherstellung). In Abweichung von der normalen Bedeutung "Töpfer" erscheint in Hab 2,18 das Par-tizip יֹצֵר für einen, der mit der Anfertigung von פסל oder מסכה betraut ist (das Ergebnis seiner Arbeit ist יֵצֶר); und 2Kön 12,10-13 (vgl. 2Kön 22,9) so-wie Sach 11,13 macht es wahrscheinlich, "dass es am Tempel in Jerusalem die Werkstatt eines Metallgiessers (joṣer) gab, der amtlich die Aufgabe hatte,

---

69 Zu den Frauenfigürchen vgl. U. WINTER, Frau und Göttin bes.98-134; zu Amuletten in Israel/Palästina weiter unten Kap. 6.6.

70 Vgl. im folgenden die Beiträge von W.H. SCHMIDT in: THAT I 761-765; B. OTZEN in: ThWAT III 830-839 und KBL II 409f. und III 951f.960.

71 J. AISTLEITNER, Wörterbuch No 1229 und DISO No 110.

72 AHw I 252f. Vgl. auch eṣru "(im Relief) dargestellt" und eṣurtum "einge-zeichnete Figur."

73 Zu יצר in Gen 2 vgl. C. WESTERMANN, Genesis I bes.277.

74 Vgl. dazu Kap. 3.4.3.

das abgelieferte Silber einzuschmelzen (*ṣûr* und *nātak*) und den am Tempel be-
schäftigten Handwerksleuten auszuzahlen."[75]

Von יצר abzuleiten sind ציר (IV) und צור (III).[76] An einigen, textkritisch
teilweise sehr problematischen Stellen treten Nominalbildungen dieser Stämme
auf, die unter die Götzenbildtopoi zu rechnen sein dürften. So ist in Jes 45,
16 von der Schmach der חרשי צירים die Rede, womit sicher Götzenbildhersteller
gemeint sind.[77] Der Text in Ps 49,15 ist schwierig, doch scheint וצירם hier
mit "Götzenbildern" nichts zu tun zu haben.[78] In Ex 32,4 ist wahrscheinlich
"verschnüren, sammeln"(im Tuch),nicht "formen" (mit dem Griffel o.ä.) zu übersetzen.[79] Auch in 1Kön 7,15, wo es um die Anfertigung der beiden Bronzesäulen Jachin und Boas geht, wurde im Anschluss an καὶ ἐχώνευσεν der LXX
die Konjektur zu ויצק erwogen.[80] Die in Ez 43,11 gleich viermal, aber in
wahrscheinlich verderbtem Text, belegte Nominalform וצורת/צורה wird einen
Plan, eine Skizze oder ein (plastisches) Modell des Tempels bezeichnen.[81]
צורה/ציר und יָצַר sind also keine besonders typischen Termini der Götzenbildherstellung (vgl. z.B. Ps 74,17 und 95,5). Der synonyme Gebrauch mit verschiedenen Handwerksbegriffen[82] (Skulptur/Plastik/Giesserei) lässt geraten erscheinen, die Nominalform der Wurzel יצר recht allgemein mit "Bild, Gebilde" zu
übersetzen, wobei vor allem an rundplastische Produkte zu denken ist.

75 OTZEN, aaO. 832.

76 Vgl. zu צור III beispielsweise palmyrenisch *ṣwr* "malen", syrisch *ṣār*
    "bilden, darstellen" und *sajjārā* "Maler" (KBL III 952).

77 Vgl. syrisch *ṣīrā* "Bild" (KBL III 960)+ die Konjektur von ערי‍ך in Mi 5,
    13 zu צרי‍ך ist möglich, vgl. aber oben zu צ‍בע Kap. 5.1.2.

78 KRAUS (Psalmen I 516f.) verzichtet auf einen Uebersetzungsversuch. P.
    CASETTI (Gibt es ein Leben 141-146) übersetzt V.15:
    "Wie Vieh sind sie in der Scheol eingepfercht.
    Der Tod weidet sie, und man unterdrückt sie,
    Gefügig (sind sie) am Morgen - und ihr Fels (וצירם) ?
    (Er soll bereit sein) die Scheol zu zermürben,
    von der Wohnung aus, die er hat?!"

79 Vgl. weiter oben Kap. 2.1.3.2.

80 Vgl. BHS.

81 Vgl. syrisch *ṣūrtā*, *ṣīrā* "Bild"; mandäisch *ṣūriā* "Idole, Götterbilder",
    palmyrenisch *ṣwrh* "Bild" (DISO 244); arabisch *ṣūrat* "Form, Gestalt, Bild,
    Statue" und altsüdarabisch *ṣwr* (KBL III 954).

82 Vgl. P. HUMBERT (Emploi, passim; bes.85ff.) zu den Paralleltermina.

5.1.4. צלם UND דמות

Es gibt mehrere Gründe, diese beiden in der atl. Bilderterminologie bedeuten-
den Begriffe miteinander zu behandeln. Erstens wird in einigen atl. Texten
eine sehr enge Beziehung zwischen ihnen sichtbar (in Ez 23,15; Gen 1,26f.;
5,1.3); zweitens sind beide Begriffe im atl. Gebrauch überwiegend als exi-
lisch-nachexilisch datierbar; drittens kreisen einige jüngere Beiträge zur
assyrisch-aramäischen Bilingue der Statue von Tell Fecherije (9.Jh.v.Chr.)
und daran anknüpfend zur Gottesebenbildlichkeit in der Genesis ebenfalls um
die genaue Bedeutung bzw. Austauschbarkeit beider Wörter.

Aus den im Verlauf dieser Arbeit behandelten Texten, in denen צלם auftritt,
lassen sich nun ohne Umstände bereits die wichtigsten Kriterien für die Bezeichnung eines darstellenden Gegenstandes mit צלם erheben. Der älteste Beleg in 1Sam 6,5.11 kennt die Bezeichnung für die goldenen Mäuse der Philister.[83] Es zeigte sich, dass die kleinen, wohl plastischen Nachbildungen in
einem ursprünglich magischen Vorgehen als Repräsentationen der echten Mäuse
aus dem Land geschickt werden, um so die Plage auszurotten. Ob in Am 5,26 mit
צלמיכם Symbole von Astralgottheiten gemeint sind, blieb zweifelhaft. Dafür
ist der Kontext von Ez 7,20 und 16,17f. aufschlussreich: beide Male geht es
um rundplastische, wahrscheinlich anthropomorphe Bilder (צלמי זכר) aus Silber
und Gold, die nach 16,18f. sogar bekleidet werden und denen Räucherwerk und
Opfer dargebracht werden.

Ez 23,14 erweitert das Spektrum von צלם, insofern hier von Wandreliefs (oder
-zeichnungen) die Rede ist, die babylonische Militärs darstellen (צלמי כשדיים)
Das in V.15 eingeflochtene דמות בני־בבל legt wegen der Synonymität von כשדיים
und בני־בבל eine mindestens grosse Ueberschneidung der Begriffe צלם und דמות
in diesem Falle nahe.

In Num 33,52 wird den Israeliten ausser der Vertreibung der Bevölkerung aufgetragen:

ואבדתם את כל־משכית ואת כל־צלמי מסכתם

Da משכית eher zweidimenionale Bildwerke (Gravierungen, Reliefs, evtl. auch
Malerei) zu konnotieren scheint,[84] werden wir bei den צלמי מסכתם wiederum an

---

83 Vgl. dazu Kap. 2.1.5.

84 Zu משכית (von שכה "schauen") vgl. weiter unten Kap. 5.1.8.

rundplastische Darstellungen in Metallarbeit zu denken haben.[85] Wenn מסכה

meistens als Nomen rectum (vgl. אלהי מסכה;עגל מסכה) Material und Genre des

entsprechenden Bildwerkes markiert, muss צלם als Nomen regens einen anderen

semantischen Akzent haben als diesen.

Eine weitere aufschlussreiche Notiz findet sich in 2Kön 11,18 (par 2Chr 23,
17). Nach der Ermordung Ataljas wird der Tempel (in dtr. Sicht ein "Baal"-
Tempel) von JHWH-Treuen gestürmt und es heisst:

את מזבחתו ואת צלמיו שברו חיטב

Grundsätzlich könnten zwar ausser den Altären vor allem Götterbilder Opfer
der Zerstörungswut des Volkes gewesen sein, aber auch in einem Tempel[86] wird
es deren nicht Dutzende gegeben haben. Der Plural liesse sich hingegen sehr
gut mit Votivstelen oder mit im Tempel aufgestellten Beterstatuen vereinba-
ren, die für Lebende oder Tote in ständiger Vertretung der Gottheit ihre Re-
ferenz erweisen, also mit "Kultbildern" im weiteren Sinn.[87] Darunter wären
sowohl Statuen, Statuetten und mit Flachrelief versehene Stelen, die die
Gottheit darstellen, zu subsumieren, als auch ähnliche Bildträger (evtl. mit
einer Inschrift), die einen Verehrer/Beter darstellen oder ein Symbol seiner
Frömmigkeit, wie z.B. die beiden erhobenen Arme auf der Stele im SB-zeitlichen Heiligtum von Hazor (Abb.122),[88] wo auch die Sitzstatue als Beispiel
für eine solche Beter-Repräsentation vor der Gottheit anzusehen sein wird.
In Hazor kamen insgesamt bei Grabungen gleich vier solcher Sitzfiguren vorderasiatischer Tradition in SB-zeitlichen Fundkontexten zutage,[89] und wenn
auch steinerne Rundplastiken dieser Funktion in Palästina sonst nicht erhalten sind, so kann hier doch zum einen auf die Votivstelen ägyptischer, syri-

---

85 Zu מסכה vgl. oben bes. Kap. 5.1.1.3.

86 Ueber diesen Baal-Tempel in Juda ist nichts weiteres zu erfahren, so
dass HOFFMANN (Reform 81; vgl. schon oben Kap. 1.1.2. Anm.14) eine dtr.
polemische Bezeichnung dahinter vermutet. Es wurde auch schon an einen
kleinen Schrein im Hof des Jerusalemer Tempels oder Palastes gedacht
(vgl. GRAY, I&II Kings 580f.). Der phönizische Name des Baal-Priesters
"Mattan" ist auf einem Stempelsiegel aus Lachisch belegt (vgl. GRAY, aaO.
und J.A. THOMPSON, On Some Stamps 24f.); das Lachisch-Ostrakon No 1
(A. LEMAIRE, Inscriptions hébraiques 93-97), datiert um 600 v.Chr., kennt
den Namen "Mattanjahu".

87 Vgl. zu dieser Definition J. RENGER, Art. "Kultbild A." in: RLA VI 307.

88 Vgl. zu יד unten Kap. 6.1.2.

89 Vgl. die Angaben bei KEEL, Bildträger 11f. und zur Interpretation Y.
YADIN, Hazor/Schweich Lectures bes.94 (vgl. Pl.XXIa.b).

scher und assyrischer Provenienz zurückverwiesen werden,[90] die in Israel und
seiner näheren Umgebung gefunden wurden, zum anderen auf die ammonitischen
Rundplastiken bzw. -fragmente (800-580 v.Chr.)[91] und natürlich auf die grosse Menge von nicht identifizierbaren Statuen und Statuetten, die im Vorderen
Orient in kultischem Kontext gefunden wurden und gewiss nicht alle als Götterdarstellungen interpretiert werden dürfen.[92]

Im Fazit[93] ergibt sich, dass צלם, was das Genre des Kunstwerkes betrifft, im
Hebräischen sehr offen ist und von Relief/reliefierter Stele bis zur Rundplastik kleinerer und grösserer Art diverse Bilder bezeichnen kann. Zusatz-
angaben aus dem Kontext (Wandrelief) oder ein Attribut (מצבות) präzisieren
Material oder Bildträger. Auch was den Gegenstand der Darstellung betrifft,
ist צלם an sich noch nicht präzis. So wird öfter genauer bestimmt, ob es
sich um Darstellung von Tieren, Menschen (oder "Greueln") handelt, wie z.B.
צלמי עכברים/תועבותם/זכר/כשדיים. In Num 33,52 und 2Kön 11,18par2Chr 23,17
scheint das Wissen um den Gegenstand der Darstellung vorausgesetzt.

Für mindestens einige atl. Stellen lässt sich geltend machen, dass bei צלם
weniger das Moment der genauen Reproduktion einer dargestellten Wirklichkeit
als vielmehr die machtvolle Repräsentation des Dargestellten im Vordergrund
steht. Die Mäusebilder repräsentieren die Mäuseplage, die Wandreliefs ver-
gegenwärtigen die Babylonier derartig gut, dass Oholiba nach Chaldäa schik-
ken lässt. Und im "Baal"-Tempel in Juda könnten Bilder von Verehrern als deren Repräsentanten gestanden haben. Ich schliesse mich daher der Meinung
H. WILDBERGERs an:[94] "ṣælæm ist also mehr als 'Abbild' nach unserem Verständnis: in ihm ist das Abgebildete selbst präsent, im Verfügen über das Abbild
kann man über das Abgebildete seine Macht ausüben." Man trifft den besonderen Aspekt von צלם vielleicht am besten mit der Uebersetzung "repräsentierende Darstellung" oder "Repräsentationsbild".

90 Seit Assurnasirpal II. lassen sich assyrische Könige auf Stelen in oder
    ausserhalb von Tempeln in ihrer Funktion als Priester Assurs repräsen-
    tieren (vgl. J. READE, Assyrian Sculpture bes.11).
    Vgl. Kap. 6.1.1. Das würde eine Teilsynonymität der Begriffe מצבה und
    צלם im Fall der Bildstele bedeuten.

91 Mindestens eine der Statuetten ist aufgrund ihrer Inschrift als die eines
    Sterblichen (Herrschers) identifiziert (vgl. Kap. 3.1.).

92 Vgl. dazu J. RENGER, Art. "Kultbild" in: RLA VI bes. 307f.

93 Wir lassen hier Pss 39,7; 73,20 ausser acht, da das Wort dort offensicht-
    lich in einem weniger konkreten Sinn gebraucht wird (vgl. H. WILDBERGER,
    Art.צלם in: THAT II bes.558).

94 AaO.

Die Wurzel SLM , die im Hebräischen allerdings nur als Nomen צֶלֶם erhalten ist,
wird ursprünglich die Bedeutung "abhauen, schneiden, schnitzen" (so noch im
Arabischen) gehabt haben. Wir finden sie im Phönizischen und Ugaritischen,
im Nabatäischen, Palmyrenischen, Syrischen und Altsüdarabischen,[95] vor allem
aber auch im Akkadischen und Aramäischen.

Die akkadische Sprache kennt für ṣalmu "Statue, Figur, Bild" ein gleich buntes Bedeutungsspektrum wie das Hebräische.[96] ṣalmu bezeichnet die Götterstatue (1), aber auch die Königsstatue/-stele (2) oder Statuen ganz allgemein
(3); es wird für kleinere Figürchen (4) gebraucht und für Reliefs/Flachbil-
der auf Stelen (5), im übertragenen oder abstrakteren Sinn schliesslich für
"Sternbild, Gestalt, Abbild, Inbild".

Im Aramäischen begegnet ṣlmᵓ auf den zwei Basaltstelen von Nerab (7.Jh.v.
Chr.), die je in Reliefdarstellung den verstorbenen Priester zeigen; in der
zugehörigen Inschrift heisst es: "Dies ist sein Bild (צלמה)",[97] womit - in
Parallele zu anderen Inschrifteinleitungen dieser Art - die ganze Bildstele
gemeint sein dürfte. Inschriften auf Statuen aus Hatra (1.-2.Jh.n.Chr.) bezeichnen mit צלמא die Statue eines Mannes und mit צלמתא die einer Frau.[98]
Das biblische Aramäisch braucht in Dan 2-3 צלם/צלמא zur Beschreibung des
grossen Standbildes im Traum des Nebukadnezzar.[99]

In der bereits erwähnten Bilingue auf der Statue des Königs Hdjsᶜj von Gu-
zana, die auf dem Tell Fecherije gefunden wurde, wird nun in der aramäischen
Uebertragung akk. salam/ṣalmu zum einen mit ṣlm(h), zum anderen mit dmwtᵓ
wiedergegeben.[100] C. DOHMEN hat sich nach Analyse der Komposition der Inschrift besonders intensiv mit dem Verhältnis dieser Begriffe zueinander beschäftigt[101] und ist dabei zur folgenden <u>relativen</u> (nicht absolut geltenden)

95 Vgl. KBL III 963; H. WILDBERGER, Art. צלם in: THAT II 556.

96 Zum Folgenden vgl. AHw III 1078f. und J. RENGER, aaO. 307f.

97 KAI No 225,3.6.12 und 226,2.

98 KAI Nos 242,1; 243,1 und 239,1; 248,1; 249,1; 250,2.

99 Vgl. dazu oben Kap. 3.5.3. In Dan 3,19 bezeichnet צלם אנפוהי den Gesichts-
    ausdruck; vgl. auch ug. ṣlm pnj(AISTLEITNER, Wörterbuch No 2319).

100 Vgl. A 1; B 1.2.3 nach C. DOHMEN, Die Statue 103-106.

101 Er vermutet, dass die eigentliche Votivinschrift (jetzt Teil A) vorher
    auf einer Statue in Guzana stand und die Ausdehnung des Herrschaftsge-
    bietes des Adad-itᵓ die Anfertigung einer Statue in Sikan erforderlich
    machte. Darauf wurde nun zusätzlich zum alten Text eine aktualisierende
    zweite Passage angefügt (Teil B) und wahrscheinlich die aramäische Ueber-
    setzung von A und B (vgl. DOHMEN, Die Statue bes.95f.).

Begriffsdifferenzierung gekommen:[102]

In der aramäischen Uebersetzung wird "zwischen dem Bildinhalt (*dmwt*: 'das Abgebildete') und seiner äusseren Form (*ṣlm*: 'die Statue') differenziert." Während das sehr allgemeine *ṣlm* beim Zusammentreffen mit *dmwt* einen relationalen Aspekt aufweist, vertritt *dmwt* den qualifizierenden Aspekt der "Wiedergabe der Gestalt":

ṣlm	*dmwt*
Darstellung, Zeichen, Symbol	Abgebildete
Beziehung	Beschaffenheit (Qualität)
Hinweis	Aehnlichkeit
verweisend, vertretend	wiedergebend [103]

Gegen diese relative, für einen konkreten Fall geltende, semantische Abgrenzung ist nichts einzuwenden; auch hebr. דמות[104] – wahrscheinlich ein aramäisches Lehnwort –, das im Alten Testament 25mal vorkommt, deckt in etwa das von DOHMEN umrissene Bedeutungsfeld ab.

In 2Kön 16,10 geht es um das Aussehen bzw. eine Abbildung, ein Modell und um die Form (תבנית) des Altars in Damaskus, den König Ahas dem Urija nachzubilden aufträgt.[105] Jes 40,18-20, eine der atl. Spottstrophen zur Götzenbildherstellung, hebt an mit der Frage:

> Wem wollt ihr Gott vergleichen
> und welches Ebenbild (מה־דמות) ihm gleichstellen?[106]

Der Kontext zielt darauf ab, dass ein פסל eben nicht Bild/Wiedergabe des

---

102 Zum Folgenden vgl. aaO. 96-98 (Zitat 97).

103 DOHMEN, aaO. 98.

104 Vgl. zum Folgenden H.D. PREUSS, Art. דמה in: ThWAT II bes. 274-277 und KBL I 217.

105 Zu תבנית vgl. weiter unten Kap. 5.1.7. Die LXX haben hier τὸ μέτρον αὐτοῦ καὶ τὴν ὁμοίωσιν αὐτοῦ. ANGERSTORFER (Hebräisch *dmwt* 33f.) verweist auf eine Verkaufsurkunde über ein Haus in Elephantine, in der für den Fall eines Prozesses zugesichert wird: "(es) werden wir oder unsere Kinder dir ein Haus geben nach dem Modell (Format) deines Hauses (*bjt l-dmwt bjt-k*) und seinen Abmessungen...". Hier geht es – wie beim Altarmodell – um Aussehen, Format, wahrscheinlich konkret einen Bauplan, ein Modell (aaO. 34) des nachzubildenden Hauses.

106 Vgl. zu Jes 40,19f. Kap. 3.4.2. und H.D. PREUSS (Art. דמה 275), der gegen ELLIGER an der Zusammengehörigkeit der Vv 40,18ff. (dtjes) festhält.

wirklichen Gottes sein kann. In den übrigen exilisch-nachexilischen Texten
ausser in Ez 23,15 ist דמות ausgehend von der Bedeutung "umrisshafte Gestalt,
Aussehen" (vgl. z.B. Ez 1,5.10.22; 2Chr 4,3) dann oft quasi als Adjektiv
mit "etwas (Aehnliches) wie" zu übersetzen (besonders bei Ezechiel).
Schwieriger ist die Bewertung der Anwendung von DOHMENs Begriffsdifferenzierung auf die schöpfungstheologisch relevanten atl. Aussagen in Gen 1,26.27;
5,1.3 und 9,6, wo wir דמות und צלם nebeneinander antreffen:

Gen 1,26	נעשה אדם בצלמנו כדמותנו
Gen 1,27	ויברא אלהים את האדם בצלמו
	בצלם אלהים ברא אתו
Gen 5,1	בדמות אלהים עשה אתו
Gen 5,3	(אדם) ויולד בדמותו כצלמו
Gen 9,6	בצלם אלהים עשה את האדם

Zwar ist die scharfsinnige Analyse der Lexeme und des Präpositionswechsels
(ב bzw.כ) im jeweiligen Kontext zunächst eindrücklich.[107] צלם vertritt wiederum den funktionalen Aspekt der Repräsentation, דמות den der Ausstattung
mit quasi göttlichen Qualitäten; je nachdem, ob der Zusammenhang schöpfungstheologisch (Gen 1; 9) oder genealogisch (Gen 5) ist, steht צלם oder דמות
im Vordergrund. Mit der Aspektverteilung für den Fall des Zusammentreffens
der beiden Lexeme (Gen 1,26; 5,3) bin ich einverstanden. Bei der Ausweitung
dieser Abgrenzung auf die anderen Stellen aber erliegt DOHMEN genau der Versuchung, die er zuvor zurückgewiesen hat,[108] nämlich einer absoluteren semantischen Begriffsbestimmung. Mir scheint nämlich im Nebeneinander von Gen
1,26; 1,27; 5,1 und 9,6 nichts anderes deutlich zu werden als dass צלם und
דמות im Moment, wo sie einzeln auftreten, den Aspektschwerpunkt ("Repräsentation" oder "abbildende Darstellung") des je anderen Lexems adaptieren. Die
Deutungsschwierigkeiten - besonders auch die des Präpositionswechsels[109] -
lassen sich so auf eine der hebräischen Sprache adäquatere Weise lösen.

---

107 DOHMEN, Die Statue 99-101.

108 AaO. 97f.

109 Vgl. zu ב und כ in diesem Zusammenhang H. WILDBERGER, Art. צלם in: THAT
     II 559; H.D. PREUSS, aaO. 276f.; K. SEYBOLD, Art.כ in: ThWAT IV bes.
     6f. und T.N.D. METTINGER, Abbild, passim und bes.406f.419.
     Meistens wird zurecht die Austauschbarkeit der Präpositionen mit der
     Teilsynonymität der zugehörigen Nomina zusammengebracht. Anders dagegen
     DOHMEN (Die Statue 99f.), der den verschiedenen Gebrauch der Präpositio-
     nen (Gen 1,27; 5,3) vom verschiedenen Gehalt der Nomina her erklären will.
     Dies Vorgehen wird aber schon durch die Austauschbarkeit in der hand-
     schriftlichen Ueberlieferung in Frage gestellt (vgl. METTINGER, aaO. und
     ANGERSTORFER, Hebräisch dmwt Anm.36).

Schon G. VON RAD[110] hat im Zusammenhang der Weisheitsterminologie auf die
Unsinnigkeit allzu präziser Begriffsdefinitionen hingewiesen, das die Verfasser atl. Texte "nicht durch die Verwendung sauber voneinander abgegrenz-
ter Begriffe... sondern durch das Gegenteil, nämlich durch die Nebeneinanderstellung sinnverwandter Wörter" die Wirklichkeit treffend darzustellen
glaubten. Auf das stereometrische und synthetische Denken dieses Kulturraums
hat auch H.W. WOLFF in seiner Anthropologie eindringlich aufmerksam gemacht.[111]

Im folgenden muss in der erforderlichen Kürze noch die Antwort von A.
ANGERSTORFER auf DOHMENs Beitrag behandelt werden, die in ihrer Eingleisig-
keit zu teilweise recht wunderlichen Ergebnissen führt.[112] Nachdem ANGERSTOR-
FER einige der Voraussetzungen, die DOHMEN macht, in Frage gestellt hat,[113]
versucht er, unter Einbeziehung ausserbiblischer und biblischer Belege dahin
zu gelangen, dass hebr. דמות und צלם quasi synonym und _immer_ mit "Statue/
Plastik" bzw. "Bild/Gestalt" (ebenfalls im konkreten Sinn) wiederzugeben
sind. Bei der Verfolgung seiner teilweise recht inkohärenten Ueberlegungen[114]
ergeben sich nun aber einige schwerwiegende Bedenken:

1. Die Bedeutung von _dmwt_ (Modell) in der von ANGERSTORFER beigezogenen Verkaufsurkunde von Elephantine,[115] in 2Kön 16,10 (Altarmodell) und in Ez 23,15
(Wandrelief) sperrt sich erheblich gegen den engen Begriff einer "rundpla-
stischen Statue".

_110 G. VON RAD, Weisheit 75.

111 H.W. WOLFF, Anthropologie 21-24.

112 Vgl. ANGERSTORFER, Gedanken, passim und des., Hebräisch _dmwt_, passim.

113 Gedanken 7-10. Wichtig ist wohl tatsächlich die Frage, ob die Notiz in
B 2 auf eine Verbesserung der materiellen Beschaffenheit der Statue oder
ihre Darstellungsqualität zielt (vgl. DOHMEN, Die Statue 97 und Anm.24;
dagegen ANGERSTORFER, Gedanken 9f.).

114 Die Ungereimtheiten und Widersprüche in seiner Darstellung sollen hier
nicht behandelt werden. Beispielsweise heisst es (Hebräisch _dmwt_ 35):
"_ṣelem_ bedeutet "Statue, Gottesbild, Plastik, Flachbild" (Relief oder
Zeichnung auf Stuck oder Ton). _de̲mut_ bedeutet "Statue, Plastik", die
eine konkrete Gestalt kopiert." Weiter oben aber beendet er den Abschnitt
zu den Inschriften: "Vermutlich ist _nsb'_ die "Stele", _dmwt_ die "Statue"
und _ṣlm_ das "Bild" im allgemeinen Sinn." So werden dann auch die Genesis-
Passagen übersetzt. In Jes 40,18 allerdings wird דמות mit "Bild" wiedergegeben (aaO. 41).

115 Vgl. oben Anm.105.

2. Es fehlt eine stichhaltige Begründung, warum die Priesterschrift entgegen der überwiegend weiter gefassten Bedeutung des Wortes דמות in exilisch-
nachexilischer Zeit ("Bild/Gestalt") ausgerechnet in Genesis mit der ausschliesslich dinglichen Bedeutung "Statue" operieren sollte.[116]

3. Daran anschliessend muss hier wiederum ein dem semitischen Denken stark
zuwiderlaufendes Vorgehen kritisiert werden, wenn ANGERSTORFER Begriffe eng-
führt, in diesem Fall also auf ihre rein konkret-materielle Bedeutung. Im
Hebräischen ist fast jedes Konkretum insofern auch Abstraktum, als die Funktion und Dynamis - viel mehr als die Form - eines Gegenstandes, eines Kör-
perteils usw. bei seiner Nennung assoziiert werden.[117] H.W. WOLFF schreibt
in den Vorbemerkungen zu seiner Anthropologie: "Es wird sich zeigen, dass
die stereotype Uebersetzung eines hebräischen Terminus mit dem gleichen Wort
das Verständnis in den meisten Fällen in die Irre führt..."[118] Genau in diese
Irre hat sich ANGERSTORFER m.E. verlaufen.

4. Auf dem Umweg über eine Art reflektiert-kritischer Kultbild-Anthropologie
der Priesterschrift[119] holt er schliesslich die zuvor ausgeschaltete abstrak-

---

116 Das genauere Verhältnis der verschiedenen konkreten Bedeutungen lässt
ANGERSTORFER als ein Gegenüberstehen von verschiedenen Deutungen von
dmwt völlig ungeklärt (aaO. 37).

117 So denkt der Mensch im alten Israel bei יד "Arm, Hand" vor allem an
"Kraft, Macht" (vgl. Kap. 6.1.2.), bei עין an "Blitzen, Funkeln" usw.
Für dieses Charakteristikum semitischen Denkens als stereometrischen
und synthetischen Zugangs zur Wirklichkeit hat H.W. WOLFF (Anthropologie,
passim; bes. 21-24 die Vorbemerkungen) viele Beispiele gesammelt.
Leider wurden seine Ausführungen in der atl. Exegese oft wenig beherzigt.
O. KEEL betonte dann in seinem Psalmenbuch (AOBPs 8f.) aufgrund des ikonographischen Zugangs zur Bibel ebenfalls diese besondere Eigenheit der
altorientalischen Weltsicht, die unlösbare Verbindung des Konkreten mit
über das Konkrete hinausreichenden Bedeutungen. Neuerdings hat KEEL in
seiner Studie zur Metaphorik des Hohen Liedes an einer Vielzahl von Beispielen gezeigt, wie weit man unter Beachtung dieser Eigenart bei der
Exegese der Bildmetaphern des Hohen Liedes schon mit einer Konkordanz
kommen kann und wie sehr unser formkonnotierend-analytisches Denken den
meisten Kommentatoren den Blick verstellt hat (KEEL, Deine Blicke 27-30).

118 Op.cit.23.

119 Dieser Umweg ist zu allem recht verschlungen (vgl. ANGERSTORFER, Hebräisch *dmwt* bes.39-43): Da צלם unter das Bilderverbot falle, könne die
Priesterschrift den Begriff nur benutzen, weil sie Mann und Frau zum
einzigen wirklichen Bild Gottes erkläre. "P denkt bekanntlich in kultischen Vorstellungen. Der Mensch als lebendiges 'Gottes-Bild' ist ein
solches Vorstellungsmodell aus dem Kult... Schärfer kann die Würde des
Menschen nicht artikuliert werden, denn das Kultbild im Tempel repräsentiert die betreffende Gottheit, der man opfert."

tere Dimension ("Aehnlichkeit", "Ebenbildlichkeit") der Begriffe wieder ein.[120]
Nach ANGERSTORFER besteht die "Gottesebenbildlichkeit" bei P inhaltlich in
der Geschlechterzweiheit und Fortpflanzungsfähigkeit der Menschen: "Der Mensch
als Ebenbild Gottes ist lebendig (im Gegensatz zu einer Stein- oder Tonstatue
oder einem Bild), er soll sich fortpflanzen..."[121] Das erklärt nun aber
längst nicht, warum ausgerechnet dieser Gedanke vermittels der rein materiellen Vorstellung von einer "Statue" formuliert werden muss, worauf ANGERSTORFER
דמות und צלם ja eingrenzt. Der Satz: "Nur im Kontext der Gottesebenbildlichkeit ist ṣelem nicht etwas Totes, sondern etwas Lebendiges"[122] ist falsch,
insofern das Kultbild im ganzen Orient als etwas gilt, das die Gottheit auf
Erden lebendig und wirksam werden lässt.[123]

5. Die Ablehnung der weit verbreiteten Ansicht, dass "Ebenbildlichkeit" eine
funktionale Aussage über die Investitur des Menschen als Herrscher und Vertreter Gottes sei, ist unzureichend begründet. Diese Investitur ist der
eigentliche Grund für die gesegnete Fruchtbarkeit des Menschen (Gen 1,28; vgl.
auch Ex 23,29f.) und für seine Würde und die Unantastbarkeit seines Lebens
überhaupt.[124]

Die neueren Untersuchungen E. ZENGERs zur priesterschriftlichen Urgeschichte

---

Die Funktion der Aussage der Gottesebenbildlichkeit kann aber nicht die
Verehrungswürdigkeit der Menschen (für wen denn?) sein, sondern sie will
die mit dieser Würde aufgegebene Verantwortung formulieren (dazu weiter
unten im Text). Im folgenden kommt ANGERSTORFER (aaO. 41) dann zur Sexualität und Fruchtbarkeit als dem eigentlichen Inhalt der Mensch-Bild
Gottes-Konzeption.

120 Vgl. aaO. 38 zu Gen 5,3a, wo ANGERSTORFER die Suffixe von בדמותו und
כצלמו als "double-duty suffixes" auf Adam und Gott beziehen will.

121 AaO. 37. ANGERSTORFER sieht in der Weitergabe von Leben das Bild des
Schöpfers, die Wiederholung der Schöpfung des Schöpfers (aaO. 41). Der
Auftrag, fruchtbar zu sein und sich zu mehren in Gen 1 zielt aber gerade
auf die Herrschaftsstellung des Menschen in der Welt.
Die bisexuelle Fortpflanzung an sich ist nichts für die menschliche Spezies besonders Typisches. Eher würde ich die Existenz des Menschen als
Mann und Frau (in ihrer Gemeinschaft) als ein zweites Charakteristikum
neben seiner Gottesebenbildlichkeit auffassen (vgl. KEEL/KUECHLER, Synoptische Texte II 72).

122 AaO. 39.

123 Vgl. E. ZENGER, Gottes Bogen 87-89 und zu äg. ḫntj den Artikel "Bild
('Lebendigkeit' eines Bildes)" von W. HELCK in: LdAe I 793-795.

124 Vgl. dazu E. ZENGER (Gottes Bogen bes.84-96), der über C. WESTERMANN
(Genesis I 203-218) hinaus noch einige neuere Beiträge zur "uferlosen"
Ebenbildlichkeitsliteratur referiert.

bestätigen unsere semantische Umschreibung von צלם und דמות. ZENGER betont
vor allem den Aspekt der <u>Repräsentation</u>,[125] der in der Schöpfungstheologie
konkret <u>wirkmächtige Vertretung</u> Gottes, verantwortete <u>Verfügung und Herrschaft</u>
über die Erde bedeutet. Mit dem Menschen als Herrn und Hirten der Tiere ist
dabei ein ganz wichtiger Aspekt altorientalischer Königs- und Königtumsvor-
stellung aufgegriffen, der als Aspekt zugleich die ganze Herrschaftsdimension
aufscheinen lässt[126] (vgl. Ps 8). Hinzu kommt die Idee der "Gottesverwandt-
schaft", die im Bild-Gottes-Terminus zum Ausdruck gebracht wird. Sowie Adam
und Set sich ähnlich sind aufgrund ihrer Blutsverwandtschaft, sind Gott und
Mensch ähnlich.[127]

Nach diesem Exkurs ist zu resümieren, dass hebr. צלם plastische Bildwerke verschiedenen Materials und verschiedener Funktionen bezeichnet, wobei der funk-
tional-dynamische Aspekt der Vergegenwärtigung des Dargestellten immer mit
dem Konkreten verbunden ist und in den genannten schöpfungstheologischen Aussagen der Genesis dann besonders zum Tragen kommt, ohne dass dabei die konkrete Vorstellung eines plastischen Bildes dem abstrakten Gedanken ganz geopfert würde. Hebr. דמות assoziiert "körperhafte Umrisse", "Form/Gestalt"
und betont vor allem den funktionalen Aspekt der originaltreuen Wiedergabe,

---

125 ZENGER macht als Hintergründe für die priesterschriftliche Bild Gottes-
Anthropologie folgende Vorstellungen des Alten Orient geltend: Der König
ist in Aegypten das Bild und der Sohn des Schöpfergottes. "Im Vordergrund stehen die Herrscherfunktionen des Königs" (aaO. 86). Der Mensch
ist nach P <u>König</u> der Schöpfung und als <u>Stellvertreter</u> Gottes <u>wie</u> der
deus creator. Er <u>vergegenwärtigt</u> Gott als dessen <u>lebendiges Kultbild</u>.
ZENGER verweist ausdrücklich auf צלם als Begriff, der diesen Aspekt ein-
fange (aaO. 88).

126 Vgl. zum "Herrn der Tiere" in der altorientalischen Ikonographie und im
Buch Ijob vor allem O. KEEL, Jahwes Entgegnung 86-125 und ZENGER, aaO.
84.90-96.116-123. Das Bild der numinosen Gestalt des "Herrn der Tiere",
der zugleich Hirte und Bezwinger der Tierwelt ist, wird bezeichnenderweise in Ijob 39 auf JHWH und in Gen 1 auf den Menschen übertragen. In
seiner Herrschaft über die Tiere <u>erweist</u> sich die Würde des Menschen, sie
<u>erschöpft sich nicht</u> darin (gegen ANGERSTORFER, Hebräisch dmwt 39).
ANGERSTORFERs "black out" beim Stichwort "Herrschaft über die Tiere"
(aaO. 33) beweist leider wieder einmal die Textfixiertheit eines atl.
Exegeten, obwohl gerade zu diesem Thema und zum Schöpfungsbericht inzwischen relativ viel aus der ikonographischen Forschung aufgegriffen wurde.

127 ZENGER, Gottes Bogen bes.89ff. Auf den Aspekt der Verwandtschaft verweisen bereits KEEL/KUECHLER, Synoptische Texte II 72f. Sie hielten im Rahmen der Priesterschrift den Aspekt der Gegenwart Gottes im Menschen für
anachronistisch. ZENGER hat allerdings von ägyptischen Vorstellungen her
(aaO. 86-88) gerade diese Funktion der Bildtheologie wieder stark betont.

die Aehnlichkeit und Verwandtschaft mit der abgebildeten Wirklichkeit.[128]

5.1.5. NOTIZ ZU פגר

Die Forschungsdiskussion um zwei atl. Texte, in denen das hebr. פגר offensichtlich nicht die gewöhnliche Bedeutung "Körper, Leichnam, Toter" hat (wie
in Gen 15,11; Num 14,29.32f.; 1Sam 17,46; 2Kön 19,35; Jes 14,19; 34,3; 37,36;
66,24; Jer 31,40; 33,5; 41,9; Ez 6,5; 2Chr 20,24f.; Am 8,3; Nah 3,3), kommt
zur Zeit nicht recht von der Stelle. Die Notwendigkeit eines Hinweises im
Rahmen dieser Arbeit ist darin begründet, dass פגר in Lev 26,30 und Ez 43,7.
9 auch schon mit "Denkmal, Stele" übersetzt wurde. In Lev 26 geht es an der
genannten Stelle um eine Drohung Gottes, die Höhen Israels zu verwüsten:

Ich werde eure Höhen verwüsten,

eure Höhenheiligtümer (חמנים)[129] zerschlagen,

und eure Leichen (את־פגריכם) על פגרי גלוליכם werfen,

und ich werde euch verabscheuen.

Ez 43 wird dem Propheten in einer Entrückung ein (vorexilischer) Missstand
im Jerusalemer Tempel vorgeführt, der in die Vorhersage mündet:

7 ...Das Haus Israel wird hinfort meinen heiligen Namen
   nicht mehr entweihen - weder sie noch ihre Könige -
   durch ihre Hurerei ובפגרי מלכיהם במותם

8 indem sie ihre Schwelle an meine Schwelle
   und ihre Türpfosten neben meine Türpfosten setzten,
   so dass nur die Mauer zwischen mir und ihnen stand,
   und mit den Greueln, die sie verübten,
   meinen heiligen Namen entweihten,
   so dass ich sie in meinem Zorn vertilgte.

9 Nun aber werden sie ihre Hurerei ופגרי מלכיהם
   von mir hinwegtun, und dann will ich für immer unter
   ihnen wohnen.

---

128 In der Genesis wird damit auf die auch in anderen altorientalischen Re-
    ligionen bekannte Vorstellung rekurriert, dass die Götter die Menschen
    nach ihrem eigenen Aussehen entworfen haben, als "Ebenbild" der Gottheit
    (vgl. KEEL/KUECHLER, Synoptische Texte I 12.21 und II 66-72).

129 Vgl. zu חמן Kap. 6.1.3.

Die Klärung der etymologischen Herkunft und Verwandtschaft von פגר, das an diesen Stellen mit "Leichen"[130] zu übersetzen wenig Sinn gibt, ist momentan in einer Sackgasse. Akkadisch *pagrā'um/pagrûm*[131] bezeichnet eine bestimmte Art von Schlachtopfer. Dagan wird als *bēl pagrê*, Herr der *pagrûm*-Opfer bezeichnet. Im Ugaritischen aber ist für *pgr* nun zum einen die Bedeutung "Opfer", evtl. "Totenopfer" (verwandt mit akk. *pagrûm*) und zum anderen "Stele" vorgeschlagen worden. Für mehrere Belege ist noch kein Konsens gefunden worden.[132]

Was die atl. Stellen betrifft, so ist man je nach Vorentscheidung für die eine oder andere der beiden Möglichkeiten zur Auffassung gekommen, dass in Lev 26 "Götterstelen" zu übersetzen sei - also ein Sprachspiel "Leichen"/"Stelen" beabsichtigt sei -, und in Ez 43 entweder "Memorialstelen" der gestorbenen Könige[133] oder aber, wie J.H. EBACH[134] vorgeschlagen hat, Opfer für die verstorbenen Könige.[135] Die Uebersetzung mit "Opfer" gäbe natürlich auch in Lev 26,30 einen guten Sinn.[136]

M.E. ist diese zweite Lösung beim aktuellen Stand der Diskussion vorzuziehen. Erstens ist die sprachgeschichtliche Herleitung von *pgr* "Stele", wie die Diskussionen in der Ugarit-Forschung zeigen, noch weniger abgesichert als ein

---

130 KBL III 861 פגר A. und AHw III 809.

131 AHw III 809a.

132 Vgl. die Uebersicht in KBL III 861f.; C.H. GORDON (Ugaritic Textbook No 2205); K. GALLING (Erwägungen 11) und E. LIPIŃSKI (*SKN* 200f.) übersetzen (Monument)/"Stele"; hingegen J. AISTLEITNER (Wörterbuch No 2189,2) "Morgenopfer?"; J.H. EBACH (*PGR* bes.366-368) "(Toten-)Opfer?"; DIETRICH/LORETZ/SANMARTIN (*PGR*, passim) und M. DIJKSTRA/J.C. DE MOOR (Problematical Passages 175) "Opfer". M. DIETRICH/O. LORETZ (Totenverehrung 381) machen darauf aufmerksam, dass weder *pagrûm* noch *pgr* in der Bedeutung "Totenopfer" nachweisbar seien.

133 Ein Denkmal oder eine Stele nehmen D. NEIMAN (*PGR* 55-60); K. GALLING (Erwägungen 1-13); W. ZIMMERLI (Ezechiel 1082f.) an.

134 *PGR*, passim.

135 Zur Umvokalisierung von בְּמוֹתָם zu בְּמוֹתָם vgl. vor allem ZIMMERLI, Ezechiel 1072.1083. Eine במה direkt beim Tempel ist nach der Reform Joschijas wenig wahrscheinlich. Zudem kennt auch die Textüberlieferung schon Abweichungen von der MT-Vokalisierung.

136 Soweit ich sehe, ist dieser Vorschlag noch nicht gemacht worden. J.H. EBACH (*PGR* 368 Anm.15) erwägt allerdings mit guten Gründen, ob in Gen 15,11 und Jer 31,40 statt "Leichen" nicht auch sinnvoller "Opfer" zu übersetzen sei.

Zusammenhang mit akk. *pagrûm* "Opfer".[137] Zweitens deutet der Kontext von Ez 43, der Vorwurf der Hurerei,[138] auf götzendienerische Praktiken. Die Memorial-stele eines israelitischen Königs als solche ist noch kein Sakrileg,[139] wohl aber, dass den israelitischen Königen nach ihrem Tod Opfer dargebracht werden. Möglicherweise kam zur Zeit Ezechiels vor dem Exil ein Trend zur Vergöttli-chung der gestorbenen Herrscher auf, denen man im Tempelbereich - Tür an Tür zum Allerheiligsten, nicht bei ihren Grabstätten[140] - vor Statuen oder Stelen, die sie darstellten, opferte.[141] Zur gleichen Zeit etwa wurde der königliche Ahnenkult in Babylonien restauriert. Die Mutter Nabonids rühmt sich, die Sitte regelmässiger Totenopfer wiedereingeführt zu haben, und Nabonid selbst betont seine Sorgfalt bei der Bestattung seiner Mutter.[142]

Ein kleiner Hinweis auf die vermittelnd-kultische Bedeutung von Königen und Fürsten findet sich eventuell auch im Buch Hosea. In Hos 3,4 wird den Israeli-ten eine Durststrecke angekündigt "ohne König und ohne Fürst, ohne Opfer und ohne Massebe, ohne Ephod und Teraphim". Der sakral-kultische Kontext schliesst

---

137 Hinzu kommt, dass ein Sprachspiel "Leichen"-"Stelen/Statuen" (= "Leichen" der Götter) unter den Standardtopoi der atl. Götzenbildpolemik keine Parallelen oder Aehnlichkeiten findet.

138 Zu זָנָה bei Hosea, Jeremia und vor allem Ezechiel vgl. WINTER, Frau und Göttin bes.604-613. Die Kombination von זָנָה (als "Hurerei" und "hinter den Baalen herlaufen") mit anderen verwerflichen Kultpraktiken (wie z.B. dem Kinderopfer) deutet auf dtr. Einfluss hin (vgl. aaO. 606).

139 ZIMMERLI (Ezechiel 1083f.) macht nicht deutlich, warum sich die Buhlerei "im Aufstellen der Memorialstelen manifestierte".

140 Dass der Tempel Teil der Palastanlage Salomos ist, entspricht dem Bericht in 1Kön 6f. (vgl. 2Kön 11). Dafür "dass die Gräber einiger Könige un-mittelbar am Tempelhof gelegen hätten", fehlen die archäologischen und literarischen Beweise (ZIMMERLI, Ezechiel 1082).

141 Zur Vergöttlichung gestorbener syrischer/hethitischer Könige und Fürsten im 2.Jt.v.Chr. vgl. M. DIETRICH/O. LORETZ, Totenverehrung passim (in Mari und Ugarit); P. XELLA, Aspekte 286.289 (Ebla, Ugarit); V. HAAS/ M. WAEFLER, Bemerkungen 113-115. Interessant ist im Vergleich mit Ez 43, dass bei den Hethitern Grabmal und Statue des verstorbenen Königs nicht zusammenlagen, und dass der königliche Ahnenkult im Bereich der könig-lichen Familie stattfand, nicht im Tempel, sondern in den Palastanlagen! (aaO. 14) Zur Verehrung des Idrimi von Alalach vgl. R. OPIFICIUS, Archäo-logischer Kommentar 285-289. Vgl. S. SCHROER, Der Mann 70.102 (mit Anm.97a). Den Artikel von P. XELLA (Il culto dei morti nell' Antico Testamento) habe ich nicht einsehen können.

142 ANET 312; vgl. M. BAYLISS, The Cult, bes.123f. Assurbanipal erwähnt den Totenkult früherer Herrscher, welcher nicht mehr praktiziert worden sei (aaO.).

aus, dass die Herrscher hier nur in ihrer politisch-repräsentativen Funktion erwähnt sind. Eher wird man vielleicht an die Mittlerposition dieser Figuren, wie sie sich vor allem in der syrisch-levantinischen Kleinkunst der MBIIB-Zeit manifestiert, zu denken haben.[143] Hohen Würdenträgern wurde als Verehrern der Gottheit par excellence selbst eine gewisse Verehrungswürdigkeit und vor allem Schutzkraft zugesprochen, deren Hochschätzung die Darstellung auf vielen Roll- und Stempelsiegeln dieser Zeit, die ja zugleich Talismane waren, beweist. In der zweiten Hälfte des 2.Jhs.v.Chr. greift die "Weisheit Salomos" (14,15-20) die hellenistisch-philosophischen Versuche, Götterverehrung rationalistisch zu erklären, auf, indem sie auf die Verehrung der Bilder von früh gestorbenen Kindern und toten Herrschern hinweist (Euhemerismus).[144] Erinnerung an israelitische Tradition ist da jedoch nicht vorauszusetzen.

5.1.6. תמונה SICHTBARE GESTALT
_____

Das Nomen תמונה, von derselben Wurzel wie מין "naturwissenschaftliche Spezies, Art" (Gen 1,11f.21.24f.; 6,20; 7,14; Lev 11,14.16.19.22.29; Dtn 14,13-15.18; Sir 13,15f.; 43,25; Ez 47,10)[145] findet sich im Alten Testament 6mal im Zusammenhang des Bilderverbots in Ex 20,4; Dtn 4,12.15f.23.25 und an drei weiteren Stellen, nämlich Num 12,8; Ps 17,15 und Ijob 4,16. C. DOHMEN hat in einem Exkurs zu diesem Begriff[146] auf die "semantische Ueberbewertung" von תמונה hingewiesen, die immer dann vorliege, "wenn תמונה als eigentlicher und direkter Bildbegriff in der Bedeutung 'Darstellung, Abbild u.ä.' gefasst wird."[147] Die in den einschlägigen Wörterbüchern vorgenommene Unterscheidung

---

143 Vgl. dazu die Studie der Verfasserin "Der Mann im Wulstsaummantel" (passim und bes.101-106 zur Deutung).

144 D. GEORGI, Weisheit Salomos 452f.

145 Vgl. KBL II 547. Die Verwandtschaft mit anderen semitischen Wörtern ist nicht geklärt, ausser für ug. mn "Gestalt, Art" (vgl. M. DIETRICH/O. LORETZ, Die sieben Kunstwerke 62 und C. DOHMEN, Das Bilderverbot 217). M. GOERG (mῑn, passim) schlägt eine etymologische Rückführung auf äg. mn.t "Art" vor.

146 Das Bilderverbot 216-223.

147 AaO. 220 Anm.471. DOHMEN führt diese Ueberbewertung auf die LXX-Uebersetzung ὁμοίωμα zurück, die den Aspekt der Aehnlichkeit, Abbildung evoziert.

336

zweier Bedeutungen, nämlich "Gestalt" und "Abbild (künstliche Gestalt)", erweist sich bei genauerer Prüfung der Texte als unnötig, da die Grundbedeutung
"Aussehen, äussere Form" in allen Fällen problemlos angewandt werden kann[148]
und die Präzisierung als künstliche Nachbildung des Aussehens erst durch das
semantische Umfeld (in Dtn 4,16.23.25 durch פסל) geleistet wird. Anzumerken
ist, dass תמונה in allen Belegen ein Wort der "Sakralsphäre" ist und wahrscheinlich exilisch-nachexilischem Sprachgebrauch entstammt.

תמונה gehört somit im weiteren Sinne zur Bildterminologie des Alten Testaments, ist aber wie קצב[149] und תאר kein Terminus technicus für ein Produkt
der darstellenden Kunst.

5.1.7. תבנית DARSTELLUNG, MODELL, VORBILD, NACHBILDUNG
_____

Während תמונה offenbar Erscheinungsform und Gestalt meint, ohne deren künstliche Reproduktion schon zu implizieren, ist תבנית[150] ein Begriff, der die
Beziehung eines künstlich geschaffenen Gebildes zu einem ihm entsprechenden
gestalthaften Wirklichkeit als formale Entsprechung und Aehnlichkeit akzentuiert. Dies kann in der Weise geschehen, dass תבנית als Vorbild (Modell,
Plan, Entwurf) zu etwas noch zu Schaffendem, einem Heiligtum (Ex 25,9.40;
1Chr 28,11.12),[151] einem Altar (2Kön 16,10),[152] einem Wagen (1Chr 28,18f.)
in Beziehung gesetzt wird, oder aber, was häufiger der Fall ist, als (künst-

148 Den Wechsel von כל תמונת in Dtn 4,16.23.25 zu וכל תמונת in Dtn 5,8/
     Ex.20,4 erklärt DOHMEN (aaO. 219) aus der jeweiligen syntaktischen Ein-
     bindung in den Satz. Bei der Umsetzung des Finalsatzes in einen Prohibi-
     tiv entsteht die Form der steigernden Negation (vgl. KBL II 452) "kein
     Kultbild, gar keine Gestalt".

149 KBL III 1045f.

150 Derivat von בנה "bauen"; vgl. S. WAGNER, Art. בנה in: ThWAT I 704f. Das
     Nomen kommt 20mal im Alten Testament vor (vgl. auch A.R. HULST, Art.
     בנה "bauen" in: THAT I 325).

151 Zum König als Tempelbauer in Mesopotamien und Aegypten (vgl. Ps 132,1-5)
     vgl. O. KEEL, AOBPs 248-258 und E. ZENGER, Gottes Bogen 85. Vielfach pro-
     klamiert in altorientalischen Texten der König vor dem Volk, er baue
     den Tempel genau nach dem Modell, das ihm im Traum oder in einer Vision
     von der Gottheit geoffenbart worden sei (vgl. z.B. den Tempelbauhymnus
     Gudeas bei A. FALKENSTEIN/W. VON SODEN, Sumerische und akkadische Hymnen
     141f.). Zu תבנית als "himmlisches Urbild" in Ex 25 vgl. die Ausführungen
     bei T. METTINGER (Abbild, passim) im Zusammenhang der Imago-Dei-Konzep-
     tion und E. ZENGERs Einwände (Gottes Bogen 85f.).

152 Vgl. oben Kap. 5.1.4.

liche) <u>Nachbildung</u> einer gestalthaften Wirklichkeit. So wird in Dtn 4,16-18 die nachbildende Gestaltung von Männlichem und Weiblichem sowie verschiedenen Lebewesen verboten. Der Künstler fertigt sein Bild als "Nachbildung/Gestalt eines Mannes" (Jes 44,13 תבנית איש). In Ez 8,10 werden die Wandritzereien oder -reliefs als Darstellung, d.h. Nachgestaltung von שקץ , בהמה, רמש und גלולים beschrieben. Israel wird in Ps 106,20 beschuldigt, seinen Gott gegen die Darstellung/Nachbildung eines Gras fressenden Rindes eingetauscht zu haben (בתבנית שור אכל עשב).

Die wenigen übrigen atl. Stellen lassen sich ohne weiteres als Nominalbildung von בנה im engen Sinne von "Bauwerk" (Jos 22,28 und Ps 144,12)[153] und als sehr weit gefasster Umschreibungstopos ("etwas wie, eine Art von"; Ez 8,3; 10,8), synonym mit der Verwendung von דמות in Ez 1,26; 8,10; 10,21; Dan 10,16 erklären.[154] Wie תמונה scheint תבנית, wo es in sakral-kultischem Zusammenhang der Götterbilder und Götzenverehrung auftritt, exilisch-nachexilischen Sprachgebrauch zu spiegeln.[155]

5.1.8. משכית FLACHBILD/RELIEF

Das hebr. Nomen משכית, abzuleiten von der Wurzel שכה "schauen", kommt im Alten Testament insgesamt nur 6mal vor, zweimal in der übertragenen Bedeutung von "Gedankengebilde, Einbildung" (Ps 73,7; Spr 18,11) und 4mal zur Bezeichnung verschiedenartiger Bildwerke.[156]

Als Ausgangspunkt für eine möglichst genaue Definition der Bedeutung von משכית kann Lev 26,1[157] dienen, wo אבן משכית einen reliefierten Stein, eine Bildstele bezeichnet. Als weitere Bildwerke werden im Zusammenhang "Götzen" (אלילם) und "Skulptur/Plastik" (פסל) erwähnt. Parallel wird in Num 33,52 bei כל־משכית und צלמי מסכתם an solche Bildstelen einerseits und metallüberzogene Plastiken andererseits gedacht sein.

Auf Reliefarbeit oder Ritzerei in Stein verweist auch der Kontext von Ez 8,

---

153 Vgl. S. WAGNER, Art. בנה in: ThWAT I 704.

154 Vgl. S. WAGNER, aaO. 706 und zu דמות Kap. 5.1.4.

155 Ps 106 wird allgemein in die exilisch-nachexilische Zeit datiert (H.-J. KRAUS, Psalmen II 900f.).

156 Vgl. משכי "Bildstele" in der aram. Inschrift KAI No 215,18.

157 Vgl. Kap. 6.1.1.

12. Die Aeltesten Israels, die da "jeder in seiner Bilderkammer" (בחדרי משכית)[158] Götzendienst treiben, werden vom Propheten beim Räuchern vor Wand-reliefs oder -ritzzeichnungen (8,10) beobachtet,[159] auf die V.12 zurückzu-beziehen ist.

Dass משכית nicht nur Reliefarbeit in Stein, sondern auch in Metall meinen kann, zeigt Spr 25,11, wo es heisst: "ein Wort gesprochen in vollendeter Form"[160] sei תפוחי זהב במשכיות כסף . Der Vergleich zielt auf die kunstvolle, schön geformte Rede, die genauso bewundernswert und wertvoll ist wie vollen-detes Metallkunsthandwerk in Gold und Silber.[161] Zu fragen ist nun nach den einzelnen Elementen der Bildhälfte des Vergleichs, die weder philologisch noch von der Archäologie her ganz klärbar ist. Im folgenden soll deshalb auf mehrere Möglichkeiten hingewiesen werden.

1. Die תפוחי werden entgegen der einhelligen Ueberlieferung zu פתוחי konji-ziert.[162] In diesem Fall ist an reliefierte Silberarbeit, am ehesten eine Schale zu denken, deren eingravierte Darstellungen zusätzlich mit Gold plat-tiert oder mit Goldfäden eingelegt wurden.[163] Die in der SB-Zeit zur techni-schen Vollendung gelangten phönizischen Schalen aus Silber und Bronze fanden im Verlauf des 1.Jts.v.Chr. von Luristan bis Italien Verbreitung. Diese Schalen, mit einem Durchmesser von 15-25cm, sind in Ritz- oder Relieftechnik dekoriert mit Szenen und Bildelementen, welche konzentrisch um eine Mittel-zone angeordnet sind. Sie zeigen häufig Tierkampf-, Prozessions- und Bankett-

---

158 Ausser MT haben alle anderen Textversionen den Singular בחדר , der auch sinnvoller scheint (vgl. W. ZIMMERLI, Ezechiel 194).

159 Vgl. Kap. 3.1.1.

160 Zur Bedeutung des umstrittenen על-אפניו vgl. W. BUEHLMANN, Vom rechten Reden 45f.51f.

161 AaO. 52. Viele andere (zuletzt O. PLOEGER, Sprüche Salomos 300) denken an das treffende Wort des Weisen. Das tertium comparationis zwischen Bild- und Sachhälfte des Vergleichs liegt aber eindeutig im Produkt der Kunstfertigkeit.
Zur Symbolik der Metalle Gold und Silber im Alten Testament vgl. K.H. SINGER, Die Metalle bes. 158-175.

162 So W. FRANKENBERG, Die Sprüche z.St. und R.B.Y. SCOTT, Proverbs/ Ecclesiastes z.St.

163 Eine Silberschale des 7.Jhs.v.Chr. aus Palestrina (Rom, Villa Giulia) ist z.B. ganz mit Gold überzogen (J. THIMME, Frühe Randkulturen 200). Zwi-schen 1045 und 994 v.Chr. (3. Zwischenzeit) datiert eine Silberschale mit goldenem Handgriff und goldgetriebenem Mittelteil, deren Zentrum eine zwölfstrahlige Rosette mit Glaseinlagen bildet (D. WILDUNG/S. SCHOSK Nofret No 67).

szenen sowie Mischwesen, sakrale Bäume und Pflanzenornamente.[164] In Palästina ist bis anhin erstaunlicherweise nur das Fragment einer Bronzeschale aus
Megiddo (Str. IV, 1000-800 v.Chr.) gefunden worden. Es zeigt auf der Innenseite in erhabenem Relief ägyptisierende Darstellungen (Frauen, Gabentisch,
Falke).[165]

2. Man behält תפוחי bei, versteht darunter gewöhnliche Aepfel[166] und unter
תפוחי זהב ein Kunstprodukt "Goldäpfel". Weil auf Zierat in Apfelform weder
das Alte Testament noch sonstige altorientalische Quellen hinweisen, ist dann
allerdings jede weiterführende Ueberlegung spekulativ. Könnte es sich um goldene Aepfel, die in Silberschalen liegen, handeln?[167] Oder um Schalen mit
eingravierten Apfelornamenten? Solche sind archäologisch aber nicht nachweisbar.[168]

3. Aus dieser Sackgasse will der Vorschlag, תפוח als Synonym zu רמון aufzufassen, herausführen.[169] Der Granatapfel ist ja, wie schon oben gezeigt wur-

---

164 Vgl. M. WEIPPERT, Art. "Metall und Metallbearbeitung" in: BRL² bes.223f.
     Die Schalen sind bislang nicht systematisch bearbeitet worden (vgl. O.
     KEEL, Bildträger 17). Vgl. aber die Literaturangaben bei P. WELTEN, Eine
     neue "phönizische" Metallschale 275f., und bei O. KEEL, Bildträger 17
     Anm.55. Als Beispiele für solche Metallschalen seien erwähnt: S. MOSCATI,
     Die Phöniker Nos 27-30 Abb.XVIII (Nimrud); Abb.XIX (Amathus); Abb.XX
     (zypro-phönikisch); Abb. XXII (Olympia); Abb.XXIII (Praeneste); J. THIMME
     u.a., Frühe Randkulturen 197 (Goldschale aus Ugarit); 199 (Bronzeschale
     aus Olympia); 200 (goldplattierte Silberschale aus Palestrina).

165 R.S. LAMON/G.M. SHIPTON, Megiddo I Pl.115,12. Zum MBI-zeitlichen gra-
     vierten Silberbecher aus Ain Samija vgl. Z. YEIVIN, A Silver Cup, passim.

166 תפוח steht im Alten Testament dreimal für "Apfelbaum" (Hld 2,3; 8,5;
     Joel 1,12) und dreimal für "Apfel" (Hld 2,5; 7,9). Die mit תפוח zusam-
     mengesetzten Ortsnamen im Buch Josua (Jos 15,34 westlich von Hebron;
     Jos 12,17; 16,8; 17,8 und 17,7 עין תפוח verraten, dass der Apfelbaum
     im alten Israel häufiger war als im heutigen Palästina. In Joel 1,12
     wird er mit den wichtigen Fruchtbäumen des Landes genannt. Vgl. M. ZOHARY,
     Pflanzen 70.

167 So z.B. die Zürcher Uebersetzung; vgl. W. BUEHLMANN, Vom rechten Reden.
     48. Dass der Plural משכיות "reliefierte Schale" bedeuten kann, scheint
     mir durchaus im Rahmen der von der Wurzel שכה her abgesteckten Bedeu-
     tung "Schau/Bildwerk" zu liegen (gegen W. FRANKENBERG, Die Sprüche z.St.).

168 So auch BUEHLMANN, aaO. 49.

169 Dagegen spricht Joel 1,12, wo תפוח neben רמון genannt wird. Schon J.
     LOEW, (Aramäische Pflanzennamen 155) hat תפוח auf Apfel (und ggf.Quitte)
     eingegrenzt. Die LXX-Uebersetzung μῆλον hilft hier zur Klärung nicht
     weiter, weil μῆλον Apfel, Quitte, aber auch Granatapfel heissen kann
     (LAW 201f.).
     Dafür spricht die Ikonographie und vielleicht das Fehlen von רמון in den
     Sprüchen sowie die nicht auszuschliessende Spätdatierung des Spruches
     und eine mögliche Veränderung des Sprachgebrauchs im Verhältnis zu älte-
     ren Texten.

de,[170] ein im Kunsthandwerk des ganzen Orients und auch Palästinas, ausserordentlich beliebtes Symbol. Tatsächlich ist der mittlere Fries einer reliefierten Goldschale aus dem 14.Jh.v.Chr., die südwestlich des Baal-Tempels von Ugarit gefunden wurde (Abb.123),[171] oben mit einem Band von Granatäpfeln dekoriert.

4. Wenn תפוח hier den Granatapfel meint, könnte auch ein goldener Schmuckanhänger zwischen oder auf Silbergeschmeide, vielleicht an einer Kette[172] oder an einem Diadem in Betracht kommen. Goldanhänger in Form von Granatäpfeln sind verschiedentlich bei Ausgrabungen gefunden worden, wie z.B. die SB-zeitliche Kette und der Anhänger aus Zypern bei Abb.124.[173]

Bei משכיות כסף wäre dann eventuell an Silberplaketten aus dünnem Metallblech zu denken, wie sie in der SB-Zeit in Palästina verbreitet waren. In Treib-, Punz- und Zieliertechnik sind sie mit dem Bild oder Symbol der Göttin verziert.[174] Ein schön gearbeiteter Silberschmuck könnte auch mit einer Goldeinlage verziert gewesen sein.[175]

5. In Erwägung zu ziehen ist, dass תפוח weder den Apfel noch den Granatapfel, sondern die als Aphrodisiakum geschätzte, leuchtend gelbe und stark duftende Mandragorafrucht (Alraune)[176] meint, die in Gen 30,14-16 und Hld 7,14 als

---

170 Kap. 1.2.5.

171 LAND DES BAAL 118ff.152 No 146 = J. THIMME u.a., Frühe Randkulturen 196 fig.40.

172 Daran scheinen die LXX gedacht zu haben, wenn sie "ein goldener Apfel an einem Halsband aus rötlichem Edelstein" (μῆλον χρυσοῦν ἐν ὁρμίσκῳ σαρδίου) übersetzen.

173 V. KARAGEORGHIS, The Ancient Civilisation Pl.81 = BUCHHOLZ/KARAGEORGHIS, Altägäis Nos 1773.1780 (Goldkette mit Zylindersiegel und Granatapfelanhängern aus Ayios Iakonos und Goldanhänger in Granatapfelform aus Enkomi. Vgl. S. MOSCATI, Die Phönizier Abb.32.

174 Vgl. Kap. 1.1.4. und 4.3.

175 Für diese gerade in der Schmuckherstellung äusserst beliebten Techniken gibt es eine Vielzahl von Beispielen aus dem ganzen Orient, die oben (Kap. 3.4.) in Auswahl bereits erwähnt sind. Hier sei beispielhaft auf einen kleinen Goldanhänger aus Kamid el-Loz (R. HACHMANN (Hrsg.), Frühe Phöniker No 85) verwiesen, wo auf ein Goldblech ein Kalb aus Goldblech aufgeschweisst sowie Perlen eingefasst wurden. Die technischen Fertigkeiten waren so hervorragend, dass der Phantasie, wie ein Goldapfel in Silber(bild)schmuck ausgesehen haben mag, kaum Grenzen gesetzt sind.

176 Vgl. M. ZOHARY, Pflanzen 188f.; E. FEUCHT, Art. "Alraune" in: LdAe I 144

דוּדָאִים "Liebesäpfel" figuriert. Die Mandragora wurde im Neuen Reich von Palästina nach Aegypten importiert. Oft ist auf ägyptischen Darstellungen eine
Unterscheidung von den essbaren Perseafrüchten nicht möglich.[177] Vom Neuen
Reich an spielen diese Früchte in der Ornamentik eine wachsende Rolle. Auch
gibt es Darstellungen, die zeigen, wie man sich Persea- oder Mandragorafrüchte
an Stielen, manchmal auch zusammen mit Lotosblumen zureicht. Als Ornament
spielt die Mandragora im Neuen Reich bei der Schmuckherstellung, besonders
den grossen Fayence-Kragen eine bedeutende Rolle. Gelbe und blaue Kettenanhänger in Mandragora-Form sind in Lachisch (Abb.125; 14.Jh.v.Chr.) gefunden
worden. Sie gleichen ähnlichen Stücken derselben Zeit vom Tell el-Amarna.[178]
Möglicherweise fand die natürliche gelbe Farbe der Früchte im Gold der künstlichen Imitation gelegentlich ihre Entsprechung.
Auf der schmalen Basis der vier für die konkrete Bedeutung von מַשְׂכִּית relevanten atl. Textstellen kann zum Schluss mit Vorsicht gesagt werden, dass
מַשְׂכִּית Flachbildkunst, vornehmlich wohl reliefartige Arbeit in Stein, aber
auch ein Produkt des Metallkunsthandwerks oder der Schmuckherstellung meint.
Der Kontext von Spr 25,11 - auch in V.12 wird Goldschmuck erwähnt - scheint
mindestens auf Schmuck, wahrscheinlich ornamental gestalteten, hinzuweisen.
Auch die Möglichkeit, dass מַשְׂכִּית neben Steinreliefs noch Wandmalerei ein-
schliessen könnte, wird man offenlassen müssen.

---

177 Vgl. R. GERMER, Flora 169-171 und dies., Art. "Persea" in: LdAe IV 942f.

178 O. TUFNELL u.a., Lachish II 96 und Pls XIV.XXXVI,95f. (vgl. H. FRANKFORT,
The Mural Painting Pl.15 = R. GERMER, Flora 171 Abb. oben).
Die Mandragora ist zudem sehr beliebt als Amulett (vgl. C. HERRMANN,
Formen Nos 962-1065.1076).

5.2. DIE GOETTER(BILDER)

5.2.1. GOETTER, BAALE UND ASTARTEN

Das Alte Testament wendet die Bezeichnungen אלהים/אלוה/אל[179] gleichermassen
auf den Gott Israels, JHWH, und auf die Götter anderer Völker an. Gelegentlich werden diese Götter noch näher bestimmt als אל אחר (Ex 34,14; Jes 42,8)
bzw. אלהים אחרים;[180] אל זר bzw. זרים (Dtn 32,16; Jes 17,10; Jer 2,25; Jer 3,
13; Pss 44,21; 81,10); אל נכר (Gen 35,2.4; Dtn 31,16; 32,12; Jos 24,20.23;
Ri 10,16; 1Sam 7,3; Jer 5,19; Jer 8,19; Mal 2,11; Ps 81,10; Dan 11,39; 2Chr
33,15) oder אלהים חדשים (Dtn 32,17; Ri 5,8).[181] Diese Attribute disqualifi-
zieren die Götter als solche fremder Herkunft. Zumeist werden sie in götzen-
polemischem Zusammenhang als nicht statthafte Konkurrenten des einen, wirklichen Gottes Israels dargestellt, hinter denen das Volk aber willig her-
läuft.[182] Es ist ausserordentlich schwierig, aus den atl. Nachrichten ein
einigermassen plastisches Bild von der Realität der Götterkulte zu gewinnen,
gegen die da polemisiert wird. Auch die so oft erwähnten בעלים scheinen kaum
mehr als eine Formel für "Götzen" zu sein, höchstens bezeichnen sie ganz
pauschal die vielen Erscheinungsweisen, unter denen Baal auftritt.[183] Wenn
auch von "Astarten" (עשתרות; Ri 2,13; 10,6; 1Sam 7,3f.; 12,10; 31,10) im
Plural die Rede ist, so kommt darin ebenfalls der absichtliche Verzicht der
atl. Autoren auf eine Differenzierung all der Göttinnenkulte, die in Israel
verbreitet waren, zum Ausdruck.[184] Dass man die bunte Palette solcher Kulte

---

179 Vgl. zum Folgenden vor allem H. RINGGREN, Art. אלהים in: ThWAT I 286-305
    und KBL I 47f.50-52.
    Die drei Bezeichnungen sind weitgehend austauschbar (RINGGREN, aaO. bes.
    291-295).

180 Stellenverzeichnis bei H.-D. HOFFMANN, Reform 358.

181 Vgl. O. EISSFELDT, Gott und Götzen 272.

182 H.D. PREUSS, Verspottung 13-16.42-49. 279-291.

183 Im Plural in Ri 2,11; 3,7; 8,33; 10,6.10; 1Sam 7,4; 12,10; 1Kön 18,18;
    Jer 2,23; 9,13; Hos 2,15.19; 11,2; 2Chr 17,3; 24,7; 28,2; 33,3; 34,4.
    Vgl. KBL I 137f. und M.J. MULDER, Art. בעל in: ThWAT I bes.718-727.

184 KBL III 851. Vgl. U. WINTER, Frau und Göttin 548f. In Ri 3,7 werden die

aber sehr wohl kannte, steht ausser Frage. Ein grosser Teil konkreter atl.
Hinweise auf Israels kultische "Fremdgängerei" und Bekanntschaft mit verschiedenen Kulten von Göttinnen wie Göttern sind in der vorliegenden Arbeit
behandelt worden.

Typisch für die atl. Rede von Göttern ist, dass zwischen ihrer Präsenz im
Kultbild und ihrer Existenz an sich nicht unterschieden wird, d.h. אלהים
wie auch die Spottbegriffe im engeren Sinn[185] können sowohl den Gott/Götzen
als auch seine konkrete Darstellung bezeichnen.[186] Viele Wendungen, wie z.B.
"die fremden Götter entfernen", lassen sich konkret wie auch im weiteren,
geistigen Sinn verstehen.

Für die Anwendung von אל/אלהים auf plastische Götterbilder und die Austauschbarkeit mit anderen Topoi des Wortfeldes "Götzenbild" seien hier nur einige
Beispiele erwähnt bzw. in Erinnerung gerufen. In Gen 31 scheint ursprünglich
eine Erzählung vom Raub der אלהים Labans vorgelegen zu haben (Elohist),[187]
die dann von einem späteren Ueberarbeiter zu תרפים umgemünzt wurden. In jedem Fall müssen diese אלהים als plastische Figuren vorgestellt worden sein.
In Ex 20,23 wird verboten, sich אלהי כסף und אלהי זהב zu machen. Das Stierbild in Ex 32,31 ist ein אלהי זהב . In Lev 19,4 findet sich die Bezeichnung
אלהי מסכה; in Dtn 4,28 wird prophezeit, dass Israel den אלהים dienen wird,
die "Werk von Menschenhand, Holz und Stein sind" (vgl. 2Kön 19,18). In Jes
42,17 sagen die Götzenanbeter vor dem Bild: "Dies ist unser Gott", und in
Jer 16,20 wird empört gefragt: "Wie kann ein Mensch sich Götter machen, die
sind ja nicht Gott." Die עצבים der Philister in 2Sam 5,21 werden in 1Chr 14,
12 als אלהים bezeichnet. Von kleinen plastischen Figürchen, die man "heimlich" zuhause (vgl. Dtn 27,15) oder im Tempel (2Chr 33,15; vgl. 2Chr 28,2
מסכות לבעלים) aufstellte, bis zu bedeutsamen Kultbildern, wie den als אלהים
proklamierten Stieren in Bet-El und Dan(1Kön 12,28)[188] wird unter אלהים alles
Menschen- und Tiergestaltige subsumiert. Dabei ist anzunehmen, dass unter die
Pauschalbezeichnung אלהים nicht nur plastische Darstellungen männlicher Gottheiten, sondern z.B. auch all die weiblichen Terrakottafiguren, die bei Aus-

---

עשתרות (vgl. 10,6) sogar durch האשרות ersetzt. Die LXX differenzieren
bei der Uebersetzung von עשתרת und אשרה noch weniger (aaO. 549 Anm.368).

185 Dazu weiter unten Kap. 5.3.

186 H. RINGGREN, Art. אלהים in: ThWAT I 301f.

187 Vgl. oben Kap. 2.3.1.

188 Kap. 2.1.3.2.

grabungen in Israel/Palästina in so grossen Mengen gefunden wurden,[189] fallen. An diese oder andere Göttinnenbilder ist wohl speziell zu denken, wenn neben den בעלים auch die עשתרות aus der Mitte Isaels auszutilgen verlangt wird (1Sam 7,3f.).[190]

---

189 Vgl. auch Kap. 6.3. und J.B. PRITCHARD, Palestinian Figurines, passim und bei T.A. HOLLAND (A Study, passim) die Gruppen A-C und N, deren verschiedene Untertypen in seiner Auflistung (aaO. 126f.) mit nahezu tausend Exemplaren aus Grabungen in ganz Palästina vertreten sind. Für die Typologie und Verbreitung der nackten Frauenfigürchen in Syrien und Palästina kann hier nur auf die Untersuchungen von U. WINTER (Frau und Göttin 93-134.192-199) verwiesen werden. Die Terrakotten dieser Art finden sich in der SB- und in der E II-Zeit gehäuft (aaO. 126f.). Sie wurden zum grössten Teil in Wohnquartieren gefunden, aber auch in Kultbezirken und in Gräbern, auch Frauengräbern (aaO. 128). Manche Arten, z.B. die nackte Frau mit den Händen auf dem Unterleib (Schwangerschaft), scheinen zweckgebunden zu sein (aaO. 131), andere dienten wohl als Haushaltsikone und Ex Voto. Das billige Material bezeugt die Beliebtheit in grossen Bevölkerungskreisen. WINTERs Studie hat für die Deutung dieser Figürchen soviel erbracht, dass eine Bezeichnung als "Fruchtbarkeitsidole" oder "Muttergöttin" wie auch die Zuordnung zu bestimmten Göttinnen zu eng gefasst ist: Die Terrakotten repräsentieren verschiedenste Aspekte der Göttin sowie entscheidende Erfahrungen im Leben damaliger Frauen (Sexualität, Schwangerschaft, Mutterschaft), die in diesen Darstellungen der Göttin vergegenwärtigt und zugleich überhöht sind (dazu vgl. das ganze Kap. III bei WINTER, op.cit.), so dass Frauen an der verführerischen Macht, der Gefährlichkeit und dem Glanz dieser Gestalten teilhaben konnten. Dabei ist von zweitrangiger Bedeutung, ob im Einzelfall ein Figürchen die Göttin selbst oder ihre Kultteilnehmerin darstellt, da letztere sich mit der Göttin identifizierte (aaO. 193). Schon J.B. PRITCHARD kam zu dem Schluss, dass sich die "nackte Göttin" mit keiner aus der Literatur bekannten Göttin gleichsetzen lässt. WINTER vermutet jedoch, es sei "lohnend, zu untersuchen, ob nicht vermehrt einzelne Aspekte der Göttin in einem zeitlich oder örtlich begrenzten Bereich mit einem bestimmten Götternamen in Verbindung zu bringen wären" (aaO. 195).

190 Zu den "Baalen und Astarten" vgl. WINTER, Frau und Göttin 549. Ausser Terrakotta-Figürchen bzw. -reliefs kommen in Frage: gynaikomorphe Gefässe (WINTER, aaO. 387f.406), Schmuckanhänger mit dem Bild oder den Symbolen der Göttin (vgl. WINTER, aaO. Abb.40-43.302.322-331.453-457.503), auch Bronzefigürchen (aaO. Abb.35.48 (nach Gussform).53.59.61.69.393.449.480), Elfenbeinfigürchen (vgl. Abb.79.156.158.160-163.483) bzw. -reliefs ("Frau im Fenster" bei Abb.307-312; vgl. 409) und evtl. Stempelsiegel mit dem Bild der Göttin (vgl. Abb.150-155.178-181) sowie Amulette (vgl. bei WINTER, aaO. Abb.389.481f.).

5.2.2. DIE GOETTER DER EDOMITER

Zwei atl. Texte sind zum Schluss noch zu behandeln, in denen אלהים bzw.
אלהי הנכר nicht komplementär zu anderen technischen Bildtopoi gebraucht wird,
sondern allein an deren Stelle tritt. Da ist zum einen die kleine Notiz in
2Chr 25,14, wo berichtet wird, Amasja habe von der siegreichen Schlacht gegen die Edomiter deren Götter mitgebracht und sie verehrt:

> Es geschah, als Amasja von dem Schlag gegen die Edomiter
> heimkehrte, brachte er die Götter (אלהי) der Söhne Seïrs mit.
> Er stellte sie für sich als Götter (לאלהים) auf, fiel vor
> ihnen nieder und brachte ihnen Räucherwerk dar.

Es ist klar, dass es sich hier um eine theologische Notiz aus der Feder des
Chronisten handelt (vgl. auch 25,20), der man kaum historischen Informations-
wert zubilligen darf. In 2Kön 14 fehlt diese Götzendienstverleumdung, mit
der der Chronist den Hochmut Amasjas inhaltlich neu akzentuiert. Wir können
also nur überlegen, was sich der Chronist unter den eroberten Edomitergöttern
vorgestellt haben mag.

Das Alte Testament erwähnt, während es die Ammoniter mit Milkom und die
Moabiter mit Kamosch zu verbinden weiss, den Hauptgott Qaus/Qôs der Edomiter
nicht. Er fehlt auch in 1Kön 11,4-8 und 2Kön 23,13.[191] Ueber die Religion
der Edomiter liegt insgesamt nur recht spärliches Quellenmaterial vor. M.
WEIPPERT hat den Forschungsstand sehr übersichtlich zusammengefasst:
"Von der Religion der Edomiter ist nur bekannt, dass ihr Nationalgott Qaus
(jünger Qōs) hiess, und dass sie nach Ausweis der Personen- und Stammesnamen
in Gen 36 daneben auch El und Hadad/Baal verehrt haben. Qaus/Qōs ist seit
dem 8.Jh. als theophores Element in edomitischen, judäischen, nabatäischen
und altnordarabischen Personennamen belegt ... danach haben seine Verehrer
ihm Erhabenheit, Stärke und Königtum, Güte und Erbarmen zugeschrieben und
ihn mit Lichtglanz und dem Blitz in Zusammenhang gebracht. Letzteres deutet
darauf hin, dass er von Hause aus ein Gott des Hadad-Typus ("Wettergott") gewesen ist.... Dass Qaus/Qōs erst relativ spät belegt ist, wird mit der un-

191 Die edomitischen Frauen Salomos werden in 1Kön 11,1 hingegen genannt.
Vielleicht ist das Verschweigen dieses Gottes nicht zufällig, da die Israeliten sich mit den Edomitern (Jakob und Esau) verwandt wussten.

günstigen Quellenlage zusammenhängen...".[192]

Eine religionsgeschichtliche und etymologische Verwandtschaft bzw. Herkunft des Qaus vom altarabischen Wettergott Quzaḥ, der die Hagelpfeile von seinem Bogen schiesst und diesen dann als Regenbogen (arab. *qawsu quzaḥā/quzaḥīn*) in die Wolken hängt, scheint sich inzwischen zu erhärten.[193]

Als ikonographischen Hintergrund der Edomitergötter wird man also zuerst eine der typischen altorientalischen Wettergottdarstellungen heranziehen dürfen, am ehesten eine kleine Metallplastik, vielleicht auch eine reliefierte Stele.

5.2.3. DAS VERGRABEN DER FREMDEN GOETTER

Etwas mehr historischer Gehalt als der Notiz von den Edomitergöttern darf dem Kern der allerdings ebenfalls stark theologisch überarbeiteten Erzählung in Gen 35,2-4 zugestanden werden. Dort fordert Jakob vor dem Aufbruch nach Bet-El:

> 2 Schafft die fremden Götter (אֱלֹהֵי הַנֵּכָר‎) weg,
> die ihr bei euch habt! ...

---

192 Art. "Edom und Israel" in: TRE 9 296f.; vgl. ausführlicher ders., Edom 465-469 und D.J. WISEMAN, Peoples 244-249 sowie neuerdings den Beitrag von E.A. KNAUF, Qaus in Aegypten. Zur Diskussion um eine Verwandtschaft JHWH-Qaus vgl. M. ROSE, Yahweh/Qaus, passim und die Replik von J.R. BARTLETT, Yahweh and Qaus, passim.

193 Bei FLAVIUS JOSEPHUS (Ant. 15,253) findet sich eine Notiz, dass die Vorfahren des Idumäers Kostobaros (Kosgobaros) Priester des κωζε (= Quzaḥ) gewesen seien (vgl. WEIPPERT, Edom 468). Zu Quzaḥ vgl. WM I 462. T.C. VRIEZEN (The Edomitic Deity Qaus 334f.342.344) schliesst aus dem Bogen, dass Qaus ein Jagd- und Kriegsgott gewesen sei und erst sekundär zum Wettergott wurde. Nun ist zwar der Bogen gewiss in Aegypten wie Vorderasien ein Jagd- und Kriegssymbol (vgl. O. KEEL, Der Bogen, passim; zum Bogen als Herrschaftssymbol in Aegypten und Israel), aber wie die Menschen mit dem Bogen gegen Feinde und Tiere kämpfen, so die Götter gegen die Chaosmächte. (Zum Chaoskampf in Ugarit und im Alten Testament vgl. die neueren Arbeiten von J.H. GRØNBAEK, Baal's Battle, passim und J. DAY, God's Conflict, passim; zum Drachenkampf allgemeiner U. STEFFEN, Drachenkampf.) Auf assyrischen Rollsiegeln des 1.Jts.v.Chr. sieht man so auch den Wettergott mit einem Bogen auf einen Chaosdrachen schiessen, der wahrscheinlich die Urfluten des Meeres symbolisiert (O. KEEL, AOBPs Abb.45; vgl. auch Abb. 47). Zur sprachgeschichtlichen Verwandtschaft von kanaan. und arab. *qaus* vgl. jetzt E.A. KNAUF, Qaus, passim.

4 Und sie übergaben Jakob alle fremden Götter (את כל־אלהי הנכר),
die in ihrem Besitz waren, auch die Ringe (ואת־הנזמים),
die sie an ihren Ohren trugen,
und Jakob vergrub sie unter dem (heiligen) Baum (האלה),
der bei Sichem steht.

O. KEEL hat in einem 1973 erschienenen Beitrag zu Gen 35,4b[194] mit viel Material aufgezeigt, dass hinter dieser Erzählung wahrscheinlich die Erinnerung an ein unter der אלה von Sichem ruhendes Depot mit Götterfiguren und
Schmuck steht. Solche Depots sind vor allem in MB-zeitlichen Tempelbezirken
von Byblos ausgegraben worden. Vergrabene Statuen oder Figurinen fanden sich
aber auch in Uruk (2900 v.Chr.), auf dem Tell Asmar nordöstlich von Baghdad
(2700-2600 v.Chr.), in Alalach, Arslantepe, in Sendschirli (9.Jh.v.Chr.), in
Hazor (Str. XI) und im ptolemäischen Aegypten.[195]
Der Grund, Statuen und Figuren an heiligen Orten zu vergraben, ist "dass ...
sakrale Gegenstände, die, sei es aus Platzmangel, sei es durch Beschädigung
oder einen Wechsel der religiösen Vorstellungen, überflüssig oder unbrauch-
bar geworden waren, aus Respekt vor ihrer Heiligkeit nicht einfach weggewor-
fen, sondern am heiligen Orte vergraben wurden."[196]
Nun ist zwar die Erinnerung an die vergrabenen Figuren und Schmuckgegenstän-
de in der Erzählung des Elohisten so eingeflochten, dass das Vergraben als
Abrenuntiationsritus und kultische Reinigung dargestellt wird,[197] aber das
soll uns hier nicht beschäftigen. Stattdessen ist zu überprüfen, was nach
unserem Wissen um die archäologischen Funde von derartigen Depots unter
אלהי הנכר zu rechnen ist. Wenn wir hier monumentale Statuen einmal ausklam-
mern, ergibt sich aus den Funden an den oben genannten Orten ein recht an-
schauliches Bild.
Im Depot ν von Byblos sind beispielsweise ausser Schmuck aus verschiedenem
Material und Waffen insgesamt 17, etwa 6-9,8cm grosse, Bronzefiguren männlicher Gestalt gefunden worden, die mit einiger Sicherheit als Götterfiguren
zu interpretieren sind.[198] Hinzu kommen in diesem Depot ein Bronzestier (5,1

194 Das Vergraben, passim.

195 AaO. 315-326 und die Nachträge 333-336.

196 AaO. 326.

197 Zur Deutung von Gen 35,1-5 vgl. aaO. bes.326-333.

198 KEEL, aaO. 317-320 und 317 Anm.1, wo die Fundgegenstände der Depots aus
dem "Temple du champ des offrandes" nach den Inventarnummern bei M. DUNAND
(Les fouilles II/1) aufgelistet sind. Vgl. jetzt H. SEEDEN, The Standing
Armed Figurines Pls 28-96.122-131.

cm hoch; 9,3cm lang) und zwei kleinere Boviden.

Auch die auf einem Stier stehenden oder waffentragenden bronzenen Männerfi-
gürchen derselben Grössenordnung aus Depot ζ (Abb. 126) sind eher Götter als
Beter.[199] Einen guten Eindruck von einer Sammlung von אלהים vermittelt die
Auswahl von Funden aus Depot α (Abb.127).[200]

Im sogenannten Obelisken- oder Reschef-Tempel fand M. DUNAND acht weitere
Depots mit über tausend Schmuckstücken, Götterfiguren der oben beschriebenen Art sowie einer stattlichen Sammlung von Fayencen unterschiedlicher
Grösse, die heilige Tiere ägyptischer Gottheiten, vor allem Nilpferd, Pavian, Kuh und Katze darstellen.[201] Wahrscheinlich hat man alle diese Votivgaben aus Platzmangel irgendwann im heiligen Bezirk begraben, um sie der
Gottheit nicht wegzunehmen. Im Abu-Tempel von Tell Asmar sind unter den
männlichen (10) und weiblichen (2) Figuren die beiden grössten (59 und 72cm
hoch) von H. FRANKFORT als Gott Abu und dessen Partnerin gedeutet worden,
während A. MOORTGAT die männliche Figur als Fürsten interpretiert.[202]

Im sogenannten "Riemchengebäude" von Uruk war das Mobiliar eines zerstörten
Tempels sorgfältig begraben, darunter Gefässe, Waffen, Schmuck, die Bruchstücke eines Kalksteinreliefs einer Göttin in Lebensgrösse sowie ein nur
fragmentarisch erhaltenes Figürchen einer gebärenden Frau.[203]

Das Bronzefigürchen eines kanaanäischen Kriegsgottes aus Hazor ist wahrscheinlich als Votivstiftung (eines Israeliten?) in das Heiligtum von Str. XI
gelangt.[204] Es liessen sich leicht noch mehr Beispiele für die offenbar weit-
verbreitete Sitte des Vergrabens von Kult- und Votivbildern anfügen.[205]

199 SEEDEN, aaO. Pl.31,187-189; Pl.32,190-197; KEEL, aaO. 318.

200 SEEDEN, aaO. Pl.122,2-17.

201 AaO. 320 mit Anm.2 zu M. DUNAND, Les fouilles II/2. Besonders zu den
     Fayencen, die zu grossen Teilen nur amulettgross sind, vgl. M. DUNAND
     Les fouilles II/2 741-780 mit Nos 15121-15560. Vgl. auch aaO. 748-754 de
     Ueberblick zu den Funden im Obeliskentempel.

202 Dazu KEEL, aaO. 323f. Zur Problematik einer Unterscheidung von Gott und
     Fürst (ähnlich "Göttin" und "Kultteilnehmerin" bei den Frauenterrakotten
     vgl. S. SCHROER, Der Mann bes.101-106.

203 KEEL, aaO. 324-326.

204 Y. YADIN u.a., Hazor III-IV Taf.205.346; G.W. AHLSTROEM, An Israelite Go
     Figurine, passim; KEEL, aaO. 335f.

205 Vgl. KEEL, aaO. 326 Anm.2. Ob das fragmentarische männliche Fayence-Fi-
     gürchen, das sich unter dem Boden der kürzlich freigelegten לשכה in Dan
     befand, ebenfalls ein vergrabenes Götterfigürchen sein könnte, lässt sic
     aufgrund der ersten kurzen Mitteilung von A. BIRAN (Tel Dan, 1984 189).
     nicht sagen.

Selbst wenn nicht immer entschieden werden kann, ob es sich bei den vergrabenen Statuetten etc. um Beter oder Gottheiten, ehemalige Kultbilder oder
Votivgaben handelt,[206] kann die Palette der Depot-Figürchen doch soviel Licht
auf Gen 35 werfen, dass wir uns unter הנכר אלהי sowohl anthropomorphe, männliche wie weibliche Plastiken als auch theriomorphe Metall- und Fayence-Pla-
stiken sowie amulettartige Tierdarstellungen vorstellen dürfen.

206 KEEL (aaO. 334) erwägt eine Unterscheidung zwischen dem Vergraben von Kult-
objekten und dem Begraben von beschädigten Skulpturen (z.B. Königsstatuen
u.ä.), weist aber auf die Probleme einer Abgrenzung hin, da der Fundkontext diese oft unmöglich macht.

5.3. ALTTESTAMENTLICHE SPOTTBEZEICHNUNGEN FUER GOETZEN(BILDER)

Wie אל/אלהים werden auch die atl. Spottbegriffe, denen hier nur ein kleiner
Ueberblick gewidmet werden kann, gleichermassen auf die Götzen und ihre konkrete Darstellung im Bild angewandt. Das gesamte Spottvokabular ist jungen
Datums. Es findet sich in dtn-dtr. Texten und im davon beeinflussten Sprachgebrauch der Exilspropheten. Die Begriffe heben zumeist auf die Nichtigkeit,
Schwäche, Täuschung (אליל/הבל/שוא/שקר) der Götterbilder ab oder auf ihre
Schändlichkeit (בשת) und ihre abstossende Widerlichkeit (שקוץ/תועבה).[207] Sie
werden zur Steigerung der Polemik gern synonym nebeneinandergestellt, häufig
im Austausch mit den mehr technischen Topoi der Götzenbildherstellung wie
פסל, מסכה, עצב u.a., bisweilen aber auch an deren Stelle. Die folgende alpha-
betisch geordnete Uebersicht umfasst die wichtigsten Topoi der atl. Götzenbildpolemik.

5.3.1. אליל NICHTIGKEIT

Das mit der semitischen Wurzel ʾLL "schwach sein" verwandte אליל dient vor
allem zu "kontrastierender Herausstellung der Macht und Grösse JHWHs im Gegenüber zur Ohnmacht und Nichtigkeit der Götzen".[208] Das Wort kommt insgesamt
20mal im Alten Testament vor,[209] als Götzenbezeichnung (immer im Plural)
10mal bei Jesaja (2,8.18.20; 10,10.11; 19,1.3; 31,7), zweimal in Lev (19,4;
26,1) und in den Psalmen (96,5; 97,7) sowie je einmal in Ez 30,13; Hab 2,18.
In der prophetischen Literatur und in Leviticus scheint eine Parodie auf
אל/אלהים mitzuklingen.
Die אלילים sind das Werk menschlicher Hände (Jes 2,8.20; 31,7; Lev 26,1); sie

---

207 Vgl. O. EISSFELDT, Gott und Götzen bes.271 und zum Ganzen die Studie von
     H.D. PREUSS, Die Verspottung, passim.

208 H.D. PREUSS, Art. אליל in: ThWAT I 308.

209 Vgl. im folgenden S. SCHWERTNER, Art. אליל "Nichtigkeit" in: THAT I 167-
     169.

sind stumm (Hab 2,18); man kann sie wegwerfen (Jes 31,7). Der Begriff wird
parallel gebraucht mit פסל (Jes 10,10; Lev 26,1; Hab 2,18; Ps 97,9), mit
עצבים (Jes 10,11), mit גלולים (Ez 30,13) und mit מסכה (Lev 19,4; Hab 2,18;
vgl. Jes 2,20). Die Bezeichnung scheint in der Jerusalemer Kulttradition ver-
wurzelt gewesen zu sein, bevor sie Jesaja übernahm. Hoseas Bezeichnung der
Götzen als לא-אלהים (8,6; vgl. auch Dtn 32,21 לא-אל und Jer 5,7 לא-אלהים)
hat die Verwendung des Begriffs אליל vorbereitet.[210]

5.3.2. הבל HAUCH

Als Bezeichnung für Götzen(bilder) findet sich הבל rund ein Dutzend mal in
dtn-dtr. und Texten, die noch später datiert werden (Dtn 32,21; 1Kön 16,13.
26; 2Kön 17,15; Ps 31,17; Jer 2,5; 8,19; 10,3.15; 14,22; 16,19; 51,18; Jona
2,9).[211]

הבל spricht den Götzen(bildern) ihre wirkende und wirkliche Existenz ab, wobei der Kontext von Jer 10,4f. (51,18) in der Gegenüberstellung mit רוח noch
sehr gut die ursprüngliche Bedeutung von הבל erkennen lässt. הבל qualifiziert, wie die Nebeneinanderstellung mit פסל in Jer 8,19 und 10,1-16 zeigt,
plastische Götterbilder, die "fremde Götzen" (הבלי נכר Jer 8,19) und "Götzen
der Völker" (הבלי הגוים Jer 14,22) sind.[212]

5.3.3. שקוץ UNREINES/SCHEUSAL

Die Wurzel שקץ (pi.) sowie das Nomen שקץ werden in der priesterschriftlichen
Literatur zur Kennzeichnung des kultisch Unreinen, vor allem der unreinen
Tiere verwandt (Lev 7,21; 11,10-13.20.23.41-43).[213] Der primäre Bezug auf
unreine Tiere ist, wie oben schon gezeigt wurde,[214] in Ez 8,10 noch erkenn-
bar, wo es offensichtlich um ägyptisierende Darstellungen vor allem von
Kriechtieren (רמש) geht. Die dtn-dtr. Literatur (Dtn 29,16; 1Kön 11,5.7;

210 PREUSS, aaO. 308.
211 Vgl. H.-D. HOFFMANN, Reform 360; R. ALBERTZ, Art. הבל "Hauch" in: THAT I
     468 und H.D. PREUSS, Die Verspottung 160.164.
212 Vgl. K. SEYBOLD, Art. הבל in: ThWAT II bes.339f.
213 HOFFMANN, Reform 359. In Jes 66,17 gesellen sich unreine Tiere, Mäuse
     und Schweine, zu שקץ.
214 Vgl. dazu Kap. 2.1.1.2.

352

2Kön 23,13.24; Jer 4,1; 7,30; 13,27; 16,18; 32,34), Ezechiel (5,11; 7,20;
11,18.21; 20,7.8.30; 37,23) und Tritojesaja (66,3) kennen שׁקוּץ dann aber als
disqualifizierenden Terminus für Götter(bilder) jeder Art und Gestalt, wobei kleinere Skulpturen/Plastiken (vgl. Jer 7,30; 32,34 im Heiligtum), eventuell Amulette (Ez 20,7.8.30; 37,23 neben גלולים) wie auch bedeutendere Kultbilder (1Kön 11,5.7; 2Kön 23,13.24) in Betracht kommen. Präzision, was die
Beschaffenheit oder Funktion des Bildes betrifft, ist allerdings dem Begriff
שׁקוּץ wie allen polemischen Spottwörtern fremd.

Erwähnenswert, weil in einen konkreteren Kontext eingebettet, sind noch einige, allerdings sehr späte Stellen aus dem Danielbuch, wo in einem vaticinium
ex eventu die Errichtung eines שׁקוּץ שׁמם (Dan 12,11; vgl. 9,27; 11,31) im
Heiligtum von Jerusalem prophezeit wird.[215] Darin gipfelt die Verworfenheit
der Massnahmen des letzten Weltkönigs.

Die Uebereinstimmung dieser Notizen mit der von der Errichtung des βδέλυγμα
ἐρημώσεως durch Antiochus IV. im Jerusalemer Tempel (168 v.Chr.) nach
1Makk 1,54 und mit der Erwähnung der Umbenennung des Tempels in ein Heiligtum des Zeus Olympios nach 2Makk 6,1f. hat die Basis für die verbreitete
These geschaffen, dass Zeus Olympios mit Baal Schamem gleichgesetzt wurde
und שׁקוּץ שׁמם nur eine Verballhornung dieses Namens ist.[216]

Inzwischen ist aber die Einführung eines Zeus-Kultes durch Antiochus IV. angezweifelt worden. Stattdessen könnte Zeus Olympios eine Gräzisierung der
orientalischen Gottheit בעל שׁמם sein, die seit dem 9.Jh.v.Chr. in Phönizien
nachweisbar ist, und in hellenistischer Zeit von Hatra bis Karthago verbreitet war. Obwohl dieser "Herr des Himmels" nicht sehr verschieden vom "Gott
des Himmels" der späten JHWH-Religion (Esr 7,12.21; Dan 2,18) gewesen sein
kann,[217] scheint sich in der Ablehnung des בעל שׁמם aller Vorbehalt der Juden
gegen die "Woge astraler Religion, Astronomie und Astrologie"[218] zu zentrie-
ren, die von Babylonien her Syrien und den Westen ergriff. Der "Greuel der
Verwüstung" wird nun laut 1Makk 1,54-59 nicht als Götterbild in einer Cella
aufgestellt, sondern als ein Aufsatz auf dem Brandopferaltar im Vorhof.[219]

---

215 Vgl. הפשׁע שׁמם in Dan 8,12.13; sowie Mk 13,14; Mt 24,15.
216 Vgl. im folgenden vor allem K. KOCH, Das Buch Daniel 136-140.
217 Vgl. zur Verwandtschaft der Kulte schon O. EISSFELDT, Ba^calšamem und
     Jahwe, passim.
218 AaO. 140.
219 Vgl. FLAVIUS JOSEPHUS, Ant. XII,253; K.-D. SCHUNCK, 1.Makkabäerbuch 302.
     Auf neubabylonischen Siegeln ist häufiger ein Priester vor einem Podest

Die Beschreibung in Dan 9,27 "auf dem Flügel der Greuelwesen befindet sich
der משמם " (ועל כנף שקוצים משמם) könnte ein Astralsymbol auf geflügelten
Mischwesen oder vielleicht Adlern meine.[220]

5.3.4. תועבה GREUEL UND SELTENERE TERMINI

In dtn-dtr. Texten kann תועבה für Götze, Götzenbild und Götzendienst stehen
(Dtn 7,25.26; 12,31; 13,15; 17,1.4; 18,9.12; 20,18; 22,5; 23,19; 25,16; 27,
15; 32,16; 1Kön 14,24; 2Kön 16,3; 21,2.11; 23,13; Jer 6,15; 7,10; 8,12; 16,
18; 32,35; 44,4.22). Dieser Sprachgebrauch findet sich ebenfalls im Buch Ezechiel und in der Götzenpolemik bei Deuterojesaja (41,24; 44,19).[221] Wie שקוץ
wird das Wort auf alle Arten von plastischen Götterbildern bezogen (vgl. Dtn
7,26; Jes 44,19).

Anzufügen sind abschliessend nur noch einige weniger gebräuchliche Schimpf-
bezeichnungen wie שקר "Täuschung" (Jer 16,19; Jes 44,20),[222] שוא "Trug" (Ps
31,7; Jer 8,15; Jona 2,9),[223] בשת "Schande" (Hos 9,10; Jer 3,24; 11,13),[224]
אימים "Schreckgestalten" (Jer 50,38)[225] und חמודים "Lieblinge" (Jes 44,9;
vgl. Dan 11,37).[226]

(Altar?) dargestellt, auf dem die Embleme des Marduk aufgebaut sind
(dazu vgl. E. STERN, Matèrial Culture 196 No 314 und oben Kap. 3.6.1.).

220 KOCH, aaO. 139f. Vgl. zur Ikonographie des Baal Schamem E.R. GOODENOUGH,
Jewish Symbols VI 68; VII.191; VIII 134; IX 152; X 186. Der Adler ist
als Symbol des Baal Schamem mehrfach bezeugt (dazu T. KLAUSER in: RAC I
1078f.).

221 HOFFMANN, Reform 359 und PREUSS, Die Verspottung 12.156f.160.174.197.213.

222 Vgl. M.A. KLOPFENSTEIN, Art. שקר "täuschen" in: THAT II bes.1015.

223 Vgl. J.F.A. SAWYER, Art. שוא "Trug" in: THAT II 882-884.

224 Vgl. H. SEEBASS, Art. בוש in: ThWAT I bes.571-574.

225 H.-J. ZOBEL, Art. אימה in: ThWAT I 235-238. Vgl. ähnlich מפלצת oben
Kap. 1.1.2.

226 E. GERSTENBERGER, Art. חמד "begehren" in: THAT I 579-581.

KAPITEL VI

WICHTIGE IM ALTEN TESTAMENT ERWAEHNTE BILDTRAEGER

6.1. STEIN(E) ALS BILDTRAEGER

6.1.1. אבן UND מצבה

Das Alte Testament kennt zwar verschiedene Wörter für Steine, die als Markierungszeichen fungieren, jedoch erweist es sich als unangemessen, die einzelnen Begriffe zu sehr voneinander abzugrenzen, da sie gemeinsam ein Wortfeld bilden, innerhalb dessen sich die Bedeutungsgehalte einzelner Wörter überschneiden können, d.h. es ist mit einer Teilsynonymität von אבן, מצבה, ציון und יד zu rechnen.[1]

Wenden wir uns den zwei häufigsten Termini אבן und מצבה zu. Während אבן in einem sehr weiten Sinn das Material "Stein" meint,[2] liegt der Akzent von מצבה,[3] insofern dieses Wort von נצב (stellen) abzuleiten ist - in Gen 35,14 findet sich z.B. die figura etymologica נצב מצבה - auf der Befindlichkeit des Steins: er ist aufgerichtet. Ein Stein wird durch das Aufrichten folglich zur Massebe, wie Gen 28,18.22 und 31,45 sehr schön verdeutlichen. Dass man ihn auch dann weiterhin als אבן bezeichnen kann, zeigen Jos 4,6.21; 24,27.[4] Steine, die zu Bauzwecken behauen wurden, werden ebenfalls mit אבן bezeichnet, wie die Hinweise in Ex 20,25; Dtn 27,5f. und Jos 8,31 nahelegen, wo ausdrücklich unbearbeitete Steine verlangt werden (אבנים שלמות).[5]

Weder der Begriff אבן noch מצבה enthalten irgendwelche genauen Angaben über Form und (künstlerische) Bearbeitung des Steines. Die Begriffe als solche schliessen seine Gestaltung aber nicht aus. Aus diesem Grund ist es für die atl. Forschung wenig nützlich, den Terminus Massebe grundsätzlich nur für den bildlosen Stein zu gebrauchen und den mit Inschrift, Reliefs oder sonst ver-

---

1 Zu יד vgl. weiter unten Kap. 6.1.2.

2 Vgl. dazu A.S. KAPELRUD, Art. אבן in: ThWAT I 50-53.

3 Vgl. im folgenden J. GAMBERONI, Art. מצבה in: ThWAT IV 1064-1074.

4 In Jer 2,27 und 3,9 wird "Stein" und "Holz" als Metonymie (der Stoff für das Verfertigte) verwendet: BUEHLMANN/SCHERER, Stilfiguren 69.

5 ThWAT I 51.

zierten als Stele zu benennen.[6] Diese Unterscheidung kennt das Alte Testament jedenfalls nicht, und man darf nicht von vornherein abstreiten, dass אבן, מצבה oder יד mit Inschrift oder Bild versehen waren, da es ja keinen hebräischen Spezialterminus für "Stele" gibt. Für diese Annahme spricht auch die Tatsache, dass einige kanaanäische Inschriften des 4./3.Jhs.v.Chr. מצבה im Sinne von "beschriftetem Grabstein" verwenden.[7]

Nun gilt es allerdings dem Einwand, in Israel habe man keine künstlerisch bearbeiteten Steine gekannt (und daher auch keinen Begriff dafür), Argumente entgegenzustellen. Eine der wenigen atl. Textstellen, die direkt für die (wie auch immer geartete) Bearbeitung von Masseben zeugt, ist Hos 10,1, wo in einem Wortspiel das steigende Wohlergehen Israels zur Verschönerung der Malsteine proportional gesetzt wird:

> Ein üppiger Weinstock ist Israel, der köstliche Frucht trägt.
>
> Je mehr Frucht er brachte, desto mehr Altäre erbauten sie,
>
> je besser es seinem Land erging, um so schöner machten sie
>
> die Masseben (כטוב לארצו היטיבו מצבות).

Ueber die Art der Bearbeitung der Masseben zur Zeit Hoseas gibt dieser Vers leider keine Aufschlüsse.[8] In Lev 26,1 (vgl. Num 33,52) bezeichnet אבן משכית[9] Reliefarbeit oder Malerei am Stein, aber das Alte Testament gibt nirgends eine Beschreibung von einer Massebe. Der Zusammenhang, innerhalb dessen אבן משכית in Lev 26,1 genannt wird, ist der des Verbotes götzendienerischer Prak-

---

6 C.F. GRAESSER, Standing Stones 35 und ihm folgend A. REICHERT und P. WELTEN, BRL^2 206.322 mit zwei getrennten Artikeln "Massebe" und "Stele". Auf den ungenauen Sprachgebrauch weist C. UEHLINGER, Tell Geser 70f. hin.

7 Siehe dazu KAI Nos 4,1; 35,1; 51,1. Ich gehe von der Bedeutungsgleichheit der verschiedenen Formen von מצבה (im Alten Testament weit häufiger) und מצבת (in 2Sam 18,18 sowie in den kanaanäischen Inschriften) aus. Zu den verschiedenen Femininformen vgl. GESENIUS/KAUTZSCH, Hebräische Grammatik § 218e. Die Formulierung מצבת אבן in Gen 35,14 sowie Jes 6,13, wo anscheinend ein Baumstumpf gemeint ist, könnte auf eine Erweiterung der Bedeutung von מצבה bzgl. des Materials hinweisen. In protosinaitischen Inschriften steht nṣb/nṣbn für mit Inschrift und Bild versehene Stelen (A. VAN DEN BRANDEN, Nouvel essai 2,a; 5,2; 7,1). Aramäische Inschriften des 9./8.Jhs.v.Chr. beziehen נצב auf Votivstelen (teilweise mit Bildern): KAI Nos 201,1; 202 A 1.B 14.18.19; 214,1.14.15; 215,1.20; 222 I7. Zum arab. nuṣb vgl. RINGGREN, Israelitische Religion 22 und JAROŠ, Die Stellung 85f.

8 Es kann Glättung, Bemalung, Formgebung gemeint sein. Vgl. die Typologie bei GRAESSER, aaO. 45.

9 Zu משכית vgl. Kap. 5.1.8.

tiken, zu denen auch das Anfertigen bzw. Aufrichten von אלילם, פסל und מצבה
gehört sowie deren Verehrung. In Mi 5,12 wird פסיליך und מצבותיך in einem
die Vernichtung angekündigt; beide werden als "Werk deiner Hände" bezeichnet.
Das Nebeneinander von Masseben und Bildwerken wie פסל in bildpolemischen Texten ist im Alten Testament aber erst spät zu beobachten.[10]

Lassen sich nun aus dem Kontext anderer atl. Stellen die Funktionen von Masseben erschliessen und Anhaltspunkte gewinnen, ob die Steine mit Bildern versehen waren oder nicht?

Auf die verschiedenartigen Bedeutungen "heiliger Steine" in der allgemeinen
Religionsgeschichte kann im folgenden nicht eingegangen werden,[11] nur soviel
sei angemerkt, dass nicht der Stein als solcher Anlass zur Verehrung ist,
dass er vielmehr der Ort der Begegnung mit einem "Irgendetwas" oder "Irgend-
woher"[12] ist. Deshalb erfährt man ihn als heilig, tritt ihm anders entgegen
als dem profanen Stein. Es gibt sehr unterschiedliche Gründe, warum ein Stein
zum "heiligen Stein" wird. Herkunft, Geschichte, Aussehen und Standplatz können eine Rolle spielen.[13] Das gilt auch für die atl. Masseben, so dass wir
hier den Systematisierungsvorschlag von C.F. GRAESSER, der die Markierungs-
funktionen zur Basis der Typologisierung macht, aufgreifen können.[14] Für jede Gruppe sollen dann möglichst auch Beispiele von Ausgrabungsfunden aus Palästina, Transjordanien, Libanon und Syrien herangezogen werden.

---

10 F.-L. HOSSFELD (Der Dekalog 268) datiert Lev 26,1 in die Zeit der späten
    Götzenbildpolemik. Somit läge hier das Zeugnis eines späten Stadiums der
    Kritik an den Masseben vor, die sich bei Hosea und massiv dann in der
    dtn Theologie entwickelte. Zur Bewertung der Masseben im Alten Testament
    vgl. JAROŠ, Die Stellung 99f.; J. GAMBERONI, Art. מצבה in: ThWAT IV 1064-
    1074.

11 Zur Bedeutung "heiliger Steine" vgl. M. ELIADE, Die Religionen 247-270;
    K. JAROŠ, Die Stellung 84ff.; E. STOCKTON, Stones, passim.

12 ELIADE, aaO. 247f.

13 AaO. 247-270.

14 Standing Stones 37. Eine präzise Gruppierung ist wegen der funktionalen
    Ueberschneidungen unmöglich (dazu GRAESSER, aaO. 35f. und JAROŠ, Die Stel-
    lung 86 Anm.7).

6.1.1.1. Grenz- und Vertragssteine[15]

Beiden ist gemeinsam, dass sie für ein bestehendes Recht (Eigentum, Abmachung) Zeugnis abgeben. Ein Grenzstein JHWHs wird in Jes 19,19 in einer Vision zum Zeichen für Aegyptens Bekehrung zu JHWH. In Dtn 19,14; 27,17; Spr
15,25; 22,18; 23,10 u.ö. ist vom strafbaren Verrücken der Grenze die Rede.
Verrückt werden konnte eine Grenze damals sehr konkret durch das heimliche
Versetzen der Grenzsteine, denn sie stellten die wichtigste Urkunde dar.
Wie gross die Notwendigkeit zusätzlicher Absicherungen war, zeigen die mit-
telbabylonischen Kudurrus, Urkunden über Landabtretungen in Form von Grenzsteinen, die im Tempel standen. Ueber und über sind sie mit Flüchen gegen
mögliche Grenzverrücker und mit apotropäischen Symbolen der Vertragsgötter
besetzt.[16]

Beispiele für die Zeugnisfunktion von Masseben in Israel bieten in Gen 31,45-
52 der Vertrag zwischen Jakob und Laban,[17] Jos 24,26.27[18] sowie Ex 24,4. Ein
Stelenaltar aus Ugarit, der vielleicht in einem Tempel stand, scheint eine
Vertragsstele im Bild festzuhalten.[19] Im ganzen Alten Orient wurden Verträge
schriftlich fixiert. Es sei nur beispielsweise hingewiesen auf die berühmte
Gesetzesstele Hammurabis, wo im Bildfeld oben der Gott Schamasch als Stifter
der Gesetze und vor ihm Hammurabi als Beter und vom Gott bevollmächtigter Ge-
setzgeber dargestellt ist.[20]

---

15 GRAESSER, aaO. 37ff. "legal stones". צינים in Jer 31,21 scheint hingegen
gewöhnliche Markierungen/Wegzeichen zu meinen. Vgl. zu den פסילים in Ri
3,19.26 Kap. 5.1.1.2.

16 Zu den Grenzsteinen vgl. KEEL, AOBPs 85-87 und Abb.125f. Umfassendere Arbeiten zu den Kudurrus liegen vor bei L.W. KING, Babylonian Boundary
Stones, sowie U. SEIDL, Die babylonischen Kudurru-Reliefs. Vgl. in der
neueren Arbeit von J. BOERKER-KLAEHN, Altvorderasiatische Bildstelen §§
176-179.

17 Vgl. dazu JAROŠ, Die Stellung 111f.

18 Hier verpflichtet sich das Volk auf JHWH und der Stein ist Zeuge, weil
er alle Worte gehört hat (V.27).

19 Vgl. J. BOERKER-KLAEHN, aaO. 241f. No 290.

20 AaO. 196f. No 113. Weitere Beispiele bei C.F. GRAESSER, aaO. 39 und K.
JAROŠ, aaO. 158. In diesem Zusammenhang ist hinzuweisen auf die mögliche
Bedeutung der Massebenreihe von Geser, deren Steine zeichenhaft für einen
Bund von ebensoviel Stämmen aufgestellt worden sein könnten. Dazu K. JA-
ROŠ, aaO. 91f. Zu anderen Stelenreihen vgl. auch C. UEHLINGER, Tell Ge-
ser 69f.

Die Notwendigkeit, einen Grenz- oder Vertragsstein zu beschriften und so den symbolischen Zeugen zu einer schriftlichen Urkunde zu machen, ergibt sich, sobald eine Abmachung auf lange Dauer geschlossen wird, womöglich über die Lebenszeit der Vertragspartner hinaus. Es ist daher sicher anzunehmen, dass man auch in Israel Steine dieser Funktion mit Texten und auch Bildern versah. Ein Beleg dafür sind Jos 8,32 und Dtn 27,2, wo auf Steinen das Gesetz Gottes aufgeschrieben wird.

H. SPIECKERMANN[21] hat zudem darauf aufmerksam gemacht, dass die atl. Vorstellung, ein Bund werde לפני יהוה geschlossen (1Sam 23,18; 2Kön 23,3par2Chr 34, 31; Jer 34,15.18) und die Worte des Bundes würden aufgerichtet (הקים דברי הברית) im 7./6.Jh.v.Chr. in Anlehnung an Vertragszeremonien des assyrischen Suzeräns mit seinen Vasallen entstanden sein dürfte, wobei zum einen "die Vorstellung der sichtbaren Anwesenheit der Gottheit(en) als Zeuge(n) des Vertrags auf einer Stele oder einer Urkunde zugrundeliegt", zum anderen "die Aufrichtung einer altorientalischen Gesetzesstele."[22]

6.1.1.2. Grab- und Gedenksteine

Wie den Grenz- und Vertragssteinen eine geheime Macht innewohnt, die Garant wird für menschliche Vereinbarungen, so wird auch den Masseben, die ein Grab markierten oder an einen Toten erinnerten, etwas von der Macht dieser Verstorbenen angehaftet haben. Bekannt ist die Massebe auf dem Grab der Rahel (Gen 35,20) sowie der Gedenkstein, den Abschalom sich im Königstal aufstellt, weil er keinen Sohn hat, um seinen Namen in Erinnerung zu halten (2Sam 18,18).[23] In 2Kön 23,17 wird das Grabmal (ציון) eines Gottesmannes erwähnt, welches von der joschijanischen Säuberungsaktion verschont bleibt. Auch in Ez 39,15 scheint ציון etwas wie Toten- oder Grabmal zu bedeuten.[24] Zahlreiche Grabinschriften aus dem phönizischen und dem Mittelmeerraum (besonders Nordafrika) sind uns erhalten. Meistens erwähnen sie den/die Toten und den/die StifterIn der mṣbt.[25]

---

21 Juda 74f. mit Anm.94-96.

22 AaO. 75.

23 Dazu unten Kap. 6.1.2. Weiteres Material zu Grabsteinen bei GRAESSER, Standing Stones 39-41 und P. WELTEN, Art. "Stele" in: BRL[2] 323.

24 Zu ציון in der Bedeutung "Grabmal" vgl. KBL III 958 und J. GAMBERONI, Art. מצבה in: ThWAT IV 1067.

25 Vgl. besonders die punischen Inschriften in KAI. Das phönizische mṣbt entspricht hebr. מצבה.

Eine Sonderstellung unter den altvorderasiatischen Bildstelen nehmen die aramäischen Grabstelen ein,[26] auf denen eine bankettartige Szene dargestellt
ist, an der der Verstorbene und eine weitere Person teilnehmen. J. BOERKER-
KLAEHN weist aber darauf hin, dass solche Steine, anders als die eigentlichen
Grabstein-Masseben im syrisch-palästinischen Raum, gelegentlich auch den Wert
eines vom Grab unabhängigen Gedenksteins gehabt haben können und auch Verehrung genossen.[27] Bei den beiden bekannten Stelen der Priester Agbar und Sîn-
zēra-ibni (7./6.Jh.v.Chr.) aus Nerab scheint es sich um Grabstelen im engeren Sinn zu handeln.[28]

Die grosse Masse der ägyptischen Stelen sind Totengedenksteine, die das Grab
und als Repräsentation der Verstorbenen auch die Totenopferstätte markierten.
Ausser einer Inschrift sind auf diesen Stelen fast immer Darstellungen des/
der Verstorbenen vor einem Opfertisch, der Verwandten, Diener, verschiedener
Götter sowie am oberen Stelenrand häufig Symbole wie Udschat-Augenpaar, geflügelte Sonnenscheibe, Schakale, Götter und später Sonnenbarke zu finden.[29]

6.1.1.3. Sieges- und Votivsteine

Ein Ereignis und die damit verbundenen Personen wollen Sieges- und Votivstelen ("commemorative stones"), die im Alten Testament mehrmals bezeugt sind,
in Erinnerung halten. [30] Votiv- und Siegessteine sind insofern oft identisch,
als der Anlass für das Aufstellen einer Votivstele ein Sieg sein kann. Ein solcher Votivstein ist der "Stein der Hilfe", den Samuel nach dem Sieg über die
Philister zwischen Mizpe und Jeschana zum Dank JHWH errichtet (1Sam 7,12).
Dass Saul nach dem Sieg über die Amalekiter (1Sam 15,12) sich selbst ein יד
errichtet,[31] nicht eine Votivstele für JHWH, mag Anlass zur Empörung gewesen

---

26 J. BOERKER-KLAEHN, Altvorderasiatische Bildstellen bes. §§ 249-252. Auch
    unter den hethitischen Stelen stellen die Grabsteine den Hauptanteil
    (vgl. aaO. 81).

27 AaO. 79f.

28 KAI Nos 225.226 (= BOERKER-KLAEHN, aaO. Nos 303.302).

29 Vgl. K. MARTIN, Art. "Stele" in: LdAe VI 1-6. Auch die ägyptischen Toten-
    stelen umfassen eigentliche Grabmarkierungen und Gedenksteine, die unab-
    hängig von der Begräbnisstätte aufgestellt wurden.

30 In den Ueberschriften der Pss 16.56-60 wird מכתם von der LXX mit
    στηλογραφία übersetzt. Vgl. O. KEEL, AOBPs 306f.

31 Vgl. Kap. 6.1.2.

sein. In 2Sam 8,3 (par 1Chr 18,39) ist vom יד die Rede, das Hadad-Eser am
Euphrat wiederaufzurichten hinzieht.[32] Bei אבן wie יד scheint in all diesen
Fällen an einen einzelnen, aufgerichteten Stein gedacht zu sein. Ijob 19,23f.
könnte aber ein Hinweis sein, dass man in Israel auch in den Naturfels ge-
schlagene Inschriften und Bildreliefs kannte. Da wünscht Ijob:

> 23 Dass doch aufgeschrieben würden,
>
> in ein Buch verzeichnet meine Worte!
>
> 24 Mit eisernem Griffel und Blei
>
> auf ewig in den Felsen eingegraben.
>
> .(בעט – ברזל ועפרת לעד בצור יחצבון)[33]

Neben die atl. Notizen von Votiv-/Siegesstelen oder entsprechenden Felsreliefs sind nun noch die archäologischen Befunde aus Israel/Jordanien zu
stellen. Zwar ist die Zahl der in Palästina/Israel ausgegrabenen Stelen mit
Inschriften und/oder Bildern insgesamt nicht hoch, sind viele Fundstücke nur
fragmentarisch erhalten und ist die funktionale Deutung dieser Stücke oft
schwierig, doch scheint es sich bei diesen von der FB- bis in die Eisenzeit
gestreuten Funden überwiegend um Votivstelen verschiedener Art zu handeln.[34]

Von den ägyptischen und ägyptisierenden Stelen(fragmenten) aus Bet-Schean
sei die bekannte Mekal-Stele erwähnt, die Verehrer vor dem Gott von Bet-
Schean ziegt.[35] Weitere Fragmente ägyptisierender Steinstelen wurden auf
dem Tell Kinneret (Neues Reich),[36] in Megiddo (Scheschonk I.),[37] in Jerusalem[38] und auf dem Tell Zafit[39] gefunden. Ueber dem Hathor-Heiligtum in der
Gegend von Timna wurde ein ägyptisches Felsrelief entdeckt, das Ramses III.
zeigt, wie er der Göttin opfert.[40] Aus Balu^ca in Transjordanien stammt eine

---

32 Im MT-Text heisst es להשי'ב'ידו (Sam) bzw. להציב (Chr); die LXX überset-
    zen wohl richtig mit ἐπιστῆσαι/στῆσαι .

33 Zu ועפרת vgl. KBL III 817.

34 Vgl. die Fundübersichten bei A. REICHERT, Art. "Massebe" in: BRL[2] 206-
    209; P. WELTEN, Art. "Stele", aaO. 321-325; O. KEEL, Bildträger 14-16.

35 A. ROWE, The Topography Pl.33; vgl. Pls 41-44.46.48-50.

36 W.F. ALBRIGHT/A. ROWE, A Royal Stele Pl.29,2;B. PORTER/R.L.B. MOSS, To-
    pographical Bibliography 382.

37 LAMON/SHIPTON, Megiddo I 60f. fig.70; PORTER/MOSS, aaO. 381.

38 V. SCHEIL, Archéologie 116f.; PORTER/MOSS, aaO. 373.

39 F.J. BLISS/R.A.S. MACALISTER, Excavations 43 fig.21.

40 R. VENTURA, An Egyptian Rock Stela 60-63; OLB II 304 Abb.224.

Basaltstele mit stark ägyptisierenden Zügen (Gebetshaltung des Fürsten, Tracht der Götter).[41]

Daneben sind aber auch Stücke vorderasiatisch-syrischer Provenienz oder Prägung nachweisbar. Zwei MBIIB-zeitliche Stelenfragmente vom Tell Bet-Mirsim und aus Sichem (mit Resten einer protosinaitischen Inschrift) lassen noch den Fürsten im Wulstsaummantel erkennen.[42] In Arad ist eine FB-zeitliche Kalksteinstele mit zwei sehr schematisch eingeritzten menschlichen Figuren gefunden worden,[43] in Aschdod und Samaria die Bruchstücke neuassyrischer Stelen, auf dem Tell Zafit das Fragment einer Steinplatte mit Reliefschmuck (Abb.75).[44] Im moabitischen Kerak kam das Fragment einer Basaltstele mit Relief- und Inschriftenresten zutage sowie das Fragment eines Löwenreliefs.[45] Löwen und Hunde sind auch auf einem Orthostatenrelief aus Bet-Schean zu sehen. In Israel hat es also Bildstelen oder Steine mit Inschriften und Bildern gegeben, und die zitierten atl. Texte sind ein Beweis, dass vor allem die assyrische Sitte, in eroberten Gebieten, an strategisch oder geographisch wichtigen Punkten eine Siegesstele des Herrschers zu errichten bzw. in Fels hauen zu lassen, bekannt war und wohl auch übernommen wurde.

In den Annalen Tiglat-Pilesers III. wird berichtet, Tiglat-Pileser habe nach der Flucht Ḫanunus nach Aegypten in Gaza seine Stele (und sein Bildnis) aufrichten und als Gottheiten verehren lassen.[47] Diese Nachricht bezeugt ebenfalls die Präsenz und damit Bekanntheit assyrischer Stelen in Israels nächster Umgebung in biblischer Zeit.

Die assyrischen Könige führten auf ihren Eroberungszügen eine Sonderabteilung von Steinmetzen mit, die an Ort und Stelle eine Stele errichteten bzw. Inschrift und Bild in den Fels schlugen, wie es die beiden Szenen von den Bron-

41 ANEP No 488; KEEL, AOBPs 219 Abb.416; W.A. WARD/M.F. MARTIN, The Balu^{C}a Stele Pls 1-6.

42 BOERKER-KLAEHN, Altvorderasiatische Bildstelen 237 No 282; S. SCHROER, Der Mann Abb.17.19 (vgl. aaO. zur Deutung des "Mannes im Wulstsaummantel")

43 R. AMIRAN, A Cult Stele Pls 14-16; U. WINTER, Frau und Göttin 357f. und Abb.363.

44 BOERKER-KLAEHN, aaO. 202 No 174; J.W./G.M. CROWFOOT/K.M. KENYON, Samaria-Sebaste III Pl.2,3; BLISS/MACALISTER, aaO. 41 fig.17.

45 W.L. REED/F.V. WINNETT, A Fragment, passim; G. HORSFIELD/L.H. VINCENT, Une stèle Pl.15,4.

46 K. GALLING, Das Löwenrelief, passim; A. ROWE, The Topography, Frontispiz.

47 LUCKENBILL, Ancient Records I § 815; BOERKER-KLAEHN, aaO. 200 T57,172.

zetüren Salmanassars III. in Balawat (Abb.96 und Abb.128)[48] sehr schön zei-
gen. Bei Abb.128 wird die Anbringung eines Reliefs im unteren Teil des Tigris-
Tunnels dargestellt.
Immer ist der vor den Göttersymbolen anbetende König (Standardtyp) zu sehen
und zusätzlich eine annalenartige Inschrift angebracht. Als Substitut des
Herrschers erfuhren diese Stelen Anbetung.[49]
Der Uebergang von Votiv-, Sieges-, Grenz- und Kultstelen ist, wie sich bald
einmal zeigt, gerade im Fall der assyrischen Bildstelen fliessend. J. BOER-
KER-KLAEHN notiert, dass z.B. auch Stelen mit Bildern von Göttern oder ihren
Symbolen als Grenzstein fungieren können.[50]

6.1.1.4. Kultstelen

Entsprechend schwierig ist es, wenn der Fundkontext wenig Anhaltspunkte bietet, festzustellen, ob eine Bildstele - etwa mit Götterdarstellung - als
eigentliches Kultbild anzusehen ist, das die Präsenz der Gottheit symbolisierte und deshalb Verehrung genoss, oder als Repräsentation oder Votivgabe
eines Gläubigen in einem Heiligtum vor dem eigentlichen Kultbild stand.
Dafür, dass Israel Masseben als Kultstätte kannte, sprechen die Kultlegenden
von Bet-El in Gen 28,18.22 und 31,13 (die Massebe wird gesalbt!), die Erwähnung der Masseben fremder Götter (Ex 23,24; 2Kön 3,2) sowie die vielen
polemischen Angriffe gegen Höhen, Masseben und Ascheren (1Kön 14,23; 2Kön 17,
10; 18,4; 23,14; 2Chr 14,2; 31,1; Lev 26,1 und Jer 2,27). Wenn in 2Kön 3,2;
10,26-27 von einer Baalsmassebe die Rede ist, könnte ausser an die Zuordnung
zum Baal-Kult eventuell auch an das Bild des Baal auf dem Stein[51] zu denken
sein.

48 L.W. KING, Bronze Reliefs Pl.1 = KEEL, AOBPs Abb.440 und KING, aaO. Pl.
    59 = BOERKER-KLAEHN, Altvorderasiatische Bildstelen No 151; vgl. aaO.
    187-189 Nos 149.150 und T38,151-T39,151 sowie No 146.

49 BOERKER-KLAEHN, aaO. bes.56-57. Vgl. dagegen M. COGAN, Imperialism 60f.
    Ich halte die These von BOERKER-KLAEHN, dass den Stelen Anbetung entge-
    gengebracht wurde, für wahrscheinlicher. Auch die syrischen Stadtfürsten
    der MBIIB-Zeit scheinen als höchste Verehrer der Gottheiten zumindest
    nach ihrem Tod selbst verehrt worden zu sein (vgl. S. SCHROER, Der Mann
    bes.101-106).

50 AaO. 197 zu No 166.

51 Vgl. beispielsweise die bekannte Stele des "Baal au foudre" aus Ugarit
    (ANEP No 490) oder einen Stein aus der Gegend von Aleppo (8./7.Jh.v.Chr.),
    der den Wettergott zeigt und anscheinend zusammen mit einem Altar ge-
    weiht wurde (ANEP No 500; vgl. GRAESSER, Standing Stones 45).

Von den Israel/Jordanien ausgegrabenen Steinstelen sind wohl nur die SB-zeitliche Stele mit den ausgestreckten Händen aus Hazor (vgl. Abb. 122)[52] und
die Darstellung eines Kämpfers vom Ruǧm el-ᶜAbd im Gebiet von Moab mit einiger Sicherheit als Kultbilder einzustufen.[53]
Erwähnenswert sind wegen ihrer Datierung und Herkunft unter den vielen bildlosen Masseben aus Palästina zum einen die Massebe der richterzeitlichen
Kultstätte östlich des Dothan-Tales, von der das weiter oben behandelte
Bronzestierbild stammt,[54] sowie die Kalksteinmassebe des israelitischen Heiligtums in Arad, deren rote Farbspuren von früherer Bemalung zeugen.[55]

Als Ergebnis der literarischen und archäologischen Bestandesaufnahme von
Hinweisen auf Bildstelen kann festgehalten werden, dass die im Alten Testament mit צִיּוּן,מַצֵּבָה , אֶבֶן und יָד bezeichneten Steine gewiss nicht grundsätzlich
bildlos waren. Völlig unbearbeiteten Masseben standen andere zur Seite, die
mehr oder weniger behauen,[56] bemalt oder in Reliefarbeit gestaltet waren.
Die Ablehnung der Masseben, die sich im Alten Testament erst recht spät manifestiert, scheint sich vorwiegend gegen ihre kultische Bedeutung gerichtet
zu haben.[57] Diese ist aber, wie Hos 10,1 zeigt, von der bildhaften Gestaltung
nicht einfach zu trennen.
Wenn in Palästina im Vergleich mit Mesopotamien oder Aegypten sehr wenige
Bildstelen gefunden worden sind, so werden dafür gewiss verschiedene Ursachen
geltend zu machen sein. Zum einen könnten vorexilische, bilderfeindliche Strö-

---

52 Vgl. zur Diskussion um die Bedeutung des Heiligtums K. GALLING, Erwägun-
    gen, passim; W.F. ALBRIGHT, The High Place 251; Y. YADIN, Hazor I 89;
    ders., Symbols 222; S. SCHROER, Zur Deutung 196.

53 ANEP No 177; O. TUFNELL, The Shiḥan Warrior, passim; E. WARMENBOL, La
    stèle, passim.

54 A. MAZAR, Bronze Bull 36. Die Massebe war nur leicht behauen. Zum Fund-
    ort vgl. weiter oben Kap. 2.1.3.3.

55 Vgl. die Angaben bei A. REICHERT, Art. "Massebe" in: BRL[2] 209. Auch im
    Mischna-Traktat Aboda Zara (D. HOFFMANN, Mischnajot 314) wird die Be-
    malung als eine Art der Gestaltung von Masseben erwähnt. Die beiden bei
    Ofelgrabungen gefundenen rechteckigen Steine, die von K.M. KENYON (Je-
    rusalem 82f. Taf.33-35) als Masseben eines Kultzentrums gedeutet wurden,
    sind endgültig auszuklammern.

56 BOERKER-KLAEHN (Altvorderasiatische Bildstelen bes.77) unterscheidet for-
    mal natürlich belassene oder grob behauene Steine, Platten, hinten abge-
    rundete Steine mit einer Flachseite, obeliskoide Masseben und (selten)
    Pfeiler. Vgl. die Dreiertypologie der Masseben im Mischna Traktat Aboda
    Zara (HOFFMANN, aaO. 314).

57 J. GAMBERONI, Art. מצבה in: ThWAT IV bes.1073.

mungen, wie sie ihren Höhepunkt in der joschijanischen Reform erreichen und z.B. in Arad und Beerscheba auch archäologisch nachgewiesen scheinen,[58] durchaus Grund zur Zerstörung von vorhandenen Bildstelen gewesen sein. Ein Teil eventuell vorhandener Monumente dürfte auch unter den Einwirkungen der Kriege, von denen das kleine Land immer wieder verwüstet wurde, verlorengegangen sein. Ein anderer, eventuell schwerwiegenderer Grund ergibt sich aus den Untersuchungen J. BOERKER-KLAEHNs zu den altvorderasiatischen Bildstelen.[59] Die Autorin stellt fest, dass es in ganz Syrien/Palästina relativ wenige reliefierte Stelen gibt, dass diese zwar lokale Ausprägungen, aber sonst durchwegs starke Einflüsse von Assyrien, Aegypten und Anatolien aufweisen und dass bei den meisten Stücken eine Abneigung gegen Friesdarstellungen sowie eine unplastische Gestaltung, bei der einschichtiges Relief mit Silhouetten und Detailritzung vorherrscht, zu beobachten ist. Sie vergleicht diesen Mangel an plastischer Gestaltungsfähigkeit mit dem der syrischen Metallkunst, für die brettartige Kleinbronzen sehr typisch sind. Die Ursachen sieht sie zum einen darin, dass Syrien und Palästina zur Zeit, als im Zweistromland die ersten reliefierten Stelen auftauchen, bereits auf eine sehr lange Massebentradition (seit dem Neolithikum) zurückblicken. Die bildlosen Steine sind im syrischpalästinischen Bereich zuhause, sie gehen den reliefierten Stelen voran und existieren, wie z.B. auch das SB-zeitliche Heiligtum von Hazor zeigt,[60] neben diesen weiter. Zum anderen könnte durch einen regeren Kulturaustauch mit Aegypten die Web- und Knüpfkunst und vor allem die Wandmalerei stärker und besser ausgebildet gewesen sein. So manifestiert sich in den Stelen Syriens, dass es sich um eine weitgehend modisch bedingte, von aussen aufgenommene und merklich fremde Gattung handelt.[61]

Den grössten Einfluss auf Palästina dürften in biblischer Zeit zum einen die assyrischen Standardstelen, die ein Instrument der politischen Propaganda waren, ausgeübt haben,[62] zum anderen Stelen, die im Totenkult eine Rolle

---

58 Y. AHARONI, The Horned Altar, passim; ders., Arad 18-35; vgl. O. KEEL, Jahwe-Visionen 44.

59 Vgl. zum Folgenden BOERKER-KLAEHN, Altvorderasiatische Bildstelen bes. 77-82.

60 Dort stehen Steinplastik, reliefierte Stele und bildloser Stein nebeneinander.

61 AaO. 78.

62 BOERKER-KLAEHN unterscheidet bei den assyrischen Stelen fünf Funktionen: 1. Standardstele, 2. Tributstele, 3. Kultstele, 4. Siegesstele, 5. Gründungsstele (aaO. bes.54-60). Reine Schriftstelen treten in assyrischer Zeit gegenüber den Bildstelen zurück (aaO.54).

spielten, darunter vor allem die aramäischen Grab- oder Gedenksteine des
1.Jts.v.Chr. In genau diesen beiden Funktionen, als Sieges-/Votivstele und
als Totengedenkstein, begegnet uns im Alten Testament auch das Wort יד.

6.1.2. יד

Im Vorangehenden trat das Wort יד als Beleg für einen Sieges- (1Sam 15,12)
bzw. Gedenkstein (2Sam 18,18) bereits auf. Ihm soll hier etwas ausführlicher
nachgegangen werden. Im besonderen wird die Frage zu beantworten sein, wie
es zur Bezeichnung יד für eine (Art von) Massebe kam, und ob gegebenenfalls
ein Zusammenhang besteht mit auf dem Stein eingearbeiteten Symbolen. In 2Sam
18 wird nach dem Bericht von der Ermordung Abschaloms durch Joab in einem
kurzen Rückblick angefügt (V.18):

> Nun hatte Abschalom, als er noch lebte (בחיו),
> den Malstein (את-מצבת) im Königstal genommen
> und für sich aufgerichtet, denn er dachte:
> Ich habe keinen Sohn, um meinen Namen (שמי)
> in Erinnerung zu halten. So hatte er den Mal-
> stein (למצבת) nach seinem Namen (על-שמו) be-
> nannt, und darum heisst er bis auf diesen Tag
> יד אבשלם.

Abschalom nimmt zu Lebzeiten einen Stein, richtet ihn für sich auf und benennt ihn nach seinem Namen Abschalom. Der Grund für sein Tun: er hat keine
Nachkommen, die seinen Namen nach dem Tod in Erinnerung rufen. Die Massebe
wird seither יד Abschalom(s) genannt; sie wird durch die Benennung zu einem
יד; d.h. eine Massebe mit der spezifischen Funktion, den Namen eines Menschen in Erinnerung zu halten, ist ein יד. Der Text 2Sam 18,18 verweist somit in erster Linie auf die besondere Funktion der Massebe, wenn wir nach
der Herkunft dieser besonderen Bedeutung von יד fragen, nicht auf ein etwa-
iges Zeichen auf dem Stein.
Zweimal wird in V.18 der Name (שם) genannt. Er steht also in ganz enger Ver-

---

63 V.18 ist von der Form her eine Namensaitiologie. Es ist möglich, dass die
Einfügung nach dem Tode Abschaloms diese kurze Notiz bewusst in den vor-
hergehenden Unheilskontext stellt, so als sei die Aufstellung der Massebe
auch ein Grund für sein Schicksal. Nach 2Sam 14,27 hat Abschalom vier
Kinder (vgl. dazu JAROŠ, Die Stellung 95 Anm.11). FLAVIUS JOSEPHUS (Ant.
VII,10,3) greift diese Information auch auf (τέκνων...διαφερόντων).

bindung mit יד. In Gen 49,24 könnte, so schlägt S. TALMON[64] vor, eine Ver-
heissung von Nachkommenschaft für Josef vorliegen, denn in dem sehr schwierigen Text, der sonst kaum verständlich ist, kommen die drei Stichworte יד,
שם und אבן vor:

> Von den Händen (מידי) des Starken Jakobs,
>
> von dem Namen (משם) des Hirten, des Steines (אבן) Israels...[65]

In Jes 56,5 wird den Verschnittenen von JHWH zugesagt:[66]

> Ihnen will ich in meinem Haus und in meinen Mauern
>
> ein Namensmal (יד ושם) geben,
>
> noch besser als Söhne und Töchter.

Kinderlose errichten sich also ein יד, weil sie keine Kinder haben, die sich
um das Fortleben des Namens sorgen können. In Jes 56 bekommt יד ושם einen
übertragenen Sinn:[67] JHWH wird ein unüberbietbares Namensmal setzen, einen
ewigen Namen (שם עולם), der mehr bedeutet als das ursprünglich zu Ersetzende,
die Kinder.[68]

Dieselbe Sitte, auf die hier Bezug genommen wird, bezeugt eventuell auch eine
Inschrift des 4./3.Jh.v.Chr. aus Kition. Wer keine Kinder hat, setzt sich
selbst schon zu Lebzeiten einen Gedenkstein, möglicherweise über der vorge-
sehenen Grabstätte.[69]

---

64 *Yād wāšēm*, passim. Der andere Vorschlag TALMONs, in Jes 44,2-5 das Einritzen der Schrift "dem Herrn eigen" mit Kindernachwuchs in Verbindung
zu bringen, ist weniger überzeugend. Zur Sitte des Einritzens von Zeichen
der Gottheit vgl. unten Kap. 6.5.

65 Zur Textkritik, Uebersetzung und Interpretation vgl. schon C. WESTERMANN,
Genesis III 249.272.

66 Ich verstehe die Formel als Hendiadyoin (so auch TALMON, aaO.), wie z.B.
in Gen 3,16 (עצבונך והרנך) und 2Sam 20,19 (עיר ואם). Weitere Beispiele
bei E.W. BULLINGER, Figures 657-671.

67 Ganz anders G. ROBINSON (The Meaning, passim), der aufgrund sehr eigen-
williger Bestimmungen der einzelnen Begriffe zur Deutung "Anteil und Name im verheissenen Land" kommt. Eine ähnliche Verbindung wie יד ושם könnte in einer phönizischen Inschrift aus dem 2.Jh.v.Chr. vorliegen (G.A.
COOKE, TNSI No 9,6 לסכר ושם).

68 Zur grossen Bedeutung von Nachkommenschaft als Modus des Weiterlebens
vgl. Gen 15,1-5.

69 COOKE, TNSI No 16 (= KAI No 35). COOKE verweist auf den normalen Fall,
dass Kinder oder Freunde einen solchen Stein aufstellten (Nos 18.19.21.
32 und KAI No 53. Interessant ist in diesem Zusammenhang vielleicht, dass
in Abydos Totengedenkstelen an die Tempelumfassungsmauer gelehnt waren.
Vgl. K. MARTIN, Art. "Stele" in: LdAe VI 2.

Ein bei den Ausgrabungen auf dem Ofel gefundenes Ostrakon (von A. LEMAIRE ins 6.Jh.v.Chr. datiert)[70] erwähnt listenartig mehrere Personennamen mit Ortsangaben, wobei zweimal ein $^c mq$ jdt genannt wird, das auf grössere Ansammlungen von Gedenksteinen oder Grabsteinen mit Inschriften hinweisen könnte. יד bezeichnet also den wahrscheinlich mit einer Inschrift versehenen Gedenkstein für einen Toten.

Die Möglichkeit, sich selbst ein יד bereits zu Lebzeiten zu errichten, bezeugt auch 1Sam 15,12. Hier ist ein besonderer Anlass - der Sieg Sauls über die Amalekiter - gegeben.[71] In 2Sam 8,3 (par 1Chr 18,3) wird von Hadad-Eser berichtet, er habe sein יד am Euphrat wiederaufrichten wollen. In diesem Kontext wird deutlich, dass die Errichtung eines יד die Besiegelung eines neugeschaffenen Machtverhältnisses bedeutet. Wo der Sieger sich ein Mal errichtet, da wird sein Anspruch auf ein Gebiet manifest.[72] In der Palästina-Liste Scheschonks I. wird ein $jdhmrk$ erwähnt.[73] B. MAZAR nimmt an, dass dieses יד המלך ein königliches Monument am Eingang des Wadi ^{c}Arah gewesen sei.[74]

יד bezeichnet also sowohl die Wirkmächtigkeit einer Person als auch das Mal, das diese Macht verkörpert. Die von BERGMANN, VON SODEN und ACKROYD vorgelegte Untersuchung zur Bedeutung des Wortes יד[75] bestätigt, wie nah (auch im Akkadischen[76]) der konkrete Sinn "Hand" den abstrakteren Bedeutungen "machtausübende Person, Kraft, Gewalt" steht. Die Hand kann also als pars pro toto für die ganze Person und ihre machtvoll-aktive Wirksamkeit stehen. So soll hier der Ursprung der speziellen Bedeutung des Wortes יד in den oben besprochenen Textstellen erklärt werden: יד= Hand, Arm; davon abstrahiert

70 Dazu A. LEMAIRE, Inscriptions 239-243. LEMAIRE identifiziert dies "Tal der Stelen" mit dem Königstal (2Sam 18,18 und Gen 14,17).

71 Interessant wiederum der Unheilskontext. Der Grund könnte sein, dass Saul sich selbst, statt JHWH, ein Siegesmal setzt.

72 Solche Siegesmale sind dann zugleich Grenzstelen (vgl. BOERKER-KLAEHN, Altvorderasiatische Bildstelen §192 und Nos 170.216).

73 A. JIRKU, Die ägyptischen Listen 48 XXV No 29; J. SIMONS, Handbook 96 List XXXIV No 29.

74 B. MAZAR, The Campaign 62.

75 ThWAT III 421-455, passim und bes. V. Ich schliesse mich der vorsichtigen Deutung ACKROYDs von יד "Phallus" an. Wegen der grossen Unsicherheiten soll die Diskussion um die sexuelle Deutung der Masseben hier ausgeklammert werden; vgl. auch M. DELCOR, Two Special Meanings, passim.

76 AaO. 424f.

דִי= Macht, machtwirkende Person; übertragen dann דִי= das diese Wirksamkeit repräsentierende Zeichen.[77]

In einem materialreichen Artikel zur Grabinschrift von Chirbet el-Qôm (um 750 v.Chr.) hat S. MITTMANN[78] im Zusammenhang seiner Uebersetzung und Interpretation der Inschrift die darunter eingeritzte nach unten weisende Hand mit fünf gespreizten Fingern (Abb.129) und die Sieges- und Gedenksteine von 1Sam 15,21 und 2Sam 18,18 im Sinne einer Selbstrepräsentation des Siegers/Toten vor JHWH erklärt.[79] Es ist aber unwahrscheinlich, dass die in den Samuelbüchern genannten Steine als eine Selbstrepräsentation Abschaloms/Sauls vor JHWH gemeint sind. הזכר שם, das Gedenken des Namens, welches Abschalom mit der Aufrichtung der Massebe sichern will, ist für den damaligen Menschen ein sehr konkretes und erdverbundenes Geschehen: das Lebendigbleiben des Toten in der Erinnerung der Lebenden und in den leiblichen Kindern, die ja de facto auch den Namen des Vaters weitertragen. Ausserhalb der biblischen Texte wird dies z.B. durch eine Inschrift aus Kition bestätigt, die mit מצבת בחים (Stele unter den Lebenden)[80] beginnt, sowie durch eine Inschrift aus Athen (4.Jh.v.Chr.) auf einer Marmorstele, die als מצבת סכר בחים bezeichnet wird.[81]

W. SCHOTTROFF hat in seiner Studie zu זכר diesen Aspekt des Gedenkens unter den Lebenden überzeugend nachgewiesen.[82] So wird Frevlern und Feinden die Strafe der völligen Vernichtung durch das Auslöschen jeder Erinnerung an sie gewünscht (Pss 9,7; 34,17; 83,5; 109,15 u.a.). Auch Dtn 25,5f. (Leviratsehe) bezeugt, dass ein Sohn als Träger des Namens und zugleich der Erinnerung an seinen Vater galt. In 2Sam 14,7 wird Name und Nachkommenschaft ausdrücklich

---

77 Zum Vergleich sei auf das Wort נפשׁ, das ebenso wie יד einen Aspekt der menschlichen Person meint, hingewiesen. Es beinhaltet die konkrete Bedeutung "Atem" und eine abstraktere "erfahrbare Lebendigkeit, Leben", dann auch "Person". Später kann es sogar "Grabmal" bedeuten (KAI No 230, aram. Inschrift aus Tema 5./4.Jh.v.Chr.); NSI 78,1, Nordarabien; 146,1, Palmyrene 2./3.Jh.n.Chr.).

78 S. MITTMANN, Die Grabinschrift 139-152.

79 Zur Inschrift selbst vgl. A. LEMAIRE, Les inscriptions de Khirbet el-Qôm; O. KEEL (Hrsg.), Monotheismus 172; K. JAROŠ, Zur Inschrift, passim; und weiter oben Kap. 1.1.4.

80 COOKE, TNSI No 18,1 mit Kommentar.

81 KAI No 53.

82 THAT I 507-518; vgl. auch KAI No 53 (Kition).

ergänzt durch על־פני האדמה.[83] זכר (hi.) in der Bedeutung des "sich selbst bei Gott in Erinnerung bringen" ist m.W. nicht belegt.[84]

Mit Sauls und Abschaloms יד kann eine Selbstrepräsentation des toten Urijahu vor JHWH nicht wahrscheinlicher gemacht werden. Zudem geben die atl. Texte keine Anhaltspunkte dafür, dass auf den Steinen noch das Bild einer Hand aufgezeichnet war.[85] Angesichts der vielfältigen und reichen Zeugnisse[86] für das radikale Ernstnehmen der Grenze des Todes (auch für die Beziehung Gott-Mensch) in vorexilischer Zeit ist diese Interpretation von יד auszuschliessen

In einem kleinen Artikel[87] habe ich mich mit der ikonographischen Deutung der Hand von Chirbet el-Qôm bereits früher auseinandergesetzt. Bei der Untersuchung des Symbols der geöffneten Hand/Hände in der anatolischen, altbabylonischen, syrischen und zyprischen Glyptik, auf punischen Stelen, in der altsüdarabischen Ikonographie und in der ägyptischen Miniaturkunst (Amulette und Skarabäen mit Amulettcharakter) kam ich zu dem Ergebnis, dass die Hand im Alten Orient vornehmlich das Symbol einer göttlichen bzw. apotropäischen Macht ist, während die Hand als Symbol des betenden, verehrenden Menschen erst spät und relativ selten nachweisbar ist.[88]

Es liegt nahe, dass Israel, das geographisch für kulturelle Einflüsse von allen Seiten offensteht, dieses Motiv im 8.Jh.v.Chr. gekannt hat und dass es, wie die Inschrift von Chirbet el-Qôm zeigt, auch von JHWH-Gläubigen benutzt wurde. Zwei in Palästina gefundene Siegel mit dem Handsymbol stützen diese Annahme. Eine linke menschliche Hand zeigt ein Skarabäus aus Sichem (Abb.130).[89] Ist dieser selbst vielleicht SB-zeitlich, so war er doch im

---

83 Zur Bedeutung von שם vgl. A.S. VAN DER WOUDE, Art.שם in: THAT II 953-963. Vgl. auch den Zusammenhang Leben-Name-Gedenken in Jer 11,19. Im Akkadischen kann šumu die Bedeutung "Nachkommenschaft, Sohn" haben (VAN DER WOUDE, aaO. 947).

84 Zur Bedeutung von זכר (hi.) vgl. W. SCHOTTROFF, aaO. 508.513.

85 Sie lassen eher darauf schliessen, dass eine in diesem spezifischen Sinn des Totengedenksteins aufgerichtete Massebe als solche יד genannt wurde.

86 MITTMANN nennt selbst einige Beispiele (aaO. 148). Vgl. KEEL, AOBPs 50. 53-60.

87 Vgl. zum Folgenden S. SCHROER, Zur Deutung, passim. Einen Ueberblick zum Handsymbol in der Antike bietet auch der neuere Artikel "Hand III"(ikonographisch) von L. KOETZSCHE in: RAC 13 402-482.

88 Eine Ausnahme stellt eventuell die SB-zeitliche Stele mit den beiden emporgestreckten Armen aus dem Stelenheiligtum von Hazor dar (vgl. zur Problematik der Deutung SCHROER, aaO. 196).

89 S.H. HORN, Scarab and Scarab Impressions fig.53,1.

9.Jh.v.Chr. noch in Gebrauch (gefunden im Str.IX B). Aus Geser stammt ein
konisches Siegel, das ebenfalls eine einzelne Hand darstellt und in die Eisenzeit zu datieren ist (Abb.131).[90]

Dass eine Hand in einem Grab magisch-apotropäische Funktion hat, legt sich
zu allem nahe, wenn man berücksichtigt, wie ängstlich besorgt der damalige
Mensch um den Frieden im Grab war. Wenigstens die Gebeine garantierten doch
ein minimales Fortleben.[91] So wird auf einer Inschrift aus Silwan (unsichere
Datierung 7./6.Jh.v.Chr.) prophylaktisch der Grabschänder verflucht.[92] Ins
5.Jh.v.Chr. datiert ist eine Inschrift aus Byblos.[93] Auch dort die inständige
Bitte, den Ort nicht zu stören. Gegen Schluss häufen sich Götternennungen,
die eventuell zu einer Fluchformel gehörten. Mit einer Verfluchung endet die
Inschrift des Sidonierkönigs Tabnit (Ende des 6.Jhs.v.Chr.).[94] Mit der Strafe
der Götter droht auch die Grabinschrift seines Sohnes.[95]
Erwähnenswert ist eine Inschrift des 9.Jhs.v.Chr. aus Zypern.[96] Wiederum
wird bekräftigt, dass der Grabraub nicht lohne. Im letzten Teil der sehr
fragmentarisch erhaltenen Inschrift, der wahrscheinlich eine Fluchformel darstellte, ist die "Hand (Macht) des Baal" und "die Hand (Macht) eines Menschen" genannt. Möglicherweise ist hier ein apotropäischer Fluch literarisch
formuliert, den in Chirbet el-Qôm die abwehrende Hand bildlich zum Ausdruck
bringt.[97]

6.1.3. Die חמנים

Die in Lev 26,30; 2Chr 14,4; 34,4.7; Jes 17,8; 27,9 (sämtlich nachexilisch)
und in Ez 6,4.6 im Zusammenhang der Polemik gegen die במות und ihre Ausstat-

90 R.A.S. MACALISTER, The Excavation of Gezer Pl.214,31. Vergleichbare äg.
    Skarabäen mit Händen finden sich bei MATOUK, Corpus du scarabée T. II
    Nos 1733-78; NEWBERRY, Catalogue général Pl.XIV Nos 36350 und 37149. Wei-
    tere Angaben bei HORNUNG/STAEHELIN, Skarabäen 124-126 und vor allem
    C. SOURDIVE, La main bes.461-476 (mit vielen Beispielen für die Hand
    auf Skarabäen). Zur allgemeinen Bedeutung der Hand in Aegypten vgl.
    H. ALTENMUELLER in: LdAe II 938-943.

91 KEEL, AOBPs 57.

92 KAI No 191.

93 KAI No 9.

94 KAI No 13.

95 KAI No 14.

96 KAI No 30.

97 Zu KAI No 30 vgl. H.P. MUELLER, Die phönizische Grabinschrift 120-123.

374

tung erwähnten חמנים wurden schon von der LXX nicht mehr verstanden, was die
uneinheitliche Uebersetzung der verschiedenen Stellen deutlich verrät. Im
Anschluss an RASCHI und H. GROTIUS wurden die חמנים mit "Sonnensäulen" oder
"Räucheraltar" übersetzt.[98] Man leitete das Wort von der Wurzel חמם ab und
brachte es in Zusammenhang mit Baal Ḥammon und Schamasch.[99]
K. GALLING hat in einem 1973 erschienenen Beitrag[100] den auf Zypern inschriftlich belegten Baal Ḥammon als "Herrn des auf dem Räucheraltar brennenden
Feuers" gedeutet, die חמנים des Alten Testaments als eben diese Räucheral-
täre. Blockförmige Räucheraltärchen aus Kalkstein sind in Transjordanien,
Südarabien, Mesopotamien und Zypern, aber auch in Palästina vom 7. bis ins
1.Jh.v.Chr. in Gebrauch gewesen.[101] 13 Exemplare wurden auf dem Tell Dschemme
(6.-4.Jh.v.Chr.) gefunden (vgl. Abb.132).[102] Sie sind mit Ritzzeichnungen
(Bäumen, verschiedenen Tieren und Menschen, Dekormuster) versehen, die von
P. BECK stilistisch der Volkskunst ("popular art") zugeordnet werden.[103]

98 Vgl. K.-M. BEYSE, Art. חמם (ThWAT II 1048-1050) und den älteren Beitrag
    von K. ELLIGER, Chammanim, passim.

99 BEYSE, aaO. 1049f.

100 GALLING, Baᶜal Ḥammon, passim.

101 Die Fundstücke aus Palästina sind aufgelistet bei J.B. PRITCHARD, An
    Incense Burner 10-14; vgl. besonders die Stücke vom Tell Dschemme (W.M.F
    PETRIE, Gerar Pls XL.XLI; PRITCHARD, aaO. 11). Weitere Exemplare wurden
    in Beerscheba und auf dem Tell el-Milḥ gefunden (AHARONI, Beer-Sheba I
    52f. Taf.29f.52).

102 PETRIE, Gerar Pl. XL,1.2.

103 BECK, The Drawings 62.

Ausser diesen Kalksteinaltärchen dürften aber auch noch andere Geräte zum Räuchern gedient haben.[104]

---

104 Vgl. KEEL, AOBPs 129f. Ob die Keramikständer zum Räuchern dienten, ist umstritten. Vgl. dazu Kap. 6.3.
A. CAQUOT bestimmte ḥmn in einem ugaritischen Ritualtext (Ras Ibn Hani) ebenfalls als "Räucheraltar" bzw. "Kultbau" (bei einem Referat vor der SGOA am 13.2.82 zum Ritualtext Ras Ibn Hani, Reg.No 77.37r). Dort heisst es: אם. זבח (?) המלך בחמן. CAQUOT schliesst die Bedeutung Räucheraltar für diesen Fall nicht aus.
Einen anderen Weg hat allerdings V. FRITZ gewiesen, der die Bedeutung des Wortes in palmyrenischen Inschriften auf "Kultbau" festlegen will: "Der ḥmn' benennt somit ein besonderes Gebäude, das kultischen Zwecken gedient hat. Die Anlage dieses Kultbaus kann nicht näher bestimmt werden, doch wurde er stets von Privatpersonen für einen oder mehrere Götter errichtet. Möglicherweise enthielt er Götterbilder, jedenfalls konnten an ihm Opfer dargebracht werden, zumal die Zuordnung eines Altars ausdrücklich erwähnt ist. Von dem hykl' genannten öffentlichen Tempel ist der ḥmn' somit durch seine Bestimmung und wohl auch durch seine geringere Grösse unterschieden." (FRITZ, Die Bedeutung 19). Genau diese Anhaltspunkte treffen auch auf die atl. Stellen, die die חמנים öfter im Zusammenhang mit Altären, Höhen, Götzenbildern nennen. Es ist denkbar, dass die Notizen in 1Kön 12,31 und 2Kön 17,29, wo von בית הבמות die Rede ist, dieselben Gebäude meinen (vgl. GALLING, aaO. 70).

6.2. ELFENBEIN ALS BILDTRAEGER

Syrien und Palästina waren in der Eisenzeit Zentrum einer Elfenbeinindustrie, deren Produkte durch Handel und Kriegszüge bis nach Spanien und in den Iran gelangten. Das wertvolle, nach Ausrottung des syrischen Elefanten im 9./8.Jh.v.Chr. über See von Aegypten nach Phönizien importierte Elfenbein (vgl. Ez 27,15; 1Kön 10,22/2Chr 9,21), war hochgeschätzte Handelsware, beliebtes Beutegut und als Luxusgegenstand ersten Ranges auch Tributgabe, weshalb ein beträchtlicher Teil der SB- und eisenzeitlichen Funde, bisweilen richtige Kollektionen, aus Palästen stammt (Megiddo, Samaria, Arslan Tasch, Nimrud).[105] Während den plastischen Gestaltungsmöglichkeiten eines Elefantenzahns von dessen Form her Grenzen gesetzt sind (schlanke Fläschchen, Löffel, Stäbchen, Griffe und kleinere Menschen- oder Tierplastiken, auch Schalen aus dem untersten Zahnteil),[106] entwickelte sich die Technik des Ritzens und Reliefierens von flachen Elfenbeinplaketten von der MB- bis zur Eisenzeit zu höchster Perfektion, wobei in der Levante seit der SB-Zeit die kontinuierliche Ausbildung eines "phönizischen Stils" nachweisbar ist, der aus dem Zusammenfliessen ägyptischer, mykenischer und vorderasiatischer Elemente entstand.[107]

Die Verwendung von künstlerisch gestaltetem Elfenbein konzentriert sich auf zwei Hauptbereiche.[108] Kleine Gefässe, Döschen, Fläschchen, Löffel, Spachteln, mit Ritzereien verzierte Kämme[109] und Einlagen für Holzkistchen[110] u.ä. spiel-

---

105 Vgl. zum Vorangehenden den äusserst informativen Art. "Elfenbein" von H. WEIPPERT in: BRL² 67-72.

106 Zu Elfenbeinfigurinen vgl. schon oben Kap. 3.5.1.

107 Vgl. WEIPPERT, aaO. 70.

108 Ein dritter Verwendungsbereich ist der Kult. Hier sei an das kleine Granatapfelszepter aus Jerusalem (8.Jh.v.Chr.) erinnert (oben Kap. 1.2.5.; A. LEMAIRE, Une inscription, passim).

109 G. LOUD, The Megiddo Ivories Taf.16f.

110 Vgl. die Angaben bei H. WEIPPERT, aaO. 68. Ein besonders schönes Exemplar eines Kästchens aus Elfenbein (1200 v.Chr.) mit Darstellung einer Wagenjagd stammt aus Enkomi (F. SCHACHERMEYER, Aegäis Taf.44 No 162 = S. LASER, Hausrat Abb.14a). Der Name einer der drei Töchter des rehabilitierten Ijob ist קרן הפוך "Schminkbüchschen" (KBL III 1069).

ten, wie übrigens auch die von der Bearbeitung her verwandten Tridacna-Muscheln[111], eine bedeutende Rolle bei der täglichen Kosmetik reicher Frauen.
Die Plaketten hingegen sowie plastische Figuren dienten zur Verzierung von
Möbeln, d.h. Stühlen und Betten, und zur prachtvollen Gestaltung der Innenwände der vornehmsten Häuser bzw. Paläste.
Es kann nicht unsere Aufgabe sein, hier auch nur einen Ueberblick über die
in Palästina ausgegrabenen Elfenbeinplastiken und -plaketten[112] und ihre Motive zu geben. Elfenbeinfunde sind fast durchwegs dekoriert. Ausgehend von
den atl. Nachrichten über Elfenbein soll gezeigt werden, dass das Alte Testament von diesen Bildträgern wusste und mit Sicherheit deren Motive gut
kannte,[113] wenn sie auch nirgends im einzelnen beschrieben werden (was für
die Motive von Kleinkunst überhaupt gilt).

Elfenbein, hebr. שֵׁן (eigentlich "Zahn") oder שֶׁנְהַבִּים[114] wird im Alten Testament 12mal im Kontext von Handel (1Kön 10,22/2Chr 9,21; Ez 27,15), Gebäuden
bzw. Gebäudeausstattung (1Kön 22,39; Ps 45,9; Hld 7,5; Am 3,15; in Ez 27,6
Schiffsbestandteil), Möbeln (1Kön 10,18/2Chr 9,17; Am 6,4) und Kunsthandwerk (Hld 5,14) genannt.
Ganz ungebrochen kommt die grosse Wertschätzung des Elfenbeins in der erotischen Metaphorik des Hohen Liedes zur Geltung. Im Beschreibungslied in
Hld 5,10-16 wird der Bauch des Geliebten (מֵעָיו) mit einer Lapislazuli-be-
setzten Elfenbeinplatte (עֶשֶׁת שֵׁן) verglichen, ein Bild für vornehme Kostbar-

111 Die Dekorationsmuster der Tridacna-Muscheln, die als Make-up-Behälter
    dienten, hat R. STUCKY (The Engraved Tridacna Shells, passim) unter-
    sucht. Sie sind den von den Textilien her bekannten Dekorationen ver-
    wandt (STUCKY, aaO. 78-80). In Israel fanden sich solche Muscheln bzw.
    Fragmente, deren Dekoration im 1.Viertel des 7.Jhs.v.Chr. aufkam und
    schon Ende des Jahrhunderts wieder verschwand (aaO. 95) auf dem Tell
    Fara (STUCKY, aaO. Pl.58 No 87), in Betlehem (aaO. Pl.16f. No 26; Mann
    in einem Lotosblütenkranz), Arad (Lotosblüten und Sphinx innen; Mann
    im Lotosblütenkranz aussen; STUCKY, aaO. Pl.15f. No 25 und zum restau-
    rierten Exemplar jetzt B. BRANDL, The Restoration, passim und figs 1-5)
    sowie in Sichem (S. GEVA, A Fragment, passim fig.1; stilisierter Lebens-
    baum und Hinterteil einer Sphinx).

112 Vgl. die Publikationen der Funde von Megiddo und Samaria: G. LOUD, The
    Megiddo Ivories (1939) und J.W./G.M. CROWFOOT, Early Ivories from Sama-
    ria (1938). Zu den systematischen Arbeiten vgl. O. KEEL, Bildträger 18
    Anm.57.

113 Zu den Stierköpfen (1Kön 10,19) bzw. dem Lamm (2Chr 9,18) am Thron Sa-
    lomos vgl. oben Kap. 2.1.3.1. und weiter unten in diesem Kapitel.

114 שֶׁנְהַבִּים (1Kön 10,22/2Chr 9,21) ist eine Kombination von שֵׁן "Zahn" und
    äg. 3bw "Elefant"; vgl. M. ELLENBOGEN, Foreign Words 162.

keit, das zugleich an Götterbilder erinnern könnte, bei deren Gestaltung Elfenbein verwendet wurde.[115]

In Hld 7,5 heisst es von der Frau:

Dein Hals ist wie der Elfenbeinturm (כמגדול השן).

O. KEEL hat in seiner Studie zur Metaphorik des Hohen Liedes gezeigt, dass der Vergleich des Halses, der Nase und der Brüste der Geliebten mit Türmen (vgl. Hld 4,4; 8,10) auf den abweisenden Stolz der Frau zielt.[116] Frauen- bzw. Göttinnendarstellungen verschiedenen Alters und unterschiedlicher Herkunft zeigen gern das reiche Geschmeide um den Hals, das wie Schilde an einem Turm "Unzugänglichkeit" und "Stolz" zu signalisieren scheint.[117] Es bleibt aber noch zu klären, ob die Verbindung von Turm und Elfenbein - in der Sachhälfte des Bildes mit "Uneinnehmbarkeit", "abweisender Stolz" und "Kostbarkeit", "Vornehmheit" problemlos vereinbar - auch in der Bildhälfte einen realen Hintergrund in der altorientalischen Elfenbeinkunst haben könnte.[118] In Frage kommen dann zum einen turmähnliche kleine Gegenstände aus Elfenbein, wofür sich allerdings keine Beispiele unter den Kosmetik-Accessoirs, Spielsachen etc. finden lassen.

Eine andere, wahrscheinlichere Möglichkeit hat O. KEEL erwogen, nämlich dass an ein Bauwerk, vielleicht ein Turmzimmer zu denken ist, das mit reliefierten Elfenbeinplättchen luxuriös geschmückt ist.[119] Hier ist erneut an die assyrischen Darstellungen syrisch-phönizischer Obergemächer mit balkonartigen Fenstern zu erinnern, die akk. *bīt ḫilāni* hiessen und vorzugsweise die Frauengemächer beherbergten.[120] Im "Hohen Tor", dem östlichen Haupteingang zum Tempelbezirk von Medinet Habu waren in den Obergeschossen Räume für den Pharao (Ramses III.) und seinen Harem reserviert, wie die Darstellungen an den Innenwänden nahelegen.[121] Dieser Kombination von Festungsbau und Lustschloss mit luxuriöser Innengestaltung entspricht die Spannung von Uneinnehmbarkeit ("Turm") und magischer Anziehungskraft ("Elfenbein") in Hld 7,5

---

115 Vgl. zu diesem Beschreibungslied Kap. 3.5.1.

116 O. KEEL, Deine Blicke 32-39; ders., Das Hohelied 136ff.216.253.

117 KEEL, Deine Blicke Abb.2.3.3a.4.

118 Die andere Möglichkeit ist ein hyperbolisches Verständnis wie in Hld 5, 13, wo die "Türme (מגדלות) von Salben" als Haufen von Salben zu verstehen sind (evtl. inspiriert von den aus Aegypten bekannten Salbkegeln; vgl. KEEL, Das Hohelied 188).

119 KEEL, Das Hohelied 216ff.

120 Vgl. oben Kap. 3.3.1. mit Anm.97.

121 Vgl. dazu U. WINTER, Frau und Göttin 586.

recht gut. Jer 22,14 beweist, dass man geräumige Obergemächer mit kostbarer Täfelung und Bemalung der Innenwände auch in Israel gekannt hat.[122] Denkbar ist, dass in 7,5 das erotische Motiv der "Frau im Fenster" (Abb.136), ein ausserordentlich beliebtes Motiv gerade der Elfenbeinkunst, im Hintergrund steht. Die Göttin bzw. ihre Hierodule, die aus dem Obergemach des Tempels schaut, vereinigt ja wie "Turm" und "Elfenbein" ebenfalls Tremendum und Fascinosum in sich.[123]

Ausschweifende Palastgestaltung, deretwegen Jojakim die Kritik des Propheten Jeremia auf sich zieht, hatte offensichtlich in Juda wie in Israel ihre Tradition. Mehrmals werden im Alten Testament Räumlichkeiten, die mit Elfenplaketten ausgestattet sind, erwähnt.

So ist in Ps 45,9 von היכלי שן "Elfenbeinhallen" die Rede, aus denen zur Hochzeit des Königs (von Israel?)[124] Saitenspiel ertönt. Im Nordreich macht sich zunächst König Ahab mit dem Bau eines בית השן (1Kön 22,39), eines Elfenbeinhauses/-palastes einen Namen. Diese Mode scheint dann in der "high society" von Samaria um sich gegriffen zu haben, denn Amos (3,15) prangert leidenschaftlich den prunkvollen Häuserbau der Reichen von Israel an:

> Ich zerschmettere das Winterhaus samt dem Sommer-
> haus, die Elfenbeinhäuser (בתי השן) gehen zugrunde,
> und mit Teppichhäusern hat es ein Ende.[125]

Diesen literarischen Nachrichten von Elfenbeindekorationen im Nordreich und einem בית השן genannten Palastteil, den König Ahab bauen liess, entsprechen in einmaliger Weise die archäologischen Befunde. Der Palastbezirk von Samaria barg tatsächlich eine der stattlichsten Elfenbeinsammlungen, die bei Ausgrabungen in Palästina/Syrien je zutagekamen. Obwohl die Datierung zwischen dem 9. und 8.Jh.v.Chr. schwankt, ist doch eine gewisse Wahrscheinlichkeit vorhanden, dass hier der in 1Kön 22,39 genannte Elfenbeinpalast Ahabs ausgegraben wurde.[126] Während über 70 Palmetten aus diesem Fund möglicherweise Wände

---

122 Vgl. oben Kap. 3.3.1. und WINTER, aaO. 587.

123 Zur Ikonographie und Bedeutung des Motivs sowie zum Nachhall in 2Kön 9,30 vgl. WINTER, aaO. bes.585-588.

124 Zum Entstehungsort des Psalms 45 vgl. H. GUNKEL, Die Psalmen 191 und H.-J. KRAUS, Psalmen I 332f. Die Textkonjektur von GUNKEL (aaO. 195), der שן כלי "Elfenbeininstrumente" lesen will (כלים in Sir 39,15), wird nicht mehr diskutiert, da der MT-Text durchaus sinnvoll ist.

125 Vgl. Kap. 6.4.1. und S. MITTMANN, Amos 150.

126 Zur Datierung vgl. WEIPPERT, aaO. 70 und dies., Art. "Samaria" in: BRL[2] 267.

dekorierten[127] - auch im Jerusalemer Tempel gab es Palmettenschnitzereien an
den Wänden (1Kön 6)! -, scheint der Grossteil der Plaketten, auf denen im
Relief Pflanzenornamente, Keruben/Sphingen und Motive wie ein Tierkampf,
äsende Hirsche, die "Frau im Fenster", "Geburt des Horus" dargestellt sind,
eher Betten und Stühle geziert zu haben. Es ist anzunehmen, dass in Hld 7,5;
Ps 45,9 und Am 3,15 bei den Elfenbeinräumen auch an Möbeldekor gedacht ist.

Solchen Luxus leistet sich bereits König Salomo, dessen Elfenbeinthron[128]
(כסא שן) grosse Bewunderung findet (1Kön 10,18; vgl. 2Chr 9,17):

> Der König liess einen grossen Elfenbeinthron (כסא שן)
> anfertigen und ihn mit gediegenem Gold überziehen.

Für Throne mit Elfenbeinintarsien liefert die Archäologie nun eine ansehnli-
che Zahl von Belegen.

Im Raum SW 7 des "Fort Salmanasser" in Nimrud kam die Rückenlehne eines Holz-
stuhles (9./8.Jh.v.Chr.) zum Vorschein (etwa 50cm breit, 33cm hoch), die mit
Elfenbeineinlagen auf dunklem Furniergrund verziert ist. In drei vertikalen
breiten Bändern sind volutenartige Muster angebracht, und zudem acht schma-
lere Sternchen-Streifen. Die obere Querleiste der Lehne scheint mit Metallapplikationen versehen gewesen zu sein. Noch zwei weitere Fragmente solcher
Stuhllehnen wurden im selben Raum entdeckt.[129]

Unter den Wandmalereien von Til Barsip (8./7.Jh.v.Chr.) sind bei zwei Throndarstellungen die Seitenteile durch helle Karo-Muster auf schwarzem Hintergrund als Furnierarbeit aus Metall oder eher noch Elfenbein gekennzeichnet.[130]

Bei Ausgrabungen in der Nekropole von Salamis wurden 1966 ein mehr oder weniger vollständiger Thron und Fragmente von zwei weiteren, jeweils in Verbindung mit Schemeln, gefunden.[131] Alle drei sind ins ausgehende 8.Jh.v.Chr.

---

127 J.W./G.M. CROWFOOT, Early Ivories Pls 18;21,5. Die Interpretation der
     Plaketten als Wanddekor (H. WEIPPERT, Art. "Elfenbein", BRL² 70) ist
     nicht unumstritten. H. KYRIELEIS (Throne 51f.) nimmt von fast allen El-
     fenbeinstücken aus Samaria an, dass sie Möbel dekorierten.

128 Zum Throntyp und den Löwenfiguren am Thron vgl. oben Kap. 2.1.2.2. In
     Hld 3,9-10 wird eine königliche Sänfte, mit Silber, Gold, Ebenholz und
     Purpur ausgestattet, beschrieben.

129 M.E.L. MALLOWAN, Nimrud II 510-513 und Abb.414f.

130 B. HROUDA, Die Kulturgeschichte 68 und Taf.14,3.4 (= F. THUREAU-DANGIN/
     M. DUNAND, Til-Barsib Taf.49.52). Zu den über die Rückenlehne hängenden
     gemusterten Decken vgl. Anm.134.

131 Vgl. im folgenden V. KARAGEORGHIS, Die Elfenbein-Throne 99-103 und Abb.
     17a-c; Pl.VIIa-b.

datiert. Die Rekonstruktion des am besten erhaltenen Stückes verdient eine
detaillierte Beschreibung, da sie ein hervorragendes Beispiel für antike
Furniertechnik und zugleich eine mögliche "Illustration" des salomonischen
Elfenbeinthrones darstellt. Das Holz des Thrones (90cm hoch; Armlehnen 48cm
lang; Sitz 58,5 auf 49cm) ist ganz und gar mit dünnen, aufgedübelten Elfenbeinplättchen belegt. An der Innenseite der wie bei den Exemplaren aus Nimrud
leicht gewölbten Rückenlehne sind 19 Elfenbeinbänder (21 auf 4cm) aufgelegt,
die zwei vertikale Reihen bilden, in denen schmucklose Plättchen und andere
mit einem Flechtbandmuster abwechseln, wobei der Dekor in Form von dünnen
Elfenbeinfolien auf die Plättchen aufgesetzt ist. Den unteren Abschluss der
Lehne bilden zwei horizontale Blütenfriese, getrennt durch ein weiteres un-
verziertes Horizontalband. Auch die anderen beiden Throne müssen mit Metall-
und Elfenbeinapplikationen versehen gewesen sein, teilweise vielleicht mit
Elfenbeinplättchen mit blauen Glaseinlagen.

Da die Verwandtschaft der Throne von Salamis mit denen von Nimrud geradezu
ins Auge springt, darf man annehmen, dass beide aus syrisch-phönizischen
Werkstätten stammen.[132] Durch die Vermittlung Zyperns wurden solche Möbel
auch in der griechischen Welt bekannt. In der Odyssee (19,55f.) wird Pene-
lopes Stuhl beschrieben:

> Nah ans Feuer, wo sie gern sass, schob man den
>
> gedrechselten Sessel mit Elfenbein und Silber,
>
> den einst der Meister Ikmalios[133] gemacht
>
> und zugleich unten den Schemel für die Füsse
>
> aus demselben Stück befestigt hatte;
>
> ein grosses Fell lag darüber.

Bereits in Od. 1,130ff. wird ein solcher Stuhl als ποικίλος bezeichnet, was
auf Metall- und Elfenbeindekor, eventuell mit farbigen Einlagen aus Glas o.ä.
zu deuten sein wird.[134]

Hier sei noch an die Notiz vom Goldüberzug des salomonischen Elfenbeinthrones
erinnert, die sich von den archäologischen Funden her als glaubwürdig erweist. Auf einem breiteren konvexen Plättchen am oberen Teil der Lehne des

---

132 H. KYRIELEIS, Throne 23 und 60f. V. KARAGEORGHIS.(Die Elfenbein-Throne
     100) nimmt an, dass die zyprischen Stücke in syrischen Werkstätten oder
     unter assyrischem Einfluss in Zypern hergestellt wurden.

133 Der Name hängt mit zyprisch ἰκμάω zusammen und bedeutet "Hämmerer, Klop-
     fer".

134 Das καλόν und δαιδάλεον möchte ich (gegen KARAGEORGHIS, aaO. 102)
     eher auf λῖτα zurückbeziehen, das eine gestickte Decke bezeichnen dürfte.

beschriebenen Thrones aus Salamis fanden sich Spuren einer Goldauflage mit
Schuppenmuster (Treibtechnik).[135] Die Elfenbeine von Nimrud (besonders die
aus Raum SW 37) waren fast alle ursprünglich mit Goldapplikationen versehen.[136] In Samaria wurden ebenfalls Reste von Blattgold, teilweise noch auf
den Elfenbeinen gefunden.[137] Auch in altorientalischen Dokumenten sind Elfen-
beinstühle mit Silber- und Goldauflagen erwähnt.[138] Ausser Intarsien sind
bei Stühlen auch durchbrochene Paneele (an den Seitenwänden) oder reliefierte
Plaketten vorstellbar, die man auf den zeitgenössischen Darstellungen aber
von Holzschnitzereien nicht unterscheiden kann.[139] Eine grosse Menge der
plastischen Elfenbeine bzw. Fragmente in Form von Säulchen, Tieren u.a., die
bei Ausgrabungen zutagekamen, sind - wie die Dübellöcher zeigen - Einsätze,
Protome, Füsse oder Aufsätze von Möbeln gewesen.[140] Meistens ist nicht mehr
feststellbar, zu welcher Art von Mobiliar sie gehörten; es kommen Stühle,
Schemel und Betten in Frage. Zwei wichtige atl. Hinweise auf Elfenbeindekorationen an Betten bzw. couchartigen Lagern finden sich im Buche Amos.

Den "Sorglosen von Zion" und den "Sichern vom Berge Samariens", die sich auf
dem Elfenbeinlager ausstrecken (השכבים על־מטות שן) wird in Am 6,4 die Verban-
nung angedroht. Und in 3,12 richtet sich das Wort des Herrn gegen die Reichen
von Samaria:

> So hat JHWH gesprochen:
> Wie der Hirt rettet aus dem Maul des Löwen
> zwei Wadenbeine oder einen Ohrzipfel,
> so werden die Israeliten gerettet,
> die in Samaria sitzen an der Lehne des Lagers
> und am 'Stützpolster' des Bettes (בפאת מטה ובדמשׁת ערשׂ).[141]

135 V. KARAGEORGHIS, Die Elfenbein-Throne 100. Zur Technik des Plattierens
mit Blattgold vgl. auch Kap. 3.4.1.

136 Sie scheinen nur deshalb nicht unter die Räuber gefallen zu sein, weil
diese sich für das Gold viel mehr interessierten,als für das Elfenbein
selbst (vgl. M.E.L. MALLOWAN, Nimrud II 483f.).

137 J.W./G.M. CROWFOOT, Early Ivories 45 und Pl.XXIV,1; vgl. auch V. KARA-
GEORGHIS, Ancient Civilisation Pl.129f.

138 H.S. BAKER, Furniture 179ff.

139 Vgl. z.B. die assyrischen Stühle und Throne bei B. HROUDA, Die Kulturgeschichte Taf.14-16.

140 Vgl. beispielsweise die E II-zeitlichen, mit Wulst- und Blattkränzen verzierten Fragmente (Thron- oder Hockerteile) aus Sendschirli (F. VON LU-
SCHAN/W. ANDRAE, Die Kleinfunde Taf.63) und Arslan-Tasch (F. THUREAU-
DANGIN u.a., Arslan-Tash Taf.44 Nos 92-93; H. KYRIELEIS, Throne 49). Zu
den Blattkränzen und Volutenbündeln vgl. H. KYRIELEIS, aaO. 84-97.

141 Die Uebersetzung folgt dem Vorschlag von S. MITTMANN, Amos 150. Zur über-

S. MITTMANN hat sich in einem informativen Beitrag mit diesem "Bett der Samarier" beschäftigt[142] und vor allem mit Hilfe archäologischen Materials zu
bestimmen versucht, wie solche Divane ausgesehen haben könnten. Er kommt zu
dem Ergebnis, dass "der palästinisch-syrische Kulturraum einen Grundtyp des
Bettes... , der sich vom ägyptischen wie mesopotamischen vor allem darin unterschied, dass beide Enden mit einer Lehne versehen waren", hervorgebracht
habe.[143]

Im Raum SW 7 des "Fort Salmanassar" waren 19 Bettlehnen (8.Jh.v.Chr.) maga-
ziniert, die mit im Relief gearbeiteten Elfenbeinpaneelen besetzt sind
(Abb.133). [144] Dargestellt sind neben stilisierten Palmetten u.a. Krieger/
Mischwesen am heiligen Baum/Lilienbaum, manchmal unter einer Flügelsonne,[145]
Thronende,[146] eine Wildstierjagd,[147] die Flügelsonne,[148] Hirsche[149] und

---

zeugenden Begründung seiner Konjektur von ‏ודמשק‏ (3,12 MT) zu ‏ודבשת‏
(eigentlich Höcker) und zur Diskussion anderer Konjekturen vgl. aaO.
150-157.

142 AaO. passim. MITTMANN setzt sich mit dem älteren Beitrag von H. GESE zu
     diesem Vers (Kleine Beiträge 427-432) ausführlich auseinander (aaO. 152-
     156).

143 Zitat aaO. 161f. Sowohl das ägyptische als auch das assyrische Bett ha-
     ben die Grundform einer Chaiselongue, deren Bequemlichkeit vor allem die
     aufgelegten Polster ausmachen (vgl. aaO. Abb.3-4). Zu Tonmodellfunden
     von Betten in Israel/Palästina (Ai, Chirbet el-Mschasch, Tell en-Naṣbe;
     E II-zeitliche Funde in Lachisch, Beerscheba und Aschdod) vgl. die An-
     gaben bei H. WEIPPERT, Art. "Möbel" in: BRL[2] bes.229.

144 M.E.L. MALLOWAN, Nimrud II 495 Abb.390. Die meisten Panelen sind in Hoch-
     reliefarbeit gestaltet; vgl. aber Nos 410.411 ("open-work ivory") und
     No 413 ("cloisonné", d.h. in das nur leicht erhabene Relief werden Lö-
     cher für farbige Einlagen gearbeitet). Zu den Bettlehnen mit Elfenbein-
     plaketten aus Ugarit vgl. C.F.A. SCHAEFFER, Les fouilles (15e-17e camp.)
     51-59 und Pl.VII-X und H. KYRIELEIS, Throne 45f. Auch in Arslan Tasch
     wurden Elfenbeinpanelen, die zu zwei Betten gehörten (9.Jh.v.Chr.) aus-
     gegraben (vgl. H. KYRIELEIS, Throne 46-50). Holzbettrahmen mit eingeleg-
     ten figürlichen Elfenbeindekors aus der Zeit des Mittleren Reiches sind
     in Kerma (Sudan), der südlichsten Grenze des ägyptischen Territóriums,
     gefunden worden (R.D. BARNETT, Ancient Ivories 19.24f. fig.11 und Pl.12).

145 MALLOWAN, Nimrud II Nos 381-385.388.390-393.406f.

146 AaO. Nos 383(Mitte).399-404.408.

147 AaO. Nos 385.386.

148 AaO. Nos 385.418f.

149 AaO. No 410.

Palmetten bzw. stilisierte Pflanzen.[150] Einige der gefundenen Paneele (mit
Tierkampfszenen) könnten auch Stuhllehnen oder den Rahmen eines Bettes geziert haben.[151] Die Elfenbeinsammlung von Samaria enthält manches Stück, das
den Motiven von Nimrud ähnlich ist, wie z.B. Tierkampfszenen, äsende Hirsche,
Thronende, Genius mit Lotos(?)-Blüte.[152]

Was die Gestaltung der Bettpfosten und -füsse betrifft, so vermutet MITTMANN
sowohl ägyptischen als auch assyrischen Einfluss auf die "Bettmode" im Nordreich des 8.Jhs.v.Chr.[153] In Aegypten stehen Betten seit Beginn des Neuen
Reiches regelmässig auf Löwenbeinen.[154] Die apotropäische Wirkung dieser
Füsse konnte zusätzlich durch Löwenköpfe über oder an den Vorderbeinen noch
gesteigert werden.[155]

Das Bett in der bekannten Gartenlaubenszene auf einem Relief Assurbanipals
aus Ninive (Abb.134; 7.Jh.v.Chr.)[156] ist, wenn auch in ganz anderer Weise,
ebenfalls mit apotropäischen Löwendarstellungen versehen. Zwischen Pfosten
und Standkegel ist jeweils die Skulptur eines liegenden Löwen mit Blattkranz-
basis auf dem Rücken eingesetzt, so dass beide die Konstruktion zu tragen
vorgeben. Die untere Querleiste zwischen den Beinen ist mit gegenständig
angeordneten springenden Löwenpaaren im Halbrelief besetzt.[157] Oben an den
Bettpfosten, gerade unter der eigentlichen Liegefläche, ist links wie rechts

150 AaO. No 381.390.411. Vgl. das Elfenbeinbett aus Salamis (800 v.Chr.) mit
    dreireihiger Reliefarbeit (Heh, Papyrus, flügellose Sphingen) bei R.D.
    BARNETT, Ancient Ivories 49 und Pl.52b.

151 So MALLOWAN, Nimrud II No 411 (zwischen Stuhlleisten?) und die schmalen
    Bänder mit Tierkampfszenen aaO. Nos 416-417 (gefunden auf der Rückseite
    der Thronrückenlehne bei No 415, wohin sie aber ursprünglich nicht pas-
    sen). Vgl. aaO. 513f.

152 J.W./G.M. CROWFOOT, Early Ivories Pl.X,1-2 (Tierkampf); Pl.X,8-9 (Hir-
    sche); Pl.XI,1 (Thronender); Pl.XIV,2 (geflügelter Genius mit Lilien-
    baum); vgl. auch die Palmetten bei MALLOWAN, Nimrud II No 381 und CROW-
    FOOT, Early Ivories Pl.XVII,4; XXI,2.4.

153 MITTMANN, Amos 164f.

154 Vgl. H. KYRIELEIS, Throne 72-81; H.W. FAIRMAN, Art."Bett" in: LdAe I
    767f.; MITTMANN, Amos 159f. Zu Möbeln mit Tierfüssen in Assyrien vgl.
    KYRIELEIS, aaO. 12-15.

155 MITTMANN, aaO. 160.

156 J. READE, Assyrian Sculpture No 102; B. HROUDA, Die Kulturgeschichte
    Taf.49,3; Zeichnung Taf.16,6 = MITTMANN, Amos Abb.3b.

157 KYRIELEIS (Throne 17) nimmt an, dass es sich um hohle Metallhülsen han-
    delt, die auf die Leiste geschoben wurden.

das erotische Motiv der "Frau im Fenster" erkennbar.[158] Wenn man auch die
(ägyptischen) Löwenbeine für die Betten der Samarier nicht auszuschliessen
braucht,[159] so sprechen doch gerade die Elfenbeinfunde im Palastbezirk von
Samaria eventuell eher für die assyrische Dekorationsweise. Wie in Nimrud,
Arslan Tasch, Sendschirli und Thasos[160] wurden dort nämlich zwei Exemplare
von vollplastischen Löwen gefunden, die Dübellöcher aufweisen, also sicher
Teile eines Möbelstückes waren (Abb.135).[161] Auch das Motiv der "Frau im
Fenster" ist unter den Elfenbeinpaneelen von Samaria vertreten (Abb.136).[162]
Die Betten der Samarier waren also gewiss mit figürlichen Darstellungen auf
Lehnen und Rahmen dekoriert. Wahrscheinlich richtet sich die Kritik des Amos
nicht nur gegen den Luxus der Reichen auf Kosten der Armen, sondern auch
gegen das Sicherheitsgefühl dieser Leute, die im Schutz von unheilabwehrenden,
vielleicht religiösen Symbolen ihre Feste unbehelligt feiern zu können glaubten.[163]

Zum Abschluss dieses Kapitels soll noch auf Ez 27,6 hingewiesen werden, wo

158 Vgl. die Detailzeichnung in PHOENIZISCHE ELFENBEINE X Abb.C (= WINTER,
   Frau und Göttin Abb.314). In Abweichung vom Normaltypus sind hier zwei
   Frauen dargestellt (vgl. ähnlich das Bronzegestell aus Enkomi, 2.H.2.Jt.
   v.Chr., bei WINTER, aaO. Abb.313 und ein Schmuck aus Rhodos, 7.Jh.v.Chr.
   bei F. MUTHMANN, Der Granatapfel Abb.24).

159 Vgl. die SB-zeitlichen Elfenbeinfunde vom Tell Abu Hawam (R.W. HAMILTON,
   Tell Abu Hawām 61 Pl.32,375).

160 MALLOWAN, Nimrud II 580 Abb.541; THUREAU-DANGIN u.a., Arslan-Tash 128
   Taf.43,89-91; PHOENIZISCHE ELFENBEINE XX-XXII Taf.29; F. VON LUSCHAN/
   W. ANDRAE, Die Kleinfunde 129 Taf.64-65k; F. SALVIAT, Lions Abb.12-14.

161 J.W./G.M. CROWFOOT, Early Ivories 24 Pl.IX 1-1b. Vgl. die Löwen im Halbrelief bei Pl.IX,2-4.

162 AaO. Pl.XIII,2 (= WINTER, Frau und Göttin Abb.310).

163 MITTMANN, Amos bes.165-167. Während MITTMANN seine Interpretation vor
   allem auf die Löwensymbolik stützt, hat R.D. BARNETT (Assurbanipal's
   Feast, passim) den Charakter des Festes, das Assurbanipal und seine Gattin in der Gartenlaube feiern, zu bestimmen versucht und dabei das Motiv der "Frau im Fenster" als besonders wichtig herausgehoben. Bei dem
   Fest, dessen Charakter eventuell Licht auf die Amos-Stelle werfen könnte, habe es sich, vermutet BARNETT, um ein *marzeah*-Ritual gehandelt, wozu u.a. eine rituelle Hochzeit zwischen König und Königin gehörte. Bei
   diesem in Syrien und Phönizien gebräuchlichen Ritual hätten die Teilneh-
   mer auf Betten mit dem erwähnten Motiv der "Frau im Fenster" gelegen.
   Das Ritual habe sich im 8.Jh.v.Chr. in Assyrien verbreitet und sei in
   Tempeln und königlichen Palästen durchgeführt worden. Hier ist allerdings beim momentanen Wissen um den Vollzug sog. "heiliger Hochzeiten"
   eher noch Vorsicht angebracht.

in einer Bildrede Tyrus als "Prachtschiff" beschrieben wird, dessen "Kajüte" (קֶרֶשׁ) aus Elfenbein gewesen sei.[164] Inwieweit dieses Bild sich an realen Schiffsdekorationen orientiert, ist schwer zu entscheiden. Zwar wird auch bei einer Luxusyacht kaum derartig wertvolles Material für grosse Flächen verwendet worden sein, aber die zeitgenössischen Schiffsdarstellungen aus Aegypten wie Vorderasien bezeugen doch oft sehr luxuriöse Dekorationen von Schiffen, teilweise in buntesten Farben.[165] Besonders reich geschmückt sind die Deckhäuser auf den ägyptischen Schiffen,[166] sowie die Kapellen auf den Götterschiffen.[167]

164 Hier wurde oft, m.E. unnötig, der Text korrigiert (so z.B. W. ZIMMERLI, Ezechiel 627). Zur Diskussion um die exakte Bedeutung von קֶרֶשׁ vgl. vor allem E. STROEMBERG KRANTZ, Des Schiffes Weg 78-85. Die Autorin zieht es vor, קֶרֶשׁ als "Beplankung" zu verstehen. Ug. qrš heisst jedoch "Abteilung, Wohnung" und auch "Pavillon", was mir in Ez 27,6 zu einer Kabine auf dem Schiff zu passen scheint. Gegen STROEMBERG KRANTZ (aaO. 80) vermute ich, dass die Bildrede in Ez 27 weniger technisch am Aussehen eines Schiffes orientiert ist, als vielmehr an all seinem Luxus.

165 Vgl. die Verzierungen zwischen den beiden Decks der Schiffe des phönizischen Königs Luli auf einem Relief Sanheribs aus Ninive (STROEMBERG KRANTZ, aaO. Abb.1 = HROUDA, Die Kulturgeschichte Taf.66,1). Ein ägäisches Schiff auf dem Schiffsfresko von Akrotiri/Thera ist längs des Rumpfes mit fliegenden Tauben geziert (S. MARINATOS, Das Schiffsfresko 144 Pl.XVII). B. LANDSTROEM (Die Schiffe Abb.313.320.321.326.336.349) hat das Aussehen der ägyptischen Schiffe nach Reliefs, Modellen usw. in farbigen Bildern rekonstruiert.

166 AaO. und Abb.357.

167 AaO. Abb.370.

6.3. EINIGE HINWEISE ZUR KERAMIK ALS BILDTRAEGER

Von Keramik ist zwar im Alten Testament häufig die Rede, und das Hebräische differenziert zwischen einer ganzen Reihe von Geschirrformen,[168] aber von der plastischen Gestaltung - Figuren, Modelle, Appliken u.ä. - oder ihrer Bemalung erwähnen die atl. Quellen praktisch nichts. Die einzige Ausnahme ist Weish 15,8, wo die Anfertigung eines Götterbildes aus Lehm durch den Töpfer als Verdrehung des Schöpfungsvorgangs in Gen 2 gekennzeichnet wird:

> Er (der Töpfer) arbeitet auch in pervertierter Weise
> und formt einen nichtigen Gott aus seinem Ton,
> (er), der (selbst) vor kurzem von der Erde gekommen ist,
> und nach kurzer Zeit wieder (zu ihr) zurückkehrt,
> von der er genommen worden war,
> nachdem das Darlehen der Seele (von ihm) zurückgefordert
> wurde.[169]

Zwar ist anzunehmen, dass unter all die mit שקוצים, גלולים, אלהים usw. bezeichneten Götterbilder Tonfiguren subsumiert sind, doch die atl. Texte schweigen sich darüber aus.[170]

Das ist umso bemerkenswerter, als der Textbefund in eklatantem Gegensatz zu den archäologischen Befunden steht: Den Hauptanteil aller Ausgrabungsfunde in Israel stellt ja die Keramik, und darunter sind Figürchen, besonders die Göttinnenfigürchen, Tierskulpturen, theriomorphe Gefässe, Tonständer und Gefässe mit figürlichen Appliken, reliefierte Tonarkophage und bemalte oder geritzte Scherben in den eisenzeitlichen Schichten erstaunlich häufig. Wegen dieser archäologisch bezeugten Häufigkeit gerade von Keramik als Bildträger soll im folgenden die Palette von Keramik-Bildkunst aufgezeigt werden,

---

168 Vgl. J.L. KELSO, The Ceramic Vocabulary bes.11-32; O. KEEL, Judäische Keramik, passim.

169 D. GEORGI, Weisheit Salomos 456. Mein Kollege M. KUECHLER hat mich auf die Möglichkeit aufmerksam gemacht, dass in Sach 5,5-11, der Vision von der Frau im Efa, die Vorstellung von einer weiblichen Terrakotte in einem Behältnis den Hintergrund der Vision bildet.

170 Vgl. zu den anthropomorphen Terrakotten die Einleitungen zu Kap. 3. und 5.2. und J.B. PRITCHARD, Palestinian Figurines, passim und U. WINTER, Frau und Göttin 96-134.
Vgl. jetzt auch das Tonfigürchen eines Opferträgers, das bei Grabungen in der Davidstadt in Jerusalem zutage kam (Y. SHILOH, Excavations Pl.29,2).

die als Hintergrund vor allem für die atl. Nachrichten von Kultgeräten, aber auch Haushaltgeschirr vorzustellen ist.[171]

Mit Reliefschmuck, menschlichen Figuren, stilisierten Palmetten und Taubenfigürchen versehene Haus- bzw. Tempelmodelle gibt es in Palästina bereits in der FB-Zeit[172] (Tel Yarmut, Arad, fragmentarisch evtl. ein weiteres aus Geser), aber auch noch in der Eisenzeit. Auf dem Tell Fara fand sich ein Heiligtumsmodell mit Säulen links und rechts, die ein volutenförmiges Kapitell tragen, und zwei Fragmente ähnlicher Modelle.[173] Eine Taube über dem von Palmetten flankierten Eingang zeigt ein Tonschrein aus dem 9./8.Jh.v.Chr. (im Rockefeller Museum, Jerusalem).[174] In Schichten der SB- und der frühen Eisenzeit sind ägyptisierende Gefässformen wie die gynaikomorphen sog. Gravidenflaschen (Geser, Bet-Schean, Tell Fara, Tell Qasile, Tell Zakarije)[175] und besgestaltige Gefässe[176] gefunden worden.

Etwa 90 anthropoide Schiebesarkophage aus Ton, sowohl ägyptischer Herkunft als auch aus einheimischer Produktion, kamen bei Ausgrabungen in Der el-Balah, in der Nordnekropole von Bet-Schean, in Lachisch, Tell Fara und Pella zutage. Sie sind alle in den Uebergang der SB- zur frühen Eisenzeit datiert. Das Begräbnis in solchen Sarkophagen wurde eventuell durch die kanaanäische oder philistäische Oberschicht von den Aegyptern übernommen.[177]

Typisch für die früheisenzeitliche Philisterkeramik sind theriomorphe Gefässe sowie Keramik, zumeist Kultgefässe, mit figürlichen Aufsätzen (Menschen- und Tierfiguren oder florale Motive)[178], worunter die sog. "Kernos"-Ringe

---

171 Vgl. zum Folgenden auch die Uebersicht der Funde von bildhaft gestalteter Keramik bei O. KEEL, Bildträger bes.18f.

172 Vgl. dazu oben Kap. 2.1.6. und P. DE MIROSCHEDJI, Un objet, passim und figs 1-2; R. AMIRAN, Early Arad 52f. und Pls 66.115. Vgl. auch das Terrakottamodell aus Salamijja (?), 1.H.3.Jt.v.Chr. mit Taubenappliken (O. KEEL, Deine Blicke Abb.45; vgl. Abb.44).

173 A. CHAMBON, Tell el-Far'ah 1 Pl.66,1-3.

174 S. YEIVIN, Jachin 98 und Taf.XI,1 = O. KEEL, Deine Blicke Abb.41.

175 M. WEIPPERT, Kanaanäische "Gravidenflaschen", passim.

176 Vgl. Kap. 1.1.4. und die Arbeit von E. STERN, Bes Vases, passim.

177 Einen Ueberblick über die verschiedenen Typen, Fundorte sowie zur Diskussion über die Herkunft bietet M. WEIPPERTs Art. "Sarkophag, Urne, Ossuar" in: BRL² bes.271f. Vgl. auch T. DOTHAN, The Philistines 252-288; dies., Excavations, passim.

178 T. DOTHAN, The Philistines 219-251. Vgl. die systematische Erfassung des Ausgrabungsmaterials bei T.A. HOLLAND, A Study bes.121-132 und fig.1.

für die Libationen hervorzuheben sind (Megiddo, Bet-Schean, Aschdod, Sasa in Galiläa).[179] Plastische Tierfigürchen, darunter Pferde, Vögel, Boviden, deren Funktion als Votivgabe nicht immer gesichert ist, sind an vielen Ausgrabungsorten in den eisenzeitlichen Schichten gefunden worden.[180] Eine grosse Motivvielfalt bieten die mit Reliefs dekorierten Kultständer,[181] die vereinzelt schon in der MB- oder SB- Zeit, vor allem aber dann in der frühen Eisenzeit verbreitet sind (Taanach, 12.Jh.v.Chr.; Tell Qasile, Str. X (zwei Exemplare); Megiddo, Str. VI; Bet-Schean, 11.Jh.v.Chr.; Aschdod E I; Bet Aula bei Hebron und Ai).[182] Ins 10.Jh.v.Chr. ist ein zweiter, von P.W. LAPP gefundener Tonständer aus Taanach datiert,[183] ebenso ein erst kürzlich ausgegrabenes vergleichbares Exemplar aus Schilo in Samaria.[184] Im Tempelareal von Chirbet Qiṭmit (10km südlich vom Tell Arad) wurden bei den jüngsten Grabungen zehn Tonständer dieser Art (7./6.Jh.v.Chr.) gefunden, die mit figürlichen Appliken und Reliefs versehen waren.[185] Ein Teil dieser Tonständer figuriert in der Literatur als "Räucherständer". Diese Zweckbestimmung ist in letzter Zeit aber mangels klarer Anhaltspunkte für einen solchen Gebrauch wieder aufgegeben worden zugunsten der offeneren

Die von HOLLAND als Klassen J,L,M geordneten tiergestaltigen Gefässe und Gefässe mit tier- und/oder menschengestaltigen Aufsätzen sind mit 476 Stücken aus eisenzeitlichen Schichten unter den Tonfunden sehr stark vertreten. Hauptfundorte theriomorpher Gefässe sind Aschdod, Bet Schemesch, Tell Der Alla, Geser, Tell Dschemme, Jerusalem, Lachisch, Megiddo, Tell en-Naṣbe und Samaria.

179 Vgl. A. REICHERT, Art. "Kultgeräte" in: BRL[2] bes.191f.

180 Vgl. bei T.A. HOLLAND (A Study 126f.) besonders die Typen D (solide, handmodellierte Pferde und Reiter; insgesamt 328 erfasste Exemplare), E (solide, handmodellierte Vögel; 79 Exemplare) und F (solide, handmodellierte Boviden, insgesamt 143 Exemplare). 479 teilweise nur fragmentarische Funde von identifizierbaren und nicht identifizierbaren Tierfiguren, davon allein 256 aus Jerusalem, kommen hinzu. Zur Frage nach der Bedeutung dieser Figürchen vgl. Kap. 4.4.3. und T.A. HOLLAND (A Study bes.132-155 zu den Funden in Jerusalem).

181 Vgl. dazu vor allem die 1975 erschienene Arbeit von L. DE VRIES (Incense Altars, passim), deren Wert durch die schlechte Qualität der Photos allerdings beträchtlich gemindert ist.

182 Vgl. die Uebersicht bei A. REICHERT, Art. "Kultgeräte" in: BRL[2] 189-191.

183 P.W. LAPP, The 1968 Excavations fig.29 = BRL[2] Abb.45.

184 J. BALENSI, Silo, passim.

185 I. BEIT-ARIEH, Ḥ. Qiṭmit, passim.

Bezeichnung als Kultständer.[186] Unter diese fallen sowohl zylindrische Ständer, bisweilen mit aufgesetzten Schalen, als auch mehrstöckige auf quadrati-
schem Grundriss aufbauende (Taanach, Schilo) als auch die beiden dreistöckiger
Tonhäuschen, die in Bet-Schean gefunden wurden.[187] Gemeinsames Kennzeichen
aller Formen sind die typischen Fensteröffnungen. Die Techniken der figürlichen Dekoration dieser Ständer wechseln zwischen plastischen und halbplastischen Appliken, Durchbruch ("open work"), Flach- und Halbrelief. Zum Motivkatalog gehören: Palmetten, Löwen/Hunde, Sphingen, Pferde, Capriden am Lebensbaum (Aschera), Löwe, der einen Hirsch angreift, Schlangen, Tauben; nackte
Göttin; Göttin mit Tauben; "Herrin der Tiere", kämpfende männliche Gestalten;
Schlangentöter (Baal); Prozessionsteilnehmer; Musikanten.[188]

Gefässfragmente eines Krater mit sekundär appliziertem Reliefschmuck aus Ton
fanden sich in En-Gedi (wahrscheinlich 600 v.Chr.): ein Thronender, der einen
Zweig oder ein Bäumchen in der Hand hält, ein Hirsch und ein nur fragmentarisch erhaltenes fratzenhaftes/maskenartiges Gesicht. E. STERN hat diese stem-
pelartigen Aufdrücke mit ähnlichen Schalendekorationen aus Buseirah verglichen, wo Hirsch und "Kuh und Kalb" als Motive erscheinen.[189] Unter die pla-
stisch gestalteten Keramik- bzw. Lehmobjekte ist auch eine Lehmpalette aus
Megiddo (Str.V) zu reihen, wo zwei Steinböcke (?) einen Lebensbaum flankieren.[190]

Keramik mit eingeritzten Zeichnungen fand sich in Lachisch, wo ein Krug des
7./6.Jh.v.Chr. mit zwei Steinböcken an einer hochstieligen Lotospflanze verziert ist.[191] Ein Steinbock ist auch auf einer eisenzeitlichen Scherbe aus
Ai eingeritzt.[192] E. STERN hat die Verwandtschaft dieser Keramikgestaltung

---

186 Vgl. A. REICHERT, aaO. 189 und neuestens M.D. FOWLER, Excavated Incense
     Burners, passim. P.W. LAPP nimmt an, dass die Kultständer aus Taanach,
     Tonhäuschen sowie zylindrische Ständer mit Schalen für Trankopfer ver-
     wendet wurden (LAPP, The 1968 Excavations 44). FOWLER (aaO.) kommt so-
     gar zu dem Schluss, dass zur Annahme kultischer Bedeutung dieser Stän-
     der in sehr vielen Fällen kein Anlass besteht. Weder liegt bei allen
     Ständern ein kultischer Fundkontext vor, noch ist das Verbrennen von
     Duftstoffen in Israel auf den sakralen Bereich beschränkt.

187 A. ROWE, The Four Canaanite Temples Taf.56A 1-3.

188 Vgl. DE VRIES, Incense Altars, bes.134-156.

189 Vgl. E. STERN, New Types 11-15 und figs.1-3; Pls I-IIA.

190 STERN, aaO. fig.6 = G. LOUD, Megiddo Pl.288,6.

191 STERN, aaO. fig.10; O. TUFNELL, Lachish III Pls 50,1; 78,17; 94,1.

192 STERN, aaO. fig.11. STERN verweist (aaO. 21) auf eine weitere Ritzung
     auf einer Krugscherbe aus Hazor (8.Jh.v.Chr.), wo ein Teil des Kopfes
     und die Hände (?) eines Mannes zu vermuten sind.

in Stil und Motivwahl mit typisch phönizischen Elfenbeinarbeiten und Keramikbemalung aufgezeigt.[193]

Bei der Bemalung von Keramik spielen figurative Elemente vom Ende der MBIIB-
Zeit an eine zunehmende Rolle. Ausser zur MB/SB-zeitlichen zweifarbigen Keramik ("bichrome ware"), die von C. EPSTEIN behandelt wurde,[194] zur Philisterkeramik (T. DOTHAN),[195] zum "Palm-tree and Ibex Motif" (R. AMIRAN)[196]
und neuerdings zu den Krugmalereien von Kuntillet Adschrud (P. BECK)[197]
liegen aber bislang noch keine systematischen Arbeiten zu den Motiven und zur
Ikonographie der figurativ bemalten Keramik vor.[198]

Wichtige figürliche Motive der zweifarbigen Keramik sind Fisch und Vogel –
zumeist einzeln zwischen ornamentalen Bändern und Dekors –[199], gelegentlich
Capriden und Stiere[200] sowie der stilisierte Baum.[201] Das für die SB-Zeit
typischste Motiv ist das der Capriden und Vögel am Lebensbaum (Aschera).[202]
Mit ganz ähnlichen figürlichen Elementen wartet die Philisterkeramik auf.
Auch dort sind Fische und Vögel oft zwischen den ornamentalen Mustern auf Gefässen verschiedener Art anzutreffen.[203] Daneben spielt das aus Aegypten

---

193 AaO., passim.

194 Palestinian Bichrome Ware, passim; vgl. auch L.M. ARTZY, The Late Bronze
Palestinian Bichrome Ware in its Cypriote Context, passim.

195 The Philistines 94-218.

196 Ancient Pottery 161-165.

197 The Drawings 3-47. P. BECK bezieht in ihre vergleichende Untersuchung
auch die Midianiter-Keramik ein (vgl. aaO. fig.14 und B. ROTHENBERG,
Timna, figs 46f.), wo Vögel und menschliche Figuren vorkommen.

198 Vgl. O. KEEL, Bildträger 19f.

199 Palestinian Bichrome Ware 20-40 und Pls 3,8-9; 4,1-3; 8,1-2; 9,4; 11,6;
12,1.2.4; 14,1; 16,1; 17,1-2; 18,1.4.5. Vgl. R. AMIRAN, Ancient Pottery
152-156.

200 AaO. 40-51 und Pls 16,2; 20,1.

201 AaO. 51-54 mit fig.4.

202 R. AMIRAN, Ancient Pottery, Photos 163-165 und Pl.50,1-13. Vgl. die Keramikscherbe vom Tell Fara (1345-1200 v.Chr.) bei H.G. MAY, Material Remains Taf.40b = O. KEEL, AOBPS Abb.181 und den Kultständer aus Megiddo
(1350-1150 v.Chr.) mit Sphingen (?) und Bäumen an einem Aschera-Heilig-
tum (vgl. dazu schon oben Kap. 1.1.4. Anm.92).

203 T. DOTHAN, The Philistines 97 Pls 1,5.6.9; 100f. figs 4.6.7; 109 fig.12;
110 Pl.13; 112 Pls.19-23; 116-118 figs 14-16,2; 120f. Pls 26.32; 133-
135 figs 29-31; 140 Pls 46-49; 145 Pl.62; 174f. figs 45-46; 180-182 Pls
55.88.89.

übernommene Motiv der Lotosblüte eine bedeutende Rolle.[204] Besondere Aufmerksamkeit verdient der Krug aus Megiddo (Str. VIA)[205], auf dem eine Prozession von Pferd - mit Vogel auf dem Rücken - Leierspieler, Gazelle, Löwe und Hund sich auf einen stilisierten Baum zubewegen. Krebs, Skorpion und Fische füllen die Freiräume.[206]

Die bereits im Kapitel über die Aschera ausführlicher behandelten Malereien auf den beiden Krügen aus Kuntillet Adschrud[207] bieten als Repertoire - allerdings teilweise nur in Fragmenten - Pferd, Wildschwein, Löwe, Capriden am Lebensbaum (über einem Löwen), Pferd und Wagen, Bes-Figuren, sitzender Leierspieler, "Kuh und Kalb" (Krug A); Steinbock, Stier, Bogenschütze, Verehrerprozession (Krug B). Hinzu kommen zwei weitere Scherbenfunde mit einem Wildschwein und einer sitzenden menschlichen Figur.[208] Die figürlichen Motive auf Krug A sind teilweise die gleichen wie auf dem Krug aus Megiddo (Leierspieler, Lebensbaum, Ross, Löwe), wenn auch die Konstellation und Ausführung ganz verschieden ist.

Anzufügen sind zwei bemalte Scherben, die in Str. V A von Ramat Rahel (Ende 7.Jh.v.Chr.) gefunden wurden. Sie zeigen einen Thronenden und ein Gewandstück eines ebensolchen.[209] S. GEVA hat sich mit guten Gründen für die Herkunft des Thronenden aus Griechenland ausgesprochen.[210] Vom Tell Bet-Mirsim (7.Jh.v.Chr.) stammt eine Scherbe mit der Darstellung eines Stiers.[211]

204   AaO. 143 Pl.57; 174-181 figs 45-53 und Pls 84-89. Vgl. zum Lotos Kap. 1.2.4.

205   G. LOUD, Megiddo II Pl.76,1 = T. DOTHAN, The Philistines 138 fig.28,1.

206   DOTHAN bezeichnet den Krug als philistäisch, wobei aber Form, technische Ausführung und Motive auf lokal-palästinischen und mykenischen Einfluss deuten (The Philistines 150-152). Zur Bedeutung der Szene vgl. oben Kap. 1.1.4.

207   Siehe ausführlich in Kap. 1.1.4.

208   P. BECK, The Drawings 4 und figs 3-7.9-13.16.17.

209   E. STERN, New Types fig. 8,a.b = S. GEVA, The Painted Sherd fig.1.

210   S. GEVA, aaO., passim.

211   E. STERN, New Types fig.7 = W.F. ALBRIGHT, The Excavation Pl.28,5-6.

6.4. TEXTILIEN ALS BILDTRAEGER

6.4.1. ALTTESTAMENTLICHE NACHRICHTEN VON DEKORIERTEN TEXTILIEN

Detaillierte Beschreibungen von Textilien finden sich im Alten Testament zwar keine, doch gibt es einige Indizien dafür, dass gerade sie in Israel, wie im ganzen Alten Orient, eine bedeutende Rolle als Bildträger spielten und gewiss neben Elfenbeinen, Siegeln und anderer Kleinkunst in entscheidendem Masse für die Verbreitung und den Austausch von ägyptischen wie vorderasiatischen Kunsttraditionen sorgten. Da sich naturgemäss fast keine Originaltextilien erhalten haben, beruht unser Wissen von Kleidern, Decken, Mänteln, Teppichen, Vorhängen, Wandbehängen, die mit figürlichen Darstellungen versehen waren - und diese interessieren hier vor allem - zum grossen Teil auf der Wiedergabe von solchen Handarbeiten in der zeitgenössischen Reliefkunst und Malerei, gelegentlich auf Textzeugnissen.

Wenn das Alte Testament nur wenige Worte verliert über die künstlerische Gestaltung von Textilien, so liegt das gewiss nicht darin begründet, dass man solches in Israel nicht kannte, sondern dass diese populären Bildträger zum Alltäglichen gehörten und nur in besonderen Fällen der Erwähnung für wert befunden wurden, nämlich wenn sie wegen ihrer Materialien, Muster, Farben, eingewebten oder aufgestickten Darstellungen zur begehrten Kostbarkeit wurden.

So sind Textilien neben Edelmetallen beliebte Beute bei kriegerischen Unternehmungen. In Jos 7,21 gesteht Achan dem Josua:

> Ich sah unter der Beute einen schönen babylonischen
> Mantel (אדרת שנער אחת טובה)
> ... danach gelüstete mich ...[212]

In Ri 5,30 wartet die Mutter Siseras vergeblich auf die schöne Beute:

---

212 Zu אדרת in der Bedeutung "Prachtkleid/-mantel" (auch in Jona 3,6 und Mi 2,8) vgl. KBL I 17.

Finden sie nicht, teilen sie nicht Beute?

Einen Schoss, zwei Schösse pro Kopf jeden Mannes,

die Beute von ein, zwei bunten Stoffen

(שלל צבעים),

ein, zwei buntgewirkte Tücher (רקמה צבע רקמתים)

für meinen Hals.[213]

Aber in Israel kennt man bunte und schön dekorierte Stoffe nicht nur von krie
gerischen Unternehmungen her, sondern vor allem durch Handel. Spr 7,16 beweist, dass solche Stoffe auch aus Aegypten importiert worden sind. Da lockt
die "fremde Frau" den Mann:

Mit Decken hab' ich mein Lager bezogen,

mit buntbestickten Leinentüchern aus Aegypten

(מרבדים רבדתי ערשי חטבות אטון מצרים).[214]

Im Buch Ezechiel ist mehrmals von buntgewirkten Kleidern die Rede, für die
besonders Tyrus berühmt war. So wird den "Fürsten am Meer" prophezeit (Ez 26,
16):

Sie werden ihre Obergewänder ablegen,

und ihre bunten Kleider (ואת־בגדי רקמתם) werden sie ausziehen.

Tyrus scheint ein zentraler Umschlagplatz für Stoffhandel mit dem ganzen
Orient gewesen zu sein. In Ez 27,23f. heisst es:

23 Haran und Kanne und Eden,

[die Händler von Saba]

[Assur, 'ganz Medien' waren deine Händlerschaft]

24 sie waren deine Händler.

Um Prachtgewänder (במכללים), um Mäntel von

blauem Purpur und Buntstoff (בגלומי תכלת ורקמה),

und um zweifarbige Gewebe (ובגנזי ברמים),

---

213 Die Wurzel צבע ist verwandt mit akk. ṣapû (AHw III 1082b) "durchfeuchten,
tränken, färben" und mit ähnlichen Stämmen anderer semitischer Sprachen
(KBL III 937). Ijob 38,14 vergleicht die Erde beim Morgenrot mit einem
sich färbenden Gewand (M.H. POPE, Job, z.St.). רקם bezeichnet wahrscheinlich die Technik des Einwirkens von gefärbten Fäden beim Webvorgang.

214 חטב II ist in KBL I 294 mit der Uebersetzung "bunte, bestickte Tücher"
für Spr 7,16 vermerkt. Verwandt sind syr. mḥaṭṭab "buntes Kleid" und
ar. ḫaṭiba "buntgestreift sein".
אטון, ein äg. Lehnwort (äg. jdmj "rotes Leinen") bezeichnet die Lein-
wand (KBL I 36).

um gedrehte und feste Seile –
um sie waren sie deine Händler.[215]

Bunt gemusterte Segeltücher aus Aegypten zieren die tyrischen Schiffe (Ez
27,7 שש־ברקמה ממצרים היה מפרשך). Gelegentlich werden solche Segel auch mit
figürlichen Darstellungen versehen worden sein, wie eine Malerei im Grab
Ramses IV. in Theben zeigt, wo ein Segel mit Geiern und Kiebitzen dekoriert
ist (<u>Abb.137</u>).[216]

Kostbare Stoffe benutzt das untreue Jerusalem zur Schmückung seiner Götzenbilder.[217]

Schön gemusterte Stoffe sind die Kleidung der Vornehmen, für die solcher Luxus erschwinglich ist und die die Stoffe bei der Arbeit nicht beschädigen.
So rühmt der Beter von Ps 45,14f.:

Lauter Pracht ist die Königstochter,

Korallen und Edelgestein und Gold ihr Gewand.

In buntgewirkten Kleidern (לרקמות)

wird sie zum König geführt...

---

215 Uebersetzung nach W. ZIMMERLI, Ezechiel 625.632. ZIMMERLI siedelt die
drei genannten Orte in der Region Nordsyrien-Mesopotamien an: "Aus dieser nordsyrisch-mesopotamischen Region werden vor allem kunstvoll gearbeitete Stoffe und daraus gefertigte Gewandstücke bezogen... Dazu kommen Seilwaren, bei denen man sich fragen kann, ob sie für technische
Hantierungen oder auch als Bestandteile der Bekleidung (Kopfbund, Gürtel) Verwendung fanden." (aaO. 657).
Zur Etymologie von מכללים vgl. M. GOERG, "Prachtgewänder", passim..
גלום (KBL I 185) ist verwandt mit syr. gᵉlaimā "kurzer Mantel" und neu-
assyrisch/neubabylonisch gulē/ānu (AHw I 296b) "Obergewand". Vgl. zu
den verschiedenen antiken Uebersetzungen ZIMMERLI, Ezechiel 632.
גנז II wird in KBL I 191 mit "wollene Decken, Teppiche" wiedergegeben.
ברמים (KBL I 154) entspricht der akk. Wurzel barāmu "bunt, mehrfarbig
sein"; assyr. barrumu "bunter Stoff", birmu "syr. Linnenkleid mit aufge-
nähten Tressen von verschiedenfarbigen Wollfäden" u.a. (AHw I 105.107.
110).

216 J.-F. CHAMPOLLION, Monuments III Pl.255,1.
Vgl. E. STROEMBERG KRANTZ, Des Schiffes Weg 122-137. Die Nachweise für
gemusterte Segel in Aegypten beschränken sich nicht, wie STROEMBERG
KRANTZ meint, auf das Alte Reich (aaO. 131; vgl. B. LANDSTROEHM, Die
Schiffe Nos 133.146). Auch für das Neue Reich sind Fragmente von gemusterten Segeln bei Schiffsmodellen nachweisbar (LANDSTROEHM, aaO. 112
und No 349). Auch das Bild eines Schiffes im Grab Ramses' III. in Theben
lässt eine Musterung des Segels erkennen (aaO. 114 No 352). Auf einer
etruskischen Amphore (600 v.Chr.) ist ein Schiff mit einem Segel in Ka-
ro- und Streifenmuster zu sehen (STROEMBERG KRANTZ, Des Schiffes Weg
133f. und Abb.12).

217 Vgl. dazu Kap. 3.3.3.

Auch die Ledersandalen der Reichen (Ez 16,10) könnten, wie solche, die im
Grab Tutanchamuns gefunden wurden (Abb.138), mit figürlichen Darstellungen
geziert gewesen sein.[218]
Wandteppiche oder Gobelins gehören wie Gold und Elfenbein zur Ausstattung der
Paläste. In Hld 1,5 sagt die Frau von sich:

> Schwarz bin ich und anziehend,
>
> ihr Töchter Jerusalems,
>
> wie die Zelte Kedars,
>
> wie die Behänge (יריעות) Salomos.

Die יריעות sind sonst Zeltdecken aus schwarzem Ziegenhaar, aber wenn sie als
Beispiel salomonischer Pracht erwähnt werden, dürften es kaum ganz gewöhnliche Behänge gewesen sein.[219]
S. MITTMANN hat vorgeschlagen, in Am 3,15 statt בתים רבים (MT) בתי מרבד zu
lesen, so dass der Text zu übersetzen ist:

> Ich zerschmettere das Winterhaus samt dem Sommerhaus,
>
> die Elfenbeinhäuser gehen zugrunde,
>
> und mit Teppichhäusern hat es ein Ende.
>
> Wort JHWHs.[220]

Das Tapezieren von Palastwänden mit Gobelins scheint kunstgeschichtlich älter
zu sein als die Wandmalerei, denn die Palastmalereien von Mari (18.Jh.v.Chr.)
imitieren in der Flächenaufteilung und mit ihrer Fransenumrandung eindeutig
bunte, gewebte oder gestickte Behänge.[221]
Es versteht sich, dass teure Stoffe - Vorhänge, Teppiche und die Priester-
kleidung neben anderen Kostbarkeiten ihren Platz im Heiligtum vor der Gottheit haben, für die ja nur das Beste gut genug ist.
So sollen die Priester am Gewandsaum rote und blaue Granatapfeltroddeln[222]
und Schellen tragen (Ex 28,33f.; 39,25f.; vgl. Sir 45,9), und der Gürtel Aarons

---

218 H. KAYSER, Aegyptische Kunsthandwerk 329-334 und Abb.309.

219 Vgl. O. KEEL, Das Hohelied 54.

220 Die Textkonjektur (S. MITTMANN, Amos 150.152 Anm.11) ist m.E. vertretbar und sicher besser als die Konjektur בתי הבנים. Zu den Elfenbein-
häusern vgl. Kap. 6.2.

221 So A. MOORTGAT, Die Kunst 87-89.

222 Vgl. zur Bedeutung des Granatapfelmotivs auch oben Kap. 1.2.5.

soll Buntwirkerarbeit (מעשה רקם) sein (Ex 28,39; 39,29).[223] Bunt gemusterte
Vorhänge zieren den Eingang des Heiligtums (Ex 26,36); auf den Wandteppichen
und dem Vorhang vor dem Allerheiligsten sind Keruben dargestellt (Ex 26,31;
36,8.35),[224] und zwar in מעשה חשב.
Diese Keruben sind als einziger ausdrücklicher Nachweis im Alten Testament
von figürlichen Darstellungen in der Textilverzierung von grosser Bedeutung.
Interessant ist, dass gerade auf Tridacna-Muscheln aus Arad und Sichem (7.
Jh.v.Chr.) das Motiv der Sphinx vorkommt. Diese Muscheln sind nämlich in ihren Dekorationen nachweislich mit den Textilien verwandt. Es stellt sich nun
sogleich die Frage, um welche Art von Handarbeit es sich bei מעשה חשב gehandelt hat. Waren die geflügelten Sphingen aufgestickt oder in den Stoff einge-
woben?

Problematisch ist nun, dass gerade im Bereich der Textilien das hebräische
Vokabular ausserordentlich stark mit Lehnwörtern durchsetzt ist,[225] was auf
die grosse Bedeutung des Imports von Stoffen hinweist, dass viele dieser Begriffe Hapaxlegomena sind und wegen mangelnder Beschreibungen und archäologischer Vergleichsmöglichkeiten nicht völlig geklärt sind, und dass gerade auch
die drei wichtigen Bezeichnungen für textilverarbeitende Handwerker/Künstler,
nämlich ארג,חשב und רקם sauber voneinander abzugrenzen recht schwierig ist.
Bezeichnen diese Begriffe spezifische Berufsgruppen, ארג den Weber, רקם den
Buntwirker, d.h. den, der Muster und Figuren in den Stoff einzuweben versteht,
חשב den Sticker (oder vielleicht Gobelin-Sticker)?[226]

---

223 אבנט ist ein Lehnwort aus dem Aegyptischen (von *bnd* "einwickeln"; vgl.
KBL I 8 und M. ELLENBOGEN, Foreign Words 2) und bezeichnet eine Schärpe.

224 Zu den Keruben vgl. Kap. 2.2.1 und zum Folgenden Kap. 6.2. Anm.111.

225 Vgl. zusätzlich zu den bereits genannten Begriffen כתנת "Linnenkleid,
Tunika" (akk. *kitītu/kitintu* "Leinenkleid") in Gen 37,3; Ex 28,4; Lev
8,7; 2Sam 15,32; Jes 22,21 und משי "kostbarer Kleiderstoff" (äg. seit
dem Neuen Reich *mśj*) in Ez 16,10.13. Um welche Art von Kleidungsstück es
sich bei סדין (verwandt mit akk. s/*šaddinu*) in Ri 14,12f.; Jes 3,23;
Spr 31,24 handelt, ist unklar. שש ist abzuleiten von äg. *šś* "Leinen"
(Gen 41,42; Ex 26,1.31; Ez 16,10.13). Vgl. M. ELLENBOGEN, Foreign Words
96.109.121.164 und aaO. 38f. zu ארגמן "Purpur" (vgl. auch oben Kap.
3.4.1.).

226 So differenziert K. SEYBOLD, Art. חשב in: ThWAT III 246. Er schliesst
sich G.R. DRIVER an, der für *ḤŠB* eine ursprüngliche Bedeutung "zusammen-
ziehen, zusammenfügen" annimmt. Auf diesen primären Sinn der Wurzel geht
ḥeśæb "Band" zurück, während *ḥošeb* "Sticker" von der sekundären Bedeutung "Kalkulieren, Rechnen, Planen, Entwerfen" kommt und eine spezielle
Fertigkeit im Entwerfen von Figuren meine (nach SEYBOLD, aaO.). רקם als
Berufsbezeichnung ist nur in P bezeugt (vgl. unten Anm.252).

Dass sie alle zu den Künstlern, die "Erfindungen sinnen", d.h. "Muster, Figuren erfinden" (וחשבי מחשבת) gezählt werden, belegt Ex 35,35, wo von der grossen künstlerischen Begabung des Bezalel aus Juda und des Oholiab aus Dan geschwärmt wird:

> Er (Gott) hat sie erfüllt mit künstlerischem Sinn,
> um allerlei Arbeit zu schaffen, wie sie der Kunst-
> handwerker (חרש), der Sticker(חשב) und Buntwirker
> (רקם) in blauem und rotem Purpur, in Karmesin und
> ägyptischem Leinen und der Weber (ארג) schaffen, in-
> dem sie allerlei Arbeit ausführen und Muster ersinnen.

2Chr 2,12f. nennt unter den Fertigkeiten des Hiram, der vom König von Tyrus für den salomonischen Tempelbau "ausgeliehen" wird, auch seine Beschlagenheit in der Textilbranche. Darin ist - unabhängig von der historischen Zuverlässigkeit der Notiz - mindestens die Erinnerung an den starken Einfluss des Auslands auf diesen Gewerbezweig erhalten. Doch gab es auch in Israel selbst grössere Textilmanufakturen, die eventuell bisweilen an Tempelbetriebe (Jerusalem) gebunden waren, worauf im Zusammenhang mit der Aschera und den Funden von Kuntillet Adschrud[227] bereits hingewiesen worden ist. In nachexilischer Zeit (Spr 31,24) scheinen in Heimarbeit von Frauen verfertigte Textilien in den Handel gebracht worden zu sein.

6.4.2. DIE TEXTILDEKORATIONEN DER ASSYRER UND AEGYPTER

Jos 7,21 und Spr 7,16 beweisen, dass Israel als zentrale Handelsdrehscheibe zwischen Eurasien und Afrika auch mit den Handarbeiten des fernen Mesopotamien und Aegypten in Kontakt kam.
Ueber die Textildekorationen der Assyrer und Aegypter liegen zwei wichtige Beiträge von J.V. CANBY (1971) und M.-T. BARRELET (1977) vor,[228] an deren Ergebnissen sich der folgende Ueberblick über wichtige Nachweise von Handarbei-

---

227 Dazu oben Kap. 1.1.5. und Z. MESHEL, Kuntillet CAjrud 21f. In Kuntillet
Adschrud wurden vor allem Leinengewebe gefunden, teilweise mit gefärbten
Wollfäden durchwirkt.
Zu den Leinen-Textilfunden von Qumran vgl. D. BARTHELEMY/J.T. MILIK, Dis-
coveries I 18-38 und Taf.IV-VII.

228 CANBY, Decorated Garments und BARRELET, Un inventaire, sowie den älteren
Beitrag (1949) von A.L. OPPENHEIM (The Golden Garments), auf den beide
Autorinnen eingehen.

ten in assyrischen und ägyptischen Bild- oder Textquellen orientiert.[229]
Ausgehend von den Ritzzeichnungen, die die Gewänder auf den Reliefs Assurnasirpals II. (883-859 v.Chr.) in Nimrud zieren und ohne Zweifel deren authentische Dekoration zu imitieren versuchen (Abb.139,[230] hatte CANBY zunächst
zwei Gruppen von Dekorationen zur Zeit dieses Königs, als gemusterte Kleider
offenbar modern waren, unterschieden, nämlich florale und geometrische Repe-
titionsmuster (die die ganze neuassyrische Epoche hindurch gebräuchlich sind)
und nicht-ornamentale Textildekorationen auf Kleidern, die vom König, seinen
Beamten oder von Genien getragen werden.[231] Dieser Gruppe 2 sind noch einige
allerdings in den Motiven weniger vielfältige Dekorationen auf Reliefs Assurbanipals (668-631 v.Chr.) zuzuordnen, wo sie bei Löwenjagdszenen die Kleider
des Königs und seiner Wagenfahrer schmücken,[232] in diesem Fall jedoch nicht
in Form von Ritzzeichnungen, sondern skulpiert.
Die nicht-ornamentalen Motive umfassen Kriegsszenen (z.B. König mit Sieges-
pfeilen unter dem "Gott in der Flügelsonne"), Jagdszenen (z.B. Wagenjagd auf
Löwen), heraldisch-symbolische Szenen (z.B. "Herr der Tiere").[233]

CANBY stellte den assyrischen Ursprung der Ritzzeichnungen auf den Reliefs
Assurnasirpals allerdings sehr in Frage. Die Motivauswahl, die technische
Nähe zu den Elfenbeinen assyrischen Stils aus Nimrud (9.Jh.v.Chr.) und die
stilistische Nähe zu nordsyrischen Elfenbeinen und Bronzearbeiten, besonders
urartäischen Metallarbeiten, liessen sie zu dem Ergebnis kommen, dass fremde
Handwerker aus der nördlichen Provinz, wo noch mittelassyrische Traditionen
in der Kunst gepflegt wurden, in Nimrud unter assyrischem Einfluss sowohl Me-
tallapplikate für die realen Gewänder von König und Beamten als auch die
entsprechenden Ritzzeichnungen auf den Reliefs anfertigten.[234] Zugleich kehrte
CANBY die These A.L. OPPENHEIMs[235] um, der die Gewanddekorationen der 1. Grup-

---

229 C. UEHLINGER hat mir freundlicherweise Teile eines unpublizierten Manu-
     skripts zur Verfügung gestellt, in denen es um die Gewanddekorationen
     auf den assyrischen Reliefs geht.

230 A.H. LAYARD, The Monuments Pl.6 etc.

231 CANBY, aaO. 31; vgl. BARRELET, aaO. 51.55.

232 R.D. BARNETT/A. LORENZINI, Assyrische Skulpturen 105f.116.118.127f.
     Im 8./7.Jh.v.Chr. scheinen die rein ornamentalen Textildekorationen zu
     überwiegen.

233 Vgl. vor allem die Abbildungen bei CANBY, aaO. Pl.X-XIX.

234 AaO. 38.49 (bes.48f.).

235 The Golden Garments 172ff.189; CANBY, aaO. 47.

pe als Darstellung von Metallapplikationen deutete, hingegen die komplizier-
teren Motive als Darstellung von Stickereien. M.-T. BARRELET griff die gesamte Fragestellung unter Herbeiziehung weiterer Materialien erneut auf.
Eine Inventarliste aus Kar Tukulti-Ninurta, der Residenz Tukulti-Ninurtas I.
(1243-1207 v.Chr.) belegt bereits reich dekorierte Textilien:

27 [1 Teppich], Arbeit eines Knüpfers und...

28 [...] eines Granatapfel(baum)s am un[teren...

29 und eine Steingeiss und ...

30 (bilden) seine Dekoration: ein Fransensaum,
   Rosette[n ...

31 deren Faden aus Purpurwolle (ist), 30 (?)...

32 1 Teppich von 5 Ba[llen (?)...

33 Arbeit eines Webers, seine bunte Dekoration [zeigt...

34 (Bilder von) Menschen und Wildtieren

35 von Städten, Befestigungen und ...

36 ein Bild des Königs auf seinem Soc[kel (?) ...

37

38 ein Bild des Königs auf... [236]

Dieser Text bezeugt, dass die mehrfarbigen Motive der 2. Gruppe schon Ende
des 13.Jhs.v.Chr. von Knüpfer(kāsiru) und Weber (isparu) hergestellt wurden,
also die Ritzzeichnungen auf den Reliefs des 9.Jhs.v.Chr. tatsächlich in mit-
telassyrischer - kontinuierlich in den königlichen Ateliers gepflegter - Tradition stehen dürften und nicht Metallarbeiten, sondern wirklich Textilhand-
arbeiten "zitieren".[237] Die Ritztechnik macht es wahrscheinlich, dass hier
Handwerker beschäftigt waren, die normalerweise mit Materialien wie Elfenbein,
Gold oder Bronze arbeiteten.[238]

Als Beleg dafür, dass im Verlauf des 2.Jts.v.Chr. im Orient die Technik der
Textilbearbeitung zu solchen Meisterleistungen fähig war,[239] zieht BARRELET
Funde von ägyptischen Originaltextilien (aus Mesopotamien sind keine erhal-

---

236 VAT 16462 Kol.III. Vgl. F. KOECHER, Ein Inventartext, passim, sowie W.
    MAYER, mardatu, passim. Die Uebersetzung stammt von C. UEHLINGER.

237 BARRELET, aaO. bes. 59f.

238 Von den Ritzzeichnungen lässt sich auf die Stickereivorlagen nicht un-
    mittelbar zurückschliessen. UEHLINGER hält CANBYs These von den fremden
    Handwerkern für zu hypothetisch.

239 Die Numerierung der verschiedenen Techniken von I-V im Text entspricht
    der Aufteilung und Reihenfolge bei BARRELET, aaO. 62-84.

ten[240]) aus Gräbern des Neuen Reiches bei. Im Grab Tutmosis IV. (1425-1408 v.Chr.) fanden sich Reste eines weissen Leinengewandes, das Amenophis II. (1450-1425 v.Chr.) gehört hatte (Abb.140).[241] Es ist in feinster Gobelin-Arbeit (I) mit Lotos- und Papyrusmotiven sowie der Königskartusche mit zwei gekrönten Uräen dekoriert. Dafür wurden blau, schwarz, braun, rot und gelb gefärbte Leinenfäden verwendet. Solche Gobelin-Arbeiten fanden sich auch im Grab Tutanchamuns (1354-1343 v.Chr.). Aus denselben Gräbern stammen aber auch Stickereien (II), so z.B. auf einer Tunika Tutanchamuns.[242] Ein Gürtel Ramses' III. sowie eine Borte aus einem Grab der Zeit Hatschepsuts (1504-1483 v.Chr.) bezeugen zudem die Technik des in das Gewebe eingearbeiteten farbigen Dekorfadens (III).[243] Auch Applikationen (IV) und (allerdings selten) Knüpftechniken (V) sind nachgewiesen[244]

Hinzuweisen wäre noch auf Perlenstickerei und die seit vorgeschichtlicher Zeit bezeugte Sitte, Stoffe, die ins Grab mitgegeben wurden, mit Szenen der gleichzeitigen Gefässmalerei zu bemalen. So ist auf ein Leinentuch aus einem Grab bei Gebelên (2.H.4.Jh.v.Chr.) ein Ruderschiff aufgemalt.[245] Imitationen von figürlichen Darstellungen auf Textilien sind in der Malerei und Reliefkunst Aegyptens sehr selten. Mit ungewöhnlich schönen figürlichen Stickereien in bunten Farben (grün-rot-blau) verziert sind die Traggurten von Waffenträgern Ramses' III. auf Reliefs in Medinet Habu dargestellt (Abb.141).[246] Es stellt sich allerdings die Frage, ob die Kunst der Textildekoration in Aegypten nicht erst im Neuen Reich aus dem Vorderen Orient im-importiert wurde, was schwierig zu entscheiden ist, da die Textilfunde insgesamt zu sporadisch sind und Grabbeigaben von Königen natürlich Arbeiten ausgeliehener Handwerker gewesen sein können.[247]

---

240 Vgl. E. STROMMENGER, Art. "Kleidung B" in: RLA VI bes.31f. und zu den Verarbeitungs- und Verzierungstechniken H. WAETZOLD, Art. "Kleidung A" in: RLA VI bes.20f.

241 BARRELET, aaO. 62f. und fig.6a. Das Kleid muss als besonders kostbares Erbstück angesehen worden sein.

242 AaO. 64 und fig.7.

243 Vgl. auch den Leinenstoff mit eingewebten Blumenmustern aus dem Grab des Cha bei Theben (18.Dyn.) bei H. KAYSER, Aegyptisches Kunsthandwerk Abb. 305.

244 BARRELET, aaO. 64f.

245 H. KAYSER, aaO. 322 und Abb.303.

246 H.H. NELSON, Medinet Habu II Pls 55.63.65B.67.

247 BARRELET, aaO. 69.

Während für die Gobelin-Technik eine zeitliche Priorität des Vorderen Orient vor Aegypten nicht nachweisbar ist, könnten die Motive der Stickereien aus dem Grab Tutanchamuns tatsächlich von syrischen Gefangenen, die im Auftrag des Königs arbeiteten, angefertigt worden sein.[248] Für die Buntwebetechnik (III) schien BARRELET die Herkunftsfrage nicht lösbar, da die bunten Kleider vor allem der Asiatendarstellung aus Beni Hassan und der Gefangenendarstellungen aus der Ramessidenzeit sie nicht von der authentisch vorderasiatischen Herkunft solcher Handarbeit zu überzeugen vermochten.[249] Diese Skepsis ist aber wohl insofern übertrieben, als die ägyptischen Gefangenendarstellungen des Neuen Reiches die bunten Kleider ziemlich sicher als (bewundertes) Charakteristikum der Fremdvölker herausheben wollten, wenn auch die Muster oder Figuren nicht originalgetreue Wiedergaben sind, sondern ägyptisierende Nachahmungen. An dieser Stelle sei auf eine ägyptische Fayencekachel des 13./12.Jh.v.Chr. hingewiesen (jetzt im Kunsthistorischen Museum Wien), die einen Kanaanäer im Profil zeigt, auf dessen Kleid oben auf der Brust deutlich das (ägyptisierende) Motiv von zwei Gazellen, die einen Lotos-Lebensbaum flankieren, zu erkennen ist (Abb.142).[250]

Die Verwendung von Applikaten (IV) wurde sowohl von OPPENHEIM wie von CANBY wahrscheinlich weit überschätzt. Nicht nur der oben zitierte Text aus Kar Tukulti-Ninurta, sondern auch die bunten Malereien aus Til Barsip und Emailleziegel aus Assur machen farbige Textilhandarbeit viel wahrscheinlicher. Auch für Aegypten ist die Priorität von Applikaten vor Stickereien u.a. nicht nachweisbar. Die Knüpftechnik (V) ist möglicherweise mesopotamischen Ursprungs, aber auch seit dem Mittleren Reich in Aegypten bekannt.[251]

Sowohl Mesopotamien als auch Aegypten haben also im 2.Jt.v.Chr. schon über verschiedene Handarbeitstechniken und die Kunst der figürlichen Textildekoration verfügt. Mit den Produkten wie auch dem Know-how beider Kulturbereiche scheint Israel vertraut gewesen zu sein, wie die oben zitierten atl. Texte gezeigt haben.

Eine besondere Rolle dürfte die Technik des gefärbten Einlauffadens (III), Arbeit des רקם, gespielt haben.[252] Darauf deuten zum einen die Halstücher

---

248 AaO. 65-70 und 70f.

249 AaO. 71-76.

250 W.C. HAYES, Glazed Tiles Pl.VIII = KEEL, Deine Blicke Abb.88.

251 Zum Vorangehenden vgl. BARRELET, aaO. 76-84.

252 Dass die Berufsbezeichnung רקם nur in P bezeugt ist, könnte auf eine volle Entwicklung dieser Technik erst zur Zeit des Exils hinweisen.

in Ri 5,30 hin, die wohl beidseitig gemustert vorzustellen sind,[253] was
Stickerei und Gobelin-Technik nicht erlauben, zum anderen die Funde von Kuntillet Adschrud, wo Indigo-gefärbte Wollfäden in das Leinengewebe eingearbei-
tet sind,[254] und zum dritten Funde von kleinen (2 auf 15cm) Knochenstäbchen
in fast allen Ausgrabungsstätten.[255] Diese Webstäbchen mit spitzen oder ab-
gerundeten Enden, die durch Ritzmuster in Form diagonaler Linien und Kreise
verziert sein können,dienten zum Anheben von Kettenfäden des vertikalen oder
horizontalen Webrahmens, so dass das Muster beidseitig sichtbar wurde.[256]
Dass man auch Stickerei/Gobelins (I und II) kannte, legt Ex 26,31;36,8.35
nahe, und auf die Verwendung von kostbaren Applikaten (IV) weisen eventuell
Ps 45,14; Jos 3,18 und 2Sam 1,24 hin.[257]

253 Vgl. D. IRVIN, Art. "Farben und Färberei" in: BRL[2] 74.

254 Mit derselben Technik sind die blauen Streifen und Rechtecke der Leinen-
     gewebe von Qumran eingearbeitet (IRVIN, Art. "Stoff" in: BRL[2] 326).
     Auch im midianitischen Heiligtum von Timna sind grössere Mengen von
     Stoff aus Leinen und Wolle, rot und gelb gefärbt und mit Schmuckperlen
     durchwoben, zutage gekommen (B. ROTHENBERG, Timna 151; OLB II 302). Die
     angeblichen Färbereianlagen oder -kessel in eisenzeitlichen Schichten
     von Bētīn, Tell Bet-Mirsim, Tell en-Naşbe, Bet-Schemesch, eţ-Ţire und
     Tell Qasile (vgl. die Angaben bei D. IRVIN, aaO. 326) sind nach neueren
     Untersuchungen wohl doch Olivenpressen (D. EITAM, Olive Presses, passim),
     eine Deutung, die bereits G. DALMAN vorgeschlagen hatte (AuS V 77f.;
     vgl. OLB II 782).

255 Diese Interpretation der Stäbchen schlugen zuerst G.M. CROWFOOT und O.
     TUFNELL vor (TUFNELL, Lachish III 397). Vgl. D. IRVIN, aaO.

256 Zur Webtechnik vgl. K. GALLING, Art. "Weben und Weberei" in: BRL[2] 360-
     361.

257 Vgl. dazu oben Kap. 4.1.

6.5. SIEGEL ALS BILDTRAEGER

Was für Kleidungsstücke und Elfenbein gilt, gilt auch für die wohl wichtigsten Bildträger der Kleinkunst in Israel, die Siegel: zwar ist im Alten Testament 15mal vom Siegel (חתם; in Gen 38,25 חתמת) die Rede und vom (Ver)Sie-
geln (Verbalformen der Wurzel) etwa weitere 20mal,[258] auch hat טבעת[259] in
Kontexten (Gen 41,42 und Est 3;8) eindeutig die engere Bedeutung "Siegelring",[260] aber über die Gravierungen auf diesen kleinen Gegenständen haben
sich die Verfasser der atl. Schriften nicht beschreibend ausgelassen.

Das ist jedoch kein Grund anzunehmen, man habe in Israel von Bildern auf Siegeln nichts gewusst und nur beschriftete, also Namenssiegel, oder ornamental
dekorierte, gekannt. Das Gegenteil beweisen die Ausgrabungsbefunde in Israel/
Palästina.[261] 90% der Stempelsiegel/Skarabäen, die bei offiziellen Ausgrabun-

---

258 Die Wurzel _HTM_, die sich im West- und Südsemitischen findet, ist aus
     dem Aegyptischen entlehnt, wo ḫtm(t) "Zylindersiegel" bzw. "Siegelabrol-
     lung" schon seit dem Alten Reich belegt ist, in späterer Zeit auch in
     der Bedeutung "Siegelring" (vgl. S. SCHOTT, Wörter 181f.; W. BOOCHS,
     Siegel 107-124; M. ELLENBOGEN, Foreign Words 74; P. KAPLONY, Art. "Roll-
     siegel" in: LdAe V 294f.; B. OTZEN, Art. חתם in: ThWAT II bes.282f.); vgl
     auch KBL I 288.350 und zur funktionalen, bürokratischen oder metaphori-
     schen Bedeutung von/vom Siegeln den Ueberblick über den atl. Sprachge-
     brauch bei L. GORELICK in: L. GORELICK/E. WILLIAMS-FORTE, Ancient Seals
     1-6 bes.5 Tabelle 3.

259 Zum ägyptischen Ursprung des Wortes (von äg. ḏbᶜt "Siegel"; ḏbᶜ "den
     Finger abdrücken, stempeln") vgl. S. SCHOTT, Wörter 178-181; W. BOOCHS,
     aaO.; M. ELLENBOGEN, Foreign Words 75; P. KAPLONY, aaO.; KBL II 353.

260 So KBL II 353. Der Vorschlag von W. HALLO (in: GORELICK/WILLIAMS-FORTE,
     Ancient Seals 9), der טבעת auch in Ex 35,22; Num 31,50 als Siegelring
     verstanden wissen will, und zwar speziell als Votivsiegel, wie sie im
     Alten Orient den Kultbildern der Gottheiten dargebracht wurden, scheint
     mir problematisch, da gerade in diesen und ähnlichen Texten, wo von
     Schmuckspenden berichtet wird (vgl. dazu schon oben Kap. 2.1.3.2. und
     2.3.2. sowie 5.2.3.),das Interesse zumeist ausdrücklich beim Edelmetall
     liegt, das dann eingeschmolzen wird.

261 Vgl. zum Folgenden vor allem O. KEEL, Jahwe-Visionen 93 Anm.160 und
     ders., Bildträger 20-25 mit einem Ueberblick über die Literatur zu Sie-
     gelfunden aus Palästina; sowie P. WELTEN, Art. "Siegel und Stempel" in:
     BRL² 299-307.

gen zutage kamen, sind ausschliesslich mit Ornamenten, Glückszeichen und Bildern versehen, nur etwa 10% zusätzlich oder ausschliesslich mit Inschriften.[262] Insgesamt lässt sich die Anzahl dieser Stempelsiegel zur Zeit auf etwa 7500 Stück schätzen. Hinzu kommen noch gut 400 Rollsiegel.[263] Ein grosser Anteil der Stempel stammt aus eisenzeitlichen Schichten, war also in biblischer Zeit in Israel in Umlauf.[264] Eine Dominanz bildloser, meist zweizeilig beschrifteter Siegel ist erst für das 7./6.Jh.v.Chr. festzustellen.[265]

Das Stempelsiegel ist von Aegypten nach Palästina gekommen. Viele Motive auf der Siegelfläche sind ebenfalls ägyptisch/ägyptisierend, und auch die hebräischen Siegelbezeichnungen sind ägyptisch.[266] Man hat die Stempel aber in Palästina selbst hergestellt, und zur Zeit der Priesterschrift galt "Siegelschneider" als ein israelitischer Beruf (Ex 28,11).

Der archäologisch bezeugten Verbreitung und Häufigkeit von Siegeln entspricht die Aufmerksamkeit, die ihnen und dem Siegelvorgang im Alten Testament zuteil wird.

Daraus dass die Texte nicht nur vom rein technischen Gebrauch des Siegels berichten, sondern sehr gern verschiedene Aspekte auch des Siegelvorgangs metaphorisch gebrauchen, ist auf die grosse, über das rein Funktionale hinausweisene Bedeutung der Siegel und des Siegelns in Israel zu schliessen. Selbst wenn nicht jedermann und jede Frau glücklicheR BesitzerIn eines persönlichen Exemplars gewesen sein sollte[267] - obwohl anzunehmen ist, dass die meisten

---

262 Da "die Beschäftigung mit der Glyptik bis heute von literarischen und epigraphischen Gesichtspunkten beherrscht wird" (KEEL, Bildträger 23), fehlt bislang eine systematische Erfassung dieses Materials (vgl. O. KEEL, Deine Blicke 117 Anm.440). Im Biblischen Institut der Universität Freiburg i.Ue. wird zur Zeit erstmals ein Katalog, der möglichst viele der aus legalen Grabungen oder als Oberflächenfunde gefundenen Stücke aus dem Palästina der Bronze- oder Eisenzeit umfassen soll, erstellt (dazu KEEL, Bildträger 39-42).

263 Zu den Rollsiegeln, die alle Importstücke aus dem syrischen und mesopotamischen Raum sind und im 1.Jt.v.Chr. durch das Stempelsiegel verdrängt wurden vgl. K. GALLING, Beschriftete Bildsiegel 124f. und P. WELTEN, aaO. 229.

264 Vgl. KEEL, Jahwe-Visionen 93 Anm.160.

265 Vgl. dazu G. SAUER, Art. "Siegel" in: BHH III 1789; KEEL, aaO. 44 Anm. 74 und zum Zusammenhang mit bilderfeindlichen Tendenzen und Bilderverbot in Israel unsere Einleitung.

266 Vgl. oben Anm.258f.

267 Das noch simplere "Siegel"-Verfahren ist das mittels Finger- oder Nagelabdruck oder Gewandsaum (vgl. W.W. HALLO, in: GORELICK/WILLIAMS-FORTE, Ancient Seals 8).

Leute ein Stück aus billigem Material wohl erschwingen oder auch selbst herstellen konnten - ist sicher, dass jedeR IsraelitIn Siegel oder deren Ab-
drücke auf Ton[268] zu Gesicht bekam. Das Siegel gehörte zum Alltag wie heut-
zutage der Personalausweis und die Unterschrift.

Versiegelt oder besiegelt werden im Alten Testament Briefe (1Kön 21,8) und
Sendschreiben (Est 3,10.12; 8,2.10), verschiedene Arten von Verträgen, Urkunden und Gesetzen (Jes 8,16; 29,11; Jer 32,10.11.14.44; Neh 10,1f.), Bücher
(Dan 12,4), Türen (Dan 12,7), Kammern (Dtn 32,34). Behälter und Gefässe, deren
Inhalt vor unliebsamem Zugriff geschützt werden sollte, werden - obwohl sie
die häufigsten Versiegelungsobjekte gewesen sein dürften[269]- selten genannt:
in Ijob 14,17 ist einmal von einem versiegelten Beutel die Rede, in dem aber
nicht Geld, sondern übertragen dann Sünden aufbewahrt werden. In Sir 42,6
wird das Siegel (neben dem Schlüssel) als Sicherheitsmassnahme sogar gegen
den Zugriff der eigenen Frau genannt.

Im übertragenen und bildhaften Sinn kann dann das Siegeln mit Betonung auf
dem Aspekt des Verschliessens und Bewahrens auf vieles angewandt werden, z.B.
Rede (Sir 22,27; Dan 12,9), Weisung (Jes 8,16), den Zugang zu einer Quelle (HL
4,12), sogar Sterne (Ijob 9,7) und Menschen (Ijob 37,7).[270] Im Sinne der Bestä
tigung/Besiegelung einer Vision und Prophezeiung findet sich die Metapher in
Dan 9,24. Fest verschlossen wie mit gesiegelten Plomben scheint der Rücken des
Krokodils durch seine Schuppen (Ijob 41,7).[271]

268 Gesiegelt wurde im Alten Orient fast ausschliesslich auf Ton, d.h. man
siegelte Behälter aus Ton oder verschloss Gegenstände aus anderen Materialien mit Tonplomben oder -stöpseln (vgl. H. KUEHNE, Das Rollsiegel
22-24 und W. BOOCHS, Siegel 6-14).

269 Zu den gestempelten Krughenkeln aus dem judäischen Territorium mit der
Aufschrift *lmlk* und dem Symbol des vierflügeligen Skarabäus oder der
Flügelsonne vgl. P. WELTEN (Die Königsstempel, passim) und oben Kap.
4.4.3.
W. BOOCHS (Siegel 14-21) nennt neben Gefässen auch Beutel, Säcke, Körbe,
Stoffballenpakete, Ziegelsteine, Friesziegel und Grabkegel, die versie-
gelt wurden,sowie das Verschliessen von Türen, Fenstern, ganzen Gebäu-
den, Räumen, Vorratskammern, Gräbern und Kästen (aaO. 30-40).

270 In Ijob 33,16 wird םֹתְּחַי meist nach der LXX (ἐξεφόβησαν)zu םֵתַּי konji-
ziert (vgl. BHS).

271 Die Identifizierung des Leviatan als Krokodil aufgrund dieses und anderer Beschreibungsmerkmale (vgl. O. KEEL, Jahwes Entgegnung bes. 141-143)
ist inzwischen unbestritten. Das רַצ םֵתוֹח des MT-Textes ist mit LXX von
einigen Kommentatoren als רַצ םֶנֶּוֹח gelesen worden (vgl. G. FOHRER, Hiob
527) "verschlossen wie mit Siegeln von Kiesel". Der Vergleich zielt aber
m.E. doch auf die panzerartig dichte (רַצ) Schuppenanordnung, wobei dann
die Vorstellung vom versiegelten Verschluss die Wahl des Bildes veranlasst haben dürfte. Im Aegyptischen haben alle Wörter für "Siegel"

Als persönlichster Ausweis- und Legitimationsgegenstand (vgl. schon 1Kön 21,8; Est 3;8) spielt ein Siegel vor allem in der Geschichte von Tamar und Juda eine grosse Rolle, wo es als Pfand dient und zugleich zum Erkennungszeichen wird (Gen 38,18.25). Die Uebertragung der vollen Amtsgewalt vollzieht in Gen 41,42 der Pharao, indem er Joseph seinen eigenen Siegelring an die Hand steckt.[272]

Mit seinem Siegel hat sich der damalige Mensch in hohem Masse identifiziert.[273] Es war ihm mehr als ein Gebrauchsgegenstand, nämlich als persönlichster Besitz auch ein Kleinod und Talisman, worauf vor allem die vielen (meist ägyptischen) Glückszeichen und lebensfördernden/unheilabwehrenden Darstellungen auf der Siegelfläche, aber auch die häufige Skarabäenform der Stempelsiegel schliessen lassen.[274] Die Amulettfunktion des Siegels sowie seine Kostbarkeit

---

($\underline{h}tm(t)$, $\underline{s}\underline{d}3(t)$ und $\underline{d}b^c(t)$) auch die Bedeutung "Siegeln", "(Lehm)-Verschluss mit Siegel" und "Etwas, das mit einem gesiegelten (Lehm)-Verschluss verschlossen ist" (P. KAPLONY, Art. "Siegelung" in: LdAe V 933f.).

272 Vgl. zur Bedeutung dieses Investituraktes in Aegypten W.W. BOOCHS (Siegel 59-61): "Eine wichtige Rolle spielte die Ueberreichung eines Siegels oder Siegelrings mit dem Namen des Königs und der Bezeichnung der Verwaltung bei der Amtseinführung von Beamten, die vom König selbst oder einem hohen Beamten, vielfach dem Schatzhausvorsteher, vorgenommen wurde. Mit dem Siegel oder dem Ring übertrug der König einen Teil seiner Machtbefugnisse und seiner Autorität auf den Beamten. Der Beamte selbst wurde nicht nur berechtigt, im Namen des Königs zu siegeln, sondern allgemein legitimiert, im Namen des Königs und mit Wirkung für ihn aufzutreten und zu handeln." (aaO. 60). Die Ueberreichung eines Siegelringes durch den Schatzhausvorsteher bei einer Amtseinsetzung ist im Grab des Hui dargestellt und beschrieben (vgl. bei BOOCHS, aaO. 60 Anm.3). Für fast alle im Alten Testament auftretenden Funktionen von Siegeln liessen sich viele Parallelen aus der ägyptischen und akkadischen Literatur beibringen; darüber hinaus sind im Alten Orient noch weitere Funktionen von Siegeln (als Erbstück, Votivgeschenke, Geschenke, im Begräbniswesen) bezeugt. Vgl. zum Ganzen L. GORELICK in: GORELICK/WILLIAMS-FORTE, Ancient Seals 4 und W. HALLO, op.cit. 7-14; gegen beide (aaO. 13) ist aber zu sagen, dass auch der Amulettcharakter des Siegels für das Alte Testament durch Hld 8,6 bezeugt ist! Vgl. dazu auch Kap. 6.6.

273 Vgl. W.W. HALLO in: GORELICK/WILLIAMS-FORTE, Ancient Seals 8.

274 Zum Repertoire der bildlichen Darstellungen auf Siegeln vgl. den Ueberblick bei P. WELTEN, Art. "Siegel und Stempel" bes.300-302. Zur Symbolik des Skarabäus, des beliebten aus Aegypten übernommenen Regenerationssymbols vgl. E. HORNUNG/E. STAEHELIN, Skarabäen 13-19. Ein überwiegender Teil der Skarabäen, die ja zu grossen Anteilen in Gräbern gefunden wurden, diente gar nicht zum Siegeln: die Gravierung ist nicht spiegelbildlich, also kam es nicht auf den Abdruck an. In diesen Fällen hat die Amulettfunktion des Stempels allen anderen Funktionen also eindeutig den Rang abgelaufen (vgl. dazu auch O. KEEL, Jahwe-Visionen 119 Anm.261 und ders., Deine Blicke 118).

408

und ganz enge Zugehörigkeit zum Träger oder zur Trägerin schimmert in einigen metaphorischen Zusammenhängen auch im Alten Testament durch. So wird in Hag 2,23 Serubbabel als Siegelring Gottes bezeichnet (vgl. Sir 49,11). Das Gegenteil zur Erwählung und festen Zugehörigkeit, die Verstossung (des Königs Jojachin) wird entsprechen in Jer 22,24 als Abreissen des Siegelrings von der rechten Hand dargestellt.[275]

Im Hohen Lied bittet die Frau ihren Geliebten: Mache mich zum Siegel auf deinem Herzen, zum Siegel an deinem Handgelenk (עַל זְרוֹעֶךָ)(8,6). Damit wird die Sehnsucht nach unverbrüchlicher Treue formuliert und zugleich der Wunsch der Frau, für den Mann Glücksspenderin zu sein.[276] Die Beliebtheit des Siegels spiegelt auch die Existenz der Männernamen חוֹתָם (1Chr 7,32; 11,44) und טַבְּעוֹת (Esr 2,43; Neh 7,46). Die Kostbarkeit des Siegels wird in Sir 17,22 durch die Parallele zum sorgfältig behüteten Augapfel (vgl. Dtn 32,10; Ps 17,8; Spr 7,2) sinnfällig.

Aus den genannten Stellen geht hervor, dass man Siegel sowohl an einer Schnur (Gen 38,18) um den Hals ("auf dem Herzen", Hld 8,6) als auch am Handgelenk (ebd.) als auch in einen Ring gefasst trug (Gen 41,42; Jer 22,24; Hag 2,23; Est 3;8).[277] Da die hebr. Sprache nicht zwischen Zylinder- und Stempelsiegel unterscheidet, lässt sich über die Art der Siegel im Alten Testament nur mutmassen, dass entsprechend den sehr seltenen Rollsiegelfunden in Israel/Palä-

---

275 Vgl. KEEL, Deine Blicke 118.

276 Zur Siegelmetaphorik in Hld 8,6 vgl. die materialreichen Kapitel bei KEEL, Deine Blicke 114-119 und ders., Das Hohelied 245-251.

277 Vgl. die Diskussion bei KEEL, Deine Blicke 114-117 (und Anm.426). Für das Tragen von Siegeln auf der Brust und am Handgelenk gibt es literarische und ikonographische Anhaltspunkte aus altorientalischen Quellen. Das sumerische Wort für Handgelenk,kišib-lá,bedeutet sogar "Siegel-Träger" (vgl. auch W.W. HALLO, aaO. 10). Eine Perlmuttereinlage aus Nippur (2700 v.Chr.) zeigt eine Frau mit einem zylinderförmigen Gegenstand - wohl einem Rollsiegel - am Handgelenk.
Zum Tragen von Rollsiegeln an Kette, Schnur und Gewandnadel vgl. H. KUEHNE, Das Rollsiegel 17f. und Abb.5a-c.
Ringe aus Gold oder anderen Metallen, in die Skarabäen oder Stempelsiegel gefasst sind, sind oft - auch in Palästina - noch erhalten (vgl. als Beispiele die schönen Stücke bei E. STAEHELIN, Aegyptens heilige Pillendreher Abb.4). Goldgefasst sind auch manche Rollsiegel. Zwei Exemplare mitannischen Stils (14.Jh.v.Chr.) wurden bei Ausgrabungen in Aschdod gefunden (M. DOTHAN, Ashdod Taf.א). Vgl. auch das altsyrische Rollsiegel mit Goldkappen und einer Golddrahtschlaufe (im Louvre) (H. KUEHNE, Das Rollsiegel 20 Abb.7) und ein Exemplar aus Mari, mit zwei Bronzekappen, die mit Bitumen gefüllt sind (aaO. No 23).

stina im allgemeinen eher an Stempelsiegel zu denken ist.[278]

Königliche Siegel wie das des Ahab (1Kön 21,8) könnten allerdings durchaus hervorragend gearbeitete Luxusexemplare in Zylinderform gewesen sein. Dass man Rollsiegel mit eingravierten Bildern ebenfalls kannte, legt auch Ijob 38,14 nahe, wo die im Morgenrot Konturen gewinnende Erde mit dem Siegelton (חמר חותם) verglichen wird, der unter der Abrollung der Walze zum kleinen Relief wird.[279] Und wenn in Ez 28,12 der König von Tyrus als vollendetes Siegel (חותם תכנית)[280] von vollkommener Schönheit (וכליל יפי) bezeichnet wird, so ist damit gewiss nicht nur das kostbare Material und eventuell eine Edelmetallfassung, sondern auch die hervorragende Arbeit der Siegelschneider gemeint, die mit dem Eingravieren von Figuren und Zeichen einen solchen Stein zu einem Kunstwerk en miniature verwandeln konnten.

Den Beruf des Siegelschneiders[281] kennt das Alte Testament: in Ex 28 und 39, wo es um die Anfertigung von Ephod, Brusttasche und Diadem für Aaron geht, ist mehrmals von der Arbeit des Siegelschneiders die Rede. In Sir 38,27 werden die γλύφοντες γλύμματα σφραγίδων neben Stickern/Webern und Malern genannt.[282]

Die Siegelschneider gehören nach Ex 28,11 zur grossen Rubrik der Steinmetze, ihr Produkt ist מעשה חרש אבן פתוחי חתם. Die Wurzel פתח II, verwandt mit akk.

278 O. KEEL, Deine Blicke 114-117. Das Tragen von Rollsiegeln an einem Armband ist m.E. allerdings nicht schwieriger als bei einem Stempelsiegel (gegen KEEL, aaO. 117). W.W. HALLO (in: GORELICK/WILLIAMS-FORTE, Ancient Seals 7-17) setzt irrtümlich ständig Rollsiegel voraus (vgl. die Kritik von O. KEEL, Ancient Seals).
Als Nadel, auf die das Rollsiegel zum Tragen und zur besseren Abrollung gesteckt war, will W.W. HALLO (aaO. 13f.) in Ri 3 die Mordwaffe des Ehud identifizieren, was m.E. doch recht spekulativ ist. Dass in Gen 38,18.25 מטה - das dritte Pfand Judas - ebenfalls die Siegelnadel bezeichnen soll, ist ausgeschlossen. מטה ist der Stab, auf den wahrscheinlich der Name des Trägers eingeritzt war (vgl. KEEL, Ancient Seals).

279 KEEL, Deine Blicke 114 Anm.426.

280 Das תכנית des MT-Textes ist hier wie in 43,10 nicht ganz sicher überliefert. ZIMMERLI (Ezechiel 672) leitet es von תכן ab und denkt an "Vollkommenheit, Richtigkeit" wie akk.teknû, teknîtu "sorgfältige Zubereitung, Vollendung". Zwar ist die andere Lesart תבנית nur schlecht bezeugt, aber es ist zu erwägen, ob hier eine Bezeichnung "Bild"-Siegel gemeint war. Leider ist auch die Vokalisierung חֹתֵם des MT-Textes problematisch.

281 Zu den wenigen Nachrichten über den Beruf des Siegelschneiders im Alten Orient vgl. B. BRENTJES, Alte Siegelkunst 191f.

282 Vgl. G. SAUER, Jesus Sirach 598.

410

patāḫu "einbohren", bezeichnet Gravier- und Schnitzarbeit auf verschiedenen
Materialien wie Stein (Ex 28,11.21, 39,6.14; Sach 3,9); Gold (Ex 28,36; 39,30);
Holz (1Kön 6,29; Ps 74,6) oder aber auf Platten (1Kön 7,36) und Wänden (2Chr
3,7) bzw. ganz allgemein Gravierarbeit (2Chr 2,6.13). Das eigentliche Bearbei-
tungsmaterial eines Siegelschneiders aber sind Steine.

In Ex 28,9.17-20 wird eine ganze Liste von Halbedel- und Edelsteinen geboten,
deren exakte Identifizierung und Zuordnung zu unseren Bezeichnungen kaum möglich ist.[283] In sie sollen die Namen der zwölf Stämme graviert werden (Ex
28,11.21 parr), bevor sie danach mittels Goldbrokat (זהב מִשְׁבְצֹת) auf dem Ge-
wandstoff befestigt werden (28,11f.20). H. WEIPPERT zieht zum Vergleich ausser
den Namenssiegeln noch Perlen mit eingravierten Votivinschriften bei, wie sie
in Mesopotamien gefunden wurden.[284] Das Spektrum der Edelsteine, Steine und
anderer Materialien, die man zur Herstellung von Siegeln verwendete, ist auch
nach den Ausgrabungsfunden recht breit. Es reicht von weichen Gesteinen wie
Kalkstein, Alabaster, Steatit bis zu den harten Materialien Hämatit, Achat,
Chalcedon, Jaspis, Karneol, Rosenquarz u.a.[285]
Erstaunen weckt immer wieder die frappierend präzise Feinarbeit auf harten
Steinen, die nur schwer geschnitten, durchbohrt und graviert worden sein können. Kugelbohrer, Grabstichel und Schleifrad waren das Handwerkszeug des Siegelschneiders.[286] Ueber die Technik der Herstellung von Siegeln geben ägypti-
sche Texte einigen Aufschluss.[287]

283 Vgl. zur Problematik H. WEIPPERT, Art. "Edelstein" in: BRL[2] 64-66. Bei
     Ausgrabungen fanden sich Perlen aus Alabaster, Basalt, Diorit, Hämatit,
     Kalkstein, Marmor, Serpentin, Steatit und Ton. An Halbedelsteinen finden
     sich unter den Perlen Malachit, Karneol, Bergkristall, Quarze, Lapisla-
     zuli, Amethyst, Türkis, schwarzer Onyx, Bernstein, Koralle. Erst in der
     SB- und Eisenzeit kommen Chalzedon, Granat, Korund, Opal, Sardonyx und
     evtl. Jade und Jet hinzu.

284 H. WEIPPERT, aaO. 65. Vgl. die wie ein Siegel gravierte spindelförmige
     Perle in der Rollsiegelsammlung des Biblischen Instituts der Universi-
     tät Freiburg i.Ue. (No 155).

285 Vgl. die Zusammenstellung für die Rollsiegel des vorderasiatischen Raums
     bei H. KUEHNE, Das Rollsiegel 20. Eine sehr gute Uebersicht über die in
     Aegypten verwendeten Metalle, Halbedelsteine, Steine und sonstigen Ma-
     terialien, mit chronologischen Angaben, hat W. BOOCHS (Siegel 95-101) er-
     stellt. Zur Härtung weicher Steine verwendete man Glasuren (aaO. 97).
     K. GALLING (Beschriftete Bildsiegel 126) nennt nur die weichen Quarz-
     steine, Karneol und Chalcedon. Der Hauptanteil der Skarabäen und Stem-
     pelsiegel, die in Palästina gefunden wurden, ist aber aus Steatit.

286 Vgl. H. KUEHNE, Das Rollsiegel 20.

287 Vgl. zum Folgenden W. BOOCHS, Siegel 102-104.

Zur Bearbeitung von weichen Steinen (Steatit, Schiefer) brauchte man Messer
aus gehärtetem Kupfer (ab dem Neuen Reich aus Bronze). Für härtere Steine
sowie für die Gravierung wurde Feuerstein und Obsidian verwendet. Zum Durch-
bohren und für schematische Figurendarstellungen bediente man sich verschiedener
Bohrinstrumente: Stöcke mit Schmirgelpulver oder einer Feuersteinspitze, später den Drill- oder Bogenbohrer. Ab der 18. Dynastie fand das Schleifrad
Verwendung, besonders zur Bearbeitung von Steinzylindern. Die gewünschten
Inschriften, Muster oder Bilder wurden vor dem Gravieren in Tinte auf die Siegelfläche vorgezeichnet. Die Gravur selbst nahm man mit Messer, Bohrer oder
Schleifsteinrad, je nach Material und Siegelform, vor. Fayence-Siegel wur-
den nach dem Trocknen und vor dem Brennen und Glasieren geschnitten.[288]
Aus Aegypten sind auch die einzigen beiden Darstellungen von Siegelschneidern
bei der Arbeit erhalten. Im Grab des Ti in Sakkara (6.Dyn.; 2290-2135 v.Chr.)
ist ein Rollsiegelhersteller abgebildet, der laut der beistehenden Inschrift
mit einem Bohrer/Stichel gerade den Zylinder durchstösst. Vor ihm steht der
Auftraggeber mit der Schnur zum Auffädeln des Siegels (Abb.143).[289] In einem
Grab am Aufweg zur Unaspyramide fand sich die Darstellung einer Marktszene aus
der 5.Dynastie (2250 v.Chr.), wo ein Siegelschneider und ein Fischhändler
über einen Tausch von gedörrten Fischen gegen Amulette und einen Siegelzylin-
der einig werden. Neben dem Siegelschneider steht dessen Gerätetasche (Abb.
144).[290] Die Herstellung von Perlen, die in vielem der Siegelschneiderei ähnlich ist und auch von denselben Handwerkern ausgeübt worden sein wird, ist
auf mehreren Darstellungen festgehalten, wobei vor allem die Anwendung des
Bogenbohrers beobachtet werden kann (Abb.145).[291]
Das goldene Stirndiadem Aarons soll in Siegelschneiderarbeit, d.h. gepunzt

288 Interessant sind auch die Untersuchungen und Experimente von H.J. GWIN-
     NETT und L. GORELICK (in: GORELICK/WILLIAMS-FORTE, Ancient Seals 44-49)
     zu den Bearbeitungsinstrumenten der Siegelhersteller. Die Schleifspuren
     der Bohrlöcher in Quarzzylindersiegeln weisen auf die Anwendung eines
     Kupferbohrers mit Schmirgel (einem Gemisch aus Korund und anderen Mine-
     ralien, das nach dem Zeugnis des Plinius im Altertum von Naxos bezogen
     wurde; vgl. H. LUESCHEN, Die Namen 314), Korund (LUESCHEN, aaO. 255;
     zweithärtestes Mineral nach dem Diamant) und sogar Diamantstaub hin.

289 L. EPRON/H. WILD, Le tombeau Taf.174 = H. KUEHNE, Das Rollsiegel 21 Abb.
     8 = B. BRENTJES, Alte Siegelkunst 11.

290 A.M. MOUSSA/H. ALTENMUELLER, Das Grab Taf.24 Szene II,3.

291 Die Belege stammen aus Gräbern des Neuen Reiches: N. DE G. DAVIES, The
     Tomb of Rekh-mi-Rê Pl. LIV (rechts oben); ders., The Tombs of two Offi-
     cials Pl.X (oben rechts) und L. KLEBS, Reliefs 102f. Abb.73.

oder ziseliert,[292] mit der Aufschrift "dem Herrn geweiht" versehen werden.
Es ist hier, wie bei allen "Beschriftungen" in Ex 28,39, wohl mit einer priesterschriftlichen Modifikation bzw. Engführung von Siegelschneiderarbeit auf
das Beschriften zu rechnen. Die Bezeichnung "heilig für..." könnte sehr gut
in Form eines einfachen Kreuzes vorgenommen worden sein, wie es die Geweihten
(Hierodulen) der Göttin auf einigen syrischen Elfenbeinplaketten ("Frau im
Fenster") an der Stirn tragen[293] und wie es auch das Alte Testament (Ez
9,4-6) als Zugehörigkeitszeichen zu JHWH kennt.[294] Ein Goldblechdiadem vom
Tell Dschemme, das zusammen mit einer Lotosrosette gefunden wurde (Abb.146),
zeigt, dass im 10./9.Jh.v.Chr. solche Diademe mit gepunzten Mustern bekannt
waren.[295]

Wieder einmal haben sich also einige Anhaltspunkte für das atl. Wissen um
eine ganz bedeutende Gruppe von Bildträgern aus den Notizen über Siegeln und
Siegel herauskristallisieren lassen. Welch nachhaltigen Einfluss die Motive
gerade dieser Kleinkunst auf die Verfasser der atl. Schriften gehabt haben und
welch grosse Bedeutung ihnen als Vermittlern der Kunsttraditionen im ganzen
Alten Orient zukommt,[296] kann hier nicht entfaltet werden. O. KEEL hat in
mehreren Beiträgen die Bedeutung der Siegelkunst für ein adäquates Verständnis sogar hochtheologischer Texte aufgezeigt. Es sei hier nur an einige zentrale Texte erinnert: In Jes 6 erhellt die Bedeutung der sechsflügeligen Serafim aus der judäischen Siegelkunst, deren Spezialität, vierflügelige Uräen, in
Jesajas Vision zum einen überboten werden (sechs statt vier Flügel) und zum
anderen in ihrer Bedeutung völlig umfunktioniert werden, weil aus dem allgemein beliebten apotropäischen Schutzsymbol für Götter und Menschen nun plötz-
lich ein Zeichen der Schutzbedürftigkeit vor dem Heiligen Israels wird.[297]

---

292 Zu diesen Techniken vgl. auch Kap. 3.4.

293 Vgl. Kap. 4.3. und 6.2.

294 O. KEEL, Zeichen 20; vgl. U. WINTER, Frau und Göttin 300f.

295 W.M.F. PETRIE, Gerar 10 Taf.I,1.2 = BRL[2] Abb.75,24.
     Zu den Diademen, die im Alten Testament Rangzeichen von Herrschern (Ps
     21,4), der Königsmutter (Jer 13,18), des Hohen Priesters (Sach 6,11),
     hoher Beamter (Est 8,15) und Schmuck der Brautleute (Ez 16,12; Hld 3,11)
     sind, vgl. H. WEIPPERT, Art. "Schmuck" in: BRL[2] 287-288 sowie unsere
     Kap. 1.2.1 und 3.1.

296 Zu dieser Rolle der Kleinkunst vgl. schon die Einleitung und B. BRENTJES
     (Alte Siegelkunst 172-177) zum Zusammenhang von Glyptik und Plastik.

297 O. KEEL, Jahwe-Visionen 46-124.

Die Vision in Ez 1 von JHWH, der über der Himmelsplatte thront, die von vier
Mischwesen getragen wird, hat ihren ikonographischen Hintergund in dem ebenfalls gerade in der Glyptik Syriens/Mesopotamiens seit dem 15.Jh.v.Chr. häufig belegten Motiv der Himmelsträger, die einen Himmelsgott, oft mit kontu-
riertem Oberkörper und schwanzartig ausgefächerter Unterpartie, tragen.[298]

Das Motiv des Neumonds zwischen den Bäumen, auf Siegeln des 10.-6.Jhs.v.Chr.
im mesopotamischen und syrisch-palästinischen Raum belegt, wirft Licht auf
die Vision Sacharjas (Sach 4,1-6a.10b-11.13-14) von Gott als Leuchter zwischen den Bäumen.[299]

Ohne die Kenntnis vom Motiv des "Herrn der Tiere", als der sich JHWH in Ijob
38,39-39,30 präsentiert, bleibt diese Gottesrede für uns eine merkwürdige
Naturkundelektion. Gerade die Rollsiegelkunst bietet hier einen Einblick in
eine über Jahrhunderte bewahrte ikonographische Konstellation, die der Verfasser des Ijob-Buches souverän in den Dienst seines Gottesbildes, seiner Theologie von JHWH als Bezwinger und Schützer der gefährlich-chaotischen Tierwelt
stellen konnte.[300]

Das Verbot, "ein Böcklein in der Milch seiner Mutter zu kochen" (Ex 23,19 u.ö.),
bekommt auf dem Hintergrund des Siegelmotivs vom säugenden Muttertier Rück-
halt und Sinn im Rahmen der zeitgenössischen Frömmigkeit.[301]

---

298 AaO. 125-273.

299 AaO. 274-320.

300 Ders., Jahwes Entgegnung 86-125.

301 Ders., Das Böcklein, passim. Vgl. auch in der Entgegnung auf die Kriti-
    ken von B. COUROYER und M. HARAN bei KEEL, Bildträger 26-38.

6.6. AMULETTE IN ISRAEL

6.6.1. ALTTESTAMENTLICHE HINWEISE AUF AMULETTE

Das Hebräische kennt ein einschlägiges Wort für Siegel חתם, aber keinen entsprechend eindeutigen Begriff für das Amulett. Dennoch ist sicher, dass in Israel die ägyptischen oder ägyptisierenden kleinen Talismane sowie andere Anhänger mit unheilabwehrenden Kräften bekannt waren und getragen wurden. Die Amulette stellen einen nicht zu missachtenden Anteil der Ausgrabungsfunde aus allen Schichten in Palästina dar, doch lässt ihre miserable Publizierung und Bearbeitung erkennen, welch geringen Wert man ihnen bislang beigemessen hat.[302]
O. KEEL hat aber zurecht darauf aufmerksam gemacht, dass sie auch für die atl. Exegese keineswegs unbeutend sind.[303]
Allerdings ist die Bibel, was die Amulette betrifft, ziemlich wortkarg, und da bis anhin ausser in Lexikon-Artikeln die möglichen atl. Hinweise auf Amulette nicht systematisch bearbeitet worden sind,[304] müssen wir es hier bei einigen Notizen bewenden lassen. Zunächst sei erinnert an die Amulett-Anhänger in Form von "Sönnchen" und "Möndchen" in Ri 8,21.26 und in Jes 3,18, die schon weiter oben im Zusammenhang der Astralkulte behandelt worden sind.[305] Sie weisen herkunftsmässig deutlich in den vorderasiatischen Raum.

302 Vgl. schon oben zu den Bes-Amuletten Kap. 1.1.4. und O. KEEL, Bildträger 42-44 mit Hinweisen zu den Publikationen von Amuletten in Ausgrabungsberichten. Vgl. auch K. GALLING, Art. "Amulett" in: BRL[2] 10f.
Einen Ueberblick über das Formen-Repertoire der ägyptischen Amulette bietet H. BONNET, Reallexikon 26-31 und neuerdings der Katalog von C. HERRMANN (Formen, passim) zu zwei Sammlungen von insgesamt 1383 Modeln für Amulette u.ä.
Ein grosser Anteil der in Palästina gefundenen Amulette dürfte "als Reiseandenken, als Requisiten des Aberglaubens oder in ähnlichen Rollen nach Israel gelangt sein" (KEEL, Bildträger 43f.), andere könnten auch im Land selbst hergestellt worden sein.

303 KEEL, Bildträger 43f.

304 Recht ausführlich ist zu den atl. Hinweisen J. THOMAS, Art. "Amulette" in: DB I 527-531 (hrsg. 1895).

305 Vgl. Kap. 4.1.

Anders die Bes-Amulette, die zwar im Alten Testament nirgends direkt bezeugt sind, sich jedoch als Mosaiksteinchen bei der Rekonstruktion des Aschera-Kultes als wichtig erwiesen.[306] Sie haben ägyptischen Hintergrund. Bei der Erörterung der פתוחי in Spr 25,11 ist auf die Mandragora-Anhänger aus Fayence an einer SB-zeitlichen Kette in Lachisch hingewiesen worden. Auch da gibt es Verbindungen nach Aegypten, wo die Mandragora bzw. Persea in der Ikonographie als lebensteigerndes Symbol neben dem Lotos auftritt.[307]

Amulettcharakter haftet den bereits behandelten Glöckchen und Granatapfeltroddeln am Gewand des Hohenpriesters an (Ex 28,33f; 39,24ff.).[308] Die Schlangenstäbe in Ex 4,2-4; 7,8-13 und die auf einer Stange angebrachte Bronzekobra in Num 21,8ff. erinnern an ägyptische Schlangenamulette und Schlangenstäbe.[309]

Einige bislang nicht behandelte Notizen sind nun hier noch anzuschliessen. Neben den "Sönnchen" und "Möndchen" sind unter den Accesoires der Jerusalemerinnen in Jes 3 auch ובתי הנפש והלחשים (3,20). Während die בתי הנפש zumeist als Parfümfläschchen verstanden wurden, hat H. WILDBERGER in seinem Jesaja-Kommentar[310] die Uebersetzung "Seelengehäuse" vorgeschlagen sowie die Interpretation von לחשים als Beschwörungs- oder Zauberamulette.[311] Bei den "Seelengehäusen" könnte es sich um ein kleines Behältnis, in dem נפש/Leben stärkende Substanzen enthalten waren, handeln, bei "Zaubern" vielleicht um kleine Amulettanhänger. Beide wurden, wie der Kontext von Jes 3 erschliessen lässt, als Schmuck auf dem Körper getragen, wahrscheinlich an einer Halskette oder einem Armband wie die Siegel.[312]

---

306 Vgl. Kap. 1.1.4.

307 Vgl. Kap. 5.1.8. sowie die Persea-Amulette (115 Stück, d.h. fast 10% der Sammlung!) bei C. HERRMANN, Formen Nos 962-1076.

308 Vgl. Kap. 1.2.5. und Kap. 6.4.1.

309 Vgl. Kap. 2.1.4.2.

310 Jesaja I 143. Ich stimme WILDBERGER in seiner Uebersetzung zu, da sie vom Kontext (Schmuck, nicht Kosmetika) besser gerechtfertigt ist und eine Bedeutung "Parfüm" für hebr. נפש sich nicht erhärten lässt. Vgl. auch O. KEEL, Deine Blicke 111 Anm.411.

311 Zu לחש "Beschwörung" vgl. WILDBERGER, Jesaja I 123 zu Jes 3,3.

312 Ein Teil der von C. HERRMANN publizierten Amulettmodel weist einen kleinen Kanal für die Anhängervorrichtung des Amuletts auf, bisweilen wurde auch nach der Formung des Positivs eine Oese angebracht, die mit dem Amulett beim Brennen verschmolz (C. HERRMANN, Formen V.VII).

Den בתי הנפש und den לחשים lassen sich nun jeweils noch andere interessante atl. Notizen zuordnen. Schon A. VAN DEN BRANDEN und ihm folgend H. WILDBER-GER[313] stellten eine Verbindung her zwischen den Lebensbehältern und dem צרור החיים in 1Sam 25,29. Der Segenswunsch Abigajils meint, dass das Leben Davids im "Beutel der Lebendigen" bei Gott verwahrt sein soll. Nach Sir 6,5 ist ein treuer Freund ein "Beutel des Lebens".[314]

Von einem צרור המר , einem Myrrhenbeutelchen ist in Hld 1,13 die Rede.[315] So wie die Frau sich wünschen kann, zum Siegel auf dem Herzen oder am Handgelenk des Geliebten zu werden, um wie ein Amulett zu ihm zu gehören und seine Lebenskräfte zu steigern und zu schützen (Hld 8,6),[316] so gilt umgekehrt:

> Ein Myrrhenbeutelchen ist mein Geliebter für mich,
> das zwischen meinen Brüsten ruht...[317]

O. KEEL hat in seiner Studie zur Metaphorik des Hohen Liedes gezeigt, dass ein solches Stoffsäckchen mit Myrrhenharzklümpchen Amulettcharakter hatte. Es stärkte durch den Myrrhenduft, der sakral-kultische (Ex 20,23) und erotische Bedeutung hatte, die Trägerin.[318]

Seit dem 3.Jt.v.Chr. erscheint in Aegypten eine Art Beutel-Amulett, bestehend aus Stoffbändern, die um Gegenstände gewickelt und mittels einer Nadel fixiert sind.[319] Eine Frauenterrakotte aus Megiddo (11.Jh.v.Chr.) scheint ebenfalls

---

313 VAN DEN BRANDEN, I gioielli 91ff.; H. WILDBERGER, Jesaja I 143.

314 Vgl. G. SAUER, Jesus Sirach 519 z.St.

315 Vgl. dazu im folgenden O. KEEL, Deine Blicke 108-114 und ders., Das Hohelied 68ff.

316 Vgl. schon oben Kap. 6.5.

317 Uebersetzung nach O. KEEL, Deine Blicke 108. Vgl. auch den Hinweis auf die Bezeichnung der Geliebten als Udschat-Auge in einem Liebeslied des Papyrus Chester Beatty (aaO. 112 Anm.418).

318 KEEL, Deine Blicke 109. Myrrhe wird als kostbares Parfüm auch in Ps 45, 9; Spr 7,17; Esr 2,13 und in Hld 3,6; 4,14; 5,1.5.13 erwähnt. Sie wurde in Aegypten auch medizinisch verwandt (R. GERMER, Art. "Myrrhe" in: LdAe IV 275f.). Vgl. in Hld 1,13 die Bedeutung der Hennatraubenblüte (KEEL, Deine Blicke 113f.).

319 Vgl. KEEL, aaO. 111 und Abb.116 mit einer Detailzeichnung aus dem Grab des Kagemni in Saqqara (2250 v.Chr.). Als Inhalte solcher Beutel werden Mäuseknochen, Ibisköpfe aus Stoff und verschiedene Pflanzen genannt (vgl. KEEL, Deine Blicke 112) sowie Zähne und Raubtierkrallen (H. BONNET, Reallexikon 28f.; vgl. auch H. GERSTINGER, Art. "Bulla" in: RAC II 800 f.). Vgl. des weiteren KEEL, Deine Blicke Abb.117.118 (= V. KARAGEOR-GHIS, Kition 74 Pl.56). Die Anhänger der Terrakottafigur aus Zypern (600 v.Chr.) bei KEEL, Deine Blicke Abb.118 möchte ich eher als Sonnenscheiben deuten (vgl. oben Kap. 4.1.).

eine Art Beutel zwischen den Brüsten zu tragen.[320]

M. WEIPPERT[321] hat auf einen interessanten neuassyrischen Text aufmerksam gemacht (K 833,20-25), wo Mullissu, die Gemahlin des Reichsgottes Assur, als "Mutter Assurbanipals" dem König verspricht: "Als einen šukurru-Anhänger setze ich dich zwischen meine Brüste" (Z.22). Der šukurru-Anhänger dürfte ein lanzenförmiges Amulett gewesen sein.

In Hos 2,4 wird die Mutter Israel aufgefordert, ihre "Hurenmale" (זנוניה) aus dem Gesicht und die "Ehebruchzeichen" (ונאפופיה) zwischen den Brüsten zu entfernen. Dabei handelt es sich um die Zugehörigkeitszeichen zur Göttin, wie die "Frau am Fenster", die Hierodule der Göttin, sie in x-Form bisweilen auf der Stirn trägt.[322] U. WINTER denkt bei den Zeichen zwischen den Brüsten an die in Syrien/Palästina verbreiteten SB-zeitlichen Anhänger mit dem Bild der Göttin, nicht an eigentliche Amulette.[323] Aber erstens wird man Schmuckanhänger, insofern sie immer auch eine Art Bekenntnis des Trägers, der Trägerin darstellen, und Amulett nicht dissoziieren dürfen.[324] Und zweitens gibt es ja Hinweise, dass Amulette oder magische Beutelchen auf der Brust getragen wurden. Dass diese im Zusammenhang mit dem Kult einer Göttin stehen konnten, ist gut vorstellbar.[325]

Einen späten Hinweis darauf, dass man Amulette auf dem Körper trug, stellt die bereits erwähnte Notiz in 2Makk 12,40 (ἱερώματα τῶν ἀπὸ Ιαμνείας εἰδώλων) dar.[326] Und in der wahrscheinlich aus Aegypten stammenden Schrift "Josef und Asenat", die zwischen dem ausgehenden 2.Jh.v.Chr. und dem Bar-Kochba-Aufstand geschrieben worden sein dürfte,[327] schmückt sich Asenat zur

---

320 U. WINTER, Frau und Göttin Abb.317 = KEEL, Deine Blicke Abb.120.

321 M. WEIPPERT, Die Bildsprache 62-68.

322 Vgl. Kap. 6.5. Anm.293 und U. WINTER, aaO. 594f. Ein Bronzefigürchen vom Tell el-Judeideh (H. SEEDEN, The Standing Armed Figurines No 1761; 1000-500 v.Chr.) trägt einen runden Anhänger mit Punkten und einem x-Zeichen. Ob es sich um eine Frau handelt, ist schwer zu entscheiden.

323 AaO. 595.

324 Ich schliesse mich hier der Kritik von KEEL, Deine Blicke 111 Anm.412 an.

325 Der ägyptische Oberrichter trug am Hals ein Bildnis der Göttin Maat (vgl. die Angaben bei H. GERSTINGER, Art. "Enkolpion" in: RAC V 322f. nach Diod. I 48.75 und Ael. 14,34; wahrscheinlich aus Lapislazuli!).

326 Vgl. Kap. 5.1.2.2.

327 Zur Datierung und Herkunft der Schrift vgl. C. BURCHARD, Joseph und Aseneth 613-615.

Begrüssung ihrer Eltern mit kostbaren Steinen, aus denen "die Angesichter
der (Götzen)bilder" (3,6), nämlich der Götter der Aegypter, herausgebildet
sind.[328]

6.6.2. גלולים "MISTDINGER"

Im Zusammenhang der Amulette soll an dieser Stelle eine der wichtigen atl.
Spottbezeichnungen für Götterbilder behandelt werden.
48mal ist im Zusammenhang atl. Götzen(bild)polemik von גלולים die Rede.[329]
Das Wort könnte eine Erfindung Ezechiels sein; mindestens ist es im Buch
Ezechiel der beherrschende Begriff für Fremdgötter (39 Belegstellen). Zudem
tritt es noch weitere 9mal in dtr. oder Ezechiel nahestehender Literatur
auf (Lev 26,30; Dtn 29,16; 1Kön 15,12; 21,26; 2Kön 17,12; 21,11.21; 23,24;
Jer 50,2). Der Topos gehört zum Wortfeld der spottenden Götzenbildpolemik,[330]
wofür die Pluralform[331] und die undifferenzierte Anwendung auf "Götzen" wie
auch deren Bilder typisch ist. Abzuleiten ist גלולים nach mittlerweile mehr-
heitlicher Auffassung von גל "Mist,Kot", bedeutet also etwas wie "Mistdinger"
oder "Scheissgötter".[332] Die גלולים sind nur in wenigen Fällen eindeutig als
die Bilder der Götzen gekennzeichnet (Ez 6,4.5.13 "hinstürzen vor", "liegen
inmitten" der גלולים; 8,10 Wandbilder mit גלולים; 22,3.4 "anfertigen" von
גלולים; Dtn 29,16 גלולים aus Holz, Stein, Silber, Gold; Jer 50,2 חתי גלולים).
Oft sind die damit verbundenen Wendungen wie "die Augen erheben" zu den
גלולים (Ez 18,6.12.15), "das Herz oder die Augen an die גלולים hängen", "sich
mit גלולים verunreinigen", "das Angesicht von den גלולים abwenden" (vgl. Ez
6,9; 14,3.4.6; 20,16.18.24) genausogut konkret, auf die Götterbilder, als
auch abstrakt, auf die Götter selbst bezogen, verstehbar.
Unter גלולים-Bildern scheint nun zwar neben den Wandreliefs in Ez 8,10 alle

---

328 AaO. 638f. Diese Schmuckstücke fehlen, als Asenat sich zur Hochzeit
     kleidet 618,6). Zum Gottheiten-Repertoire unter den ägyptischen Amulet-
     ten vgl. beispielsweise C. HERRMANN, Formen VIII.

329 Zum Folgenden vgl. H.-D. PREUSS, Art. גלולים in: ThWAT II 1-5.

330 Vgl. auch PREUSS, Die Verspottung bes.156f.

331 Wie שקוצים und אלילם. Nur in Sir 30,18 tritt ein Singular auf.

332 Vgl. PREUSS, Art. גלולים in: ThWAT II 2 zur früheren Ableitung von גלל
     "wälzen", die aber nicht überzeugt.

Art von grosser und kleinerer plastischer Bildkunst - in gewöhnlich undiffe-
renziertem Sprachgebrauch - subsumiert, jedoch deuten einige Texte darauf
hin, dass גלולים manchmal speziell mit Aegypten assoziiert wurden und dass
es gelegentlich kleine Amulette bezeichnen könnte.

So hat O. KEEL vorgeschlagen, in Ez 20,7f. die Aufforderung, die Scheusale
(שקוצים) wegzuwerfen und sich nicht an den "Mistdingern" Aegyptens (בגלולי
מצרים) zu verunreinigen, nicht rein geistig, sondern konkret als Appell zu
verstehen, die ägyptischen Fayence-Amulette wegzuwerfen.[333] Dass Ezechiel
bei גלולים bisweilen an ägyptische Götzen denkt, zeigt der Kontext von Ez 8,
10.[334] Auch Dtn 29,16 erinnert ausdrücklich an die שקוצים und גלולים im Lande Aegypten. Als weiterer Hinweis auf Ezechiels Kenntnis ägyptischer Amulette wird man auch die Kennzeichnung der Aegypter als "Nachbarn mit dem grossen Glied" (שכניך גדלי בשר) in Ez 16,26 (vgl. 23,20) auszuwerten haben, da
wahrscheinlich auf das ebenfalls unter den Amuletten auftretende ägyptische
Motiv eines Mannes mit überdimensionalem Phallus angespielt ist.[335]

---

333 KEEL, Bildträger 44f.

334 Dazu vgl. Kap. 2.1.1.2. In Ez 30,13 sind die גלולים und אילים von Memphis textkritisch sehr problematisch, weshalb die Stelle hier ausgeklammert werden soll (vgl. W. ZIMMERLI, Ezechiel 726f.).

335 Den Hinweis verdanke ich O. KEEL, der einen materialreichen Beitrag zu
diesem Motiv zu publizieren gedenkt. An dieser Stelle sei noch auf drei
andere atl. Stellen hingewiesen, die möglicherweise durch die Ikonographie der ägyptischen Amulette erhellt werden könnten (vgl. die angekün-
digte Arbeit von C. HERRMANN), nämlich die Fliege und Biene in Jes 7,18
(vgl. HERRMANN, Die Formen Nos 444-447), Gen 3,14 und die auf Beinen
laufende Schlange nhb-k3w (vgl. aaO. Nos 373f.) sowie das Herz aus Stein
in Ez 36,25-27 und die Herzamulette (aaO. Nos 253-255).

KAPITEL VII

ALTTESTAMENTLICHE NACHRICHTEN
VON
ISRAELITISCHEM KUNSTHANDWERK UND KUNSTHANDWERKERN

Ein Hauptziel der vorliegenden Arbeit war es, nachzuweisen, dass das Alte
Testament erstaunlich viele Nachrichten über darstellende Kunst, reale Bildwerke in Israel/Palästina enthält und dass diese Nachrichten durchaus in
Beziehung gesetzt werden können zu den archäologischen Funden von Bildkunst
aus Israel bzw. dessen Umwelt. Hier gilt es nun noch einem möglichen Einwand
entgegenzutreten, der bei der unübersehbaren Beeinflussung der Motive auf
Bildträgern Palästinas von Aegypten, Vorderasien, Syrien, vor allem aber
Phönizien her vielleicht erhoben werden könnte, nämlich dass es in Israel
zwar Bilder gegeben habe, dass diese aber weitgehend entweder aus dem Ausland importiert oder von beauftragten ausländischen Künstlern in Israel hergestellt wurden, kurz, dass es in Israel Produkte des Kunsthandwerks gab,
aber keine einheimischen Kunsthandwerker.

Bei bestimmten Gruppen von Bildträgern lässt sich diese Vermutung nun sehr
schnell zurückweisen. Es ist eindeutig, dass die vielen handgeformten oder
mit Pressformen hergestellten Terrakotten aus eisenzeitlichen Schichten, darunter die nackten Frauenfigürchen, Lokalware sind. Es wurden ja auch bisweilen die zugehörigen Gussformen gefunden.[1] Das gleiche gilt für einen grossen Teil der eisenzeitlichen Stempelsiegel aus Palästina.[2] Lokales Handwerk
wird auch durch den Fund entsprechender Werkstätten ausgewiesen. So ist in
der Festung von Arad schon im 10.Jh.v.Chr. eine Silberschmiede nachgewiesen,
und zwischen dem Tempel und den Wohnquartieren des 9./8.Jhs.v.Chr. gab es
Werkstätten mit Einrichtungen zur Metallbearbeitung.[3]

Ein Schlüssel zur Bestimmung von lokalem Kunsthandwerk sind zudem natürlich
stilistische Kriterien, besondere Gestaltungsweise und Variationen von weit-
verbreiteten Motiven. Auf diese Weise lassen sich Zentren und Einflusszonen
von einzelnen Branchen des Kunsthandwerks und ausgewählten Themen ausfindig
machen. Bestimmte Motive auf den Stempelsiegeln aus Palästina und der süd-

---

1 Vgl. zur Herkunft der Frauenfigürchen vor allem U. WINTER, Frau und
   Göttin 121-127 sowie Abb.63 (Pressmodel aus Taanach, 10.Jh.v.Chr.).

2 Zum Nachweis der Herkunft kann die Paläographie beschrifteter Siegel
   dienen (vgl. unten Anm.30). Von Bedeutung wären vor allem Funde von noch
   unbearbeiteten Stempelsiegeln, wie sie bislang aber leider nur aus älteren Ausgrabungsschichten bekannt sind.

3 Vgl. zu diesen Funden Z. HERZOG, The Israelite Fortress, passim; Y. AHA-
   RONI, Arad 8 und OLB II 226.

lichen Levante stellen sich z.B. als typische Produkte dieses Gebietes dar.[4]
Ebenso typisch ist für diesen Raum die im Vergleich zu anderen Kulturräumen
recht schwache Gestaltungsfähigkeit von voll- und halbplastischen Bildern,
ob es nun Metallfigürchen sind, die zum grössten Teil recht brettartig wirken oder reliefierte Steine.[5]

G.W. AHLSTROEM hat zurecht den Vorschlag gemacht, den Stil der Malereien von
Kuntillet Adschrud, der wie P. BECK gezeigt hat,[6] zugleich von der Kunst
Phöniziens wie von der "Wüstenkunst" geprägt ist, als palästinisch zu bezeichnen, insofern dieser Stil die schon erfolgte Integration der verschiedenen Einflüsse widerspiegelt.[7] Die Arbeit von P. BECK zeigt beispielhaft,
wie eine noch zu schreibende Kunstgeschichte Palästinas aussehen könnte.[8]
In einer solchen Kunstgeschichte dürften wohl die wenigen, aber doch recht
wichtigen atl. Hinweise auf israelitische Kunsthandwerker, die im folgenden
behandelt werden sollen, nicht unbeachtet bleiben.

Dass Israel in der Richter- und frühen Königszeit bei der Begegnung mit der
hochentwickelten kanaanäischen Kultur nicht annähernd soviel künstlerische

---

4   Vgl. z.B. die geflügelten Greifensphingen und die Granatapfelkränze
    (Kap. 1.1.5. und 2.2.1.2).

5   Dazu J. BOERKER-KLAEHN, Altvorderasiatische Bildstelen bes.78: "Das mo-
    numentale Flachrelief ist grundsätzlich einschichtig angelegt; der Hand-
    werker arbeitet mit Silhouetten und Detailritzung. Die Gründe für die-
    sen Mangel an plastischer Begabung, der sich anscheinend auch an der
    statuarischen Plastik Syriens, insbesondere an den brettartigen Klein-
    bronzen, zu einem guten Teil beobachten lässt, lassen sich nur vermuten.
    Zu erwägen wäre, ob eine verschwundene Web- und Knüpfkunst sowie Wand-
    malerei dafür verantwortlich sind."

6   P. BECK, The Drawings bes.43-45.62f. BECK nennt diesen Stil "phönizisch-
    arabisch". Sie denkt an wandernde Handwerker, die ein Repertoire an Mo-
    tiven der phönizisch-syrischen Werkstätten hatten und dieses mit Elemen-
    ten von Malereien/Zeichnungen aus dem südlichen Negev und Arabien kom-
    binierten (aaO. 62). Als Produkte von "Volkskunst" nennt P. BECK auch
    die kleinen Räucheraltärchen des 6.-4.Jhs.v.Chr. (vgl. Kap. 6.1.3.).

7   G.W. AHLSTROEM (An Archaeological Picture 19): "... Phoenician 'style'
    can be seen to have become an integral element of Palestinian art by
    800 B.C., which had been taken over and made part of the regular local
    style...".

8   Ein wesentlicher Bestandteil einer solchen Arbeit müsste die Geschichte
    der Stempelsiegel aus Palästina sein. Das zur Zeit mit Unterstützung
    des Schweizerischen Nationalfonds im Biblischen Institut der Universi-
    tät Freiburg i.Ue. laufende Projekt zur Erstellung eines Katalogs aller
    in Israel ausgegrabenen Stempelsiegel wird die Basis für ikonographische
    Studien dieser Art liefern (vgl. dazu O. KEEL, Bildträger bes.39-42;
    ein erstes Beispiel für die Auswertungsmöglichkeiten des Katalogs stellt
    die Studie der Verfasserin zum MBIIB-zeitlichen Motiv des Mannes im
    Wulstsaummantel dar; S. SCHROER, Der Mann, passim).

Tradition und handwerkliches Potential aufzuweisen hatte wie diese, steht
ausser Frage. Kunsthandwerkliche Produktivität ist von vielen Faktoren abhängig, worunter die Verfügbarkeit von Material und Werkzeugen keine geringe
Rolle spielen. Die Gruppen, aus denen "Israel" sich konstituierte, dürften
durchaus ein kunsthandwerkliches "Know-how" in einigen Bereichen (besonders
wohl Textildekoration, Felsmalerei, Steinbearbeitung) mitgebracht haben, vor
allem im Bereich der Metallbearbeitung scheint aber ein Defizit an technischen Möglichkeiten und an handwerklicher Fertigkeit geherrscht zu haben.[9]

Im Bericht über den Tempelbau Salomos ist die Erinnerung an die Unterstüt-
zungsbedürftigkeit Israels in solchen Dingen bewahrt. Nach 2Sam 5,11 (vgl.
1Chr 14,1) hatte schon David beim Bau seines Palastes Material und Fachleute,
nämlich Zimmerleute und Maurer (חרשי עץ וחרשי אבן קיר) von Hiram, dem König
von Tyrus erhalten.[10] In 1Kön 7,13f. wird nun berichtet, der Sohn eines
Bronzeschmieds (חרש נחשת) aus Tyrus, sein Name ist ebenfalls Hiram, sei zur
Anfertigung der Bronzearbeiten (Säulen, Urmeerbecken, Kesselwagen und weitere Geräte) für den Tempel hinzugezogen worden:

> 13 Und König Salomo liess den Hiram von Tyrus holen.
>
> 14 Der war der Sohn einer Witwe aus dem Stamm Naftali,
>
> sein Vater war Tyrier gewesen, ein Bronzeschmied.
>
> Hiram besass Kunstfertigkeit, Verstand und Sach-
>
> kenntnis in der Anfertigung jeglicher Bronzearbeit
>
> (לעשות כל־מלאכה בנחשת),
>
> und er kam zum König Salomo und führte alle seine
>
> Arbeitsaufträge aus.

---

9 Vgl. zu den kultursoziologischen Faktoren anikonischer Kulte O. KEEL,
   Jahwe-Visionen 37-45 (bes.40). Das Bild vom "nomadischen" Israel ist
   aufgrund der neueren Forschung zur Zeit im Umbruch. Eine bessere Kenntnis der Ereignisse und vor allem sozialen Gegebenheiten in der frühen
   Eisenzeit wird eventuell auch ein differenzierteres Bild von den kunsthandwerklichen Fähigkeiten und Produkten des vorstaatlichen Israel ergeben (vgl. zu den neueren Forschungen über die Frühzeit Israels die
   Beiträge von H. ENGEL, N. LOHFINK, H.-W. JUENGLING und P.J. KING in
   "Bibel und Kirche" 38 (1985)).
   Auf mangelnde Kenntnisse in der Metallverarbeitung deutet auch 1Sam 13,
   19f., die Erinnerung, dass die Philister in der Waffen- und Eisengerät-
   herstellung Israel voraus waren ("in ganz Israel fand sich kein Schmied").

10 Vgl. auch in 1Kön 5,32 die Nachricht von tyrischen Arbeitskräften, die
   gemeinsam mit den israelitischen die grossen Qadersteine für den Tempel
   zuhauen.

Die Parallele in 2Chr 2,12f. (vgl. auch 4,16) weicht von dieser Version in
mehreren Punkten ab. Dort antwortet der König von Tyrus Salomo in einem
Brief:

> 12 So schicke ich dir einen verständigen Mann, reich
> an Sachkenntnis, den Huram[-Abi], 'meinen Meister'.
>
> 13 Sohn einer Danitin, dessen Vater ein Tyrier ist,
> der versteht sich auf Arbeiten in Gold, Silber,
> Bronze, Eisen, Stein und Holz und in Stoffen von
> rotem und blauem Purpur, von Byssus und Karmesin,
> und auf Gravierarbeiten (ולפתח כל־פתוח) und
> Ersinnen von allerlei Motiven (ולחשב כל־מחשבת),
> was ihm auch aufgetragen wird, zusammen mit
> deinen Fachleuten (עם־חכמיך) und denen deines
> Vaters, meines Herrn.

1Kön 7,13f. wird allgemein für eine späte Einfügung gehalten, da die Kunst
des Hiram mit sehr ähnlichen Formulierungen gelobt wird wie im priesterschriftlichen Text in Ex 31,3 und 35,31 die des Bezalel, auf den wir noch
zurückkommen.[11] Wenig historische Glaubwürdigkeit liegt zudem im Namen חרם ,
da auch der König von Tyrus so heisst, noch weniger in dem Doppelnamen
חרם־אבי.[12] Und schliesslich wurde vermutet, dass in späterer Zeit die phönizische Herkunft des Künstlers anstössig wirkte und man aus diesem Grund seine israelitische Abstammung mütterlicherseits fingierte.[13]
Ob es wirklich einmal einen Hiram gegeben hat, wird wohl kaum herauszufinden
sein. Ich denke aber, dass diese Notizen, selbst wenn sie spät sind, historische Erinnerungen bewahren, nämlich erstens, dass beim Tempelbau im Ein-
vernehmen mit dem König von Tyrus tyrische Facharbeiter vom königlichen Hof

---

11 M. NOTH, Könige 148f.; J. GRAY, I&II Kings 182f. (GRAY bezweifelt aller-
    dings die Historizität des Hiram nicht grundsätzlich); E. WUERTHWEIN,
    Die Bücher I 75.

12 In 2Chr 4,11 ist nebeneinander einmal חורם und einmal חירם überliefert.
    Der volle Name lautet אחירם (vgl. W. RUDOLPH, Chronikbücher 200; M. NOTH,
    Die israelitischen Personennamen 18.67.70.145). RUDOLPH (aaO.) schlägt
    vor, אבי im Sinne von 'Meister', 'vertrauter Ratgeber' zu verstehen
    (Gen 45,8; 1Makk 11,32).

13 WUERTHWEIN, aaO. Der Idee, dass es sich bei dem Tyrier um den Stiefvater
    handeln soll, wie M. NOTH (aaO.) und ihm folgend auch WUERTHWEIN behaup-
    ten, kann ich nicht folgen. WUERTHWEIN (aaO.) vermutet, die "Israelitisie-
    rung" des Phöniziers Hiram könnte mit der antiphönizischen Stimmung der
    nachexilischen Zeit infolge der phönizischen Unterwanderung Judas zusammen-
    hängen.

ausgeliehen wurden,[14] und zwar vor allem für die Metallarbeiten mit schwierigen Gussverfahren, zweitens, dass gerade in dieser Branche des Kunsthandwerks der phönizische Einfluss durch Vermittlung der im Norden angesiedelten Stämme Dan und Naftali nach Süden ausstrahlte. Dafür dass bei der Rezeption kanaanäisch-phönizischen "Know-hows" in der Edelmetallverarbeitung sowie bei der Verbreitung dieser Kunst in Israel Dan eine besondere Rolle zukam, lassen sich noch mehr Anhaltspunkte zusammentragen.

1. In Ri 17-18, wo die Wanderung eines Teils des Stammes Dan von Kirjat-Jearim in den Norden erzählt wird,[15] findet sich die wahrscheinlich literarisch älteste atl. Erwähnung eines israelitischen צורף, nämlich des Silberschmieds, der für Micha aus dem Gebirge Efraim ein Kultbild anfertigen soll. Dieses Kultbild, vielleicht eine silberne oder silberüberzogene Stierfigur, gelangt durch die Daniten nach Lajisch.[16]

2. Die Sippe Schuham, also der Teil des Stammes Dan, der im ersten Drittel des 12.Jhs.v.Chr. nach Norden zog, eroberte Lajisch, wie vor allem die Ausgrabungen in Dan ergeben haben,[17] ohne vernichtende, kriegerische Auseinandersetzung mit der kanaanäischen Bevölkerung. Zur Zeit der Debora-Schlacht (zwischen 1160-1130 v.Chr.), an der diese Sippe, die dann als Daniten bezeichnet werden, nicht teilnahm,[18] hatten sie wahrscheinlich bereits wirtschaftliche Verbindungen mit Tyrus[19] und spielten eine Rolle im Zwischenhan-

---

14 Vgl. zum Ausleihen ausländischer Textilhandarbeiter an den ägyptischen Königshöfen M.-T. BARRELET, Un inventaire bes.69 und unser Kap. 6.4.2. Anm.247.

15 Vgl. dazu jetzt H.M. NIEMANN, Die Daniten bes.143-145.

16 Vgl. Kap. 2.1.3.3.

17 Die Ablösung der letzten kanaanäischen Schicht (Str.VII) durch die erste frühisraelitische (Str.VI) ist durch ein vorübergehendes Absinken der Stadtkultur zu einer bescheideneren seminomadischen Siedlung gekennzeichnet (NIEMANN, aaO. bes.269). Str.VI geht bruchlos in Str.V über und beweist ein wieder angestiegenes materiell-kulturelles Niveau, das auf die Einfügung der Daniten in die lokal-ökonomischen und -politischen Gegebenheiten ihrer neuen Wahlheimat schliessen lässt.

18 Den Grund für das Fernbleiben sieht NIEMANN (aaO.) in der Randlage Dans sowie im Engagement der Daniten im wirtschaftlichen Kontext mit Phönizien.

19 Ein atl. Hinweis auf Handelskontakte mit Tyrus wird im Danspruch in Ri 5,17aβ gesehen (vgl. dazu NIEMANN, aaO. 56-58): "warum weilt Dan bei den Schiffen". Es dürfte sich da um die phönizischen Schiffe in den Häfen von Tyrus handeln, wo die Daniten sich als Saisonarbeiter bei Um-

del mit Phönizien. Zudem wurde in Lajisch die schon im Stratum V nachgewiesene Tradition der Bronzeherstellung von den Daniten fortgeführt.[20]
Auch andere Stämme scheinen aber schon sehr früh mit kanaanäischem Kunsthandwerk in Berührung gekommen zu sein, wahrscheinlich durch die einheimischen, verarmten Bevölkerungselemente, die sich mit Gruppen der beginnenden Aramäerbewegung und der Mose-Gruppe zum Volk JHWHs, Israel, zusammenfügten. Ausser dem efraimitischen צורף ist hier natürlich das Bronzestierbild der במה in den Hügeln von Samaria in Erinnerung zu rufen, das ja ebenfalls in die Richterzeit (12./11.Jh.v.Chr.) datiert ist. Bei dieser Stierplastik, die nach den Ergebnissen der Ausgrabungen im Kult von Israeliten eine Rolle spielte, ist ungewiss, ob es von einem kanaanäischen oder israelitischen Künstler angefertigt wurde.[21] Wenn es ein JHWH-Anhänger war, hat er sich jedenfalls weitgehend an der kanaanäischen Lokalkunst orientiert, und sein Handwerk bei einem ihrer Vertreter erlernt.

Auch die Priesterschrift nennt als besonders begabten Künstler, der bei den Arbeiten zur Einrichtung des Heiligtums führend mitwirkte, neben dem (wichtigeren) Bezalel vom Stamme Juda einen Daniten namens Oholiab.[22] In Ex 31,

schlagarbeiten verdingt haben könnten. Auch könnte Lajisch/Dan aufgrund seiner günstigen Lage ein rückwärtiger Binnenumschlagplatz von Tyrus gewesen sein. Archäologisch ist schon für die SB II-Zeit in Dan viel Importware (z.T. aus Zypern) bezeugt sowie ein intensiver Kontakt mit dem ägäischen Kulturraum (vgl. die Hinweise bei NIEMANN, aaO. 261 Anm. 13). Dass dieser noch im 8.Jh.v.Chr. bestand, zeigt z.B. das Stempelsiegel mit dem Streitwagen ägäischen Typs bei unserer Abb.117. Zum Handel mit Tyrus in späterer Zeit vgl. z.B. Ez 27,17.

20   Vgl. dazu A. BIRAN, Tel Dan (1974) 263; ders., Tel Dan, 1976 205 und ders., Tell Dan Five Years Later 174. Gefunden wurden in Str.VI-IV Schmelztiegel und ein Ofen mit Resten von Metallschlacke. Schon im 18. Jh.v.Chr. bezog der Herrscher von Lajisch, Waritaldu, laut einer zeitgenössischen Quelle grosse Mengen Zinn, das zur Bronzeherstellung benötigt wurde, vom König Zimrilim von Mari (vgl. dazu A. MALAMAT, Syro-Palestinian Destinations 34-36). BIRAN (Tell Dan Five Years Later 174) weist auf den Zusammenhang Tyrus-Dan in 2Chr 2,12f. hin.

21   Vgl. dazu ausführlich Kap. 2.1.3.3. Die grösste stilistische Aehnlichkeit des richterzeitlichen Stierbildes besteht zu dem kleinen Standarten-Bronzestier von Hazor, der in die kanaanäische Zeit (1550-1200 v.Chr.) gehört (A. MAZAR, Bronze Bull 39).

22   M. NOTH (Das zweite Buch 197) macht darauf aufmerksam, dass die Namen Bezalel und Uri sonst nur für die nachexilische Zeit (Esr 10,24.30) belegt sind. "Hur" ist in 1Chr 2,50; 4,1.4 bezeugt. "Ahisamach" ist atl. sonst nicht bezeugt, gehört aber einem alten Typ der Namensbildung an.

1-6 heisst es:

1 Und JHWH sprach zu Mose:

2 Sieh, ich habe Bezalel, den Sohn Uris,

des Sohnes Hurs vom Stamme Juda, mit Namen berufen

3 und habe ihn mit göttlichem Geist erfüllt,

mit Kunstfertigkeit, Verstand und Sachkenntnis

in jeglicher Arbeit,

4 um Motive zu ersinnen (לחשב מחשבת)

und sie auszuführen in Gold, Silber und Bronze

5 und durch Anfertigung von Steinbesatz (אבן למלאת)

und Bearbeitung von Holz, um jegliches Werk herzustellen.

6 Und siehe, ich habe ihm Oholiab, den Sohn Ahisamachs

vom Stamme Dan, beigegeben,

und allen Fachleuten habe ich künstlerischen Sach-

verstand verliehen, damit sie alles ausführen,

was ich dir geboten habe.

Es folgt eine Liste von Metallgeräten und Textilien.
In Ex 35,35 (vgl. 38,23) werden statt einer Auflistung diese Arbeiten entsprechend präzisiert als die des חרש, der hier wohl Metall- und Holzarbeiter
repräsentiert, sowie einer Reihe von Textilarbeitern (Sticker, Buntwirker,
Weber). Verschiedene Arten von Textildekorationen werden, wo oben schon gezeigt worden ist (Ex 26,31.36; 28,33f.39; 36,8.35; 39,25f.29),[23] auch an anderen Stellen im Buch Exodus erwähnt. Zu erinnern ist zudem an die Siegelschneider, die zur Zeit der Priesterschrift ebenfalls schon eine feste Be-
rufsgruppe darstellten (Ex 28,9-21).[24]
Aus allen diesen Notizen darf man schliessen, dass den priesterschriftlichen
Autoren fast alle Arten vor allem des vornehmen Kunsthandwerks bekannt waren und sie versuchten, diese als genuin israelitisch und von JHWH selbst
inspiriert in die Frühzeit Israels zurückzuprojizieren. Dass muss keineswegs
ausschliessen, dass die Priesterschrift Erinnerungen an zwei führende, israelitische Künstler namens Bezalel und Oholiab hatte.[25] Der Chronist hat in

---

Eine Kurzform von בצלאל ("im Schatten Els") könnte der Name בצל im Ostrakon No 49 von Arad (Str.VIII, Ende des 8.Jhs.v.Chr.) sein (A. LEMAIRE,
Inscriptions hébraïques 209f.).

23 Dazu ausführlicher Kap. 6.4.1.

24 Vgl. Kap. 6.5.

25 So auch M. NOTH, Das zweite Buch 197.

2Chr 2,12f. alle im Buch Exodus im Zusammenhang der Ausstattung des Heiligtums erwähnten künstlerischen Arbeiten auf den tyrisch-israelitischen "Huram"
übertragen.[26]

In der vorexilisch-exilischen Zeit gibt es in Israel längst jedes Kunsthandwerk. Dafür spricht u.a. die ausdrückliche Erwähnung der "Feinschmiede"
(המסגר)[27] bei der Deportation Judas (2Kön 24,14.16; Jer 24,1; 29,2) und die
gute Kenntnis von verschiedenen kunsthandwerklichen Tätigkeiten, wie sie besonders in den Spottstrophen der Götzenbildpolemiken in den Büchern Jeremia
und Jesaja bezeugt ist.[28]

Die eisenzeitlichen Handwerks- und Kunstprodukte aus Palästina sind im Vergleich zu MB- und SB-zeitlicher Ware bisweilen von geringerer künstlerischer
Qualität und Aussagekraft.[29] Das israelitische Kunsthandwerk ist im grossen
und ganzen wohl auch über die Grenzen hinaus nicht zu besonderer Bedeutung
gelangt. Ein beachtliches Niveau hat es aber in der Miniaturkunst erreicht.[30]

26   Die Tendenz zur anachronistischen Komplettierung der Handwerksarbeiten
      ist in der Chronik z.B. auch in 2Chr 24,12 (gegen 2Kön 12,12) zu bemer-
      ken, wo bei den Ausbesserungsarbeiten am Tempel noch Eisen- und Kupfer-
      schmiede angefügt werden; vgl. auch 1Chr 22,15 und Ex 31,4.

27   Vgl. dazu M. GOERG, Ein Ausdruck, passim. Unter den Heimkehrern aus dem
      Exil befand sich eine Goldschmiede-Zunft (Neh 3,8.31). Ein "Tal der
      חרשים" ist in 1Chr 4,14 und Neh 11,35 bezeugt.

28   Dazu vgl. Kap. 3.4.3. Hinzuweisen ist hier evtl. auch auf Dtn 27,15, wo
      das heimliche Aufstellen eines (selbstgemachten bzw. von Künstlern an-
      gefertigten) פסל ומסכה verboten wird.
      Das Töpferhandwerk muss hier nicht gesondert behandelt werden, es ist
      sehr gut dokumentiert (vgl. z.B. Jer 18,1-6; היוצרים werden in 1Chr 4,
      23 erwähnt). Beim zweiten Tempelbau ist von einer Heuerung ausländischer
      Arbeiter keine Rede mehr, nur das Material, heisst es, sei von Sidoniern
      und Tyriern gebracht worden (Esr 3,7 und vgl. noch die späten Nachrich-
      ten in Sir 38 und Weish 13-15).

29   Die wenigen Funde von vollständig erhaltener Grossbildkunst machen einen
      Vergleich gerade in diesem Bereich schwierig.

30   Hier sind besonders einige Gruppen von Stempelsiegeln zu nennen (zum
      Standard der judäischen Siegelkunst vgl. z.B. N. AVIGAD, A Hebrew Seal
      53). Dass die judäischen Siegel keine Importware sind (gegen K. GALLING,
      Beschriftete Bildsiegel 170), kann mittels der Paläographie nachgewiesen
      werden: die Beschriftung ist von hebräischer und nicht von phönizischer
      Hand. R.D. BARNETT (Ancient Ivories 49) ist, allerdings ohne genauere
      Begründung, von der phönizischen Herkunft der Elfenbeine in Samaria über-
      zeugt.
      Mit einer kontinuierlichen Stilentwicklung ist in dem kleinen, zu allen
      Zeiten fremden Einflüssen ausgesetzten Israel a priori nicht zu rechnen
      (vgl. O. KEEL, Bildträger 41).

In Israel hat es seit frühester Zeit Kunst gegeben, und es hat Künstler gegeben, die über die Jahrhunderte altes kanaanäisch-phönizisches Traditions-
gut weiterführten, ägyptische wie mesopotamische Einflüsse aufnahmen und
integrierten. Die Kunst, die so entstand, kann zwar nach stilistischen oder
inhaltlichen Kriterien nicht als spezifisch israelitisch bezeichnet werden,
aber sie war in Israel doch mehr oder weniger zuhause.

VERZEICHNISSE UND REGISTER

1. ABKUERZUNGSVERZEICHNIS

Die Abkürzungen richten sich gewöhnlich nach dem DUDEN (19.Auflage 1986) und nach dem Internationalen Abkürzungsverzeichnis für Theologie und Grenzgebiete (IATG) von S. SCHWERTNER (Berlin/New York 1974) sowie dem Ergänzungsteil in der Theologischen Realenzyklopädie (TRE), Berlin/New York 1976. Davon abweichend und zusätzlich sind folgende Abkürzungen verwendet worden:

Abb.	Abbildung(en)
äg.	ägyptisch
äthiop.	äthiopisch
akk.	akkadisch
AOBPs	siehe: KEEL, Die Welt der altorientalischen Bildsymbolik
ar./arab.	arabisch
aram.	aramäisch
atl.	alttestamentlich
B	Breite
bes.	besonders
CT	Cuneiform Texts from Babylonian Tablets in the British Museum, London 1896ff.
D	Durchmesser
ders.	derselbe
dies.	dieselbe(n)
DISO	siehe: JEAN/HOFTIJZER, Dictionnaire
Dtjes/ dtjes	Deuterojesaja/deuterojesajanisch
dtn	deuteronomisch
dtr./Dtr.	deuteronomistisch/Deuteronomist
Dyn.	Dynastie
E	Elohist
E I/II	Eisen I/II (Zeit)
FB	Frühe Bronze (Zeit)
fem.	femininum
fig.	figure/Figur
FS	Festschrift
griech.	griechisch
hebr.	hebräisch
hi.	hif^{c}il
hrsg./ Hrsg.	herausgegeben/Herausgeber

436

IDA	Israel Department of Antiquities
impf.	Imperfekt
inf.	Infinitiv
J	Jahwist
JE	Jehowist
Jh(s).	Jahrhundert(s)
Jt(ś).	Jahrtausend(s)
Kap.	Kapitel
KTU	siehe: DIETRICH/LORETZ/SANMARTIN, Die Keilalphabetischen Texte
L	Länge
LdAe	siehe: HELCK/WESTENDORF, Lexikon der Aegyptologie
m./masc.	masculinum
MAM	PARROT A., Mission Archéologique de Mari, Paris 1956ff.
MB	Mittlere Bronze (Zeit)
MT	Masoretischer Text
ni.	ni^{c}fal
OLB	siehe: KEEL/KUECHLER(/UEHLINGER), Orte und Landschaften der Bibel
P.	Person
par(r).	Parallele(n)
perf.	Perfekt
phön.	phönizisch
Pl.	Plural
Pl./Pls	Plate(s)
pun.	punisch
SB	Späte Bronze (Zeit)
Sg.	Singular
SGOA	Schweizerische Gesellschaft für Orientalische Altertumswissenschaft
sum.	sumerisch
Suppl.	Supplement
syr.	syrisch
TCL	Textes Cunéiformes Musée du Louvre, Paris
ug.	ugaritisch
V./Vv	Vers(e)
VAT	Vorderasiatisches Museum, Berlin, Texte
vol./vols	volume(s)

2. LITERATURVERZEICHNIS

ABOU ASSAF A., Untersuchungen zur ammonitischen Rundbildkunst, UF 12 (1980) 7-102.

ACKROYD P.R., The Teraphim, ET 62 (1950/1) 378-380.
- Jeremiah X.1-16, JTS N.S. 14 (1963) 385-390.

AHARONI M., A Silver Hoard from Arad, Qad 13 (1980) 39-40.

AHARONI Y., Excavations at Ramat Rahel, BA 24 (1961) 98-118.
- Arad: Its Inscription and Temple, BA 31 (1968) 1-32.
- Beer Sheba I. Excavations at Tell Beer-Sheba 1969-1971 Seasons, Tel Aviv 1973.
- The Horned Altar of Beer-sheba, BA 37 (1974) 2-6.
- Investigations at Lachish (Lachish V), Tel Aviv 1975.

AHARONI Y./AVI-YONAH M., The Macmillan Bible Atlas, London/Jerusalem/New York 1968.

AHLSTROEM G.W., An Israelite God Figurine from Hazor, OrSuec 19/20 (1970/71) 54-62.
- An Israelite God Figurine, once more, VT 25 (1975) 106-109.
- An Archaeological Picture of Iron Age Religions in Ancient Palestine, StOr 55,3, Helsinki 1984.3-31 (=117-145).

AISTLEITNER J., Die mythologischen und kultischen Texte aus Ras Shamra, Budapest ²1964.

AKURGAL E., Späthethitische Bildkunst, Ankara 1949.
- Kunst der Hethiter, München 1961.

ALBERTZ R., Persönliche Frömmigkeit und offizielle Religion, Stuttgart 1978.

ALBRIGHT W.F., Are the Ephod and the Teraphim Mentioned in the Ras Shamra Texts?, BASOR 83 (1941) 39-42.
- The Excavations of Tell Beit Mirsim. Vol.3: The Iron Age, AASOR 21-22 (1941-43).
- Archaeology and the Religion of Israel, Baltimore ²1946.
- Von der Steinzeit zum Christentum. Monotheismus und geschichtliches Werden, Bern 1949.
- The High Place in Ancient Palestine, VT.S 4 (1957) 242-258.

ALBRIGHT W.F./ROWE A., A Royal Stele of the New Empire from Galilee, JEA 14 (1928) 281-285.

ALDRED C., Egyptian Art in the Days of the Pharaos 3100-320 BC, London 1980.

ALLAM S., Beiträge zum Hathorkult (bis zum Ende des Mittleren Reiches), (MÄSt 4), Berlin 1963.

ALSTER B., Sumerian Love Songs, RA 79 (1985) 127-159.

AMIET P., Elam, Auvers-sur-Oise 1966.
- Bas-reliefs imaginaires de l'Ancien Orient d'après les cachets et les sceaux-cylindres, Paris 1973.
- Die Kunst des Alten Orient, Freiburg/Basel/Wien,1977.

AMIET P., Handbuch der Formen- und Stilkunde. Antike (Vorderer Orient, Aegypten, Griechenland, Etrusker, Rom), Stuttgart/Köln/Mainz 1981.

AMIRAN R., Ancient Pottery of the Holy Land from its Beginning in the Neolithic Period to the End of the Iron Age, Jerusalem/Ramat-Gan 1969.
- A Cult Stele from Arad, IEJ 22 (1972) 86-88.
- A Lion Statue and the Libation Tray from Tell Beit Mirsim, BASOR 222 (1976) 29-40.
- Early Arad. The Chalcolithic Settlement and Early Bronze City I. First-Fifth Season of Excavations 1962-1966, Jerusalem 1978.

ANDRAE W., Farbige Keramik aus Assur und ihre Vorstufen in altassyrischen Wandmalereien, Berlin 1923.
- Die jüngeren Ischtar-Tempel in Assur (WVDOG 58), Leipzig 1935..
- (Hrsg.), Die Kleinfunde aus Sendschirli (Mitteilungen aus den Orientalischen Sammlungen Heft XV. Ausgrabungen in Sendschirli V), Berlin 1943.

ANDREW M.E., The Authorship of Jer 10,1-16, ZAW 94 (1982) 128-130.

ANGERSTORFER A., Gedanken zur Analyse der Inschrift(en) der Beterstatue vom Tel Fecherije in BN 22 (1983) 91-106, BN 24 (1984) 7-11.
- Hebräisch dmwt und aramäisch dmw(t). Ein Sprachproblem der Imago-Dei-Lehre, BN 24 (1984) 30-43.

ARKELL A.J., The Shoulder Ornament of Near Eastern Lions, JNES 7 (1948) 52.

ARTZY L.M., The Late Bronze Palestinian Bichrome Ware in its Cypriote Context in: HOFFNER H.A. Jr. (ed.), Orient and Occident. Essays presented to Cyrus H.Gordon on the Occasion of his Sixthy-fifth Birthday (AOAT 22), Kevelaer/Neukirchen-Vluyn 1973 9-16.

ASSMANN J., Liturgische Lieder an den Sonnengott. Untersuchungen zur altägyptischen Hymnik (MAeSt 19), Berlin 1969.
- Aegyptische Hymnen und Gebete (Bibliothek der alten Welt), Zürich/München 1975.

ASSMANN J./BURKERT W./STOLZ F., Funktionen und Leistungen des Mythos. Drei altorientalische Beispiele (OBO 48), Freiburg i.Ue./Göttingen 1982.

ATTRIDGE H.W./ODEN R.A., The Syrian Goddess (De Dea Syria). Attributed to Lucian (Texts and Translations 9. Graeco-Roman Religion Series 1), Missoula (Montana) 1976.

AUGUSTIN M., Der schöne Mensch im Alten Testament und im hellenistischen Judentum, Frankfurt/Bern/New York 1983.

AVIGAD N., A Hebrew Seal with a Familiy Emblem, IEJ 16 (1966) 50-53.
- The King's Daughter and the Lyre, IEJ 28 (1978) 146-151.
- Discovering Jerusalem, Jerusalem 1980.

AVI-YONAH M./STERN E. (ed.), Encyclopedia of Archaeological Excavations in the Holy Land (engl. Ausgabe), 4 Bde, London 1975-1978.

BACHMANN W., Felsreliefs in Assyrien: Bawian, Maltai und Gündük (WVDOG 52), Leipzig 1927.

BAER E., A Group of North Iranian Craftsmen among the Artisans of Khirbet el-Mefjer?, IEJ 24 (1974) 237-240.

BALENSI J., Silo en Samarie, MDB 33 (März/April 1984) 53-54.

BARNETT R.D., Layard's Nimrud Bronzes and their Inscriptions, ErIs 8 (1967) 1*-7*.
- Ezekiel and Tyre, ErIs 9 (1969) 6-13.
- The Nimrud Bowls in the British Museum (Rivista di Stude Fenici Vol.II, 1), Rom 1974 11-33.
- A Catalogue of the Nimrud Ivories with other Examples of Ancient Near Eastern Ivories in the British Museum. With a Supplement by L.G. DAVIES, London ²1975.
- Sculptures from the North Palace of Ashurbanipal at Niniveh (668-627 B.C.), London 1976.
- Ancient Ivories in the Middle East and Adjacent Countries (Qedem 14), Jerusalem 1982.
- Assurbanipal's Feast, ErIs 18 (1985) 1*-6*.

BARNETT R.D./FALKNER M., The Sculptures of Aššur-Naṣir-Apli II (883-859 B.C.), Tiglath-Pileser III (745-727 B.C.), Esarhaddon 6861-669 B.C.) from the Central and South-West Palaces at Nimrud, London 1962.

BARNETT R.D./LORENZINI A., Assyrische Skulpturen im British Museum, Recklinghausen 1975.

BARRELET M.-T.,Un inventaire de Kar-Tukulti-Ninurta: Textiles décorés assyriens et autres, RA 71 (1977) 51-92.

BARSTAD H.M., The Religious Polemics of Amos. Studies in the Preaching of Am 2,7B-8; 4,1-13; 5,1-27; 6,4-7; 8,14 (VT.S 34), Leiden 1984.

BARTHELEMY D., Critique Textuelle de l'Ancien Testament, T.1: Josué, Juges, Ruth, Samuel, Rois, Chronique, Esdras, Néhémie, Esther (OBO 50/1), Freiburg i.Ue./Göttingen 1982.

BARTHELEMY D./MILIK J.T., Discoveries in the Judaean Desert I. Qumran-Cave I, Oxford 1955.

BARTLETT J.R., Yahweh and Qaus: A Response to Martin Rose (JSOT 4 (1977) 28-34), JSOT 5 (1978) 29-38.

BATE D.M.A., The "Shoulder Ornament" of Near Eastern Lions, JNES 9 (1950) 53f.

BAUM A., Worte der Skepsis - Lieder der Liebe. Prediger-Hohes Lied (Stuttgarter Kleiner Kommentar AT 21), Stuttgart 1971.

BAUMGARTNER W. u.a.(Hrsg.), FS A. Bertholet zum 80. Geburtstag, gewidmet von Kollegen und Freunden, Tübingen 1950.

BAYLISS M., The Cult of Dead Kin in Assyria and Babylonia, Iraq 35 (1973) 115-125.

BECK P., The Drawings from Horvat Teiman, TA 9 (1982) 3-68.

BEIT-ARIEH I., Ḥ. Qiṭmit, IEJ 35 (1985) 201f.
- Serabît el-Khadîm: New Metallurgical and Chronological Aspects, Levant 17 (1985) 89-116.

BEN-ARIEH S., A Pottery Mould for a Goddess Figurine, Qad. 16 (1983) 123-124.
- A Mould for a Goddess Plaque, IEJ 33 (1983) 72-77.

BEN JEHOUDA E., Gesamtwörterbuch der alt- und neuhebräischen Sprache, Bd.15, Jerusalem 1951.

BENNETT B.M.Jr., The Search for Israelite Gilgal, PEQ 104 (1972) 111-122.

BERNHARDT K.-H., Gott und Bild. Ein Beitrag zur Begründung und Deutung des Bilderverbots im Alten Testament, Berlin 1956.

BERRIDGE J.M., Zur Intention des Propheten Amos. Exegetische Ueberlegungen zu Am 5, ThZ 32 (1976) 321-40.

BEYER D. (Bearb.), Meskéné-Emar. Dix ans de travaux 1972-1982. A l'occasion d'une exposition (Editions Recherche sur les Civilisations), Paris 1982.

BIRAN A., Tel Dan (1974), IEJ 24 (1974) 262-264.
- Tel Dan, 1976 , IEJ 26 (1976) 202-206.
- Tel Dan, 1977 , IEJ 27 (1977) 242-246.
- Tell Dan Five Years Later, BA 43 (1980) 168-182.
- Tel Dan, 1984 , IEJ 35 (1985) 186-189.

BIRAN A./COHEN R., Aroer in the Negev, ErIs 15 (1981) 250-273.

BIRAN A./GOPHNA R., An Iron Age Burial Cave at Tel Halif; with an Appendix "The Seals and Amulets" from R. GIVEON, IEJ 20 (1970) 151-169.

BITTEL K., Die Hethiter. Kunst Anatoliens vom Ende des 3. bis zum Anfang des 1.Jahrtausends v.Chr., München 1976.

BJØRNDALEN A.J., Untersuchungen zur allegorischen Rede der Propheten Amos und Jesaja (BZAW 165), Berlin/New York 1986.

BLAIKOCK E.M./HARRISON R.K., The New International Dictionary of Biblical Archaeology, Grand Rapids 1983.

BLEIBTREU E., Die Flora der neuassyrischen Reliefs. Eine Untersuchung zu den Orthostatenreliefs des 9.-7.Jhs.v.Chr. (WZKM Sonderband 1), Wien 1980.
- Kulthandlungen im Zeltlager Sanheribs, in: Meqor Hajjim, FS für Georg Molin zu seinem 75. Geburtstag (hrsg. von I. SEYBOLD), Graz 1983.

BLISS F.J., Third Report on the Excavations at Tell Zakarîya, PEFQSt 1899 170-187.

BLISS F.J./MACALISTER R.A.S., Excavations in Palestine During the Years 1898-1900, London 1902.

BLOME F., Die Opfermaterie in Babylonien und Israel,1.Teil, Rom 1934.

BOEHL F.M.T., Die Sichem Plakette. Protoalphabetische Schriftzeichen der Mittelbronzezeit vom *tell balâta*, ZDPV 61 (1938) 1-25.

BOEHMER R.M., Die Kleinfunde von Boğazköy. Aus den Grabungskampagnen 1931-1939 und 1952-1969 (WVDOG 87), Berlin 1972.

DE BOER P.A.H., An Aspect of Sacrifice, VT.S 23 (1972) 27-47.

BOERKER-KLAEHN J., Altvorderasiatische Bildstelen und vergleichbare Felsreliefs. Mit einem Beitrag von A. SHUNNAR-MISERA, 2 Bde. (Baghdader Forschungen 4), Mainz 1982.

BONNET H., Reallexikon der ägyptischen Religionsgeschichte, Berlin 1952.

BOOCHS W., Siegel und Siegeln im Alten Aegypten (Kölner Forschungen zu Kunst und Altertum Bd.4), Sankt Augustin 1982.

BOREE W., Die alten Ortsnamen Palästinas. Zweite Auflage ergänzt um Namenregister und Nachträge, Hildesheim 1968.

BORGER R., Die Inschriften Asarhaddons Königs von Assyrien (Archiv für Orientforschung Beiheft 9), Graz 1956.

BOSSE K., Die menschliche Figur in der Rundplastik der ägyptischen Spätzeit von der XXII.-XXX. Dynastie, Glückstadt 1936.

BOSSERT H.T., Altsyrien. Kunst und Handwerk in Cypern, Syrien, Palästina, Transjordanien und Arabien; von den Anfängen bis zum völligen Aufgehen in der griech.-röm. Kultur. Unter Mitarbeit von R. NAUMANN,(Die ältesten Kulturen des Mittelmeerkreises 3), Tübingen 1951.

BOTTA P.E., Monument de Ninive, 5 Bde, Paris 1849-1850.

BOTTERWECK G.J., Gott und Mensch in den alttestamentlichen Löwenbildern, in: Wort, Lied und Gottesspruch, FS für J. Ziegler, hrsg. von J. SCHREINER, Würzburg 1972 Bd.2 117-128.

BOTTERWECK G.J./RINGGREN H., Theologisches Wörterbuch zum Alten Testament, Stuttgart u.a., 1973 ff. (bislang 5 Bde).

VAN DEN BRANDEN A., I gioielli delle donne di Gerusalemme secondo Isaia 3, 18-21: Bibbia e Oriente 5 (1963) 87-94.
- Nouvel essai du déchiffrement des inscriptions protosinaïtiques, BeO 21 (1979) 156-251.
- L'ancienne inscription phénicienne de Chypre, KAI 30, BeO 24 (1982) 167-174.

BRANDL B., The Restoration of an Engraved Tridacna Shell from Arad, The Israel Museum Journal 3 (Spring 1984) 76-79.

BRAULIK G., Das Testament des Mose. Das Buch Deuteronomium (Stuttgarter Kleine Kommentare AT 4), Stuttgart 1976.
- Die Mittel deuteronomischer Rhetorik. Erhoben aus Deuteronomium 4,1-40 (AnBib 68), Rom 1978.
- Literarkritik und archäologische Stratigraphie. Zu S. Mittmanns Analyse von Deuteronomium 4,1-40, Bib. 59A (1978) 351-383.

BRENNER A., Colour Terms in the Old Testament (JSOT Suppl. 21), Sheffield 1982.

BRENTJES B., Alte Siegelkunst des Vorderen Orients, Leipzig 1983.

BRIGHT J., Jeremiah (The Anchor Bible), Garden City/New York 1965.
- Die Geschichte Israels. Von den Anfängen bis zur Schwelle des Neuen Bundes, Düsseldorft 1966.

BRON F., Recherches sur les inscriptions phéniciennes de Karatepe (Centre de Recherches d'Histoire et de Philologie de la IVe Section de l'Ecole pratique des Hauts Etudes II. Hautes Etudes Orientales 11), Genf 1979.

BUCHANAN B., Early Near Eastern Seals in the Yale Babylonian Collection, New Haven/London 1981.

BUCHHOLZ H.-G./KARAGEORGHIS V., Altägäis und Altkypros, Tübingen 1971.

DE BUCK A., Egyptian Readingbook. Exercises and Middle Egyptian Texts, Leiden ³1970.

BUDDE K., Das Hohelied, in: BERTHOLET A./BUDDE K./WILDEBOER D.G., Die Fünf Megillot (Kurzer Hand-Commentar zum Alten Testament XVII/1), Freiburg i. Br. u.a. 1898.

BUDGE E.A.W., The Gods of the Egyptians. Studies in Egyptian Mythology Vol. 2, New York 1904 (Neudruck 1969).
- Assyrian Sculptures in the British Museum; Reign of Ashur-Nasir-Pal (885-860 B.C.), London 1914.

442

BUEHLMANN W., Vom rechten Reden und Schweigen. Studien zu Proverbien 10-31 (OBO 12), Freiburg i.Ue./Göttingen 1976.

BUEHLMANN W./SCHERER K., Stilfiguren der Bibel. Ein kleines Nachschlagewerk (BiBe 10), Freiburg i.Ue. 1973.

BULLINGER E.W., Figures of Speech Used in the Bible, London 1898 (Neudruck Michigan 1968).

BURCHARD C., Joseph und Aseneth (Jüdische Schriften aus hellenistisch-römischer Zeit Bd.II), Gütersloh 1983.

VAN BUREN E.D., Symbols of the Gods in Mesopotamian Art (AnOr 23), Rom 1945.

BUSINK T.A., Der Tempel von Jerusalem von Salomo bis Herodes. Eine archäologisch-historische Studie unter Berücksichtigung des westsemitischen Tempelbaus, Bd.1: Der Tempel Salomos, Leiden 1970.

BUZY D., Le Cantique des Cantiques (La Sainte Bible T.Vi/3), Paris 1946.

CALMEYER P., Zur Genese altiranischer Motive. Teil II: Der leere Wagen, AMI NF 7 (1974) 49-77.
- Zur Genese altiranischer Motive. Teil VIII: Die "statistische Landcharte des Perserreiches"-I, AMI NF 15 (1982).

CALMEYER P./SEIDL U., Eine frühurartäische Siegesdarstellung, AnSt 33 (1983), 103-114.

CALVERLEY A.M./BROOME M.F./GARDINER A.H., The Temple of King Sethos I at Abydos, 4 Bde, London/Chicago 1933-1958.

CANBY J.V., Decorated Garments in Ashurnasirpal's Sculptures, Iraq 33 (1971) 31-53.

CANCIANI F./PETTINATO G., Salomos Thron, philologische und archäologische Erwägungen, ZDPV 81 (1965) 88-108.

CARNEGIE H., Catalogue of the Collection of Antique Gems Formed by James, Ninth Earl of Southesk, 2 vols, London 1908.

CARROLL R.P., The Aniconic God and the Cult of Images, StTh 31 (1977) 51-64.

CASETTI P., Gibt es ein Leben vor dem Tod? Eine Auslegung von Psalm 49 (OBO 44), Freiburg i.Ue./Göttingen 1982.

CASSIN E., La splendeur divine. Introduction à l'étude de la mentalité mésopotamienne (Civilisations et Société 8), Paris 1968.

CATLING H.W., Cypriote Bronzework in the Mycenaean World, Oxford 1964.

CHAMBON A., Tell el-Far^Cah I. L'âge du fer (Editions Recherche sur les Civilisations, "Mémoires" No 31), Paris 1984.

CHAMPOLLION J.-F., Monuments de l'Egypte et de la Nubie, 4 vols (Réduction photographique de l'édition originale), Genf o.J.

CHOURAQUI A. (ed.), L'Univers de la Bible, bislang 5 Bde, Paris 1982-84.

CLAMER C., A Gold Plaque from Tel Lachish, TA 7 (1980) 152-162.

CLEMEN C., Lukians Schrift über die syrische Göttin (AO 37), Leipzig 1938.

CLEMENS VON ALEXANDRIEN, Paidagogos (nach U. TREU, Clemens Alexandrinus, Bd. I, Berlin ³1972).

COGAN M., Imperialism and Religion: Assyria, Judah and Israel in the Eigth and Seventh Centuries B.C.E., Missoula 1974.

CONRAD H.G./ROTHENBERG B., Antikes Kupfer im Timna-Tal. 4000 Jahre Bergbau und Verhüttung in der Arabah (Israel) (Der Anschnitt. Zeitschrift für Kunst und Kultur im Bergbau. Beiheft 1), Bochum 1980.

COOK S.A., The Religion of Ancient Palestine in the Light of Archaeology (The Schweich Lectures of the British Academy), London 1925 (Nachdruck München 1980).

COOKE R.G.A., A Text-Book of North-Semitic Inscriptions, Oxford 1903.

COOPER J.S., New Cuneiform Parallels to the Song of Songs, JBL 90 (1971) 157-162.

COUROYER B., Le nēs biblique: signal ou enseigne?, RB 91 (1984) 5-29.

McCOWN C.C., Tell en-Naṣbeh. Excavated under the Direction of the Late William Frederic Badè. Bd.1: Archaeological and Historical Results. With Contributions by J. MUILENBERG, J.C. WAMPLER, D.VON BOTHMER, M. HARRISON, Berkeley/New Haven 1947.

CROWFOOT J.W./CROWFOOT G.M. Early Ivories from Samaria (Samaria-Sebaste II), London 1938.

CROWFOOT J.W./CROWFOOT G.M./KENYON K.M., The Objects (Samaria-Sebaste III), London 1957.

CULICAN W., The Iconography of Some Phoenician Seals and Seal Impressions, AJBA 1 (1968) 50-103.
 - Some Phoenician Masks and other Terracottas, Berytus 24 (1975-6) 47-87.

DAJANI A.K., An Iron Age Tomb at al-Jib, ADAJ 2 (1953) 66-74.

DALMAN G.H. (Hrsg.), Palästinischer Diwan. Als Beitrag zur Volkskunde Palästinas gesammelt und mit Uebersetzung und Melodie herausgegeben, Leipzig 1901.
 - Arbeit und Sitte in Palästina, 7 Bde, Leipzig 1930ff. (Nachdruck Hildesheim 1964).

DANTHINE H., Le palmier-dattier et les arbres sacrés dans l'iconographie de l'Asie occidentale ancienne, 2 vols, Paris 1937.

DAUMAS F., La valeur de l'or dans la pensée égyptienne, RHR 75 (1956) 1-17.
 - Les mammisis des temples égyptiens. Etude d'archéologie et d'histoire religieuse (Annales de l'Université de Lyon Sér.8 Lettres, fasc. 32), Paris 1958.

DAVIES N.de G., The Tomb of Rekh-Mi-Rê[C] at Thebes, 2 vols, New York 1943 (Nachdruck 1973).

DAVIES N.de G./DAVIES N., The Tombs of Two Officials, London 1923.

DAVIES P.R., Ark or Ephod in 1Sam XIV.18?, JTS 26 (1975) 82-87.

DAY J., God's Conflict with the Dragon and the Sea. Echoes of Canaanite Myth in the Old Testament (University of Cambridge Oriental Publications 35), Cambridge 1985.

DECAMPS DE MERTZENFELD C., Inventaire commenté des ivoires phéniciens et apparentés découverts dans le proche-orient, 2 vols, Paris 1954.

DELCOR M., Jahweh et Dagon ou le jahwisme face à la religion des Philistins, d'après 1Sam. 5, VT 14 (1964) 136-154.
- Two Special Meanings of the Word יד in Biblical Hebrew, JSSt 12 (1967) 230-234.

DELITZSCH F., Biblischer Commentar über die poetischen Bücher des Alten Testaments IV. Hoheslied und Kohelet, Leipzig 1875.

DEMISCH H., Die Sphinx. Geschichte ihrer Darstellung von den Anfängen bis zur Gegenwart, Stuttgart 1977.

DERCHAIN-URTEL M.-T., Die Schlange des "Schiffbrüchigen", Studien zur Altägyptischen Kultur 1 (1974) 83-104.

DER KLEINE PAULY, Lexikon der Antike (hrsg. von K. ZIEGLER/W. SONTHEIMER/ H. GAERTNER), 5 Bde, Stuttgart 1964-75.

DESSENNE A., Le sphinx. Etude iconographique. I. Des origines à la fin du second millénaire, Paris 1957.

DEVER W.G., Iron Age Epigraphic Material from the Area of Khirbet el-Kôm, HUCA XL-XLI (1969-70) 139-204.
- What Archaeology Can Contribute to an Understanding of the Bible, BAr 7 (5,1981) 40-41.

DHORME E.P., Les religions de Babylonie et d'Assyrie, Paris 1949.

DICTIONNAIRE DE LA BIBLE, (publ. par F. VIGOUROUX; Suppléments publ. par L. PIROT), Paris 1895ff.

DIETRICH M./LORETZ O., Die sieben Kunstwerke des Schmiedegottes in KTU 1.4 I 23-43, UF 10 (1978) 57-63.
- Gebrauch von Götterstatuen in der Mantik von Ugarit (KTU 1.124), UF 12 (1980) 395f.
- Totenverehrung in Māri (12803) und Ugarit (KTU 1.161), UF 12 (1980) 381f.

DIETRICH M./LORETZ O./SANMARTIN J., PGR im Ugaritischen. Zur ugaritischen Lexikographie IX, UF 5 (1973) 289-291.
- KUN-Š und ŠKN im Ugaritischen, UF 6 (1974) 47-54.
- Die keilalphabetischen Texte aus Ugarit. Einschliesslich der keilalphabetischen Texte ausserhalb Ugarits (AOAT 24/1), Kevelaer/Neukirchen-Vluyn 1976.

DIETRICH W., Israel und Kanaan. Vom Ringen zweier Gesellschaftssysteme (SBS 94), Stuttgart 1979.

DIJKSTRA M./DE MOOR J.C., Problematical Passages in the Legend of Aqhâtu, UF 7 (1975) 171-215.

DOHMEN C., פְּסִיל*-פֶּסֶל. Zwei Nominalbildungen von פֶּסֶל?, BN 16 (1981) 11-12.
- Das Heiligtum von Dan. Aspekte religionsgeschichtlicher Darstellung im Deuteronomistischen Geschichtswerk, BN 17 (1982) 17-22.
- Die Statue von Tell Fecherīje und die Gottebenbildlichkeit des Menschen. Ein Beitrag zur Bilderterminologie, BN 22 (1983) 91-106.
- Ein kanaanäischer Schmiedeterminus (NSK), UF 15 (1983) 39-42.
- Heisst צֶמֶל "Bild, Statue" ?, ZAW 96 (1984) 263-266.
- Das Bilderverbot. Seine Entstehung und seine Entwicklung im Alten Testament (BBB 62), Königstein/Bonn 1985.

DONNER H., Die Schwellenhüpfer: Beobachtungen zu Zephanja 1,8f., JSS 15 (1970) 42-55.
- "Hier sind deine Götter, Israel" in: Wort und Geschichte, FS K. ELLIGER (AOAT 18), Kevelaer/Neukirchen-Vluyn 1973.

DONNER H./ROELLIG W., Kanaanäische und aramäische Inschriften, 3 Bde, Wiesbaden ³1976.

DOTHAN M., Ashdod II-III (ᶜAtiqot 9-10, English Series), Jerusalem 1971.
- Ashdod - Seven Seasons of Excavation (hebr.), Qad. 5 (1972) 2-13.

DOTHAN T., Excavations at the Cemetery of Deir el-Balaḥ (Qedem 10), Jerusalem 1979.
- The Philistines and their Material Culture, New Haven/London/Jerusalem 1982.
- What We Know about the Philistines, BAr 8 (4,1982) 20-44.

DRAFFKORN A.E., Ilāni/Elohim, JBL 76 (1957) 216-224.

DRENKHAHN R., Die Handwerker und ihre Tätigkeiten im Alten Aegypten (AeA 31) Wiesbaden 1976.

DRIVER G.R., Supposed Arabisms in the Old Testament, JBL 55 (1936) 101-120.
- The Plague of the Philistines, JRAS 1950 50ff.
- Geographical Problems, ErIs 5 (1958) 16*-20*.

DUMMERMUTH F., Zur deuteronomischen Kulttheologie und ihren Voraussetzungen, ZAW 70 (1958) 59-98.

DUNAND M., Fouilles de Byblos. Tome II. 1933-38, Teil 1 und 2 (Text), Paris 1954.1958; Teil 3 (Atlas), Paris 1950.

DUS J., Ein richterzeitliches Stierheiligtum? Die Aufeinanderfolge der frühisraelitischen Zentralkultstätten, ZAW 77 (1965) 268-286.

EBACH J.H., PGR = (Toten-)opfer?, UF 3 (1972) 365-368.

EBACH J./RUETERSWORDEN U., Unterweltsbeschwörung im Alten Testament. Untersuchungen zur Begriffs- und Religionsgeschichte des ᵓōb. Teil 1: UF 9 (1977) 57-70 und Teil 2: UF 12 (1980) 205-220.

EBELING E., Aus dem Tagewerk eines assyrischen Zauberpriesters (MAOG V/3), Leipzig 1931.
- Tod und Leben nach den Vorstellungen der Babylonier, Teil 1: Texte, Berlin/Leipzig 1931.

EDZARD D.O. (Hrsg.), Reallexikon der Assyriologie und vorderasiatischen Archäologie, Berlin/New York 1932ff.

EICHRODT W., Der Prophet Hesekiel (ATD 22/1.2), 2 Bde, Göttingen 1959.1966.

EISSFELDT, Baᶜalšamēm und Jahwe, ZAW 16 (1939) 1-31.
- Gott und Götzen im Alten Testament, in: KS I (hrsg. von R. SELLHEIM und F. MAASS), Tübingen 1962 266-273.
- Lade und Stierbild, in: KS II (hrsg. von R. SELLHEIM und F. MAASS), Tübingen 1963 282-305.
- Die Flügelsonne als künstlerisches Motiv und als religiöses Symbol, in: KS II 416-419.
- Zur Deutung von Motiven auf den Elfenbeinarbeiten von Megiddo, in: KS III (Hrsg. von R. SELLHEIM und F. MAASS), Tübingen 1966 85-93.
- Adrammelek und Demarus, in: KS III 335-339.

446

EITAM D., Olive Presses of the Israelite Period, TA 6 (1979) 146-155.

ELIADE M., Die Religionen und das Heilige. Elemente der Religionsgeschichte, Salzburg 1954.

ELLENBOGEN M., Foreign Words in the Old Testament. Their Origin and Etymology, London 1962.

ELLIGER K., Chammanim=Masseben?, ZAW 57 (1939) 256-265.
- Deuterojesaja, Bd. 1: Jes 40,1-45,7 (BK XI/1), Neukirchen-Vluyn 1978.

ELLIS M. DE JONG (ed.), Essays on the Ancient Near East in Memory of J.J. Finkelstein (Memoirs of the Connecticut Academy of Arts and Sciences 19), Hamden 1977.

ELLIS R.S., "Lion-Men" in Assyria, in: M. DE JONG, ELLIS (ed.), Essays on the Ancient Near East in Memory of J.J. Finkelstein (Memoirs of the Connecticut Academy of Arts and Sciences 19), Hamden 1977 67-78.

EMERTON J.A., New Light on Israelite Religion, ZAW 94 (1982) 2-20.

ENGLE J.R., Pillar Figurines of Iron Age Israel and Ashera/Asherim (Diss.), Pittsburgh 1979.

EPRON L./WILD H., Le tombeau de Ti (MIFAO 65), Bd.III, Kairo 1966.

EPSTEIN C., Basalt Pillar Figures from the Golan, IEJ 25 (1975) 193-201.
- Household Idols from the Golan, Qad. 13 (1980) 20f.

ERMAN A., Die Literatur der Aegypter. Gedichte, Erzählungen und Lehrbücher aus dem 3. und 2. Jahrtausend v.Chr., Leipzig 1923.

ERMAN A./GRAPOW H. (Hrsg.), Wörterbuch der ägyptischen Sprache, 13 Bde, Berlin [2]1971.

ERMAN A./RANKE H., Aegypten und ägyptisches Leben im Altertum, Tübingen 1923.

EYBERS I.H., The Value of Archaeological Excavations for Biblical Studies, ThEv 15 (1981) 3-9.

FAHD T., La divination arabe. Etudes religieuses, sociologiques et folkloriques sur le milieu natif de l'islam, Strasbourg 1966.

FALKENSTEIN A./VON SODEN W., Sumerische und akkadische Hymnen und Gebete, Zürich/Stuttgart 1953.

FISCHER J., Das Hohe Lied (Echter Bibel IV), Würzburg 1959 505-533.

FOHRER G., Das Buch Hiob (Kommentar zum Alten Testament XVI), Gütersloh 1963.
- Geschichte der israelitischen Religion, Berlin 1969.

FORBES R.J., Metallurgy in Antiquity, 9 vols, Leiden [2]1964-1972.

FOWLER M.D., Excavated Incense Burners: A Case for Identifying a Site as Sacred?, PEQ 117 (1985) 25-29.

FRANK K., Bilder und Symbole babylonisch-assyrischer Götter (LSSt II/2), Leipzig 1906.
- Babylonische Beschwörungsrelief. Ein Beitrag zur Erklärung der sogenannten Hadesreliefs (LSSt III/3), Leipzig 1968.

FRANKENA R., Some Remarks on the Semitic Background of Chapters XXIX-XXXI of the Book of Genesis, OTS 17 (1972) 53-64.

FRANKENBERG W., Die Sprüche übersetzt und erklärt (Handkommentar zum Alten Testament II 3,1), Göttingen 1898.

FRANKFORT·H., The Mural Painting of El-Amarneh, London 1929.
- Cylinder Seals. A Documentary Essay on the Art and Religion of the Ancient Near East, London 1939.

FREI P./KOCH K., Reichsidee und Reichsorganisation im Perserreich (OBO 55), Freiburg i.Ue./Göttingen 1984.

FRIEDRICH I., Ephod und Choschen im Lichte des Alten Orients (Wiener Beiträge zur Theologie XX), Wien 1968.

FRIEDRICH J., Hethitisches Wörterbuch. Kurzgefasste kritische Sammlung der Deutungen hethitischer Wörter. Hauptband und Ergänzungsbände 1-3, Heidelberg 1952-1966.

FRITZ V., Der Tempel Salomos im Licht der neueren Forschung, MDOG 112 (1980) 53-68.
- Die Bedeutung von ḥammān im Hebräischen und von ḥmn' in den palmyrenischen Inschriften, BN 15 (1981) 9-20.

FUHS H.F., Ezechiel 1-24 (Die Neue Echter Bibel. Kommentar zum Alten Testament Lfg.7), Würzburg 1984.

FULCO W.J., The Canaanite God Rešep (AOS Essay 8), New Haven 1976..

GADD C.J., The Stones of Assyria. The Surviving Remains of Assyrian Sculpture. Their Rediscovery and Their Original Position, London 1936.

GALLING K. (Hrsg), Biblisches Reallexikon, Tübingen [1]1937, [2]1977..
- Beschriftete Bildsiegel des ersten Jahrtausends v.Chr. vornehmlich aus Syrien und Palästina, ZDPV 64 (1941) 121-198.
- (Hrsg.), Die Religion in Geschichte und Gegenwart. Handwörterbuch für Theologie und Religionswissenschaften. 3.völlig neu bearbeitete Auflage in Gemeinschaft mit H.Frh. VON CAMPENHAUSEN u.a., Bde 1-6, Tübingen 1957-65.
- Erwägungen zum Stelenheiligtum von Hazor, ZDPV 75 (1959) 1-13..
- Das Löwenrelief von Bethsean ein Werk des 8.Jahrhunderts, ZDPV 83 (1967) 125-131.
- Ba^Cal Ḥammon in Kition und die ḥammanîm, in: Wort und Geschichte. FS für K. Elliger zum 70. Geburtstag (hrsg. von H. GESE und H-P. RUEGER) (AOAT 18), Neukirchen-Vluyn 1973 65-70.

GARDINER A.H., The Library of A. Chester Beatty, Description of a Hieratic Papyrus with a Mythological Story, Love Songs, and other Miscellaneous Texts, The Chester Beatty Papyri No 1, London 1931..

GARSCHA J., Studien zum Ezechielbuch. Eine redaktionskritische Untersuchung von Ez 1-39, 'EHS.T 23' (1974).

GAUTHIER H., Les fêtes du dieu Min, Le Caire 1931.

GEBHARDT C., Das Lied der Lieder, Berlin 1931.

GELLER M.J., A New Translation for 2 Kings XV 25, VT 26 (1976) 374-377.

GEORGI D., Weisheit Salomos (Jüdische Schriften aus hellenistisch-römischer Zeit III/4), Gütersloh 1980.

GERLEMAN G., Das Hohelied, in: ders., Ruth. Das Hohelied (BK 18), Neukirchen-Vluyn 1965.

GERMER R., Flora des pharaonischen Aegypten (Deutsches Archäologisches Institut, Sonderschrift 14), Mainz 1985.

GESE H., Kleine Beiträge zum Verständnis des Amosbuches, VT 12 (1962) 417-438.
- u.a., Die Religionen Altsyriens, Altarabiens und der Mandäer, Stuttgart u.a. 1970.

GESENIUS W., Hebräisches und aramäisches Handwörterbuch über das Alte Testament. Bearbeitet von F. BUHL, Berlin u.a. [17]1962.

GESENIUS W./KAUTZSCH, Hebräische Grammatik, Leipzig [26]1896.

GEVA S., A Fragment of a Tridacna Shell from Shechem, ZDPV 96 (1980) 41-47.
- The Painted Sherd of Ramat Raḥel, IEJ 31 (1981) 186-189.

GEVIRTZ S., A New Look at an Old Crux: Amos 5,26, JBL 87 (1968)
- חרט in the Manufacture of the Golden Calf, Bib. (1984) 377-381.

GEYER J.B., Mice and Rites in 1Samuel V-VI, VT 31 (1981) 293-304.

GIBSON J.C.L., Textbook of Syrian Semitic Inscriptions, 3 vols, Oxford [2]1973-1982.

GINSBURG C.D., The Song of Songs and Coheleth (The Library of Biblical Studies), London 1958 (Nachdruch New York 1970).

GINZBURG D., The Mineralogical Identification of the Biblical Sapphire, ErIs 17 (1984) 83-85.4*.

GIVEON R., The Impact of Egypt on Canaan. Iconographical and Related Studies (OBO 20), Freiburg i.Ue./Göttingen 1978..

GOEDECKEN K.B., Bemerkungen zur Göttin Annunītum, UF 5 (1973) 141-163.

GOERG M., Keruben in Jerusalem, BN 4 (1977) 13-24.
- Die Funktion der Serafen bei Jesaja, BN 5 (1978) 28-39.
- Zur Dekoration der Tempelsäulen, BN 13 (1981) 17-21.
- Die Königstochter und die Leier, BN 14 (1981) 7-10.
- NES - ein Herrschaftsemblem?, BN 14 (1981) 11-17.
- Zur Dekoration des Leuchters, BN 15 (1981) 21-29.
- "Prachtgewänder" für Tyrus. Ein Hapax in Ez 27,24, BN 17 (1982) 35f.
- Lexikalisches zu HL 5,11, BN 21 (1983) 26f.
- Ein Ausdruck der Goldschmiedekunst im Alten Testament, BZ NF 28 (1984) 250-255.
- mīn - ein charakteristischer Begriff der Priesterschrift, BN 24 (1984) 12-15.

GOLDMANN Z., Das Symbol der Lilie, Archiv für Kulturgeschichte 57 (1975) 247-299.

GOOD R.M., Supplementary Remarks on the Ugaritic Funerary Text RS 34.126 BASOR 239 (1980) 41-42.

GOODENOUGH E.R., Jewish Symbols in the Greco-Roman Period, 12 vols, New York 1953-1965.

GOODYEAR W.H., The Grammar of the Lotus. A New History of Classic Ornament as a Development of Sun Worship, London 1891.

GORDON C.H., Biblical Customs and the Nuzi Tablets, BA 3 (1940) 1-12.
- Ugaritic Textbook (AnOr 38), Rom 1965..

GORELICK L./WILLIAMS-FORTE E., Ancient Seals and the Bible, Malibu 1984.

GRADWOHL,R., Die Farben im Alten Testament. Eine terminologische Studie (BZAW 83), Berlin 1963.

GRAESSER C.F., Standing Stones in Ancient Palestine, BA 35 (1972) 34-63.

GRAEVE M.-C. DE, The Ships of the Ancient Near East (c.2000-500 B.C.) (OLo Analecta 7), Leuven 1981.

GRAPOW H., Die bildlichen Ausdrücke des Aegyptischen. Vom Denken und Dichten einer altorientalischen Sprache, Leipzig 1924 (Nachdruck Darmstad 1983).

GRAY J. (ed.), Joshua, Judges and Ruth (The Century Bible), London/Edinburgh 1967.
- I&II Kings (OTL), London [2]1970.

GRAYSON A.K., Assyrian Royal Inscriptions, Vol.1+2, Wiesbaden 1972.1976.
- Assyrian and Babylonian Chronicles (Texts from Cuneiform Sources Vol. V), New York 1975.

GREEN A.R., The Fate of Jehoiakim, AUSS 20 (1982) 103-109.
- Neo-Assyrian Apotropaic Figures. Figurines, Rituals and Monumental Art, with Special Reference to the Figurines from the Excavations of the British School of Archaeology in Iraq at Nimrud, Iraq 45 (1983) 87-96.

GREENBERG M., Ezekiel 1-20 (The Anchor Bible 22), Garden City/New York 1983.

GRELOT P., Documents araméens d'Egypte (Littératures anciennes du Proche Orient 5), Paris 1972.

GRESSMANN H., Mose und seine Zeit. Ein Kommentar zu den Mose-Sagen (FRLANT 18), Göttingen 1913..
- Altorientalische Texte zum Alten Testament, Berlin/Leipzig [2]1926.
- Altorientalische Bilder zum Alten Testament, Berlin/Leipzig [2]1927.

GRIMM D., Erwägungen zu Hos 12,12 "in Gilgal opfern sie Stiere", ZAW 85 (1973) 339-347.

GRØNBAEK, Baal's Battle with Jam - A Canaanite Creation Fight, JSOT 33 (1985) 27-44.

GROHMANN A., Göttersymbole und Symboltiere auf südarabischen Denkmälern (DAWW.PH)58.Bd. 1.Abhdlg.), Wien 1914.

GUBEL E., Notes on a Phoenician Seal in the Royal Museums for Art and History, Brussels (CGPH.1), OLoP 16 (1985) 91-110.

GUNKEL H., Die Psalmen, Göttingen 1892, [5]1968.

GUNNEWEG A.H.J., Bildlosigkeit Gottes im Alten Israel, Henoch 6 (1984) 258-269.

GURNEY O.R., The Hittites, Harmondsworth 1952,[2]1954.

GUSTAVS A., Kultische Symbolik bei den Hethitern, ZAW 45 (1927) 134-140.

GUTMANN J.(ed.), No Graven Images. Studies in Art and the Hebrew Bible (The Library of Biblical Studies), New York 1971.

GUY P.L.O., Megiddo Tombs (OIP 33), Chicago 1938.

HAAS V./WAEFLER M., Bemerkungen zu $^E hest\bar{\imath}/\bar{a}$- (2.Teil), UF 9 (1977) 87-122.

HABICHT C., 2.Makkabäerbuch (Jüdische Schriften aus hellenistisch-römischer Zeit I/Lfg.3), Gütersloh 1976.

HACHMANN R., Kamid el-Loz 1968-1970 (Saarbrücker Beiträge zur Altertumskunde 22), Bonn 1980.
- (Hrsg.), Frühe Phöniker im Libanon. 20 Jahre deutsche Ausgrabungen in Kamid el-Loz, Mainz 1983.

HAENY G., Zum Hohen Tor von Medinet Habu, ZAeS 94 (1967) 71-78.

HAHN J., Das Goldene Kalb. Die Jahwe-Verehrung bei Stierbildern in der Geschichte Israels, Frankfurt/Bern 1981.

HALLER M., Hoheslied. In: GALLING K./HALLER M.,Die fünf Megilloth (HAT I/18), Tübingen 1940.

HALLO W.W., The Cultic Setting of Sumerian Poetry, in: A. FINET (ed.), Actes de la XVIIe Rencontre Assyriologique Internationale. Université Libre de Bruxelles, 30 juin-4 juillet 1969, Ham-sur-Heure 1970 116-134.

HAMILTON R.W., Excavations at Tell Abu Hawām, QDAP 4 (1935) 1-69.

HARAN M., The Shining of Moses' Face: A Case Study in Biblical and Ancient Near Eastern Iconography, in: BARRICK W.B./SPENCER J.R. (ed.), In the Shelter of Elyon. Essays on Ancient Palestinian Life and Literature in Honor of G.W. AHLSTROEM (JSOT Suppl.31), Sheffield 1984 159-173.

HAUSSIG H.W. (Hrsg.), Götter und Mythen im Vorderen Orient (WM I, Abtlg.1), Stuttgart 1965.

HAYES W.C., Glazed Tiles from a Palace of Ramesses II at Kantir, New York 1937 (Nachdruck 1973).
- The Scepter of Egypt. A Background for the Study of the Egyptian Antiquities in the Metropolitan Museum of Art. Part I: From the Earliest Times to the End of the Middle Kingdom, Greenwich 1953, [3]1968.

HEIDER G.C., The Cult of Molek. A Reassessment (JSOT Suppl.Ser.43), Sheffield 1985.

HELCK W., Aegyptische Statuen im Ausland - ein chronologisches Problem, UF 8 (1976) 101-116.

HELCK W./WESTENDORF W., (Hrsg.), Lexikon der Aegyptologie. Unter Mitwirkung von R. DRENKHAHN, bislang 6 Bde, Wiesbaden 1976ff.

HELD M., Studies in Biblical Lexicography in Light of Akkadian, ErIs 16 (1982) 76-85.

HENGSTENBERG E.W., Das Hohelied Salomonis, Berlin 1853.

HERMSEN E., Lebensbaumsymbolik im Alten Aegypten. Arbeitsmaterialien zur Religionsgeschichte 5, Köln 1981.

HERRMANN C., Formen für ägyptische Fayencen. Katalog der Sammlung des Biblischen Instituts der Universität Freiburg Schweiz und einer Privatsammlung (OBO 60), Freiburg i.Ue./Göttingen 1985.

HERRMANN J., Ezechiel (KAT 11), Leipzig 1924.

HERRMANN W., Gedanken zur Geschichte des altorientalischen Beschreibungsliedes, ZAW 75 (1963) 176-197.

HERTZBERG H.W., Die Samuelbücher (ATD 10), Göttingen 1956.
- Die Bücher Josua, Richter, Ruth (ATD 9), Göttingen 1953.

HERZOG Z. u.a., The Israelite Fortress at Arad, BASOR 254 (1984) 1-34.

HEYER R., Ein archäologischer Beitrag zum Text KTU 1.4 I 23-42, UF 10 (1978)
93-109.

HICKMANN H., Aegypten (Musikgeschichte in Bildern, hrsg. von H. BESSELER und
M. SCHNEIDER, Bd.II Musik des Altertums, Lfg.1), Leipzig 1961.

HINDSON E.E., The Philistines and the Old Testament, Michigan 1971.

HOEFER J./RAHNER K., Lexikon für Theologie und Kirche, 10 Bde, Freiburg i.Br.
²1957-65.

HOELSCHER G., Hesekiel. Der Dichter und das Buch. Eine literarkritische Untersuchung, BZAW 39 (1924).

HOELSCHER U., Die Wiedergewinnung von Medinet Habu im westlichen Theben,
Tübingen 1958.

HOERIG M., Dea Syria. Studien zur religiösen Tradition der Fruchtbarkeits-
göttin in Vorderasien (AOAT 208), Kevelaer/Neukirchen-Vluyn 1979.

HOFFMANN D., Mischnajot. Die sechs Ordnungen der Mischna, Teil IV, Basel
³1968.

HOFFMANN G./GRESSMANN H., Teraphim. Masken und Winkelorakel in Aegypten und
Vorderasien, ZAW 40 (1922) 75-137.

HOFFMANN H.-D., Reform und Reformen. Untersuchungen zu einem Grundthema der
deuteronomistischen Geschichtsschreibung (AThANT 66), Zürich 1980.

HOFFNER H.A., Hittite Tarpiš and Hebrew Terāphîm, JNES 27 (1968) 61-68.

HOLLAND T.A., A Study of Palestinian Iron Age Baked Clay Figurines, with
Special Reference to Jerusalem: Cave 1, Levant 9 (1977) 121-155.

HOLLENSTEIN H., Literarkritische Erwägungen zum Bericht über die Reformmassnahmen Josias 2Kön XXIII 4ff., VT 27 (1977) 321-336.

HOLZINGER H., Exodus (Kurzer Hand-Commentar zum Alten Testament), Tübingen
1900.

HORN S.H., Scarab and Scarab Impressions from Shechem II, JNES 25 (1966) 53f.
- The Amman Citadel Inscription, BASOR 193 (1969) 2-13.
- The Crown of the King of the Ammonites, AUSS 11 (1973) 176f.

HORNUNG E., Die Bedeutung des Tieres im alten Aegypten, StGen 20 (1967) 69-84.
- Der Eine und die Vielen. Aegyptische Gottesvorstellungen, Darmstadt 1971,
³1983.
- Tal der Könige. Die Ruhestätte der Pharaonen, Zürich/München 1982.

HORNUNG E./STAEHELIN E. (Hrsg.), Skarabäen und andere Siegelamulette aus
Basler Sammlungen. Unter Mitarbeit von A. BRACK, A. BRODBECK, C. CASTIO-
NI, R. GIVEON, B. JAEGER, H. SCHLOEGL, C. SEEBER u.a..(AeDS 1), Mainz
1976.

HORSFIELD G./VINCENT L.H., Une stèle égypto-moabite au Balouᶜa, RB 41 (1932)
417-444.

452

HOSSFELD F.L., Der Dekalog. Seine späten Fassungen, die originale Komposition und seine Vorstufen (OBO 45), Freiburg i.Ue./Göttingen 1982.

HROUDA B., Tell Halaf IV: Die Kleinfunde aus historischer Zeit, Berlin 1962.
- Die Kulturgeschichte des assyrischen Flachbildes (Saarbrücker Beiträge zur Altertumskunde Bd.2), Bonn 1965.

HUMBERT P., Emploi et portée bibliques du verbe yāṣar et de ses dérivés substantifs, BZAW 77 (1958) 82-88.

ILIFFE J.H., A Hoard of Bronzes from Askalon,c.Fourth Century B.C., QDAP 5 (1936) 61-68:

THE INTERPRETER'S DICTIONARY OF THE BIBLE (hrsg. von G.A. BUTTRICK u.a.), 5 vols, New York u.a. 1962-1976.

ISBELL C.D., Another Look at Amos 5,26, JBL 97 (1978) 97-99.

ISMAIL B., Neuere Tontafelfunde im Irak, in: Vorträge gehalten auf der 28. Rencontre Assyriologique Internationale in Wien, 6-10.Juli 1981 (Archiv für Orientforschung Beiheft 19), Horn 1982 198-200.

JACOBSTHAL P., Greek Pins and their Connexions with Europe and Asia, Oxford 1956.

JAEGER B., Essai de classification et datation des scarabées Menkhéperrē (OBO Ser.Arch. 2), Freiburg i.Ue./Göttingen,1982.

JAMES F.W., The Iron Age at Beth-Shan. A Study of Levels VI-IV, Philadelphia 1966.

JAMES T.G.H./DAVIES W.V., Egyptian Sculpture (British Museum Publications), London 1983.

JANOWSKI B., Sühne als Heilsgeschehen. Studien zur Sühnetheologie der Priesterschrift und zur Wurzel KPR im Alten Orient und im Alten Testament (WMANT 55), Neukirchen-Vluyn 1982.

JAROŠ K., Die Motive der Heiligen Bäume und der Schlange in Gen 2-3, ZAW 92 (1980) 204-215.
- Hundert Inschriften aus Kanaan und Israel. Für den Hebräischunterricht bearbeitet, Freiburg i.Ue. 1982.
- Zur Inschrift Nr.3 von Ḥirbet el-Qôm, BN 19 (1982) 31-40.
- Die Stellung des Elohisten zur kanaanäischen Religion (OBO 4), Freiburg i.Ue./Göttingen ²1982.

JEAN C.F./HOFTIJZER J., Dictionnaire des inscriptions sémitiques de l'ouest, Leiden 1965.

JENNI E./WESTERMANN C., Theologisches Handwörterbuch zum Alten Testament, 2 Bde, München/Zürich 1971-1976.

JEPPESEN K., Micah V 13 in the Light of a Recent Archaeological Discovery, VT 34 (1984) 462-466.

JEREMIAS J., Der Prophet Hosea (ATD 24/1), Göttingen 1983.

JIRKU A., Die Gesichtsmaske des Mose, ZDPV 67 (1945) 43-45.
- Die Mimation in den nordsemitischen Sprachen und einige Bezeichnungen der altisraelitischen Mantik, Bib.34 (1953) 78-80.
- Die ägyptischen Listen palästinensischer und syrischer Ortsnamen. In Umschrift und mit historisch-archäologischem Kommentar herausgegeben (Klio Beiheft 38 NF Heft 25), Aalen 1937 (Neudruck 1962).

JOHNSON A.R., The Cultic Prophet in Ancient Israel, Cardiff [2]1962.

JOINES K.R., The Bronze Serpent in the Israelite Cult, JBL 87 (1968) 245-256.
- Serpent Symbolism in the OT, Haddonfield 1974.

KANTOR H.J., The Shoulder Ornament of Near Eastern Lions, JNES 6 (1947) 250-267.

KARAGEORGIS V. (=KARAGEORGHIS), The Ancient Civilisation of Cyprus, Genf 1969.

KARAGEORGHIS J., La grande déesse de Chypre et son culte. A travers l'icono-
graphie de l'époque néolithique au VI ème s.a.c. (Collection de la
Maison de l'Orient Mediterranéen Ancien No 5, Série Archéologique 4),
Lyon 1977.

KARAGEORGHIS V., Die Elfenbein-Throne von Salamis, in: S. LASER, Hausrat
(Archaeologica Homerica II Kap.P), Göttingen 1968 99-106.
- Chypre, in: ders.,u.a., L'Espansione Fenicia nel Mediterraneo. Relazi-
oni del Colloquio in Roma, 4-5 Maggio 1970 (SS 38), Roma 1971 161-173.
- Notes on Some Cypriote Priests Wearing Bull-Masks, Harvard Theological
Review 64 (1971) 261-270.
- Kition. Mycenaean and Phoenician Discoveries in Cyprus, London 1976.

McKAY J.W., Religion in Judah under the Assyrians (SBT 2 Ser.26), London
1973.
- Further Light on the Horses and Chariot of the Sun in the Jerusalem
Temple (2Kings 23:11), PEQ 105 (1973) 167-169.

KAYSER H., Aegyptisches Kunsthandwerk (Bibliothek für Kunst- und Antiquitä-
tenfreunde Bd.XXVI), Braunschweig 1969.

KEEL O., Der Bogen als Herrschaftssymbol. Einige unveröffentlichte Skarabäen
aus Aegypten und Israel zum Thema Jagd und Krieg, ZDPV 93 (1972) 141-
177.
- Das Vergraben der "Fremden Götter" in Genesis XXXV 4b, VT 23 (1973) 305-
336.
- Wirkmächtige Siegeszeichen im Alten Testament. Ikonographische Studien
zu Jos 8,18-26; Ex 17,8-13; 2Kön 13,14-19 und 1Kön 22,11 (OBO 5), Frei-
burg i.Ue./Göttingen 1974.
- Die Weisheit spielt vor Gott. Ein ikonographischer Beitrag zur Deutung
der m^esahäqät in Sprüche 8,30f., Freiburg i,Ue./Göttingen 1974.
- Judäische Keramik aus der Zeit des Jesaja und Jeremia (Eisenzeit II),
Heiliges Land 4 (1976) 19-26.
- Jahwe-Visionen und Siegelkunst. Eine neue Deutung der Majestätsschilde-
rungen in Jes 6, Ez 1 und 10 und Sach 4 (SBS 84/85), Stuttgart 1977.
- Vögel als Boten. Studien zu Ps 68,12-14, Gen 8,6-12, Koh 10,20 und dem
Aussenden von Botenvögeln in Aegypten. Mit einem Beitrag von U. WINTER
zu Ps 56,1 und zur Ikonographie der Göttin mit der Taube (OBO 14),
Freiburg i.Ue./Göttingen 1977.
- Jahwes Entgegnung an Ijob. Eine Deutung von Ijob 38-41 vor dem Hinter-
grund der zeitgenössischen Bildkunst (FRLANT 121), Göttingen 1978.
- Grundsätzliches und das Neumondemblem zwischen den Bäumen, BN 6 (1978)
40-55.
- Die Welt der altorientalischen Bildsymbolik und das Alte Testament. Am
Beispiel der Psalmen, Zürich/Neukirchen 1972, [4]1984.
- Das Böcklein in der Milch seiner Mutter und Verwandtes. Im Lichte eines
altorientalischen Bildmotivs (OBO 33), Freiburg i.Ue./Göttingen 1980.

454

- La glyptique, in: BRIEND J./HUMBERT J.B. (ed.), Tell Keisan (1971-1976). Une cité phénicienne en Galilée (OBO Ser.Arch.l), Freiburg'i.Ue./Göttingen/Paris 1980 257-295.
- (Hrsg.), Monotheismus im Alten Israel und seiner Umwelt (BiBe 14), Freiburg i.Ue. 1980.
- Zeichen der Verbundenheit. Zur Vorgeschichte und Bedeutung der Forderungen von Deuteronomium 6,8f. und Par., in: Mélanges Dominique Barthélemy. Etudes Bibliques offertes à l'occasion de son 60e anniversaire (ed. par P. CASETTI, O. KEEL,et A. SCHENKER),(OBO 38), Freiburg i.Ue./ Göttingen 1981 159-240.
- Der Pharao als "Vollkommene Sonne": ein neuer ägypto-palästinischer Skarabäentyp, Egyptological Studies 28 (1982) 405-534.
- Deine Blicke sind Tauben. Zur Metaphorik des Hohen Liedes (SBS 114/115), Stuttgart 1984.
- Bildträger aus Palästina/Israel und die besondere Bedeutung der Miniaturkunst, in: KEEL O./SCHROER S., Studien zu den Stempelsiegeln aus Palästina/Israel Bd.1 (OBO 67,1), Freiburg i.Ue./Göttingen 7-48.
- Das Tier in der Bibel, in: Collegium generalè der Universität Bern. Kulturhistorische Vorlesungen 1984/85, Mensch und Tier, Bern u.a. 1985.
- Das Hohelied (ZBK.AT 18), Zürich 1986.
- Bibel und Ikonographie. Kleine Geschichte des Themas mit ein paar Bemerkungen zur Methode, Bibel und Kirche 40 (1985) 143-147.
- Bibel, Ikonographie und katholische Exegese, Bibel und Kirche 41 (1986) 41f.
- Ancient Seals and the Bible. A Review Article, JAOS 106 (1986) 307-311.

KEEL O./KUECHLER M., Synoptische Texte aus der Genesis (BiBe 8,1-2), Freiburg i.Ue. 1971.
- Orte und Landschaften der Bibel. Ein Handbuch und Studien-Reiseführer zum Heiligen Land. Bd.2: Der Süden, Zürich u.a. 1982.

KEEL O./KUECHLER M./UEHLINGER C., Orte und Landschaften der Bibel. Ein Handbuch und Studien-Reiseführer zum Heiligen Land. Bd.1: Geographisch-geschichtliche Landeskunde. Mit Beiträgen von U. STAUB, Zürich u.a. 1984.

KEEL O./SCHROER S., Studien zu den Stempelsiegeln aus Palästina/Israel Bd.1 (OBO 67,1), Freiburg i.Ue./Göttingen 1985.

KELSO J.L., The Ceramic Vocabulary of the Old Testament (BASOR Suppl.5-6), New Haven 1948.

KENYON K.M,, Jerusalem, Bergisch Gladbach 1967.
- Digging up Jerusalem, London 1974.

McKENZIE J.L., Second Isaiah (The Anchor Bible), Garden City/New York 1968.

KEPINSKI C., L'arbre stylisé en Asie occidentale au 2e millénaire avant J.-C. (Bibliothèque de la Délégation Archéologique Française en Iraq No 1), 3 vols, Paris 1982.

KING L.W.; Babylonian Magic and Sorcery, London 1896.
- Babylonian Boundary Stones, London 1912.
- Bronze Reliefs from the Gates of Shalmaneser King of Assyria B.C. 860-825, London 1915.

KING P.J., The Contribution of Archaeology to Biblical Studies, CBQ 45 (1983) 1-16.

KLEBS L., Reliefs und Malereien des Neuen Reiches (18-20.Dynastie, ca.1580-1100 v.Chr.), Heidelberg 1934.

KLENGEL H., Neue Lamaštu-Amulette aus dem Vorderasiatischen Museum zu Berlin und dem British Museum, MIOF 7 (1959-60), Berlin, 334-355.

KLINKE-ROSENBERGER R., Das Götzenbuch Kitâb Al-Asnâm des Ibn al-Kalbî (Diss.), Winterthur 1942.

KNAUF E.A., Qaus, UF 16 (1984) 92-95.
- Qaus in Aegypten, GM 73 (1984) 33-36.

KOCH u.M., Amos. Untersucht mit den Methoden einer strukturalen Formgeschichte. Teil 1: Programm und Analyse, Teil 2: Synthese, Teil 3: Schlüssel (AOAT 30), Kevelaer/Neukirchen-Vluyn 1976.
- Das Buch Daniel (Erträge der Forschung Bd.144). Unter Mitarbeit von T. NIEWISCH und J. TUBACH, Darmstadt 1980.

KOECHER F., Der babylonische Göttertypentext, MIO 1 (1953) 57-107.
- Ein Inventartext aus Kar-Tukulti-Ninurta, AfO 18 (1957-58) 300-313.

KOEHLER L./BAUMGARTNER W., Lexicon in Veteris Testamenti libros, Leiden [3]1967ff.

KOENIG E., Stilistik, Rhetorik, Poetik in Bezug auf die Biblische Literatur komparativisch dargestellt, Leipzig 1900.
- Die Gottheit Aschima, ZAW 34 (1914) 16-30.

KONIKOFF C., The Second Commandment and its Interpretation in the Art of Ancient Israel (Diss.), Genf 1973.

KORNFELD W., Leviticus (Die Neue Echter Bibel, Kommentar zum Alten Testament Lfg.6), Würzburg 1983.

KRAUS H.-J., Psalmen (BK XV), Neukirchen-Vluyn [5]1978.

KRINETZKI G., Kommentar zum Hohenlied. Bildsprache und theologische Botschaft (Beiträge zur biblischen Exegese und Theologie 16), Frankfurt/Bern 1981.

KRINETZKI L.(=KRINETZKI G.), Das Hohe Lied. Kommentar zu Gestalt und Kerygma eines alttestamentlichen Liebesliedes (KBANT), Düsseldorf 1964.

KRISS R./KRISS-HEINRICH H., Volksglaube im Bereich des Islam, Bd.1: Wallfahrts-wesen und Heiligenverehrung, Wiesbaden 1960.

KYLE McCARTER P.Jr., 1 Samuel. A New Translation with Introduction, Notes& Commentary (The Anchor Bible 8), New York 1980.

KYRIELEIS H., Throne und Klinen. Studien zur Formgeschichte altorientalischer und griechischer Sitz- und Liegemöbel vorhellenistischer Zeit (JdI.E 24), Berlin 1969.

LABUSCHAGNE C.J., Teraphim - a New Proposal for its Etymology, VT 16 (1966) 115-117.

LAENDER DER BIBEL (Ausstellungskatalog), Archäologische Funde aus dem Vorderen Orient (hrsg. von The Lands of the Bible Archaeology Foundation), Mainz 1981.

LAGRANGE M.J., Etudes sur les religions sémitiques, Les déesses Achéra et Astarté, RB 10 (1901) 546-566.

LAMON R.S./SHIPTON G.M., Megiddo I. Seasons of 1925-34, Strata I-V (OIP 42), Chicago 1939.

LAND DES BAAL (Ausstellungskatalog), Syrien - Forum der Völker und Kulturen (hrsg. vom Museum für Vor- und Frühgeschichte der Staatlichen Museen Preussischer Kulturbesitz), Berlin 1982.

LANDSTROEM B., Die Schiffe der Pharaonen. Altägyptische Schiffsbaukunst von 4000 bis 600 v.Chr., München/Gütersloh/Wien 1974.

LANG B., Kein Aufstand in Jerusalem. Die Politik des Propheten Ezechiel (SBB), Stuttgart 1978, ^{2}1981.

LAPP P.W., The 1963 Excavations at Taanek, BASOR 173 (1964) 4-45.
- Taanach by the Waters of Megiddo, BA 30 (1967) 2-27.
- The 1968 Excavations at Tell Ta^{c}anek, BASOR 195 (1969) 2-49.

LASER S., Hausrat (Archaeologica Homerica II Kap.P), Göttingen 1968.

LAYARD A.H., The Monuments of Niniveh from Drawings Made on the Spot, 2 vols, London 1849.1853.

LEBRAM J.-C., Das Buch Daniel (ZBK.AT 23), Zürich 1984.

LECLANT J., Astarté à cheval d'après les représentations égyptiennes, Syr. 37 (1960) 1-67.

LEMAIRE A., Remarques sur la datation des estampilles "LMLK", VT 25 (1975) 678-682.
- Inscriptions hébraïques, T.1: Les ostraca, Paris 1977.
- Les inscriptions de Khirbet el-Qôm et l'ashérah de YHWH, RB 84 (1977) 595-608.
- Une inscription paléo-hébraïque sur grenade en ivoire, RB 88 (1981) 236-239.
- Classification des estampilles royales judéennes, ErIs 15 (1981) 54*-60.*
- Probable Head of Priestly Scepter from Salomon's Temple Surfaces in Jerusalem. Inscription Containing Name of God Incised on Ivory Pomegranate, BAr 10 (1,1984) 24-29.
- Who or what was Yahweh's Asherah? Startling New Inscriptions from Two Different Sites Reopen the Debate about the Meaning of Asherah, BAr 10 (6,1984) 42-51.
- Fragments from the Book of Balaam Found at Deir All. Text Foretells Cosmic Disaster, BAr 11 (5,1985) 26-39.

LEMAIRE A./DURAND J.-M., Les inscriptions araméennes de Sfiré et l'Assyrie de Shamshi-Ilu (Ecole pratique des hautes études. IVe section sciences historiques et philologiques. II Hautes études orientales 20), Genève/ Paris 1984.

LEMMONYER A., Les tisseuses d'Achéra (2 Rois 23,7), RSPhTh 7 (1913) 726-727.

LEPSIUS C.R., Denkmäler aus Aegypten und Aethiopien, 12 Bde, Berlin 1849-58 (Nachdruck Osnabrück 1969; verkleinerter Nachdruck Genf 1972).

LEVY S./EDELSTEIN G., Fouilles de Tell ^{c}Amal (Nir David), RB 79 (1972) 325-367.

LEXIKON DER ALTEN WELT (hrsg. von C. ANDRESEN u.a.), Zürich/Stuttgart 1965.

LIEBOWITZ H./FOLK R., The Dawn of Iron Smelting in Palestine: the Late Bronze Age Smelter at Tel Yin'am, Preliminary Report, JFA 11 (1984) 265-280.

457

LIPIŃSKI E., *SKN* et *SGN* dans le sémitique occidental du nord, UF 5 (1973) 191-207.

LOEW J., Aramäische Pflanzennamen, Leipzig 1881.

LORETZ O., Studien zur althebräischen Poesie. Das althebräische Liebeslied. Untersuchungen zur Stichometrie und Redaktionsgeschichte des Hohenlieds und des 45. Psalms (AOAT 14/1), Kevelaer/Neukirchen-Vluyn 1971.
- Leberschau, Sündenbock, Asasel in Ugarit und Israel. Leberschau und Jahwestatue in Psalm 27. Leberschau in Ps 74 (Ugaritisch-Biblische Literatur 3), Altenberge 1985.

LOUD G., The Megiddo Ivories (OIP 52), Chicago 1939.
- Megiddo II. Seasons of 1935-39 (OIP 62), Chicago 1948.

LUCAS A. (rev. by HARRIS J.R.), Ancient Egyptian Materials and Industries, London ⁴1962.

LUCKENBILL D.D., Ancient Records of Assyria and Babylonia, 2 Bde, New York ²1968.

LUESCHEN H., Die Namen der Steine. Das Mineralreich im Spiegel der Sprache, Thun ²1979.

MAAG V., Kultur, Kulturkontakt und Religion. Gesammelte Studien zur allgemeinen und alttestamentlichen Religionsgeschichte, Göttingen/Zürich 1980.

MACALISTER R.A.S., The Excavation of Gezer, 3 vols, London 1912.

THE MACMILLAN BIBLE ATLAS (hrsg. von Y. AHARONI/M. AVI-YONAH), London/Jerusalem/New York 1968.

MAIER J./SCHAEFER P., Kleines Lexikon des Judentums, Stuttgart 1981.

MAISLER B., The Excavation at Tel Qasîle. Preliminary Report, IEJ 1 (1950/51) 61-76.125-140.194-218.

MALAMAT A., Syro-Palestinian Destinations in a Mari Tin Inventory, IEJ 21 (1971) 31-38.

MALLOWAN M.E.L., Nimrud and its Remains, 3 vols, London 1966, ²1975.
- The Nimrud Ivories (British Museum Publications), London 1978.

MARGALIOT M., Jeremiah X 1-16: A Re-Examination, VT 30 (1980) 295-308.

MARGALITH O., The Meaning of *cpl jm* in 1 Samuel V-VI, VT 33 (1983) 339-341.

MARGUERON J., Les origines syriennes du temple de Jerusalem, MDB 20 (August-Oktober 1981) 31ff.

MARINATOS S., Das Schiffsfresko von Akrotiri, Thera, in: GRAY D., Seewesen (Archaeologica Homerica I Kap.G), Göttingen 1974.141-166.

MATOUK, Corpus du scarabée égyptien, 2 Bde, Beirut 1971.1977.

MAXWELL-HYSLOP K.R., Western Asiatic Jewellery, c.3000-612 B.C., London 1971.

MAY H.G., Material Remains of the Megiddo Cult. With a Chapter by R.E. ENGBERG (OIP 26), Chicago 1935.
- The Sacred Tree on Palestine Painted Pottery, JAOS 59 (1939) 251-259.

MAYER W., *mardatu* "Teppich", UF 9 (1977) 173-189.
- Die Finanzierung einer Kampagne (TCL 3,346-410), UF 11 (1979) 571-596.
- Sargons Feldzug gegen Urartu - 714 v.Chr., MDOG 112 (1980) und 115 (1984)

MAYS J.L., Hosea. A Commentary (OTL), London 1969, [2]1975.
- Amos. A Commentary (OTL), London 1969, [2]1974, [3]1976.

MAZAR A., Excavation at Tell Qasile. Part one: The Philistine Sanctuary.
Architecture and Cult Objects (Qedem 12), Jerusalem 1980.
- A Cultic Site from the Period of the Judges in the Northern Samaria
Hills, ErIs 16 (1982) 135-145.256*.
- The "Bull Site" - An Iron Age I Open Cult Place, BASOR 247 (1982) 27-42.
- Bronze Bull Found in Israelite "High Place". From the Time of the Jud-
ges, BAr 9 (1983) 34-40.

MAZAR B., The Campaign of Pharaoh Shishak to Palestine (VT.S 4), Leiden 1957
57-66.

MAZAR B./DUNAYEVSKY I., En-Gedi. Fourth and Fifth Seasons of Excavations Preliminary Report, IEJ 17 (1967) 133-143.

MEDINET HABU VIII. The Epigraphic Survey, Medinet Habu. Vo. VIII: The Eastern
High Gate. With Translations of Texts (OIP 94), Chicago 1970.

MEIER G., Die assyrische Beschwörungssammlung Maqlû (AfO Beiheft 2), Berlin
1937.

MEISSNER B., Babylonien und Assyrien, 2 Bde, Heidelberg 1920.1925.

MENZEL B., Assyrische Tempel, 2 Bde (StP.SM 10), Rom 1981.

MESHEL Z., Kuntillet [C]Ajrud. A Religious Centre from the Time of the Judean
Monarchy on the Border of Sinai (Israel Museum Cat.No 175), Jerusalem
1978.

METTINGER T., Abbild oder Urbild? "Imago Dei" in traditionsgeschichtlicher
Sicht, ZAW 86 (1974) 403-424.

METZGER M., Grundriss der Geschichte Israels (NStB 2), Neukirchen 1963, [4]1977.
- Königsthron und Gottesthron. Thronformen und Throndarstellungen in
Aegypten und im Vorderen Orient im dritten und zweiten Jahrtausend vor
Christus und deren Bedeutung für das Verständnis von Aussagen über den
Thron im Alten Testament, 2 Bde (AOAT 15/1.2), Neukirchen-Vluyn 1985.

MEUSZYŃSKI J., Die Rekonstruktion der Reliefdarstellungen und ihrer Anordnung
im Nordwestpalat von Kalhu (Räume: B.C.D.E.F.F.H.L.N.P) (Baghdader Forschungen 2), Mainz 1981.

MEYERS C.L., Jachin und Boaz in Religious and Political Perspective, CBQ 45
(1983) 167-178.

MILIK J.T., Les papyrus araméens d'Hermoupolis et les cultes syro-phéniciens
en Egypte perse, Bib. 48A (1967) 546-622.

MILLARD A.R./BORDREUIL P., A Statue from Syria with Assyrian and Aramaic
Inscriptions, BA 45 (1982) 135-141.

MILLER A., Das Hohe Lied (Die Heilige Schrift des Alten Testaments VI/3),
Bonn 1927.

DE MIROSCHEDJI P., Un objet en céramique du Bronze ancien à représentation
humaine, IEJ 32 (1982) 190-194.

MITTMANN S., Deuteronomium 1,1-6,3 literarkritisch und traditionsgeschicht-
lich untersucht, (BZAW 139), Berlin/New York 1975.
- Amos 3,12-15 und das Bett der Samarier, ZDPV 92 (1976) 149-167.
- Die Grabinschrift des Sängers Uriahu, ZDPV 97 (1981) 139-152.

MOFTAH R., Die uralte Sykomore und andere Erscheinungen der Hathor, ZAeS 92
(1965) 40-47.

MOMMSEN H./PERLMANN I./YELLIN J., The Provenience of the lmlk Jars, IEJ 34
(1984) 89-113.

MONTALBANO F.J., Canaanite Dagon: Origin, Natur, CBQ 13 (1951) 381-397.

MONTGOMERY J.A., A Critical and Exegetical Commentary on the Books of the
Kings (ICC), Edinburgh 1951.

MOOREY P.R.S., A Bronze Statuette of a Bull, Levant 3 (1971) 90f.
- The Archaeological Evidence for Metallurgy and Related Technologies
in Mesopotamia, c.5500-2100 B.C., Iraq 44 (1982) 13-38.

MOORTGAT A., Die Kunst des Alten Mesopotamien. Die klassische Kunst Vorder-
asiens, Darmstadt 1967.

MOORTGAT A./OPPENHEIM M.Frh.von, Tell Halaf, Bd.3: Die Bildwerke, Berlin 1955.

MORET A., Le rituel du culte divin journalier en Egypte. D'après les papyrus
de Berlin et les textes du temples de Séti Ier à Abydos (Annales du
Musée Guimet. Bibliothèque d'Etudes, T.14), Paris 1902.

DE MORGAN J., Trouvaille du masque d'argent, MDP 7 (1905) 43-59.

MOSCATI S., Die Phöniker von 1200 vor Christus bis zum Untergang Karthagos,
Zürich 1966.

MOTZKI H., Ein Beitrag zum Problem des Stierkultes in der Religionsgeschichte
Israel, VT 25 (1975) 470-485.

MOUSS A.M./ALTENMUELLER H., Das Grab des Nianchamun und Chnumhotep, Mainz
1977.

MOWINCKEL S., Wann wurde der Jahwäkultus offiziell bildlos?, AcOr 8 (1930)
258-279.

MUELLER H.P., Die phönizische Grabinschrift aus dem Zypern-Museum KAI 30 und
die Formgeschichte des nordwestsemitischen Epitaphs, ZA 65 (1975/76)
104-132.
- Vergleich und Metapher im Hohenlied (OBO 56), Freiburg i.Ue./Göttingen
1984.

MUELLER W., Die Macht der Schönheit. Untersuchungen zu drei Beschreibungsliedern des Hohenliedes (4,1-7; 5,1-16; 7,2-6) (Lizentiatsarbeit),
Freiburg i.Ue. 1980.

MUHLY J.D,, Bronze Figurines and Near Eastern Metalwork. Review of O. NEGBI,
Canaanite Gods in Metal, 1976, IEJ 30 (1980) 14-161.
- How Iron Technology Changed the Ancient World - and Gave the Philistines
a Military Edge, BAr 8 (6,1982) 40-54.
- The Beginning of Iron Metallurgy in Antiquity, Qad. 17 (1984) 2-11.

MUNRO P.u.a. (Katalogbearbeitung), Tutanchamun in Köln, Mainz 1980.

MURMELSTEIN B., Spuren altorientalischer Einflüsse im rabbinischen Schrifttum. Die Spinnerinnnen des Schicksals, ZAW 81 (1969), 215-232.

MUSCARELLA O.W., The Catalogue of Ivories from Hasanlu, Iran (University Museum Monograph 40), Philadelphia 1980.

MUTHMANN F., Der Granatapfel. Symbol des Lebens in der Alten Welt (Schriften der Abegg-Stiftung Bern), Bern 1982.

NAGEL W., Meister- und Gesellenarbeit an neuassyrischen Reliefs, (Jahrbuch des Deutschen Archäologischen Instituts 73 (1958) 1-8.
- Der mesopotamische Streitwagen und seine Entwicklung im ostmediterranen Bereich (Berliner Beiträge zur Vor- und Frühgeschichte 10), Berlin 1966.
- Die neuassyrischen Reliefstile unter Sanherib und Assurbanaplu, Berlin 1967.

NEGBI O., The Hoards of Goldwork from Tell el-^{C}Ajjul (Studies in Mediterranean Archaeology Vol.25), Göteborg 1970.
- The Continuity of the Canaanite Bronzework of the Late Bronze Age into the Early Iron Age, TA 1 (1974) 159-172.
- Canaanite Gods in Metal. An Archaeological Study of Ancient Syro-Palestinian Figurines, (Publications of the Institute of Archaeology 5), Tel Aviv 1976.

NEIMAN D., PGR: a Canaanite Cult-Object in the Old Testament, JBL 67 (1948) 55-60.

NELSON H.H.u.a., Earlier Historical Records of Ramses III. Medinet Habu I (OIP 8), Chicago 1930.
- Later Historical Records of Ramses III. Medinet Habu II (OIP 9), Chicago 1932.

NEWBERRY P.E., Catalogue Général des Antiquités Egyptiennes du Musée du Caire, Nos 36001-37521. Scarab-shaped Seals, London 1907.

NIEMANN H.M., Die Daniten. Studien zur Geschichte eines altisraelitischen Stammes (FRLANT 135), Göttingen 1985.

NOBER P.P., Elenchus, Biblica 40B (1959), Rom.

NORTH C.R., The Essence of Idolatry, BZAW 77 (1958) 151-160.

NOTH M., Die israelitischen Personennamen im Rahmen der gemeinsemitischen Namengebung, (BWANT 46), Stuttgart 1928.
- Zur Anfertigung des "Goldenen Kalbs", VT 9 (1959) 419-422.
- Geschichte Israels, Göttingen [6]1966.
- Könige (BK IX/1), Neukirchen-Vluyn 1968.
- Das zweite Buch Mose. Exodus (ATD 5), Göttingen [2]1961, [4]1968.
- Der Hintergrund von Ri 17-18, ABLAK 1 (1971) 133-147.

OATES D., The Excavation at Nimrud (Kalḫu),1962, Iraq 25 (1963) 6-37.

OBBINK M.T., Jahwebilder, ZAW 47 (1969) 263-274.

ODELAIN O./SEGUINEAU R., Lexikon der biblischen Eigennamen, Düsseldorf/Neukirchen-Vluyn 1981.

ODEN R.A.Jr., Studies in Lucian's De Dea Syria, Missoula 1977.

OPIFICIUS R.(=MAYER-OPIFICIUS R.), Syrisch-ägyptischer Einfluss auf diė Kunst des Zweistromlandes in altbabylonischer Zeit, in: FS A. Moortgat, Berlin 1964 216-220.
- Archäologischer Kommentar zur Statue des Idrimi von Alalaḫ, UF 13 (1981) 279-290.
- Die geflügelte Sonne. Himmels- und Regendarstellungen im Alten Vorderasien, UF 16 (1984) 189-236.

OPPENHEIM A.L., The Golden Garments of the Gods, JNES 8 (1949) 172-193.

OREN E., Ziqlag - A Biblical City on the Edge of the Negev, BA 45 (1982) 155-166.

ORTHMANN W., Untersuchungen zur späthethitischen Kunst,(Saarbrücker Beiträge zur Altertumskunde 8), Bonn 1971.

VAN OS W., Le modelé d'un bas-relief assyrien, BiOr 19 (1962) 116f.

VON DER OSTEN-SACKEN P., Die Bücher der Tora als Hütte der Gemeinde. Amos 5,26f. in der Damaskusschrift, ZAW 91 (1979) 423-435.

OTTO E., Jerusalem- die Geschichte der Heiligen Stadt. Von den Anfängen bis zur Kreuzfahrerzeit, Stuttgart u.a. 1980.

OTTOSSON M., Temples and Cult Places in Palestine (Uppsala Studies in Ancient Mediterranean and Near Eastern Civilisations 12), Uppsala 1980.

OVERHOLT T.W., The Falsehood of Idolatry. An Interpretation of Jer.X 1-16, JTS N.S. 16 (1965) 1-12.

PACK P./YEIVIN S./EPSTEIN C., On C. Epstein's Article "Household Idols from the Golan", Qad. 14 (1981) 129-130.

PARKER B., Cylinder Seals from Palestine, Iraq 11 (1949) 1-43.

PARROT A., Le Palais (MAM II 1-3), 3 vols, Paris 1958-1959.
- Assur. Die Mesopotamische Kunst vom XIII. vorchristlichen Jahrhundert bis zum Tode Alexanders des Grossen, München 1961.
- Sumer. Die mesopotamische Kunst von den Anfängen bis zum XII. vorchristlichen Jahrhundert, München 1960, ²1962.

PARROT A./CHEBAB M.H./MOSCATI S., Die Phönizier. Die Entwicklung der phönizischen Kunst von den Anfängen bis zum Ende des dritten punischen Krieges, München 1977.

PATERSON A., Assyrian Sculptures. Palace of Sinacherib. Plates and Ground-Plan of the Palace, The Hague 1915.

PAULY A./WISSOWA F., Realencyclopädie der classischen Altertumswissenschaft in alphabetischer Ordnung, Stuttgart u.a. 1839-1852.

PETRIE W.M.F., Amulets, Warminster ¹1914 (Neudruck 1975).
- Gerar, London 1928.
- Beth Pelet (Tell Fara) I, London 1930.
- Tools and Weapons, London 1974.

PETTINATO G., Polytheismus und Henotheismus in der Religion von Ebla, in: O. KEEL (Hrsg.), Monotheismus im Alten Israel und seiner Umwelt (BiBe 14), Freiburg i.Ue. 1980 31-48.

PHILLIPS A., David's Linen Ephod, VT 19 (1969) 485-487.

PINCHES T.G., The Chariot of the Sun at Sippar, JTVI 60 (1928) 122-142.

PHOENIZISCHE ELFENBEINE (Ausstellungskatalog). Möbelverzierungen des 9.Jhs.
v.Chr. (Bildhefte des Badischen Landesmuseums), Karlsruhe 1973.

PLOEGER O., Sprüche Salomos (Proverbia) (BK XVII), Neukirchen-Vluyn 1984.

POPE M.H., Song of Songs (The Anchor Bible), New York 1977.
- Job (The Anchor Bible), New York, [3]1980.
- Th Cult of the Dead at Ugarit, in: Ugarit in Retrospect. Fifty Years
  of Ugarit and Ugaritic.Proceedings of the Symposion of the Same Title
  Held at the University of Wisconsin at Madison, February 26, 1976 (ed.
  by G.D. YOUNG), Winona Lake 1981.

POPE M.H./TIGAY J.H., A Description of Baal, UF 3 (1971) 117-130.

PORADA E., Corpus of Ancient Near Eastern Seals in North American Collections
I. The Collection of the Pierpont Morgan Library, 2 Bde, Washington 1948.

PORTER B./MOSS R.L.B., Topographical Bibliography of Ancient Egyptian Hiero-
glyphic Texts, Reliefs and Paintings. VII. Nubia, The Desert and Out-
side Egypt, Oxford 1952.

POTRATZ J.A.H., Das Flechtband. Eine altvorderasiatische Ligatur, OrAnt 3
(1962) 175-220.

PREUSS H.-D., Die Verspottung fremder Religionen im Alten Testament (BWANT
92), Stuttgart 1971.

PRITCHARD J.B., Palestinian Figurines in Relation to Certain Goddesses Known
Through Literature (American Oriental Series 24), New Haven 1943 (Nachdruck 1967).
- (ed.), Ancient Near Eastern Texts Relating to the Old Testament, Princeton 1950.
- (ed.), The Ancient Near East in Pictures Relating to the Old Testament.
  Second Edition with Supplement, Princeton 1969.
- An Incense Burner from Tell es-Sa[c]idiyeh, Jordan Valley, in: WEVERS J.W./
  Redfort D.B. (ed.), Studies on the Ancient Palestinian World. Presented
  to Professor F.V. Winnett on the Occasion of his Retirement 1.July 1971,
  Toronto 1972.

PRZEWORSKI S., Die Metallindustrie Anatoliens in der Zeit von 1500 bis 700
v.Chr. (Internationales Archiv für Ethnographie 36 Suppl.), Leiden 1939.

VON RAD G., Theologie des Alten Testaments, Bd.1, München [5]1960.
- Aspekte alttestamentlichen Weltverständnisses, EvTh 24 (1964) 57-73.
- Weisheit in Israel, Neukirchen-Vluyn 1970.

READE J.E., A Glazed-Brick Panel from Nimrud, Iraq 25 (1963) 38-47.
- The Neo-Assyrian Court and Army: Evidence from the Sculptures, Iraq
  (1972) 87-112.
- Assyrian Sculpture (British Museum Publications), London 1983.

REALLEXIKON der Assyriologie und vorderasiatischen Archäologie (hrsg..von
D.O. EDZARD), Berlin/New York 1932-1980.

REALLEXIKON für Antike und Christentum. Sachwörterbuch zur Auseinandersetzung
des Christentums mit der antiken Welt.(hrsg. von T. KLAUSER), Stuttgart
1950ff.

RECTOR L.J., Israel's Rejected Worship. An Exegesis of Amos 5, in: RQ 21
61978) 161-175.

REED W.L./WINNETT F.V., A Fragment of an Early Moabite Inscription from Kerak, BASOR 172 (1963) 1-9.

REICKE B./ROST L. (Hrsg.), Biblisch-historisches Handwörterbuch, 4 Bde, Göttingen 1961-76.

REINER E., Šurpu. A Collection of Sumerian and Akkadian Incantations (AfO B 11), Graz 1958.

REISNER M.G.A., Catalogue Général des Antiquités Egyptiens du Musée du Caire, 2 Bde, Kairo 1907.1958.

REISNER G.A./FISHER C.S./LYON D.G., Harvard Excavations at Samaria I, Text, II, Plans and Plates, Cambridge Mass. 1924.

RESENHOEFFT W., Die Geschichte Alt-Israels. Die Quellenschriften der Bücher Genesis bis Könige in deutschem Wortlaut isoliert (Europäische Hochschulschriften Reihe 23, Bde 81-84a), 4 Bde, Bern/Frankfurt/Las Vegas 1977-79.

RICHTER W., Traditionsgeschichtliche Untersuchungen zum Richterbuch (BBB 18) Bonn 1963.

RIMMER J., Ancient Musical Instruments of Western Asia in the Department of Western Asiatic Antiquities, London 1969.

RINGGREN H., Israelitische Religion (RM 26), Stuttgart 1963.

RITTIG D., Assyrisch-babylonische Kleinplastik magischer Bedeutung vom 13.-6.Jh.v.Chr. (Münchener Vorderasiatische Studien 1), München 1977.

ROBINSON G., The Meaning of ־ז in Isaiah 56,5, ZAW 88 (1976) 282f.

ROEDER G., Aegyptische Bronzefiguren (Mitteilungen aus der Aegyptischen Sammlung 6), 2 Bde, Berlin 1956.

ROELLIG W., Die Ahirom-Inschrift. Bemerkungen eines Epigraphikers zu einem kontroversen Thema, in: Praestant interna, FS. U. Hausmann, Tübingen 1982 367-373..

DAS ROLLSIEGEL IN SYRIEN (Ausstellungskatalog). Zur Steinschneidekunst in Syrien zwischen 3300 und 330 v.Chr., Tübingen 1980.

ROESEL H., Studien zur Topographie der Kriege in den Büchern Josua und Richter, ZDPV 91 (1975) 159-190.

ROESSLER E., Jahwe und die Götter im Pentateuch und im Deuteronomistischen Geschichtswerk (Diss.), Bonn 1966.

ROSCHER W.H. (Hrsg.), Ausführliches Lexikon der griechischen und römischen Mythologie, 6 Bde, Leipzig 1886-1890.

ROSE M., Der Ausschliesslichkeitsanspruch Jahwes. Deuteronomische Schultheologie und die Volksfrömmigkeit in der späten Königszeit (BWANT 6), Stuttgart 1975.
 - Yahweh in Israel -Qaus in Edom?, JSOT 4 (1977) 28-34.

ROTHENBERG B., Timna. Valley of the Biblical Copper Mines, Aylesbury 1972.

ROWE A., The Topography and History of Beth-Shan (Publications of the Palestine Sections of the Museum of the University of Pennsylvania 1), Philadelphia 1930.
- A Catalogue of Egyptian Scarabs, Scaraboids, Seals and Amulets in the Palestine Archaeological Museum, Kairo 1936.
- The Four Canaanite Temples of Beth-Shan I: The Temples and Cult Objects, Philadelphia 1940.

ROWLEY H.H., Zadok and Nehushtan, JBL 58 (1939) 113-141.

RUDOLPH W., Chronikbücher (HAT 21), Tübingen 1955.
- Das Buch Ruth. Das Hohe Lied. Die Klagelieder (KAT 18/1-3), Gütersloh 1962.
- Hosea (KAT 13/1), Gütersloh 1966.
- Jeremia (HAT 1,12), Tübingen [3]1968.
- Schwierige Amosstellen, in: Wort und Geschichte, FS K. ELLIGER, 157-162.

RUEHLMANN G., Der Löwe im altägyptischen Triumphalbild, WZ(H).GS 13 (1964) 651-666.
- Der Geier auf dem Schlachtfeld. Bemerkungen zu einem altorientalischen Machtsymbol, WZ (H).GS 14 (1965).

RUPPRECHT K., Der Tempel von Jerusalem. Gründung Salomos oder jebusitisches Erbe? (BZAW 144), Berlin/New York 1977.

SAGONA C., Middle Bronze Faience Vessels from Palestine, ZDPV 96 (1980) 101-120.

SALONEN A., Prozessionswagen der babylonischen Götter, StOr 13 (1946) 3-10.

SALVIAT F., Lions d'ivoire orientaux à Thasos, BCH 86 (1962) 95-116.

SANDARS N.K., The Sea Peoples. Warriors of the Ancient Mediterranean 1250-1150 B.C., London 1978.

SANDMANN-HOLMBERG M., The God Ptah, Lund 1946.

SASSON J.M., Bovine Symbolism in the Exodus Narrative, VT 18 (1968) 380-387.
- The Worship of the Golden Calf, in: H.A. HOFFNER Jr.(ed.), Orient and Occident. Essays presented to Cyrus H. Gordon on the Occcasion of his Sixty-fifth Birthday (AOAT 22), Kevelaer/Neukirchen-Vluyn 1973.151-159.

SAUER G., Jesus Sirach (Ben Sira) (Jüdische Schriften aus hellenistisch-römischer Zeit III), Gütersloh 1981.

DE SAULCY F., Histoire de l'art judaïque tirée des textes sacrés et profanes, Paris 1858, [2]1864.

SAUNERON S., Le temple d'Esna (Publications de l'Institut Français d'Archéologie Orientale), Bd. II und IV,1, Kairo 1963.1969.

SAUREN H., Die Kleidung der Götter, Visible Religion 2 (1983) 95-117.
- L'iconographie du dieu Nergal pendant la période proto-paléo-babylonienne, in: A. THEODORIDES/P. NASTER/J. RIES (éd.), Vie et survie dans les civilisations orientales, Leuven 1983 45-50.

SAWYER J.F.A./CLINES D.J.A. (ed.), Midian, Moab and Edom. The History and Archaeology of Late Bronze and Iron Age Jordan and North-West Arabia, (JSOT Suppl.Ser.24), Sheffield 1983.

SCHAEFFER C.F.A., Les fouilles de Ras Shamra-Ugarit (6e camp., printemps 1934) Rapport Sommaire, Syr.16 (1935) 141-176.
- Les fouilles de Ras Shamra-Ugarit (15e,16e et 17e campagnes; 1951,1952, 1953). Rapport Sommaire, Syr. 31 (1954) 14-67.
- Nouveaux Témoignages du culte de El et de Baal à Ras Shamra - Ugarit et ailleurs en Syrie-Palestine, Syr. 43 (1966) 1-19.

SCHAEFFER-FORRER C.F.A., Corpus des cylindres-sceaux de Ras Shamra-Ugarit et d'Enkomi-Alasia. Tome I. Avec des contributions de P. AMIET u.a. (Editions Recherche sur les Civilisations), Paris 1983.

SCHARBERT J., Ausgewählte Themen der Theologie des Alten Testaments, München 1982.

SCHEIL V., Archéologie. Varia II, RB 1 (1892) 113-117.

SCHENKER A., Versöhnung und Sühne. Wege gewaltfreier Konfliktlösung im Alten Testament. Mit einem Ausblick auf das Neue Testament (BiBe 15), Freiburg i.Ue. 1981.

SCHICKLBERGER F., Die Ladeerzählungen des ersten Samuel-Buches. Eine literaturwissenschaftliche und theologiegeschichtliche Untersuchung (FzB 7), Würzburg 1973.

SCHMID H.H., Altorientalische Welt in der alttestamentlichen Theologie. Sechs Aufsätze, Zürich 1974.

SCHMIDT W.H., Die deuteronomistische Redaktion des Amosbuches, ZAW 77 (1965) 168-193.
- Ausprägungen des Bilderverbots? Zur Sichtbarkeit und Vorstellbarkeit Gottes im Alten Testament, in: Das Wort und die Wörter. FS G. Friedrich, Stuttgart 1973.25-34.
- Alttestamentlicher Glaube in seiner Geschichte, Neukirchen-Vluyn [2]1975.

SCHMOEKEL H. Der Gott Dagan, Ursprung, Verbreitung und Wesen seines Kultes, (Diss.), Heidelberg 1928.
- Heilige Hochzeit und Hoheslied (AKM 32,1), Wiesbaden 1956.

SCHNEIDER H., Das Hohelied (Herders Bibelkommentar 7,1), Freiburg i.Br. u.a. 1962.

SCHOTT S., Altägyptische Liebeslieder, Zürich [2]1950.
- Wörter für Rollsiegel und Ring, WZKM 54 (1957) 177-185.

SCHRADE H., Der Verborgene Gott. Gottesbild und Gottesvorstellung in Israel und im Alten Orient, Stuttgart 1949.

SCHREINER J.(Hrsg.), Wort, Lied und Gottesspruch, FS für J. Ziegler, 2 Bde, Würzburg 1972.

SCHROER S., Zur Deutung der Hand unter der Grabinschrift von Chirbet el Qôm, UF 15 (1983) 191-199.
- Der Mann im Wulstsaummantel. Ein Motiv der Mittelbronze-Zeit II B, in: KEEL/SCHROER, Studien zu den.Stempelsiegeln aus Palästina/Israel Bd.1 (OBO 67,1), Freiburg i.Ue./ Göttingen 1985.

SCHUENGEL-STRAUMANN H., Der Dekalog - Gottes Gebote? (SBS 67), Stuttgart 1973.

SCHUESSLER FIORENZA E., In Memory of Her. A Feminist Theological Reconstruction of Christian Origins, New York 1983.

SCHUHMACHER G., Tell el-Mutesellim. Bericht über die 1903 bis 1905 veranstalteten Ausgrabungen Bd.I, Leipzig 1908.

SCHUMANN W., Steine+Mineralien (BVL Bestimmungsbuch), München u.a. [5]1977.

SCHUNCK K.-D., 1. Makkabäerbuch (Jüdische Schriften aus hellenistisch-römischer Zeit I), Gütersloh 1980.

SCHWEITZER U., Löwe und Sphinx im Alten Aegypten, AeF 15 (1948).

SCOTT R.B.Y., Proverbs, Ecclesiastes (The Anchor Bible), Garden City 1965.

SEEDEN H., The Standing Armed Figurines in the Levant (Prähistorische Bronzefunde Abtlg.I,1), München 1980.

SEIDL U., Die babylonischen Kudurru-Reliefs, BM 4 (1968) 7-220.

SELLIN E., Tell Ta[c]annek (DAWW.PH L/4), Wien 1904.
- Efod und Terafim, JPOS 14 (1934),185-193.
- Zu Ephod und Teraphim, ZAW 1937 296Ff.

SELLIN E./WATZINGER C., Jericho. Die Ergebnisse der Ausgrabungen (WVDOG 22), Leipzig 1913.

SENDREY A., Musik in Alt-Israel, Leipzig o.J.

VAN SETERS J., The Hyksos. An New Investigation, New Haven/London 1966.

SETHE K., Amun und die acht Urgötter von Hermopolis. Eine Untersuchung über Ursprung und Wesen des ägyptischen Gottkönigs,(APAW.PH 4), Berlin 1929.

SEUX M-J., Hymnes et prières de Babylonie et d'Assyrie, Paris 1976.

SHANKS H., The Mystery of the Horses of the Sun at the Temple Entrance. Kathleen Kenyon's Discovery on Cult Center Illuminates Puzzling Biblical Passage, BAr 4 (2,1978) 8f.

SHILOH Y., The Proto-Aeolic Capital -the Israelite 'Timorah' (Palmette) Capital, PEQ 109 (1977) 39-52.
- The Proto-Aeolic Capital and Israelite Ashlar Masonry (Qedem 11), Jerusalem 1979.
- Excavations at the City of David I 1978-1982. Interim Report of the First Five Seasons (Qedem 19), Jerusalem 1984.

SIEGFRIED C., Hoheslied, in: FRANKENBERG W./SIEGFRIED C., Sprüche, Prediger, Hoheslied (HAT II/3), Göttingen 1898.

SILBERSTEIN Z., Die Pflanze im Alten Testament, StGen 20 (1967) 326-341.

SIMONS J., Handbook for the Study of Egyptian Topographical Lists Relating to Western Asia, Leiden 1937.
- The Geographical and Topographical Texts of the Old Testament. A Concise Commentary in XXXII Chapters, Leiden 1959.

SINGER K.H., Die Metalle Gold, Silber, Bronze, Kupfer und Eisen im Alten Testament und ihre Symbolik (FzB 43), Würzburg 1980.

SMITH H.P., A Critical and Exegetical Commentary on the Books of Samuel (ICC), Edinburgh 1912.

SMITH W.R., Die Religionen der Semiten, Tübingen 1899 (Nachdruch Darmstadt 1967).

SNAITH N.H., The Meaning of ערירם, VT 25 (1975) 115-118.

VON SODEN W., Religiöse Unsicherheit, Säkularisierungstendenzen und Aberglaube zur Zeit der Sargoniden (SBO 3), Bd.III: Oriens Antiquus, Rom 1959 356-367.
- Die Schutzgenien Lamassu und Schedu in der babylonisch-assyrischen Literatur, BM 3 (1964) 148-156.
- Akkadisches Handwörterbuch, 3 Bde, Wiesbaden 1965-81.

SOMMERFELD W., Der Aufstieg Marduks. Die Stellung Marduks in der babylonischen Religion des zweiten Jahrtausends v.Chr. (AOAT 213), Kevelaer/ Neukirchen-Vluyn 1982.

SOURDIVE C., La main dans l'Egypte Pharaonique. Recherche de morphologie structurale sur les objets égyptiens comportant une main, Bern/ Frankfurt, New York 1984.

SPIECKERMANN H., Juda unter Assur in der Sargonidenzeit (FRLANT 129), Göttingen 1982.

SPIEGELBERG W., Weihestatuette einer Wöchnerin, 'Annales du Service des Antiquités de l'Egypte 29 (1929) 162-165.

SPYCKET A., Les statues de culte dans les textes mésopotamiens des origines à la Iere dynastie de Babylone,(CRB 9), Gabalda 1968.
- La statuaire du Proche-Orient Ancient (HO 7,Abtlg. Bd;1), Leiden 1981.

STAEHELIN E., Aegyptens heilige Pillendreher. Von Skarabäen und anderen Siegelamuletten, Basel 1982.

STAEHLI H.-P., Solare Elemente im Jahweglauben des Alten Testaments (OBO 66) Freiburg i.Ue./Göttingen 1985.

STARKEY J.L./HARDING L., Beth Pelet (Tell Fara) II (Egyptian Research Account 52), London 1932.

STEARNS J.B., Reliefs from the Palace of Ashurnaṣirpal II (AfO Beiheft 15), Graz 1961.

STEFFEN U., Drachenkampf. Der Mythos vom Bösen, Stuttgart 1984.

STERN E., Bes Vases from Palestine and Syria, IEJ 26 (1976) 183-187.
- Phoenician Masks and Pendants, PEQ 108 (1976) 109-118.
- New Types of Phoenician Style Decorated Pottery Vases from Palestine, PEQ 110 (1978) 11-21.
- Material Culture of the Land of the Bible in the Persian Period 538-332 B.C., Warminster u.a. 1982.

STOCKTON E., Stones at Worship, AJBA 1 (1970) 58-81.

STOEBE H.-J., Das erste Buch Samuelis (KAT 8,1), Gütersloh 1973.

STOLZ F., Das erste und zweite Buch Samuel (ZBK 9), Zürich 1981.

STRECK M., Assurbanipal und die letzten assyrischen Könige bis zum Untergange Niniveh's, 3 Bde, Leipzig 1916 (Nachdruck 1975).

STROEMBERG KRANTZ E., Des Schiffes Weg mitten im Meer. Beiträge zur Erforschung der nautischen Terminologie des Alten Testament (CB.OT 19), Lund 1982.

STROMMENGER E., Die neuassyrische Rundskulptur (ADOG 15), Berlin 1970.

STUCKY R.A., The Engraved Tridacna Shells, Dédalo Museu de arqueologia e etnologia universidade de Sao Paulo 10/19 (1974) 7-170.

SUMER - ASSUR - BABYLON (Ausstellungskatalog), 7000 Jahre Kunst und Kultur an Euphrat und Tigris'(hrsg. vom Museum für Vor- und Frühgeschichte der Staatlichen Museeen Preussischer Kulturbesitz, Mainz 1978.

TADMOR M., Fragments of an Achaemenid Throne from Samaria, IEJ 24 (1974) 37-43.

TAIT G.A.D., The Egyptian Relief Chalice, JEA 49 (1963) 93-139.

TAEUBLER E., Biblische Studien. Die Epoche der Richter (hrsg. von H.-J. ZOBEL), Tübingen 1958.

TALLQVIST K.L., Akkadische Götterepitheta (StOr 7), Helsinki 1938 (Nachdruck 1974).

TALMON S., Yād wašem: An Idiomatic Phrase in Biblical Literature and its Variations, Hebrew Studies 25 (1984) 8-17.

DE TARRAGON J.-M., La Kapporet est-elle une fiction ou un élément du culte tardif?, RB 88 (1981) 5-12.

THIERSCH H., Ependytes und Ephod. Gottesbild und Priesterkleid im Alten Vorderasien (GWF 8), Stuttgart 1936.

THIMME J.u.a., Frühe Randkulturen des Mittelmeerraumes. Kykladen - Zypern - Malta - Altsyrien, Baden-Baden 1968.

THOMPSON J.A., On Some Stamps and a Seal from Lachish, BASOR 86 (1942) 24-27.

THUREAU-DANGIN F.u.a., Arslan-Tash (BAH 16), 2 Bde, Paris 1931.

THUREAU-DANGIN F./DUNAND M., Til-Barsib, 2 Bde, Paris 1936.

TIDWELL N.L., The Linen Ephod: 1Sam.II,18 and 2 Sam.VI,14, VT 24 (1974) 505-507.

TIMM S., Die Dynastie Omri. Quellen und Untersuchungen zur Geschichte Israels im 9.Jh.v.Chr. (FRLANT 124), Göttingen 1982.

TREASURES OF TUTANKHAMUN (Ausstellungskatalog des Metropolitan Museum of Art), New York 1976.

TUFNELL O.u.a., Lachish II. The Fosse Temple, London 1940.
- Lachish III. The Iron Age, London 1953.
- Lachish IV. The Bronze Age, Londo 1958.
- The Shihan Warrior, Iraq 15 (1953) 161-166.

UEHLINGER C., Tell Geser. Biblische und historisch-archäologische Bestandesaufnahme (Lizentiatsarbeit), Freiburg i.Ue. 1982.

UNGER E., Babylon. Die Heilige Stadt nach der Beschreibung der Babylonier, Berlin/Leipzig 1931.

L'UNIVERS DE LA BIBLE (hrsg. von A. CHOURAQUI), Paris 1982ff.

USSISHKIN D., Tombs from the Israelite Period at Tel CEton, TA 1 (1974) 109-127.
- The Destruction of Lachish by Sennacherib and the Dating of the Judean Storage Jars, TA 4 (1977) 28-60.
- Excavations at Tel Lachish - 1973-1977. Preliminary Report, TA 5 (1978) 1-97.
- The Conquest of Lachish by Sennacherib, Tel Aviv 1982.

UTZSCHNEIDER H., Hosea. Prophet vor dem Ende (OBO 31), Freiburg i.Ue./Göttingen 1980.

VANEL A.,L'iconographie du dieu de l'orage dans le Proche-Orient ancien jusqu'au VIIe siècle avant J.-C., Paris 1965.

DE VAUX R., Histoire ancienne d'Israel. Des origines à l'installation en Canaan (EtB), Paris 1971.

VEIJOLA T., Die ewigen Dynastie. David und die Entstehung seiner Dynastie nach der deuteronomistischen Darstellung (AASF 193), Helsinki 1975.

VENTURA R., An Egyptian Rock Stela Near TimnaC, TA 1 (1974) 60-63.

VERMEYLEN J., L'affaire du veau d'or (Ex 32-34). Une clé pour la'question deutéronomiste' ?, ZAW 97 (1985) 1-23.

VINCENT A., La religion des Judéo-Araméens d'Elephantine, Paris 1937.

VOLTEN A., Zwei altägyptische politische Schriften. Die Lehre für König Merikarê (Pap.Carlsberg VI) und Die Lehre des Königs Amenemhet (AAeg 4) Kopenhagen 1945.

DE VRIES L.F., Incense Altars from the Period of the Judges and their Significance, Ann Arbor 1975.

VRIEZEN T.C., The Edomitic Deity Qaus, OTS 14 (1965) 330-353.

WAEFLER M., Nicht-Assyrer neuassyrischer Darstellungen (AOAT 26), Kevelaer/Neukirchen-Vluyn 1975.

WALSER G., Die Völkerschaften auf den Reliefs von Persepolis. Historische Studien über den sogenannten Tributzug an der Apadanatreppe (Teheraner Forschungen Bd.2), Berlin 1966.
- Persepolis. Die Königspfalz des Darius, Tübingen 1980.

WAMBACQ B.N., Jérémie X,1-16, RB 81 (1974) 57-62.

WAPNISH P., Camel Caravans and Camel Pastoralists at Tell Jemmeh, JANESCU 13 (1981) 101-121.

DE WARD E.F., Superstition and Judgement: Archaic Methods of Finding a Verdict, ZAW 89 (1977) 1-19.

WARD W.A., Remarks on Some Middle Kingdom Statuary Found at Ugarit, UF 11 (1979) 799-806.

WARD W.A./MARTIN M.F., The BaluCa Stele.A New Transcription with Palaeographical an Historical Notes, ADAJ 8/9 (1964) 5-29.

WARD W.H., The Seal Cylinders of Western Asia, Washington 1910.
- Cylinders and Other Ancient Oriental Seals in the Library of J. Pierpon
Morgan, New York 1909.

WARMEMBOL E., La stèle de Ruǧm el-CAbd (Louvre AO 5055): Une image de divi-
nité moabite du IXème-VIIème siècle av.n.è., Levant 15 (1983) 63-75.

WEIDNER E.F., Weisse Pferde im Alten Orient, BiOr 9 (1952) 157-159.

WEIDNER S., Lotos im Alten Aegypten. Vorarbeiten zu einer Kulturgeschichte
von Mymphaea lotus, Nymphaea coerulea und Nelumbo nucifera in der
dynastischen Zeit, Pfaffenweiler 1985.

VON WEIHER E., Der babylonische Gott Nergal (AOAT 11), Neukirchen-Vluyn 1971

WEIN E.J./OPIFICIUS R., 7000 Jahre Byblos, Nürnberg 1963.

WEINFELD M., The Worship of Molech and of the Queen of Heaven and its background, UF 4 (1972) 133-154.
- Deuteronomy and the Deuteronomic School, Oxford 1972.
- Kuntillet CAjrud Inscriptions and their Significance, Studi epigrafici
e linguistici 1 (1984) 121-130.

WEIPPERT H., Siegel mit Mondsichelstandarten aus Palästina, BN 5 (1978) 43-
58.
- Ein vergessenes Volutenkapitell aus Jerusalem?, BN 26 (1985) 22-26.

WEIPPERT M., Gott und Stier, ZDPV 77 (1961) 93-117.
- Edom. Studien und Materialien zur Geschichte der Edomiter auf Grund
schriftlicher und archäologischer Quellen (Diss./Habil.), Tübingen 1971
- Kanaanäische "Gravidenflaschen". Zur Geschichte einer ägyptischen Ge-
fässgattung in der asiatischen "Provinz", ZDPV 93 (1977) 268-282.
- Die Bildsprache der neuassyrischen Prophetie, in: WEIPPERT H./SEYBOLD K
WEIPPERT M, Beiträge zur Prophetischen Bildsprache in Israel und Assy-
rien (OBO 64), Freiburg i.Ue./Göttingen 1985.

WEISER A., Das Buch des Propheten Jeremia, Kapitel 1-25,14 (ATD 20), Göttingen 1952, [4]1960.

WELLHAUSEN J., Die kleinen Propheten, Berlin 1892.

WELTEN P., Die Königsstempel. Ein Beitrag zur Militärpolitik Judas unter
Hiskia und Josia (ADPV), Wiesbaden 1969.
- Eine neue "phönizische" Metallschale, in: A. KUSCHKE/E. KUTSCH (Hrsg.),
Archäologie und Altes Testament, FS für K. Galling, Tübingen 1970 273-
286.

WESTERMANN C., Das Buch Jesaja, Kapitel 40-66 (ATD 19), Göttingen 1966, [4]198
- Genesis (BK I,1-3), 3 Bde, Neukirchen-Vluyn 1974.1981.1982.

WHITE J.B., A Study in the Language of Love in the Song of Songs and Ancient
Egyptian Poetry (SBL Dissertation Series 38), Missoula 1978.

WILDBERGER H., Jesaja (BK X,1-3), 3 Bde, Neukirchen-Vluyn 1972.1978.

WILDUNG D./SCHOSKE S., Nofret - die Schöne. Die Frau im alten Aegypten
(Ausstellungskatalog), Kairo/Mainz 1984.

WILHELM G., Ein neues Lamaštu-Amulett, ZA 69 (1979) 34-40.

WILKINSON C.K., Ivories from Ziwiye and Hems of Ceramic and Gold (Abegg-
Stiftung Bern), Bern 1975.

WINTER I.J., Phoenician and North Syrian Ivory Carving in Historical Context: Questions of Style and Distribution, Iraq 38 (1976) 1-22.
- Is There a South Syrián Style of Ivory Carving in the Early First Millenium B.C.?, Iraq 43 (1981) 101-130.

WINTER U., Frau und Göttin. Exegetische und ikonographische Studien zum weiblichen Gottesbild im Alten Testament und dessen Umwelt (OBO 53), Freiburg i.Ue./Göttingen 1983.
- Der "Lebensbaum" in der altorientalischen Bildsymbolik, in: H. SCHWEI-ZER (Hrsg.), ... Bäume braucht man doch. Das Symbol des Baumes zwischen Hoffnung und Zerstörung, Sigmaringen 1986 57-88.

WISEMAN D.J., Chronicles of Chaldaean Kings (626-556 B.C.) in the British Museum, London 1961.
- Peoples of Old Testament Times, Oxford 1973, [2]1975.

DE WIT C., Le rôle et le sens du lion dans l'Egypte ancienne, Leiden 1951.

WITTEKINDT W., Das Hohe Lied und seine Beziehungen zum Ištarkult, Hannover 1926.

WOHLSTEIN H., Zu einigen altisraelitischen Volksvorstellungen von Toten- und Ahnengeistern in biblischer Ueberlieferung, ZRGG 19 (1967) 348-355.

WOLFF H.W., Dodekapropheton I. Hosea (BK XIV,1), Neukirchen-Vluyn 1961, [3]1976.
- Dodekapropheton II. Joel und Amos (BK XIV,2), Neukirchen-Vluyn 1969.
- Anthropologie des Alten Testaments, München 1973, [2]1974.

WOOLEY C.L./LAWRENCE T.F., Carchemish. Report on the Excavations at Djerablus on behalf of the British Museum, 3 Bde, London 1914-1952.

WUERTHWEIN E., Erwägungen zu Psalm CXXXIX, VT 7 (1957) 165-182.
- Das Hohelied, in: GALLING K./PLOEGER O./WUERTHWEiN E., Die fünf Megilloth (HAT 1,18), Tübingen [2]1969.
- Die Bücher der Könige (ATD 11,1.2), Göttingen 1977.1984.

WYATT N., The Relationship of the Deities Dagan and Hadad, UF 12 (1980) 375-380.

XELLA P., Il culto dei morti nell'Antico Testamento: tra teologia e storia delle religioni. Religioni e Civiltà. Scritti in memoria di Angelo Brelich, Buri 1982. 645-666.
- Aspekte religiöser Vorstellungen in Syrien nach den Ebla- und Ugarit-Texten, UF 15 (1983) 279-290.

YADIN Y., Hazor I-IV, 3 Bde, Jerusalem 1958-65.
- The Art of Warfare in Biblical Lands in the Light of Archaeological Study, 2 Bde, New York u.a., 1963.
- Symbols of Deities at Zinjirli, Carthage and Hazor, in: J.A. SANDERS (ed.), Near Eastern Archaeology in the Twentieth Century. Essays in Honor of N. Glueck, New York 1970 200-231.
- Hazor. The Schweich Lectures of the British Academy 1970, London 1972.

YALOURIS N., Athena als Herrin der Pferde, MH 7 (1950).

YAMAUCHI E.A., Archaeological Evidence for the Philistines. A Review Article, Wesleyan Theological Journal 35 (1973) 315-323.

YEIVIN S., Jachin and Boaz, ErIs 5 (1958) 97-104.89*.

YEIVIN Z., A Silver Cup from Tomb 204 at CAin-Samija, IEJ 21 (1971) 78-81.

ZACCAGNINI C., Patterns of Mobility Among Ancient Near Eastern Craftsmen, JNES 42 (1983) 245-264.

ZAPLETAL V., Das Hohelied, Freiburg i.Ue. 1907.

ZENGER E., Die Sinaitheophanie. Untersuchungen zum jahwistischen und elohistischen Geschichtswerk (FzB), Würzburg 1971.
- Das Buch Exodus, Düsseldorf 1978, [2]1982.
- Israel am Sinai. Analysen und Interpretationen zu Ex 17-34, Altenberge 1982.
- Gottes Bogen in den Wolken. Untersuchungen zu Komposition und Theologie der priesterschriftlichen Urgeschichte (SBS 112), Stuttgart 1983.

ZERTAL A., A Bronze Figurine of a Reigning God from the Taanach Region, Qad. 12 (1979) 59-61.

ZIMMERLI W., Das zweite Gebot, in: FS A. Bertholet (hrsg. von W. BAUMGARTNER u.a.),1950 550-563.
- Ezechiel (BK XIII,1.2), 2 Bde, Neukirchen-Vluyn 1969.
- Das Bilderverbot in der Geschichte des alten Israel, in: Schalom, Studien zu Glaube und Geschichte Israels. FS A. Jepsen 1971 86-89 = Studien zur at. Theologie und Prophetie (TB 51), München 1974 247-260.
- Die Spendung von Schmuck für ein Kultobjekt, in: FS H. Cazelles (AOAT 212) 1981 513-528.

ZIMMERN H., Beiträge zur Kenntnis der babylonischen Religion (Assyriologische Bibliothek 12), Leipzig 1901.

ZINGG T., Das Kleid der Madonna. Das Kleid der Einsiedler Muttergottes, Einsiedeln 1974.

ZOHARY M., Pflanzen in der Bibel, Stuttgart 1983.

ZUIDHOF A., King Salomon's Molten Sea and (π), BA 45 (1982) 179-184.

ZWICKEL W., Eine zyprische Parallele zur kürzlich in Israel gefundenen Kulthöhe, BN 24 (1984) 24-29.

3. AUTORENREGISTER

4. BIBELSTELLENREGISTER

486

490

5. STICHWORTREGISTER

Thot, 73.248
Thron,
- leerer Thron, 101*.163.291*
- Kerubenthron, 124-130.163
- Thron Salomos, 78-81.84.377*.380f.
- Elfenbeinthron, 380ff.
 s. Möbel
Tier, 69f.121.130.133.248.276.303.309.
 317.319.324.331*.374.382.387-389.413
- unreine Tiere, 72.116.351f.
- Tiergötter Aegyptens, 15.69.72.348.
 351
- Tierkult, 69*.70-75.181
Timna, 31*.42*.111.220*.363.403*
Ton, 146.153.174.207.237.276.287.310*.
 316.388.390.406.409.410*
- Töpfer, 320.387.430*
- Tonfiguren, 94.148.151.153.277.
 297-299.306*.319*.387
 s. Keramik, Kultständer, Plastik,
 Skulptur, Terrakotte
Tore, 26-28.53.102*.133
Totenkult, 153.332-335.365*.367
 s. Heroenverehrung
Treiben von Metall, 175*.198.202.205*.
 206*.207.213.314.338*.382
Tridacna-Muscheln, 377.397
Tyrus, 192.204.386.394f.398.425-427.
 428*

Udschat-Auge, 362
Ugarit, 22.40.45*.56.63f.150.167*.176.
 206.214*.229*.236.237*.248.252.261*.
 271.276.287.333.340.360.365*.383*
Uräus, 73.105*.112f.133*.236*.401.412
 s. Nehuschtan, Schlange, Serafim
Urmeerbecken, 48.54.60.82-84

Visionen, 15-17.71.104.113.131.161.222.
 237.266.336*.406.412f.
Vögel, 70.119.257f.290.294-296.389.391f.
 s. Adler, Geier, Taube
Vorderasien,
- vorderasiatischer Einfluss, 71.116.
 149.161.288-290.295.323.346*.376.386.
 393.402.414.423
Votivgaben, 112.148.193.284.287.290f.
 297.299.344*.348f.365.389.407*
Votivsteine,
 s. Stein

Wachsausschmelzverfahren, 93.175*.206*.
 207
Wächterfiguren, 28.78.126.133*
Wagen, 318.336.392
- Streitwagen, 184.292.295.428*
- leerer Wagen, 291*.299
- Wagenjagd, 295*.399

- des Sonnengottes, 282f.286-293
Wahrsagerei, 136.143f.145.153
 s. Orakel
Walzblech, 209.340
Wandbild, 50.71-75.418
 s. Relief
Wandmalerei, 9*.49.102.162.182f.189.
 218*.236.264.341.367.379f.396.
 424*
Weben, 367.424*
- am Tempel, 25.41f.393f.396f.
- Weber, 122.201.208.397f.400.409
 s. Buntwirkerei
Widder, 73.263
Wildstier, 100*.383
Wolle, 395*.398*.400.403
Wüstenkunst, 31

Ziselieren, 86f.205*.206*.207*.340
Zweites Gebot,
 s. Bilderverbot

6. NACHWEISE DER ABBILDUNGEN

1 P.E. BOTTA, Monuments II Pl.141 = O. KEEL, Das Böcklein Abb.100 = W. MAYER, Die Finanzierung Abb.5.
2 P. BECK, The Drawings fig.5 = O. KEEL (Hrsg.), Monotheismus Abb.13.
3 P. BECK, The Drawings fig.6.
4 C.C. McCOWN, Tell en-Naṣbe I Pl.55,63.***
5 H.W. CATLING, Cypriote Bronzework Pl.34a-d = OLB I Abb.173.
6 G. LOUD, Megiddo II Pl.76,1 = T. DOTHAN, The Philistines fig.28,1.
7 M DOTHAN, Ashdod II-III fig.76,1 = N. AVIGAD, The King's Daughter fig.13.
8 U. WINTER, Frau und Göttin Abb.471 = H. DANTHINE, Le palmier-dattier Abb. 1097.
9 Unveröffentlicht; Haifa, Museum of Ancient Art.***
10 P. BECK, The Drawings fig.4.
11 U. WINTER, Frau und Göttin Abb.42 = O. NEGBI, Canaanite Gods fig.119 No. 1701.
12 STARKEY/HARDING, Beth-Pelet II Pl.LVIII No 978.
13 P.W. LAPP, The 1968 Excavations fig.29 = BRL^2 Abb.45 = Encyclopedia IV 1142.
14 O. TUFNELL, Lachish II Pl.LIX,2.
15 U. WINTER, Frau und Göttin Abb.324 = O. NEGBI, The Hoards Pl.II Abb.4.
16 U. WINTER, Frau und Göttin Abb.454 = O. NEGBI, Canaanite Gods Abb.116 No 1692.
17 STARKEY/HARDING, Beth-Pelet II Pl.LVIII No 972 = O. KEEL, AOBPs Abb.181.
18 P. BECK, The Drawings fig.22; Pl.12.
19 J.E. READE, A Glazed-Brick Panel Pl.IX = M.E.L. MALLOWAN, Nimrud II No 373 = F. MUTHMANN, Der Granatapfel 19 Abb.8.
20 C.K. WILKINSON, Ivories fig.1.***
21 O. KEEL, AOBPs Abb.188 = H.W. CATLING, Cypriote Bronzework Pl.36a.
22 P. MUNRO, Tutanchamun No 33 = M. GOERG, Zur Dekoration des Leuchters 29 Abb.1.***
23 O. KEEL, Deine Blicke Abb.69.
24 H. GRESSMANN, AOB No 523 = O. KEEL, AOBPs Abb.225.
25 V. KARAGEORGHIS, The Ancient Civilisation fig.106 = O. KEEL, Deine Blicke Abb.60.
26 R. HACHMANN, Kamid el-Loz 1968-1970 Taf.29,1 (No 53).
27 RLA III 631.
28 O. NEGBI, The Continuity Pl.31,2.***
29 A. LEMAIRE, Une inscription paléo-hébraique Pl.V.***
30 A.M. CALVERLEY u.a., Abydos III Pl.14 = O. KEEL, Das Tier Abb.4.
31 F.S. MATOUK, Corpus II No 1101.***
32 J.H. ILIFFE, A Hoard Pl.31,2 = OLB II Abb.43.
33 J.H. ILIFFE, A Hoard Pl.31,4 = OLB II ABB.44.
34 M.E.L. MALLOWAN, Nimrud II Nos 416-417 = J.W./G.M. CROWFOOT, Early Ivories Pl.X,1.2.***
35 R. AMIRAN, The Lion Statue figs 8-10. Pls 4-6 = OLB II Abb.494.
36 R. AMIRAN, The Lion Statue figs 2-4. Pls 1-3 = OLB II Abb.493.
37 O. KEEL, Jahwe-Visionen 31 Abb.13 = E. HORNUNG, Tal der Könige Abb.173.
38 U. SCHWEITZER, Löwe Taf.12,2 = G. RUEHLMANN, Der Löwe Taf.IIc.
39 wie Abb.38
40 J.F. CHAMPOLLION, Monuments I Pl.62.

41 RLA V 577 Abb.2,1.
42 A. PATERSON, Assyrian Sculptures Pl.94.
43 A. MAZAR, A Cultic Site 138 und Pl.חי-טו.
44 A. ROWE, A Catalogue No SO.28.***
45 O. KEEL, La glyptique Pl.88,9.
46 Y. YADIN u.a., Hazor II Pl.181 = BRL^2 Abb.22,1.
47 O. KEEL, Jahwe-Visionen Abb.88.
48 Bronzeaufsatz aus der Sammlung des Biblischen Instituts der Universität
   Freiburg i.Ue.; unveröffentlicht.***
49 O. KEEL, Jahwe-Visionen Abb.37 = R.D. BARNETT, Ezekiel Pl.4* = AOB No 514.
50 R.D. BARNETT, Layard's Nimrud Bronzes$_2$3* fig.2.
51 M. METZGER, Königsthron No 1508 = BRL^2 Abb.54.
52 A. LEMAIRE, Fragments 38.
53 M. METZGER, Königsthron No 1217 = H. DEMISCH, Die Sphinx 58 = A. PARROT,
   Die Phönizier 243 No 279.***
54 O. KEEL, Jahwe-Visionen Abb.10.
55 B. HROUDA, Die Kulturgeschichte Pl.31,9 = M. WAEFLER, Nichtassyrer Pl.7,2
   = O. KEEL, AOBPs Abb.84 = OLB II Abb.2.
56 Nach Photographie der Verfasserin im British Museum (EA 854).***
57 Nach Photographie der Verfasserin im British Museum (EA 883).***
58 O. KEEL, Jahwes Entgegnung Abb.14.
59 V. KARAGEORGHIS, Notes fig.5 = ders., Kition fig.82.***
60 H.G. MAY, Material Remains Pl.19 M4966 = K. JAROŠ, Die Stellung Abb.1 =
   O. KEEL, Wirkmächtige Siegeszeichen Abb.64.***
61 E.A.W. BUDGE, Assyrian Sculpture Pl.16,1 = R.S. ELLIS, "Lion-Men" 76 fig.1.
62 BARNETT/FALKNER, The Sculptures Pls 1-2 = R.S. ELLIS, "Lion-Men" 76 fig.2.
63 R.S. ELLIS, "Lion-Men" 76 fig.3 = H. CARNEGIE, Catalogue Pl.Qc 1 = H.
   FRANKFORT, Cylinder Seals Pl.33g.***
64 P.E. BOTTA, Monument II 152bis.
65 C. DECAMPS DE MERTZENFELD, Inventaire Pl.127 No 1084.***
66 O. TUFNELL, Lachish III Pl.31,19.***
67 A. ABOU ASSAF, Untersuchungen Taf.III Statuette III.***
68 A. ABOU ASSAF, Untersuchungen Taf.XI Kopf XIX.***
69 A. SPYCKET, La statuaire Pl.265.***
70 A.H. LAYARD, The Monuments I Pl.28 = B. HROUDA, Kulturgeschichte Pl.63,4.
71 D. OATES, The Excavations Pl.VIIc = O. KEEL, AOBPs Abb.123 (Ausschnitt).
72 U. SEIDL, Die babylonischen Kudurru No 98 Abb.20.
73 Y. YADIN, The Art 406 = O. KEEL, AOBPs Abb.132.
74 P. BECK, The Drawings fig.18; Pl.7,1.
75 BLISS/MACALISTER, Excavations 41 fig.17 = OLB II Abb.547.
76 A.M. CALVERLEY u.a., The Temple II Pl.7.
77 R. DRENKHAHN, Die Handwerker 117.
78 N. DE G. DAVIES, The Tomb Pl.55.
79 wie Abb.56
80 O. NEGBI, Canaanite Gods No 59 = H. SEEDEN, The Standing Armed Figurines
   Pl.18,65.
81 O. NEGBI, Canaanite Gods No 1318 fig.128.
82 O. NEGBI, Canaanite Gods No 1360 fig.47
83 O. NEGBI, Canaanite Gods No 1630 fig.129.
84 O. KEEL, La glyptique Pl.89,24.
85 MAZAR/DUNAYEVSKY, En-Gedi Pl.31,1.***
86 L.W. KING, Babylonian Boundary Stones Pl.XXI = E. UNGER, Babylon Taf.25
   Abb.37.***
87 ANEP No 523 = E. UNGER, Babylon Taf.25 Abb.39.
88 L'UNIVERS DE LA BIBLE IV 150 = E. UNGER, Babylon Taf.26 Abb.40. ***
89 W.M.F. PETRIE, Beth Pelet I Taf.36,229 und 39,456.
90 R.A.S. MACALISTER, Gezer II 414 fig.499 = U. WINTER, Frau und Göttin Abb.
   62.

91 R.A.S. MACALISTER, Gezer III Pl.221 fig.25.

92 Y. YADIN, Hazor II Pl.76,12 = U. WINTER, Frau und Göttin Abb.64.

93 J. BOERKER-KLAEHN, Altvorderasiatische Bildstelen No 240 N.

94 B. PARKER, Cylinder Seals No 35.***

95 ANEP No 577.***

96 L.W. KING, Bronze Reliefs Pl.1 = O. KEEL, AOBPs Abb.440 = J. BOERKER-KLAEHN, Altvorderasiatische Bildstelen No 146.

97 U. WINTER, Frau und Göttin Abb.500.

98 Sammlung Clark No 212, YMCA, Jerusalem; unveröffentlicht.***

99 A. PARROT, MAM II Pl.19 No 1044 = U. WINTER, Frau und Göttin Abb.519.

100 S. BEN-ARIEH, A Mould Pl.8A.***

101 P.W. LAPP, The 1963 Excavations fig.21 = ders., Taanach fig.13 = O. KEEL, Zeichen Abb.19 = U. WINTER, Frau und Göttin Abb.63.

102 A. CHAMBON, Tell el-Far^{C}ah Pl.63,2.

103 J. KARAGEORGHIS, La grande déesse Pl.35b.***

104 O. KEEL, Vögel Abb.14.

105 R.M. BOEHMER, Die Kleinfunde Abb.16a.b.d-f.

106 W. CULICAN, The Iconography Pl.V,C.***

107 CALMEYER/SEIDL, Eine frühurartäische Siegesdarstellung fig.4.***

108 L.W. KING, Babylonian Boundary Stones Pls 83,90 Face A,4.Reg.

109 E. PORADA, The Collection Pl.81,588E.***

110 J.W. CROWFOOT, Objects Pl.15,11 = A. ROWE, A Catalogue No SO.39.***

111 IDA 55-97; unveröffentlicht.***

112 O. TUFNELL, Lachish III Pl.44,77 und 43 A77.***

113 O. TUFNELL, Lachish III Pl.44,79 und 43 A79.***

114 Sammlung Clark No 162, YMCA, Jerusalem; unveröffentlicht.***

115 Aufbewahrungsort unbekannt; unveröffentlicht.***

116 Sammlung M. Reschef, Beth Alpha; unveröffentlicht.***

117 A. BIRAN, Tel Dan 1977 Pl.37C.***

118 Sammlung Mahboubian, Teheran; nach einer Photographie von Prof. P. Calmeyer (Deutsches Archäologisches Institut, Berlin).***

119 K. GALLING, Beschriftete Stempelsiegel Taf.7,82 = BRL^2 Abb.78,10.

120 N. AVIGAD, Discovering Jerusalem Abb.26.***

121 F.J. BLISS, Third Report Pl.VI,1.

122 Y. YADIN u.a., Hazor I Pl.29,1 = BRL^2 Abb.49.

123 LAND DES BAAL No 146 = J. THIMME u.a., Frühe Randkulturen 196 fig.40.

124 V. KARAGEORGHIS, The Ancient Civilisation Pl.81 = BUCHHOLZ/KARAGEORGHIS, Altägäis Nos 1773.1780.***

125 O. TUFNELL, Lachish II Pl.XIV, unten.***

126 H. SEEDEN, The Standing Armed Figurines Pl.31,187-189; Pl.32 190-197.

127 H. SEEDEN, The Standing Armed Figurines Pl.122,2-17.

128 L.W. KING, Bronze Reliefs Pl.59 = J. BOERKER-KLAEHN,Altvorderasiatische Bildstelen No 151.

129 O. KEEL (Hrsg.), Monotheismus 172 Abb.14 = A. LEMAIRE, Les inscriptions 598.

130 S.H. HORN, Scarab and Scarab Impressions fig.53,1.

131 R.A.S. MACALISTER, The Excavation of Gezer III Pl.214,31.

132 W.M.F. PETRIE, Gerar Pl.XL,1.2.

133 M.E.L. MALLOWAN, Nimrud II Abb.390 = S. MITTMANN, Amos Abb.6.

134 B. HROUDA, Die Kulturgeschichte Taf.49,3 und Taf.16,6 = S. MITTMANN, Amos Abb.3b.

135 J.W./G.M. CROWFOOT, Early Ivories Pl.IX,1-1b.***

136 J.W./G.M. CROWFOOT, Early Ivories Pl.XIII,2 = U. WINTER, Frau und Göttin Abb.310.

137 J.-F. CHAMPOLLION, Monuments III Pl.255,1.

138 H. KAYSER, Aegyptisches Kunsthandwerk Abb.309.

139 A.H. LAYARD, The Monuments Pl.6.

140 M.-T. BARRELET, Un inventaire fig.6a = W. KAYSER, Aegyptisches Kunsthand-
    werk Pl.XVI.***
141 H.H. NELSON, Medinet Habu II Pl.55.***
142 O. KEEL, Deine Blicke Abb.88 = W.C. HAYES, Glazes Tiles Pl.VIII.
143 EPRON/WILD, Le tombeau Pl.174 = H. KUEHNE, Das Rollsiegel Abb.8 = B.
    BRENTJES, Alte Siegelkunst 11.
144 MOUSSA/ALTENMUELLER, Das Grab Taf.24 Szene II,3.
145 N.DE G. DAVIES, The Tomb Pl.LIV (rechts oben).
146 W.M.F. PETRIE, Gerar Pl.I,1.2 = BRL^2 Abb.75,24.

Die mit *** versehenen Abbildungen sind von Hildi Keel-Leu für diese Publi-
kation gezeichnet worden.

ABBILDUNGEN

Abb.1 (Seite 23)

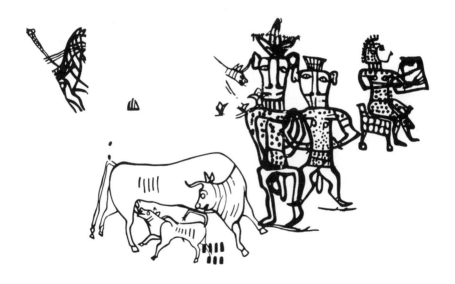

Abb.2 (Seite 30)

512

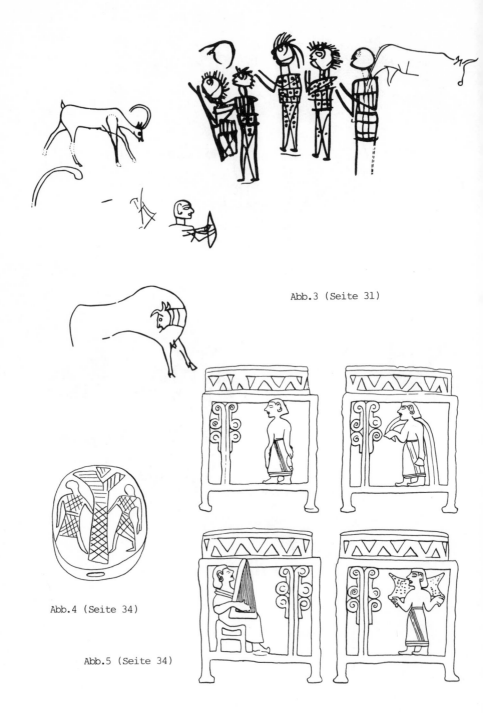

Abb.3 (Seite 31)

Abb.4 (Seite 34)

Abb.5 (Seite 34)

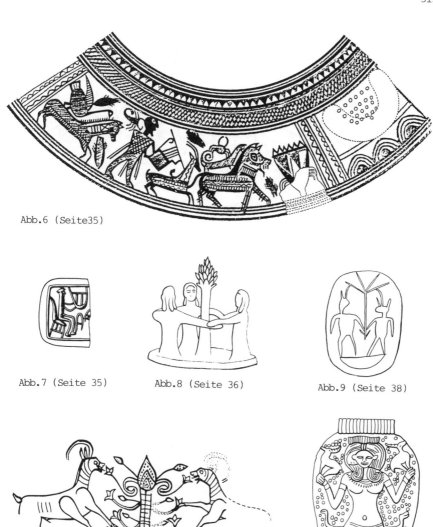

Abb.6 (Seite35)

Abb.7 (Seite 35)   Abb.8 (Seite 36)   Abb.9 (Seite 38)

Abb.10 (Seite 38)   Abb.11 (Seite 38)

514

Abb.12 (Seite 39)

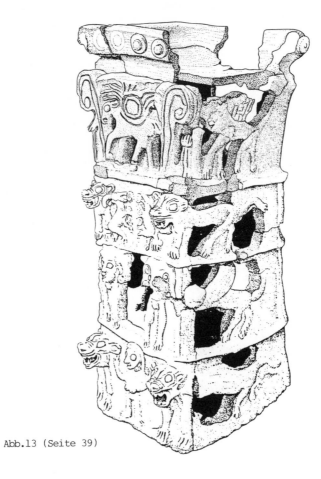

Abb.13 (Seite 39)

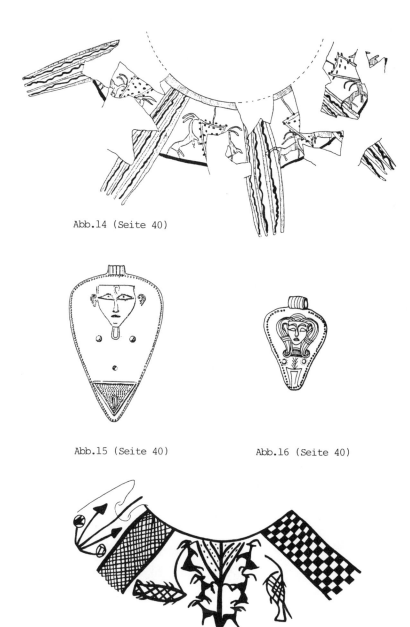

Abb.14 (Seite 40)

Abb.15 (Seite 40)   Abb.16 (Seite 40)

Abb.17 (Seite 40)

516

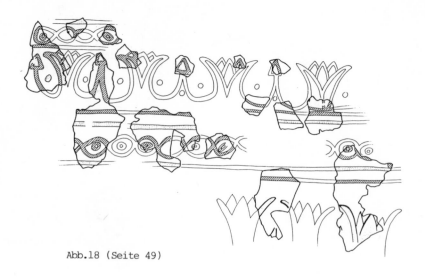

Abb.18 (Seite 49)

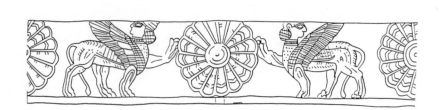

Abb.20 (Seite 52)

Abb.19 (Seite 50)

Abb.20

518

Abb.21 (Seite 53)

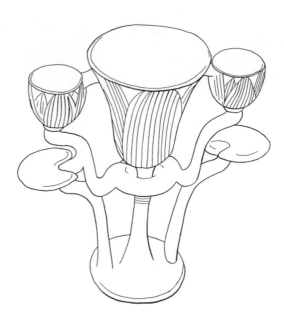

Abb.22 (Seite 54)

Abb.23 (Seite 58)

Abb.24 (Seite 59)

520

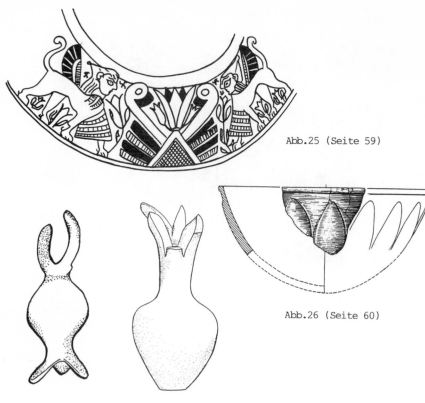

Abb.25 (Seite 59)

Abb.26 (Seite 60)

Abb.28 (Seite 63)   Abb.29 (Seite 64)

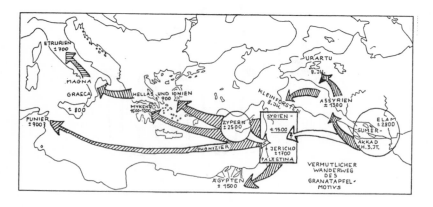

Abb.27 (Seite 63)

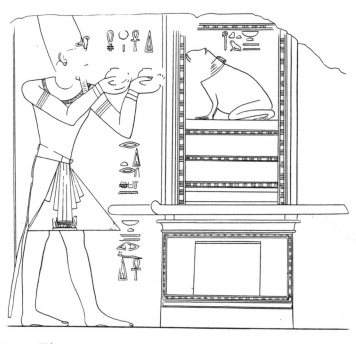

Abb.30 (Seite 73)

Abb.31 (Seite 73)

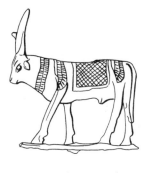

Abb.32 (Seite 74)

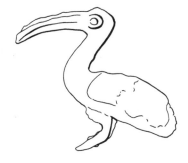

Abb.33 (Seite 74)

522

Abb.34 (Seite 75)

Abb.36 (Seite 77)

Abb.35 (Seite 75)

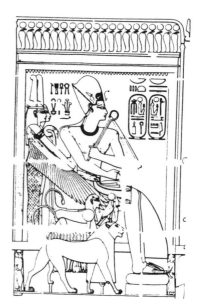

Abb.37 (Seite 80)

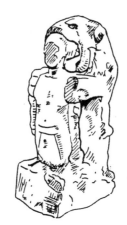

Abb.38 (Seite 80)

Abb.39 (Seite 80)

Abb.40 (Seite 80)

524

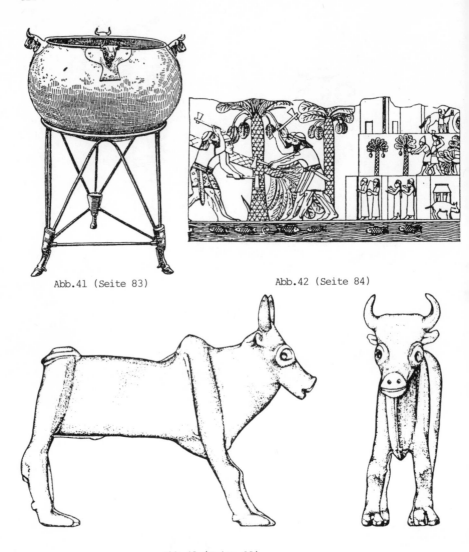

Abb.41 (Seite 83)

Abb.42 (Seite 84)

Abb.43 (Seite 93)

Abb.44 (Seite 94)

Abb.45 (Seite 95)

525

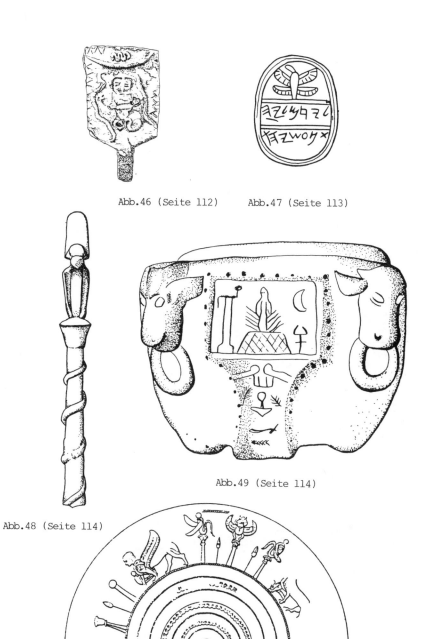

Abb.46 (Seite 112)   Abb.47 (Seite 113)

Abb.49 (Seite 114)

Abb.48 (Seite 114)

Abb.50 (Seite 114)

526

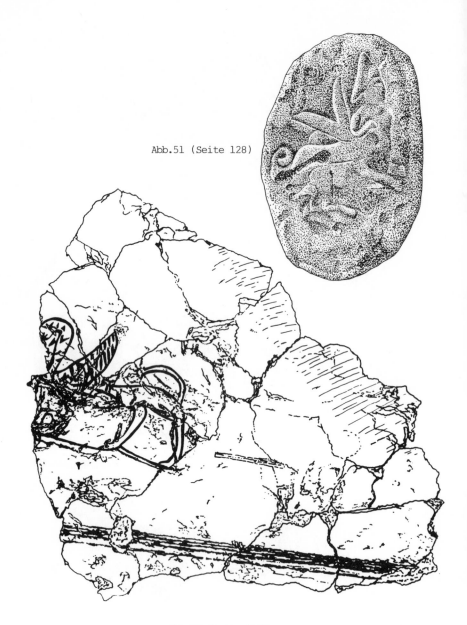

Abb.51 (Seite 128)

Abb.52 (Seite 128)

Abb.53 (Seite 129)
Abb.54 (Seite 129)

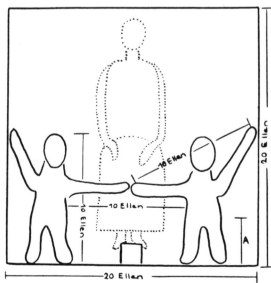

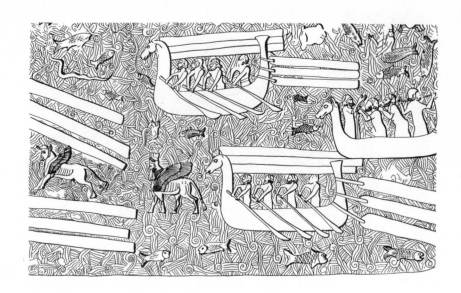

Abb.55 (Seite 129)

Abb.56 (Seite 130)   Abb.57 (Seite 130)

Abb.58 (Seite 134)

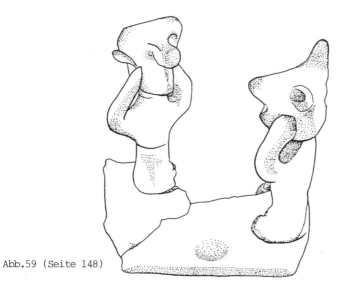

Abb.59 (Seite 148)

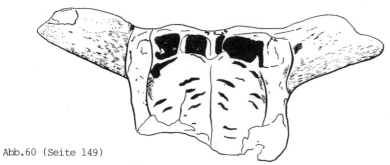

Abb.60 (Seite 149)

Abb.61 (Seite 151)

Abb.62 (Seite 151)

Abb.63 (Seite 151)

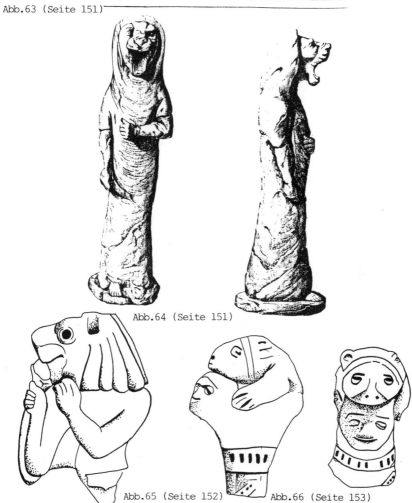

Abb.64 (Seite 151)

Abb.65 (Seite 152)   Abb.66 (Seite 153)

532

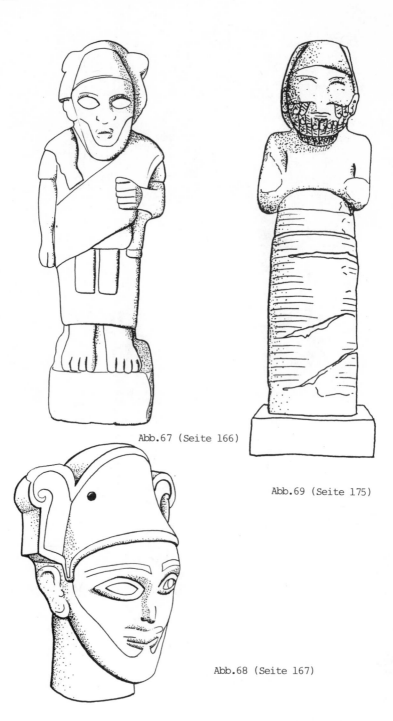

Abb.67 (Seite 166)

Abb.69 (Seite 175)

Abb.68 (Seite 167)

Abb.70 (Seite 184)

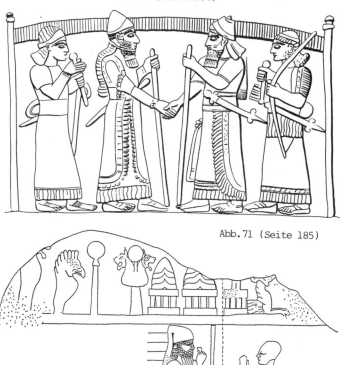

Abb.71 (Seite 185)

Abb.72 (Seite 186)

Abb.73 (Seite 188)

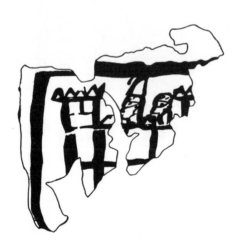

Abb.74 (Seite 189)

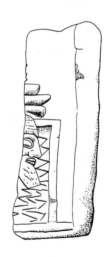

Abb.75 (Seite 189)

Abb.76 (Seite 192)

Abb.79 (Seite 204)

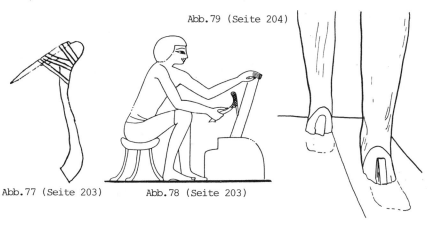

Abb.77 (Seite 203)   Abb.78 (Seite 203)

536

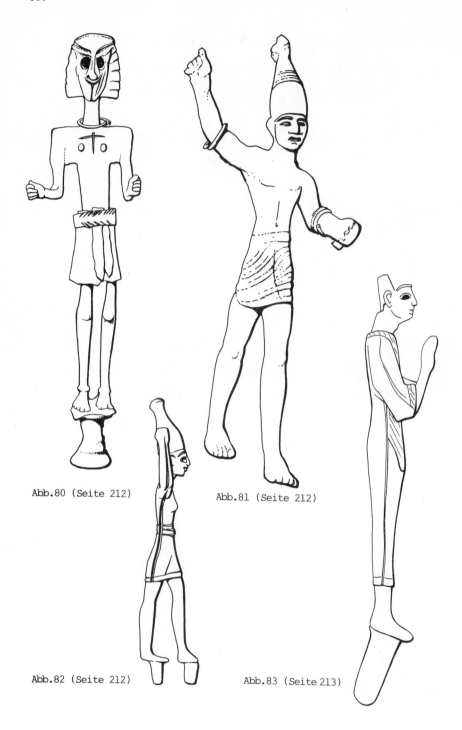

Abb.80 (Seite 212)

Abb.81 (Seite 212)

Abb.82 (Seite 212)

Abb.83 (Seite 213)

Abb.84 (Seite 240)

Abb.85 (Seite 240)

Abb.86 (Seite 241)

Abb.87 (Seite 241)

Abb.88 (Seite 241)

Abb.89 (Seite 261)

Abb.90 (Seite 263)

Abb.91 (Seite 92)

Abb.92 (Seite 263)

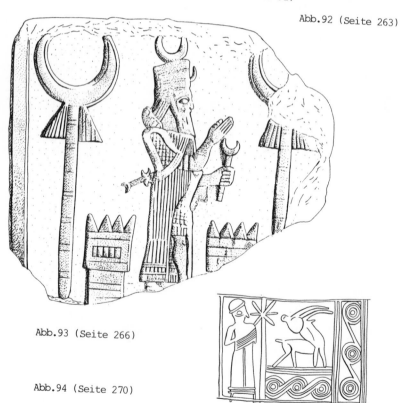

Abb.93 (Seite 266)

Abb.94 (Seite 270)

Abb.95 (Seite 271)

Abb.96 (Seite 271)

Abb.97 (Seite 276)

Abb.98 (Seite 276)

Abb.99 (Seite 277)

Abb.100 (Seite 277)

Abb.102 (Seite 278)

Abb.101 (Seite 278)

Abb.104 (Seite 280)

Abb.103 (Seite 279)

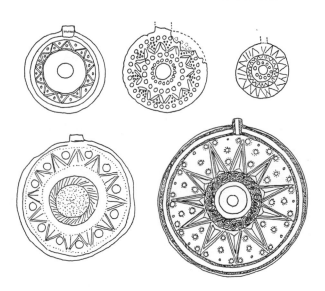

Abb.105 (Seite 280)

Abb.107 (Seite 289)

Abb.108 (Seite 290)

Abb.106 (Seite 288)

Abb.109 (Seite 290)

Abb.110 (Seite 293)

Abb.111 (Seite 293)

Abb.112 (Seite 294)

Abb.113 (Seite 294)

Abb.114 (Seite 294)

Abb.115 (Seite 294)

Abb.116 (Seite 294)

Abb.117 (Seite 295)

Abb.118 (Seite 295)

Abb.119 (Seite 296)

Abb.121 (Seite 298)

Abb.120 (Seite 298)

Abb.122 (Seite 309)

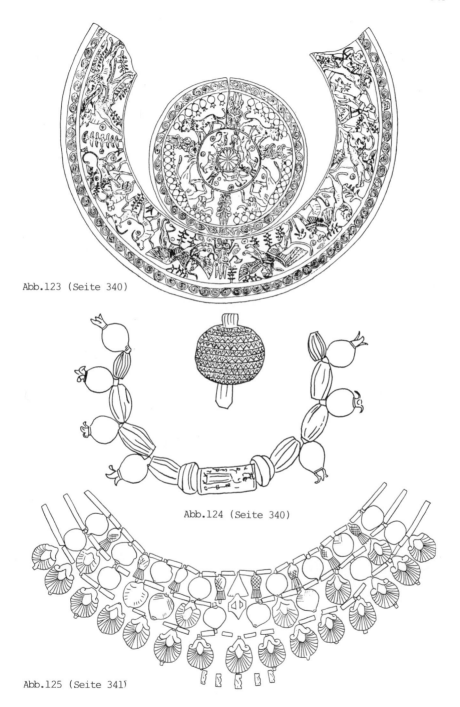

Abb.123 (Seite 340)

Abb.124 (Seite 340)

Abb.125 (Seite 341)

546

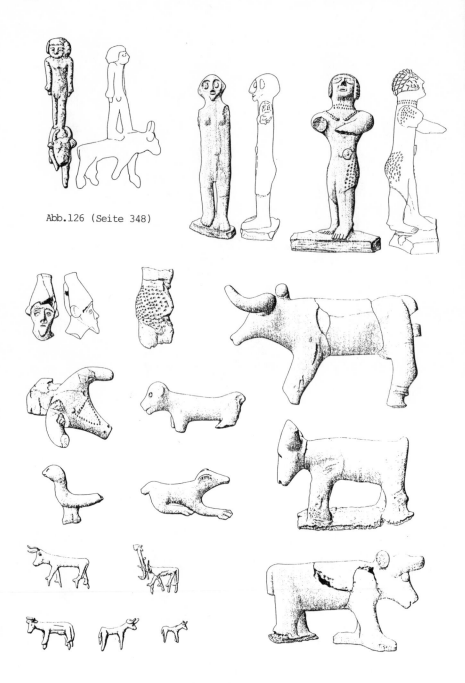

Abb.126 (Seite 348)

Abb.127 (Seite 348)

Abb.128 (Seite 365)

Abb.130 (Seite 372)

Abb.131 (Seite 373)

Abb.129 (Seite 371)

Abb.132 (Seite 374)

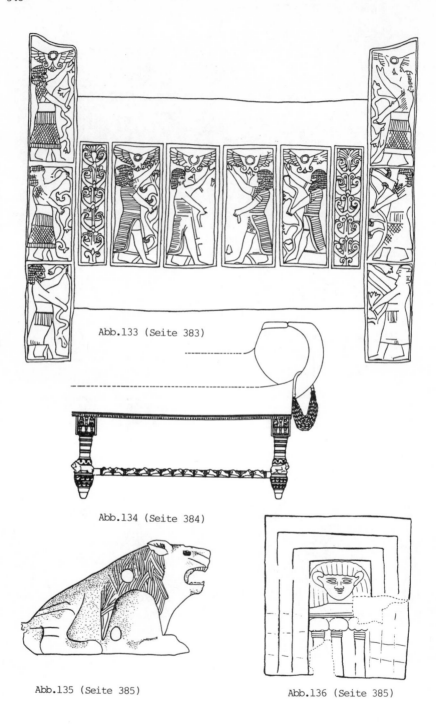

Abb.133 (Seite 383)

Abb.134 (Seite 384)

Abb.135 (Seite 385)

Abb.136 (Seite 385)

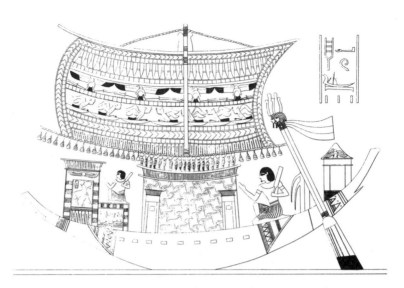

Abb.137 (Seite 395)

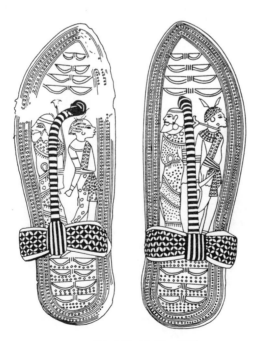

Abb.138 (Seite 396)

550

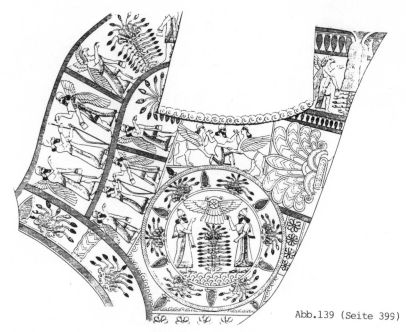

Abb.139 (Seite 399)

Abb.140 (Seite 401)

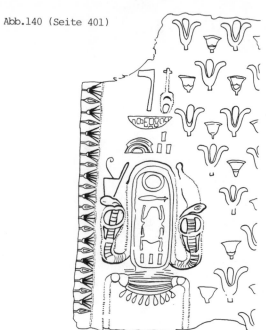

Abb.141 (Seite 401)

Abb.142 (Seite 402)

Abb.143 (Seite 411)

Abb.144 (Seite 411)

Abb.145 (Seite 411)

Abb.146 (Seite 412)

ORBIS BIBLICUS ET ORIENTALIS

Bd. 30 JOHANN JAKOB STAMM: *Beiträge zur Hebräischen und Altorientalischen Namenkunde.* XVI–264 Seiten. 1980.

Bd. 31 HELMUT UTZSCHNEIDER: *Hosea – Prophet vor dem Ende.* Zum Verhältnis von Geschichte und Institution in der alttestamentlichen Prophetie. 260 Seiten. 1980.

Bd. 32 PETER WEIMAR: *Die Berufung des Mose.* Literaturwissenschaftliche Analyse von Exodus 2, 23–5, 5. 402 Seiten. 1980.

Bd. 33 OTHMAR KEEL: *Das Böcklein in der Milch seiner Mutter und Verwandtes.* Im Lichte eines altorientalischen Bildmotivs. 163 Seiten, 141 Abbildungen. 1980.

Bd. 34 PIERRE AUFFRET: *Hymnes d'Egypte et d'Israël.* Etudes de structures littéraires. 316 pages, 1 illustration. 1981.

Bd. 35 ARIE VAN DER KOOIJ: *Die alten Textzeugen des Jesajabuches.* Ein Beitrag zur Textgeschichte des Alten Testaments. 388 Seiten. 1981.

Bd. 36 CARMEL McCARTHY: *The Tiqqune Sopherim and Other Theological Corrections in the Masoretic Text of the Old Testament.* 280 Seiten. 1981.

Bd. 37 BARBARA L. BEGELSBACHER-FISCHER: *Untersuchungen zur Götterwelt des Alten Reiches im Spiegel der Privatgräber der IV. und V. Dynastie.* 336 Seiten. 1981.

Bd. 38 MÉLANGES DOMINIQUE BARTHÉLEMY. *Etudes bibliques offertes à l'occasion de son 60ᵉ anniversaire.* Edités par Pierre Casetti, Othmar Keel et Adrian Schenker. 724 pages, 31 illustrations. 1981.

Bd. 39 ANDRÉ LEMAIRE: *Les écoles et la formation de la Bible dans l'ancien Israël.* 142 pages, 14 illustrations. 1981.

Bd. 40 JOSEPH HENNINGER: *Arabica Sacra.* Aufsätze zur Religionsgeschichte Arabiens und seiner Randgebiete. Contributions à l'histoire religieuse de l'Arabie et de ses régions limitrophes. 347 Seiten. 1981.

Bd. 41 DANIEL VON ALLMEN: *La famille de Dieu.* La symbolique familiale dans le paulinisme. LXVII–330 pages, 27 planches. 1981.

Bd. 42 ADRIAN SCHENKER: *Der Mächtige im Schmelzofen des Mitleids.* Eine Interpretation von 2 Sam 24. 92 Seiten. 1982.

Bd. 43 PAUL DESELAERS: *Das Buch Tobit.* Studien zu seiner Entstehung, Komposition und Theologie. 532 Seiten + Übersetzung 16 Seiten. 1982.

Bd. 44 PIERRE CASETTI: *Gibt es ein Leben vor dem Tod?* Eine Auslegung von Psalm 49. 315 Seiten. 1982.

Bd. 45 FRANK-LOTHAR HOSSFELD: *Der Dekalog.* Seine späten Fassungen, die originale Komposition und seine Vorstufen. 308 Seiten. 1982.

Bd. 46 ERIK HORNUNG: *Der ägyptische Mythos von der Himmelskuh.* Eine Ätiologie des Unvollkommenen. Unter Mitarbeit von Andreas Brodbeck, Hermann Schlögl und Elisabeth Staehelin und mit einem Beitrag von Gerhard Fecht. XII–129 Seiten, 10 Abbildungen. 1982.

Bd. 47 PIERRE CHERIX: *Le Concept de Notre Grande Puissance (CG VI, 4).* Texte, remarques philologiques, traduction et notes. XIV–95 pages. 1982.

Bd. 48 JAN ASSMANN/WALTER BURKERT/FRITZ STOLZ: *Funktionen und Leistungen des Mythos*. Drei altorientalische Beispiele. 118 Seiten, 17 Abbildungen. 1982.

Bd. 49 PIERRE AUFFRET: *La sagesse a bâti sa maison*. Etudes de structures littéraires dans l'Ancien Testament et spécialement dans les psaumes. 580 pages. 1982.

Bd. 50/1 DOMINIQUE BARTHÉLEMY: *Critique textuelle de l'Ancien Testament*. 1. Josué, Juges, Ruth, Samuel, Rois, Chroniques, Esdras, Néhémie, Esther. Rapport final du Comité pour l'analyse textuelle de l'Ancien Testament hébreu institué par l'Alliance Biblique Universelle, établi en coopération avec Alexander R. Hulst †, Norbert Lohfink, William D. McHardy, H. Peter Rüger, coéditeur, James A. Sanders, coéditeur. 812 pages. 1982.

Bd. 50/2 DOMINIQUE BARTHÉLEMY: *Critique textuelle de l'Ancien Testament*. 2. Isaïe, Jérémie, Lamentations. Rapport final du Comité pour l'analyse textuelle de l'Ancien Testament hébreu institué par l'Alliance Biblique Universelle, établi en coopération avec Alexander R. Hulst †, Norbert Lohfink, William D. McHardy, H. Peter Rüger, coéditeur, James A. Sanders, coéditeur. 1112 pages. 1986.

Bd. 51 JAN ASSMANN: *Re und Amun*. Die Krise des polytheistischen Weltbilds im Ägypten der 18.–20. Dynastie. XII–309 Seiten. 1983.

Bd. 52 MIRIAM LICHTHEIM: *Late Egyptian Wisdom Literature in the International Context*. A Study of Demotic Instructions. X–240 Seiten. 1983.

Bd. 53 URS WINTER: *Frau und Göttin*. Exegetische und ikonographische Studien zum weiblichen Gottesbild im Alten Israel und in dessen Umwelt. XVIII–928 Seiten, 520 Abbildungen. 1983.

Bd. 54 PAUL MAIBERGER: *Topographische und historische Untersuchungen zum Sinaiproblem*. Worauf beruht die Identifizierung des Ĝabal Mūsā mit dem Sinai? 189 Seiten, 13 Tafeln. 1984.

Bd. 55 PETER FREI/KLAUS KOCH: *Reichsidee und Reichsorganisation im Perserreich*. 119 Seiten, 17 Abbildungen. 1984

Bd. 56 HANS-PETER MÜLLER: *Vergleich und Metapher im Hohenlied*. 59 Seiten. 1984.

Bd. 57 STEPHEN PISANO: *Additions or Omissions in the Books of Samuel*. The Significant Pluses and Minuses in the Massoretic, LXX and Qumran Texts. XIV–295 Seiten. 1984.

Bd. 58 ODO CAMPONOVO: *Königtum, Königsherrschaft und Reich Gottes in den Frühjüdischen Schriften*. XVI–492 Seiten. 1984.

Bd. 59 JAMES KARL HOFFMEIER: *Sacred in the Vocabulary of Ancient Egypt*. The Term $\underline{DSR}$, with Special Reference to Dynasties I–XX. XXIV–281 Seiten, 24 Figures. 1985.

Bd. 60 CHRISTIAN HERRMANN: *Formen für ägyptische Fayencen*. Katalog der Sammlung des Biblischen Instituts der Universität Freiburg Schweiz und einer Privatsammlung. XXVIII-199 Seiten. 1985.

Bd. 61 HELMUT ENGEL: *Die Susanna-Erzählung*. Einleitung, Übersetzung und Kommentar zum Septuaginta-Text und zur Theodition-Bearbeitung. 205 Seiten + Anhang 11 Seiten. 1985.